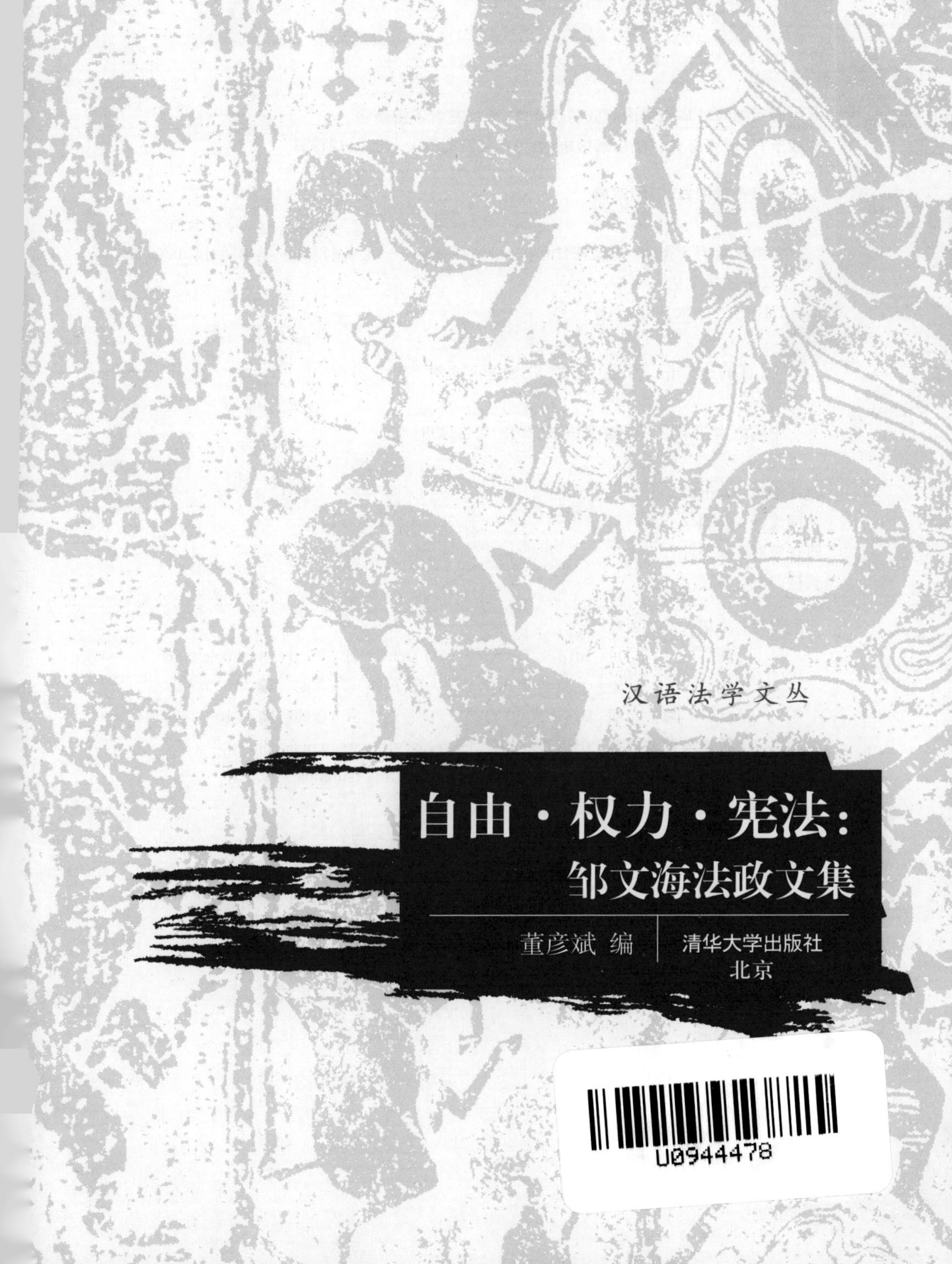

汉语法学文丛

自由·权力·宪法：邹文海法政文集

董彦斌 编

清华大学出版社
北京

图书在版编目（CIP）数据

自由·权力·宪法：邹文海法政文集/董彦斌编. —北京：清华大学出版社，2020.7
（汉语法学文丛）
ISBN 978-7-302-51587-6

Ⅰ.①自… Ⅱ.①董… Ⅲ.①法学—文集 Ⅳ.①D90-53

中国版本图书馆 CIP 数据核字（2018）第 257284 号

责任编辑：朱玉霞
封面设计：傅瑞学
责任校对：宋玉莲
责任印制：丛怀宇

出版发行：清华大学出版社
网　　址：http://www.tup.com.cn，http://www.wqbook.com
地　　址：北京清华大学学研大厦 A 座　　邮　　编：100084
社 总 机：010-62770175　　邮　　购：010-62786544
投稿与读者服务：010-62776969，c-service@tup.tsinghua.edu.cn
质 量 反 馈：010-62772015，zhiliang@tup.tsinghua.edu.cn
印 装 者：三河市国英印务有限公司
经　　销：全国新华书店
开　　本：155mm×230mm　　印　张：33　　字　数：506 千字
版　　次：2020 年 7 月第 1 版　　印　次：2020 年 7 月第 1 次印刷
定　　价：99.00 元

产品编号：071120-01

凡　例

一、本书合邹文海先生《自由与权力》《比较宪法》两著作及若干随谈为一体。

二、《自由与权力》以三民书局 1994 年版为底本，并以中华书局 1937 年版及本书 1936 年前后分章发表时的期刊为参照；《比较宪法》以三民书局 1969 年版为底本；若干随谈，则以发表时的当期期刊为底本。

三、为便于读者阅读，本版对若干人名地名音译按照目前通译做了统一，如将"黑格儿"统一为"黑格尔"（在三民版的《自由与权力》中，已对中华版做过一部分这种统一工作，如将"黑智儿"改为"黑格儿"）。

四、为全书统一及便于阅读，本版将全书编、章、节做了统一，如原《自由与权力》的第一章成为第一编第一章，标序方式为"1.1"。

自由为魂，宪法为骨

董彦斌

一

邹文海1908年生于无锡，1930年毕业于清华大学政治学系并留校，1935年负笈英国伦敦政治经济学院，师从拉斯基，1937年归国后任教于湖南大学、厦门大学、暨南大学等校，并曾短暂出任中学校长。1949年赴台，1955年后长期任政治大学教授，并任法学院院长、教务长、政治学系主任等职。1970年逝于台北。

民国初年的江苏真是人文浓郁之地，在苏州，顾颉刚和叶圣陶是私塾、小学同学；在无锡，邹文海和钱锺书是小学同学。

按照叶至善在《父亲长长的一生》中的记述，顾颉刚和叶圣陶在私塾、小学求学有三大特点，一是经常挨专制老师的戒尺，顾颉刚称私塾老师"待童子如囚徒"，以至于自己常常挂着眼泪回家；二是小孩们自由之心甚重，只要老师出门，就在教室隔壁的炕头上演《武松打虎》；三是国学开蒙早，童稚时代就读完了四书与诗、易、左传。顾颉刚和叶圣陶比邹文海和钱锺书大十岁左右，幼年气氛当有共通之处。顾颉刚曾在日记中说自己："我是外和而内傲的人。"如果说，这四位经历各异的少年/老人有一个公约数，此公约数即是一股赋予流形的"外和而内傲"之气，一种从幼年经历而生成的叛逆的自由精神，基于此，青年顾颉刚创立了叛逆疑古的"古史辨"学派，老年叶圣陶"文革"中与俞平伯书信自娱而不阿世，困厄中的钱锺书以大定力创作《管锥编》。27岁的邹文海写成卓越著作《自由与权力》，不仅是叛逆的自由精神的表现，也对自由进行了思辨和学理分析。

二

我称《自由与权力》为卓越著作，但我必须承认，本书并非目前众所公认的名著。本书是邹文海20世纪30年代初在清华写成，在其甫从清华毕业而任教期间。转而邹文海赴英，此书的出版时间跨越了两年。邹文海之女邹淑班说："先父出版这本《自由与权力》时，正是战事连绵、局势动荡不安的年代，书虽然出版，可以说没有问世。……先父生前曾多次寻找这本书，当时父亲的学生们知道这件事，也曾在海外帮忙查访，后又探询先父在大陆的友人，但都没有下落，多年来已经放弃再见到这本书的希望。"可不是嘛！抗战的中国，集体主义情绪高涨，哪有一本讲自由的书受到注意的空间？抗战结束，谁又记得一本八年前的旧著？谁会携一本昔日年轻作者的薄书到1949年的台湾航船？谁会在20世纪50年代苏联专家云集的北京谈一本旧上海的旧书？

但是，有三个维度，使得我们在七十多年后仍不应忽略《自由与权力》。

第一个维度是一部体系性自由主题著作的价值。曾有论者将邹文海称为20世纪30年代中国的"密尔"，确有合理之处。我们回看20世纪20年代到40年代的自由主题作品，常常看到一些报章的短论，胡适、罗隆基，甚至潘光旦和费孝通都写了不少这样的短章，邹文海本人也写过。短章往往就事论事，直击时事，惜在体系性不强。作者则属有感而发，不一定读了多少政治学的研究作品，但往往也能讲出常识，赢得赞许。但短章终非长篇，《联邦党人文集》也不是体系性的《论自由》。《自由与权力》虽未得到《论自由》的声誉，却足以证成20世纪30年代中国学者的努力。自由如同空气，失去才知最可贵。自由乃是最经世致用的学术主题，也是国家宪制的内在灵魂。由此，对自由的研究，在我看来，最重要的便不是有多少原创性，不在于多大程度上追随前沿、超越前沿，不在于多大程度上与国际学者对话，而在于如何回应国族与国民的理论需求。体系性的自由研究著作，也就是一揽子地回应这种需求。在这一点上，密尔的《论自由》和邹文海的《自由与权力》有共通之处。但是，两书命运却大不同，密尔的著作不仅在欧美成为经典，经严复之译东渡，同样深受尊重，邹文海的书却如藏之名山海底。究其因，我以为，抗战以及抗战时的组织化、集权化、军事化心态需要对邹文海著作的湮没负责。在密尔的时代，个体吁求崛起；在邹文海的时代，救亡、组织、牺牲、逃亡、胜利，打败了个体的细腻的自由需要。说到底，是战争和动荡带来的对临时性秩序的渴望压倒了自由的小心理，更压倒了对一部研究自由的体系书的需要。抗战的中国无视密尔或中国的密尔，无视《论自由》和《自由与权力》。

第二个维度是与以赛亚·伯林的对比。伯林生于1909年，而邹文海生于1908年，二人算是同龄人。当伯林就读于牛津时，邹文海就读于清华，伯林本科读文学和哲学，故以思想史为底功，邹文海本科读政治学，故偏重于对制度、法政的角度审视自由问题。客观地说，在二十多岁写成的《自由与权力》中，邹文海表现出比伯林更多的早慧。从《伯林书信集：飞扬年华(1928—1946)》反映的1935年左右伯林文字与思想来看，伯林此时的思考还没有集中到自由以及以自由为主旨的思想史梳理上来，但邹文海却已写成一部体系完整的专著。有趣的是，邹文海在《自由与权力》中提出了“动的自由”和“静的自由”的分类，庶几与伯林后来提出的“积极自由”和“消极自由”形成了呼应。邹文海还指出：“许多人把自由分成积极的和消极的两种，其实积极的就是动的自由，而消极的就是静的自由。”这简直就是伯林理论的“预告片”了。早慧的邹文海想把自己的动静自由观当成自己重要的学术创建，而使其具有较大的涵盖性。但因太年轻，写得太快，致使细读的人能看到，邹对动静自由的原理性、原创性阐发，实则较为粗放。他受孔德动静社会学的启示而生发灵感，又以动的自由对应主观自由，静的自由对应客观自由；动对应积极，静对应消极；动对应革命的自由，静对应保守的自由。他天才地、霸气地占领了自由理论的地盘，却稍显缺乏进一步的论述作为佐证，更没有将理论投射到世界范围内的现实生活中，对20世纪以来的自由新样貌做出解释与回应。相反，伯林的积极与消极自由之论虽晚，却深深融入他对于"二战"时的苏联、"二战"后的欧洲的观察。阿赫玛托娃等人的命运，更刺激这位政治学家思考当代自由的原理性问题。由此看来，不论从时代出发，还是从个人的创作积累出发，邹文海的著作都写得太早了。一本严肃思考的作品，不是《革命军》那样的宣传文字，需要的不是激烈、热烈，而是长期反复思量之后的体系性理性，以及对于时代问题的敏锐捕捉。邹文海比伯林资质不差，出发更早，收获不及，实在可惜。但就20世纪30年代世界范围内的自由研究作品来说，邹文海的书仍属佳作。我几乎可以确信，邹文海的书没能进入伯林的阅读视野。假使伯林有机会读到，一定也会为这位同龄人而颔首微笑。

第三个维度是对自由的冷静思考。如果我们想到，邹文海这本书是在日军即将兵临城下、学生群情振奋的北平写成，就更能感受到邹文海审慎思考的可贵。假使一位文学家谈论自由，那呈现的一定是诗化语言，这就可能含有乌托邦浪漫的倾向。邹文海绝不浪漫。他为自由而撰述，但绝不认为自由是无度的索求。邹文海一再强调自由是有条件的："法学家以为服从法律即是自由，这句话不可全信，然而能服从法律的人才有自由，这是含有至理的格言。自由是有条件的。以为自由的牺牲，乃是得到政治利益的代价。他的自由，依旧是接近于放纵的名词。……社会中个人，决不能任其放纵，但又不能不保障其自由，这是我所坚决地相信的。"由此，邹文海所讲的自由，也就是法治下的自由。在他看来，法律和制度乃是社会中客观的标准，不容我们主观的观念去伤害它或破坏它。他说："法律和制度的破坏，乃是人类冲突的起源，亦是自由消灭的原因。"这句话实际上可以成为流播后世的格言。以法治看待自由，这样的自由之论才更"靠谱"，既不会成为专断的渊源，也不会成为秩序的破坏器。与此同时，邹文海在"鸡蛋"和"石头"之间又站在鸡蛋这边。他遍观人类自由史，对权力的过度行使感到深深忧虑，他引英国和美国之事，进而指出："权力的倾覆，完全因为过分摧残了人民的利益。在英国，限制国赋往往是革命的动机；而美国革命，也是不平等的税率引起的。有权位的人，常常有追求私利的倾向，而人民的不平，他们以为可以用武力压制的。自由没有理由的摧残，权利没有限制的剥夺……官位是个人赏罚的工具，而戚谊乃是任用的标准。”正是这些凝练的表述，使得本书有了穿透历史的生命力。假使邹文海批评的现象没有改变或减弱，那么邹的作品就应该被读者读到。

三

迁台稳定下来后，邹文海写出了《比较宪法》。

写一部《比较宪法》是20世纪中国政治学家和宪法学家的梦想之一。之所以成为梦想，原因盖在于，一者，他们都从前辈法学家的同名作品中受益，由此，接续前贤而记录自己的思考，乃属学术传承。二者，套用狐狸与刺猬的比喻来说，写一部论自由的书，刺猬可以做到；写一部比较宪法，则非狐狸不行。但有抱负的政治学和宪法学家不会放弃做狐狸的尝试。三者，如果按中国本土的宪法文本写，容易写窄，比较宪法则题域宽广，能较为透彻地表达作者的宪法观念，更让读者和学子受益。宪法因指向最基本和最根本的权力和权利，故骨架已然很大，比较宪法则有了一个国际视野的更大的骨架。当改革开放初期，学术思考的荆棘初拔之时，罗豪才的《资本主义国家的宪法与政治制度》、龚祥瑞的《比较宪法与行政法》和何华辉的《比较宪法学》相继出版，都显现出学者对这个领域的执着。尤其是龚祥瑞的著作，渗透启蒙精神。可以说，对20世纪的华语比较宪法作品进行比较，知名度最高的当属钱端升、王世杰的《比较宪法》，在读者学术与思想饥渴中起了最大滋养作用的当属龚祥瑞的《比较宪法与行政法》，最具学术分量的当属邹文海的《比较宪法》。

钱端升和王世杰的《比较宪法》的确是名著，也成就了王世杰的学术梦。我相信，钱王二人的《比较宪法》一定摆在邹文海的案头，成为邹的参照系，并求差异化。但此种差异的追求，不是为不同而不同，而是两代学人形成互补。钱王二人的著作是学理性的，以问题为中心，故虽名曰比较宪法，实际上是在比较宪法的视野内谈基本的宪法原理。钱王使用的基本方法，是归纳。如取一个更准确的书名，其书应该叫《宪法学原理：从比较宪法的角度》。邹文海完全采取了另一种写法，也可以说是比较宪法的标准写法。他细述英美法德日的宪法文本、宪法制度、宪法原理，并进行了多维比较。读者想要掌握“比较宪法”，只读钱王作品一定是不够的。要将钱王与邹的书合并阅读，方得全面认识。在比较各国宪法的过程中，邹文海知识储备是足够的，看得出他对各国宪法谙熟于心。写作《自由与权力》之时，邹还是二十多岁的小伙子，到《比较宪法》时已年过半百了。

宪法与货币不同，作为存款的货币，只要存款人取出来就能花，因此这数据不仅是数据，不仅是承诺，还能立刻实施。宪法则不然，写在纸面的宪法，如果得不到切实的实施，也就成了空言，这种宪法不像货币，倒好像是假钞。邹文海研究宪法，就不仅关注纸面的文字和制度，更看重实施中的宪法，看重“活法”。他说：“许多人把宪法看作一部法典，逐条逐句地来作解释。这虽然是研究宪法最简单的方法，但是很难把握一国宪法真正的精神。宪法从一个国家的风俗人情以及全民族的要求中产生，绝不是白纸上的黑字所可以完全归纳或完全表现的。”强调宪法实施的重要性，使得我们应当生发两种态度，一是要捍卫宪法的尊严，二是要怀着耐心。一个国家的风俗人情里，既存在着支持宪法的力量，毫无疑问也有无视宪法的声音。于是，急进是没有用的，有用的只能是耐心地推动，只能是几十年的实践和实践带来的渐变。

在创作《自由与权力》之时，邹文海站在战争的悬崖边，战争使其作品被湮没。于是，与伯林相比，邹文海是不幸的。但创作《比较宪法》之时，身处政治大学的邹文海却比小他三岁的北京大学教授、同样曾就读于伦敦政治经济学院的龚祥瑞来得幸运——从龚的自传《盲人奥利翁》中可以看到，1971 年，龚祥瑞终于得到缓口气的机会，开始翻译尼克松的《六次危机》。但也只能做点翻译工作。由此，二十世纪六七十年代邹文海的学术环境和研究条件远远好于龚祥瑞。如果比较二人在这时的学术作品，对龚祥瑞来说当然不够公平。但另一方面看，稍显悖谬的是，邹文海的作品学术性更强，却没有在改革开放之初滋养到中国大陆法律学人的心灵——因为中国大陆学人看不到邹文海的这部作品。同时，台湾地区法学家的作品传播到大陆时，还有个小小的技术因素在发挥作用。我们知道，20 世纪 80 年代，曾有大陆出版者影印了一批台湾法学家作品，王泽鉴的民法作品正是此时走入大陆各法学院。但作为政治大学的政治学教授，邹文海的作品未必进入了“法学”引进者的视线。基于此，邹文海的《比较宪法》虽然实现了学术积累，虽然给养了台湾地区学人，却没有在学术饥渴的 80 年代得到广泛读者，没有在给养大陆宪法学的兴起、深化大陆学人思考、促进宪法的制度演进中起到应有的作用。反而是龚祥瑞的《比较宪法和行政法》获得广泛好评，更成为 1978 级及此后的法律学人建构法治理念的一块基石。梁治平对此书的评语应属代表性说法：“这并不是一部关于一般法治理论的专论，但是书中讨论的，却又是法治理论和实践中某些至关重要的问题。该书作者，年逾古稀的龚老先生，早年专攻政治学，并赴英国深造。……由于大量阅读原著，以及早年留英时对西方政制、法制的亲身体味，龚先生在论及西方宪政制度时，笔下时而透露出一种文化的把握。”如今，邹文海的《比较宪法》渡海而来，我们为其文命而默祝。

四

邹文海 20 世纪 40 年代也写了若干时政随笔，以谈论宪法与法治理念为主。譬如，南京国民政府时期，从中央到地方，首长多发手令以行治理，在一篇名为《手令命令法律》的文章里，邹文海评论指出：“国家法令，极须就一，不许彼此抵触，使人民有无所适从之苦。若干立法机关之外，复许行政者任意出令而不必极据于法律，势至朝令夕改，法令多如牛毛，反而丧失了法令的效用……手令的内容如与法律的精神相违背，并不能因其为手令而就说是合理。因此手令竟是多余的……现在部会长有手命，省主席有手命，某长有手令，各种手命，多得不可稽考……法律的作用，因之隐而不彰，使得一般人民亦不能有守法的习惯。”这些文章简洁明快，颇有佳处。我将邹文海的《自由与权力》和《比较宪法》合为一编，并增加邹氏早期若干随笔，成一新书，定名为《自由·权力·宪法》。

邹文海一生的创作，不仅为学术，也为法政实践，更为中国。取名《自由·权力·宪法》，不仅在于其学术思考的范围，更在于表达他对于实践的期待。我以为，他对实践的期待，正可以概括为“自由为魂，宪法为骨”。如果再加上一句话，在国家政制的框架中，这自由是法治下的自由，这宪法是良宪法的普遍实施。“自由为魂，宪法为骨”，非为凌空蹈虚的抽象原则。宪法应落到实处，成为“活法”，自由应成为鲜活生动的真实存在的自由，此为真谛。于此，提升政府层面对宪法和法律的敬畏，提升公民的权利意识和冷静的自由观，是自由和宪法“活起来”的前提。对公民进行公民意识教育，当属可行之道，我国台湾地区的公民课教育即是很好的事例。邹文海的第二代弟子辈、政治大学教授李酉潭就是高中公民课教材的总主编。前几年我国台湾地区高中课程改革以来，此课更添新意与新趣。在我看来，正是这样的和风细雨，而不是激烈的“运动”，才能深化真正意义上的“自由与宪法”，自由之魂与宪法之骨合组的躯体才能灵动而有力。

邹文海著作的价值，应当被我们认识。尤其是《自由与权力》，应当在七十年后被我们细读。回看邹的一生，我忽然想起他在1962年写的《忆钱锺书》里的一段话。这段话描述了邹文海与钱锺书等几个朋友1939年冬天从上海同赴湖南的旅程，该旅程被钱锺书写进了《围城》。邹文海说：

“我们十月就从上海订船票赴宁波。继而日人封锁海口，不能通航，一直到十一月初才得到船公司通知，定期出发。……从宁波到溪口，一节乘汽油船，一节乘黄包车，足足走了一天，此后则全部乘长途汽车，每站都得停留三天五天，不是买不到票，就是等待行李到达，没有一站是顺利通过的。”

如果只看《围城》，会看到从上海到三闾大学的路上充满了笑料和人性的弱点与缺点，我们往往忽略一个远行的个体的苦楚。但钱锺书现实中的同行者邹文海这里，我们就了解到这段路充满艰辛，像苏东坡说的：“往日崎岖还记否？路长人困蹇驴嘶。”邹文海虽然一直在大学任教，且著作不少，但其人生与著作的命运，却不能不与他的祖国的20世纪一样，充满波折。

然而波折中的思考，往往是动人的。

目　录

第一编

自由与权力：政治学的核心问题

自　序

研究政治或历史的人，对于革命和变乱的现象，没有不加注意的。因为这种非常状态，实即是常态的开始。可是社会一次经过革命变乱，人类常受极多的牺牲，由是各人以为研究避免革命和变乱的方法是有价值的。他们或主张巩固治者的权力，使人民没有反抗的力量，或提倡人民的自由，使人民没有反抗的理由。这许多争辩的文字，虽不能说汗牛充栋，但总是不在少数。

即在治平之世，权力和自由也值得人注意的。权力使人民向心，自由使人民离心，维持这向心与离心的均衡，自然是政治学中最基本的问题①。过重向心则损伤人类的个性，过重离心则容易造成混沌的局面。然而求调剂权力与自由，不是容易的事情，我想对此问题，得一解决，亦许是过于大胆的尝试。惟有希望各方面毫不假借的辩难，对我的观点可以有所改正。

在过去的几年中，清华大学给我许多闲暇，使我可以潜心做书本上的功夫；而它幽美的环境，更使我可以静下心来考虑一切，这实在不能不对它表示最大的敬意。其余师友的指正，赵康节兄的帮助出版，都特别值得铭感。尤其浦逖生先生所赐的许多鼓励和同情，他的好意不容易在这里答谢的。

二十四年六月七日于图书馆

1.1　叙　论

我们如果承认政治学中有个根本问题，这个问题应当是如何使权力与自由相调剂。麦克伊尔文(Macilwain)：经在任何历史阶段的任

① Macilwain：The Growth of Political Thought in the West，p. 370.

何国家中，使人民的私见与政府的权力得一适当的均衡，乃是政治中最麻烦的问题①。但是这个最麻烦的问题，实在亦是最根本的问题。我们将怎样使政府的制裁，不妨碍人民的利益？执政者既然亦是人，他们不致以私利为公利，或更利用他们的地位以攫取私利么？这不是过虑，从来个人主义者即会因此而攻击专制的帝政，并且会因此而发生流血的革命。在从前，执政者的权力是绝对的，他们的命令就是国家的法律，而人民则其驱役，没有反抗的余地。在这个时候，人民的幸福是一点都谈不到的。但人类的问题，究竟不能这样解决。以后有人发现人民盲目的服从没有意义。人民应当反抗独夫的暴命而争取自己的利益。于是治者统制的社会，一变而为人民显耀的社会，这就是从专制政体演化到民主政体的过程。不过到今天，我们又觉悟到人民的裁决不一定完全对的。他们浅短的眼光，亦许可以为自戕生命的根源，而政府行政的效率，也可以因人民固执的成见而降低的。

政治是管理众人之事。但这个管理者与被管理者的权力与自由，应当如何划分？管理者必须有其权力，而后可以管理众人之事；众人亦必有其自由，而后可以被管理而不致被侵害。管理者没有适当的权力，势必左右受制而不能展其能；被管理者没有必要的自由，又将横受压迫而不能伸其志了。更从另一方面说，管理者的权力不能太大，太大以后一定要变成专制的暴君；被管理者的自由也不能过分，过分以后一定会妨碍管理者的行使权力。但是我们将怎样处理这两个互相冲突而又必须互相顾全的原则呢？这真是政治学中顶麻烦的问题！不过要解决的问题总得解决，因为我们既承认这是根本问题，那么它一天不解决，政治的活动就一天不能有确切的方针。我之所以要竭其愚鲁而讨论这个问题者，即由于此。

我们不能否认民主这个根本的原则。国家因人民而存在，并不是因国家所以才有人民。至于政府，它不过是国家的一种工具，当然更不能驾乎人民之上，而武断地操纵人民的幸福了。国家的主体是人

① Gettell：Problems in Evolution，p. 201.

民，政府惟有尊重人民的要求，然后可以行使职权。不然，它已失去了它的主人，根本没有存在的价值了。但问题在这里：人民这个主人，不常有发号施令的能力；而政府这个仆役，也不大会安于它服务的地位的。人民数量既众，质地又有差别，所以不容易有一致的行动，由是所谓人民是主人者，不过是一种哲学的幻想而已。反过来说：政府不是自愿处于仆人地位的。它若不受人民严密的监督，则往往有跋扈的危险。注意前种事实的，乃发为政府有绝对权力的论调；而注意后种事实的，又往往崇扬极端自由的学说。这两种见解，都失之偏激。为明白他们的错误，我决定分头讨论他们的理论。

我们试先看拥护政府权力者的论调。拥护政府权力的人可以分成两派：一派是理论家，卢梭（Rousseau）、鲍桑葵（Bosanquet）、格林（T. H. Green）、黑格尔（Hegel）都应当属于这一派的；一派是实行家，如近代的法西斯运动，它们因民主政体的失败，而发为独裁的论调的。这两派的意见，可以分开讨论于下。

国家有绝对权力这个理论，历史已很久了。主权论的鼻祖布丹氏，恐怕就是这一派的健将，而普遍认为个人主义者的卢梭实在也应当归入这一派的。其余如法家奥斯汀（Austin）、格林（T. H. Green），哲学家黑格尔（Hegel）、康德（Kant），都是这一派的中心人物。这一派人，有一个共同的态度，他们都拥护主权。他们都把国家看作抽象的人格，都把国家看作完全的表现。在他们的理论中，个人虽亦有自由，但这种自由太抽象了，有时或者竟是不自由的表现。因为国家的主权最高无上，因为国家的意志最为完全，所以服从国家的意志就是自由。换句话说，他们的自由是明白真意志和伦理目的之人才能享有的。他们的自由是超人的自由。他们的理论，就说并不自相矛盾；他们的自由，就说并不是不自由；但人民并不能一生下来就知道伦理目的和真意志的，那么到什么时候人民才可以享受自由呢？我可以替代他们回答说：当各个人民变了哲君的时候，各个人民都可以得到自由了。这哲学家的谎语！这天堂里的原则！

相信国家主权论的人，他们凭了国家主权下人民才有自由的学说，差不多把人民的自由全部剥夺了。这许多哲学家、法学家，明中建立了国家权力无上的理论，而暗中却为政府的暴行披上一件绣花的袍子。国家权力无上，多不切实际的一个口号。什么是国家？国家怎能有主权？主权怎能最高无上？这许多问题，多元论者早已先我而诘责了。我且不问国家主权论理论上的缺点，而先看一看它的结果。国家的主权最高无上，这从什么地方表现呢？国家是抽象的人格，它的行为，事实上必须由政府表现出来，由是所谓国家主权最高无上者，实即是政府权力最高无上。政府权力最高无上的结果，人民变成怎样可怜的动物，这早在各人洞察之中，无用我来多说了。自然，像卢梭、黑格尔、鲍桑葵这一辈人，他们不承认国家的人格要从政府表现。他们说，国家的人格，要从国家的"全意志"（General will）或"真意志"（Real will）表现出来。但全意志或真意志并不是拿得出看得见的东西。自然中有否这样的东西既成问题，要它行使最高无上的主权，更是空虚而不可信的事情了。卢梭对于全意志的赞美无论怎样悦耳，鲍桑葵对于真意志的崇拜无论怎样诚恳，这都无补于谁行使最高无上主权的问题。我们眼见的事实，只有政府是国家中执有权力的机关。它制定法律，亦执行法律——它颁布命令，亦执行命令，但政府的权力并不是最高无上的。要说政府的权力最高无上，那人民的地位自然低下得不堪设想，已无用这辈哲学家高唱自由的论调了。

主权这个观念，在解释法律和国家的关系，亦许有它的用处[①]。但要用来割开政府权力和人民自由，这是一种失败，主权论者无论把国家和政府分得怎样清楚，但国家必须赖政府而有所表现，这是事实。国家主权最高无上，势必至于政府权力最高无上，这亦是事实。近代的民主国家，许多地方接受卢梭的学说。在民主国家中，国家和政府分得很开。享有最高主权者是一国的公意——或者就是卢梭的全意志，而不是政府。但实际情形如何？政府占据了传统的治者的宝座，指挥与统制一切的事务，而所谓公意，终于没有什么实力的。我们应

① Hsiao：Political Pluralism.

当相信拉斯基(Laski)说的话：权力分自知的和不自知的(Powers consciously possessed and powers unconsciously possessed)两种，而后者是不适宜于运用的①。因为这个缘故，我们即使说国家的主权寄托于一国的公意，但人民是不知不觉中握有权力的人，他们不能运用这项权力以执行他们的公意。关于这一点，我们只要稍为知道各国选举的历史，就可以了解它的意义。民主国家中握有主权的虽是公意，而实际享有权威的是政府，这就可以知道拥护国家主权论者如何间接的在拥护政府权力论了。

主权论者并没有反对自由，而且大多是热烈拥护人民自由的人。像格林，像卢梭，我们实在很少看见这样一贯地赞美自由的人。但因为他们相信绝对的最高无上的主权，无形中破坏了人民自由的壁垒，由是卢梭有强迫的自由②，而格林则以为服从法律是自由了③。他们的主张，在各人的思想系统中，并没有自相矛盾的地方④。然而他们的缺点，不是逻辑的，而是不合实际情形。假使说强迫的行为是自由，假使说只有服从法律是自由，那么自由和不自由的分别在什么地方？这个，他们一定要回到真意志和假意志或是纯理意志和冲动意志的区别上去。不过这许多名词，并没有确切的解释。个人所认为真意志的，国家可以说是假意志，由是国家可以任意干涉人民的行为，而人民的自由，变成丝毫没有保障了。我们在这里应当注意，所谓自由与权力的问题，实即是国家和人民关系的问题。假使人民的意志没有自决的能力，那人民的自由，不啻空中楼阁，而国家的武力，才是决定我们一

① Laski：The Foundation of Sovereignty，p. 125.

② Rousseau：The Social Contract.（Translated by Tozer）p. 113.

③ Greens：The Principles of Political Obligation.

④ 卢梭强迫自由之说，有说他矛盾的，亦有说他不矛盾的。为他辩护的有鲍桑葵(Bosauquet)、布朗(J. Brown)诸人，而尤以布朗之说为最锐利。他说，以往自由的政治家，往往忽略于一个根本的观念。真正之自由，不在政府之形式，更不在法律之是否约束人类行为，而在于政府之能否推进吾人内在的善良。故凡能推进吾人内在的善良者，虽其行为是强制的，亦不能说伤害了自由的。J. Brown：The Underlying Principles of Modern Legislation，p. 54.

切行为的准则。

近今拥护政府权力的人，都以为人民自由破坏了政府的效率。增进行政效率，这是拥护政府权力论的第二种理由，盛极一时的法西斯运动，就是着眼于这一点而发生的，美法诸民主先进国，因有鉴于国家事务的增多，而同时又因人民代表没有能力解决这繁多的事务，于是行政部的委任立法权，日益扩大①。德国的“魏玛宪法”，且规定总统有迭克推多权，而一九三〇年的布鲁宁（Bruning）内阁，实开以命令决定预算案的风气②。这种种趋势，有人以为是民主政体已经达到衰落时期的象征。循环的定律，在政治学中已经得到证明，人民显耀的时期过去，又要回复到治者统制的时期了。人民代表的庸碌和腐化，他们以为是人民主权论致命的创伤。在近代的大国家中，只有代议政体可以表现人民主权的精神。代议政体的失败，就是人民主权论理想的幻灭。人民若不能举出贤明的代表，以处理每天碰到的国家大事，那么我们又何必斤斤于人民主权的理想，而不让能干的治者多得活动的余地？这一种思想，自从苏俄、意大利走上独裁政治的路以后，恐怕已很普遍的在人们脑海中浮现了。大家对于墨索里尼等人德政的称颂，使各人回首看他们自己的国家，而怀疑二十世纪普遍的不景气现象，或者是受人民主权论的赐予，因为不是代议民主，他们的祖国亦许不会有这样的灾难出现的。由是大家都大声的嚷了：我们要一个贤明的治者，赋予一切自由处理的全权，让他们伟大的魄力，来修补我们这个残破的世界！就是制衡原则应用得最严格的国家，亦渐渐让行政元首变成独裁的领袖，它和世界各国做着同样的好梦，它要一双铁腕来造成庄严灿烂的国家。

效率，更多的效率，这是近代鄙弃自由而拥护权力的道理。不过行政效率是否一定与人民自由相冲突呢？是否顾到效率就不能有自由，顾到自由就不能有效率呢？更进一步，我还要问不顾人民自由的

① See Hewart：New Despotism，I，The Nature of the Question，pp. 3-16.

② 钱端升：《德国的政府》，第103页。

政府效率，究竟有什么用处呢？我们不仅要个有效率的政府，而且要个为人民谋利益的有效率的政府，这个原则，至少可以得到大家承认的。但不顾人民自由的政府，如何保证其必定能为人民谋利益？推崇效率的人不能不顾自由，这正和推崇自由的人不能不顾效率一样。人民为国家的主体，我们不能否认；政府必须为人民谋幸福而后可以称之为政府，我们亦不能否认。在专制国家中，那里有不少才能特出的君主，但因为他们的目的是私人利益，所以君主尤有才干，人民受的虐待往往亦尤多。雍正乾隆治下的人民，他们所受的痛苦，不可以说不多罢！我因此大胆的说凡是推崇政府效率而不顾人民自由的人，他们实在忘了历史的教训。若说人民自由和政府效率是互相冲突的，那么我们的顾此失彼，犹不算没有理由。但事实却不是如此。人民自由和政府效率实在是可以互相辅助的。主张人民自由的不必不顾政府效率，看重政府效率的亦不必不顾人民自由。在一个国家中，这两个原则可以同时顾到的。民主的国家，不必是排挤专制的国家；拥护自由的人，并不盲目的想推翻政府，他们的要求，一方是人民要有最后的权力，一方亦需要强有力的政府来实现人民的幸福。我们除非信仰无政府主义，绝不会愿意有个庸弱无能的政府。一个国家的政府，都是用人民的血和汗去供给的，难道我们就不希望它多做一点事情，以报答人民巨大的负担？我相信无论那一个真正信仰民主主义的人，他绝不反对有效率的政府。他一样地厌恶庸弱无能的政府，因为有了这样的政府，人民对政府的供给将得不到酬报，他们所缴纳的赋税也变成没有意义的牺牲了。但是真正信仰民主主义的人，他有一个比政府效率更为重要的原则，那就是政府的行动，必须不违反人民的意志。政府的行动而违反人民的意志，那么这个政府无论如何有效率，他亦想不出所以要拥护这个政府的理由。国家是一个大集合，它的目的，和其他团体一样，在于谋得各个团员的福利。政府是国家用以求取福利的工具，它的行动，自然应当得到人民的同意，不然，它是否在为人民求取福利，我们没有方法证明了。信仰民主主义的人，并不以为人民的智慧有海那样深，所以一定要人民为国家决策的主体，但因为要保障政府之不违反人民的目的，实不得不采取这样的策略。若是有个政府，既能依违人民的意志，而又能有效率地执行它的职务，这正是他们苦心焦虑要求的理想制度，岂有反对的道理？因此之故，我们为政府的效率而牺牲人民的自由，非但不合情理，而且也是大可不必的。我们不妨两者兼求，这才可以实现个快乐美满的理想国家。

我说因政府权力而牺牲人民自由是不合理的，但走到另一极端，因人民自由而牺牲政府权力，也同样可以招致混乱和祸患。十八九世纪承极端专制之后，个人主义乃为此种压力的自然反动。傅立叶(Fourier)倡纵情论于前，密尔父子的乐利主义以及斯宾塞(Spencer)的个人主义，实为推波助澜之说，近代如阿克顿(Lord Acton)、拉斯基(Laski)、塞西尔(Cecil)等，虽觉悟到纯理主义的不切实际，而犹恋恋于英国传统的学说，许多地方仍不免流露出个人主义的倾向①。他们的思想，虽因所处时代的不同而显出差别，但有一点是相同的。人类乃理智的动物，若能任其性之自然，哪怕没有受过高深教育的蠢人，亦会发现真善美的。使社会中充满倾轧现象的，不是丑恶的人性，而是富有压力的制度。人类社会不是整齐划一的，不过在歧异中却又有其自然法则。这种自然法则，不是理智受蒙蔽的人所可以发现，而是各人在自然生活中认识的。国家不必勉强人民服从这个，信仰那个，社会中绝不至互趋极端，而发生斗争的现象。惟有呆板滞笨的制度，这是桎梏理智的刑具，这是养成反叛的祸源。善恶的标准，是非的分别，惟有人群全体才能规定，并非治者所可强求。治者忙于创造制度，制定法律，以为如此以后，人类已治于一，而宇宙中可以充满和谐的现象了，殊不知他们所定的标准，未必即是人人的标准，而又不觉悟，强人以从己，凡是不容于他们制度或法律的即是大逆不道，峻法以绳之，惨

① 拉斯基很自负，是个现实主义者，他不相信自己是传个人主义衣钵的。然而他的思想，很受格林的影响(见萧公权先生所著：《拉斯基政治思想之背景》，载《清华学报》七卷二期)，而又处处提到良心，以为良心才是个人行为的向导，这不能不说充分流露了他个人主义的倾向。个人受他良心的约束，这就等于不受什么东西的约束。拉斯基良心的学说，如果尽量引申出来，恐怕他个人主义的色彩，较洛克更为浓厚。

刑以胁之，由是和平的理想，不再能够实现，叛乱革命，乃为历史中常有的事迹了。个人主义的理想，不能说不是美丽，但是他们理性主义的哲学，并没有得到事实的根据。人固有其特具的理智，然而埋没这种理智的，实为人类自然的冲动，严法苛政，有时的确摧残人类的理性，但求显的冲动、自私的冲动，亦是使人类理智屈服的原因。自己要贵显，而人家可以贫贱，自己要舒泰，而人家可以苦闷，这实在是各人忘掉他理性的缘故，亦是社会中充满了倾轧的原因。这一种人类的冲动，倘然亦任其放纵，这个社会的和平，实在再没有方法保障了。为什么私产制度可以成立？为什么劳资发生冲突？为什么人类之间充满了怨恨？这无非是自私心的结晶。我们既然要求社会的和平，那么对于这种自私的冲动，恐怕不能不设法限制的。个人的自私心，乃是一种离心的力量，倘若任其放纵，这个社会一定显得散漫而没有规律，由是老幼不养，孤苦无依，强凌弱，众暴寡了。关于这一点，近代提倡自由的人都无法否认。所以塞西尔以为国家的某种束缚是需要的①。而拉斯基也时时提到社会中不可少的规律②。不过他们依旧浸沉于他们美妙的理想之中，所以塞西尔以为强迫教育虽予人民以实际好处，然而因此却失掉道德的价值③；拉斯基虽以为几种规律是不可少的，而终于坚信良心是人类行为最高的准则④。道德的价值，良心，这是他们用来为放纵辩护的名词。他们虽认识社会中不可缺少权力，然而因为这是自由的离敌，他们对于它的重视，不知不觉便减轻了。

不过社会中需要权力，这是不可否认的事实。卢梭的 Bon Savage 是不可实现的理想。人类虽宝贵自由，但什么地方都要处于锁链之中。从我们生到老死，我们没有一处不受风俗和制度的束缚。我们孝敬父母，友爱兄弟，我们有家室，有社会，这是各人的天性么？研究社

① Cecil：Authority and Liberty，p. 24.

② Laski：Liberty in the Modern State，p. 121.

③ 塞西尔以为一种行为道德的价值，在于自由的选择，没有选择的行为，就无所谓道德的价值。是非是个人的标准，不能由社会代定。一道是极端个人主义者的见解，见于其所著《权力与自由》一书中。

④ Laski：Op. Cit.

会进化史的人告诉我们——有许多部落吃他们的父母，有许多部落没有夫妇的关系。我们近代的种种人类行为，都是演进的风俗和制度所养成的[①]。我们是处于锁链之中而不知道锁链的束缚。我们对于这种锁链，自己并不知道，也不自愿服从，不过于不知不觉之间为其型化而已。论自由的人，一定以为这种风俗制度并没有妨碍人类的自由，因为我们并不感觉得到它们的强制力量。惟于风俗制度失去其适应能力的时期，而犹勉强人服从，这才发生了自由不自由的问题。不过风俗和制度的存在，因为它们有制裁的力量，去掉这种制裁的力量，风俗和制度就无从成立了。请以婚姻制度为例。从前旧的婚姻制度，男女并没有自择的权力，而惟父母之命是从。这个时候，男女之自相选择者，舆论必加攻击，终于使他们的婚姻不能成立。这一种舆论制裁的力量，苟其消灭，请问以前的婚姻制度如何能存在呢？所以无论哪种风俗和制度，我们都应使它有相当制裁的力量。我不是说风俗制度可以一成不变的。社会环境的变化，人类发明的增加，异种文化的接触，必然的产生新的风俗制度以替代旧的。社会是时时演变的，风俗制度也时时跟着演变，无论那一个有权力的人，绝不能维持已经没有适应力量的风俗制度，然而在风俗制度适应力量依旧存在的时候，我们实不容轻举妄动，使社会和平的秩序，为之骚动，我们应当知道极端的自由乃为放纵，罗兰夫人说：自由自由，多少恶行假汝之名以行。这里的所谓恶行，当然是指放纵的行为了。法学家以为服从法律即是自由，这句话不可全信，然而能服从法律的人才有自由，这是含有至理的格言。自由是有条件的。卡特林(Catlin)以为自由的牺牲，乃是得到政治利益的代价。[②] 他的自由，依旧是接近于放纵的名词。其实他所说牺牲的自由，不过是得到自由的条件，而他所说政治利益中的一种，乃为我人这里所讨论的自由。社会中个人，绝不能任其放纵，但又不能

① 近代研究社会学的人，都相信“社会遗传”(Social Heritage)，对于我们人格的养成是极有关系的。如萨姆纳(Sumner)，如劳斯(Ross)，都是深信其说而不疑的。其说见Ross：Social Control；Sumner：Folkways。

② Catlin：Science and Methods of Politics，pp. 249-250.

不保障其自由，这是我所坚决地相信的。社会中不止有个人，而个人间还常常发生关系。因为个人与个人间发生关系，所以法律和制度是必须要的。法律和制度乃是社会中客观的标准，不容我们主观的观念去伤害它或破坏它。法律和制度的破坏，乃是人类冲突的起源，亦是自由消灭的原因。自由不是一个人的自由，而是大家自由。因为一人的自由而去破坏旁人的自由，这个人的自由亦有被破坏的危险。一个人的自由是没有保障的，因为一人很难避免旁人的侵犯。就是神武如赫赖克利(Hercules)，他要抵抗一切人的攻击，这是不可能的事情。社会中必定要有个公共遵守的标准，而后个人才有自由之可蓄。有人以为自由就是社会中留给我们活动的空隙，而这个空隙，一定是社会的风俗制度所维护的。因此之故，我们要有自由，就得同时有权力，不然的话，风俗制度无由存在，而我们活动的空隙，也必定越来越狭了。权力是什么？权力乃是维持有用的风俗制度的力量。至于自由，我们应当说它是社会变动时减少阻力的一种工具，所以权力和自由，实在是社会中不可缺少的两种势力。没有权力，则社会没有秩序；没有自由，则社会没有进步。过分的权力乃为专制；过分的自由乃为放纵。专制和放纵，都是社会祸患的媒介。没有权力的社会，其自由必至流为放纵；没有自由的社会，其权力必至变为专制。这是历史中有价值的教训，我们不能不深深记住的。中国帝政时代，人民没有自由，所以帝皇乃有专制的暴行。古代雅典，缺少相当的权力，终于因之衰亡。这两个极端的例子，实在是建国者的导师，应当引为前车之鉴的。

1.2 政府权力的基础

1.2.1 无政府主义者对于政府的态度

提出无政府主义这个名字，我们似乎就可以知道它对于政府的态度。但无政府主义是有很多派别的。古希腊的斯多噶派(Stoics)，因为批评柏拉图的《理想国》，曾经有过无政府的思想①。而以后傅立叶(Fourier)、欧文(Robert Owen)、葛德文(Godwin)、梭罗(Henry David Thoreau)、沃伦(Jodiad Warren)、塔克(Benjamin R. Tucker)、斯波纳(Lysander Spooner)、蒲鲁东(Proudhon)、巴枯宁(Bakunin)、克鲁泡特金(Kropotkin)等，更尽量发挥他们不同的无政府主义。他们以为国家和权力都是少数人利用来榨取多数人利益的工具②。法律是保护特殊阶级的，而政府更是特殊阶级豢养的鹰犬。上古社会中，风俗和习惯约束一切的人们，那时候大家都过着幸福的生活。以后狡黠多智或孔武有力的人创造了法律和制度，强迫多数人去服从，这就是政府的开始，也就是罪恶的来源。人类因受压迫而革命的多了，不过以往的革命，多半是以此武力替代彼武力，革命者虽高唱为民谋利的口号，但革命成功以后就自己成为压迫人民的阶级了。这种不彻底的革命，完全由于不知道国家法律以及政府的根本性质，所以要走向以暴易暴的路上去了。反叛国家法律政府以及一切有强制性的制度，这就是无政府主义者彻底的革命精神。每一个人受他良心的主宰③，每一个人有平等的地位，这样，每一个人可以有自由的行动，满足的生活。而由这种个人组织的社会是快乐的进步的，绝不会有特别享福的人，所以也绝不会有特别吃苦的人。我们不要以为自由的社会中会有混乱的现象，这是不可能的。自由的人民不至于不守契约，也不至于怠惰工作的④。

就大体说，无政府主义是工业革命的产物⑤，虽然它的势力，在工

① Coker：Recent Political Thought，p. 192.

② Kropotkin：Modern Science and Anarchism，p. 14.

③ Op. Cit.，p. 45.

④ 克鲁泡特金回答许多对于无政府主义的批评，许多人说：没有政府以后人民将不受契约，这是不确的，契约有两种：一种是强迫的；另一种是自愿订立的。前者极不公平，在无政府社会中自然不会履行。至于后者，那是公平的，郎在无政府社会中也会遵守，又有人以为无政府社会中有人不愿工作，这也是不确的。有政府社会中的人民才不愿工作。在平时，人类是宁愿工作而不愿懒惰的，人民只厌恶政治社会中过分的不卫生的不公平的工作。Kropotkin：Anarchist Commttnism，pp. 22-35.

⑤ Russell：Proposed Road to Freedom.

业落后的俄国，比在其他工业发达的国家还盛些[①]。它是反抗一切权力的理论，它很和老庄无为而治的哲学相像，以为毁圣去智，除权力，均财产，就会有和平快乐的社会出现。现代的罪恶，都是权力和制度促成的。资财主义的国家，侵略变为必要的手段，榨取乃是第一个上策，由是战争的罪恶开始了。资本的集中，豪富者穷奢极侈，贫穷者食不得饱，朱门酒肉臭，路有冻死骨，由是盗窃的罪恶来了。去除现在的不平等，恢复原有的自由，这是医治近代腐化社会的惟一良药。

我们要对无政府主义下一个公平的评价，绝不能忘掉他们进化的理论。无论是巴枯宁，无论是克鲁泡特金，他们都认为他们的思想是科学的结论。社会是进化的，人类从受物质和冲突的束缚而至于理智决定的境界。私产是冲动所需要的，而政府是达到这种冲动的物质势力。所以私产和政府同是低级文化中的产物，终于要受历史波涛的冲洗而不能存在的。无政府主义的功劳，不过在消灭这种进化的障碍物。原来进化有两种：一种是渐进的；另一种是突变的。打破社会的惰性，提醒人类的错觉，使社会从歧途归正路，这是无政府主义者所希望促成的进化。

无政府主义者第一点要受批评的是他们对于人的观念。他们以为人是理智的动物，在自由平等的环境中，能够认识公利，能够受公共规约的支配。这种思想，似乎过分美丽了些。说老实话，人既是有理智的动物，就不应当创造这被咒诅的社会制度，上古社会中，本来没有国家法律以及政府，这都是人类自寻烦恼的结果呀！我们不咒诅人类的愚蠢，就不能咒诅现在的国家法律以及政府；而要咒诅国家法律以及政府时，当然也不能颂美人类是有理智的动物了。上古社会中既可以有少数人因私利而设立强迫服从的制度，那国家政府破坏以后，安

① 俄国革命以前，无政府思想极为盛行。美国虽然有 Henry David Thorean (1817—1862)、Josiah Warren (1799—1874)、Stephen Pearl Andrews (1812—1866)、Lysander Spooner (1808—1887)，法国虽有 Elisee Reclua、Jean Grave Emile Gantier，意大利虽然有 Enrico Malatesta，然而无政府主义大师巴枯宁、克鲁泡特金却都是俄的特产。

知不再有人设立类乎国家或政府的东西？除非说国家政府的破坏是人类理智的创造时期，我们实在难以保证国家政府毁灭之后，不再有类乎国家政府的东西出现。有私利心的人永远有利私心的，能创造法律和政府的人，也能发明其他类乎法律和政府的东西。

无政府主义者说：法律和政府毁灭以后，人可以公议一个适当的规则。这个规则，一定能得到公共的遵守，所以无政府的社会，就是最安定的社会，也是大家最可以安心从事于生产事业的社会。这个公议的规则，绝不如法律和政府那样富有强制性的，这是大家自愿服从的规约。但是这个公议的规则，实在和卢梭的“全意志”那样难以得到的。人群怎能有一致的意见和全体承认一个规则呢？假使说不能，那就可以有破坏规则的人，因为某个人不承认的规则，不一定能使他始终遵守的。在这种时期，谁是执行这个规则的人或机关呢？而且从无政府主义的理论上说，这种执行规则的人或机关是不应当有的，因为执行的规则，这就是一种强制了。由此说来，这个公议的规则，究竟有什么效力，很成问题。

无政府主义者亦许要提醒我们说：执行公共规约的是各人的良心，所以无政府社会虽然没有强制的机关，公共规约也绝不致废弛的。然而“每人受良心的主宰”这句话，实在也不可信的。无政府主义者叛离一切有权威的制度，然而不能反抗一个有权威的名词。良心在无政府理想中占重要的位道。在无政府的社会中，个人不受强制力的约束，但个人不致放任，而故意破坏公共规约。因为个人受良心的约束，他们绝不致侵害一个团体的公利。不过到底什么是良心？良心能否做行为的向导？这都是不容易回答的问题。在人类社会中，是非善恶都是时代的标准，行为没有绝对善恶是非的分别。杀人，这是最大的罪恶，但杀一个坏人，社会有时称誉为勇敢的行为。宽容，这是一种美德，但宽容一个坏人，社会有时且议论为姑息的恶习。所以一种行为之是非，不是良心所可以决定的，而一定得受社会标准的裁判。个人受良心的束缚，这等于不受束缚，因为良心是没有方法知道的东西。惟有社会客观的法律，客观的制度，这才是各人行为的鹄的。我们不能过分迷信于抽象的善，因为各人都有个抽象的善的观念，而个人善的观念又未必一致的。废除法律，推崇抽象的善，而欲求这个社会的没有冲突，没有变乱，这是不可能的。无政府主义者只敏锐地感觉到近代的痛苦，而没有仔细想想他们理想社会中更大的痛苦。

就是酷爱自由的罗素(Russell)，就是十分反抗政府不合理的压迫的罗素，他对于无政府主义，也不能容纳的①。他以为无政府主义者对于现代制度的批评，虽然可以引起同情，但他们的建议，未必能产生和平安定的社会。罗素眼光中的无政府主义者，当然不仅仅是掷炸弹和暗杀要人的暴徒，他对于无政府主义的批评，也比较公允的。罗素以为在无政府的社会中，最少要有阻止下列三种行为的权力：(一)偷窃；(二)暴动；(三)倾覆无政府社会的企图。无政府社会中虽没有私产，但可以有公产，那保管公产的人占公产为私有时将怎么办呢？无政府社会中虽没有法律，但各人依旧有善恶的观念，那因异样的见解而发生冲突又将怎样裁制呢？最后，有人企图破坏无政府的制度而谋建设政府，又将怎么办呢？为保护无政府的社会，为维持无政府社会中的和平，对这三种行为，自然不能取放任的态度。无政府社会中若仅仅有公意的裁制，这许多危机未必即能治减。公意制裁的力量，在有法律的社会中才能显著。无政府社会中，既无法律，又无执行法律的人，公意制裁的力量，恐怕极为微弱。如此说来，无政府主义不过是不能实现的梦想而已。

无政府主义者有个基本的信念，那就是：人有理智，宇宙有规律。哥德文以为人是被动的而不是自动的②，他只能适应③，所以在相同的环境中，人类的态度不会异歧。再说宇宙中有一致的原则，人类的行为，都是受制于这个规律的。他们的见善而爱，见恶而憎，都是必然的行为，并不是选择的结果。因为他有这样子的假设，所以觉得权利法律以至政府，都是不必要的东西了。从理论说，假使宇宙有一致的原

① Russell：Proposed Road to Freedom，p. 121.

② Godwin：Political Justice，p. 310.

③ Op. Cit，p. 452.

则，假使人们都有理智，那么政府和法律的确是多余的东西。没有政府和法律，人们依然受宇宙法的领导和裁制，社会的和平，并不致因无政府而破坏。但我们在接受无政府思想之前，必定得先研究前面的两个假设是否有坚强的根据。

关于人类是否都有理智和宇宙是否有一致的原则这个问题，在此地不能作详尽的讨论。但从政治社会观察，我不能和哥德文取同样的态度。在政治社会中，人们的好恶是不同的，有的拥护政府，有的反对政府；有的热爱祖国，有的主张取治国家的界限；这许多不同的意见，难道是受制于宇宙中一致的原则而产生的？哥德文亦许说：这种不同的意见的产生，不由于不同的理智，而由于不同的环境。这个解释我可以承认，但承认以后依旧有其他的困难，我们如何使不同的环境相同？这就是说如何使各人有相当的环境？因为不这样，我们虽然有同样的理智，依旧不能有一致的意见，这不是人与人间的冲突，依旧不可避免？宇宙中虽有一致的原则，但这个原则得和人发生关系，端赖人对宇宙原则的认识。不然，宇宙原则并不是自己有力量来制裁人们的。人对宇宙原则的认识不同，那宇宙中虽有一致的原则也是没用。人们有他自己主观的宇宙原则，而客观的宇宙原则对他不发生关系的。人们虽然有相同的理智，宇宙间虽然有一致的原则，但因为人有不同的环境，所以产生不同的意见，因为有不同的意见，所以主观的宇宙原则也不能一致。由是无政府的社会，不一样要陷入霍布斯(Hobbes)所说的“恐怖的自然社会”么？

总之，无政府主义者对于政府和权力的批评，有许多地方是值得参考的，但他们因为这种批评而得到的结论，实不能得到大家的同意。政府是否必然的变成特殊阶级的鹰犬，这个姑无须讨论，而请先问无政府的社会是怎样的状态。私人的欲念若不受相当的约束，私人的蛮性若不受严厉的限制，人类的快乐和幸福是否将成泡影？就是一贯的无政府主义者，其实他们亦并不能彻底的排斥有权威的制度[①]。在他们的理想社会中，他们要有风俗和习惯，他们要有公共议决的规则。而这风俗和习惯，这公共议决的规则，就是政府和法律的开始，亦就是政府和法律的雏形。我们若不忽略历史，我们可以相信政府和法律就是由风俗习惯演化而来的。无政府主义者要把近代国家回复到上古社会，但他们能否阻止这个社会的进化，而重新达到近代的形式呢？因政府和法律而有许多人得到特殊利益了，但不见得风俗习惯就不会产生几个幸运者。我们看了无政府主义者的论文以后，总深深感得无政府主义者亦在抬出一个新的权力阶级。我们虽不知道因无政府主义而造成的新权力阶级是那许多人，但相信这个阶级一定会有的。

我们看不出无政府主义者要毁灭政府充分的理由。这并不是说现代的政府无可指摘，这正如无政府主义者所批评的，一般无产者所受的痛苦，多半由于不良政府所造成。但这不是排斥一切政治组织的理由。贫穷的救济，劳资的协调，恐怕还需要政府的帮助。无政府主义者要革命，要扫除一切的权力，但他们不要组织，这好像说：以后终有一天人民都会觉悟了，都会抱无政府的信仰了。由是一切权力埋葬到坟墓里去，而人类到底享受到自由的生活了。这梦想，这美丽的梦想！人民怎能一旦觉悟过来，权力怎能自然的消灭呢？殊不知就是要达到他们无政府的理想，几种政治组织也是必须要的。说起来很觉得可笑，无政府主义虽时时宣传打倒权力，而他们的革命运动，就是需要组织的。政府和权力不能听其自然倾废，这一定要一种有组织的势力去推翻它的。巴枯宁的一生，就大部分注意于组织这种革命的势力。然而政府和权力推翻以后，这种推翻政府权力的革命势力，又由谁去推翻打倒呢？有组织的势力就是权力，这无政府主义者不能不认

① 无政府主义者自己亦无不能彻底的排斥权力，这是很的确的。美国的几个无政府主义者，所提倡的不过是不合作主义，并没有要绝对的消灭政府。就是巴枯宁和克鲁泡特金，他们亦每有前后不能贯彻之苦。他们相信政府消灭以后，人民还是聚居的，所以人民之间，还有一种自由契约的关系，而不守契约的可以开除他的社会籍贯。这怎能说无政府社会中没有权力呢？

清的。

1.2.2　个人主义者对于政府的态度

个人主义者对于政府的态度很简单。他们并不否认政府的存在，但觉得政府的权力，应当受多量的限制。功利主义派都抱有这样的态度。他们相信国家的目的在于追求最大多数的最大利益。但是最大多数的最大利益，绝不是少数人所能知道的。人类只有自己才能知道自己的利益，也只有自己才能为自己的主宰[①]。政府绝不能武断地设一目标，说这是最大多数的最大利益，而应当让人民自己去追求他们的幸福。因此，最健全的政府，就是取不干涉态度的政府。它采取放任的手段，任人民自己去发展他们的个性，追取他们的需要。政府最大的功用，不过在调解私人间的冲突，至于越俎代庖地为人民规定这样那样，那是没有益处的暴动；若说更武断地干涉人民的信仰或行动，那简直是一种罪恶了。

个人主义者斯宾塞尔(Spencer)更从"自然选择"(Natural Selection)的见地，证明"保育政府"(Parental Government)是有害的。他相信家庭伦理和国家伦理有分别的[②]。家庭伦理的原则在于宽大，不问功与酬之得当与否，而目的只在培育青年，使之成人。国家伦理的原则在于公道，使功与酬相当，有功者繁其族，无功者减其群。至于国家采用家庭的伦理，孤贫者予以抚恤，愚合者予以保障，使自然律中应当淘汰的分子，也得繁殖滋息，这是国家自取灭亡的途径[③]。国家的法律，始意欲减少社会痛苦，结果是增加了社会的痛苦；始意欲减少社

① 密尔似乎是这种主张的例外。他以为苦乐有质和量的分别，无智而快乐，不如为哲学家的而痛苦。不过哲学家的快乐，这是少数人才能认识的，所以苦乐的标准，应由少数人决定。Doyle: History of Political Thought. The Individual Versus Community, p. 267 off.

② Spencer: Man Versus the State, Ch. Ⅲ The Sins of Legislators, p. 67.

③ 斯宾塞尔的自然选择主义，萨姆纳于其社学中几乎是全部接受的。The Change of Facts and Other Essays, edited by Albert Keller, p. 5.

会的罪恶[①]，结果是增加了社会的罪恶。这就是保育政府遗留给社会的毒害。立法者应当知道因果的关系，应当知道立法对于人性的影响。不然，恤贫律的通过，适足以养成依赖的习性，适足以制造更多的贫民。今日之急急于立此法者，明日又要急急于废此法了。斯宾塞尔的话，不能说没有一部分的理由，但这一代的强者智者因有功于社会而得到丰厚的酬报，惟他们的子孙，未必也就是智者强者，然而他们却袭父兄之余废，虽没有功，也得到丰厚的酬报了。这难道合于社会公道的原则？功与酬的相当，固然是个极公道的原则，然而要实现这个原则，恐怕不是放任主义所可以成功的。

更可惜者，斯宾塞尔并没有指出那种人是最适宜于生存的[②]。我们不知道他所谓最适宜是指体质方面的，智慧方面的，艺术方面的，或是道德这方面的。他似乎以为敛财成功的人就是最适宜于生存的。不过富商大贾，他们的成功，大半由于机会。地价的自然增加，银根的忽然松紧，战争的突然爆发，这不是人力所可以完全操纵的，然而少数人因这种变动而获得莫大的利益。这种经济成功的人，是否就可说是自然竞争中优胜的阶级？马克思以工人为人类进化的造成者，然而这种推动文化的中坚分子，都是斯宾塞尔和《天演论》中要受自然淘汰的。这里很可以看出生理的个人主义者的弱点。他们的优胜劣败的理论，不过为强者的放纵作辩护，而没有顾到弱者的自由。其实人种优劣的问题，很不容易由事业的成败这一点去推论的。很多平庸的人享过大名，很多俊秀的人湮没无闻。况且一个人的长处是有限的，优于此者未必优于彼，劣于彼者亦未必劣于此，斯宾塞尔在学问方面自然可以胜过一个农夫，但其耕耘的技艺，一定远不如彼。斯宾塞尔和农夫，究竟何者适宜于生存呢？

至于密尔(J. S. Mill)，他的思想也为理性主义所笼罩的。他以为个人行为之影响他人者当受法律的约束，而不影响他人的行为是可以

① Spencer：op. Cit.，pp. 44-45.

② Coker：Recent Political Thought，p. 398.

自己做主的[①]。换句话说，政府权力的领域，只及于人与人发生关系的行为。他自己说的极其清楚；政府所能够干涉的，一种是个人行为之侵害他人权利者，一种是为保护社会而所求于个人的牺牲[②]。除此而外，个人是他自己的主宰，不受他人干涉。但是密尔所说的两种行为，是否有绝对的界线可以划分？他曾经想到有人要这样责难的[③]。许多个人的行为，虽未尝直接侵犯他人的权利，然而或为社会立一个坏的榜样，或间接的损害了社会的公共利益。这种行为，密尔以为已经失掉它个人的性质，而是国家可以干涉的范围了。这样说，国家的权力，在密尔的思想中，未尝不可以放大。密尔虽时时流露其放任主义的色彩，然而已为集团主义学说的先河[④]。这种矛盾，实因为他处于转变的时期，一方面承受理性主义的影响，另一方面看到集团主义的趋势，所为于崇扬自由的时候，到底不能不顾到国家的权力[⑤]。社会自然可以教育它的特别愚昧的分子，使他们与通常的标准相适合，政府并不是一定要到人民犯法以后才可以行使它约制的权力。从这里，我们可以看出个人主义者放任的政策，实在不能始终贯彻其主张的。

个人主义理论上的缺点，还没有它的结果那样明显。它促成了资本主义的发达和少数霸占的社会。功利主义派迷醉于他们最大多数最大幸福的理论，但不幸的这是无法估计的东西。人固然趋乐避苦，但乐和苦并不是有绝对标准的情感。有人以为乐者或人以为苦，有人以为苦者或人以为乐。而且苦和乐的程度，也不能有客观的标准为之度量的。因为这种种缘故，所谓最大多数最大的幸福，势必变成空论了。这还不算个人主义最大的弊病。它最大的弊病，在于假设人类于行动之先，必有一合理的计算。这是多危险性的理论。人不如他们所设想的那样有理智。他们只知道追取私乐而不会顾到公乐的。但是

---

① J. S. Mill：On Liberty，p. 133.

② Ibid.，pp. 133-134.

③ Ibid.，p. 142.

④ Dogle以为智者才能知道真乐的理论，实为集团主义的先河。密尔理想中的民主国家，国会议员是代表而不是代理人，这和正统的功利主义已经分道而驰了。

⑤ J. S. Mill：On Liberty，p. 146.

这样自私的动物得到个人主义的解放了。他们可以在大社会中攫取私人的快乐。由是地位较好的得到一切的便利，而在众人的痛苦上建筑他们的幸福。这是资本主义勃兴的历史，这是被咒诅的社会所以产生的缘故。人类不抑制他们的私欲，而只放任的追取私乐，不平等社会的产生是自然的结果。因为天赋我们的才智既不相等，各人所处的环境又极差异，这自然幸运的爬进象牙之塔，而不幸运的堕入地狱之门了。假使人类都有宗教的信仰，都为上帝维系而不去反叛艰若的命运，这不平等的生活原亦不会引起社会的骚动。不过这是不可能的。当人们不能得到最低度需要的时候，自然叛离上帝而采求这不平等的起源了。在不幸福的社会里，怨恨咒诅是不能免的。功利主义者既知道人类趋乐避苦，但他们所设计的社会制度，不使大多数人有避苦的机会，所以他们拥护的社会制度崩溃了。

我们且不要为一种制度的崩溃而感叹，请更理智的去要求这种制度所以崩溃的缘故。个人主义者亦许太信仰自然选择的原则。他们以为在不受约束的社会中，各人处于竞争的状态，优胜劣败，让那许多不适宜生存于社会的人受自然的淘汰。但他们忘掉社会中还有许多人为的环境，使失败者不一定属于劣等的人种。自然选择的原则，可以应用之于低等的动物，可以应用之于原始人类，但要应用之于进化的国家社会，恐怕不很适当的。到现在，优劣已经是不很容易分别的差异了。哲学家科学家以及劳工，不能说那一种人是不应当生存的。没有劳工社会还有什么生产？人类还有什么生活的原料？但是放任主义之下的劳工，必然的处于自然淘汰的地位。自然状态之下，劳工不能和资本家竞争的。劳工的饥饿，劳工的寒冷，劳动市场的拥挤，在在使劳工屈服于资本家苛刻的条件之下。由是工资降低了，工作时间延长了，工厂卫生不洁了；由是合理的生活不能维持了，职业的疾病发生了；终至贫穷的现象，布满了整个的社会，阶级的怨恨，促成了无产的革命，这难道是宣扬自然选择的人所愿意看见的么？

个人主义原来是初期工业革命时的思想。先是法国的重农学派，第一个揭出个人主义的旗帜。以后受功利主义和进化论的影响，乃演化为各种不同的个人主义。但各派的理想虽然不同，却一致相信个人增其自由，国家减其活动，这是对社会有利的。他们更相信人类为理智所领导，不受权力的束缚，一定能得到圆满的结果。而重农学派且进一步假设个人追求私利，不能不同时产生公善。所以他们的结论自然是“不要治者”。可是个人主义的动摇，也由于这许多基础不坚固的假设。人类不纯粹是理智的动物，在上面已经说过了，政府尤采取放任的态度，人类的弱点，尤将充分的暴露。至于追求私利，同时一定产生公善，这也是不必然的。个人之富，非即国家之富，个人之强，非即国家之强，一定要全体人民富强，然后国家才能富强。但追求私利者往往求一人之富强而陷众人于贫弱之途，这种行为，不能说同时产生公善的。总之，这许多思想家，处于专制淫威之下，所以对于政府的态度，许多地方是矫枉过正的。

1.2.3　独裁主义者对于政府的态度

十八世纪后叶，个人主义已显示了它的失败，人类的思想，自然就转变方向了。以前的放任主义，现在证明是不合理性的。尤其在经济事业方面，国家的袖手旁观，足以造成压迫与被压迫的现象。从前说：契约是自由的，但现在眼见的事实，劳工不接受资本家苛刻的条件，就得饿死。劳工的所谓契约自由，完全为资本家所侵夺的，他们没有相等的地位，以提出他们的要求。因为这种缘故，以前主张国家权力越小越好者，现在反主张越大越好了。由是独裁主义应运而生。在讨论独裁主义之先，我还稍微说一说它的前驱——唯心主义，这于了解独裁主义上有很大帮助的。以下依次讨论康德、格林、鲍桑葵的学说。

康德以为人有伦理的目的，个人在向着伦理目的走时，他是自由的，没有人可以加以丝毫的干涉。但他们一旦离开了伦理的生活，他们的行动，应当受国家的约束。康德并不有意要造成独裁的政府，不过因为他注重意志的道德价值，他觉得一个人不应当欲私利，而应当爱公善。他并不反对人类的个性，就是最下贱的个人，也自己有目的，而可以运用他的意志。但为私欲征服的人不是自由的，所以国家可以干涉欲念和鼓励意志。康德的国家，并不如柏拉图万能的治者阶级。它的目的，并不在管理一切，而不过在去除自由意志的障碍。格林一八七九年至一八八〇年在牛津演讲“政治中服从的原则”，很多地方发挥了康德的理论。当然，格林接受的康德理论是经过修改的。他是英国人，他传受了英国人个人主义的倾向，他在康德理论中渗入了不少英国人的自由主义①。格林虽以为国家可以干涉个人不道德的生活，但他并没有忘掉现实的国家常常会黑白倒置，个人的道德生活，也许要受国家的非法干涉。所以他说：大多数认为国家残暴时，人民可以反抗政府。不过他这个修改，并不发生怎样大的影响，因为他否认了个人抵抗政府的权力。即使个人十分觉得国家侵害了他伦理的生活，他也不能对国家有反叛的行为，这可以破坏秩序，破坏其他个人伦理生活的保障。这是格林理论的弱点。他好像说：国家只要不侵害到大多数人的伦理生活，它的非法行为，也要为人民所服从。这实在是独夫最欢迎而人民最痛恨的理论。

格林以后，英国有鲍桑葵，更彻底拥护了国家主权的理论②。他一方面承受卢梭全意志的理论，另一方面承受黑格尔惟心的思想。他根本不承认个人和社会有冲突。整个的社会好比一个有机体，人民为这个有机体的手足，而政府才是这有机体的主脑。以主脑指挥手足，不致发生窒碍，所以人民和政府也不会有冲突的。全意志不是人民个别意志的总和，而是人民所组织的有机体的意志。人民的个别意志，虽有一致的决议，但这个决议也许只代表人民的表面的利益，而不是人民的真正意志。立法者的行动，不能为人民的表面利益所拘束，而应当求事事合于人民的真正意志。现在的立法，虽可以为人民所怨恨，但将来是人民最怀念的东西。立法者如依顺人民的表面利益，这无异赐人民以毒酒，使他们清醒的时候留一个不可追悔的遗憾。鲍桑葵很巧妙的为政府的铁腕戴上丝绒的手套，他以为国家全体才能发现人民

① Ernest Barker: Political Theory from Spencer to Today, p. 58.

② Ivor Brown: English Political Theory, p. 143.

真正的利益。不过他太把国家理想化了。正如艾弗·布朗(Ivor Brown)说的，太把国家理想化的结果，一定是人民自己束缚了手足，去供篡窃者的牺牲而暴君更有合法的立场了；他压迫我们的自由，因为他知道我们真正的利益[①]。

唯心论者大多把政府权力的基础，建筑于人类伦理目的之上。人类的所以异于禽兽，因为他们有伦理的生活。但同时他们并不忘掉现实的世界，他们十分了解人类的行为，有时为冲动的感情所驱迫，往往违反了伦理的目的。在这种场合，国家出现了，国家消极的铲除妨害伦理生活的环境。但他们所认为国家的消极工作，也许是最积极的工作，因为他们虽不致把个人看作国家的工具，却使国家代人民决定目的。所谓伦理生活的障碍是很多的，一个不道德的个人，也可以为伦理生活的障碍，倘使伦理生活没有确切的解释，国家很可以借口伦理生活而干涉一切的个人行为。当然，唯心论者可以说：他们把无限的权力交给国家，并不交给政府，我们责备他们拥护政府的绝对权力是不确当的。不过他们为国家争取的无限权力，事实上都要为政府所篡窃的。从理论上说，国家和政府有分别的。从事实上说，国家的权力，几全部为政府所窃取。国家权力的具体表现，这就是政府的行动。除政府权力之外，我们还找得到什么国家权力么？国家和政府，从行政这方面说，实在是一而二、二而一的。为国家的绝对权力作辩护，不啻为政府的绝对权力作辩护，这是不能不认清的。

和国家主权论很相像而自以为独成一派的，这是法西斯的独裁主义。严格的说，法西斯主义是属于集团主义这一派的。在目前的机会中，很可以把它的理论称加解释。法西斯政治思想，源出于霍布斯、黑格尔、孔德，而间或渗入马志尼(Mazzini)的理论[②]。这可见法西斯的理论，有许多和唯心论是同出于一源的。它否认公民这个名词，国家中的人民，应当个个是生产者[③]。法西斯所说的生产者，不像共产主义

① Op. Cit.，p. 142.

② Bolton King：Fascism in Italy，p. 39.

③ Goad：Making of the Corporate State，p. 132.

者所说的那样狭小，凡是资本家科学家劳工都可以说是生产者的。这许许多多种不同的生产者，组织为不同的职业社会，而节制这许多职业社会的是国家。我们应当知道法西斯的政府和国家是一个东西[①]。这里可以看出法西斯政府所以有强大权力的理论根据。人民没有权利，而只有义务[②]。法西斯的问题，不在怎样保障个人和不同阶级的权利，而在怎样使人民履行他们的职责。国家利益，只有政府才能决定，人民并不能参与制定法律。因此，法西斯者很轻视自由[③]，在现实的政治社会中，自由是没有意义的。自私心极重的个人，他叛离整个的国家利益，而放纵一个人的私欲，这不是自由。因为叛离国家的利益，就是叛离自己最高尚的利益，这种人，我们不能说他得到自由的。说明显一点，法西斯抄袭唯心论者的故智，以为善的生活才是自由，所以个人可以强迫使自由的。国家的利益是整个的，国家中有政党斗争或阶级斗争，都不是健全的现象。这种话，既建立了一党专政理论的根据，又说明了政府所以有强大权力的缘故。因为国家只有一个利益，所以不用多党的代表，因为国家的利益只有一个，所以最好让政府为人民之领导，不使人民间分歧的意见，破坏了政府与人民合作的效率。

法西斯主义，普通称之为机会主义，而埃力奥特(Elliot)教授又称之为现实主义[④]。它的主张，时时因环境而改变的。哥特(Goad)说：法西斯主义的精神，就在善于适应环境[⑤]。我们要用死的文字来说明法西斯主义，这实在很困难的。不过无论如何，我们可以说它是拥护政府权力的主义。统一、训练、工作，这不是柔弱政府所可以实现的原则。法西斯反对中性的不干涉的国家，而建立了一个和放任主义相反

---

① King：Op. Cit.，p. 141.

② A citizen's political obligations are more important than his rights. Coper：Op. Cit.，p. 482.

③ Rocco说：自由主义或民主国家重视个人的利益，社会主义重视生产阶级的利益，这许多理论都没有顾到民族目的。至于法西斯主义，社会是目的，个人是工具，它的精义，在于利用个人以达社会目的。Rocco：Political Doctrine of Fascism，p. 19.

④ Elliot：Pragmatic Revolt in Politics.

⑤ Goad：Op. Cit.，pp. 134-135.

的理论。这就是说，国家处于人民之上，它有自己的道德宗教和社会性的。它的精神，超过一时期的人民——它的利益，包括未来人民的利益。它不能放任人民自杀的行为，它是不得不采取积极的态度。国家为保护现在与未来的利益，一定得控制人民，使人民不知自害害群。人民短时期受到的痛苦，这是将来快乐的源泉。知道国家神圣的人，就不应当有反叛的行为，而应当诚心服从国家的命令。这样，国家就变成一个和谐的生命，从这里产生了光荣与灿烂的历史。

法西斯主义的困难，在于它不可信的假设。我们不必把法西斯初得政权时残酷的行为来批评法西斯主义。诚如墨索里尼所说，在政治过渡时期，暴力亦许是必要的。我们现在所要讨论的，是它所以要独裁的理论基础。这个理论的基础，可以说建筑于理想化国家之上的，但现实的国家，能否像法西斯主义所说，顾到现在与将来的利益呢？普遍的福利或是集团的利益，虽是很响亮的名词，却并非有一定的解释。哪一种国家的行为，才算合乎普遍福利或集团利益呢？决定这个标准的是人民，我们说它是民主国家；决定这个标准的是治者，我们说它是独裁政体。治者当然也有时而误的，不然，法西斯就没有革命的机会。但治者既有时而误，或者它的错误比人民还多，那我们就不知道为什么国家对人民有绝对的权力。法西斯主义者往往批评全民政治近于幻想，但他们把国家看作有道德有社会性的个体，也未免近于幻想。

为法西斯辩护的人，以为法西斯并不拥护政府绝对的权力。第一，政府的权力为道德法所限制；第二，人民在私人的地位，自有他不可破坏的权力[①]。国家在保护与推进集团利益之外，它没有权力强制人民的。这两种对于人民的保障，其实非常软弱。我们不能认识道德法制裁的力量。道德法对于国家的制裁力，只有国家自愿服从的时候发生效力，不然，我们实在找不出执行这个道德法的机关。而且道德法也没有客观的标准，各人有各人的道德观念，国家权力之合于道德

① J. S. Barnes：The Universal Aspects of Fascism，pp. 118-119.

法与否，也没有一个人能回答的。至于给私人以不可破坏的权利，亦没有实际的价值。私人和人民固然处于不同的地位，但两者如何划分，就是班兹(Barnes)也要感觉得困难的。那一种个人行动影响集团利益，那一种个人行动不影响集团利益，这真不是容易解决的问题。法西斯把这个决定的权力交给政府或人民，它没有清楚的说明，但从习惯说，它是把这个权力交给国家的。因此，它这个额外的恩典，人民实不能从这里得到一点好处。人民自以为处于私人的地位而举行的事业，国家也可以说它影响集团利益而加以干涉的。

班兹又承认在某种情形中，人民的意思就是上帝的意思①，因为他相信不合道德法的政府，不能久于其位的。政府若利用其权力，以曲护自己的恶行，人民就可以宣布不服从政府了。班兹且有时以为对政府合理的批评是必需的，我们为使政府适应时时变化的环境，客观的批评是很有帮助的。这种理论，用来为法西斯进古罗马作辩护，似乎很为合宜，但于法西斯主义本身，则不能不说是一种矛盾。法西斯不容许第二个政党，因为这破坏了国家的统一；法西斯不容许对政府的批评，因为这减少了政府的信用。他不容许第二个政党，不容许批评，如何还能有人民的意志？在法西斯的国家中，我们只能看见一种意志，那就是法西斯的意志，其余的思想，都可以说它妨害集团利益而受到取缔的。

1.2.4 政治社会中治者与被治者对立的现象

各种人对于政府的态度是不同的。无政府主义者不要政府，个人主义者要限制政府，独裁主义者则需要强有力的政府。我们且不顾这许多理论家的主张，而先看一看大社会中实际的情形。在现代的世界中还没有无政府的国家，而且每个政府都用权力来维持它的地位。这似乎可以证明现在的国家尚没有舍弃政府的趋势。不过为什么政府是必要的呢？这就是本节中所要讨论的一点。

---

① Op. Cit.

我不相信国家有机体论，以为政府是一国的主脑；也不相信伦理的国家观，以为政府是推进伦理生活必要的工具。但我要从已存在的政治社会中采求政府所以必要的缘故。无论那一个政治社会中，都有治者和被治者两个阶级。进化人类的群居生活，恐怕离不开治者和被治者两种现象的。原始人类，生活非常简陋，差可自给自足，那时的社会，治者亦许不必要的。但以后需要日渐增多，个人不能自给自足，而治者亦立刻产生。人类有交易，就必须有交易的规则，有交易的规则，就必须有执行这种规则的人。古代社会的规则，最初自然是很简单的。以后则逐渐复杂，逐渐繁多，非有专门执行的人不可了，由是我们有了治者。自然，初民社会的所以需要治者阶级，还有其他的原因，好比因战争而需要领袖，因婚媾而产生族长。最初治者的权力是极小的，他们和被治者的分别也极其微细。人类的进化，使社会自简单而至于复杂，治者的权力，亦自狭小而至于广大。自从陆地上有了火车，海洋中有了轮船，天空中有了飞机，治者已自利益的保障者而变为利益的创造者了。

在政治社会的演化程序中，人民对于治者的权力，并不永远能服从的。我们会想尽种种方法建设一个没有政府的社会，可是始终没有成功过。潘恩（Thomas Pain）把政府和社会分开，以为前者只能消极限制人类的罪恶，而后者可以积极地推进我们快乐的①。然而什么地方又有过没有政府而能推进人类快乐的社会？一般提倡人民主权论的人，以为人民可以自治，政府可以不必要的，这不久也证明是不能实现的理想，他们又很迅速的转变为拥护代议制度的人了。人们永远妒恨治者的权力，永远不满治者的压迫，但亦永远不能摆脱治者的束缚。这人类的悲剧，为什么复演到如此之多呢？

从政治社会的演化看，政府的产生，实出于自然的需要。因为人类生活的复杂，所以人与人之间必然发生关系。因为人与人发生关系，所以必须谋这种关系的合理化；因为必须谋人与人关系的合理化，

① Thomas Pain：Common Sense.

政府或是治者就自然地产生了。我们要一个没有政府的社会，就先得回复到以前简单的生活，不然，这是不可能的。我们知道人类的目的相同，但正因为各人目的相同，所以时时发生冲突。我要有快乐的生活，而人家亦需要这样的生活。但我的得到快乐，有时正须牺牲人家的快乐。在这种时候，不是有客观的法律限制，我与人之间不免要发生冲突。无政府主义者以为人是理智的动物，所以损人利己的行为不会发生的。殊不知尊重他人利益的德性，在个人追求快乐的时候是不容易顾到的。并且我觉得一个人因追求自己的快乐而牺牲他人的快乐，这算不得没有理智。从个人这方面讲，他的用尽种种方法来争取自己的快乐，亦许正是有理智的表现。至于这种行为的结果要发生恶劣的影响，这不是个人所可以预计得到的。无论哪一个人，他不能预先知道他行为对于全社会所将发生的影响。因此，无论人类的智慧怎样发达，他的个人行动，总要受相当的限制，然后社会中才能保持尊贵的和平。政府，实在不是理智的产品，它并不是人类觉得需要才成立的，这是自然的产品。我不能像契约论者那样，找出政府的起源，我只觉得这是从极简单的制度演化出来的。假使人类永远保持他们初民的生活，近代的政府自然不会发生。但人类不能停滞着不进步，所以政府也逐渐演进到今日这个地步了。现在，我们已到了不能摆脱政府的时期，我们治减政府的尝试，终于不会成功。现代的社会这样的复杂，生产者和消费者的对立，资本家和劳工的对立，地主和农夫的对立，以及其他人民间种种经济的社会的文化的关系，在需要一个客观的机关，执行一个客观的标准。不然，社会失调的现象立刻产生，而人类无法生存了。

从分工的观点说，政治社会中有个客观的机关为人民执行客观的规则，在事实上也是需要的。假使每个人于行动之前，必先详细考虑这种行动的影响和结果，一个人还能有多少成就呢？在有政府的社会中，人们对于日常生活的规则不会发生什么疑虑。但在没有政府的社会中，一个人的考虑就多了。他要避免社会中不幸的祸乱，必定得详细计算他行动可能发生的影响。这样，一个人的行动一定迟缓了，那时的社会，绝不会有现在这样活泼的气象。各人把他的精力浪费于不必考虑的问题，这是没有政府的结果，那我们又何必主张绝对的消灭政府呢？

1.2.5　人民为什么服从

人类不是愿意受桎梏的动物，但他们什么地方都表现服从的习惯，这不是很奇怪么？不过人民的服从权力，实在是很自然的现象，权力建筑于社会习俗之上的，而社会习俗则是人群经验的结晶。人群为谋鼓励合作，为谋维持秩序，为谋增进自由，他们对于习俗的态度是尊而从之，并不是恶而恨之。说实际一点，人群的依遵风俗和服从权力，不能说是理智考虑的结果，而是一种习惯的行为。但他们依遵风俗和服从权力的结果，自由和合作增进了。秩序维持了，由是风俗和权力更有牢固的基础，更为人群所依遵和服从。无论哪一个人群，它一发生团体生活，某种规律必随之而起。在最简单的社会生活中，男女的婚媾，物物的交换，劳动收获品的私有喜一许多问题，在习惯法中必定有解决的方式。这种习惯法，自然不是一二个人创造的，乃是各人对于生活体验以后而共同发生的要求。即以婚媾这一条来讲，有许多社会共夫共妻，有许多社会一夫一妻，有许多社会一夫多妻，也有许多社会一妻多夫，这种种不同的风俗，都是各个社会经过历史的演变而造成的有权威的规律，并非由少数人创设的。这种规律一经存在，这个团体的人大多会服从的。他们服从的动机，有的因为这和自己的利益相吻合，有的因为违反了要受罚，还有许多则因为习惯而服从①。习俗受到这三种人的拥护，那依遵这种习俗以执行权力的人，自然也受到服从了。

我们平日亦许没有感觉到习俗的约束，因为习俗对于我们的约束太自然了。不过仔细想一想，我们什么都受习俗的束缚？小而至于书间作事晚间休息，大而至于到选举场去投票，在在受习俗的影响。权

---

① Catlin：Principle of Politics，p. 173.

力是建筑于习俗之上的，旧的习俗一天不变，旧的权力一天存在。社会中弥漫了忠君的思想，我们怎能推翻帝政？社会中盛行了民主的潮流，我们怎能拥护独裁？无论哪一种革命运动，都首先造成一种有利于革命的空气，就是这个道理。

然而有许多人根本怀疑权力是建筑于习俗之上的。关于这一点，我有解释的必要。卢梭说："权力是一辈拥有特殊利益者用来保障自己的。为私人的利益，强者做就许多圈套，使弱者束缚在里面而没有反抗的能力，这就是权力的使用了。"不过这许多话，我以为未免过火一点。在一种旧的权力将要没落的时候，权力者的行为，往往是富有压迫性的，但不能说所有的权力都是这样。我请革命家注意，他们破坏旧的权力，但亦建设了新的权力。最少在他们自己的心目中，这种新的权力不是富有压迫性的东西。不过不要多少时候，他们新的权力亦变成旧的权力，亦和更新的环境不相调适，亦是众人心目中富有压迫性的东西了。权力之能存在与否，完全要看它是否合于习俗。环境变了，习俗变了，旧的权力亦将变成人民的重负而没落了。革命家只看到形将没落的权力的压迫性，而以为权力的普遍性如此，殊不知他们所拥护的新权力将来亦会遭遇同样的命运。旧的权力滚了，新的权力要起来了，在这种变动时期，权力并不建筑于习俗之上。但这不是常法，这不但不足以证明权力之不建筑于习俗之上，且更足以证明权力之必须以习俗为基础，因为不是这样，权力就到了它没落的路上了。

权力而不建筑于习俗之上，必定不会得到人民的服从。我说过：习俗是人群经验的结晶。换句话说，习俗是人民自己承认的规律。这亦可以说，习俗是人与人间互相订的契约。我似乎不必在这里牵涉到过时代的契约论，不过为说明习俗的性质起见，偶尔用这个比喻罢了。权力因为建筑于习俗之上，所以这是大家承认的，所以大家愿意服从，不然，叛离就要发生了。英国的首相，美国的总统，为什么会有权力呢？因为英国和美国的人民相信首相和总统是他们选举出来的；他们相信代议制的理论；他们相信"更迭的制度"（Rotation System）；他们有过"大宪章"和"人权宣言"。假使把这许多历史上的习惯上的势力抽掉，英国的首相和美国的总统，就不能有现在这样的权力罢？再说美国的总统为什么不到国会去演讲①，英国内阁为议会不信任为什么要全体辞职？这也是权力必须合乎习俗的证据。权力者和人民的关系，暗暗中有个承认的痕迹在。这个承认的痕迹，就是习俗。习俗是人群经验的结晶，权力能合乎习俗，就合乎人群的经验，大家自然可以服从权力了。权力而不合乎习俗，或甚至反乎习俗，这一定不能为一般人所容忍，而谋起而反抗了。

这样说，权力也是有限制的。权力必须得到大众的承认，最少它要得到社会中显要部分的拥护。权力而不能维持这个条件，它就有慎落的危险了。所谓习俗，绝不能是少数所遵守的规律。普通人都以为习俗是陈的旧的，而不知道陈旧之外，还得加上一个条件，这就是必须得到显要部分的拥护。社会的环境并非不变的，它时时受人力的推动，而发生新的变化。选举制度推行了，而推行选举制度以后又发现了国民的教育问题，由是普及教育又成为新的要求。一种新制度的推行，往往又创造了新的环境，又产生了新的要求。社会无时无刻不在演进的过程中的。然而在新的要求没有成立之前，旧的习俗依旧存在；直到新的要求成为大众的要求，而其势力又较胜于旧的习俗，由是新的要求成为新的制度，而旧的习俗乃变成过去的陈迹。所以想维持权力的基础，就得使拥护习俗的势力胜于反叛习俗的势力。这是权力所受的限制。我屡次说过，权力是建筑于习俗之上的，旧习俗的倾废，同时亦使旧权力倾废，这是历史中不变的定律，没有方法否认的。拥权位者必须维持习俗，必使社会中拥护习俗的是显要的势力。这一点，拥有权位的人也看到的，他们都用尽种种方法来维持习俗，这也可见权力和习俗的关系了。

但是拥有权位者的志愿，并不都能成功。假使旧的环境已经完全变更，假使新的要求已经十分尖锐，这时，权力如不接受这种新的要求

---

① 美国总统，并不是不能到国会去演说，罗斯福和威尔逊总统已开其先例，不过习惯不是这样，所以大多数的总统没有依照他们的榜样。

而转变其权力使用的方式，革命是无法避免的。习俗往往会丧失它时代性的。而这种过时代的习俗，不过是习俗的躯壳，因为它存在的意义已经完全没有了。这时候，旧的权力犹想作困兽之斗，勉强维持这种习俗，革命就爆发了。当全体人民受到专制的毒害，而感觉到帝制有推翻的必要时，你还想用君权神授的言论去麻醉人民，这是不可能的。当教权和皇权相争的时候，当各个小封建国互相兼并的时候，强大之帝国是当时的要求。但以后，这种环境全变了，皇室的贵族，成为吸取人血的野兽，而皇室本身，也成为人民巨大的负担。这时，帝制也要和封建制度一样成为过去的遗物了。权力的新陈代谢，这是必然有的。社会不停止的前进，在每个前进的阶段中都有它的习俗和权力，这个阶段一过，这种习俗和权力也没落了。社会的习俗和权力，正如人类所用的器皿一样，一到更新的、更便利的器皿出现，旧的器皿自然没有地位了。

我这里所说的，和拉斯基的态度不很相同。权力固然最少要得到显要部分的拥护，但不必要得到所有部分的承认，这是我始终一贯的主张。没有一个权力能得到一切人的拥护，这是很明显的。人心之不同，像他的面孔一样，那权力要满足每个人的要求，自然是不可能的。进步的社会中有保守的势力，文化的国家中有野蛮的遗习，要权力满足各方面的要求，实在不是容易的事情。权力的责任，不在和各种小团体竞争，而在于谋适合当时显要部分的意见。这似乎有宣传独裁的嫌疑，其实不然。我对于权力的态度，始终不以为它一定要合于抽象的善才能保全，这是唯心论者的意见，不是拉斯基那样现实论者所应当说的。权力所能做的，其实不过谋适合于当时显要部分的意见而已。而以往一切权力所真做的，亦不过如此。但所谓谋适合于当时的显要部分，也不容易。社会的显要部分，时时变更的。古代社会，神权的思想特别盛行，这时的显要部分是教皇宗教师以及信仰宗教的人。中古世纪，皇权渐渐擡头，这时，皇室的亲属、皇帝的官吏以及忠于皇室的人民是显要部分。到最近，人民主权的理想又勃兴了，由是信仰民主主义的人民又成了现代显要的[①]部分。权力要适应这时时变动的显要分子，的确需要十分客观的头脑。大概革命的产生，可以有两个原因：第一是权力不能适应旧的显要部分的要求，第二是权力不能适应新的环境新的显要部分的要求。我国清以前的朝代更迭，都是属于第一类的，而清代末季的革命是属于第二类的。要避免第一种革命，马基雅维利(Machiavelli)的《君主论》多少是种教训。要避免第二种革命，则非有客观的头脑不可。时代的变更，往往不是权力者所可以辨认的。他为私利心所蒙蔽，为左右拥护的人所包围，不容易看出转变的痕迹，这就是流血惨剧所以要重复地表演的道理。权力者亦许有一个野心，想维持旧的显要的势力。严峻的法律，用来压制异己的思想；精练的军队，用为拥护自己的势力。但这是不可能的。科学的发达，生活方式的变更，必然的带来了一个新的时代，新的显要部分。除非像旧日的中国一样，学术界永远在儒道中打转，科学的发明永远受到摧残，人民的生活永远处于手工业时期，不然，社会的显要部分一定得常常改变的。学术的昌明，科学的发达，生活方式的改变，不是一部分人所可阻止的。人类的历史，就是一部适应环境的历史，人类因适应环境而发明生活的工具，环境因人类的发明而有新的改变，人类又去适应这种新的环境，这样循环的进步，就是人类的进化史。这种进化，乃是全人类动力所寄托的地方，绝不是一部分人所可以停止它的。权力者既不能停止人类的进化，那他们避免革命的方法，只有不断地适应新的环境。这个，英国给我们最好的榜样。不流血的革命，这是英国人所引以为荣的史迹，实亦是全世界人类所应当共同采取的目标。革命是人类不能避免的，而不流血革命是革命中牺牲最轻的。人类的历史，到什么时候才可以都采取不流血革命的手段呢？

---

① 拉斯基恒自诩为现实论者，惟处处摆脱不了个人主义和唯心主义的影响。萧公权先生于《拉斯基政治思想之背景》(载《清华学报》七卷二期)一文中论之至详。拉斯基的以为权力当合于抽象的善(Laski：Grammar of Politics)这是受唯心主义者的影响了。

1.2.6 政府有否绝对权力

在前面的几节中，我已经说明政府是必需的；无论哪个社会都逃不出治者与被治者对立的现象。但是政府的权力，是否绝对？主权的学说，有什么客观的基础？人民的服从，有什么一定的限度？这是本节中预备详细讨论的。

政府权力的基础，梅因(Maine)以为建筑于人群习惯的服从①，而还有许多以为出自训练。这几种理论，可以说明一部分的理由，但没有回答出主要的原因。讲政府权力的基础的，要推霍布斯和卢梭两派不同的主张了。前者以为政府的权力，基于人群怕惧的心理；而后者以为基于承认的原则之上。霍布斯的意思，以为政府握有最大的力量，不服从它命令的人民，必定受到痛苦的责罚，为避免这种痛苦，人民所以服从政府。但人民之服从政府因为有怕惧心理，而政府之所以有权力，不能也说因为人民有怕惧的心理。霍布斯的理论，最多只解释人民所以服从的一个因素，而卢梭承认的理论，才是政府所以有权力真正的缘故。不过我和卢梭的主张也并非完全一致。我以为人民承认政府权力的原因是很多的，并不如卢梭的那样简单。人群之积极的或消极的拥护一个政府者，或者因为对于自己有积极的利益；或者因为对于自己没有消极的弊害；或者因为习惯；或者因为怕惧，绝不如契约论者一样，以为履行了契约中的条件。这里，我非特不和卢梭的意见一样，就和拉斯基也不相同。赖氏以为人民对政府权力承认与否，当以政府之能否推进公利为转移②。这亦是哲学家的说法。社会之积习不去，怕惧权力的心理依旧存在，政府的权力虽离开了公利的立场，也不致发生动摇。政府固然建立于人民意见之上③，但所谓人民的意见，不过是一种态度，并非完全是理智考虑的结果，而是偶然的为

① H. Maine：Populor Government，p. 63.

② Laski：Grammar of Politics.

③ Hume：Essays of the First Principle of Government，(World Classics Edition)，p. 29.

环境所刺激而有的行为。人民服从政府，不一定因为它推进了自己的利益或大众的福利，不过出于一时不得不然的态度。有许多消极的服从，有许多不积极反抗，有许多取漠不关心的态度。人民之服从政府，固然不一定出于真诚，但就是这种冷淡的消极服从，也是政府权力所恃以为基础的。一旦消极的服从变成积极的反抗，政府权力也恐怕无法存在了。

因此，政府的权力不能绝对没有限制的。就是机拉(Gela)、尼罗(Nero)、亨利第八(Henry Ⅷ)、路易十四以至成吉思汗，他们的权力，也必须有一小部分人积极的拥护，另一大部分人消极的服从。我们不要以为古代的帝皇有绝对的权力，他们若没有朝臣和忠顺百姓的拥护，那么古代的受弑的皇帝都是最好的照鉴。没有一个独夫能指挥一切，你说他有兵力，所以可以压制群众，但这个受他指挥的军队，就是忠于他的一小部分人；你说他有严峻的法网，所以可以束缚群众，但为他执行法律的官吏，又是拥护他的一小部分人。而且这一小部分忠于他的人以外，一定还有许多人消极的服从他的。一旦这许多人都解体了，都变成积极反抗的分子了，那么独夫虽有三头六臂，也不是可以安居于位的。这许多人为什么拥护独夫，我可以不问，但独夫亦必须得一部分人的拥护而后可以存立，这是事实，确切不移的事实。

到什么地步，服从的人民就要变成不服从呢？这不容易指出一个抽象的标准。不过我可以学卡特林(Catlin)的口吻说：到人民牺牲的自由最大而所享的安全最少时，服从的人民就要不服从了①。卡特林以政府为生产者，人民为消费者。政府生产安全，而人民就用自由去购买安全。所以政治学中最重要的原则，就是牺牲最少的自由得到最大的安全，但怎样是最少的自由，怎样是最大的安全，这就要因时代和环境的不同而变更其范围了。乱离之世，人民需要安全更切，他们得到安全的方法是牺牲多量的自由。治平之世，各人的安全已经很多，

① 卡特林于《政治原理》(*Principle of Politics*)与《政治科学与方法》(*Science and Methods of Politics*)两书中，均阐明此说。

所以大家亦不愿意牺牲多量的自由来购买安全。卡氏的话，在表示人民和政府的关系，这一点是很有意义的。人民服从权力，并不因为政府合于某种理想的标准，而因为在当时的环境之下，政府的行为还不算是不堪的负担而已。政府要价虽高，而人民还愿意购买它，政府的权力就建立了。因此，不一定专制的政府就没有存在的可能。社会一到大混乱的时期，人民于生命的安全之外，别无奢望。这时，只要有一个强有力的政府，能恢复秩序，人民对它的铁蹄，有时也能忍受。但千万别忘记这是不能持久的情形。人民一到安定的环境，必须想到他们所牺牲的代价亦许过高了，由是他们要求自由，这就是说这时他们要便宜货了。政府的暴行，有时为人民忍受，就是这个道理。

从上面所说的，可见政府的施政，必先合于时代的要求。而更重要的一点，那就是欲求权力之存立，必先使政府的行为，在人民不是难堪的压迫。政府不能利用它的地位，任意做有害于人民的事情。政府而变成重负，人民一定要想法摆脱这种重负的。我们随便翻开历史一看，那里面充满着人民反抗苛政的事迹。人民希望牺牲最少的自由而得到最多的安全，政府乃反乎其道而行之，无怪人民要起来推翻它了。我们若不用自由和安全这种名词，而从权利与义务这两方面来讨论，其结果亦如此。人民希望尽最少的义务而享最多的权利，政府若不给人民以权利而只要他们尽义务，这个政府也没有方法存立的。义务是大家不愿意尽的，非到不能不尽的时候，大家总设法规避。至于权利，自然又是大家愿意享受的，非到不能享受时，没有一个愿意放弃。政府能保障人民最大的权利，而要他们尽最少的义务，权力的基础自然异常巩固。求其次，亦当使权利与义务相当。不然，人民必定生怨望，而有叛离的行为了。

我们把实际情形来说，权力的倾覆，完全因为过分摧残了人民的利益。在英国，限制国赋往往是革命的动机；而美国革命，也是不平等的税率引起的。有权位的人，常常有追求私利的倾向，而人民的不平，他们以为可以用武力压制的。自由没有理由的摧残，权利没有限制的剥夺，由是执政者私人的享受不可不求奢侈，而人民的赋税是应当增加的；私人的好恶不能不求任性，而逆于己的是应当起兵讨伐的；官位是个人赏罚的工具，而戚谊乃是任用的标准。在这种国家中，就是人民最低度要求的安全也不能存在的。你想：在上者既以私利为目的，在下者还能廉洁么？在上者既以纵情为快乐，在下者还能勤俭么？在上者既以亲疏为赏罚，在下者还能公正么？以不廉、不洁、不勤、不俭、不公、不正的官吏临天下，天下惟有乱而已。人民并不喜欢乱，但执政的不给他们安全，他们自然只有乱了。政府一定得使拥护它的多于叛离它的，然后社会才能安定。若是徒求私利，而以暴力抑制人民不平之心，这就是使叛离它的多于拥护它的，政府还有不倾覆的道理？

我曾经说：徒恃强力的政府，并不是没有存在的机会，意大利就是好例。不过这是暂时的现象。意大利自统一成功以后，内部秩序，极其紊乱，欧战以还，更经大罢工的骚扰，所以人心厌乱极了。这时，只要有一个强有力的政府，社会的秩序得以保障，人民的生活可以安定，这是大家最热烈的要求。墨索里尼政府能满足这个要求，所以它虽限制选举权，限制人民自由，人民也愿意服从的。

因此，政府的权力，绝不是没有限制的。它至少要满足当时最低度的要求，然后才可以维持自己的地位。这个最低度的要求，并不是指得出看得见的数目字，而是一种随时代的环境变迁的东西。古代人民所要求于权力的和现代所要求于权力的完全不同，所以权力能使用的范围也时时有伸缩的。梭伦(Solon)的宪法，贫民有选举权而没有被选举权[①]，这在当时可以满足大家的要求，但现在是不能了。至于我们现代所认为最高贵的权利，将来又安知不是无可重轻的虚文？不执一于过去的陈规，而迅速地适应新的环境，这是社会避免革命和政府保持权力最妥当的方法。

① Acton：History of Freedom，p. 7.

1.3 政府权力与行政效率

1.3.1 权力与武力

政府是国家的工具。若说国家的目的在捍卫人民，政府就是捍卫人民的工具；若说国家的目的在促进文化，政府就是促进文化的工具；若说国家的目的在谋全民福利，那政府又是谋全民福利的工具。不过无论国家的目的怎样，我们要政府完成国家目的，自然要赋予相当权力，使它有能力向这个目的进行①。一架机器，必定要有发动力然后才能动作，而所谓政府，实在就是政治社会中的一部大机器，它当然也要有发动力的。政府的发动力，我们说它是权力。每个国家，都有它的法律，每个违背法律的人民都受到政府的惩戒，每个国家都规定了人民的义务，每个不欲履行义务的人民都受到政府的强制，每个国家都划清了政府的职责，每个政府在职责范围以内可以自由处理。这政府的惩戒权强制权自由处理权，我们都说它们是政府的权力。

但问题在这里：国家既是人民的集合体，人民为什么让一个机关在自己之上，使它可以惩戒和强制自己呢？政府强制惩戒和自由处理的权力，从什么地方得到呢？

这两项问题，第一项在前面已有答案，政府为完成它的目的，相当的权力是必须要的。至于第二项问题，还有考虑的必要。在从前，有许多人以为政府的权力是神授的，所以除神之外，没有可以限制政府权力的；也有许多人以为国家是有机体，政府是这种有机体的灵魂或主脑，所以天然居于指挥者的地位。这两种说法，现在已不通行。国家是人民的组织，政治因人与人的关系而造成，而政府乃是为达到某种目的而建设的工具。人们既发生了关系，那人与人之间自然会有种

① Tanney：Sovereignty，p. 40.

共守的法则，使不致常常冲突。这个法则，最好有一个无偏无私的机关来监督和执行，这亦许是最初要政府的动机。政府既已成立，人民又感觉得把公共事业交政府代理执行比较方便多了，由是又赋予政府这样那样的权力，执行这样那样的事务，这是政府演进到现在这个情形的过程。如此说来，政府的权力实在是全体人民所赋予的。政府与人民之间，虽没有洛克、卢梭所说那样的契约，但政府而不能得到人民的认可，它实在没有建设的可能。休谟(Hume)说得好，没有一个政府不建立于人民意见之上。政府的行动，政府的施政，若不能得到人民的赞同，恐怕没有进行的可能。政府惩戒犯罪的人，强制不履行义务的人，但它惩戒犯罪行为而人民不以此为犯罪行为，强制履行义务而人民不以此为义务，势必惩戒这个，那个又复犯法：强制某甲，而某乙又不履行义务。如是，政府或者竟至不能执行它的权力了。又或政府依凭武力，压制人民做他们不愿意做的事，一时虽不会反动，但积之既久，革命亦就发生了。政府的权力，就是不说它是人民所赋予的，最少也应当说是人民所承认的。

政府的权力，既然必须经过人民的承认，所以权力不是武力。武力虽也是一种力，但它不需要任何方面的承认。某甲用武力制服某乙，强迫某乙做不愿意做的事，这丝毫没有承认的意思在里面，我们成谚中以力服人的力，应当指武力而言。但是政府是否可以用武力来管理众人之事呢？我们以为不可。我们已经说过，政府的行为，不能不得到人民的默认。原来以力服人的，根本就没有得到别人的服从。压制的力量一旦移去，反抗的运动就要乘机而起了。至于政府，它以得到人民的服从为要义，因为这样它才能顺利地进行它的事务。所以政府不能用武力，而必须有权力。许多将要倾覆的政府，往往滥用武力，压制人民，希冀延长它残余的喘息。但这不是常态，以为这是常态的人，就未免大错特错了。政府是人民拥戴的，然而人民怎能拥护宰割自己的屠夫？除非政府愿意自己消灭它的生命，它不会用武力去对待人民的。有权力的政府可以很顺利地执行它的职务，但用武力的未免要碰到许多阻挠。一个政府，它没有顾到人民的意思，而强制人民做某种行动，这是武力——它既经得到人民的认可，而强制有害于它目标的少数个人，这是权力。武力和权力，在力这一点是相同的，所以粗看往往混为一谈。但试看现实世界的现象，有许多政府的命令得到人民的服从，有许多政府的命令受到人民的反抗。得到人民服从的是权力，受到人民反抗的是武力。权力之所以得到人民的服从，因为人民业已默认；武力之所以受到人民的反抗，因为人民没有认可。在这里，我们就很容易分别出武力和权力来了。霍布斯以为政府权力是建筑于恐惧的心理之上的，这是他的错误。他观察政府浮面的现象，似乎政府之所以得到人民服从者，因为它严峻的法律和残酷的刑罚。殊不知监狱的生活虽苦，杀戮的命运虽惨，也不能抑制人民坚强的反抗。我们不能离开历史来谈政治。当前的现象，容或政府是用武力来压迫人民去服从，但不能因此忘掉革命的事实。你怎能断定现在的专制不是将来革命的导火线呢？历史给我们明白的教训，凡是不以人民的利益为重的专制政府，迟早要受到反抗的。政府的铁的手腕，虽然暂时征服了人民，但不能因此断定服从是建筑于恐怕心理之上的。

"同意的理论"(Theory of Consent)，往往为一般人所忽略的，因为这是隐藏于浮面现象以下的事实。然而这是权力最大的根据。权力之异于武力，就因为前者得到人民的同意，而后者没有得到人民的同意。因为这惟一不同之点，两者道德的基础乃完全不同。一个是自愿服从的法律，一个是外面加上的强制。假使我们因为侵犯了社会习惯的法律而受法院的逮捕和政府的责罚，我们自己虽然不能心甘情愿，然而绝不能得到舆论的援助。假使我们是罪不应得的，不过因为触犯了当局者的利益而受到一种难堪的刑罚，大家对于这种政府行为，一定会发生恶感的。在这里，我们又可以看出权力和武力分别的地方来。

1.3.2 权力与效率

权力第二个要素是它的效率。我曾经说过，为完成政府之目的，相当的权力是必要的。可见政府之所以有权力，无非为便利它完成目的。不然，民何苦自己加上这个重负呢？一个政府，既不能平定内乱，又不能防御外侮；既不能救济灾贫，又不能抚养老弱；既不能积极的建设，又不能消极的除患，这个政府，我不知道它为什么有存在的价值。无论那一个爱秩序的人，他不能忍受无理由的负担，而不设法改革呀！我们要有政治生活，就因为要于政治社会中得到非政治社会中不能有的利益。假使政治社会中的生活，较之非政治社会的更为痛苦，那我们虽不能回到卢梭和洛克的自然社会去，也可以回到无政府的状态中去的。我们非难无政府主义，因为相信有政府的社会，总较之无政府的社会。但现在竟有一个政府，它不能维持无政府社会中的秩序，不能谋求无政府社会中的利益，那么这个政府，无异疑的应当推翻的。我们虽有狄摩西尼斯（Demosthenes）、西塞罗（Cicero）的雄辩，亦不能为一个没有用的政府作辩护。这个没有用的政府，必然的已经受一切人的唾弃了，我们得为它辩护，不过自寻烦恼而已。我们相信：一个没有用的政府，比之暴虐的政府更为有害。一个暴虐的政府，不过造成一时的恐怖，而终于要为革命运动推翻的。但没有用的政府，它破坏了一切建设和创造的力量，它的遗毒，恐怕有延长的危险。大家想想：在一个不安定的社会中，不是容易养成人民偷安的习惯么？在外受侵略内有匪患的国家，人民安定的生活还不可得，说要建设，则是谈何容易。我们宁可受暴政的压迫，而不愿在无用政府之下作无谓的牺牲。许多人反对暴虐的政府，他们悲痛着丧失的自由，怀恨着铁腕的压力，殊不知没有效率的政府，其可恨犹过于暴虐的政府。暴虐而有效率的政府，还有霍布斯（Hobbes）、菲尔麦（Filmer）为之找理论上的根据，但一个没有效率的政府，还有谁愿意为它找理论上的根据？这种有政府而无政府的政府，我们最多能称之为社会的骈枝，还有什么可以称扬的呢？

从本国的历史看，更可以证明无用政府之犹下于暴虐政府。十九世纪以前，我们很少民主的思想，更少民主的制度。中国两千余年的历史，就是整部的专制史，里面并不曾经过些微民主的波浪。可是在这整部的专制史里面，朝代的更迭是常见的事情。朝代为什么更迭呢？无非是有效率的专制政府，已变成无效率的专制政府，不得不有一个新的有效率的专制政府来替代罢了。这可见我们可以忍受两千余年的专制政府，但不能忍受短时间的无用政府。这个无用政府，往往是招致灾乱匪祸的媒介，是人民最怕见的政府了。没有一个专制政府，它不会侵犯到善良百姓的生活，但没有一个无用的政府，它能保障人民最低度的安定。不要无用政府直接去为害人民，只要它所造成的混乱的环境，就可以使人民无法生活了。

政府必先有效率而后可以享受权力，以前的思想家往往不注意这一点的。他们以为政府的存在，只要得到人民的同意，就无可非议的了。不过最近世界经济的不景气，使人怀疑到无用的政府，人民是否也有拥护的义务。最近的民主政府，都是建立于同意的原则之上的，可是它以往错误的政策，造成了现今的危机，而目前的庸弱，又使它没有能力进行复兴的计划。这种政府，是否还能保持它的权力呢？这自然不能。人民痛苦的生活，使他们怨恨现政府，由是独裁政治应运而生了。意大利的墨索里尼，德国的希特勒，都先后在政治舞台中显露头角。这也许不是永远的现象，不过从此我们可以得到一个教训，仅仅得到人民的同意，政府还不能保持它的权力。它必定要增进行政效率，然后才能够得到人民屡心的拥护①。政府而没有效率，人民所牺牲的自由是没有代价的。政府的权力，无论怎样小心的运用，对人民总是这种约束。就是以前放任的政府，人民也因它而感觉得压迫的。然而人民所以忍受这种约束者，因为它是产生更大的便利的因素。不过没有效率的政府，这项理想是不能实现的。一个没有效率的政府，它的法律，乃是压迫好人的牢狱，而坏人是不会受限制的。这种例我们看见得很多。法律原来应当普遍应用的，不过庸弱的政府，乃当它是范围善良人的工具，所以窃国者侯窃钩者诛，强者无形中增加了谋害弱者的利器。正道应该是各人行为的准则，不过庸弱的政府，对于有力者不正义的行为，没有方法制裁，所以正道也变成善良者受欺负的

① Tanney：Sovereignty，pp. 16-17.

原因。其他各种人民的义务，如纳税服兵役等，本来也是平均分配的，不过在庸弱政府之下，转嫁和规迟是常常有的情形，由是一国的负担，渐渐的集中到少数善良者肩膀上去了。善良的人民难道应该受到剥削？无疑的，庸弱的政府是不应该受拥护和不应该享有权力的。

一种不经同意的武力，亦许有为人民谋福利的可能。英国的克伦威尔(Cromwell)，法国的拿破仑，他们的独裁手腕，会为两个国家创造幸福。惟有庸弱的政府，它必然是全民福利的离敌。那一个没落的政府，不是因为庸弱而衰亡？明末的崇祯，清季的光绪，他们求治的好心，都因优柔的手段而失败了。无论哪个政府，它不但要有正当的目的，而且要有敏捷的手段。政治对人民的生活发生直接的关系，政府的措置，稍一失当，人民所受的毒害，不是文字所可以形容的。无论怎样正当的目的，因手段错误而变成有害者，到处可以看见。而所谓手段的错误，亦许就是没有效率的表现。有效率的政府，即是能于最短期间达到它目的的政府；然而手段的有错误，即足以打破此种理想。故庸弱政府者，不仅是充满了冗员而不能办事的政府，凡手段错误而徒然耗费时间的，都是没有效率的政府。采取放任政策的政府，它的目的亦许在求全民福利，可是它所用的手段，适造成和这种目的相反的社会。因此之故，采取放任政策的政府，只能说是没有效率的政府。

近几年来，大家对于效率这个问题，极为注意。但什么是效率？依旧人执一说，没有科学的回答，效率的观念，脱不了工作的质和量这两种要素。凡能于短时间内完成多量的工作，而其工作的质量，又属无可批评者，这就可以说达到效率的标准了。故没有效率的政府，亦即是没有建树的政府。禄位是政党的赃物，官吏是无耻的集团；论建设则人民虚糜其财，论行政则朝三而暮四；设学校而青年无由受教育，置法庭而人民无由伸冤曲。这种政府，虽拥民主的虚名，我知道它必定很早要覆灭的。法西斯的统治意大利，更可证明政府的不能不讲求效率。欧战以后的意大利，奉行代议民主制度，表面上人民所享的自由和权利，和英美者几相等。然而大家愿意放弃这种政制，因为那时的政府实无效率之可言。墨索里尼政府虽然摧残了人民的自由权利，但它能很迅速地实现人民迫切的要求。它有效率，所以人民容忍它的专制，以往恺撒(Caesar)、拿破仑、威廉第一之所以能受人民的爱戴，也因为他们治下的政府特别有效率的缘故。政府是工具，是机器，没有效率的政府，就好比破损的工具或机器，大家自然不愿意用它了。

上面所说的话，并不在颂扬专制政府，不过在证明无用政府之犹下于专制政府而已。至于专制政府，那自然也是不能拥戴的政府。我们相信：无用政府是各种政府退化的结果。民主政府的退化，贵族政府的退化，专制政府的退化，都形成了无用的政府，所以无用政府是各种政府中最坏的政府。至于民主政府贵族政府专制政府之孰优孰劣，非本文范围讨论所及，不用多说。无用政府，不限于那一种政体才会产生的，只要执政当局，不能称职，无用政府就存在了。无论哪一种政府，立法者而没有立法的能力，行政者而没有行政的能力，司法者而不能大公地执法，这就是无用的政府，或是称它为没有效率的政府。

政府的必须有效率如此，我说政府第一要保持它的行政效率，也不算过分。但怎样的才算有效率的政府呢？一个政府，不外有生产和消费这两方面的活动。生产的活动，如工业的建设，交通的设施，教育的推进，凡间接或直接增加人民生产力者均是。至于消费的活动，如行政人员的雇用，司法和立法机关的设立等均是。生产的活动，务求迅速，消费的活动，务求经济，为达到此种目的，则工作不能不紧张，冗员不能不裁退，庶几建设的事业可以日新月异，而行政的费用可以渐渐紧缩。最近各国政府之设立专家委员会，那是达到第一目的必须有的步骤，而美国国会赋总统以裁减行政人员的全权，乃是对于第二目标的努力。

话又得说回来，政府而没有权力，它是谈不到效率的。这个意思，前面已经说过，而美国国会赋总统以组织行政机关的全权之例，更是值得我们注意。政治中不能没有制衡的现象，行政、立法、司法，三机关的互相制衡，仅其一端而已。其余如自由与权力，权利与义务，在在显露它们调适的作用。然而政治中亦不能有太多的制衡，权力而太受自由的束缚，则不成其为权力，政府亦没有方法行使它的职责了。政府的没有效率，不外有两个原因，或是执政者缺乏才能，或是执政者太受牵制，而后一个毛病，其害更烈。最少从理论上说，民主制度之下不应当有无才无德的治者。即使说巧言令色之流可以欺骗民众于一时，然而他们的任期是极短的，何况罢免的制度，更可以使这种佞便的人去位。惟有执政者太受牵制，这个毛病是极根本的，非从制度本身着手，恐怕不易奏效。在从前专制的时代，大臣往往过分受皇帝的牵制，所以“专任使”乃为我国政治思想中极重要的问题①。现今民主国家，以人民为主人翁，他们过分的自由，又往往为政府权力之害。我们说过同意的原则，但所谓同意，并不完全是口头的，默认亦可说是同意。假使政府必须事事询问人民的意见，那政府到底能做多少事，不待智者就可以想象得到。同意的原则，所以制衡政府的权力，但过分的牵制，直使权力不成其为权力，更何效率之可言！我们如果忽略这一点，绝端的个人主义和无政府主义就要发生了。权力和效率是互为因果的，没有权力就没有效率，没有效率又不配有权力。权力应当设法增进效率，而人民又不可妨碍政府的权力，如此，两者可以得其平，而政府可以充分使行其职权了。

三权分立的学说，如果严格的施行，自然立法行政司法三个机关，都不能执行它们的职务。其实政治组织之间的关系，固然不能十分互相牵制，而人民与政府之间的关系，亦然如此。人民加之于政府的牵制过强过多，政府也要不能履行它的职责的。这个，我们前面已经说的很多，不复赘述。

1.3.3　制度与政府效率

政府的价值，完全因它的效率而定。政府虽然标榜个崇高的理想，但不能有效的实现这个目标，它还不是人民愿意拥护的政府。人

① 在从前的名臣奏议中，往往有谏君主专任大臣的论调。苏轼的《无沮善策专任使策》(见在《图书集成》卷一四七四)，包拯的《论委任大臣》(《图书集成》卷一四七四)。其他的例，还有很多，不及备载。

民疾恨残暴的政府，但亦不欢迎无用的治者。政府尽可以今天通过劳工法规，明天发表保障国民利益的通电，不过没有灵敏的手段来督促实行，那人民得到的好处仅仅是口惠而已。人民所希望于政府的是实际的工作，而不是高唱入云的口号。政治的修明，社会的安定，交通的建设，实业的鼓励，城市的发展，农村的改造，这种种，都是人民热望政府为他们设法解决的。政府能向这方面努力，能做出圆满的成绩，人民必且竭其智力，以帮助政府，又何用迷人的标语，来号召人民的信仰？政府未有一丝一毫的建设，而徒呼人民的不能服从，这可谓善于责人的了。

政府的效率问题，似乎完全是人的问题。总统制之下的威尔逊，独裁制之下的墨索里尼，帝制之下的威廉第一，都可以使国家兴盛，不必和制度发生什么关系。于天下最不合理的制度之下，得其人则犹可致国家于小康，在天下最完美的制度之下，不得其人亦可致国家于大乱。在位者如果贤能，政府之行政不愁没有效率：在位者如果愚合，则虽有可行之制度，亦未必能产生何种善果。明之崇祯，那时的制度还是朱元璋时代的制度。元之顺帝，那时的制度也还是成吉思汗的制度。其他亡国之君，他们所用的制度，大多还是列祖列宗遗传下来的。然而一个因之兴国，一个因之亡国，都因为用人不同，得贤能的国家治，不得贤能的国家衰亡了。讨论美国总统制的，总以为总统的权力，可以因元首性格的不同而有伸缩的余地[①]。性格强硬的总统，"咨文"(Message)和演说就可以影响国会的意见，性格柔弱的总统，这种工具就不能轻易运用了。其实无论哪一种政制之下，性格不同的人物，都可以产生不同的效果。英国的内阁首相，他所握的政权，也可以因各人性格的不同而有所变易的。制度不过是具体的原则，而应用这个原则的是人。所以人的问题，实在是政治效率的关键，这是一般人都这样承认的。

不过仔细想来，政府的效率，有恃于人力者半，有恃于制度者亦

① Beard：American Government and Politics(1925 4th Edi.)，p. 189.

半。即以英明之主，为不适宜的制度所限，恐亦难展抱负，而终于要失败的。试以分权制度来论，这个制度若过于认真的应用，政府恐怕不会产生多大的效率。自洛克、孟德斯鸠创为分权之说，政治界几视为不变的原则。美国革命成功，就应用这个原则而建立行政、立法、司法三机关分立的政府。但到现在：有许多人开始怀疑这个原则了①。而观察政治现象的人，又发现美国政府未必能严格遵守这个原则②。总统的否决权，行政机关的命令权，既不能说是纯粹的行政权，司法机关的解释宪法，又不能说是纯粹的司法权，国会的弹劾权财政权也不能说是纯粹的立法权的。再看一看其他三权分立的国家，对这个原则，大都有多少修正③。真的，这个原则严格的实行，一定要使行政者不能行政，立法者不能立法，而司法者不能司法了。政府的各部，若都要受不必要的牵制，那政府且无事能行，更无论行政的效率了。现在有人主张根本打破这个原则，而予行政机关以高出一切的权力④，就因为这个道理。

政府的效率，不仅依赖于制度，而还得看这种制度之能否适应环境。天下无完美的制度，惟有能适应环境的是可以行的制度，自卢梭、孟德斯鸠以来，这已变成大家承认的定律了。民主思想高涨的国家，要推行帝制，不失败者能有几个？反之，人民均浸沉于君权神授的思想之中，而忽然要推翻帝制，建立民主国，这又很少见能成功的。教权之衰落，君权之抬高；君权之衰落，民权之抬高，这都是环境有变而后产生的新的制度。教权正盛而欲提倡君权，君权方张而欲提倡民权，这不但不可能，而且还要引起祸患。何则，政府的命令，若不与人民的习惯相合，那人民是不愿意服从的。人民既不愿意服从政府的命令，政府还谈得到什么效率？政府：人民应当利用选举权，而人民以选举

① Pitamic：A Treative on the State，p. 67.

② Finer：Theory and Practices of Modern Government，Vol. 1，The Separation of Powers：False and True，pp. 171-180.

③ Pitamic：Op. Cit. ，p. 58.

④ Fox：Representative Government a Failure?.

票为交好政党的赠品。政府说：人民应当服兵役，而人民皆规避军事训练。政府说：人民应当受强迫教育，而人民不送子弟入学校。这样，政府的命令不出都门，政府的效率，也可想而知了。

这样说来，政治制度若本身有缺点，或本身虽无缺点而用非其时，都足以影响政府的效率。制度不善，则无法运用，制度而不合其时，则运用不灵。关于后一点，我打算加以仔细讨论。制度必须适合环境，而后可以发生预期的效果。环境对于制度的限制，虽没有卢梭所说的那样厉害，但不合于人民习俗的制度，的确很难有什么成效。无论那一个时期，都有那时候的风俗习尚，这种风俗习尚，即限制了政治制度可能的运用。政治是治理众人之事，政治制度即是治理众人之事的方式。这种方式，若不为众人所了解或欢迎，那治理众人之事的一定要碰到许多困难，他们的预期亦没有方法实现了。普遍选权是很好的制度，但在民智低下的国家实行，民意就有为政党假借的危险[①]；两党制在英美很见成效，到法国恐怕就很难成功；独裁制在今日的意大利有相当的成绩，但英国就不能采用这种制度。无论哪一种制度，都有它必具的条件。不然，王安石的厉行新政，就是前车之鉴。荆公所想行的制度，不能说比较旧制度坏，但因为和当时的风俗习尚不调和，所以终于受一般人的反对，而没有得到结果。制度的变更，必较后于环境，环境没有变而想变更制度的必定失败。更进一步说，环境已变，制度亦必跟着变更，不然，旧制度又不能合于新的风俗习禽了。

制度之不合于环境者，求其能行，已觉不可，何况行之而还想有效率呢？政府的效率，就要看人民能否奉行政府的命令。治者虽具梭伦(Solon)之智，恺撒之才，但没有人民拥护他们的政府，恐怕也不会有效率的。就是独裁的政府，也一定要人民服从而后可以行其独裁。墨索里尼的手腕，如运用之于英国，人民将怀疑之，甚至怨恨之，他的成效，

① 研究政党制度的人，往往发现政党是制造民意的机关。Ostrogorcski：Democracy and the Organization of Political Parties（Vol. Ⅱ，Sixth Chapter Sec. Ⅲ。pp. 376-384）. 即会表示这样的意思。此犹就观察所谓民主先进国的现象而言，若于民智低陋的国家，则所谓普选者，政党的活动，当更可强奸人民的意志了。

就不会像在意大利那样显著了。古来有才智的治者很多，但因所行制度不适宜而失败者，这个例又何尝少呢？我们总要认清政府的基础是人民，政府而不能得到人民的信仰和拥护，很难望它行政有效率的。人民之不能信仰或拥护一个政府，不一定因为政府侵害了他们的利益，只要政府所采用的制度，有异于当时的风俗习尚，就不会得到热烈的赞助。人民对于政府的限制不是直接的，但他们消极的不合作态度，已足使政府无法进行它的政策。不必说政府的财源，出之于人民，人民就是照旧纳税，而对于政府的法令，每取玩忽的态度，这个政府，就没有方法继续它的生命。政府实在不能没有效率，没有效率的政府，最初虽不必是恶政府，但结果总至变成恶政府。只有政策而不能执行的政府，那是人民的累赘，必定要为人民所怨怒的。

以后分头讨论几种流行的制度和它的效率。

1.3.3.1　独裁与政府效率

政府效率之为制度所限制既如此，然而那几种制度可以增加政府效率呢？这个问题极不容易回答。我曾经说过：制度没有绝对的善恶，惟有能适应环境的是好制度，而不能适应环境的是坏制度。我们万难抽象的断定那几种制度产生效率，或那几种制度不能产生效率的。绝对的赞美或绝对的厌恶一种制度，这近于武断。有利于今日的未必有利于明日；有利于明日的又未必有利于后日。因此，我们不必从哲理去探讨一种制度的是善是恶，而只要很实际的问这种制度是否合于环境。代议制度既非绝对是善，独裁制度亦非绝对是恶，让时代的需要来决定制度的形式，这是最聪明亦是最妥当的办法。然而话又得说回来了，近时有以独裁制为最近将来最适当的制度者，这到底有什么根据？我在此地想加以相当的批评。

权力的集中，很多人以为这是产生效率必要的条件。工作是大家的事，讨论是少数人的事，而决定是一个人的事。大家不努力工作，事业固无由成功，但大家来讨论政策，决定政策，也什么事都不能成功的。无论哪种事情，经过的转折尤多，虽似乎可以多得考虑的机会，而事实上却减少了不少办事的效率。一个人发布命令，其余人服从命令，这才可以于最短时间完成最大的事业。权力分散，责任亦分散，结果是互相推诿；政府的机关虽多，而所做的事情却少。敏捷的手腕，正确的见解，这是少数人所有的才智。我们应当把一国的大权，付托于少数有才智的治者，而不加怀疑，然后他们可以毫无牵制地进行兴利除弊的计划。人民所希望于政府的，是实际的利益，而不是玄想的权利。劳工的生活提高了，教育的机会普及了，耆老得到正当的休养，孤贫受到合理的抚育，虽是人民没有权利，没有自由，则又何害？反过来说，人民虽有权利，虽有自由，然社会中充满了战乱和灾难，又有什么好处？得墨索里尼而国家可以治，那我们尽可以鄙夷权利，唾弃自由，而服从独裁的领袖。让铁的手腕来压制好乱的暴徒，让铁的意志来设计新兴的社会！我们人民，只有服从，只有依遵领袖的命令努力，由是灿烂的建设朝兴暮成，大众的安乐也可于短时间内得到了。

然而独裁，巴塔拉(Battaglla)说得好，不过是建立新制度的过渡手续而已[①]。独裁有三种特性：(一)它的建立不经过当时当地所公认的法律手续；(二)它和民主原则相反，不与人民以参与政治的权利；(三)它公开承认可以运用武力[②]。独裁的产生，又有两个条件：(一)旧制度的崩溃；(二)内政或外交非常危急的时期[③]。历观意大利、土耳其、匈牙利、西班牙、波兰、捷克斯洛伐克独裁的盛行，以及从前克伦威尔、拿破仑的产生，都有这样的时代环境为背景的。这可见独裁不能说是一种制度，而不过是一种新制度的起点。新制度尚未有牢固的基础之前，独裁的领袖容或可以包揽一切的政权，但新制度既已确定，这样的局面就不能持久了。武装可以维持非常时期的和平，但在平时，这不过是促成变乱的工具。我曾经屡次说过，无论哪个政府，都建立于人民意见之上。未有政府的设施违反大众的利益，而可以用刺刀或枪弹来拥护领袖的。独裁的政府，它的设施虽不一定违反大众的利益，然行之既久，一定变为人民不可忍受的负担。喜欢弄权是人类的

① Otto Forst de Battaglia (Ed.)：Dictatorship on its Trial，p. 362.

② Op. Cit.，pp. 360-361.

③ Op. Cit.

天性，正如人民的自由要有相当的限制，政府的权力也务必有一定的范围。不仅如此，政府的权力，绝不宜寄于一身。孟德斯鸠的分权学说，虽然未必能严格的实行，可是一人权力太大，就有变成暴君的危险，这依旧是有用的警告。并不是集权可以减低行政效率，而一人有过大的权力，使他专断，不参考他人的经验，而专凭一己的臆测。这样，不但减少了行政的效率，并且还结束了政府的生命。一个行政首领，不能了解大众的需要，而自以为是人民福利的保障者，这是专制的初步。久而久之，必定变得附和他主张的是爱国分子，违反他主张的是叛逆的罪人；由是佞臣媚士，争以颂扬善政为进身之阶，而治者更不能知道他已经离开人民了。

我说独裁不能算作制度，这不是说独裁政治无时可行。国家变乱非常，往往非铁的手腕钢的意志不能拯救。战后的意大利，不是法西斯不足以戢变乱。就是拿破仑和克伦威尔，不能不说对英法是有功的人。不过以此为训，而欲谋独裁制度长久的建立，恐怕即现时拥护独裁政治者，日后也要厌恶铁蹄下的生活，而有改造的要求了。卡特林对于此事的见解最为确切，人民于十分厌乱的时候，固愿意牺牲极大的自由以维持秩序，但于和平得之既素，未免对于他们过大的牺牲抱怨了①。新旧过渡时期，独裁也许不妨一试。不过社会既经安定，人民生活既上轨道，这种武装的政策最好放弃。不然，维持秩序的反成养乱的祸源了。在非常的时期，独裁亦许是需要的：万战爆发之时，各协约国和同盟国的政府，多少具有独裁的性质。在那种时候，迂缓的政策是招致失败的危机，所以大家未免宽容治者专制的行为了。不过事情一反常态，这种独裁的政府，就失掉了存在的价值。人民亦绝不再容许铁蹄来侵害他们正当的自由了。

政府的效率，基于人民真诚的合作。未有人民不能真诚合作而政府可以顺利的进行它政策的。但独裁的政府，不容易得到人民真诚的合作，说独裁政治能增加行政效率，这是极可怀疑的一句话。独裁者

① Catlin：Principle of Politics.

的德行，亦许可以号召人民的信仰，独裁者的毅力，亦许可以鼓动人民的同情，不过独裁的制度，绝不能引起人民真诚的合作。我会几次三番地说：独裁有养成专制的危险，而专制是人民最厌恶的政体。我并不相信人民个个有自由的理想，但我十分相信他们厌恶压迫。人民虽不能体会自由的好处，但一定十分能辨别受压迫的痛苦。各人尊贵他个人的经验，但独裁者要镕制一律的性格。各人辱贵他特殊的见解，但独裁者要抑制异己的思想，这种种，已足使人民感觉得生活于铁蹄之下而异常难堪了。尤其经过民主高潮洗礼的人民，他们虽不怎样热烈地拥护民主，但对于专制的独裁，恐怕不能忍受的。独裁者虽能统一命令，而人民不愿意服从，政府的效率，也就要大大地减少的。

一个独裁的领袖，若果是贤者能者，其困难犹如此，何况他又未必都能是贤者能者呢？在近代机会不均等的社会中，成功的领袖，不能说就是杰出的聪明才智之士。他的学问，他的能力，未必可以应付社会中错综复杂的事务。说话，在庞大的国家中，没有一个人能解决一切问题的，他一定得和其他人商量，然后才可以知道对付复杂的政治。政治中的现象，有许多是穷专家毕生之力而不能解答的，绝不能说有一个具有神力的人能了解一切问题。所以独裁者而不得专家的合作，即竭一人精力亦不会得到好结果的。然而猾裁者能否得到专家的合作呢？这全凭独裁者对于专家的认识了。就普通情形说，他们的合作虽非绝不可能，然而异常困难。很多的专门家，他们是不容易受独裁者赏识的。他们或是没有显爽的外表，或是缺乏自显的能力，更兼大多有自负的脾气，狷介的傲骨，往往触犯了贵介的尊严，由是他们乃成为独夫目中之刺，还有受知遇的希望么？自古才智之士见厄于专制皇帝者，何止千百数，那么独裁政府之下的专家，其命运亦可推想而知了。我并不是说独裁和专家是不相容的，我不过说专家的受知于独裁领袖，比较困难罢了。独裁者偏狭的思想，摒除了专家的忠言；独裁者吞人的气焰，治灭了专家自进的愿望。结果，独裁者变成独夫，而不能得到别人的帮助了。这种政府，如何能得到人民的拥护而有牢固的基础呢？

我们应当知道意大利独裁的成功，完全因为它们有特殊的环境。而且在这个国家中，也不能永远为独裁领袖所统治的。法西斯也很早提出“公司国家”(Corporate State)的口号，以为将来的政治制度谋根本的解决。它们两者最终的目标，并不要建立独裁政治，独裁不过是目前的手段罢了。独裁政治之下即有幸福，这也不过是牢狱中的幸福[①]，绝不能满足一般人的欲望，而绵延它的生命的。

独裁最大的害处，还在它桎梏了人民自由的精神。奴隶的民族，这是世界中最不可救的民族。然而独裁政府的铁腕，却正在一手制造这样懦弱和滞呆的人民。俾斯麦若说是德国复兴的功臣，他也就是德国失败的罪人。葬送日耳曼民族路德(Luther)的精神的是他，种下宗教冲突恶因的是他。是的，在他铁血政策之下，德国统一了，而且强盛了，然而人民自由的精神，从此不再在日耳曼民族中发光。训练有素的警卒，很规律地散布在各地，反政府的言论或行为，在未成祸患之前已经征服了。德国的秩序，成为世界崇拜的对象，德国的效率，成为妇孺共知的事实。然而因为这效率和秩序而所付的代价，何等的昂贵呀！我们不再看见德国人怀疑或批评政府的行为，我们不再看见德国人发扬他们独立的意志。由是欧洲大战在威廉第二铁的意志之下爆发了。几百万的生命牺牲在东西战线，几万万的马克耗费在破坏文化上面。我不愿意在这里推求世界大战的戎首，但我坚强的相信德国人民若保持反抗教皇的精神，欧战或者不至于发生的。俾斯麦铁血政策的遗毒，最近又在德国滋生了，希特勒正跟踪着他在施展独裁的手腕。希特勒是德国的福音或魔鬼，我们在最近将来就可以看得见的。斯福扎(Sforza)说：就是有一个好的独裁者，国家也要因受他的统治而得到可怕的惩戒[②]。以恐惧为统治的原则，治者和被治者都会堕落的。远东的民族，因久受君主的压制而不能进步，这就可以证明就是得到

---

① 哥伦比亚教授林再以为独裁国家的秩序是牢狱中的和平(Lindsay Rogers：Crisis Government，pp. 49-51)。这可以说是一针见血的断语。独裁国家的秩序既是牢狱中的和平，独裁国家的福利，自然也是牢狱中的幸福了。

② Sforza：European Dictatorship，p. 238.

精明强干的独裁者，对于民族也不会有好处的。

我们宝贵自由，就因为这是民族的救药。而独裁，却是致民族于死地的魔鬼。我们不必批评希特勒反犹太的政策是否合理，我们不必咒诅希特勒的抑制女性违反时代，我们只要想想一个驯服的民族是祸是福，就可以知道希特勒所赐予德国的是那种毒药了。德国的希特勒运动，亦许真是民众运动[①]，或者竟是合于时代要求的，但它绝不是善果的种子，这是我们可以断言的。德国目前的兴盛，正如雅典的伯力克里斯时期，是将来否运的先声。

我们惟一为独裁辩护的是它的效率，其实能产生效率的又何尝只有独裁政治。拉斯基以为政府中附设专家委员会，就是救治低能政府的一种方法。英国的皇家委员会，法国的各部委员会，都是着有相当声誉的。这个主张，实在是近代一般思想家共同赞成的。法兰克福(Frankfurter)在他的《群众与其政府》一书中，也以为专家和贤能的集中，是完成近代政府的责任的必要方法[②]。他们这许多拟议，都是近代政治学中有价值的贡献。他们不满于当代的政治现象，可是不主张根本革命，而欲从改革旧制度着手。他们的努力，不至于完全失希望罢？无论哪种政治制度，都可以腐化而为低能，也可以改进而为健全的。所谓君主政体，所谓贵族政体，所谓民主政体，都有过他们光荣和黑暗的历史。近代民主政体之被议为合弱者，又安知就无可救药呢？效率既非独裁政治所特有的性质，那称誉意大利、苏俄或德意志者，也大可不必效法法西斯式或苏维埃式的统治了。

我并不以为民主政体是最完善的。但我坚信：与其束缚人民，不如解放人民；与其以恐惧为统治的基础，不如以承认为合作的条件；与其造成模型的社会，不如发扬各别的个性。这是政治学中的大原则，经过更久为历史而更可以证明它价值的。独裁的政治，亦许可以有效率，亦许可以促成一时的兴盛，但他束缚人民，以恐惧为统治的基础，

① Hoover：Germany Enters the Third Reich.

② Frankfurter：The Public and Its Government，p. 163.

以造成模型的社会为目标，所以它最后的结果，乃造成了奴性的民族，产生了低级的文化。要知柏拉图的哲君既不易降生，他《共和篇》的政治哲学，也不能应用到近代社会中来的。我们需要秩序，但这个秩序不是造成模型人所能成就的。政府可以为人民的生活方式筹划，甚至如柏拉图所说的可以检查民歌，但要造成社会的"统一"(Unity)，这不但是亚里士多德所反对的，而也是近代人所不能满意的一点。我只要问一问柏拉图所崇拜的斯巴达的命运，就可以知道他学说的弱点了。

有一个英国人，因为议会制度的失败而预测民主政治未来的厄运。他相信独裁是最有希望的承继者[①]。他把意大利行政费用的紧缩，税率的减低，工业的进步，以及失业人数的降低，都归功于独裁的墨索里尼[②]。至于自由的丧失，选举权的剥夺，他以为这是无足轻重的。意大利人不再要为选举所麻烦，而迎逢一般无聊的政客了[③]。然而崇拜墨索里尼的是否也崇拜斯大林呢？不能的。这个没落的英国贵族，只知道为自己的利益辩护，以为现今议会所代表的不是纳税人的利益，它假借社会改造的名目来侵害有产者合法的利益[④]。在英国，贵族是没有被选举的，他这种论调，亦许有所为而发的罢？至于斯大林，自然和他的口味完全不合。殊不知从性质说，斯大林和墨索里尼是属于同一类的人物，崇拜墨索里尼者很难申斥斯大林，拥护一党专政的很难反对阶级独裁。在我说，苏维埃政府亦许还比法西斯政府自由些。在苏维埃政府之下，被压迫的是少数的贵族，而法西斯政府治下的人民，凡是非党员都没有自由。我不必是赞成苏维埃统治的人，

---

① 福克斯(Sir Frank Fox)以为英国议会制之失败，已无可疑问，而意大利因独裁而得救，亦为共见之事实，故英应以意大利为借镜，而亦走上独裁之途径。说见其所著：Parliamentary Government，A Failure?

② 独裁国家的成绩究竟怎样，这也是莫衷一是的问题。誉意大利者以为它有惊人的进步，恶之者犹以为远不及英国之发达也。其论证见 Goad：Liberty Today，p. 165 off。

③ Frank Fox：Parliamentary Government，A Failure? pp. 139-140.

④ Ibid.

因为它也是自由的障碍，不过它比法西斯政府总算合理多了。

近代人大多对自由的民主抱悲观。战后的世界，浸入未有的经济破产时期。失业人数的激增，政府收入的锐减，物价的高昂，谋生的困难，使大众怀疑这都是议会政治的恶果。人民代表的低能，政治议会的崇尚空谈，此即所以造成近年来恐怖时期的原因。不过从实际说，近日的罪恶，不能都归罪于民主。我不想为近代的议会制度作辩护，但我坚信它不是造成近日恶因惟一的罪魁。这是很明显的，造成今日经济危机的积因极为复杂，绝不是一个政治制度所可以负全责的。假使废止议会制度即所以扫除一切新建设的障碍，我们原亦不必斤斤于保守这个旧的制度。徒恐原因所在，非关自由的民主，议会政治虽经破坏，而恐怖的时期依然不能度过，或且更为未来的孽障造因，那我不能不大声疾呼来反对这种举动。议会政治的形式极不一律，大体言之，英国的巴力门制和美国的总统制有很大的分别。这两种制度是不是都可以反对呢？麦基（McKee）于《腐化的民主》一书中极力崇扬英国的巴力门制，以为美国果能引用此种制度者，不难复兴[①]。其言虽多夸大，然从此亦可证明对于议会政治的成绩，实未易一笔抹杀。专家的引用，冗员的裁减，骈枝机关的归并，行政效率的奖励，这并不是民主政体之下不能成功的事业。我们想不到为什么民主政府一定不能有效率的理由。英国不是于民主政治之下得到它的兴盛？海上的霸权，工业的进步，殖民地的扩充，这都是于巴力门决议之下进行的。它从前的效率，既可以这样的显著，则将来的效率，未必即一无可观。对于民主政治发为悲观论调的人，大可回溯英伦已往的历史，以抒解他们杞人忧天的郁抑[②]。

---

① McKee：Degenerated Democracy，Ch. Ⅱ，The Way to Sound Government.

② 拉斯基：《民主政治在危机中》（*Democracy in Crisis*）一书，详论民主政兴衰之故。以为民主之所以兴于昔者，未开辟殖民地，可以其余利为平民之饵也。时至今日，殖民地已觉悟，工厂之剩余货品乃不得倾销之场所，资本家方且自顾之不暇，又何所取以谋与劳工妥协耶？由是工人悟政治自由之不可贵，政治的民主途亦为众矢之的矣。就拉斯基之论，则民主政治之衰，自有其故。虽然，民主政治固郎财阀专政之政治耶？岂其所以为平民谋者，皆资本家所出之剩余，以为买好平民之饵物耶？

1.3.3.2 分治与效率

“分权”(Division of Power)之不适合于近日的政治情形，在前面已经约略的讲过了。而且同时又会指出“分治”(Decentralization)为补救低能政府的一个方法。后面这个见解，在此地还想加以仔细的说明。

分权和分治是两种不同的制度。前者把中央的政权，分给立法、行政和司法三个机关，故又称为三权分立的制度；后者则把中央的治权分授予各个地方单位。但是分权既足以妨碍行政效率，为什么分治又足以增进行政效率呢？这应当先从解释近代行政所以没有效率的原因着手。现代的国家，幅员大多广阔，要由一个机关来筹划这里面的一切建设事业、教育事业以及其他近代国家应当负责进行的事业，恐怕是不可能的。就以我们中国为例，中央政府实没有能力为各个行省设计一切的地方事业。中央政府即能搜罗多量的专门人才，无如各地都有特殊情形，悬空拟构的计划未必能够适合各地的特殊环境。再说中央对于地方的监督是间接的，中央的计划，不为地方所热烈推行时，恐亦不能有有效的制裁。这在中国是很普遍的毛病，中央虽三令五申地要推行某项建设，可是地方抱敷衍的政策，这项建设就始终没有在地方实现。这恐怕不只是中央威信不争的关系，幅员的广阔，监督的不能严密，实是行政松懈最大的原因。以军队的组织情形来论，很可以说明中央所以不能监督地方行政的原因，下级军官对于士兵的命令，其效力较上级军官者为大，这无非因为下级军官对士兵是亲密的，他能直接指挥他们。至于上级军官，其地位虽高，然而与士兵不很亲密，不能直接指挥。中央对地方的情形，既不十分清楚，而对于地方官吏，又处于间接监督的地位，无怪它的命令，对于地方官吏发生的效力也比较小了。再说各地都有它特殊的环境，中央要为它们筹拟计划，则非罗致熟知这种特殊环境的专家不可，由是中央政府拥挤了各种的专家，而中央的组织，也过于复杂和不灵便了。

姑无论中央对于地方的监督极为间接，由中央举办地方事业每有阻滞的可能，即说中央的威信极为昭著，它本身责任的重大，恐怕已使它无暇顾到地方的政务了。国防的计划，军队的分配，外交的对策，教育的推进，劳工的立法，产物的调剂，这都是何等复杂而繁重的工作，还要它兼顾地方兴革的计划，事实上是不能胜任的。很多人因政治议会工作之繁重而主张设立经济议会来分担这个重任的，殊不知国家事权，若必如今日之集中于中央政府者，虽增设劳工议会、教育议会，亦不能增进政府的行政效率，何况仅仅多一个经济议会呢？现代国家的大患，不在中央太少专门人才，而在中央需要太多的专家，我们要求政府能迅速的进行它的计划，但政府要执行的太多了。由是反而什么事都不能敏捷地成功。这好比一个野心太大的人，既想做艺术家，又想做哲学家；既想做著作家，又想做实行家，结果则一家没有做像。

但是中央所想做的事，都是可以做的，或者竟是必须做的。中央既没有这许多余力来完成这许多事业，其责任自然要推到地方政府身上去了。我们相信由地方处理地方事业，不但可以减轻中央的负担，而且事业的进行，亦必顺利些。前面不是说过么，中央对于地方的情形，究竟隔膜，这种弊病，在地方本身是不会犯的。地方的风俗，地方的人情，地方政府总比较熟悉些；地方的要求，地方的好恶，地方政府亦必定比较了解些。因此之故：由地方政府决定本地应兴应革的事宜，亦必定更能得到人民的同情和协助。有许多地方，水利的引导较矿产的开发更为重要；有许多地方，交通的建设较教育的推进更觉有利；有许多地方，商务的发展较工业的建设尤觉急切。这许多，中央政府容易忽略过去，而地方政府是不至于漠视的。因人民之需要而施政者，自然容易得到人民的赞助和合作，不待政府的劝诱开导，人民已踊跃地为政府的先锋了。水利的引导是政府应当做的工作，但它于陕西必能有最迅速的成功。经年的旱灾，使陕西人民热望泾渭渠的成功，只要政府的一个计划，人民就想如何去实现它了。开发煤矿亦是政府应当做的工作，然而长兴煤矿的开发，必定更能得到江浙人士的同情。江浙煤价的高昂，使大家有增加产煤的感觉。因地制宜，这是分治特有的长处。地方环境既然不同，则纯粹的地方事业，自然由利害相关的人民举办，更为合宜。外方人士，对于这许多不会有正确判断的[①]。

中央集权的危机，一方是它将过于为琐务所羁束，一方是它易于变成专制。没有一个中央集权的国家不感觉得无法应付过分复杂的小问题。很多人为议会的万能悲观，其实这就是集权所赐予的恶果。倘使中央不想大权独揽，议会的责任自然可以减轻许多。它不至于再要考虑到许多地方的事务了。现代议会的所以要拥挤了许许多多的议案，无非因为它同时是监督地方政府的机关。近代国家的责任原极繁重，何况还要兼理地方政治呢？政治议会不但要考虑外交方策，通过财政预算，监督中央官吏，而还要过问地方的建设、地方的行政，这自然要力不从心了。或谓代表由地方选举，他们应该很清楚地方的利弊，议会之兼理地方政治，这是很妥当的。殊不知代表虽由地方选举，然而他们未必都能代表地方利益。实则代表若各挟其争地方私利之心，议会中将充满分赃的现象，国家之全体利益，势必前途在他们手里了。再说甲地的代表，虽清楚甲地的利害，而其他代表，亦许对甲地情形十分隔膜。如此，又如何保证甲地利益不为议会所漠视呢？把地方利益交托议会，固然不能得到善果，而因此还产生一种坏的影响。议会一经堆积了各种议案，它势必不能周密地考虑各种问题。由是粗制滥造乃成为议会的惯技，而低能儿又成议会的尊称了。

至于集权的结果，容易变成专制，这更是明显的事实。组织越大，领袖之权力越为专制[②]，这几乎可以说是一个定律。庞大组织之中，领袖为使命令有效力起见，不得不统一指挥。不然，并立的机关既多，就很难使它们有一致的行动了。合议的制度，最易使大团体趋于崩溃，一人的专制，才足以巩固团体而使它有敏捷的行动。因此之故，组织欲复杂者，就不能不牺牲自由的精神。中央政府越想集中权力，越要扩大它的组织；组织越加扩大，领袖的权力越为专制，这是每一个行使中央集权制国家所必经的历史。美国总统的权力，越因中央集权而越

---

① Allen：The Evolution of Government and Laws，p. 278.

② Op. Cit. ，p. 273.

加扩大[1]，直到最近，真可以比拟他是一个独裁者了。中央既经集权，而领袖的权力又不加大，那低能政府的产生，就是眼前的事情。我们不想想好多分散的机关，如果没有少数人在上指挥一切，如何能有一致的行动。建设部的计划，亦许和交通部的相冲突，教育部的目标，亦许和参谋部的期望不能一致，这各部间政策的协调，全赖少数领袖的居中折冲[2]。机关越复杂，领袖的折冲权力也自然越大了。

集权之所以容易变成专制，还有其他原因在。“官僚政治”(Bureacracy)大家认为是专制的种子[3]，而它实在是集权制度促成的。中央的政务因集权而繁杂，少数领袖，势难事事躬亲，他们不得不把许多专门的事务，交给几个不向人民负责的机关，这就是官僚政治的起点了。我们会这样说过，不负责的权力是专制的，所以官僚政治很难有自由的精神。各部的一般职员，在行文官制度的国家，差不多都是终身的职业。他们为部长搜集材料，整理宣言，决定方策，可是他们不向议会或人民负责的。文官制度是好制度，它增进了民主政府的效率。可是它也带来了害处，它造成政治中专制的元素。一国的政策，当然不能说完全决定于这一班人手里的。然而他们的意见，对于政策的决定往往有很大的影响。他们有的是专家，有的是干员，都是要人们引为臂助的。他们的坏处，不在他们的总揽大权，而在于他们不是形式上的治者。这种看不见的治者，实在就是专制的造因。他们因为不向人民负责，所以亦无求于了解人民的利害。新的趋势，新的要求，他们是可以不顾的，惟有死死抓住旧的习惯，旧的形式，以为这样才有行政效率，殊不知人民的利益，往往断送于他们狭隘的见解之中了。

---

① 美国联邦政府的权力，因最高法院对宪法的解释而日渐膨大。与此趋势相一致者，即总统之权力亦日渐膨大。政府事务日繁，领袖权力自亦日大，不然，寅无由应付此艰难纷繁之政务也。

② 怀特（White）在他的《公共行政》中很注意“Integration”的问题。而所谓“Integrations”的精义，无非是一机关由少数人负责，而不致散漫凌乱的意思。所以他主张负责人应当有“折冲权”（Coordinative Power），非这样不足以收 Integrations 之效的。参见 White：Public Administration，Ch. Ⅵ Ch. Ⅵ。

③ Laski：Foundation of Sovereignty，p. 42.

1.3.4　自由的效率

从制度与效率的这一节中，最少可以证明两点：第一，专制不足以增进效率；第二，自由不足以妨害效率。俾斯麦的政府，虽然使当时的德国，仿佛人无遗才，地无余利，不过使他玄想的民族沉默，直接造成奴性的国民，间接养成世界大战，这不是有效的政府所应当有的表现。至于采纳自治主义的政府，表面上容或有散漫之讥，而其实际的成绩，远非专制国家所可比拟。英国就是有力的证据。我们前面曾经说过，有效率必先有权力，享权力者必得增进效率，这似乎与此地的意见自相矛盾的。其实不然。请言其故：

原来专制不即是有权力，而自由又不即是无权力，这是彰彰甚明的事实。世俗每以为独裁者方可以有权力，而尊重自由的人就谈不到权力，这是大错特错的。所谓有没有权力，这亦是极抽象而不可以形容的境界。但无论如何，绝不是颐指气使得众人之趋奉就算有权力，而各尽职责各守本分就算没有权力的。权力是对人的问题，并不是自己说有权力就是有权力，而必定得他人承认其地位服从其命令，而后才可以说有权力。我们已经详细说明过，承认为权力极重要的特点，失去这个特性，权力就变成武力了。专制暴君和独裁领袖所施行的压力，根本不能称作权力，故其不能有效率，实在是极应该的事情。

我们所称的政治效率，又不仅是社会表面上的安宁而已。秩序固然是我们所需求于政府的。但我们最根本最迫切的希望，这是整个民族活力的养成。政府可以训练人民如士卒，使他们有一致的好恶和整齐的行动，但假使这摧残了民族的活力，这个政府的行政，就未曾达到有效率的标准。民族的活力乃社会进步的要素，绝没有说摧折民族活力的政府而可以算有效率的。独夫的武力，虽可以维持一时的安宁，然而这不能说是效率。以后的大崩溃方将随之而兴，岂有效率的结果是如此的么？秦始皇建国之初，号令统于一尊，较之战国时候的纷纷攘攘，自然安宁多了。然而不及二世，秦已覆国，陈胜、吴广之徒，尚可揭竿起义，秦始皇政府的效率，固又何在？满清入主中国，大兴文字之狱，牡丹一诗，即可罗灭族之祸，由是士人钳口，清帝自以为汉人已驯服矣，然而没有多少时候，太平天国的义军已起于金田，雍乾政府的效率又何在？所谓效率，绝不仅仅指一时的安宁，长久之治，这才是政府效率最大的表现。

明乎此，我们可以知道专制政府根本没有权力，而独裁者对于暴乱暂时的征服也不算是有效率的表现。同时，我们更可以知道自由不足以妨害权力，亦不足以妨害效率。民主政治以尊重自由为原则，然而民主政府不必没有权力，更不必没有效率。反过来说，民主政府是经过人民承认的，我们可以说它必定有更多的权力，亦必定产生更多的效率。政府权力的扩大，没有比现在更甚的。政府职务的完成，没有比现在更多的。这就是民主政府可以有更大的权力和更大的效率的明证。即近代的独裁政府，其行使的职权所以有这样广大，也无非受民主思想的恩赐。没有民主思想以前，主张独裁的不是没有，然有敢谓独裁领袖可以有现在这样的大权者，实未曾有。十九世纪以前，会未有人梦想执政者可以有墨索里尼这样的权力的，都因为十九世纪以前没有过民主政府的缘故。政治不得人民的信仰，必不会有很大的权力，亦不会产生很多的成绩，这是政治社会中不变的真理。政治领袖之汲汲于治世为务者，而偏又处处要违背人民的好恶，这可谓缘木求鱼了。

有人以为自由是混乱的别称，是权力消失的原因，这绝不是真正了解自由的人。社会中绝不能没有歧异，我们承认这种歧异，尊重这种歧异，所以我们要有自由。但是歧异里面不是没有一致的。甲为教授，乙为劳工，他们谋生的方式虽异，而求生的目的是一致的。甲衣西装，乙服长袍，而其御寒的目的又是一致的。歧异之中有一致，故社会中又必有权力。权力的责任，并不在强异为同，而在维持异中之同，不使受人破坏。强异为同的是武力，维持异中之同的是权力。异中之同，实是有歧异以后方始产生的，没有歧异，即无此异中之同。故权力实建筑于歧异之上，亦可说是自由之上，没有歧异或自由，即无由维持异中之同，亦无所谓权力了。

前所云云，初看极似诡辩，而实在是很浅显的事实。社会中既无歧异。则不必有权力。歧异既可以变成一致，则今日社会中不致再有权力。权力者，原是社会中有了歧异所以才产生，又因为歧异之不能泯灭所以才继续存在至于今日。社会中所以有歧异，固不必为养成权力，然权力之所以存在，确是因为社会中有了歧异。众人之好恶性质目标如能完全相同，别无权力亦可以致天下于治，惟其各人之好恶性质目标不能相同，故权力尚焉。然而权力的责任，当然又不是简单的强异归同，社会中之有歧异，实为它所以有活力的原因。进步之所由来，因有竞争故，竞争之所由生，因有歧异故，故歧异实为进步之元素。浅识的治者，每以为一异同泯私见，社会的安全已有极度的保障。殊不知他们尚同的目的一旦达到，社会民族亦将丝毫不会有进步了。严几道先生以为中国之所以积弱，完全是因为从前的尚同[①]，这是很有见地的话。强制力之下的安全，这是表面上的安全，将来强制力的崩溃，实为大骚乱的起始。一个真有效率的政府，它绝不亟亟于表面上的安全，而必深注意于真实的和平的。真实的和平，乃是容许歧异以后所产生的结果。于歧异之中寻其一致，而后求为治之道：人民未有不悦服于此种政府的。人民皆能悦服，而后真实的和平已经得到了。歧异原是自然的趋势，顺其势而利导之，人民勿以为拂其意，宝贵的自由未受损伤，而政府的行政亦不致受阻挠了。所以自由之为物，非特不致伤害权力，且亦不致妨碍效率。经国之士，固不必以自由为洪水猛兽，而一定以摧残之压迫之然后为快也。

不过有人说：制衡的原则既足以妨害行政效率，人民的自由亦足以牵制政府的行政，不是自由也足以妨害行政效率么？诚然，人民的自由对政府是种制裁力，不过它所限制的，乃是政府专制的行为，不是政府正当的权力。人民自由的范围无论怎样扩大，不至于侵犯到政府权力正当的行使。美国以司法权赋之于法庭，美国人民会有因自由的

① 严复《上德宗万言书》，盛言中世纪以来欧洲之所以进步，由于其割据竞争，而中国秦以后之所以无进步，由于一统不争。而于吾国思想之尚同恶异，亦有间言。

名义而干涉法庭判决的么？英国以立法权赋之巴力门，英国人民会有因自由的名义而宣布巴力门的决议违宪的么？变乱的时期，人民的行动往往有越轨的，由是有人以为自由根本要不得，是破坏行政效率的势力。殊不知变乱时期的政府，它有否权力，尚为不可知的问题，则人民的越轨行动，是否曾经破坏权力的效率，亦不可必。至于在平时，人民实不致故意与权力为难而使它无法执行职务的。我们赞美自由，然而并不提倡放纵，人民偶有放纵的行为，以致妨害行政的效率，这我们也以为应当取缔的。自由和放纵究竟有多少分别。在此地且不讨论。这里所注意的，不过说明自由之不足以妨害效率罢了。

1.4 自由的意义

1.4.1 两种不同的自由

我们常常谈自由，但我们会否仔细想过这个名词的意思？我们亦许以为这太熟悉了，不用再去思索它的涵义；亦许以为这太抽象了，对它的理解是不可能的。这两种态度，实在都是不很对的。自由这个名词，诚然太熟悉了，但它的涵义，不见得是很熟悉，它亦许太抽象了，但并不至不可理解。我们常常谈言论自由、出版自由、信仰自由，但我们收拾起这许多名词，自仔细问问这几个名词的解释，以及它们所可应用的范围，我们亦许会找到许多难以回答的问题。现在，不但我们自己要求自由，就是政府似乎亦承认我们的自由，不过一旦我们说了几句当局以为叛逆的话，政府铁的手腕，就要施展它压迫的技术，而许多高谈自由的人，反在那里为政府的强力作辩护。我们能知道自由究竟是什么东西？有人以为政府的横暴和人民的驯伏，都是不明白自由的真义引起的。所以我在大家都熟习自由这个名词的时候，还要来谈谈自由。

所谓自由，究竟要相信雪莱(Seeley)所说的，这是反抗政府的精神[①]？还是相信布莱克斯通(Blackstone)所说的，这是做法律所允许做的事[②]？还是相信拉斯基所说的，这是约束的取消[③]？还是相信布朗(W. J. Brown)所说的，这是内在的善的发育[④]？讨论自由的理论，显然可以分成两派：一派代表传统的个人主义；另一派代表德国哲学界集团的精神。前派所说的是一群有系统的消极的自由，而后派所说的是单一的积极的自由[⑤]。在这两派理论之中，究竟应当听从那一种说法？我以为在决定我们态度之先，应当先清楚这两种主张的内容。

在政治思想中，有所谓唯心论的政治哲学。这一派人，承认国家有统一性，而个人是国家的一个分子。国家的目的是伦理的，离开国家，个人就不能达到他伦理的目的。国家的伦理目的最高无上，个人的生活，能与国家目的相合，这个人就达到他伦理上最高的目的，也就是最自由的了。康德(Kant)、黑格尔(Hegel)、格林(T. H Green)、鲍桑葵(Bosanquet)都有这样的倾向。他们以为国家的权力不是强迫性的[⑥]，因为它的目的，和个人内在的伦理目的相同，个人的智慧发育完全，国家的目的就是他的目的，国家是非的标准就是他是非的标准。在这个时候，他是最自由的，他一点不感觉到外来的压迫。他们相信人不是生而自由的，人一定要经过训练，然后才能享受真的自由。个人的生活，能和国家目的相合，自然是最自由的，而不和国家目的相合，就算不得是自由，因为他已为欲念所征服，而忘掉他伦理的目的了。这时，国家就可以强迫个人，使他回到自由的园地中去。因此，卢梭所说的强迫自由，唯心论者并不以为自相矛盾的。

要了解唯心论者的强迫自由，亦许还应当说一说他们“真意志”(Real will)和“偏面意志”(Actual will)的关系，自从卢梭发表“全意志”

---

① Seeley：Introduction to Political Science，p. 120.

② Hadley：The Conflict Between Liberty and Equality，p. 59.

③ Laski：Liberty in the Modern State，p. Ⅱ.

④ W. J. Brown：Underlying Principles of Modern Legislation，p. 54.

⑤ Ruggiers：European Liberlism(Trans. by R. G. Collingwood)，pp. 347-357.

⑥ 鲍桑葵虽以为国家的强制是种武力，但他为这种武力辩护。

(General will)和“众意志”(Will of all)的理论以后，有许多人喜欢用这样含糊而不容易了解的名词。鲍桑葵就是受他遗毒的一个人。他的“真意志”，可以说就是卢梭的“全意志”，而他“偏面意志”的总和，自然也就是卢梭的“众意志”了。

明白鲍桑葵“真意志”的解释以后，我们就容易明白他所以要约束“偏面意志”，以及他对于自由的新解释了。“真意志”是超自我的意志，而“偏面意志”呢，乃是为种种欲望所牵制的自我的意志。“真意志”是超脱的，不受束缚的，而“偏面意志”处处受欲望的压迫。人类既已是有理智的动物，他就应当节制自我的“偏面意志”，而服从超自我的“真意志”。服从超自我的“真意志”，这是真自由，服从自我的“偏面意志”，这不是自由，而是纵欲。“真意志”是完全人格的表现。一个人的人格，并不是固定不变的。它和自然界中的生物一样，时时刻刻在那里生长，求有完全的发育。但个人人格的健全发育，一定要超出他个人。我们把自我局闭于小我之中，我们的人格，必不能得完全的发育。我们一定要把小我放大，把小我溶化于大社会之中，然后才能得到比较充实的生活。我们必定要从大社会中取得以往和现在的经验，以充实自我，放大自我。这个放大的自我的意志是“真意志”，是融化于大社会中以后的自我所有的意志。这个意志是最自由的，好比庄生所说的大鹏，高翔于凌霄之中，而一无阻隔的。

唯心论者的自由，完全是理性化的。他们要人类超脱小我欲念的引诱，而有个伦理的生活。这个伦理的生活，他们说是自由的生活。同时，因为国家有最高无上的伦理目的，所以服从国家就变成真自由了。他们的思想，在理论这方面，并不能说没有价值，但无形中为国家的铁腕戴上丝绒的手套，使丑陋的酷辣的行为，有了美丽的名词为之遮盖，这是一般人所不能忍受的。就是唯心论者自己，他们有时也要怀疑国家是否具有伦理的目的。这种态度，在格林的思想中最明显地表示出来了。唯心论者当然不能永远埋首在他们的理想国家里面，但一旦昂起头来看看周围现实的世界，他们就要看见许多无辜的人民，受到国家的杀戮，许多正当的行为，为国家所禁止，他们不能不意识到强迫自由不合情理的地方。

唯心论者动辄以自由为最高目标，但他们的自由，往往就是不自由的起点。他们亦许因自己的理论而觉得政府的压迫可以承受了，但政府迫压的事实，并没有因他们的解释而减少。他们的理论，虽可以给政府以自辩的机会，但人民是受迫压的痛苦者，绝不会受这种理论的欺骗。

站在唯心论者的对面，我们可以看见英国传统的个人主义者所说的自由。这一派理论，当代拉斯基可以为其代表①。拉斯基以为自由是得到快乐的条件。自由不是权利，而各色各种的权利，乃是得到自由的条件②。他以为自由是一种治极的东西，不受约束就是自由。他重视个人，无论那一个人，他相信都有特殊的经验和特殊的个性。国家忽略个人的经验和个性，这就是不承认个人的存在，而以个人为达到某种目的之工具③。大概拉斯基和洛克一样，他看到政府的权力，往往有滥用的倾向，所以希望把个人的自由来制裁政府。

英国自一二一五年"大宪章"成立以后，政府和人民，常常处于对立的地位。以后洛克、密尔许多思想家对于人权的宣传，更抬高了人民的地位。人民是主权者，他们的权利是神圣不可侵犯的。拉斯基虽不承认人民主权的学说，但于个人崇高的地位，依旧竭力拥护。他觉得社会的离心力，实是使执政者自知警惕而谨谨慎慎地使用他们权力的一种力量。拉斯基有个基本信念，他相信执政者的权力，若不加以限制，一定变为残暴和专制④。有权力的人，无论怎样的圣贤，都要为私利心所蒙蔽，而侵犯无权力者的幸福。他在为言论自由作辩护的时

① 拉斯基学说，旁人都称他为多元论派，而自己则相信是个一贯的现实主义者。不过他对于自由的理论，并没有跳出个人主义的领域。

② 拉斯基以为自由是权利的产物(Grammar of Politics，p. 142)，故权利实为自由之条件。

③ 无疑地，拉斯基的思想，有许多地方承袭格林的学说。否认个人的自主，即不能说他有自由，而只能说利用他以为达到某种目的之工具，这种思想，在格林的著作中也可以找得到的。

④ Laski：Liberty in the Modern State，p. 49.

候说：政府不准人民批评行政，其结果必致禁止不为政府祝颂的言论。无论哪一种人，都不愿意看到自己的过失，若我们予某种人以禁止批评他的权力，这就等于承认他所有的行为都是善美的，因为他再亦不会知道自己的过失了。自由，因为它有反抗性的，实在就是给有权力者的一种束缚。自由主义是偏向于无政府主义的，它希望个人自己为自己的裁判，自己选择所愿意走的途径。政府的权力，应当放在一边，而让个人自己去找寻他是非的标准。

拉斯基是这样热烈的提倡个人自由，几乎以为因个人的自由而破坏了国家的生命，也是无所顾惜的。他说：自由使各人有利用他能力的机会[①]。又说：自由使各人走向他自己认为快乐的园地去[②]。他似乎还脱不了十七世纪理性主义的习气，他对于自由的理论，有许多地方和傅立叶(Fourier)的“纵情论”(Free play of passions)异曲同工的。

1.4.2 对于两种自由理论的批评

看了上面两种不同的主张以后，我们可以进一步讨论这两种不同的主张得失。这两种主张，似乎处于两个极端的，一个为政府强力作辩护，一个为个人的权利谋保障。但为政府的强力作辩护，或为个人利权谋保障，都不是这两种主张原来的意思。这两种主张的动机，其实都在谋国家和个人的正当的界限。在一个大社会之中，个人和个人，个人和国家，必然有相互的关系。但怎样使这相互的关系适中，而使社会中有和平的生活呢？唯心论者要人民对国家屈服，而个人主义者要国家对个人尊重。但他们所标榜的旗帜都是自由，我们未免要为他们两种不同的自由闹糊涂了。

这两种不同的理论，显然都有它们的长处和短处。唯心论者必须承认个人最低度的选择自由，正如个人主义者必须承认国家最低度的权力一样。他们为自由作解释时，都同样的要碰到一种困难：他们的

① Laski, Op. Cit., p. 18.

② Op. Cit., p. 33.

理论，是否可以无限制的引伸出去而没有错误呢？鲍桑葵虽然竭力阐明服从真意志是自由，但当他看到现实的国家，他就要怀疑而觉得国家未必能表现真意志了。在理想的国家中，他虽然主张绝对服从国家，但在现实的国家中，他觉得反抗国家也是可以允许的行动。同时，那推崇个人的拉斯基，到底也要承认国家有干涉个人的权力。在他不少的著作中，可以找出这样的倾向，而于《政治典范》一书中，更明显的申述政府权力的必要。他相信没有责任的政府，容易变为专制的，但他亦不能否认没有责任的人民，也可以变得专制的。权力这个东西，可以使人放纵。国家和人民的权力，同样须要受相当的限制。国家权力的限制是人民的自由，而人民权力的限制是国家的法律。总之，鲍桑葵和拉斯基，虽都愿意走向极端的路去，但都有现实牵制他们，使他们不得不缓和自己的理论，以求与实际不相违背。

唯心论者的基本观点，以为伦理生活必须是自由的。但这句话究竟有多少事实上的证据？自由可以是善，可以为人类生活的目标，但并不一定善的生活就是自由。自由亦许不能离开伦理的观点，但绝不致惟有伦理的生活才是自由。我们为全体的利益，可以说某几种自由是不应该有的，但这一种被禁止的自由，不能说不是自由，我们可以因某几种行为不合于伦理目标而禁止它的活动，但不能因此就说不合于伦理目标的行为不是自由。

唯心论者真意志的理论，实在是他们学说致命的创伤。鲍桑葵说：服从真意志是真自由。但什么地方有真意志呢？国家的意志，这完全是没有根据的假设，要为现实主义者如霍布豪斯(Hobhouse)辈所讥笑的。而个人的意志，从现实的眼光看，也无所谓真意志和偏面意志的区别。霍布豪斯说的好，我们计划全生命的过程，而须先定一个努力的方针，这是一个人的理想，并不是什么有神秘意义的真意志。个人的意志可以为善，可以为恶，不过善的意志既非是真，恶的意志也非是假。更彻底的说，意志是中性的，连所谓善恶也是人定的标准，那我们又怎样去分别“真意志”和“偏面意志”呢？“真意志”和“偏面意志”既不能分别，由是服从“真意志”是真自由，不变成一句无中生有的空话么？

我相信社会中一定有几种个人行为要受取缔的，不过这几种行为的所以受取缔，并不因为它违反了“真意志”，而因为它妨害了社会的生命，团体的利益。真意志是主观的、哲学的，而团体利益是客观的、现实的。因违反真意志而取缔个人行为，政府的权力可以是绝对的专制的。因团体的利益而干涉个人行为，政府的权力只能于合理的场合中施行。我们对于唯心论的哲学发生恐怖，就因为他们无形中为政府的专制辩护，而予人民的自由以极大的伤害。假使真如唯心论者所说，违反真意志的行为不是自由，而政府可以强迫使人民自由的，那恐怕人民的行为，将要无往而不违反真意志了。

唯心论者最大的困难，在于如何使理想的国家和现实的国家相一致。格林以为国家应当铲除伦理生活的障碍，鲍桑葵以为国家是真意志的表现。但现实的国家，是否能铲除伦理生活的障碍，是否能表现真意志？这样一问，唯心论者都要悲观和失望了。国家的政府，非特没有铲除伦理生活的障碍，有时反且自身即为伦理生活的障碍；国家非特没有表现真意志，而真意志自身即是虚无缥缈的东西。由是唯心论者虽于理论上面要绝对服从国家，而于现实的国家中，也不得不认可叛离的行为了①。国家真如理想中那样真善美，它的专制，原不怎样可怕，我们暂时受到约束，亦许真是永久解放的张本。无如国家的行动，都由政府表现，而政府中的人员，时常可以是极不肖的分子，这时，政府绝对的权力，正是少数人营谋私利的好机会了。

一个人不能绝对服从国家，这是不言可喻的事实。我们应当充分了解个人主义者所说的，国家之进步，在于容纳一切私有的经验。但是要个人绝对服从国家，这就是否认各个人的私有经验，而要他们做成和其他人相等的分子。这不但有害，而且也是不可能的。我们生长在不同的环境之中，自然就有不同的经验。因这种不同的经验，而对于一事一物发生不同的见解，这对国家是有贡献的。我们当然没有权

① T. H. Green：Principles of Political Obligation，格林最初以为人民没有反抗国家的权力，因为国家虽不能创造权利，然而人民于国家中得到权利，所以不能反抗它的（一四五页）。不过后来的意见稍有改变。

利因为某种人的意见不同而取缔它，这正因为他们亦在凭了经验发表意见，和我们的凭了经验发表意见，并没有什么不同的地方。他们的意见和我们的意见固然有很大的差异，但里面并没有是非的区别。我们凭什么说我们的意见是对的，而旁人的是错的呢？国家的政府，分析到最后，当然也是几个个人，他们不能凭自己的意志来取缔别人的意志，这正和我的不能凭自己的意见来取缔别人的意见一样。

但是我亦不能同情于个人主义者的自由，他们太把个人看得理想化了[①]。他们以为个人的良心可以做一切行为的指针。受良心裁可的行为，你尽可以胆大的做去，绝不会有什么错误。但当权的人既可以假真意志之名以行压迫之实，人民就不能假良心之名而为非作歹么？在过去的历史中，个人因过分的自由而酿成大乱者，并不是少见的史例。所以罗德（Lord）说：个人主义者的自由，总难免与放纵混为一谈[②]。而放纵的结果，自然各行其所是，而毫无准则之可言了。

个人主义者以为良心可以做一切行为的指针，这正如唯心论者看国家，没有根据事实。换句话说，个人主义者太把个人看得理想化了。我们翻开历史，可以看到多少触犯法网的犯罪行为，这里面固然有许多受了权势者的诬害，但总不能说没有一个是罪所应得的。个人常常因自己的私利而咒诅国家合理的法令，在这种倚形中，国家是否也要避免干涉的态度，而放任个人呢？要说是的，我们要国家行使的职权到底是什么呢？我们除非不要国家，既有国家，就得稍为让它尽一点职务。诚如法国的几个学者说的，国家根本是有约束性的组织，我们若不能容忍一丝一毫的约束，国家就要瓦解了[③]。

1.4.3　我所说的自由

1.4.3.1　自由是种心理的感觉

自由不是唯心论者所说的服从真意志，因为宇宙中不一定有“真

---

① 萧公权：《拉斯基政治思想之背景》第四十三注。（见《清华学报》七卷二期）

② Lord：Principle of Politics.

③ Leyret：Government et le Parlement，p. 7.

意志"这个东西；自由当然也不是个人主义者所说的听凭良心的主宰，因为良心同样是虚无缥缈的。有许多人以为自由是已经遗失的权利，到现在又重新发现的。那自然是一种说法，可是未必近于情理。人类什么时候有过自由的权利呢？而且从前人为什么会遗失这个自由权呢？既说现在的人这样宝贵自由，那以前的人会轻易丧失它，似乎并不可信。十世纪的思想家，为证实当代的不自由，为证实自由为天赋的人权，于是假设个自然社会，假设自然法，以为在受自然法统制的自然社会中，每个人是自由的。这都是浪费的逻辑。姑不论历史中有否自然社会，姑不论自然法的真实性，但他们这许多笔墨，究竟想证明些什么呢？他们的理论就成功了，也不过证明自由是存在过的权利，这并不会增加自由本身的价值。从前有过的东西多了，但能否说从前有过的东西都是好的。许多革命的理论家，往往以为尊重坟墓里的人是无为的，可是他们很能奉行因天赋人权的说法，这真是怪事。他们能打破君权神授的迷信，可是立刻又自己钻进天赋人权的牢笼中去，这未免太可惜了。

自由是一种心理状态，不是权利，更不是天赋的人权。毫不勉强的做一件事或不做一件事，这是自由；反过来说，勉强的做一件事或不做一件事，这是不自由了。上面说的话，或者还不十分切于实际，因为不勉强的做一件事或不做一件事，我们并不感觉自由，而勉强做一件事或不做一件事时，就感觉得不自由了。自由这个问题，大约不自由的时候才得发生。治平之世，我们并不想到自由，但一入乱离之国，时时感到拘束，处处受到压迫，由是想到以前自由之可贵，乃大喊自由的口号。所以我们也可以说自由这个感觉，是从不自由的环境中得来的。假使治者始终没有钳制过言论，我们能随便发言，并不觉得这是自由。一旦有个专制的暴君，对人民的忠言谠论横加压迫，这样我们才觉得随便说话之可贵，而有言论自由的要求了。又如经济自由这个感觉，从前也是没有的。资本主义发达以前，各人所受经济的压迫非常薄弱，这时，大家有经济自由，而又偏不知道有经济自由。以后工厂制度盛行，劳工变成商品，于自己的福利没有置喙的余地，由是感觉得经济的不自由，而发出经济自由的呼声了。不觉得压迫，这是真自由。及至我人要求自由或感觉得自由的时候，最少已经有过不自由的历史了。自由即是种特殊的心理感觉，所为既不是不受拘束，也不是服从法律。有许多时候，受拘束的人也在称颂他们的自由。像麦考利(Macaulay)，虽是他那时的英国人不是不受拘束的，但他以为英国是得到自由的国家。有许多时候，服从法律的人并不感觉得自由，像革命时期的人民，总以法律为桎梏人的刑具，而没有人说到法律给予他们的自由的。所谓自由，是物质的环境之下才产生的。我们不能抽象的说明自由是什么，但在无论哪一个存在的社会中，都可以指出何者为自由，何者为不自由。无论哪个社会，都有它传统的观念、习惯的思想、公认的制度。而这许多传统的观念习惯的思想公认的制度，就是分界自由或不自由的文字。忠君的社会中，皇帝的专制并不妨害百姓的自由。间接民主的国家，政党的专权也不算侵蚀人民自由的。自由不是绝对的，而是相对的。自由不是停滞的，而是进化的。在异样的社会中有异样的自由，我们不能指出万古亘一的自由的原则。

所谓心理的感觉，并不是飘忽无定而不可捉摸的。一时期的风俗习惯制度是造成这种心理感觉的元素。无论哪个社会，风俗、习惯、制度这三种东西总是存在的。而这三种东西，实在规范了我人适应刺激的方式。我们为什么不把大公司中陈列的华美的衣服披在自己身上，为什么不把人家珍贵的宝物据为己有，无非因为这是社会的风俗、习惯、制度所不许可的。社会的风俗、习惯、制度为我们割定可以做和不可以做的范围。在它所允许做的范围以内，倘若受到干涉，我们要感觉得不自由。在他所不容许做的范围以内受到干涉，我们就不会感觉得不自由了。有人说不受干涉是自由，但从客观说，没有一个人不受干涉的。就是夏桀、商纣，他们也不能超出一切风俗习惯制度之外。个人既必须受外界的干涉，那怎样是自由呢？我们只能说自以为不受干涉是自由。不问我们是否真正不受外界干涉，只要自己感觉不受干涉，这就可以说是自由了。自由是主观的。但这种主观的观念，却又为客观的环境所造成。所以无论在哪个社会中，我们可以客观地指出自由的范围。

所谓自由是种心理的感觉，初看似乎极其不着边际，其实不然。心理的感觉是固定而有规律的。为什么资本主义发达以前没有经济自由的要求？为什么民主主义发达以前没有政治自由的要求？这都是人类的心理感觉为环境所限制的证据。人类的心理行为永远为社会环境所决定的。而所谓社会环境，风俗习惯制度自然是其间最重要的。法国人的自由观念和英国人的不同，英国人的自由观念又和德国人的不同。法国人注意私生活的自由，所以选举、创制、复决在他们是不重要的。英国人注重政治的自由，所以普选运动妇女选举权运动都在这个国家开始。德国人注重团体自由，所以费希特（Fichte）、黑格尔、康德是他们的哲学大师。这三个国家的自由观念，粗看可以说有这样的分别，而其所以有这样的分别，这又不是偶然的。它们有不同的环境不同的历史以及不同的风物制度，所以它们的人民，乃有这样三种不同的自由观念。再回顾国内，我们的历史环境以及风物制度，又和这三个国家不同。而其自由的观念，亦和这三个国家有差别。由此可知所谓心理的感觉，并不是瞬息千变的，而是为历史环境风物制度所规范，而不由自己决定的。

1.4.3.2　自由是相对的

说实际一点，自由也可说是人与人发生关系时要求的一种地位。没有一个人不愿意孤行他自己的意志，但在社会中，又没有人能孤行自己的意志。甲和乙发生了关系，甲和乙就都不能孤行自己的意志了。他们有一个孤行自己的意志，其他一个人亦许要受其损害。社会中的人一多，问题更复杂了，他们对于任何方面都不能有一致的意见。就以政治而言，有一部分人主张君主立宪，有一部分人主张间接民主，又有一部分人主张阶级独裁。在这种情形中，各人都要孤行其志，社会必定变成异常紊乱。可是社会需要秩序，需要合作，为避免各人孤行己志起见，乃产生一种规律——各人相互发生关系时必须遵守的规律。这个规律，限制了人我活动的范围，也保障了人我在社会中的地位。在这范围以内的个人活动，我说它是自由。

亦许有人说，我讲的自由完全是不自由。而且我会为自由下解释，以为这是不勉强地做事，而现在又说某种范围以内的活动是自由，这不自陷于矛盾？我有相当的理由可以陈述。绝对的自由是没有意义的①。我很反对卡特林放纵和自由是一事的主张②。自由是一事，放纵又是一事。我人处身于社会之中，绝不能事事自由的。我们的行为，受思想的节制，而我们的思想，又受当时习俗的影响。抽象的我没有自由，现实的我方有自由。而现实的我，从抽象的方面讲，亦许是不自由的。现实的我的行为，完全是受习俗暗示以后的行为。我做这件事，不做那件事，事实上处处受社会习俗的束缚。但因为我和社会相处太久了，受社会的影响太多了，我一点不觉得社会为我们限定的范围是一种束缚，而行所无事的接受这种范围。以最粗浅的例来说，我们不能杀人，这就是社会指定给我们的范围。就是一个仇人，我们并没有想杀他，这并不是三思的结果，也不一定是畏惧刑法的责罚，不过从习惯上我们知道不能杀人罢了。我们这种不杀人的行为，就是为社会的习俗所限制，但我们并不想到这是不自由。我们已经为社会的习俗所陶冶，而不能不接受这种指定的范围了。确定私产制度的社会中，不侵占人家的财产也是当然的行为，绝不会有人因不能侵占人家的财产而感觉得不自由的。就是现代所认为极不自由的事情，如奴隶婢妾，在上古的风俗制度之下，奴隶婢妾也不会感觉得不自由的。我们说奴隶婢妾不自由，这完全是用现代的眼光去评衡古人的制度，不能说我们现代的感觉，就是古人所感觉到的。习俗所给我们的束缚，好比自己穿上的衣裳，并不是可以感觉到的束缚。这种例可以举的很多，不必在这里多占篇幅。

自由都是某种范围以内的行为，我们绝不能绝对自由的。绝对的自由是放纵，不是自由。无论那一个社会，都有传统的观念、习惯的思想、公认的制度为自由划定一个很清楚的界限，超出这个界限，很少不

① "Absence of real limitation is, indeed, a fictitious condition", Catlin: Principles of Politics, p. 157.

② 卡特林以为自由和放纵不过是伦理上的分别。Op. Cit.

受到责罚或裁制的。我们为什么不说杀人是自由或侵占财产是自由，这无非因为这是现代社会所不容许的。社会习俗的限制无论是公正或不公正的，它对我们总是不可摆脱的势力。而且我们一旦打破旧的习俗，新的习俗又代之以兴，我们永远生活于一种规律之下，而不能绝对自由的。

或者有人问：我们最多只能说自由不能绝对，而不能说绝对的不是自由。那我的回答是社会习俗之于自由，好比空气之于人，流水之于鱼，虽则不能说空气是人、流水是鱼，但没有空气和流水，人和鱼绝不能存在的。所以社会习俗虽不是自由，然而离了社会习俗就没有自由。自由固不能绝对，而绝对的也不是自由。尽管许多理论家在那里高谈绝对的自由，而社会上不会有这样东西的。所谓自由，根本是社会习俗的产物，一个真空管中无所谓自由。有人才有自由，有社会习俗才有自由，自由不能单独存在的。

社会所容许个人行为的范围，各个时代都不同的。这个观念，谈自由的人一定要有清楚的认识。苏格拉底不能在雅典得到宽容，异教徒不能在中世纪得到宽容，最近共产党徒又不能得到民主国家的宽容。波洛克(Frederic Pollock)把一个社会所以禁止异端的理由分成四类。第一是种族的，第二是政治的，第三是宗教的，第四是社会的①。古代一族信仰一种，凡污辱这个种的一定得到惩戒，这是为种族的理由而禁止异端。君权主义的国家，对民权主义压制不遗余力，这是为政治的理由而禁止异端。教权盛行的国家，用火刑来焚烧异教徒，这是为宗教的理由而禁止异端。男女授受不亲的社会，对自由恋爱加以舆论的制裁，这是为社会的理由而禁止异端。这许多种的禁止异端，用现代眼光来批评，大多违反了自由的原则，甚至有人会因此而相信古代社会中没有自由。其实不然。各个时期都有不能宽容的行为。限制而不背社会习俗，这种限制，不能说损伤了自由的神圣。瑞奇(Ritche)以为自由不能不有限制，但应当有怎样的限制，以及怎样去限

① Frederic Pollock：Essays in Jurisprudence and Ethics，p. 140 off.

制，这是立法时最重要的问题[①]。这几句话，可以说极为中正。各个时期都有客观的环境，都有因这客观的环境而建立的习俗，凡是合于这种习俗的制度，它固然限制了个人活动的范围，但不能说它是自由的仇敌。我们不能让苏格拉底再死于今日，不能任异教徒再受火刑，但亦不能因现代人之不能忍受这样的束缚，而以为这都是古代没有自由的证据。古代的环境，和今日的不同，所以古代的风俗制度，也和今日的不同，我们不能因雅典之处死苏格拉底而说雅典人没有自由。

这样说，社会中似乎没有专制这回事。这又不然。权力者常常要有专制的行为，这是很明显的。不过所谓专制，不是习俗的执行，而是背乎习俗的武断行为。权力者不尊重已经成立的习俗，这才妨害了人民的自由。再说，一个革新的社会中，权力者勉强维持旧的习俗，这也是人民感觉得不自由的缘故。至于执行合于环境的社会习俗，这不但不妨害自由，而且是自由的保障。旧的制度，移到现代的环境来实行，亦许都足以妨害自由的，但在旧的环境中，这正是保障自由的。君权神授的说法，在今日是帝室专政的护符，而在从前是从封建制度下解放出来的救星。封建制度之后，人民渴望统一，君权神授之说足以消灭封建的势力，它是大众所承认的新观念，所以不是压迫自由的制度。但到现在，神权之说已成过去，专制帝皇之欲以此对抗人民自治的要求者，就变成压迫自由的举动了。制度之自由不自由，行为之专制不专制，这全看制度或行为之是否合于习俗，以及习俗之是否合于当时的环境。合于当时的习俗，合于当时的环境，虽然奴隶制度不能说是不自由的制度。不合于习俗，不合于环境，虽然解放奴隶不算得自由的行为。

这许许多多的话，无非要证明自由不是绝对的，在不同的环境中，有不同的自由。现在的人可以有信仰自由，但中世纪的异教徒受到火刑；现代的人可以有言论自由，但雅典的苏格拉底却要饮鸩自尽。从这方面说，现代的自由较从前为广大，但也有从前可以自由而现在不

---

① Ritche：Natural Rights，p. 152.

能自由的。从前在街道中走路是随便的，而现在一定要靠右边走。从前工人的受雇是自由的，而现在大多要受工会的节制，这又是近代的自由比较从前的狭小了。古代的限制这样那样，和近代的限制这样那样，其原故因同受社会环境的限制，这实在是一样的。有人以为苏格拉底之受害是不合理的，异教徒之受火刑是残酷的，但合理或不合理，残酷或不残酷，这根本是时代标准所决定的呢。

1.4.3.3　自由是进化的

我们说自由是相对的，各个时期都有它不同的自由。把这各个时期变迁的历史综合起来看，我们可以知道自由是进化的。所谓进化，不一定说是进步，不过说自由随时代之变迁而变迁，社会自简单而至于复杂，自由的观念也自简单而至于复杂罢了。现代的人一提到自由，就会联想到言论自由，信仰自由，宗教自由，居住自由，通信自由，以及许多其他种不同的自由。这在以前一定不是这样复杂的。宗教革命时期，人民所争的是宗教自由，也就是信仰自由，法国革命时所争的是政治自由，而现在人又重视经济自由。争政治自由的时候，大家不愿意放弃信仰自由，而争经济自由的时候，大家亦不愿意放弃信仰自由和政治自由。所以自由的观念，不能不一天比一天复杂了。

自由观念的所以一天比一天复杂——由于新旧观念的互相累积。然而旧的自由观念也不是永不遗失的。凡是不适合新时代新环境的旧观念，都会于不知不觉间消失的。新旧观念的累积是选择的，人类不致盲目地保守旧观念；反之，不适合于现在环境的习惯，每会受他们的排斥。从前以为父母有教育子女的自由，送子女入学与否，国家无权过问，但是现代强迫教育制度盛行，而做父母的人，对于这样的事也无所怨言。又如吾国旧的习惯，以为父母有处死子女的权力，而现代则由法律禁止这种行为，这种旧的自由，大家也渐渐忘掉它了。

因为累积和选择的作用，所以自由虽一天比一天复杂，而又不至于不适合环境。倘使所有旧的自由观念都遗留下来，社会中一定不会有调和的现象。就把前面的例来说，假使现代还要讲教育自由，那文盲的比数必然激增，而人民就不能利用政治权了。假使父母还可以处死子女，这和近代保障人权的宗旨不合了。信仰自由和政治自由之所以仍旧为经济自由的时期所宝贵，因为它们还适合于近日的环境，不然，它们也就有遗失的危险。自由观念的累积和选择，实是构成它进化的要素。社会多一次变迁，自由的观念就多一次累积，也多一次选择，而多次累积和选择的结果，就是我们近代人所说的各种消极的自由。当然，今日的自由还不是它最后的面目，将来历史的推进，还可以改变今日的自由观念的。

我们说自由没有绝对性，这也因为自由是进化的缘故。自由的观念既已是进化的，则前日的自由，已非今日的自由，又将非明日的自由，那自由怎能有绝对的性质。所谓绝对性，这未免包含有永久的意思，如唯心论者以为合于伦理目的之行为是自由，他们相信这是永久不变的真理。然而不然。理性主义发达的时期，唯心主义者的伦理自由的观念，容或可以受人承认，不过在现实主义盛行的时期，恐怕没有人能接受了。各个时期思想的重心常常变的，十九世纪思想的重心是政治，二十世纪的思想重心是经济，而这两个时期所说的自由也完全不同的。自由的面目既然没有一定，那说自由有绝对性者，未免谬以千里了。

推求自由观念所以常常变更的原因，我们已经说过，无非因新旧观念的累积和选择。广而言之，整个社会文化的累积和选择，对自由观念的进化皆有影响。林肯解放黑奴的运动何以发生于美国独立之后？妇女的选举权何以要到欧战以后才能得到？这和当时的文化基础有关系的。美国不独立，则人权不致是社会中重视的问题，黑奴的惨受压迫，恐怕就无人注意了。欧战不发生，则妇女对国家的贡献不很明显，她要和男人争同等地位亦许就变成不合理了。文化基础的大小，和这个社会的自由观念发生密切的关系。东西文化没有接触以前，吾国自由的观念为何如？东西文化接触以后，吾国自由的观念又为何如？这里很明白的显示我们文化基础如何去影响自由的观念。我们曾经说过：自由是种心理的感觉，而这种心理感觉是由历史环境以及风物制度所规范的。历史环境以及风物制度，统而称之，就是此地所说的文化基础，那文化基础之足以影响自由观念，又何足怪呢?

自由观念是进化的这一点，以前人往往不加注意。唯心论者知道个人的自由是生长的，幼年的自由不与老年的相等，然而他们不知道自由本身就是进化的，故有合于伦理目的为自由的极致这一类谬误的论点。一般个人主义者动辄问，何者可以自由，何者不能自由，而不知道今日可以自由的，亦许明日不能自由，今日不能自由的，亦许明日可以自由，所以他们的努力也是白费了。自由的观念必须与环境相适合，不然，就是最高尚的理想也是没有用的。唯心主义者的自由论不能说不高，不过在国权业已很高的国家传播，其结果必致于造成德国这种独裁的政府。不明白自由观念是进化的人，他们想不到自由观念也应当适应环境的，由是执一于自己的见解，不以客观的自由要求为是，这实是历来为自由而发生革命的缘故。

1.4.3.4 自由之所以成为问题

自由是相对的、进化的，换句话说，自由的观念常常受历史，环境、风物、制度的限制，所以自由的观念并不是飘忽无定不可捉摸的。然则自由并不成问题，这又不然。社会习俗所能限定的很少，而人类活动的方面极多。有许多行为，社会并没有指定活动的方向，这时，个人的抉择，可以和他人的利益冲突，而往往要受到他人的干涉。由是自由乃变成难解决的问题了。甲的行动是呢? 乙的干涉是呢? 这要牵涉到恶善是非的标准。其实善恶是非也是为社会习俗所决定。不过往往不是一句话所可判断的。有时社会的权力就利用自己的地位，依遵自己的见解，用武力来维持某种武断的标准。在这种情形中，受束缚者感觉得不自由了。因为武断的标准，不是大家可以承认的标准，它加在我们身上，好比野马加上了鞍辔，是种难堪的拘束。从来人喊出自由的口号，就为反抗这种难堪的拘束，而不是为反抗已经和自己生活相融合的习俗。

这是很明显的，赞美自由的人，并不希望叛离一切的规律。那许多社会中通行的习俗，已经是各人生活的一部分了。从质地上看，虽亦是限制我们的范围，但我们不知不觉的遵守这个范围，我们绝对不会感觉得这种范围的拘束。惟有武断的标准，那是经验以外的标准，那是须用理智批判的标准，这对于我们才是难堪的拘束。要我们不杀人，我们不以为侵犯了自由，要我们不批评政治，我们就感觉不自由了。权力当执行前一条命令时，大家服从的，但要执行后一条，未免有许多人要起来反抗。这因为后一条尚没有成为习俗，我们于服从之先，或许有人要考虑，为什么不能批评政治？现在的政治澄清吗？批评政治以后会有什么坏影响？这样一考虑的结果，有许多以为政治可以批评，有许多且以为政治必须受批评，由是这执行命令的人要受到反抗，而自由不自由的问题发生了。

社会中还有另外对自由发生问题的机会。社会不是不变的，它是无时无刻不停的前进着。这永远前进的社会，时时有新的环境，时时有新的变化。在这川流不息的社会演化中，社会的习俗，也跟着变化的。旧的习俗过去了，新的习俗建立了，新的又变成旧的，旧的又有新的来替代。在这新陈交替的转变中，自由又要发生问题。洛克说：国家是人类追求保持或增进“公众利益”（Civil Interested）的社会，但人类于公众利益的观念，就是常常变更的。最少，洛克对于公众利益的观念，就和我们现在的不同。在这种观念的转变中，社会习俗也跟着转变。社会习俗是什么？那不过是人群体验到团体生活而发生的规律罢了。所以人群生活目标或是生活方式的转变，就可以影响到社会习俗的转变。人类的生活目标常常移动，人类的生活方式时时更换，所为社会的风俗习惯以及制度也不能停滞着不进。最明显的，机械工业的发达改变了我们的生活方法，而现代社会的习俗，也就和手工业时期大大的不同了。从前劳资贫富相差不多，而现代乃成对立的阶级；从前人民散居乡村，而现在聚集城市；从前工人也有产业，而现在变成机械的奴隶。这种种不同的环境，乃产生种种不同的思想，由种种不同的思想，再产生种种不同的习俗。现代的社会习俗，什么能和手工业时代的比呢？从前服从君主，现代信仰民主；从前提倡契约自由，而现代提倡“团体交易”（Collective bargain）了。但是旧习俗已经崩溃而新习俗尚没有建立的时候，各人的思想异常放纵，各人的行为异常散漫，这时候的政治权力者，又要利用他的武力来维持某种武断的标准了。这时候，不赞成这种标准的人是感觉到不自由的，他们又要喊出自由的口号，以为反抗武断标准的根据了。

我们曾经说过：自由是在乱世才发生的问题。所谓乱世，正是旧的习俗业已崩溃而新的习俗还没有建立的时期。在别的时期，我人虽受自由的约束，但自己是不觉得的。个人受习俗深刻的训练，习俗就是他生活的一部分，不必受权力的制裁，他的行动自然中止，所以总以为自由的。不过一旦没有习俗作为生活的标准，各人的向外性异常之大，思想行为，都缺少一种向内性去范围它们，结果是社会中充满了冲突混乱的现象。权力者为保护自己的地位，往往提出一种武断的标准，要各个人盲目地服从，以为维持秩序的代价。不过这是不可能的。因为这伤害了大家要求自由的热心，大家要起来反抗的。

上面所说的恐怕是自由发生问题最大的原因。社会的变迁，往往引起文化失调；文化失调，往往引起思想冲突；而思想冲突，又为发生自由问题的媒介。社会中精神文明和物质文明的不能一致，这就是所谓文化失调。机器工业既经发达，而工资的待遇依旧很薄，工作时间依旧很长，这自然发生失调的情形，而经济自由的问题也同时成立。在从前手工业时代，生活方式既极简陋，工作也不十分沉闷，所以待遇低、工作长，不能算是经济的不自由。时至今日则不然，工人都有些微享受的观念，而工作又极其单调，工资和工作时间，若不设法改善，工人无异做资本家的奴隶，他们经济的自由，实已剥夺无余。假使社会的权力者能看到这个转变，而适应这个潮流，那么新自由的观念可以确立，社会中也不致有什么问题了。无如权力者为拥护私人的利益，往往依旧要执行旧的习俗，由是旧的自由观念与新的相冲突，而一部分人要变成这种冲突的牺牲品了。

自由观念的进化，这是很显著的现象，凡是稍微注意政治史的都可以看得出来的。希腊人以国家为目的，人民是达到国家目的之工具，这时的自由观念，自然不能和近世以人民为主体而以国家为工具者一样。以前以为奴隶制度无伤于自由，而现在万万不能认可这个原则了。中古世纪是教权昌盛的时代，所以邪教异端之受非刑火焚者不会得多数人的同情和反抗，然而这在现在也是万万不能行的。中古世纪宗教不能自由，而现代是属于可以自由的范围以内了。就是法国革命以前和法国革命以后的所谓自由，也是大大的不同。革命以前，君皇是神圣的，他的言行不能为人民所批评，然而革命以后，对于执政者批评是属于言论自由范围以内的。有许多人以为自由主义是法国革命的产物，这又不然。古希腊人有他们的自由，教皇治下的教徒有他们的自由，帝皇治下的百姓也有他们的自由，不过从前人没有现在人所说的自由罢了。自由的所以进化，因为新环境的产生。这种新环境苟不为权力者认识，新的自由观念必遭压迫，而不能与这种新环境相适应了。考之古往今来革命的历史，大抵由于旧思想之不能适应新的环境。而所谓旧思想的不能适应新环境者，一定有自由不自由的问题在里面。认识新环境者主张改革，不认识新环境者意欲保守，由是新派以宣传改革为自由，而旧派以压制暴乱为正当的权力，自由不自由的问题，就这样发生了。故又可谓古往今来的革命，其原因皆种于新旧自由之争。这亦可以说是自由最发生问题的时候了。

1.4.3.5　自由和伦理的价值无关

明白自由的观念不是绝对的而是相对的，不是停滞的而是进化的，我们就可以知道自由和伦理的价值没有必然的关系。我们不知伦理的价值应当拿什么做标准，但准知道普通所认为道德的行为，未必都可以自由，而许多不道德的行为，有时倒可以自由的。为死者寻佳域，许多人以为这是合于道德的；但在西藏则不容你这样办，他们以死尸喂禽兽或以鳞甲为礼俗。男女野合许多人认为不道德的，但在许多部落社会中是可以容许的行为。

自由本来是中性的东西，无所谓善恶是非。我们只能根据社会习俗而说这可以自由，那不可以自由，但不能说道德的行为可以自由，而不道德的行为不能自由。自由以社会习俗为基础，而不是以善恶是非为规律的。假使我们说道德是一种合于社会习俗的行为，那么自由必须合于道德的标准，原也说得过去，无如我们一说到道德，就会联想到这是一种绝对的、普遍的原则，所以自由不能和它发生关系。自由是相对的进化的，和道德的性质刚好相反，因此我们知道自由不能建筑于伦理目标之上。

说自由是合于伦理目的的行为，他的害处在讨论唯心论的自由主义时已说过很多了。伦理目的是一种抽象的观念，它每每是权力者用以辩护自己专制手段的工具，所以必以自由为合于伦理目的之行为，势必至合于权力者意志的可以自由，而不合于他意志的不可以自由了。然而我们说：自由虽是个人主观的心理感觉，而实有客观的风俗习惯制度为之范围，绝不容少数人为它定一个武断的标准的。个人感觉得自由，因为外界所加于他的限制，是他所习惯的风俗制度，然而一旦少数人用自以为合于伦理目标的武断标准去束缚他，命令他这样那样，个人还能感觉得自由么？合于伦理目标，这虽是极能感动道德家的名词，但在现实的社会中，它是没有用处的。好比强迫教育制度，有人以为这减少个人伦理的价值，它使我们没有选择善恶的机会。然而它是近代社会环境中必须有的制度，并不因它减少个人伦理价值而说它妨害自由的。又如创制复决，它可以发表个人的政治主张，这是极合于伦理目标的，然而在政治智识低陋的国家举行，反是人民丧失自由的机会。自由和不自由，这是社会的风俗、习惯、制度所决定的，和伦理的价值没有关系。我们感觉得自由，并不因为我们的行为合于伦理的目的，而因为我们合于社会的风俗习惯和制度。

说自由和伦理价值不发生关系，这当然不是说，凡是有伦理价值的就不是自由。卫道之士，不必因为这种议论而诧愕惊怪的。自由之所以可贵，并不因为它有伦理的价值。人类感觉得自由，也不因为他们已经达到某种伦理的目的。很多人以为自由本身就是善，就是人类目的之一，这完全是一种玄虚的论说。自由的范围时时在变的，今天可以自由的，明天亦许就不能自由，所以自由往往可以前后矛盾的。然而善最少在哲学上是一贯的。既然如此，则自由之不能本身是善已很明显了。自由不可说是生活的目标，不过是生活中必要的条件罢了。没有自由，人类无从适应他们的环境。不过有了自由，人类也不即是已经适应环境，自由乃适应环境必要的条件，并非本身即是适应环境。我们的宝贵自由和宝贵空气一样，不是因为它是生活的目标，而因为它是生活不可少的东西。

1.4.3.6　自由是主观的同时是客观的

我们说自由是一种不受束缚的心理感觉，所以自由是主观的。但我们又说自由是社会风俗习惯法律制度的结晶品，这又似乎自由是客观的。个人之是否自由，这是主观的问题，但社会中自由的观念怎样，这应当问客观的环境。因为自由是主观的，所以个人不能强迫使自由，因为自由是客观的，所以各人自由的观念不会十分差异。忽略自由的主观性，权力者每易强自己的自由以自由别人。忽略自由的客观性，又每易混纵欲和自由为一谈。强自己的自由以自由他人者会流入专制，混纵欲和自由为一谈的会造成无政府的状态。

自由之右其主观性和客观性，不能说是矛盾。原来个人自由的感觉，总以客观的风俗习惯法律制度为其基础。个人的心理感觉尽可主观，而造成这样的感觉的因素是客观的。说简单而明显一点，主观的自由感觉，受制于客观的自由观念。这主观与客观一致的时候，就是精神文明与物质文明相调适的时候，自由不会发生什么问题的。自来谈自由的人，往往忘记它的客观性，因此不知不觉中发出与无政府主义者相同的论调，以为放任个人，这是自由的极致，权力之于自由，不过尽其保障的责任，别无其他用处。可是权力保障甲的自由，就限制了乙的放任，假使以放任为自由，权力连保障自由的职务都不能履行的。自由必有其客观的基础，而后政府可以鉴别何者为自由，何者为纵欲，何者应受保障，何者应归取缔。至于唯心论者，他们又忘记自由的主观性，所以强迫自由乃为保障自由必要的手段。但是强迫的绝不是自由，自由不过是个人不受束缚的心理感觉。政府固然不能离开风俗制度去强迫人民服从，就是合于风俗制度的命令，有时也不能得到人民的服从，这时，政府的暴力，也足以伤害人民的自由。人民不愿意服从风俗制度，这一定因风俗制度已经不合于客观的环境。权力的压迫，不但可以妨害人民的自由，而亦足以阻止自由观念的进化。自由的观念是客观的，但是个人的感觉得自由，这是主观的。政府最大的努力，应当使主观的与客观的自由调和，而不是强前者去屈服后者，亦不是强后者去屈服前者。

使主观和客观的自由相调和，这不是不可能的。只要自由的观念能合于客观的环境，则社会的自由，亦即是个人的自由。客观的自由在风俗制度中表现出来的。而风俗制度之所以成为压迫人民的工具，一定是因为它们不能满足个人生活的欲望。风俗制度之所以不能满足个人的生活欲望，这就是因为前面说的风俗制度之不能适合于新社会的客观环境。风俗制度是规则，社会因以维持秩序的。然而风俗制度不能是武断的标准，风俗制度而成为武断的标准，人民自然不会服从的。度量用尺寸，治人用法律，然而法律不能如尺寸那样武断。法律一定要合于时代的要求，而后它所表示的自由观念，才是人民所要求的自由。法律制度固能合于时代的要求，客观的自由和主观的自由是一致的，权力者既不虞人民之破坏法律制度，而人民也不会嫌法律制度之压迫自由了。法律制度而合于社会环境，迁就是所谓极治之世，非但人民不会感觉得不自由，而权力也不会受丝毫阻挠的。

自由之有主观性和客观性，这是极应该仔细留意的一点。自由之所以发生问题，社会之所以形成纠纷，完全是因为主观的和客观的自由之不能调和。主观的自由，一方固为历史环境风物制度所限制，一方亦为生活的要求所驱迫。新生活的要求如此，旧的风俗环境如彼，这就产生主观和客观自由的冲突，求其解决，惟有创造新的客观的自由观念。主观的自由观念，本基于客观的环境，惟一旦这种环境变更，主观的自由观念不得不跟着变更。然而这个时候，旧环境之下所形成的旧的客观的自由观念尚未崩溃，由是新的主观的自由观念和旧的客观的自由观念冲突了。好比以前大家庭之下，媳妇的侍候姑娘不算是不自由的，不过东西文化接触以后，很多人主张行小家庭制度，奉此说者每以庭省和侍候为不自由的表现。这时，旧的风俗制度尚未崩溃，而新的要求又已产生，由是新旧自由冲突了。平心说来，子女之侍奉长者未必是不自由的举动，惟东西文化接触这种新的环境，使各人有种新的主观的自由观念，而有小家庭制度的新要求了。从此，更可知道自由不必合于伦理价值的，它不过是时代环境的产物罢了。

主观的自由和客观的自由不能一致的时候，社会中一定发生了失调的现象。法国的革命爆发，英国的普选运动，都是此种好例。然而解决这种失调现象的方法，究竟应当怎样？我以为惟有修改旧的客观的自由，使与新的主观的自由相适合。所谓新的主观的自由，它并不真是主观的，乃是个人认识新环境以后的结果。至于旧的客观的自由，实在又已经失掉它的客观性了，因为它和新的环境已经不能调和。故修改旧的客观的自由，实为适应新环境的不二法门。新的主观的自由既不真是主观的，它自然不可以简单武力来征服的。除非新环境又有变更，这种新的观念终会得到大家承认的。

1.4.3.7　动的和静的自由

拉斯基把自由的种类分成三种——私人的、政治的以及经济的[1]。言论思想以及信仰的自由属于第一项；选举和参政的自由属于第二项；改善生活的自由则属于第三项。他最注意经济自由。没有经济自由，政治自由是没有用的[2]。他的话也许是对的，要求经济的自由，几乎成为现代自由的特色了。拉斯基虽把自由分成三种，但他相信自由是整个的。不过一个人都有三方面的生活，所以把自由也分成三类。这完全为便利起见，并不真说这三种自由有不同的性质。我人平日的起居生活，如信仰宗教、朋友酬酢、服用饮食等等，都可以有自由，这是私人的自由。至于政治生活，则政见的发表，参政的活动，也应当有自由，这是政治的自由。再至于经济的生活，则职业的选择，正当待遇之要求，这是经济的自由。我们要这三方面的自由，自然因为要充实这三方面的生活。私人没有自由，则私生活一定变成呆板而没有趣味了；政治没有自由，则个人一定变成受制于人的机器，而没有贡献他经验的机会了；经济没有自由，则个人将成被榨取的对象，而没有幸福之

---

① Laski：Grammar of Politics，p. 146 off.

② Op. Cit.

可言了。

生活的分类，这不是容易的事情，而且或者竟是不可能的。密尔把个人生活分成及人和及己的两种，我们都知道这是徒劳无益的暴动，然而把自由分成私人的、政治的和经济的，一样也不会有什么结果。个人的生活，并不能很清楚的分成私人的、政治的或经济的三个方面。朋友的酬酢，或者是有政治意味的活动，参政的目的，或者为充实经济生活，而职业的选择，无疑的也可说是私人的生活。私人、政治、经济三方面的活动既不能分明，那分自由为私人的、政治的、经济的也变成没有根据了。自由从社会习俗产生，而社会习俗又是人群体验到各方面生活以后发现的规律，所以习俗和自由，都不是一种个人活动所形成，而是各种活动的结晶。自由自身本无私人的、政治的或经济的之分。在无论那一个社会中，自由都是整个的。自由的重心常常变的，中古世纪争宗教的自由，十九世纪争参政的自由，而现代则争生活的自由。然而宗教自由不仅是私人的自由，宗教自由的结果，产生政治中的信仰自由和言论自由。参政自由也不单是政治的自由，它一方面提高人民的地位，使他们有更充实的私生活，另一方面也影响到劳工的经济自由。近代的生活自由也不止是经济自由，因它而发生的职业代表制增加了政治的自由，而人民的私人自由，当然也因它而增加许多。我们说私人的自由、政治的自由、经济的自由，这不过说明各时期自由的重心，并不是自由真可以这样分类的。

自由假使说可以分类，把它分成动的和静的两种，亦许还更有用处些。自由的观念虽然常常变的，然而在一定的片断时间中，总有一个固定的面目。这种固定的自由，我们说它是静的自由。至于此时期与彼时期自由观念的变迁，这我们又说它是动的自由。动的自由和静的自由，本来也可以说是一个东西，不过前者从动的观点看而后者是从静的观点看罢了。孔德把社会学分成动的和静的两种，其目的在便利社会学的研究，而我们分自由为动的静的两种，其目的亦在便利对于自由的认识。自由是主观的，而同时亦是客观的。主观的自由是静的自由，而客观的自由是动的自由。客观的动的自由常常影响主观的静的自由，所以静的自由也不是绝对静止的。然而静的自由既经受影响而改变其面目以后，立即又入于静的状态，所以主观的自由又可以说是常常静的。自由的一静一动，实为其进化的主要关键，这我们在研究自由的进化时已有详细的说明，不必再在这里多说。

为什么我们说客观的自由是动的而主观的自由是静的呢？客观的环境，常常在那里变动，所以客观的自由，实自其动的一点来看的。至于主观的自由，这是在客观的环境下个人所保守的自由，这是自其静的一点看的。从此我们还可以明白动的和静的两种自由的不同的性质。动的自由是革命的，而静的自由是保守的。革命的自由，是新自由的要求，而保守的自由，这是旧自由的保障。静的自由常常落后，而动的自由常常先进的。静的自由不能追上动的自由，这就是社会的失调，由是先知先觉者每要厌恶后知后觉者的压迫，而后知后觉者每要恐惧先知先觉者的骚扰了。动和静的自由之一贯，这就是社会最安定的时候，各方面都感觉得满足而没有一个失望的。

我们把静的和动的自由分别，并不是有意割裂，而是了解自由所必取的手段。植物的生长是进化的，组织是有机的，似乎不能有分析的研究。然而植物的生长可以分成时期，而有机的组织亦可从显微镜下的标本研究。植物的生命是动的，而对于这个动的认识，反有赖于静的研究。对于自由的认识亦然如此。自由的观念本身是变动的，然而要显出这个变动，反有赖于静的自由的了解。许多人把自由分成积极的和消极的两种，其实积极的就是动的自由，而消极的就是静的自由。唯心主义者所说的自由是抽象的，没有一定的止境，所以这是动的自由。至于个人主义者所说的自由，这是某一个时代所要求的自由，其内容可以一条一条的叙述出来，这是静的自由。仅仅了解自由一方面的性质，这容易引起误解。这所以唯心主义者虽明白自由是生长的，而终于有绝对主权的结论。个人主义者虽明知个人不能放纵，而犹留恋于再洗徒良心自主的说法。

说主观的自由是静的而客观的自由是动的，这亦许容易引起误解。社会中自由观念的变更，必有赖于个人新自由的要求。没有美法的革命，近代的自由观念不会产生的，这似乎主观的自由观念变动在先，而客观的自由观念变动在后。其实不然，主观的自由感觉的变更，一定在客观环境变更之后。我们屡次说所谓主观的自由并不真是主观的，它一定有客观的环境为之基础。旧的客观的环境不变，旧的主观的自由亦不变；旧的主观自由的变更，一定因为旧的客观的环境先有变更。明白这个道理，主观自由的进化是被动的，我们虽称这种自由为主观的自由，而它实在没有主观的色彩。至于所以要称它为静的自由，这也是从比较得来的。客观的自由变动在先，主观的自由变动在后，这所以称前者为动的自由，而后者为静的自由，这个动和静两个字，自然也没有绝对意义的。

1.5 自由和权力的保障

1.5.1 自由的保障

自由的范围，并不是一成不变的。我们最多能从客观的环境推测现代人的自由应当包括那些，而绝不能为万古立法，说人类必须有那些自由。不过自由的范围虽常常变动，而权力者恒执一于旧的习惯，不肯迅速的接受新的观念，所以自由的保障，乃为创设政治制度时必须要顾到的一点。所谓保障自由的制度，不过是那些容易接受个人经验的制度，因为惟有这种制度，才能迅速地适应新的环境，而不使人民有不自由的感觉。自由的范围，由社会风俗习惯制度等所决定，风俗制度与环境相调适的时候，个人安于这种风俗制度之下，而不至于感觉不自由的。惟有社会变动的时候，风俗制度已不能和环境相调适。这时，人民发生自由不自由的问题。权力能适应新潮流，人民感觉自由；权力不能适应新潮流，人民就感觉得不自由了。而所谓自由的保障者，也大抵为这种时期而设的。

社会变动的时期才发生自由不自由的问题，这一点很值得我们的注意。即以言论自由来论，如果我们的言论和权力者的态度一致，那权力者既不会来压迫，而我们也不致有不自由的感觉。不过为什么我们的言论会和权力者的态度不一致，而要发出言论自由的呼声呢？其问题的焦点，还在社会无时无刻的变动。社会的变动，才发生治者和被治者意见的分歧。治者保守他旧的习惯，而被治者发生新的要求，所以一方面压迫，另一方面反抗，而有自由不自由的问题了。在安定的社会中（实即是习俗和环境相调适的社会中），治者和被治者意见的冲突，并不是不可能的，然而这种冲突，牵涉的范围极为狭小，不足以掀起大风浪的。惟有社会环境变迁以后，治者和被治者不同的利益会酿成革命的惨剧，这是研究政治者所最注意，而亦是最设法想避免的。

的确，革命亦许是不可避免的。但我们能有宽容的制度，使人民的思想经验有所表现，那革命的机会，一定可以减少许多。引起革命的原因，大别可以分成两种：一种是政府的腐败；另一种是政府的专制。腐败的政府没有权力，专制的政府压迫自由。我们此地所说的保障自由，即所以去除第二种革命的原因。政府的权力，建筑于人民同意的基础之上，而自由是使权力不离开人民同意的一种势力。政府本来无所用其专制，它之所以要专制，一定是因为它和人民追求不同的利益。不过政府为什么会追求和人民意向相反的利益呢？这还要怪人民没有自由。人民固能有其自由，政府就不敢违反人民的利益，也不会有专制行为的。人民的自由实为制裁政府专制的力量，亦是避免革命的良药。

然而自由不受制度的保障，它究竟是十分抽象的。自由因历史的演化而得其正确的观念，然又必有正当的保障而后才有真实的意义。保障自由的方法可分三项：宪法的保障，制度的保障，习惯的保障。现在依次论列于下。

1.5.1.1　宪法的保障

自从美法革命以后，人权的保障，往往列入宪法，而人民的信仰思想著述以及居住等自由，便公认为非依法律不能剥夺的权利。欧战而还，许多新兴的国家，也都在成文宪法中规定人民的自由权利。不过宪法保障自由的方式是不同的。美国不成文法，最高法院有解释宪法的大权，所以政府不能任意伸缩自由的范围；像在英国巴力门是一切法律的源泉，人民的自由，它并非不可以用立法权来剥夺的；像在法国，它虽有成文宪法，然而国会的权力，且超过英国巴力门，所以自由的保障也不很确实。伯吉斯(Burgess)因此下一结论：自由的来源是国家，也必须得到国家的保障后才有巩固的基础[①]。英法不把国家和政府分清，所以人民所享的自由权，表面上虽和美国所享者相同，而实际上是有分别的。国家和政府一不分清，国家的权力，往往为政府所篡取，由是宪法中于自由权的叙述无论如何周详，而政府都可利用它的权力来破坏的。伯吉斯的理论，过分注意于国家和政府的区别，这点很可以受到批评。在现实的大社会中，政府以外，抽象的国家究竟有什么表现？美国最高法院有解释宪法的权力，因此以为美国国家的人格已有单独的表现，这是不很正确的。美国的最高法院，未尝不是政府的一部分。法官之任命，总统有其权力，法院所依为根据的法律，大部分还是国会的作品。这样而说最高法院单独代表国家，实在是很可疑的。美国最高法院解释宪法的权力，其源出于习惯，并非立宪者有意要它代表国家。实则英国虽无成文宪法，虽无伯吉斯所说的代表国家的最高法院，英国人民所得自由的保障，并不少于美国。一二一五年的“大宪章”，一六二八年的“权利请愿”，一六八九年的“权利宣言”，一七〇一年的“践祚令”(Settlement Act)[②]，已经把自由的范围说得黑白分明了。英国的巴力门，虽有庞大无比的立法权，然而对于这种传统的人民权利，轻易不敢侵犯。诚如拉斯基说，制度对于人民的保障，一大半要看国民的习惯[③]。英国人民假使不是富于保守的习性，这许多历史上的文献，亦许不足以为人民权利的屏障，然而英国是能够尊重习俗的国家，虽是缺少美国那样精密的制度，也无害于他们的自由权利。自由权源出于国家，这是很可怀疑的假设。自由完全是历

① Burgess：Political Science and Constitutional Law，Vol I. Book II，The Source of Individual Liberty，pp. 175-177.

② 以上诸种宪章，其详见 Hill：Liberty Documents。

③ Laski：Liberty in the Modern State，pp. 53 &57.

史和环境的结晶，说它不是国家所赋予的，未尝不可。自由权的来源既不是国家，那伯吉斯所认为保障自由权的基本原则——国家和政府必须分开的原则，实在也是无足重轻的。美国人民的自由固可以得到保障，而英国法国的人民的自由也未尝不可以得到充分的保障。然而是不是自由不用宪法的保障，这又不然。

宪法所给予我人最大的保障，不在它精密的文字，而在它给我们的勇气。宪法规定，“人民的自由非依法律不能侵害”，这固然不过白纸上的几个黑字而已。但因这几个黑字，人民却可以作一种强有力的要求。我们的居住受非法的搜索了，我们的身体受非法的逮捕了，我们的着述受非法的检查了，我们可以呼出抗议的呼声，说政府侵害了我们的自由。自由而不经宪法保障，受侵害的人固然也可向法庭请求理直，但他不能引起大众的同情与大众的援助。自由不经宪法保障的国家，那人民的自由虽受政府的侵害，大家不过觉得政府暴虐而已；而在有宪法保障的国家，我们就知道政府这种行为是违宪的暴动，人民可以向法庭凿诉，要求正直的裁判。其情形之严重者，更可引起群众的行动，对受害者作同情的援助，对暴虐的政府作积极的制裁。在美国，无故褫夺公权和非法剥夺人民财产，都是不常见的事情，然而在我们的祖国，政府却会利用这样的手段来达到它的目的。这是为什么？无非因为我们尚没有习惯所遵守的宪法。自由不一定要宪法来保障。然而得到宪法的保障后，自由益有巩固的基础。这好比禾黍稼穑，不一定要人力的栽培才有收获，不过得到人力的栽培以后，收获就更形丰富。

宪法是生长的。它不止是几个立法者的精心编撰，而也是社会习俗的结晶品。没有一国的宪法能直接从外国抄袭的，它一定要反映本国的风俗习惯，然后才能得到人民的服从。宪法不仅是条文，条文不过把散漫的社会习俗整理出一个系统来罢了。它不能说是美利坚革命的产物，没有一个国家能没有实际的宪法的，不过把文字来规定宪法，这可以说是美国的创造。所谓自由的观念，这也是社会习俗所规定的，所以宪法中所讲的自由，并不由宪法所创造，而是已经存在的东西，不过它保障自由的功绩，这是不能抹杀的，没有成文宪法以前，社会中虽然有自由的观念，然而这个观念不能为一般人所认识，因为它尚是零乱的肢体，而还没有结晶的整体。有了成文宪法以后，我们对于自由的观念才有清楚的认识，自由或不自由不再是可以争辩的问题了。

宪法对自由的保障，其实还需要其他法规的帮助。宪法中规定的是空洞的原则，而法律中规定的才有真实的意义。宪法说：不经正当法律手续而剥夺人民财产权是法律所不许的。这个原则，恐怕要有许多法律条文来解释它的。所以宪法不过是骨干，而法律是肌肉。有好的宪法而没有好的法律，就好比有好的骨干而没有好的肌肉，仍不能算有健全的躯体。假使法律中充满和宪法的精神相冲突的条文，那么宪法的保障具等于一种口惠。这所以美国的自由，有了宪法的保障，而还要反对叛逆法（sedition Law）的道理。宪法说：人民有著作自由出版自由，但国会通过了检查法，来取缔政府所厌恶的言论。宪法说：人民有思想的自由，但国会通过叛逆法来压制异己的思想。由是宪法的规定虽极宽大，而法律加上的限制却极严密。终至法律变成蜗牛身上的硬壳，而宪法乃是没有效力的虚文了。是的，我们不相信法律可以创造自由，但不能不说自由必须得到法律的保障。我们很早说自由是有秩序的社会中才存在的，霍布斯所说的自然社会中没有自由。卢梭以为社会文明是自由的腐蚀，我们却以为是自由的壁垒。不过法律既可以保障自由，亦可以妨害自由，这是我们应当充分认识的。铲除障碍的法律保护自由，增加障碍的法律妨害自由。

所以我们讲宪法的保障，同时还应当讲到一般法律的保障。现代的国家，大多握有检查和取缔的权力。但是这种职权的滥用，往往可以使宪法所保障的人民自由，剥夺无余。白芝浩（Bagehot）说：没有人知道什么是亵渎或是什么是叛逆，但什么人都知道这是空洞的名词，可以因治者的好恶而转移的。因此，政府若不取宽容的态度，人民的什么举动都可以是叛逆，什么思想都可以是亵渎。这样，人民一定要为治者的好恶所驱使，而没有自由之可书了。拉斯基极端反对国家的检查法叛逆法，就为这个道理。但我的态度和拉斯基的不大相同，我以为国家可以有检查和取缔的权力，然而这项权力，绝不可以滥用，一定使合于当时的习俗，而后可以不引起一般人的反感，而后可以不违反当时一般人的要求。我们相信法西斯者所说的，国家的第一职责在维持秩序。但是这种秩序，不是训练所可以造成的，而是各人得到满足以后的结果。训练以后得到的秩序是监狱里面的秩序，不是大社会中所希望有的。雍正乾隆的文字狱，不能统一当时的思想，设法使满汉的恶感消灭才是当时得到和平社会的方法。国家可以战平内乱，但不必攻击异己的思想。取缔异己的思想，有时反使异己的思想有宣传的机会，各个资本主义的国家，都谋抑制共产的思想，但这种举动，更增加了劳动者以国家是资本家鹰犬的信仰①。

为避免权力者的感情用事，人民的自由，有请法律保障的必要。法官和陪审员，不是不能仰承权力者的鼻息，不过经过法庭和陪审员，权力使用压力的机会，比较减少了许多。真的，在舆情激昂的时期，法庭和陪审员一样也染上色彩。欧战方烈之时，法庭和陪审员，对于非战的论调，一样也是不能宽容的。但是这是例外的现象，并且一种为习俗所痛恶的行为，国家实在缺少保障它自由的能力。习俗可以不合情理的，但依旧为显要部分所拥护时，个人很少能破坏它的。我说合于习俗的行为才是自由，即以此故。行为之受习俗或舆论取缔者，虽是极合理的行为，恐怕很难保障它的自由。行为之合理不合理是一事，能自由不能自由又是一事。自由是自己要求的，而同时也是客观所容许的范围，行为之不在此客观范围以内者，虽是我们认为极合理的，甚至是必须要的，也不能得到自由。行为既不能绝对的自由，那这种客观的标准，还是让法庭和陪审员监视比较妥当。政府权力和人民自由往往处于相对的立场，政府的见解，假使可以为决定是非的标准，人民的自由权，恐怕已处于很危险的地位。至于法律，你固然也可以说它是一种权力，但这不是一两个人的作品，而是整个社会的产物，并

① Chafee：Freedom of Speeeh，p. 198.

且它伸缩的范围比较狭小，比较不受个人私见的影响，所以它的足以为自由之保障，可以说没有疑问的。

以法律为自由的保障，这似乎是极奇怪的事情。法律往往是治者的爪牙，是束缚自由的工具。我们求法律保障自由，这等于向虎口讨生，是顶愚蠢的行为。然而不然。法律和自由一样，也是风俗制度以及其他一切社会环境的产物，法律和自由，应当是互相调和的。法律之所以抵触自由，显然因为任何一个的不能适应社会的新环境。就普通情形说，法律适应社会环境的能力总比较迟钝。所以有时法律的确妨害自由，不过这不能说是通常的情形。法律一旦与自由抵触，它离开改革时期已经不远，权力的利用它以维持一己的地位，不过是苟延残喘的方法，绝不会有什么成效的。因此之故，过时的法律虽然妨害自由，而与时代相调适的法律是反可以保障自由的。

说法律是自由的仇敌的人，他们是错误的。他们或者看错了自由的真义，或者忘掉了什么是法律。自由不是放纵，而法律所限制的不过是放纵的行为，所以法律和自由，丝毫没有冲突的地方。法律并不是无所不可限制的，一定得顺应一般人的习惯。假使法律之所限制而正是人民所要求的，那法律的威信，恐将扫地无余。国家的监狱，虽然可以收禁犯法的人民，然而犯法的人民太多，监狱就失掉它的作用了①。法律之所以能受人尊敬，不完全因为它的严厉，而大半还由于自愿的服从。理想的社会之中，人与人、团体与团体之间的均衡，只要普通的风俗习惯就可以维持，法律真无所用之了。不过社会的均衡不是这样容易维持的，风俗习惯有时还不能约束自私行动，所以法律产生了。然而法律一旦不能维持社会的均衡，它的“立足点”(Raison d'etre)既然没有，它的尊严也必定要降低的。能维持社会均衡的法律，这自然能得到人民的顺从；而不能维持社会均衡的法律，又一定要为人民所叛弃。所谓维持社会的均衡者，实即是能调适社会环境之谓。故能维持社会均衡的法律，亦即是能调适社会环境的法律。然则

① Merriam：Political Power，the Poverty of Power.

法律之所以受人尊敬，还是因为它的能调适社会的环境。那违背人民的习俗或人民的要求的法律，又何能维持社会的均衡，何能受人的尊敬？这种法律，求其自保尚不可得，又何能为权力的爪牙，以压迫人民的自由呢？

简单地说，法律之为物，在其能适应社会环境之时，则它和自由是一致的，可以为自由之保障。及其不能适应社会环境，它可以妨害自由，然而它的生命也不久了，所以也不能为自由之害。我之所以深信法律可以保障自由，而不像其他人以为它是压迫自由的工具者，其故在此。

1.5.1.2　制度的保障

宪法中可以为人民规定种种基本自由，但是没有适当的政治制度，这种自由是没有方法实现的。宪法中保障人民的言论自由，但人民的言论，没有代议机关来采纳为立法的基础，那么言论终于是言论，人民就不必尊重这种自由了。宪法保障人民的信仰自由，但政府又承认一种国教，人民的信仰自由，无形中就减少了许多。总之，宪法不过是几张有黑字的白纸而已，要它变成有意义，不得不有赖于制度的帮助。

怎么样的制度才能保障自由？这可以说是没有方法回答的问题。大家都知道各国有它不同的环境，因此各国所需要的制度也不是一样的。而且我们以前曾经几次说明，自由的意义是时常变迁的。这一代所说的自由不是前一代所说的自由，也不是后一代所说的自由。以此种可以变动的制度，来适应此种可以变动的自由，自然千变万化，而不能有一定的规律。不过从大体说，何者为促进自由的制度，何者为窒碍自由的制度，还是可以预先知道的。容易表现或接受人民意见和经验的制度，我们总可以说它是促进自由的。以下所说，即是我所认为可以促进自由的几种制度。

第一我要讲到选举制度。人民的意见，一定要在选举票里表现出来，而后它可以影响到政治的行为。报纸的舆论，街坊的私议，你不能不说也有影响政治的可能。但是这种力量，终究是微弱的，政府若不理会这许多舆论和私议，人民又用什么方法去制裁权力呢？言论自由之所以可贵，一方面因为它可以发明真理，另一方面更因为它可以作为制裁政府的工具。人民的意见若没有制裁政府的道路，言论自由的价值不就减少很多？我们不但要尊重言论自由，而且也要把言论自由的结果，贡献之于政府，以为立法行政的标准。这个，我们不能不有赖于选举了。选举实在是近代人把意见去影响政府的最好机会。在现在这样的大国家中，直接参政是不可能的。但一意驯服于权力者命令之下，这也不是人民所能容忍的。我们所以尊重言论自由，就因为相信权力者的行为不是没有错的，而这种错误的行为，不是人民的自由讨论，又不容易发现。为避免政府专制的命令，我们乃尊重人民的自由，以杜绝政府专制的根源。直接参政既不可能，驯服于威力之下又所不愿，乃求其中而以选举的方法来表示人民的意见，来制裁政府的行为。

当然，近代选举制度不满人意的地方很多。金钱的势力，政党的势力，都肆其全力以侵夺人民的选举权。在财阀利诱威胁之下，在政党制定圈套之下，人民自由发表意见的范围，其实也是很有限的。不过这种弊病，不能说是不治之症。陋行法规（Corrupt Practices Legislation）的制定，教育制度的提高，创制复决的采用，亦许可以减少这种过错。而且就是在这种种腐化势力之下，人民到底有多少自由发表意见的机会。只要人民有意见，他的发表之于选举票中是不受干涉的。他可以尊重自己的自由，而不受他人的影响。这一点，似乎就是选举制度保障我们言论自由的一个明显的证据了。

选举制度实在是鼓励言论自由的一种制度。有了选举制度以后，我们始可以充分认识言论自由之价值。在从前，士大夫阶级的清议固然可以影响政治，最明显的例自然是东林党人对于明季腐败政治的攻击，然而一般人民，从没有想到他们的意见，也可以成为政府行政的原动力。自从有了选举制度，没有一个国民不可以贡献他的意见于政府，由是人民开始认识他们意见之可贵，而不愿意它受权力者无理由的干涉了。言论自由的要求，于中古世纪政教争权时已有其呼声，不过那时的要求，只限于少数的言论家，而普通一般人是漠不关心的。大众对于言论自由的要求，必在代议制度推行以后，到近代的宪法中才有言论自由权的规定，这就是一个明证。

我曾经写过一本关于选举和代表制度的书，其中为选举制度辩护的一点，乃是说选举制度实为保障自由的制度。原来选举制度不特促进言论自由，实亦保障一般的自由。言论自由为一般自由之母，得到言论自由，其他自由即有其藩篱。最不自由的人，就是受压迫而不能申述他痛苦的人。能申述自己的痛苦，这即是说有言论的自由，那么这种痛苦，总有变为快乐的一天。痛苦既得申述，就可以引起他人的同情，就可以促进社会的改良。而所谓选举制度者，即是容许各人有申述痛苦的机会的制度，所以它对于个人一般的自由，很有帮助。我们一旦受政府的压迫，不难于选举票中表示我们的意见，或是不选压迫我们的官吏，或是不赞成有害于我们的法规，终使权力的阶级，屈服于众人利益之前。如是，一般的自由，就可以得到巩固的保障。

我们尽可以咒诅代议民主，但选举制度是总得实行的。这里当然没有时间讨论各种选举的方式，我们所要认清的，不过是选举制度足以保障和促进自由。这个原则，虽是反对代议制度的人，恐怕也不能不承认。苏俄、意大利，都是轻视议会制度的，然而一样也有选举①。选举是种政治权利，而这种权利，就是得到自由的条件。治者的行动，不一定都是顾到人民利益的，他们有时极其专制，于人民合理的思想，亦许加以压制，于人民正当的活动，亦许加以取缔。这时，人民自然无自由之可言。他们应当采取怎样的方策，然后可以恢复自由？有组织的暴动，有组织的不合作运动，这都可以使治者屈服，而纠正这种错误的②。然而这不是制裁治者最好的方法。政治社会中的和平，这是可爱的东西。有许多人愿意忍受小小的苛刻待遇而不肯轻易破坏已有的秩序。所以必以革命为制裁治者惟一的方法，那治者的暴政，有时

① Merriam：Political Power，p. 158.

② Merriam：Op. Cit.

不能得到应有的惩戒，这是养成极度专制的原因。有理智的政治动物，应当想出制裁苛政的和平手段，使治者无所用其专制，而同时又不致破坏可爱的秩序。选举就是适应这项要求而产生的。选举使治者不敢使用压迫手腕，而同时亦可表示被治者合理的意见，使新社会中新生的要求，不致为在上者所忽略过去。社会中有许多变乱是不必要的。治者的苛政，有时不是有意造成的。治者并不欲忽视人民的利益，然而人民的利益不为治者所知，由是不幸的革命在酝酿中成熟了。采取选举制度的国家，这种不幸是可以避免的。人民新的要求，不难以选举票中诉请改革，政府当局对于新的环境，就可以有相当的认识了。现代的国家假使没有选举制度，劳工阶级的不平，不会像现在这样受当局的重视罢？现在的当局能不能解除劳工的痛苦，这是另一问题，然而近代国家之因有选举制度而劳工得到呼吁的机会，这是明显的事实。

一个不能表示他愿望的国民，不能算得自由的。我们固然有反抗政府的最后权力，然而我们不能使政府实现我们的愿望。反抗只是消极的自由，设法满足个人的利益才是积极的自由。消极的自由，只能解除吾人的束缚；积极的自由，才能实现吾人的理想。然而积极的自由，不是宪法或法律的保障所可以求其功的。我们一定要有选举的制度，然后可以正式表示自己的愿望，使治者这个公仆为我们的利益服务。

地方分权的制度也是保障自由的一种工具。中央权力过于集中的国家，人民对于政治可以发表的意见一定很少。人民一定要了解政治，关心政治，然后对于政治方能发表意见。但是权力过于集中的国家，中央政府处于发号施令的地位，地方不过是受命和执行的机关而已。人民之于地方，其关系比较密切，其了解比较清楚，他们对于地方的行政，极容易表示意见。至于中央的行政：人民对于它的关系是间接的，不能表示很多的意见。因此，权力过于集中，不啻为政府减轻受批评的责任，而可以有更多的专制行为。中央的政府，其组织比较复杂，而政策之厘定，又往往由几个机关共同决定。立法院的制定法令，往往是内阁授意的，行政部的行政命令，其权力往往是立法院所赋予的，所以一命之出，一命之行，人民常常不知道负责任的是什么人，要对他下严正的批评，自然很感困难了。至于地方官吏，他所负的责任是明显的，一有失职，人民立刻可以起来纠正。这样说来，把行政的权力完全集中于中央政府，那等于封闭人民的口舌，这和保障言论自由的目的大相刺谬的。

很多人以为言论自由的保障，只要有宪法明文的规定就够了，这实在是过于乐观的态度。政府可以在宪法中极精密的规定言论自由，而人民的言论自由依旧可以等于虚文。人民有言论自由而没有言论的机会，那所谓言论自由者，还不是宪法上空洞的条文。中央政权的集中，就是减少人民言论机会的一种方法。现在许多研究公共行政或地方政治的人，如怀特(White)，如芬纳(Finer)，一致的倾向于中央集权的制度[①]。他们从行政效率的观点，深信地方政府是过于狭小的单位，既不能雇用多量的专家，而经济方面的财力，也不容许它执行近代政府所必须履行的职务[②]。这种言论，自然不可厚非。事务性质之属于国家者，倘使地方可以自由处理，结果恐怕不会十分圆满[③]。地方的偏见，有时确为全国福利的障碍。不过除行政效率以外，还有一点值得我们的注意。这两种制度，究竟何者比较的适宜于人民的自由。就说中央集权制不一定足以为人民自由之害，然而它比较是违反自由精神的制度，这是无法否认的。德法的地方制度，十分倾向于中央集权，

---

① 近代研究公共行政和地方政治的人，都偏向于中央集权的制度。怀特于其 *Public Administration* 及 *Trends of Public Administration* 两书中，固然一贯的这样主张，而芬男(Finer)的 English Local Government 一书中，也有同样的意见。

② 美国地方政府，因受邦政府补助，故恒须受行政或立法监督。而地方政府之所以愿受监督者，实因短于财力，不得不求援于邦。其详可参见 White：Recent Trends in Public Administration，pp. 42-48。又参见 Finer：English Local Government，pp. 29-30。

③ 马尔铁勃(Maltibie)研究英国地方政府之结论曰：事务之属于国家性者，当由中央政府执行之；事务之属于地方性者，当由地方政府执行之。一时允为至论。参见 Maltibie：English Local Government of Today (In Studies in History Economics and Public Law，Vol. Ⅸ)，p. 269。

而其人民所享自由，亦远异于英美诸国。英国人民所享的自由，论者每归功于它的地方自治。这自然不能十分确切的应用之于今日的英国地方制度，因为今日的英国地方政府，其权力亦日有限制[①]，几乎渐渐要步法国的后尘了。英国将来人民所能享受的自由，是否也能有从前那样广泛，这是政治学中颇饶兴味的问题，不能于此时预为论断。不过，假使英国的人民真因此而渐渐丧失他们的自由，那中央集权制的代价，未免过于巨大了。

格里菲斯(Criffith)是信仰地方自治的人。他的论调，适与怀特和芬纳者相反[②]。他以为中央集权的制度，反足以降低行政效率。不尊重地方自治的结果，往往引起地方人士对于政治的反感，由是政府与人民之间，难免有不合作的情形发生[③]。所以中央集权制之究竟能否增进行政效率，实在还是可以考虑的问题，然而它足以贼害人民的自由，这又似乎是不可否认的事实。中央集权有时就是保育政府的别名，它不容许地方有歧异的行动。这就是说：中央集权的国家，不容许地方人士发展他们的创造能力。有许多人以为地方政府实是人民练习他们政治能力的场所，这是很有见地的话。前面已经说过，各人对于地方的情形，比较熟悉，亦比较有兴趣，所以地方政治实是鼓励人民参加政治的工具。更有进者，各人都有他创造的愿望，然而人民创造的能力，最好先试之于小范围以内，如成功固可以为全国的模范，即失败亦不致影响全体的利益[④]。故尊重人民创造自由的，往往划地方政治为人民试验的场所，这一点也是我们讨论自由的时候应该注意的。

---

① 英国近亦渐渐趋向中央集权，这是不可否认的事实。凡地方卫生公路学债诸事务，都已受中央卫生部严密的监督。参见 Finer：English Local Government，Part I，Ch. I，“The Place of Local Government in Modern England”，pp. 1-22。

② 格里菲斯鼓吹城市自治。他所抱的理由，以为各个城市的发展和需要，皆有不同，(Modern Development of City Government，p. 503)所以惟有自治，才能适应各地不同的环境。其后于 *Current Municipal Problems* 一书中，虽承认中央权力逐渐扩大的事实，惟以为仍无害于城市独立的精神。

③ Griffith：Current Municipal Problems.

④ Griffith：Op. Cit.

前面说最能接受人民经验的是最合于自由精神的制度。这句话假使有些微的价值，那分权制度可谓最合于自由的精神。地方自治促进人民的自由，保障人民的自由，而亦使人民的经验，尽量地贡献之于政治，市委员制、市经理制，一样一样在美国市政学中发现，这在法国是不可能的。美国尊重地方自治，所以人民在公司管理中得到的经验，也可以应用到地方政治中来。这种制度和环境的相应而变，最可以消灭自由和权力的冲突。原来自由的观念也是常常变的，假使制度不跟着环境和需要而变更，那新的自由一定不能融合于旧的制度，而人民就有不自由的感觉了。从前怕政府专制，所以倡三权分立之说，就在地方的政治制度中，也富于制衡的精神。现在政府崇尚效率，所以地方的政治制度，已逐渐从市参议会制变到市经理制了。美国独立方成功之时，假使地方中立即实行市经理制，人民必定许多地方感觉得不便。反过来说，假使现在还要勉强地保留市参议会制，人民一样也要感觉得不便的。制度而不能和社会习俗相调和，这可以说是最妨害自由的制度。

1.5.1.3　国民性的保障

有了宪法和制度的保障以后，人民就可以有自由么？不然，不然！要是人民没有客观宽容怀疑和批评的习惯，那宪法可以是死的文字，制度可以是无用的躯壳。习俗之是否合于新的环境，政府行政之是否合于显要的利益，非人群仔细的观察是不容易发现的。握有权力的人，不问环境之会否变更，不问显要部分之已否转换，总是一意的维持旧的习俗和旧的显要部分。这时，人民若屈服于政府暴力之下，人民实无自由之可言。宪法和制度的保障，还要靠人民来监护的。宪法和制度，好比战争时期的土堡城墙，而人民好比守城的兵士。没有勇敢善战的兵士，虽有坚固的城堡，也挡不住敌兵攻击的。宪法中人民自由的规定，制度中人民自由的保障，依旧防止不了政府的暴力，一定得人民有客观宽容怀疑批评的习惯，然后这保障人民自由的宪法和制度才发生特殊的意义。拉斯基以人民性情习惯为享受自由的前提，就是这个道理。驯服的人民，不能向他谈自由的。宪法对自由的规定无论怎样详细，制度对自由的保障无论怎样周密，但人民不知道利用这宪法和制度，那他们还能享受什么自由呢?

客观的头脑，宽容的态度，这是自由必要的条件。人民而好有成见，褊狭自负，那他们自身即为自由之障碍，还谈什么自由？国民性对于自由的保障，实在是最大的保障。假使一个国家的人民都有客观的头脑宽容的态度，就是没有宪法和制度的保障，这个国家绝不会有摧残自由的暴力。反过来说，假使这个国家的人民都是好有成见而褊狭自负的，那么就算有宪法和制度的保障，自由也不能在这个国家中存立。人民的自由，不是权力者所可以单独摧残的，惟有人民自己褊狭的习性，这才是自由最大的仇敌。不能宽容人的国家，就是稍微离开了习俗一步，就有人攻击为异端邪说，由是群众的势力，像泰山一样压到你身上，更何待权力的制裁，你方始感觉到空气的窒息呢！生长于这种环境之中，惟有驯服于死的习俗之下，因环境之变更而怀疑习俗的效力，这就是犯了顶大的罪名了。

习俗之于个人，不应当是一种压迫，而应当是个人经验的一部。个人已觉得习俗是一种难堪的束缚了，那么这种习俗，一定已经离开了当时的环境。习俗之于人群，乃是某一时期中不得不然的规律，人群不感觉它压迫，而只感觉它便利。一旦习俗不能予人群以便利，而反成人群的压迫，它应当跟随环境而改变，实在不容稍缓。可是褊狭成性的人民，还没有发现环境的改变，依旧固执地奉行旧的习俗，不准他人发表异己的思想。这样，流血的革命不能避免了。不适合环境的习俗依旧受自然的淘汰，然而人民却多受了不少的痛苦。我们要避免革命的痛苦，实在应当有客观的头脑和宽容的态度，不是仅仅要求宪法和制度的保障自由所可成事的。从前的中国，一方面因环境改变的太慢，一方面因大家不能有宽容的态度，所以造成了一个顽固滞呆的社会。到了现在，天天和外界的环境接触，由是社会不能不有剧烈的变更，精神和物质，不能于渐进的程序中求其调适，今天有革命，明天有战乱，这都是从前的偏见和保守造成的。我们当以此为训，而求将来的康庄大道。

我会屡次说过：一个国家的环境不能不变的，一个国家的习俗也不能不变的。对于先知先觉的发明发现不能取宽容的态度，这实在是迫成革命的最大原因。社会是有种种势力在迫它进步的。人口的增加，自然产物有不够分配的危险，由是聪明之士，创造可以增加自然产物的工具。这种新的工具一发明，社会的环境完全改变了。以前食品之不够分配者，现在反有剩余的可能。如此，人口的增加更速了。结果又有一天发生恐慌，又要科学家为我们解决这个人口和食物分配的问题。我把社会的进化程序说的这样简单，自然没有说出社会前进整个的原因。但由此可以证明社会环境之不能不变，那是无疑的。社会既时时变更，而习俗还是一成不变，这个社会生活，怎能互相调和呢？社会已经到了工业十分发达的时期，大多数的人民，完全依赖每日的工资以维持生活。这时，你还想维持十九世纪的放任主义，任劳工的市场供过于求，任劳工的工资少得不能维持合理的生活，任工厂的设备不合于工人卫生，这可能么？这是不可能的。我们必定得让习俗跟着环境变更。执于偏见的人，对于这种新的环境，未必即能认识，他们或者还以为提倡新习俗的人是破坏秩序呢！他们有权威的利用权威以压迫先知先觉，没有权威的又附和权威以压迫先知先觉，必定等待旧习俗自己崩溃，社会发生惨烈的革命。因此我说要造成一个国家自由的空气，必先培养人民客观的头脑和宽容的态度。有客观的头脑，然后可以发现社会环境的变更，有宽容的态度，然后可以容纳异己的思想，能发现社会环境的变更，能宽容异己的思想，然后社会可以不受阻碍地进化，而人民也不致有不自由的感觉了。

我们常常以为暴虐的政府摧残自由，殊不知顽固的国民性，其专制犹十倍于暴虐的政府。压迫先知先觉思想的往往不是权力，而是人民的舆论、社会的压力，其权威之怕人，有时且远过于暴君的命令。在一个守旧的国家中，离开社会习俗的行为，常常会受到残酷的刑罚。从前有因男女恋爱而被活埋的。其余独特之士，也往往为社会热笑涂嘲，而终于郁郁以死的，社会不能没有风俗制度，然而风俗制度是便利人的规则，并不是拘束人的刑具。而且人类既不能阻止社会的进化，也就不该阻止风俗制度的进化。先知先觉所创造的，不是破坏规则的乱行，而正是所以修补旧的不可行的风俗制度。假使先知先觉的行动都要受到惨烈的待遇，风俗制度又何能进化，更何从谈到人民的自由？

有自由的国家，非特它的国民要有客观的头脑和宽容的态度，而且还要有善于怀疑和勇于批评的习性。不怀疑不批评，我们就容易接受习惯的标准，而不问一问这种标准之是否合于现在的环境。政治社会中不能不有服从，可是不能有太多驯服的人民。服从是积极的，驯服是消极的。不怀疑不批评的人民只能驯服而不能服从，能怀疑能批评的人民可以服从而不能驯服。布满驯服的人民的国家，人民固然没有自由，而政府也没有权力。驯服的人民，可以驱之东，可以驱之西，但是不能要他们积极的拥护政府。所以人民之驯服者，政府有武力，而没有权力。有怀疑和批评的习性的国民，不特保障了自己的自由，实亦巩固了政府的权力。权力者的行为，不是没有错的。这种行为，若不受人民的批评和矫正，那政府最多能使人民驯服，而不能使人民服从。这样，权力已不成为权力，而是一种武力了。

为什么人民一定要有怀疑和批评的习性，而后自由可以有保障呢？这因为驯服的人民不能有自由。不怀疑不批评的人民，势必至于凡是在上的命令都要服从。由是命令之不适合时代者，人民也因不怀疑不批评的缘故，一样很怯弱的服从了。这种人民，就是宪法为他们规定言论自由信仰自由思想自由，就是政治制度中为他们设立选举制度地方自治制度，他们也会把这种权利毫无理由地出让于治者的。在适合环境的社会习俗和政治制度之下，人民是自由的。但不怀疑不批评的人民，就是处于反乎环境的习俗制度之下，他们也只有忍耐，而不知道补救的方法。这种人民，实在不容易讲到自由两个字的。

怀疑和批评，政府绝不能视为叛乱的行为。政府的权力，建筑于社会习俗之上。但习俗不能不变。习俗既变，而政府犹拥护旧的习俗以压制人民，权力的基础业已失去，而政府也就有瓦解的危险了。政府为避免瓦解，不得不时时注意于变更的环境以及随环境以变更的习俗。由是人民的怀疑和批评，乃成为政府行政的向导。人民的怀疑和批评，并不是恶意的，实在因有感于环境的变更而对于旧的习俗发生厌恶罢了。这种怀疑和批评的态度一经鼓励，社会的习俗庶可以不落后地与环境相调和。这种怀疑和批评的态度一经压制，人民就不能用理智发现环境的变迁和习俗相背时，由是旧的政治制度必待与旧习俗同时崩溃，而社会中不能不有扰乱的现象了。自由不致破坏秩序，而压迫自由乃是秩序崩溃的理由。权力之作用，不过于习俗和环境相调适之时，使行其维持法律制度的职务罢了，绝不能于习俗和环境不相调适之时，依凭旧的习俗来压制异己的思想。于习俗和环境相调适之时维持法律制度，这不会妨害人民的自由，然而于习俗和环境不相调适之时，勉强保守旧的习俗，这就是压迫自由。这也是权力者不能不认清的一点。

国民性对于自由的保障，谈自由的人往往容易忽略过去，这因为他们以为自由是国家赋予的权利。只要国家的法律制度，对人民的自由权利有详细的规定，妥善的保障，人民就不至于不自由了。殊不知自由的来源，并非国家所赋予，而是社会环境风俗习惯以及法律制度的结晶品。它是相等的进化的，非呆滞的法律制度所可以单独保障。我们一定要有客观的头脑，宽容的态度，批评的怀疑的习惯，而后自由才能进化，才能适合于各个时代不同的环境。不然，我们即有哲理上最完善的自由观念，也不能使不同时代的人民都得到他们的自由。这一点或者值得重复申说的。人民不能生活于屋空的社会之中，他们的自由，不过是吻合于社会风俗习惯的行为。社会的风俗习惯，限制了一切人的动向。然而这种限制，不能说是束缚，因为这是客观的规则，个人不得不遵守的。上面的话，当然指环境和习俗调和的时候而书。一旦社会环境变迁，旧的习俗已不是客观的规律，它已变成一种束缚，不是大家所愿意服从的。它以前是自由的营堡，而在现在是自由的障碍。这时，我们必须有客观的头脑宽容的态度怀疑和批评的习惯，去破坏这种背时的习俗而创造一种新的适合于环境的习俗。环境是时时在变的，所以我们也时时需要上述的几种国民性。缺少这几种国民性的人民，他们既不能认识已经变更的新环境，而更不能创造适合于新环境的新习俗，由是物质的和精神的文明永远处于相异的时代，社会中充满了矛盾冲突的现象，又何从得到自由的生活呢？

国民性是自由最大的保障。英国保障自由的制度，亦许没有美国的那样周密，然而英国人民所享的自由，绝不比美国的减少。它的政治制度，时时受环境的影响而进化，这就是英国国民享受最大自由的明证。这为什么呢？我以为应当归功于它特殊适宜于享受自由的国民性。英国人是守旧的，然而并不顽固。不流血的革命是他们可以夸口的精神。选权逐渐扩大了，殖民地渐渐自治了，内阁首相制渐渐确定了，这种种，都没有经过怕人的革命，我们怎能说英国人顽固呢？他们有国皇，然而不至妨害巴力门的制度；他们有贵族，可是不至妨害平等的精神。在他们的旧躯壳中，处处活跃着新的灵魂。英国人是有客观的头脑和宽容的精神的。因为有客观的头脑，所以能认识旧的殖民地政策是不足以维系大英帝国，因为有宽容的精神，所以劳工党能于最短的时间内成功一种势力。不消说，这两种革新对于英国人民的自由有很大的贡献。不是劳工党的出现，英国恐怕讲不到经济自由；不是殖民地的自治，英国恐怕谈不到民族自由。这两种自由，起初虽是不必需的，然而愈到后来愈觉得重要，不是这两种革新，英国人民新的自由要求就不能满足了。不过这两种革新虽然重要，在顽固的人民是不能用和平手段得到的。加拿大的自治固须经过革命，而劳工党的上台也须发生剧烈的冲突。于此，我们可以充分认识客观的头脑和宽容的态度对于自由所加的保障。

从反面来看，不适宜于自由的国民也不足以保持自由的。卢梭警告波兰自由是不容易治化的食物，这是指不配享受自由的人而说的。久处于专制压迫之下的人不能一旦有政治的自由。不过卢梭的见解需要相当的修改。他以为只有他想象中的自由是自由，这我们不敢赞同。就是专制帝皇治下的百姓也有他们的自由。不过久困于专制的百姓不能享受选举被选举等政治的自由，这是不错的。然而适合于君主的时期不能不过去，人民假使执一于他们君主时期的自由，其结果一定有不自由的情形发生，而新的自由观念乃变成他们难于消化的食物了。新的自由观念，对于善怀疑能宽容的人是容易接受的，这好比坚硬食物之于健胃，不怕它不消化的，然而顽固的人往往视为洪水猛兽，觉得非取缔不足以维持治安。所以清末的孙中山先生是众人眼光中的乱臣贼子，很少人能接受他的思想，于是革命乃成为不得不采取的手段。如果当时人有客观的头脑，一定能认识中西文明接触以后发生的社会变迁，如果当时人有宽容的态度，中山先生的思想不难得到大众的欢迎。我们的国民，似乎不善于适应环境，不然，近年来的许多变乱或者都可以避免的。我们对于新的环境，往往不能认识，对于新的思想，总是抱拒之于千里之外的态度。所以新旧的冲突，没有一个时期能够停止，而人民乃生活于水火之中，而不能有所谓自由了。我们一定要有宽容的态度，客观的头脑怀疑和批评的习惯，而后可以保持自由，使自由永远与社会环境相调适。

1.5.2　权力的保障

自由的保障，我们已大略的在前面讲过了。这当然不是说做到前面所说的几点，人民就可以自由了。自由最大的保障，乃是历史不断的进化，不是简单的几种制度或宪法条文，所可以收效的。我们不过举几个例，使大家知道自由不是空洞的、没有方法得到的东西罢了。我们现在讲权力的保障，它的用意也是一样的。我们并不相信宇宙中有一种机械的方法，可以使权力绝不受牵制地执行它职务的。然而说权力丝毫没有自全之道，这也未免过于武断，权力又的确可以努力保全自己地位的。自来研究权力问题的人，关于巩固治者地位的方法，都有相当的贡献。亚里士多德的中庸、马基雅维利的霸术，以及我国儒家治国平天下的格言，都对治者是很好的教训。近人如默林(Meariam)氏，他以为认识环境，均分政治利益，分散治权以及平衡秩序与正义为保全权力最好的方法[①]。这许多人的理论，并不全是空中建立的楼阁，可见权力并不是没有自保的方法的。

---

① Merriam：Political Power，The Survival of the Fittest，p. 190 off.

我们在讲权力的保障以前，先要知道保障权力的目的。我们所以要保障权力，无非要它收顶大的效率。有效率的政府，自然可以得到人民的拥护，而权力即无受牵制的弊病。大家所以要咒诅权力，甚至想削减权力，这因政府没有或不能执行它的职务。人民对于政府的信仰，会因政府的没有效率而降低的。权力而不能对外御强侮，对内谋建设，即是最驯服的人民也要感觉得不安的。反之，政府若果能完成神圣的目的，贫乏的得到衣食，困苦的得到安乐，被压迫的得到解放，被屈辱的得到正义，那就是好乱的人民也不会揭竿起义了。所以为权力谋保障者，并不是增加政府的武力，使人民屈服于它威势之下，而是增进政府的行政效率，使人民多得它的嘉惠。爱民的权力人民亦必爱护之，暴民的权力人民亦必厌恶之。高城深溪不足以保卫帝皇的疆土，严刑峻法亦不足以巩固政府的权力。承认人民的要求，满足人民的要求，才是最好的保障权力的方法。

怎样的政府最有效率，这是不容易回答的，而且或者是不能回答的。不列颠帝国因代议政体而得到强大，美国因民主政体而得到兴盛，意大利因独裁而得到复兴。各种制度都有光荣的成功，各种制度都有惨烈的失败。英国的代议制没有拯救意大利的混乱，美国的民主制没有振兴中国的衰老，独裁制使十九世纪的法国受尽外国的欺凌。孟德斯鸠说广大而肥沃的国家宜于专制，狭小而贫瘠的国家会产生民主，这可见政治制度以适合环境为上选，贵族、民主、独裁，都有用得到它的地方，而又不是什么地方都可以用它们的。

不过单就行政效率而论，有几种制度是值得介绍的。近代国家所盛行的员吏制度和专家委员会制度，无论在那一种政体之下，我们相信都有一点帮助的。

1.5.2.1 员吏制度

何谓员吏制度？这就是使适当的人服务于适当机关的制度。它可以说是考选和铨叙两种制度的总称。一个政府由许多种和许多级机关组织成的。各级和各种机关所负的责任，都有不同的性质。这许许多多的办事官吏，不能说全由国民选举的。人民既没有这许多智识，亦没有这许多闲暇。他们的来源，往往是上级机关所选派的。不过主任官若漫无标准的选派他们的属员，危险性是很大的。徇情护私是官场中的习气，结党舞弊乃为必然有的结果。员吏的得缺，不因为他们的才能，而因为他们是主任官的戚属或私党。甚至纳贿买官献官选缺，由是办公变成机械的签到，做官变成营私的买卖了。吏治之败坏，其起源恐怕多由于此。无论在君主政体贵族政体独裁政体或民主政体之下，任官一有私弊，政府的效率没有不立刻降低的。政府的职务，不是人人都可以胜任的。庸懦愚合之流，自然没有能力规划政事，更何况他们服官的目的，本不在为民谋利，而是为私人的财产打算呢？打算增进政府的效率，选贤与能是各个政府的最先要图。员吏惟贤，则自能正直廉洁，由是国家不致虚糜库银，而人民亦不致受枉抱屈了。员吏贤能，则自能办事敏捷，由是建设可以完备，而人民亦不致不满足。

所谓选贤与能，又不仅是察举贤良方正而已。最重要的还在因材施用。以理财家负工务的责任，以卫生家负财政的责任，以教育家负卫生的责任，这都是不妥当的。尤其因为现在注意专门学问，所以不是什么人都可以管理任何职务的。卫生署由卫生专家负责，教育局由教育专家负责，财政局由财政专家负责，工务局由工程师负责。政府在遴派员吏的时候，得问问所派的人是否有必要的专门智识，这所以国家要举行员吏考试。某人于某事是否称职，这不应当全凭主任官私人的偏见，而应当看公开考试的结果。考试成绩的优劣，这是员吏能否胜任的客观标准。员吏考试公正的举行，纳贿买官的弊病自然消除了。

现代的考试制度，大概可以分成两种：一种如英国那样考几种普通的课程，而专门的智识则使于服务以后学习。另一种如美国那样考几种专门的课目，需要工程师则考工程的课目，需要财政员吏则考财政的课目。这两种制度互有短长，不能一概而论。英国的制度，没有限制员吏升迁的机会。因为它所考的范围比较广泛，所以做小科员的未必就没有做科长司长的资格。然而弊病亦正在此。考取的员吏不能有适当的能力，这也是很可能的。美国的制度，员吏都可以有适当的能力，然而有一技之长的人又未必能胜任较高级的职务，所为升迁方面极不便当。这两种制度的取舍，职位的高低和国家的情形都应当顾虑到的。

考试不能算是顶美满的制度。它最多能测验一个人的学历，而没有方法知道一个人的性情才干。有许多学问很好的人，要他实际负一个机关的责任是不可能的。比较高级的员吏必须有组织的能力，而对待同僚和属员的方法，也需要相当的手段。遇事肯负责任，这也是政府希望于员吏的。不过这都不能从考试中测验出来的。就是现代的考试制度极其精密，有所谓口试、笔试、实试以及其他种种的方法，这项缺憾依旧不能补救，一个干练的员吏很容易为考试所埋没的。虽然如此，考试总是客观的方法，比较主任官之凭私见任用属吏者，自然妥当多了。

考试制度不是个单纯的问题。及格人员的试用，员吏的保障，员吏的薪给，这都和考试制度的成败有关系的。考试制度最应当注意的，就是如何去吸收上等的人才。考试的制度虽然公平，然而与试的人不够踊跃，恐怕也不容易得到适当的人才。国家以官阶禄位公之于人民，而人民不取者，推原其故，盖有数端：一曰保障不确，一曰薪给不公。保障不确，则考试及格的人员，依旧录用无日，那人民之应考试者究竟为什么呢？又或及格人员既经得职之后，常受无故降调，这也会使人民不愿意应试的。这在下面论铨叙制度的时候还有讨论，不复赘述。至于薪给不公，这也使考试制度受莫大的影响。职务与薪给，应当成比例的。政府的职位，或事繁而责轻，或责重而事简，其间薪给的差别，自有一定的法则。然待遇称有不公，或事简者得薪反丰，或责重者得薪转薄，这自然应考者都要舍薄就优，而薄位就没有人问津了。员吏的薪给当如何分配才合于公平的原则，这是十分专门的问题，在这里没有方法作详细的分析的。

还有一种和考试制度发生密切关系的，这就是所谓及格人员的试用。考试及格的人员，未必即能胜任职位，这我们在讨论考试制度缺点的时候已经说过了。而且他们就说可以胜任职位，亦许还没有服官的经验，一旦使其弃学而仕，无有不手忙脚乱而莫知所措的。故考试制度之外，一定还要规定一个试用时期，以补其不足。于试用时期以内，不特授以服官必要的经验，而且还甄别优劣，使上材就上职，下材就下职。如是，适当人才服务于适当机关的目的可以达到，而员吏亦没有不过之叹。

考试之外，铨叙也是员吏制度中极重要的部分。考试的功用，在于得到适当的人才，而铨叙则在于公开贤能者上进的机会。政府虽有考试制度，然而贤能者不参加考试，适当的人才还是得不到的。而欲使贤能者参与考试，则非提高员吏的待遇不可。员吏的薪给，普通较私人机关的定额为低。然而大家还愿意当公务员者，因为这种职业比较安定，更兼低级的员吏很有上升的机会，所以大家还肯牺牲公司方面较好的位置，而就此冷漠生涯的。为公家服务固然是极荣誉的事情，然而物质的待遇太差，恐怕大家也不愿意就任这种位置的。所以政府的员吏，必确定其保障，公平其薪给，而最重要者，还让他们有上进的希望。使员吏物质方面的损失，称可以得到精神方面的补偿。

铨叙最大的好处，更在他能辨别贤不肖，使贤者得上进之阶，而不肖者受到应有的惩罚。没有公平铨叙的制度，无能者因机缘而身为贵显，有能者反因耿直而屈居下贱。由是幸进者愿指气使，沉沦者心灰意冷。非特上下不能有善意的合作，而许多有才干的人也会不愿意施展他抱负的。讲求行政效率的人，一定得使员吏都竭尽他们的智能，然后一人有一人的用处，而政府中没有冗员。不过欲达到此种目的，非员吏间之待遇十分公平不可。几个人的幸进，可以使整个机关的人妒忌，这不是奖励各人尽其智能的方法。所谓员吏的训练，这是近代讲员吏制度时一个重要的问题。而训练员吏的方法，莫善于升贤能而降不肖，这就是所谓铨叙的制度。使员吏知道勤勉是荣显的方法，而懒惰是屈辱的缘故，那一个还敢不竭其忠忱，以为政府服务呢？

铨叙制度亦可以去除私见和偏心。采用考试的国家，员吏都非有适当的资格不可。然而一旦为公务员以后，他们的升迁降递，其权若完全操之于主任官之手，政治中徇情护私的弊病还是不能避免的。主任官的戚属朋党，依旧可以于偏心私见之下得到不次的超迁。这很有影响于员吏的服务精神。能力高强而工作繁重的人不能有上进的机会，昏庸懒惰的反可以得到上峯的知遇，自然做官的要讲究趋奉佞媚，而规避负责的工作。

所谓铨叙，不仅应当看服官的久暂，而还要看工作的质量，办事的勤惰，责任心的有无，而后决定升迁的阶级。这许多都不是有纯粹客观标准的。普通所用点分的方法，多少是不很正确的。而且铨叙的权力，应当由专门的机关总揽，还是可以由主任官兼理呢？对于员吏的情形，主任官似乎比较熟悉。而且主任官对于自己机关的用人权，最好集中在一个人的手里。主任官有降调升迁属员的权力，然后可以训练属真。不过对于亲近的人，什么人都容易发生偏心，主任官的全权主持属吏的降调升迁，也不是没有毛病的。这许多专门的问题，研究公共行政的人还没有最后的答复。

讲到铨叙制度，亦许还应当说一说养老金制度。养老金不仅是优待员吏的，而也是增进员吏效率的一种方法。机关中充满了老弱的职员，对于办事效率很生影响。然而这许多与机关发生长久关系的年老职员，无故裁撤往往是不可能的，所以不如发给恤金，使其自动退职，庶年轻的公务员不致以老弱的人为榜样，而机关的效率可以保持。养老金制度自然又有它特殊的专门问题，如恤金之由国家负担或公务员自己负担，抑由国家和公务员公共负担，这我们在此地都不及详细讨论。

1.5.2.2 专家委员会制度

每个政府机关之下设一个专家委员会，这是近年来很流行的制度，而实亦为近代政治大进步的一点。俾斯麦先为德意志帝国创设一个经济会议，召集三次以后就没有继续它的生命①。一九一八年革命

① Finer：Representative Government and a Parliament of Industry，p. 48 off.

以后，“魏玛宪法”中新有经济议院的规定。可是因为工会的没有联合组织，所以正式的经济议院没有成立过。世人所谈的德国经济议院（现已为希特勒政府所取消），这不过是临时性质的。它的组织和职权方面，和宪法条文都有出入。原来议会制度所以受人攻击，因为国会议员都是地方的代表，大多没有解决经济问题的能力。柯尔主张于政治议会之外，再设经济议会，而德国宪法中的设施，可以说是接受柯尔的建议的。可是德国的经济议院，它和立法机关的性质显有不同，它最大的功用，不过是对于经济议案的建议和审议（临时经济议院无提案权）。而且事实上的临时经济院，开会的时候很少，它的工作都是在不同的常设委员会中进行的。所以它可以说是国会和内阁的咨询机关，和流行的专家委员会没有什么不同。这种专家委员会的功用，据芬男（Finer）的观察，说是很可以赞赏的①。英国的皇家委员会也有特殊的贡献。它的性质是临时的，它的目的、作用往往限于调查的范围，然而它们对于立法有很大的帮助。英国的许多政治改革，很多得力于皇家委员会的建议。法国内阁虽然屡屡倾覆，然而国家依旧有一贯的政策，这不能不归功于专家委员会的，美国联邦政府的专家委员会，也可谓盛极一时，而复兴委员会是其中最著有声势的。

各国所以热心的设置专家委员会，这不能说是一种时代病，而实在含有绝大的理由。近代的政府，所负的责任极其重大，而职务的繁复，更出于常人意料之外。这样重大的责任和繁复的职务，由少数人负担是危险的。何况所谓民主国家的行政长官，往往是没有专门智识的常人呢？其实就是非常的人物，他也不能单独负起一个政府机关的责任。即以事情比较简单的教育部来论，强迫教育的年限，学校教科书的审定，师资的标准，教育经费的分配，职业教育的指导，以及其他一切一切的事务，部长司长不能完全顾到的。而其中几个比较重要的问题，交付员吏去决定又是不很妥当的。强迫教育的年限，学校教科书的审定，这关系全国人民的智识和品行，似乎不应当由几个司长和

① Finer：Representative Government and a Parliament of Industry，p. 48 off.

科员决定。这时自然有敦请教育专家商讨的必要。教育部既须要有专家委员会，则其他机关事务之更较教育部为繁复专门者，不消说更不能不有专家委员会了。

专家委员会的设立，默林（Merriam）在他《政治的新观点》（*New Aspects of Politics*）一书中也是竭力提倡的。不过他的注意点，和前面所说的稍有不同。他的专家委员会的责任，在于解剖政治事实，一方面可以养成国民正确而开明的公意，另一方面亦为政府行政作有用的指导。其实无论哪一种专家委员会的作用都是两方面的。它们的贡献，对国民和政府都是有价值的指导。它们分析事实，指示今后应取的方向，这不仅有利于政府行政，而人民对于政府的了解也会增加的。人民对政府的误会，往往因人民不能清楚政府行政的动机。例如强迫教育，在不明白它好处的人是侵害自由的行动，不过明白它的人相信它会增进人民福利的。又如矿产开发的节制，不明白它意义的人以为侵害了个人经济权，明白它的人知道这对后代有好处的。专家委员会的功用，非但使政府知道应当施行强迫教育和节制矿产开发，而亦使人民知道强迫教育和节制开矿是有利的政策。专家委员会不仅使人知道应当怎样，而亦使人知道为什么要这样。这它的教育的功用不可谓不大，而将来政府与人民有真诚的合作，都要归功于它的。

最后一点是在讲权力保障的时候值得特别注意的。权力之所以倾覆，往往因为不能得到人民的谅解，而人民的不谅解，又往往因为政府没有公开它所以要采取某种方策的缘故。一个新兴的国家，它的建设费超过一切的时期，它所取于人民的赋税是很重的。假使它能公开国家的财政，而更特别指出它建设经费的数目，以与前代相比较，人民就可以知道取之于民者用之于民，也不会抱怨这种重赋。假使政府没有这种工作，它以为建设的成绩就可以证明赋税的代价，这恐怕不容易阻止人民抱怨它们重赋的。为政不在多言，这在民主国家中是不很确当的。政府得到人民的赞助，全恃人民对于它政策的了解。而要使人民对政府的政策了解，某几种解释是必须要的。现代的政治家不怕多说话，而只怕说假话，多说话不是有害的，多说假话才引起人民轻视的心理。

政府之意向，既有向人民解释的必要，而其解释的方法，又莫过于公布专家委员会的建议和报告。专家委员会处于中立的地位，故其言论，多能为人民信服，更兼它所根据的完全是明显的事实。它的意见的价值，自远过于执政者的雄辩。其实专家委员会的功用，肖不限于为政府向人民解释，而且是积极的政府的顾问机关。不仅民主国家需要专家委员会，就是以独裁著称的苏俄和意大利，它未尝不占有重要的地位。国家的职务一经复杂，专家委员会就是不可少的机关。政治家的才干，往往偏于组织能力者多，而富有专门学识者少。负政府之重任者，他们要顾到的事情是很多的。人民之好恶，员吏之勤惰，行政之效率，各机关间之合作，这占据了他们全部的时间。他们实在没有余暇顾到其他专家的问题，而富有专门学识的人，对于行政方面的事情也是不很合适的。故政治家与专家合作，然后人无弃材，国无废政，而熙熙攘攘极治之世可以立刻实现。

1.5.2.3　认清人民的福利

上面所讲的不过是几种增进政府效率的方法。政府的效率固能著闻于世，这自然是保障权力的方法，然而犹不能谓尽保障权力之能事。昏暗的治者，固然犹逊于独裁的领袖，然而独裁究竟也不是权力自己保全其地位的道理。权力所努力的目标，苟非人民之认为全体福利者，虽然极有效率，也终究要衰亡的。权力的基础，既立于人民同意之上，而人民的同意权力，又因为它推进全民的福利。故不能以全民福利为努力目标者，可以说是自己在那里破坏基础，不待他人之攻击，它自己先要崩溃了。

不过政府的官吏，怎样去推进人民的福利？所谓官吏，他们是专门学习政治的人，亦是一种职业，与银行家会计师没有什么异致。然而官吏的职责，在于调和万民，他们的行动，与全体人民发生关系。为防止少数人破坏官吏的执行职务起见，故予官吏以强制力，以慑服强暴，以减剖阻力。这就是我们特别称政府官吏是权力者的缘故。权力者能否推进人民福利，第一要看他们对于人民福利有否认识。人民福利是常常变的。古代部落社会，时有受强敌劫掠的危险，故当时的全民福利是部落安全的保障，由是孔武多力勇敢善战的举为酋长。中古世纪，大家希望灵魂的解放，来世的幸福，故教皇遂为上帝与凡人的中间人，而是尘世的主宰了。中古世纪后叶，民族的统一为一致的要求，故能统一民族的高登宝座而有其皇位了。近世的所谓人民福利，最重要的在提倡社会文化，故财产之分配，教育之普及，劳工之保障，乃为国家最重要的工作。权力者不特不能凭其私见，专制地指定何者为人民福利，就是保守旧日的观念，而忽视新的潮流新的趋势，也是很危险的。什么东西的利用价值都有其时代的特质，没有蒸汽机时代的车马和有蒸汽机以后的车马，其利用价值自然不同。而所谓人民的福利，也随各种东西利用价值的变而变的。车马既失其利用价值，则与车马的文明相适应的人民福利也成为过去的目标，权力不能斤斤以此为努力的方针了。宋、明之世，明法令，简良吏，薄赋税，安百姓，已可算尽了权力的责任，奴隶的制度虽然存在，贫富之势虽然悬殊，这不能为权力者诟病的。不过平等思想发达的现代，权力更当进一步铲除不平等的现象。不然，权力就没有认识当时的人民福利，而有为人民怨恨的可能。

从历史上看，各个时代都有它很显著的公众要求，然而当时的执政者，对于它们不是这样容易认识的。他们非有客观的头脑，以认识当时的环境：宽容的态度，以接受大众的要求，则权力者很有指鹿为马的可能。功利主义派个人都能认识他幸福的学说，不是完全没有价值的。为全民求福利而违背全民的意向，这自然说不过去的。人民固然有许多时候受盲目冲动的驱策，不过他们的理智总是可以启发的。倘若权力者自认为合于全民福利的行为而不能得到公众的谅解，那自然最好改途易辙，不要去燃放革命的导火线。政治应当由专家负责，这是自然的道理。而专家行动之是否得当，那最好闻公众的批评，这也是很自然的道理。专家的意见，再加之以公众的认可，这才是一个时期中可行的政策。政策而与客观的环境不相融合，它的行不通是无可疑问的。而人民的意见，实亦为客观环境之一。不知道人民的意向，就是不认识客观的环境，又如何能知道当时人民的福利呢？我们反对独裁主义，就因为独裁者往往会忽略这种客观环境的。

人民的意见是一种客观的环境，这亦许需要相当的申说。意见是主观的东西，然而从它影响社会潮流这一点说，也是一种客观的势力。人民的心理状态，这和财产分配人口疏密等一样是一种社会环境。更进一步说，人民的心理状态且反映出当时各种各色的社会环境。人民的心理状态不是凭空发生的，这完全由风俗习惯所养成，故人民的心理状态，实为一时期客观环境的总合表现，而其影响于社会的变迁，亦与物质的环境相等。权力若忽视人民的心理状态，它就没有认识人民福利之所在，而是没有方法保持它的地位的。

权力的自保其地位，莫过于认识人民的福利，而认识人民的福利，又莫急于了解人民的心理状态。这许多话，和普通所谓同意的理论，可以说是大同小异的。民主的代议制度容或有修正的必要，而民主的根本思想，这就是说同意的原则，这是不可磨灭的贡献，凡是忽略这个原则的，其权力必有动摇的可能。权力者的行为，非徒为取悦人民，人民盲目的冲动，正恃公正的权力为之矫正。然而权力之受到人民积极的反抗者，很少看见它可以持久的。取悦于人民的权力，每使人民放纵，忽视人民意见者，又每使人民有受压迫之感。取悦于人民的是没有用的政府，忽视人民意见的是专制的政府。无用或专制的政府，这都是不能自己保持它权力的。正当的权力，不特自己有一贯的主张，而亦考虑人民的心理状态。自己有一贯的主张，故不以取悦人民为惟一的手段，能考虑人民的心理状态，故又不执一于自己主观的见解。我们并不是说人民是主权者，他们的见解绝对不致有错误，然而又不相信权力总为圣人所有，它的命令是不可更易的法律。人民之须有权力为之节制，固然是极明显的，而权力之须有人民为之节制，也是极明显的事实。

1.6 自由与权力

1.6.1 过分自由和过分权力的危机

绝对的权力固足以引起专制，过分的自由，也可以招致无政府的危机。若说斯巴达的衰亡，因为它过分崇拜权力，那么雅典的倾覆，也许因为它过分尊重自由的缘故。原来无论怎样好的德行，一过了分就是罪恶的起点。我们反对专制的政府，可是人民过分的自由，就变成专制的人民了。专制的政府摧残了人民的自由，专制的人民则破坏了政府的效率。这同样是政治社会中的毒菌。而且不自由也就是过分自由的结果。自由的真义应当建立于尊重他人自由这一点的。我绝不能一个人有自由，自由变成一个人的特权，则专制立刻产生，而其他人不能有自由了。从前的帝皇，只宝贵一个人的自由，所以往往把人民的自由来牺牲。一定大众都有他的自由，然后自由的基础才是坚固的建立了的。不过要大众都有他的自由，一个人就不能有绝对的自由。各人任情的活动，势必发生冲突，为避免这种冲突，某种规律是必需的。这种规律，限制个人的放纵，然而保障大众的自由。我遵守它，大家遵守它，各人在这个规律所定的范围之内，都可以尽量活动而不受约束。这样说，人类的自由有限度的，超出这个限度之外，社会必要的规律都为破坏，大家的自由就没有保障了。我侵略人家就难保人家之不侵略自己，由是各人时时冲突而不能有自由了。所以说过分的自由就是不自由的开始。

大家对于过分自由而致国家于衰亡的印象，似乎并不深刻。政府对人民的压迫，这是大家立刻感觉得到的，不过人民放纵的害处，大家没有怎样想到过。其实政府专制和人民放纵的祸害，其程度恐怕是相等的。政府专制可以引起革命，人民放纵可以招致混乱。人民不能忍耐凶暴的苛政，但是他们亦不能安宁于过分放纵的生活。没有法律的国家，没有风俗的社会，这会变成怎样混沌的境界？善恶没有标准，是非没有准则，老弱受到欺凌，狡黠攫取分外的利益。这个时候，强权就是真理，武力就是自由，这个社会，是不是我们所欢迎的呢？实则我们虽称颂自由，然而还没有宣扬放纵过。我们都知道放纵是怎样的一个恶德。所谓过分的自由，它和放纵的分别可以说是极少的。老子的无为，庄生的无治，这只是批评政府绝对权力的著作，正面的提倡放纵，不会是他们的真意。他们还没有忘掉社会的风俗，这也是限制人民放纵的一个规则。假使说非但政府可以不要，而且一切的风俗也可以打破，那就不知道他们理想的社会是怎样一个世界了。人类的行为，为利害这两个观念所操纵，然而真利真害，不是一个生命短促经验狭隘的人所能了解的。我们必有求于全体社会的经验，方始可以认识正当活动的途径。而所谓社会经验的结晶品，就是我们日夕与共的风俗制度。所以背离风俗制度者，必不能有幸福，必不能有自由。社会的风俗制度，乃是加到个人身上的限制，也是个人自由的藩篱，这是研究自由的人所不能不知道的。

“人是生而自由的，但什么地方都在锁链之中。”锁链这两个字，其实有商榷的余地。人类什么地方都受约束，但不是什么地方都在锁链之中。锁链我们应当扭断它，不过合理的约束，这是应当尊重的。亦许正因为我们什么地方都在约束之中，所以我们能有自由。我们不是唯心主义者，不相信国家有最高的伦理目的，但我们对于过分自由的批评，其态度颇近于格林鲍桑葵诸人。社会越进化，个人所受约束越多，而所享自由亦越富。这和庄子崇尚自然的哲学背道而驰的。庄子似乎以愚昧为自由。其实愚昧不过是不知道约束，又何尝是真没有约束？初民社会的人类，多受制于自然，一般哲学家所理想的无牵挂的生涯，又何尝能在这种社会中实现？

有一点是应该补充的。我们反对放纵的自由，然而亦憎恶锁链中的生活。我们应该制裁破坏法律和习俗的人民，然而更应当攻击摧残自由的政府。假使说自由是快乐的源泉，那么专制就是造成苦难的工具；假使说自由是智慧的良朋，那么专制就是产生愚昧的机器；假使说自由是善德的先生，那么专制就是恶行的导师。我们为人类的快乐，为人类的智慧，为人类的善德，所以反抗一切压迫自由的政府。反对绝对的自由，并非即是赞成绝对的权力。绝对的权力和绝对的自由，同样不是治世应该有的现象。

权力所以利民，而其基础，则建筑于承认的原则之上。过分的权力，既不能利民，又不能顾到人民同意的原则，这不能说是权力，而是一种武力。滥用权力的政府，它惟一的手段，惟为临天下以威势，以为人民于高压之下，虽困苦其生活，屈服其意志，亦不敢反抗。这是真的，人民往往能暂时忍受非人的待遇，而不与权力者争短长，不过这不能维持得很久的。受苛政之害的越多，被虐待的时间越久，社会将发生的骚动亦必更为壮阔。独裁政府而为人民谋利益，尚有人讥之为监狱中的幸福，何况不能为民谋利的专制政府？其实权力之过分，其终必至于侵害人民的利益。就是夏桀商纣，他们也不是以行暴政为志愿的。他们或者也知道离开人民的政府有倾覆的危险。然而他们深信帝皇的权力无上，他们的言行，不必求人民之同意，所以遇到私利与公利冲突的时候，往往就要忘掉公利为国家最大的目标了。政府之所以是专制所以是暴虐，无非因为在这种政府之下人民不能安居乐业。暴政与德政相差极少的，两者都要求人民的服从。然而一个称之为暴政，一个称之为德政者，因为在暴政之下人民是痛苦的，而德政之下人民是幸福的。暴政或德政，这是人民所决定的。政府虽自己说它的设施公正贤明，然而人民不以为德政时，这个政府难免有专制政府的恶名。举政的虽然是治者，而受影响的是人民，行政之是否公正贤明，治者假使可以自己决定，则政府的行为，莫非以人民的幸福为前提，虽然虐杀万民，而也可以说是德政了。没有一个人不以为自己所做的是不贤明的，治者亦然如此，所以治者若然有过分的权力，势必拑制舆论，不问人民的好恶，而专凭一己的喜怒了。

古往今来的专制政府，其原莫非因为有过分的权力。政府不能没有权力，没有权力则举措不灵，其归乃入于庸弱无能，而变成社会中的累赘。然而权力稍为过分，人民所受的害处也不是笔墨所可以形容的。桀纣的残酷是历史上著名的事迹，然而其他类似炮烙之刑惨无人道的行为，在历来的专制政府下，所见又何尝少呢？政以民为本的思想，孟轲、贾谊[①]都是十分信服的，即专制的帝皇亦未尝不知道这个原则。然而因为没有节制权力的机关，所以暴君还是不能灭迹。政府的权力，必求得到人民的同意，而后它可以不侵害人民的公利，而后它的设施可以贤明公正。有人民为权力之节制，虽然威廉拿破仑不致跋扈，没有人民为权力之节制，虽然庸弱的人也可以专制。

权力也有定分的，不及则为庸弱，过分则为专制。过与不及，皆足以为害人民，而养成革命的危机。人民非好乱，惟专制足以养乱。人民非不好安宁，惟专制使人民无法安宁。故和平的社会，安定的秩序，非适中的权力不足以得之。政府一经专制，人民即无法安生，而犹责人民之好乱和不守秩序，可谓南辕北辙，没有方法求全的了。政府权力适中，虽驱人民作乱而人民不乱，政府权力过分，虽严刑峻法不足以防乱。适中的权力，往往投民以所好，人民有痛苦则解除之，有灾祸则拯救之，有公利则兴发之，有公弊则废除之。由是人民都说：现在的治者是禹汤文武，是不世出的贤人，人民爱戴之肖不暇，还有肯倡乱的么？过分的权力往往投民以所恶，人民疾重赋则苛捐以累之，尚自由则刑以拘之，愿安定则穷兵以破坏之。由是人民都说：当今的治者是桀纣，是罕见的无道的人。人民远离之恐不及，还有愿意服从的么？有过分权力的人，总是不能责之于己，所以强民所难而民怨。为政者不明白这个道理，无怪他要受人民的叛弃了。

绝对的权力是专制的张本，过分的自由是无政府主义的萌芽，所以我们要求的答案，应当介乎这两者之间的。绝对权力和过分自由的中和，这是政府和人民都应当了解的原则。这个原则的昌明，可以使政府约束它的专横，人民节制他的放纵。亚里士多德颂赞中和，他的颂赞是有理由的。最少在我们目前的问题中，这是解决争论的好方法。政府应当有权力，人民应当有自由，这两个都是政治学中根本的原则，然而一方面过分的发展，就是革命或混乱的根源。权力的过分，

---

① 贾谊：《新书·大政上》。

就是自由的伤害，所以革命不能免了——自由的过分，乃是权力的衰亡，由是混乱为必然有的现象。权力和自由，本来不互相冲突，而是互相调节的。然而过分的权力和过分的自由，其互相调节的功用业已丧失，而变成互相冲突的元素了。从来的理论家不明白中和的道理，往往称权力者以为自由是社会的蟊贼，颂自由者目权力为社会的祸患，殊不知两种学说的调和，才是真理的全部，各执一见，未免要为社会不安定之厉阶了。

然而这个中和，并不是不变的。各个时代，各个国家，因环境之不同，都可以有它各别的中和[①]。承专制之后者自由重于权力，继混乱之世者权力重于自由，这全恃政治家立法家对于他们时代的认识，而后立为法律，使过去的错误，得于今日的宪章中得其矫正。威猛之后则济之以宽，大乱之后则约之以严，国家自可以至于治平了。权力和自由的中和是什么？这不是容易指出来的，可是从此知道自由和权力没有绝对性，今日所说的自由，在从前亦许目为放纵，到将来说不定又称它是不自由了。权力亦是这样，它没有一定的形式可以使我们认识的。权力与自由之绝对与否，不是简单的几句话可以判明的。非先对客观的环境有充分的了解，而但拘泥于习惯的陈法，这对权力与自由的认识不会有什么帮助。自由的观念本不是绝对的，同时权力亦不能绝对，两个非绝对性的东西的中和，当然也不是绝对的。政府可以行使权力和人民可以自由的范围，断不能各个时期相同的。

1.6.2 自由与秩序

意大利的法西斯主义者喊出它的口号：“秩序，训练，牺牲。”其实所谓秩序，并不是法西斯最早发现的政治元素，而是一切人所希望的政治现象。秩序是社会目的之一。人群要合作，必先有秩序；人群要得到自由，必先有秩序；人群要谋进步，也必先有秩序。法西斯主义的

① 罗伟尔教授于其《原则之冲突》一书中，与作者抱同一见解：“In fact the true meaning may vary with the condition in which men are placed” Lowell：Conflicts of Principles，pp. 6-7.

重视秩序，我觉得没有什么可以批评，但它主张可以为秩序而牺牲自由，这是此地要讨论的一点。

大家知道法西斯主义轻视议会民主，而更轻视一般人所崇拜的自由。轻视议会民主，因为议会不是能解决国家大事的机关①；轻视自由，因为这是比秩序次要的东西。法西斯主义之下的人民，是为国家而存在的。人民生长于社会之中，所以保障社会的不分离乃为国家的第一职责。没有权力，没有法律，没有风俗习惯，社会就不成其为社会了，因为没有这许多凝聚的力量，社会是不能不分崩离析的。说简单一些，国家的第一职责在于维持社会的秩序，人民做破坏社会秩序的事，是国家所不许的。国家可以使用武力，克服社会中倔强的分子，而维持安定的秩序。至于自由，它往往倾向于破坏秩序的，所以也应当受政府权力的取缔。法西斯主义的基本假设，以为人民没有权利，国家才是权利的掌有者。而人民只有义务。政府决定国家的目标，是非善恶也是政府设立的标准，人民没有发言的地位。人民有服从而后社会有秩序。至于自由，这是哲学上的名词，于国家人民，两无利益，实在没有顾念的必要。法西斯主义者这样地怀恨自由，因为他们相信自由足以破坏秩序的。他们限制自由之不足，还要提出训练这个口号，务使整齐划一的社会容易实现。他们的不能和自由妥协，似乎是一定不易的态度。然而自由是否真能破坏秩序呢？

不仅是法西斯主义者，其余误解自由的人，都以为自由是破坏社会秩序的魔怪。他们以为自由是行为的放纵，做你自以为对的，这是自由的真义。而同时又以为秩序是社会的型化，所以自由和秩序，是格格不入的两种东西。执政者的理想，每以为社会的型化是极治之世。人民有一致的思想行为，右一致的信仰观念，和谐美丽的社会已经算得到了。换句话说，他们要把军队中的纪律，行之于整个的社会。在上者好战而在下者非战，这是破坏了社会的秩序了；在上者提倡独裁而在下者信仰民主，这又是破坏了社会的秩序了。他们抱有这样的

① H. E. Goad：The Making of the Corporate State，p. 104.

态度，所以人民的自由就是破坏社会秩序的动力。然而自由既非是放纵的行为，而秩序也不是社会的型化，不破除这两种误解，我们对于自由和权力的真正意义绝不会认识的。

秩序之并非型化，这是很显然的。军队中的纪律，不能于社会中执行。军队中的兵士以服从为天职，而国家的人民，还有他们创造的义务。服从趋于一致，创造趋于歧异。社会的秩序，实于歧异之中得其一致，绝不能有绝对的规律束缚人民一切的行动。社会的生存发展，其有赖于歧异者多，其得益于一致者少。人类没有发明创造，则原始的社会不能进化到近代的社会，更不用说别的了。服从并非不必要的，不过社会的生命，大部分寄托于人类歧异的行为。服从可以造成整齐的社会，然而不能造成发育前进的社会。我们必以服从为秩序惟一的条件，势必至摧残社会的生长，而使它有退化的可能。一种非习惯的思想受禁止，这与一种非习惯的机器受禁止有什么不同？非习惯的思想，现在的政府都于维持秩序的假面具之下设法取缔，而非习惯的机器，也曾经有借维持秩序的假面具而取缔过的。慈禧禁通火车，这在现在看是可笑的，然而权力者这样可笑的举动，并不少见。我们假使以整齐一致是秩序，那么这种可笑的举动，或者还是当然的行为。

社会既然不能没有歧异，然而又何能有秩序？是否歧异之中也可以有秩序？这在明白秩序的意义的人是不难回答的。所谓社会秩序者也，不过是社会的各方面能互相调适而已。秩序是消极的没有冲突，而不是积极的整齐一致。社会的整齐一致是有害的，或者也是不可能的。治减社会的冲突，这就是维持秩序者的目的，权力者不必更进一步求社会之整齐划一了。然而欲求社会之不相冲突，则又非各方面互相调适不为功。社会之所以有冲突，都是社会失调所造成的。各种法律制度风俗习惯之间，必有其相互的关系。这种相互的关系适当，社会是和平安宁的。这种相互的关系一不得当，社会中就发生扰攘的现象。就以前提过的婚姻制度来论，流行媒介婚姻的社会男女授受不亲，流行自由婚姻的社会男女社交公开。假使于男女授受不亲的社会实行自由婚姻制，则男女既没有选择的机会，而父母又不负为儿女完婚之责，由是这个社会中的婚姻问题，未免要发生失调的现象。反过来说，流行媒介婚姻的社会而提倡男女社交公开，则男女之相爱者又往往不能结为秦晋，这自然也要发生失调的现象。更以政治界的现象来论，则忠君的思想适合于君主的时期，民本的思想适合于民主的时期，君主的时期倡民本之说，民主的时期发忠君的论调，这都可以招致不安的。在这里还有一点要注意的，那就是风俗制度等更必须与客观的环境相调适。制度与制度之间，风俗与风俗之间，习惯与习惯之间，其关系虽十分适当，然而它们若不合于时代的环境，这仍不足以维持社会的安宁。近代社会提倡君主专制，这大家知道是不可能的，而于古代社会中提倡议会民主，这也是不适宜的。风俗习惯之于法律制度，法律制度之于社会环境，必须互相调适，而后人民才可以安居乐业呢。

如此说来，所谓维持秩序，并不是执行几条法律所可了事的。我们一定要认识环境，设计适合于这种环境的各种风俗习惯法律制度，而后才可以得到和平的社会。独裁的领袖，专制的君皇，他们所做到的不过是明法令严刑罚而已，实在没有尽维持秩序的责任。更彻底的说，独裁领袖和专制君皇的行动往往破坏秩序，而革命家反是保护秩序的功臣。独裁领袖和专制君皇的高压手段，阻滞了法律制度的进化，而革命是推翻陈旧和建设新制度的运动。当然，什么人都不希望常常有革命，然而法律制度既不适合于社会环境，而权力者又斤斤于保守旧的法律制度，革命实在是不可少的①。避免革命的方法，不是高压手段所可成功的。制度和环境不相适合，社会中自然产生冲突的现象，非严刑峻法所可以禁止的。制度和环境互相调适，社会中自然产生和平安宁的现象，非甘言厚币所可以鼓动暴乱的。各人都求他的幸福，社会制度之有利于人民追求幸福的目的者，权力者不劝人民服从，人民也要服从的。社会制度而不利于人民追求幸福，那权力者虽然勉强人民服从，人民也不会服从的。至于不适合社会环境的制度，无疑

① Laski：Democracy in Crisis，p. 226.

是有害于人民幸福的。政府不谋改造制度，而徒以高压手段维持秩序，这是所谓缘木而求鱼了。

维持秩序极其困难，不是单恃武力所可收效的。权力者不能禁止歧异，而有时鼓励歧异反是维持秩序的方法。在变迁的社会中，人民的发明创造是恢复秩序必要的途径。权力者必以整齐一致为秩序，那自然违反陈规的就是叛乱，而创造新见的就是异端。由是环境虽有改变，而法律制度不能跟着改变，久而久之，人民必定觉得极端不安，那时虽有哥萨克的骑兵亦不能克服内乱了。即以平日的社会来论，社会中亦不能绝对整齐划一的。各人的行为虽然都受风俗习惯法律制度的约束，然而仍不能没有小小的差异。各人的嗜好，各人的个性，都可以不同的。权力者必欲强异为同，这个社会不知还有什么和平或安宁。异者任其异，同者使之同，各适其适，各不适其不适，这是秩序。实则无论哪一个专制暴君，也没有敢绝对的强异为同的。过于一致即是大纷乱的起源，大家不知不觉中都认识这个道理。然而权力者有时蔽于私见，不幸把这个大道理忘记，偶然立一武断标准，必欲强异为同，这就是专制，就是秩序破坏的原因。

所谓异者任其异，同者使之同，各适其适，各不适其不适，这不能就说是放任主义。权力的范围，不是放的最大，亦不是缩的最小，而是干涉它所可以干涉的和不干涉它所不可以干涉的。干涉所可以干涉的是维持秩序，干涉所不可以干涉的是破坏秩序。强异为同是不可能的，亦是权力所不可以干涉的。社会暗暗中有个进化的原则，合于这个原则而干涉，虽严刑峻法不可谓专制。不合于这个原则而干涉，虽伤人民之毛发亦是不可忍耐的暴行。强异为同是违反进化原则的，故权力者绝不能有这样的行为。至如它合于进化原则的举动，人民非但不能反对，而且还应该服从的。

既然明白什么是秩序，就可以进一步问什么是自由。自由的意义，在前面已经说过。简括的说，静的自由乃服从合于环境的法律制度，而动的自由是破坏不适宜于环境的法律制度。惟其自由是服从合于环境的法律制度，所以不合于环境的法律制度，人民不能不破坏它，而再建设新的自由。自由是主观的，而同时亦是客观的。所谓客观的自由者，实即是合于社会环境的法律制度所容许做的行为。主观的自由和客观的自由一致，社会乃可得其和平安宁，因为在这种社会中，绝无发生冲突的可能。社会所容许的，正是个人所要求的，宜乎团体与私人之间，得到一个和谐的关系了。欲求客观自由和主观自由之一致，则又非法律制度调适于社会环境不可。人民的行动，原以法律制度为规范，而所以一旦叛离法律制度者，因为法律制度已经丧失它的时代性了。法律制度果能合于社会环境，则它正是人民愿意服从的规律，这时，主观的自由和客观的自由自然没有什么差别。

自由和秩序，它们的基本条件是相同的。它们于适合社会环境的法律制度之下才能存在。法律制度而适合于社会环境，则社会有其秩序，人民有其自由。法律制度而不适合于社会环境，社会固不能有秩序，而人民也不能有自由。人民能自由，社会必定有秩序；社会右秩序，人民必定能自由，两者关系如此之密切，说有自由就不能有秩序的人，显然是错误的。人民而没有自由，法律制度必已背离环境，社会又何能有其秩序？欲维持社会秩序的人，正应当保障人民的自由，而后法律制度可以随环境以变迁，而后环境与制度不致不相调适。

所以自由和秩序并不是根本不兼容的东西。崇尚自由的社会不见得没有秩序，有秩序的社会也不见得一定要取缔自由。赞扬自由的并不完全是信仰无政府主义的人。无论哪个人的行为都受相当限制，要一个人叛离一切的社会习俗，这是不可能的。我们一生下来的时候，受父母的训育，学校的教养，亲戚朋友的同化，我们的行为，早已受过一种模型的刻制，我们绝不能纵情为所欲为的。我们是大社会中的一分子，虽然不能说什么地方都和别人一样，不过从大体讲，总不致是一个和什么人什么制度都要发生冲突的野兽。在同一法律制度之下，各人的行动，无形中会合于一种法则，自由的结果，并不是放纵，而是对权力真诚的服从，而是社会秩序得到牢固的保障。这和法西斯的理想，可谓背道而驰。维持秩序的不是政府的压力，而是社会中公认的风俗习惯。人民有自由，则风俗习惯必更能适应环境，亦必更能得到人民真心的服从。如此，风俗习惯确立，而社会秩序有坚固的基础了。

很多人以为国家只要布满了法网，社会秩序就可以得到保障的，这是梦想。国家的法律虽严，警察虽众，军队虽勇，然而难于维持不得人民信仰的法律。法国的路易去位了，德国的威廉去位了，俄国的沙皇也去位了，他们曾经用了多少的精力去对付当时的乱行呢？他们的威严，不能说不大，他们的侦探，不能说不多，他们的法律，不能说不严苛，然而暴乱终于产生，一切加在人民身上钢铁的锁链，都如摧腐拉朽般解开了。这可见维持社会秩序的不是严峻的法律，不是惨酷的刑罚，而是人民自愿服从的热心。自由不是混乱的父母，而独夫的暴政才是混乱的父母。我们不能以为人民一时的忍辱耐痛是永久的现象，这是更大的革命的酝酿。

为什么自由的国家，人民能真诚服从法律呢？因为惟有自由的国家，它的法律才是人民经验的结晶。锢禁自由的国家，虽然立法者能以大众的利益为目标，它的法律无论如何总是一部分人智慧的产物，而不是全体人经验的结晶。这种法律，未免有许多地方不合于一般人的利益，因此它亦未必能得到多数人的服从。自由的国家则不然，法律是全体经验的结晶。造法的时候，谁亦可以贡献意见，谁亦可以发表批评。这种步骤下产生的法律，大家认为是同意的规则，绝对服从而不觉得束缚的。而且法律既经成立，政府也不禁止人民的批评责难，所以每能随环境之转移而改变。人民因违反法律而受到刑罚，这只能怨自己的过于疏忽，而绝不会得到一般人同情的。因为法律既已是大家同意的规则，那最少有多数人愿意服从，这种法律的力量是伟大的，不致因少数人的反抗而发生动摇。这种社会中，秩序自然是安定的，不比单凭武力的国家，武力不能支持，变乱就会跟着来的。

无论哪个读历史的人，都会十分明白武力不是秩序可靠的保障。武力的爪矛，有时就是推翻武力的工具。许多皇家军队就是革命的中心势力。就说武力的爪牙能忠心从事，但又如何抵挡大众的不满意呢？新的环境既经造成，旧的习俗既经破坏，无论哪一个妄想以武力维持秩序的结果都要失败的。大众的思想既已厌弃旧的制度，而旧的制度又实在不能满足新的要求，新陈代谢乃为自然的现象。这时，惟有让大家自由体验，自由讨论，以等待新习俗的建立。这种自由讨论和自由体验假使可以说是紊乱，那许多紊乱实在是社会进化中必定要经过的阶段。科学的新发明，必然的改变了生活的方式，新的生活方式，必然的改变了社会习俗。而人群于创造一个新的社会习俗时，这样的紊乱亦许是免不掉的。

秩序之不能没有自由，固然极为显见，而自由之不能没有秩序，也同样是清楚的事实。自由因秩序而更觉安全，秩序因自由而更为巩固。有秩序而后有一定的法律制度，有一定的法律制度而后活动有所标准，活动有所标准，而后人民才有自由之可书。再洗徒（Anabaptists）良心的自由不能说是自由，惟有适宜的法律制度之下有自由。良心不足以为每种行为的标准，而客观的法律制度方具体的指示各人行为的方向。无所标准则不能有自由，因为在这种情形之下，各人所设想的自由范围可以不同的。个人原可以放任，要是他的行为能绝对的不侵害人家的利益。然而这是不可能的。个人的行为，才少影响他人的利益，若无公共的行为标准，冲突既不可免，自由亦不可得。绝对自由的个人，有如享绝对权力的政府，虽不以侵害他人的利益为目的，而总免不掉有侵害他人利益的行为。

自由不是真空的社会中可以享受的。社会中没有客观的法律制度，则没有客观的自由观念，没有客观的自由观念，则主观的自由观念无所依归了。客观的自由观念，从客观的法律制度表现出来，而此客观的法律制度，又为主观的自由观念之根据。社会中苟无法律制度，秩序固无法维持，而亦无所谓自由。在有秩序的社会中，个人都感觉得自由的。社会之所以有秩序，必因为法律制度与社会环境之调适，在此情形中，即客观与主观的自由相一致，而人民是最感觉自由的。秩序非特不妨害自由，而且为享受自由之条件。没有秩序的社会中，个人不能有自由的。求人类之自由，当先求社会之秩序，这是提倡自由者应该再三注意的一点。

1.6.3 权力与人民福利

1.6.3.1 主权论与权力

主权论是曾经热烈争辩过的问题。如社会联立论者，如基尔特社会主义者，又如现实主义者，都对于主权论加以无情的攻击。因为对于主权论普遍的怀疑，所以不能不连带的否认国家的权力。所谓多元主义，这就是说政府应当和教会工会等处于竞争的地位，不能有处决团体间争议的伦理权力。不过主权是一回事，权力又是一回事，实在不能混为一谈的。主权是最高无上的没有限制的不可分的，而权力则没有这几种性质。主权为抽象的国家所执有，而权力是政府执行命令的实际力量。广义来说，权力且不仅为政府所有，凡社会中有势位的分子和制度都有权力。权力不是最高无上的，更不是没有限制的。政府的权力受舆论习俗的限制，舆论习俗受社会环境的限制，它们之间，不能说谁高谁下，而是互相节制的。我们曾经说过，权力不过是经过承认的武力，所以它是看得见的力量，不如主权之富有抽象的性质，而寄托于什么地方还是很成问题的。

权力和主权既不是一种东西，那主权论受到攻击，和权力不发生关系。我们虽可以说没有主权这样的东西，却不能说没有权力这个东西。无论哪一个政治社会，都有它不可少的权力。人民纳税受政府权力的支配，个人的好恶受习俗权力的支配，这都是很显著的现象。就像拉斯基那样攻击主权论的人，他不妨承认近代国家的权力。国家不一定有最高无上的主权，然而不能没有调解争议的权力。不仅如此，一个政府欲积极的执行它的职务，权力也是不可少的。研究中国当代地方政治的人，没有一个不感觉得县行政长官职权的狭小，而认为县不能完成它的职责，大部分因为缺少必要的权力。这可见权力对于一个政府之重要了。地方政府应当注意公众卫生，然而没有权力干涉人民的随地弃置污秽，地方政府应当提倡教育，然而没有权力督责不负责任的父母；地方政府应当兴建道路，然而没有权力征收土地；这自然要言行不能一致了。执行一种职务，就一定要有一种权力，绝不能没有权力而可以执行职务的。就是公司的经理，商店的伙计，股东店主也一定要付与相当的权力而后可以进行业务，没有说一个社会的经理而可没有权力的。

政府之必有其权力，既是如此清楚的事实，所以因攻击主权论和连带否认政府权力的人未免错了。政府的权力直接影响到政府的效率，没有适当的权力的政府，可以说谈不到效率这两个字的。我们所谓政府要有适当的权力，并不是说政府要有最大的权力。过分多的权力，也可以使政府腐化的。过分多的权力，这就是专制。政府可以调解是非，然而不能决定是非的标准，决定是非的标准就是专制了。政府可以剿平内乱，然而不能抑制异己的思想，抑制异己的思想就是专制了。政府可以征兵，然而不能强人民向邻国侵略，强人民向邻国作战就是专制了。专制和权力，虽然不同，可是极难分别，所以许多政府往往会走上专制的道路。不过我们果能认清政府的性质，这种弊病也是可以避免的。政府如公司中的经理，它所处的是执行者的地位。它不是主权者，不是主人。这种极其通俗的思想，实是极其正确和极其根本的。就是国家主义者说国家有其使命，这种使命也应当由全体国民负责，而不是少数政府当局可以担当得起来的。国民是被治的，然而仍不失他们主人的地位，因为不是依照他们的利益去管理他们，这不会得到服从的。就是久被压迫的“比武者”(Gladiator)，他们也有时要反抗的[①]。权力者能认识这点，他们就不致变成专制的领袖了。

1.6.3.2　权力与人民福利

我们已经说过自由和秩序不是冲突的。而权力与人民福利，有许多人以为不能同时并存，这也有辨明的必要。专制的权力，的确会妨害了人民的福利，然而并不是每个权力妨害人民的福利。无论哪种革命的团体，无论哪种革命的思想，它们虽然攻击旧的权力，然而同时抬出新的权力。政治思想的演化，不过转移权力的重心，而并没有消灭权力。政治社会中握有权力的人不是不变的。教权隆盛之世，惟教主

---

① Shaw：Hand Book in Revolution，pp. 8-15.

牧师是智识阶级，所以宗教师是握有权力的人。就是君权扩张之日，教主的权力还不会完全消灭，那时盛行的是君权神授之说，君主的权力超过教主，然而尚不能完全摆脱宗教的势力。以后科学智识逐渐发达，上帝创造宇宙的见解不能为一般人所信仰，这时大家只认识人的力量，而不认识神的力量，所以社会的权力阶级从君主教主而转移到一部分富有经济势力的人手里去了。当政治思想转变的时候，旧的权力阶级不愿意放弃他们优越的地位，乃竭其全力以遏制新兴的势力。这时，人民的福利感觉得受到权力的侵蚀。教皇曾经阻止民族统一的运动，君主曾经摧残民主革命的势力，所以不合时代的权力，的确是人民福利的障碍。其权力越大，则人民受害亦越深。然而不能说所有权力是人民福利的阻碍，腐化的权力不能代表一切权力的。

权力不特不是人民福利的障碍，而且是推进人民福利的机关。布丹希望君主完成民族统一的运动。边沁、密尔希望代议政府推进最大多数的最大利益。从历史观察，每个权力对于社会都有不可磨灭的功绩。不是教皇，不是宗教法，中古世纪的秩序是无法维持的。不是君主，诸侯割据的封建局面是无法打破的。不是代议政府，君皇的压迫是无法解除的。权力没有阻碍人民的福利，而时代的演进，使不适于时代的权力，不能满足人民的要求，所以旧的权力乃变成妨害人民福利的东西了。民族统一的要求不热烈，教权是没有罪的。民权的思想不风行，君主是没有罪的。工人不看作进化的主体，代议政府也是没有罪的。一个权力之受人唾弃，不是权力本身的过失，而是历史演化的结果。

从性质说，权力实以推进人民福利为目的。权力必须得到人民的承认，而其所以能得到人民的承认正因为它能推进人民的福利。权力的智慧，权力的能耐，不见得超过人民，然而分工的社会中，国家整个的计划，不得不有赖于权力者的筹算。是非善恶是社会客观的标准，然而这个客观标准的执行，又不得不有待于权力者的努力，个人都能求他的私利，然而公利的获得，这是权力的责任。个人都有是非善恶的观念，然而这种观念之是否合于客观的标准，这是权力者应该考虑的问题。权力之于社会，几乎是须臾不可离的东西。无论哪种理想的社会不能没有权力的。柏拉图的共和国有它的哲君，穆尔的乌托邦有它的长老。企图消灭权力的人到底要失去的。社会有组织，社会就不能没有权力。法律之有其效率，规则之有其作用，都因为有执行的机关。法律和规则，有时虽然阻止人类的进步，不过通常是帮助人类进步的。社会不能绝对没有法律和规则，亦不能绝对没有执行法律和规则的人。人类固然有其理智，然而不能没有私利。经济欲望都能满足的社会，冲突依旧是不能免的。所谓公平，不是使各人的享受相等便可达到，有时还发生比例的问题。智愚贤不肖勇怯凶善种种不同的个性，常常使相等的社会变成不相等，由是简单易治的社会也变成复杂难治的社会了。这种差异的人性，不是教育所可以泯灭的，社会中必有法律以规范个人的行动，而后因私利心而发生的冲突可以减少。法律也不能强异为同的，它不过使人与人发生冲突时有个客观的解决方法罢了。法律亦许是武断的，然而没有这种武断的标准，社会的秩序不可保障，更何况人民的福利？法律不是绝对的，它不代表真理，也不是绝对是非的标准，不过是便利个人生活的规则。时代环境的变迁，法律自然也要跟着变的，然而时代环境没有变的时候，法律是排难解纷的仲裁者，不可以一旦废除的。

权力所执掌的，当然不仅是法律的执行。近代的政治思想家，很有许多主张权力尚有推进文化的职责。举凡工人卫生人民教育甚至人口的生育死亡，权力都有过问的义务。不过这种种事业，广义来说，都有时代的标准为之限制，而权力者的执行此种职务，也和执行法律一样，不能十分自由处置的。何者合于工人的卫生，何者为人民应受的教育，何者为适当的自然增加率，这都是随时代而生长的规则。权力所执行的，莫非有法规为根据，而这种法规，又莫非为时代所创造。法规虽不失其武断性，却不能不说是客观的。权力自己不能创造法规，惟有历史才是法规的制造者。而时代之所以制造法规，又可以说是出于人类的要求。人类为避免冲突，为增进合作，法规自然而然会产生的。权力不能说是自私的，它所执行的法规，既然极其客观，则它只能说是公利的保障者，而不能说是公利的破坏者。权力之所以有时变成公利的蟊贼，前面已经说的很清楚，完全因为法律之失去其客观的性质。权力者和普通人民所处的地位自然不同。它命令人民，而人民是受命令的；它是仲裁者，而人民是被裁判的。它优越的地位，常常使它忘掉法律必有其客观性，所以有时要执行失去客观性的法律了。不过这不是常态，非到社会变动的时候看不到的。通常的时候，权力所执行的法律，大多得到人民的承认和服从，不致强行一己的意志的。

权力虽有时是造成革命的主因，而它仍有其不能废除的缘故。我们欲避免革命，只有积极的使法律易于适应社会环境，而非消极的限制权力所可收效的。我们不能如特赖奇克(Treitschke)那样提倡绝对的权力[①]，然而又不能如克鲁泡特金或巴枯宁那样绝对的不要权力。社会的联立是一种不可否认的事实[②]。个人不能自给自足，而是互相依赖的。我们从甲得到食品，从乙得到衣服，而自己亦贡献其特有的生产物。各人有各人的职务，怠惰于这种职务，受害的不仅是个人一己，而是整个的社会。最明显的，电车工人罢工，受影响的是一个城市的交通，不仅是工人得不到工资而已。煤矿工人罢工，受影响的是社会缺乏燃料，不仅工人家庭有饥寒之虞而已。个人尽其职责，固然是自己谋生的方法，而也是为社会服务。个人于社会之关系既如此之密切，其影响于社会既如此之巨大，社会自不能放任个人，使个人伤害社会的生存。个人是有社会性的，不致到处破坏社会的联立，然而偶然有反社会的行动，这也不是不可能的。社会联立是客观的事实，然而这种客观的事实不一定得到主观的认识。何况人我虽有联立的关系，不过这到底不是有制裁力的法律，权力的治灭，就可使社会的联立破坏，而人民共同遭其祸害的。革命是进化的原动力，而不需要的扰乱是精力的浪费。我们酷望和平，热爱秩序，就因为无故破坏社会联立，

① 特赖奇克的《政治篇》中重要的思想，以为武力是国家的特性，国家可以不顾个人的目的和利益而使用武力的。Coker: Recent Political Thought, pp. 339-440.

② 联立是一种事实。这种事实在历史和经验中是早已存在的，而是近代的重要发现。History of Economic Thought, pp. 592-593.

这是人类的一种损失。除非不得已，没有一个民族喜欢革命的。盗贼我们要剿除，贫穷我们要救济。这就因为我们不希望因少数的失意而养成未来的大患。社会不能有理想中那样美满，人类不能如理想中这样有理智，权力的制裁，在无论什么社会中还是不可少的。

警察是干涉人民行动的，然而没有他们就盗贼横行，凶杀屡见，社会没有安宁之可言了。法律是有约束性的，然而没有它们就好恶从欲，行为无节，而社会没有秩序之可言了。欲求社会之安宁秩序，警察或法律这一类权力是不可少的。或谓现代的罪恶，都是权力所造成的。权力维持私产制度，而私产制度是一切不平等的造因，亦是一切人类罪恶的来源。有了私产制度以后，富有者豪奢纵欲，贫穷者偷窃劫掠。凶淫狠毒卑贱无耻，这是无产社会中没有的恶德。人必工作而后能自活则淫欲不生，人无贫富之分则志气不短，这自然互助合作乃为社会中惟一的凝聚力了。不过这许多自认为富有科学根据的无政府主义者，他们还是受了道德主义的遗毒。人不纯是伦理的动物，衣食足而不知荣辱也是可能的。私产制度之去除，未必即足以泯灭凶淫狠毒卑贱无耻这许多恶德。而且私人间的竞争不一定都是物质的，勇与怯、智与愚、美与丑常常是个人发生冲突的原因，就说私产制度之取消足以泯灭凶淫狠毒卑贱无耻这许多恶德，私人间是否即可以没有一个仲裁者，那也是很生问题的。更有进者，权力不一定是拥护私产制度的。我们以前会说权力的重心常常变的，今日的权力即说是拥护私产制度的，将来的权力又安知不是推翻私产制度的？无政府主义者的疾恨权力，可以说没有健全的理由。克鲁泡特金为无政府社会所拟的契约会说——自二十岁至四十五岁或五十岁，君能每日为日用必需品做工四五小时，则我们能保障君可以使用我们的房舍，街道车马；其余暇时，君可自由利用之，艺术科学，听君消遣。不过这种契约，如何能生效率？一个人不做四五点钟工而只希望社会的保障，社会将取怎样对付的手段？何者为日用必需的生产品？艺术家之艺术，思想家之思想，是否亦是日用必需的生产品？关于第一项问题的答复，克鲁泡特金说无政府社会中的人不愿意偷懒而愿意工作。人们疾恨过分的不公平的工作，而适度的工作是不会规避的。不过何以知道四五钟点是适度的工作？亦许这已可产生剩余的物品，亦许这尚不能满足各人的需要。每人多少时的工作可以适合社会的需要，这不是一群业余的人可以解决的简单问题，而需要专门家的精审讨论的。由是普通人民之外，不得不有一个专设的机关了。对于第二项问题，克鲁泡特金没有答复。不过他似乎说只是有关于衣食住三者的生产品才算是有用于社会的。其余如文艺、戏剧、著作、演说，那不过是工余的娱乐。这不合于分工的原则，自不消说。但若以为什么工作都是有用于社会的，那又未必尽然。所以何者为有用于社会的工作，那也需要专设机关来研究和执行的。无政府的学说，处处包含着政府的胚胎，这就可以知道无政府主义是如何地不适合于近代的社会了。

1.6.4 自由与政府权力

1.6.4.1 人民自由与政府权力的冲突性

我们承认：人民自由与政府权力是政治学中两个重要的问题。不过这是两种矛盾的势力。人民自由是向外性的，政府权力是向内性的。提倡人民自由者往往有着趋向无政府的危险，拥护政府权力者往往有蔑视人民个性的可能。这两种势力，处处是互相排斥的，有人民自由，就不能谈政府权力！有政府权力，就不能谈人民自由，大家似乎都相信这个原则。你看，意大利的墨索里尼政府讥笑自由，而不列颠帝国的人民是趋向于放任主义的。不要哲学的自由而拥护强有力的政府，或是宝贵自由而抑制政府的权力，这似乎是不可避免的两条分歧的途径。像柏拉图，哲君有无所不包的权力，而人民的自由，未免要受极端的束缚，由是歌咏以及其他艺术方面的私人生活，在柏拉图的共和国中也要受到哲君的检查。像斯宾塞尔，这个极端的个人主义者，他既然尊重人民的自由，政府的权力，就不能不尽量收缩了。又像卢梭，年轻时崇仰自由，“Bon Sauvage”是他最高的理想，及至晚年，国家权力又为他心目中重要的原则，所以人民可以强迫自由了。重权力则必轻自由，重自由则必轻权力，墨索里尼的讥笑自由和巴克宁

(Bakunin)的要毁灭权力，都是极自然的道理，权力偏重一致，自由鼓励歧异，这两者所以如水火之不兼容，而不可同时并存了。

1.6.4.2　人民自由与政府权力的调节性

不过自然界的现象，也有相反而相成的。所以人民自由和政府权力，或者有互相调节的作用。政府的权力，亦许有了人民的自由才不致成为暴力；人民的自由，亦许也有了政府的权力才不致变为放纵。过分的权力和自由，都是有害的。而两方的调和，恐怕正有赖于两方的互相节制。我相信权力是向外性而自由是向内性的，但我不相信有了权力就没有自由，更不相信有了自由就不能有权力。我们的国家，既不能有过强的向外性，使社会变成一盘散沙，亦不能有过强的向内性，以致抹杀了人民的个性。我们只有使权力与自由相制衡，然后国家才可以维持它的和平，保全它的安宁。

而且人民自由的增加，是否即是政府权力的减少，而政府权力的增加，是否即是人民自由的减少呢？这亦是不必然的。人民自由是一事，政府权力又是一事，一方面之伸张，并非即他方面之收缩，这是很明显的。政府之有威信，政府之受信托，甚至政府之支配人民的生活方式，并非就是人民没有自由。反过来说，人民之言论可以自由，信仰可以自由，著述可以自由，这也不是政府没有权力的表示。现代的人，老以为有政府权力就没有人民自由或是有人民自由就没有政府权力，这多少是神经过敏的见解。古代希腊的市府，人民是有自由的，但政府并不是没有权力；近代的不列颠帝国，政府是有权力的，但人民亦没有失掉他们的自由。这自然也看各人对于自由和权力的见解怎样，有许多人以为从前希腊的市府没有权力，而现在不列颠帝国的人民没有自由。不过所谓有权力的政府，未必一定要和查理曼(Charlemagne)的朝廷相比；而所谓自由，也不一定要和卢梭或洛克的自然社会相比的。

假使说社会不是一个组织的团体，权力亦许不是需要的；假使说社会团体是很小的组织，自由亦许无足重轻。但我们现在所处的社会，既有组织，又是很大的团体，所以自由和权力必须兼顾。为什么社会必须有组织呢？这前面已经说过，为增进群众的合作，为增进团体的效率，简言之，为增进大众的福利，社会实有组织之必要。而一右组织，权力的问题立刻发生。维持团体规律的人，执行团体要求的人，他们必须有不少的权力，然后他们的行动才有效率。为什么大团体必须要注意个人自由呢？这也很简单。在小团体中，目的容易一致，而在大团体中则不然，甲有一种主张，乙有另一种主张，甚至丙丁也各有一种主张。在这种情形之下，很难说那一种主张最合需要。这时，各个人都可以把经验的教训，提出来和大家检讨——在上者绝不能独行已是，抹杀一般人智慧的。因此，若说现代大的有组织的社会团体是自然的产物，那自由和权力不可偏废，也是自然的道理。

上面我说权力和自由虽是矛盾的势力，但它们也可以互相调节的。我不信有了权力就不能有自由，也不信有了自由就不能有权力；反之，我相信它们是保障社会健全两种必要的元素。政府而没有权力，国家的进步是迟缓的；人民而没有自由，群众的福利就得不到保障。人群如欲得到他们最大的利益，而这种最大的利益又能得确实的保障，惟有一方面政府有强大的权力，一方面人民有多量的自由。

权力和自由固须互相调节，而它们实亦相反相成，这就是说政府必有权力，而后人民有自由，也必须人民有自由，而后政府有权力，这似乎是怪论。但仔细想来，亦是理所必然如此。不得人民信仰的政府必定没有权力；没有权力的政府之下的人民，亦必没有自由。这为什么呢？政府而不得人民合作，则其行动，必多受牵制，欲东则人民西行，欲西则人民东行，这样的政府，还能说有权力么？故政府之欲得人民的信仰，必以保障人民的自由始。人民不自由，政府的意见和人民的意见是隔膜的，政府不过处崇高之地位，强制人民这样那样，人民虽敢怒而不敢言，不过强制力所不及的地方，人民就不能服从了。假使政府而尊重人民的自由，那政府的行为，必定得人民之赞助，由是它的决策，人民都乐于服从，而可以尽其所能为政府效力的。这样，政府的权力，不是反有巩固的基础么？至于柔弱政府之下的人民，不能享受自由，那也是很容易明白的。柔弱的政府，必不能为人民的自由作保障。在这种国家中，人民所过的生活，就是洛克所说的自然状态中的生活。各人心目中虽有正义，但没有执行正义的人，其结果终至强凌弱、众暴寡，所以他们虽不受法律的束缚和裁制，却时时有受他人侵迫的危险，这个国家的人民，还算得自由么？

拉斯基于权力和自由相反相成的一点，很有正确的见解。权力是从外加上的，它和自由的意思完全相反。但我们又不能说权力是错的。假使每个人依从他的冲动，那有组织的社会生活是不可能的了。所以权力有时也是必需的①。拉斯基承认人有反社会的行动，这种行动，不特使有组织的社会生活无由实现，实亦间接的损害了自己的自由。有组织的社会生活，实是个人自由最大的保障，在洛克或卢梭所讲的自然社会中，个人或无自由之可言。过分的自由就是不自由的起点，这我们什么人都明白它的意思。我们过分的自由，就不能禁止人家过分的自由，而各人过分自由的结果，自然产生了冲突的危机，争斗的现象。因此之故，政府权力的使用，非特不致妨害人民的自由，而反是自由的保障，这是很明显的。但同时，拉斯基又说：自由是权力之监护者。权力是必需的，但权力者之命令，必须与吾人经验相合而为吾人所能服从者②。这就是说，权力而不合个人的经验，则必不能受人民的服从，由是权力也要扫地了。所以权力应当受自由之监护，而后有牢固的基础。这种见解，和我前面所说的恐怕没有多大分别。

更进一步说，也许权力之存在，正由于它能保障自由。权力之所以建立，如拉斯基说，因为它能保障人群的福利；权力之所以受人拥护，如卡特林(Catlin)说，因为它合乎习俗。这两种说法，都具有不可磨灭的真理。权力而不能保障人群的福利，则人类绝不是自愿受束缚的动物，权力自然无从建立；权力而不合于习俗，仅是有位者作威作福的暴命，那权力亦绝不致受大众的拥护。大众固然渴望安宁，但得到安宁的方法，绝不是出卖自己的自由。法国革命了，美国革命了，俄国

① Laski：Grammar of Politics，p. 33.

② Ibid. ，p. 142.

革命了，德国革命了，这许多国家的人民，并不是厌恶和平的，不过他们不愿意出过高的代价，去得到安宁。换言之，他们不愿意在奴隶的生活中求安宁。上下不能相安，由是不可避免的变乱终于出现，流血的恐怖乃为历史中有声有色的一幕。法美俄德诸国的人民，虽渴望安宁，然而依旧不能不革命，这正因为旧的权力已不合于新的习俗了。从此可见权力必须时时刻刻求合于当时趋尚的习俗，不然，这个权力就有动摇的危险。权力而必求迎合习俗，这又因为权力的基础是人民自由表示的意见。一时的习俗，不是几个超人创造的，而是大众经验的结晶。大众一有团体生活，人与人之间的关系，必定发生某种规律，这种规律，一经大众承认，就是这个团体的习俗。团体合作之鼓励，人与人冲突之消灭，都是这种习俗的目的。这种习俗，乃是各人体验到团体生活而有的共同承认的规律。所以这种习俗的成立，并不是强制的，而是各人自由发表经验的结果。一个团体习俗之所以发生，乃由于保障各人的自由，这也不成问题。团体中为什么要鼓励合作，为什么要制裁冲突，因为惟有如此才可以让大众多做一点自由的事业。因此，权力之基础，建于人民自由之上，而其目的，亦为保障自由而设，这权力和自由，虽是背道而驰的势力，实是相反相成的元素。

不过亦许有人说：权力之基础，虽为自由，但既经建立以后，它是限制自由的东西，这是不可否认的事实。革命的言论，时时受政府的取缔，违反教律的思想，恒为教堂所排斥，其他如艺术伦理以及种种思想之被认为异端者，每受权力者之干涉。吾人虽能证明权力之基础，建筑于自由之上；虽能证明权力之目标，在于保障自由；然而无补于解释此种矛盾的事实。关于这一点，我有几句话好说。我不否认现在握权位者在那里干摧残自由的行为，但我否认这是权力正当的运用。握有权力的人，往往利用他们的地位，以为自己的便利打算，而渐渐地自己毁坏权力的基础。这不是没有的事。但他们虽摧残了人民的自由，人民亦将起来废除他们的权力了。在这里，我非但不见权力与自由之冲突，而益见其互相制衡的证据。

有一点在此地要郑重声明的，政治中应当把理想和事实分开。自由这个观念，时时在进步的[①]，而每一时期中，必定有它特殊的自由方式。亚里士多德以奴隶制度不妨碍自由，在现代看是可笑的，但那时是寻常的议论。放任主义盛行的时候，以为契约自由是自由，而现代则认为是劳工丧失他们自由的原因。一时代的习俗，完全是这个时代所产生的，无所谓善恶，无所谓是非。这个时代特出的思想家，自然可以有比这种习俗高超的理想，但就以此理想为标准，而去批评当时的政治现象，那一定要大大失望了。现代权力者的行为，思想家认为已经破坏自由了，但一般人能容忍它，这足见此种行为还没有离开当时的习俗。一旦思想家的见地普遍印入大众的脑海，这种权力者的行为，自然不能为一般人容忍了。大家尚没有尖锐感觉得旧习俗的缺点；而依旧遵从原来的习惯时，那一般思想家认为摧残自由的行为，未必为一般人所不能容忍，而权力者的地位，也不至于动摇的。在这种时候，思想家切不要怀疑权力压迫自由了，他们只能说他们所认为自由的，还没有和这个时期自由的观念相吻合。

上面说的一点是很重要的。许多研究权力和自由问题的人，总感觉得自由是受权力侵害的。他们自己定了个自由的观念，但没有想到这是他们理想中应当有的自由，而不是当时一般人所说的自由。把这种理想的观念，去评衡现实的政治现象，自由权力压迫自由的地方很多。但他们所想象的自由，根本不是这个社会所要求的自由，他们的愤恨，他们的悲叹，不是多余的事么？即以近日中国来论，西洋自由的思想，尚没有充分的灌输到大众的脑海里去，我们这时若以西洋的自由观念来观察国内的政治状况，一定感觉得大众的自由是被剥夺的。但大众的态度怎样？他们依旧安于他们的习惯，而一点不感觉得不自由。而中国握有权位者，也依旧用他们旧的方式，以维持这个社会的秩序。在这种情形中，我们若不是偏执己意，而平心静气想想有这种

① Lowell：Conflict of Principles，Sections on Personal Liberty and Uniformity.

现象的原因，就可以知道因为中国的权力者，还有习俗为它屏蔽，中国的人民，还安于他旧日自由的观念。在这种环境中，权力和自由事实上没有冲突，虽是我们深受西洋自由观念影响的人，已十分感觉得自由受权力的摧残了。

在一般人看，亦许以为我前面的意见是偏向于拥护权力的。我却并不这样想。拥权力者利用自己的势位，以为自己的私利打算，这是我反对的，但大众不感觉这一点，甚至还安于现状之下，我怎能说这权力已侵害了自由？自由不过是一种感觉，自己不感觉得压迫就不能说不自由了。我并不是说社会的习俗不能变的，不过权力与社会习俗相一致时，我相信它还没有侵害自由。雅典有奴隶制度，这在现代的人看是不自由的。但在雅典，这种制度既为一般人所承认，那奴隶制度之在雅典，不能说是压迫自由的。把这个例来看现代的政治制度，亦然如此。虽是旁观者所认为十分压迫自由的制度，而当局者不觉得，我们也不能说它是压迫自由的权力。

不过这里发生一个问题。拥权位者对于超过时代的思想家，应当抱怎样的态度？宽容或取缔？这实在是讨论自由时最困难的问题。社会的习俗，不是一成不变的。而社会习俗之演变，又有赖于思想家之批评或鼓吹。经过相当时期，旧习俗之不能适合新的时代，犹如帆船手车不能适合机械化的时期一样，在这种时候，一定有敏锐的观察者发现这种缺点，由是他们对于旧的习俗加以攻击，而又提倡一种新的思想。这种行为，一定为旧的权力阶级所厌恶的。执政者由是设严刑峻法以取缔这种思想。执政者这种行为，是否侵害了人民的自由，这是值得仔细考虑的问题。权力必须迎合习俗，这是一定的法则，但所谓习俗，绝不仅仅指古代遗留下来的仪式而言。当得起习俗这个名词的，一定是社会中不可缺少的行为的典范。新的时代一经降生，旧的习俗已不是习俗，因为它已经不是社会中不可缺少的行为典范了。工业的进步，劳资的分裂，使契约自由的观念不适合于近代的社会，而团体交易(Collective Bargain)已为近代社会的习俗了。假使我们还执一于契约自由的成见，我们就侵害了劳工的自由。因为这个缘故，在位者不必服从祖宗的成法，而一定要审察这种成法之是否合于新的潮流。如此，革命的危机不致发生，而社会的安宁可以永远保全了。权力者而不能认识时代的要求，这就会侵害人民的自由，而社会的不安定终于要出现的。然而权力者怎样才能认识时代的要求呢？这全靠对于言论自由的宽容。思想家的雷论，如不合于时代的要求，好比下种于不毛之地，虽宽容之，亦不能成为一种势力。反过来说，思想家的言论而合于时代的要求，好比原野的草莽，就是取缔亦不能禁其传播。宽容是政治中进步的原动力，能明白这个意旨的就不会有暴君愚蠢的暴动了。

历来的革命并不是不可避免的。但避免革命的方法，绝不是取缔反动分子，而是宽容反动分子。为政者应当明白反动派之所以成为势力，不因为革命党的反动，而因为自己的反动。为政者能有一个活动的头脑，能处于反对者的地位，设想自己的施政是否违反新时代的要求，革命的悲剧自可以不再复演了。权力的倾覆，常常因为它侵害了人民的自由，而它侵害人民自由的缘故，又往往因为不能认识新的潮流。一个权力新设立的时候，它总是能保障自由的。但年代一久，环境完全变更，从前所认为自由的，现在都不是自由。这时，权力不思改革它的方式，变乱就要发生了。所以权力采取宽容的政策，实在是巩固它基础的方法，而以暴力来维持政府的地位，乃是自取灭亡的途径。

不过宽容的结果，是否将降低政府的权力？这个问题，亦许可以不问的。前面我已经说过，宽容乃是巩固权力的方法，这足见它不但不致降低政府的权力，而反足以增进政府的权力。政府而不为人民所承认，它本身即将覆灭，又何所有于权力？权力而不能宽容，人民的意向不明，又何能得其承认？大凡宽容的问题，一定是社会转变的时期才发生的。社会的环境没有改变，社会的习俗有其权威，歧异的思想很少发生，而宽容也不是重要的问题。一旦新的时代虽已降生，而权力者犹恋恋于旧的习俗，不肯迎合新的潮流，由是因新环境而发生的新思想，往往受到取缔，这就是专制，而不是宽容。权力者能宽容，自由不自由的问题不致发生的。人民之所以感觉不自由，完全因为他们已经认识新的时代，而不能用新的方式去适应这个新时代，由是革命发生了。宽容是避免流血革命的惟一途径，而又不至于降低政府效率的。

第二编
比较宪法

2.1 导　论

2.1.1 宪法的意义

宪法这个名词有两个用法，一指国家的组织或结构，另一则指政府权力运动的规范。

2.1.1.1 国家的结构

亚里士多德有一部全文业已遗失而部分残稿能保留的名著——各国宪法，这是他研究百数十余国的组织而后发表的著作。这亦许是西方研究宪法最早的作品。

亚里士多德所以称国家组织为宪法，并不因为它是法，而只因为它是组织。古代国家尚无召开制宪会议以为国家制定根本大法的经验。像波斯那样，皇帝决定国家的一切，没有任何法律得以限制它的专制权。以近代人的眼光来看，波斯可以说是没有宪法的。不过亚里士多德认为：国家有如植物，必然有其组织。植物有根有干有叶，所以有植物的宪法。国家有人民有政府有统治，自然也有国家的组织，因之也有国家的宪法。在古人的用法中，宪法即组织，组织即宪法，两个名词的意义是相同的。

亚里士多德所说的宪法，无需制定，而是由国家自然表现的。而他的所谓祖师，亦偏重于生理上的作用。他多少抱国家有几个的观点，与今人所谓宪法所谓组织，在意义上是不尽相同的。

2.1.1.2 政府的规范

一二一五年英国的大宪章，使宪法有了新的意义。大宪章事实上只是对封建契约，在当时的欧洲极为盛行，非仅英国为然。那时的封建契约且有制裁，贵族们所组织的贵族法庭，即为执行这种契约的机构。不过当时尚在武力统治时代，有武力的一方常能得到胜利，所谓贵族法庭的制裁，多数只是理论中的事，事实上未必如此。英国十三世纪之后王权逐渐抬头，失势的贵族一直依据大宪章为屏障而对国王奋斗。由是史家加以美誉，称这类事件为人权运动的重要界石，而大宪章亦成为后世宪法的滥觞。

从上述历史事实来看，中古时代所说的宪法，契约的意义重于结构的意义。中古因缺少主权的观念，政治社会中尚无公共制发机关，故虽有贵族法庭，究竟缺少执行的效力。契约的履行，有赖缔约人的誓言，亦有赖上帝的见证。破坏契约的人，为中古社会所不齿，不能列为可尊敬的人物。可是权力欲望强盛的人，对这种宗教性及道德性的制裁不很在意，所以并不以违背契约为耻。如此宪章的效果也就很有限了。我们这种历史的叙述，无非说明大宪章虽被誉为宪法之母，但与近代宪法还是有距离的。

中古时期的英国为国王特权(Prerogatives)与贵族特权并行时期，这是英国普通法(Common Law)所承认的原则，故大宪章以契约的方式出之。到光荣革命的时代，洛克认为巴力门有立法权，而国王则仅有行政权，以后布莱克斯通(Blackstone)的宪法论衡亦持同样的论点。洛克与布莱克斯通同时又相信自然法高于国家法律，故立法权不得侵犯个人的生命自由财产等自由权利，亦不得免除个人信仰上帝及抚育子女的自然义务。洛克等维新理论家，显然欲寻求一政府不能逾越的规范，而他们称这规范为自然法，洛克等人自然义务。洛克等人自然较十三世纪的封建贵族为进步，但从宪法的观点看，他们的自然法，与中古的封建契约同样缺少保障。

美国独立之后，于一七八九年产生了一部史无前例的联邦宪法。联邦宪法的内容，虽亦有新创之处，但多数还是英国旧传统的继承。我人所以称它为史无前例者，其一，它是以美国人民的名义宣布的；其二，它明白地规定它是国家的最高法，联邦法及州法皆不得与之抵触。从此以后，宪法不再是契约，不再是自然法，而是一国人民所宣示的基本原则，政府行政应当以为规矩。这亮点均成为近代宪法的典型。此后立宪主义蓬勃于世，成为政治前进途径中的重要指标。

2.1.1.3 宪法的内容

如上所述，宪法的产生，多数由于被治者有限制政府权力的企图。英国的大宪章固然是如此，美法革命以来所有的立宪运动，亦莫不如此。从这一点来说，宪法实质的意义，殆皆以规范政府的为目的。当然政府所需规范之处甚多，各国因各具特殊背境，故重视的对象并不完全相同。在从前专制的时代，人民的生命自由财产常因政府滥用权力而受蹂躏，宪法中乃以详列权利清单为第一义。又如美国瑞士等，因采联邦组织，如何保障各分子的地位成为宪法中的重要的项目。更如战后的日本，因明治维新后常为军阀所苦，故新宪法努力于防范军人干政的流弊。

惠尔(Wheare)氏强调多数宪法均于国家的更新时间创立，这是信而有据的说法。革命成功之后，或是大战结束之后，经常会有新宪法出现。一个国家革命成功，当然是“我命维新”。而大战结束之后，在民族思想昌盛的今日，许多原受侵略的民族获得解放，新国家缔造之日，建制的工作日自然亦刻不容缓。旧国家之中，或因战败，或因战时为敌人占领而国运中断，战争终止后皆须开创新的气象。这种种事实，说明宪法是国家更新时期的重创工作。为什么要更新？为什么必须重创？自然因旧制中有许多缺点，自然因新人抱着新的理想。惟于兹有一点应该说明者，宪法非少数人的私器，而实为国家的公法。故其着眼处不是一时，而亦为将来；宪法非仅所以便利今人，而亦应从今后的长久打算。宪法的内容，虽然各国各殊，如加以归纳与分析，不难发现下述三项为其主要的成分。

其一，权利法案。权利究竟指的什么？没有人能予以正确的答复，所以公法学者如惠尔者主张不采取之为法律的术语，但事实上每一部分的宪法都规定之为国家保护的对象。是盖权利乃人民心理上认为最可宝贵的利益或要求，而同时又是拥有势位者最容易予以破坏的。人民主管的要求而能为政府所承认及保护，社会中根本不会有权利的呼声。但洛克认为生命自由财产是大家的利益，而当时的政府却予以忽视或甚至加以摧残，如此他才会提倡这是人的自然权利，政府不得予以剥夺。而其后制定的宪法的人才会把生命自由财产规定在权利法案之中。

不过权利既为主观的要求，并确定而具体的内容。在同一时代同一环境之中，多数人可能对权利有相同的要求；而时代一变，多数人对权利的要求即会随之而变。所以权利既为宪法所保障的共同内容，同时亦成为宪法沉重的负担，并使研究宪法的人发生最大的困惑。我们现在所处的时代，显然是权利观念在急剧发生变化。权利的内涵在扩大中，例如工作权及受教育权在多数国家的宪法中已列为基本人权。同时，旧的权利却又受到重要修正。这一种观念上的急剧变化，使宪法不易及时适应，而解释宪法的人自然也增加了不少的困难。

其二，规定政治权利运动的方式，亦为宪法重要内容之一。人权所以会受到侵犯，多数由过当的政治权利所引起。古代的权利请愿，同时也是要求去除暴政。生命权的重视与禁止滥行拘捕，原为一事的两面，故作权利请愿者，亦必提到政府权力的正当范围。孟德斯鸠之后，大家相信权力间的互相制衡大有利于人权的保障，由是宪法中乃更以重要篇幅来规定政府权力之间的关系。有的国家，甚至即以政府的组织发为宪法，于人权问题反予忽略。例如第三共和法国的宪法，实际上只是集中发的汇编。

其三，宪法中经常规定它的修订程序。关于修正宪法的问题，后文尚有讨论，此间不赘。此间所欲说明者，各国宪法所以都会规定宪法修正程序的原因。宪法既以保障人权及规定政府权利运动方式为目的，故皆以限制政府为对象，与普通法律之所以规范人民行为者不同。但政治权力皆操诸政府之手，宪法而欲加以规范，必须宪法超越政府而不受政府的操纵。主张立宪以及制宪的人士，因之皆想尽方法使宪法不至随政治权力的意思而改变，由是设计一种相当困难的修宪程序，使宪法能超然于政府之外。

从上所说的三项内容来看，可知它们目标相同，皆所以规范政府的行动。

以前人讨论宪法种类的时候，喜欢把钦定宪法与民定宪法予以分别。就事实论，钦定宪法与民定宪法之间的区别极为牵强。日本的明治宪法，虽由明治天皇颁发，但起草者为伊藤博文及其他维新功臣，并非天皇自定。民定宪法由人民所选的制宪会议起草，亦非真正人民自定。故两者之区别是微乎其微的。但说钦定与民定有分别的人，认为钦定宪法为少数人的私器，把宪法当作便利令人的工具，以致完全失去宪法的意义。而民定宪法乃视宪法为公器，所以为万世政府规范。因之这两种宪法的精神不同。从这个观点说，钦定与民定宪法的区别还是有意义的。

我人所以要提到钦定宪法与民定宪法，无非想借此事例以说明宪法的意义，乃为防范政府的权力，而并非为便利政府的权力。钦定宪法所以为大家轻视，因为它是便利帝王的统治权的。根据同样的理由，宪法虽出诸民定的形式，如果内容毫无规范治权的作用，仍难免有钦定之疑。而且这样的宪法，使后人即将起而推翻。

2.1.1.4　宪法的性质——国内公法及最高法

宪法、行政法，及刑法，同称为国内公法。刑法的对象虽为个人，但触犯者已达到妨害或破坏国家正常秩序的程度，故由国家起诉而予以制裁。行政法为规范公共机关及公务员的法律。公务员为国家服务，他们有什么权利与义务？机关与公务员代表国家以选用公权，如果妨害了人民的权利与利益，又将如何处理？这是行政法的主要内容。至于宪法，它以规定公权组织的主要体系及原则为主要内容。但正如上文所说，每一个国家均有其特殊的历史背景，故公权组织中的主要原则为何，可能每一国家皆有其特殊的观念，所以各国宪法的内容不是完全相同的。有些国宪，可能在宪法中规定重要的民刑原则，例如美国宪法强调“正当法律手段”的重要性，不经正当法律手段，不得剥夺人民的生命、自由及财产；又如国会不得通过褫夺公权与追溯往事的法律；又如不得强当事人为不利于己的供词，凡此种种，本可规定于刑法之中，但为重视人民的生命权，并为昭示国家处理刑事案件时应有的慎重态度，所以也规定于宪法之中了。

宪法侵入其他公法的领域，而同时又常须由其他公法为之补充。

宪法既规定公权组织的主要体系，自然异常简略，在实施的时候，必须规定其他的实施办法。例如多数国家的国会，均仅规定议员由普遍平等直接及秘密的选举产生。这一项原则，如无详细的选举法，如何能进行选举？又如日宪仅规定首相选举的方式，但内阁的详细组织及议事的方法，自然又得根据其他法律了。这一类补充宪法中有段条文的实施办法，一般称为组织法，也可以说是公法中的一种。第五共和法国且认为组织法的修正程序，应不同于普通的法律。从以上所说的情形来看，宪法与其他公法均发生犬牙交错的状况，情形相当复杂。因之，为建立法律的秩序，多数国家又建立一个原则，认为宪法为国家的最高法，一切法律均应依据宪法的原则以制定。公法理论家皆承认宪法是主权意思的直接表示，而在民主国家中，并认为宪法即使人民公意的结晶，故其效力，实高于其他法律。换句话说，宪法为主权行为，是一种原始权力；而其他的法律，不过依据此主权意志而由治权所产生的行为，是一种后生权力。关于这种法理上的论争，我人无意为之详细推敲。我人之所欲说明者，为使国家的法律秩序完整无缺，宪法实应据最高的位置，不然，法律界就要发生群龙无首的现象了。

表示宪法最高的方法，一般国家都在宪法中宣布法律不得抵触宪法，有些甚至明白限制国会的某些立法权。因之宪法的效力高于其他法律。宪法之有最高性，已属无可争辩。不过最高的程度，各国仍有不同。欧洲大陆的多数国家，深受英国先例的影响，坚信国会直接从人民方面获得授权，故国会的立法权不应受司法机关的约束，由是国会的制定法同样的无一机关可以怀疑其效力。所谓宪法最高，只是行政机关的命令及地方政府的单行法而违宪者可由司法机关宣判其无效。

美国则不然。它由马歇尔大法官于一八〇三年首创先例，宣布国会制定法而违背宪法精神者，联邦法院不采用而判决无效。其后此判例成为美国的重要政治传统，联邦国会联邦政府以及美国人民，皆乐意遵守此原则而不加怀疑。由是美国宪法的最高性，并亦高于国会通过的法律。

2.1.1.5　宪法的种类

宪法普遍分为钦定、民定、不成文、成文、柔性以及刚性六种。钦定民定是以制宪之不同而分的。钦定由帝王所颁布，通常是在专制整体不能维持的时候出现。我国满清末期，爱新觉罗氏鉴于民气激昂，乃颁布十九信条以为示立宪的诚意，不仅为期过迟，而且让步的亦不够彻底，所以没有能挽救它的厄运。钦定宪法之中，亦有颇为著名而能使国家步入小康局面者，一八四八年意大利的钦定宪法以及日本的明治宪法是其显著的例子。惟内容总嫌偏于专制，与民定宪法的性质大有区别，民定宪法乃由人民所选举的制宪代表草拟，经人民批准而生效者。一般的说，民定宪法的内容较为民主。

成文与不成文，以往认为是宪法最重要的两种类型。成文宪法以条文排列，实为完整法典，多数国家所采用者皆属此类。不成文宪法没有经过编纂的工作，而且很多宪法原则只是政治习惯和传统，甚至没有文字的记载可为征信，如英国所采用者是。成文宪法亦须有政治传统为支持，而不成文宪法又常有制订法为其骨干，故两者只有程度上的差别，白麦斯(Bryce)认为这个分类的方法没有什么价值。

柔性宪法与刚性宪法是根据修正程序之难易来分的，为白麦斯所采的标准。他认为制宪与通常立法采不同程序者均为刚性宪法，采柔性宪法的国家则制宪程序与立法程序没有区别。白麦斯的分类，在今日亦已减少其价值。他心中惟一的柔性宪法——英国宪法，其修正程序未必完全与普通立法相同。一九一一年国会法(那是属于宪法性质的)的通过，英国会数度解散平民院以征询民意，显然采取了不同于普通立法的程序。他如大战时平民院任期的延长，以获得贵族院的同意为条件；而今年以来，修宪性的提案常须经全院委员会讨论；凡此种种，说明英国虽未特别规定修改宪法的程序，但修宪与普通立法总是不同的。是则英国的亦不能成为柔性宪法了。反过来看，共产集团国家的宪法，其修正程序不同于普通立法，而论其实际，普通立法亦罢，宪法修正案亦罢，共产党如有决定，代表大会必然能照案通过。是形式上的程序虽有难易之别，而实际是完全相同的。

为社会事物作分类总是很牵强的事情。成文与不成文的却别为程度上的不同,柔性与刚性的区别又何独不然?我人于此略述宪法的种类,不过介绍宪法学中几个常用的名词而已。

2.1.2　宪法的成长

宪法有如一株树苗,种植之后,必须生根,而后方能成长;成长的时间越久,则其越深而干枝越茂盛;而后方能屹立不动不可悔之势。这不只是比喻的说法,英美宪法在该两国人民及政府的心目中皆能引起更多的尊敬及发挥更大的效用,行宪历史悠久是最大的原因。宪法如何在这两个国家中成长是很值得参考的宝贵经验。尤其美国,近两百年中政治经济以及各方面发展深远,它的宪法究竟如何在适应更值得注意。

2.1.2.1　宪法文字的自然适应

宪法的文字,除非加以修改,不会再有变动了。但国家的自然发展,有时使文字的涵义亦自然变更,由是宪法得以自然成长。最显著的例子,美国联邦的"州际贸易管理权",现在可以说是其大无朋的一项权力,与制宪时代的意义完全不同。不过就文字而言,宪法实只字未变。工业革命商业革命以及交通革命,是州际贸易管理权日形扩大的基本原因,而联邦最高法院的活动解释当然也助长了这一种趋势。总统的军事权,这是美国宪法中未尝经过修改的一项权力。在理论上,华盛顿总统的军事权与现在约翰逊总统的军事权应该完全一样。可是实际上约翰逊总统在越南战争中所表现的权力,华盛顿总统一定认为不可想象的。现在战争的性质不同于往日,故现代的统帅权亦不同于往日。现代战争是所谓全面的战争,除战斗单位的调度以外,尚须控制全国人力物力以为支援,故统帅权亦随这种客观要求而变更。由是军事权的文字未变,而军事权的内容乃大变。

2.1.2.2　政治传统的补充

宪法适应新环境的另一途径,绝为与政治传统相结合,以增加宪法的弹性。

政治传统是研究宪法的人所最须注意的问题。它对宪法的成长有无法计算的影响。有的传统在宪法之前存在，亦有的在宪法之后产生。有的传统与宪法的精神若合符节，亦有的与宪法精神背道而驰。但在任何情形之下，它会予宪法助力或阻力，使宪法的实施异常顺利或发生困难。

什么是政治传统？并没有想象中那样容易解答。詹宁斯(Jennings)于不列颠宪法一书中曾云：传统是先例(Precedents)继续为后人所遵守而形成的。但在政治中，先例常因保密的关系并不为人所知。例如首相有为国王参赞之实，这是谈论英国宪法的人无一不知的一个原则，而如何参赞却又无一人能说得清楚。一九三一年麦克唐纳于进见乔治五世后组织全国内阁。许多人认为这是乔治五世向麦克唐纳所作建议，亦有人否认这个说法。麦克唐纳如何报告当时的政情？乔治五世会否作有力的建议？英王的意见对麦克唐纳的行动发生了多少影响？外界所传说的都是种猜测之辞。英王与首相，皆未曾对此有任何说明。一九三二年的时间是重要的先例，但无人能知道它是怎的一种先例。先例之起，既不为人所知，先例是否为后人所遵守，自然亦无法为人所知，由是传统都好像是忽然而来，并没有经过长期的演成阶段。

不过多数传统的演进程序还是可以追寻的。例如十八世纪华尔波尔因巴力门投反对票而辞职，这是它创立的先例。以往只要得到英王的任命就可以为首相，巴力门态度如何是不问的。在那种时候，首相是英王的首相，而非英国的首相。华尔波尔的先例认为首相是国家的首相，以获得巴力门的支持为先决条件，英王的意愿如何尚在其次。以后的首相都奉行华尔波尔这个先例，责任内阁的传统乃建立下来了。由先例而成为传统，时间是很重要的因素。至于先例要经多久方能成为传统，那是没有一定法则的。

传统并非一成不变，英人所以崇扬他们的柔性宪法，即因传统富有机动性富有适应性，不若适法条文的固定。试以英国的内阁制与法国内阁制近百年的变化来作说明。第三共和国法国的制度，大体地说，与十九世纪中叶英国内阁的传统相类。惟英国以种种传统来表现制度的精神，而法国则以宪法条文规定此一制度。因之，英国内政党政治的演进而此种传统改变了，由新传统来替代了。而法国则在文章的束缚之下未易为同样的适应。英国的政党政治的演进是很自然的，政党领袖以其领袖的身份要求从政党员在议会中遵守党的立场，否则即是叛党行为。英国首相有此新的要求，只是革新旧传统而已，与其向巴力门负责的原则并未违背。法国内阁却不能这样做，这样做了就破坏了宪法中所规定的国会地位。因之，英国制度随时适应而法国制度则停滞在一八七五年的状态之中。

英国人把他们制度的自然适应完全归功于传统的机动能力，自然也是种过分的说法。但我人无法否认传统的改变恒较成文宪法的修改为容易。美国自华盛顿以来即已建立的总统连任以一次为限的传统，到罗斯福时代轻易就予以改变了。如果美宪中原有连任以一次为限的规定，罗斯福未必能及时修改宪法，他就无法做第三任及第四任的总统来继续为美国的领导了。

上文云云，说传统较宪法条文富有弹性。但也有许多例子，证明传统较宪法的条文更难改变。一位美国学者于观察日本最近的政治之后，发现它的官僚政治未稍改变。日本新宪法曾于十五条强调公务员为全体服务，很明显的想改革它的官僚主义，但事实上没有成功。法国小党的传统，在法国也是不容易去除的。而许多宪政未步上轨道的国家，大多因有不易改变的专制传统，使宪法会随时变质。是以传统能否为宪法之助，也不是一定可靠的。幸运的国家是政治传统附着于宪法纲领之上，因而政治传统加强了宪法的基础，使宪法中所宣示的原则，对该国人民发生日益深刻的影响。不幸的国家是政治传统与宪法中宣示的原则互为水火，由是宪法成为装饰品，政治传统实际支配着政治的运用。在前一类国家中，宪法是被遵守的，宪法的文字发生了伟大的力量。在后一类国家中，宪法从不被推翻，但亦不能为实际政治的规范。

英国是采柔性宪法的国家。而所谓柔性宪法，实是以政治传统为纲领，而以重要制定法(Statutes)为纲络的一种宪法，故宪法与政治传统成为一体。英国的政治传统，公法学者常追溯到诺曼大帝的时代。不过严格的分析，英国今日种种，要当以光荣革命为其基石。光荣革命以前的政治史，有关人权的种种传统，自亦有其影响，但人权之外的重要原则，大多就无甚关联。光荣革命确定了巴力门主权的精神，而此后一连串的发展，不过为此一精神的扩大及充实。从一六八八年以迄于今，为时逾二百五十年，能以同一精神指导政治原则，政治社会中乃产生了一个深厚的政治传统，多数政治家自然予以尊重，既不必强制，亦无须保障。

美国的情形亦是如此。它自一七七六独立革命以来，两次制宪，第二次的于一七八九年批准生效，以迄于今，亦逾一百五十年。美国所采者为刚性宪法，把立国的基本原则规定于一部宪法典之中，其后则根据此类原则而演化出许多政治传统。由是宪法原则因政治传统而益为彰着，政治传统亦因宪法原则而得以确立。两者相辅为用，使美国的宪政精神颇足称道。举例言之，美宪谓联邦采共和政制。共和的意义是指什么？联邦的宪法的引言亦许已作了注脚，但以后林肯总统葛底斯堡的演说，罗斯福总统四大自由的主张，都充实引申及扩大了共和的内容。他如选举中培养出来的公平竞争的传统，人民日常生活中锻炼出来的机会均等的传统，无一不加强了共和主义的精神。

英国以政治传统为宪法的纲领，因为它是采用不成文宪法的国家，不足为奇。美国以成文宪法闻名于世，而政治传统之深厚乃如此，可见宪法是必须立其基础于适当的政治传统之上的。每一行宪的国家，当于此三致其意。

2.1.2.3 宪法的解释

宪法成长的第三个途径是经过解释而扩充其意义。上文说过宪法文字会随时代而发生适当的作用，其实这种适应作用多数要经过人为的解释的。解释的工作，一般国家均以之付托司法机构或特殊为此而设置的宪法法院，这就是美国所倡导的司法审评制度。关于这种制度的演进情形，将于后文叙述，此间不赘。我人必须提起学者注意，解释司法者不仅为司法机关，其他如立法机关行政首长甚至社会体验，亦都在解释宪法，美国以及其他许多国家，这个原则都是适用的。

立法机关经常在解释宪法，因为进行立法工作的时候，必然会考虑到法律案是否符合宪法精神，由是不知不觉它做了解释宪法的工作。美国联邦国会通过国家复兴法案之际，不仅为适应当时的事实需要，而且亦认为这是属于联邦权范围之内的。国会每一次新的立法，都可以说是它对宪法的解释。因之立法接管的解释必然先于司法机关。我人通常说司法解释，只是确认司法的解释为最后的解释而已。

行政首长之常以实际行动解释宪法，那也是很显然的事情。美国总统的军事权，经常在扩大之中，这是林肯总统以来若干战时总统的行动所形成的。总统因战局的紧迫需要，感觉非采取某一行动不可，例如罗斯福总统感觉非管制全国工业以从事战争物资的生产不可，由是他就这样做了。他这一种行动，当然使统帅的军事权向新的领域发展。行政是政府中行动最多的部门，因之，他创造的先例比其他政府机关为多。而他于创造先例之际，或多或少地赋宪法以新的意义。这种例子实在太多，不必一一予以列举了。

甚之国家中的政治性的组织，经常也在解释宪法。当压力团体要求国会通过或不通过某类法律的时候，当然是根据它们对宪法的认识而表示其主张。政党的行动，更是明显地在影响宪法的意义。政党是近代政治中的重要的柱石。它们的活动，经常会影响宪法中所规定的政治制度。大家都知道美宪规定由选举团间接选出总统，惟因正当创立的传统而变成直接民选了。民主共和两党由代表大会选出总统候选人及各州总统选举人的候选名单，这是政党的组织活动，与宪法的规定并无任何抵触之处。各党的总统选举人必须投各该党所提名的总统候选人，那也只是政党建立的政治传统，亦不涉及宪法问题。可是在这种种组织与传统之下，人民投票却发生了直接决定总统人选的作用。又如美宪原持三权分立的原则，总统无干于立法之权。但现在总统常可凭其政党领袖的身份，邀请议会中同党的领袖们共进早餐，呼吁领袖们支持他认为重要的政策。这种商谈，可以说完全是政党内部的活动，可是使总统发挥了领导立法的作用。政党的因素使宪法中原有的均势为变更，这是无人能否认的事情。

美国这一种因环境变迁而改变了原有文字的意义，在其他国家也是如此，例如加拿大及澳洲，均有类似的情形出现。宪法的文字虽然是固定的，但它所规范者为活动的政治事项，文字的意义如果不能随环境而伸缩，必然会发生宪法不能适应的痛苦了。

更可惊奇的是罗斯福总统无须修改宪法即可推行新政。新政的措施，使美国原有的政治均衡在发生变化。总统与国会之间的关系变了，联邦与州的关系变了。这许多均衡关系的变化，最少使宪法中余权在各州的"余权"也发生了实质的变化。这种变化的发生，三〇年时代的经济恐慌实为重要原因。这都是环境的变更使宪法文字发生自然适应的例证。

其次，战争也会使宪法文字起了自然适应的作用。

以上种种，可以说是每一个国家日常政治可以解释宪法意义的各种活动。由此可知，研究宪法的人不能仅以宪法的条文为限，法律、元首及首长的行动，以及政治团体的活动，皆当在我人注意的范围之内。同时，我人亦须提起政治领袖们的注意，他们的言行，在在足以影响宪法的精神。

2.1.2.4 宪法的修正

宪法生长的第四个途径是修正。国家种切经常在变动之中，制宪时认为最适当的条文，经历若干岁月之后，可能显得不很合时宜了。亦有的时候，原先认为不重要的原则，新环境中却认系基本法则，非以之纳入宪法不可。是以宪法规定修正的程序，以适应新的需要。如何规定修正的程序，是制宪者最感两难的事情。原则上他们不能否认人民有修改宪法之权。但修正手续过分容易则宪法易变而失去尊严；修正手续过分艰难，则宪法又将缺少适应的能力。不过从上文所说的情形来看，宪法的成长，并不全恃修正，所以修正手续的困难，不一定使宪法不能改变。

宪法的修正，可分全部的与局部的两种。宪法全部的修正，其实就是重新起草一部新的宪法。洛克曾谓个人之受制于政府，皆须出于自愿，虽父母不能强其子女。根据这个理论，宪法似乎应该每世更新。美国的州宪法，有的规定每经十年须征询人民对宪法的意见，就是为此。人民投票时如多数表示应该修宪，政府即应举行制宪代表的选举，以便进行修宪工作。瑞士得由人民提出全面修宪的创制案，如获过半数复决通过，即进行全面修宪。

多数国家的修宪，只局部修正——修改窒碍难行的条文或加入新的条文。例如美国的总统选举方法的修正，以及直接税法的修正，皆是修改旧条文；而禁酒及各种人权法案则为增加的新条文。

宪法的要修正，无非为使宪法更能适应国家的新环境，故我人视修正为宪法生长的途径之一。惟经常在修改宪法，宪法的尊严必然会大受损失。故宪法修正虽属必要，却不宜轻率为之。因之，一般国家的修正手续大多相当艰难，使不满于宪法者轻言修改。兹以吾国的修正手续为例，以作说明。吾国宪法的修正，分提案及通过两个程序。修正案的提议权，分别掌握于立法院及国民大会之手。立法院提宪法修正案时，须有四分一委员的提议，四分三委员的出席，并有出席委员四分三之决议为之；由国民大会提案时，仅由全体代表五分一为之。自提案而言，由国民代表提出，远较由立法院为容易，因为国民大会中很容易有能掌握五分一议席的大党，而在立法院占据有掌握四分三议席的大党。提案成立之后，其次为通过。通过权惟国民大会有之。而且国民大会表决宪法修正案时，须有全体三分二之出席，出席代表四分三的决议，始能通过。在我国现行宪法之下，国民大会已不容易，而在大会中欲控制四分三之绝大多数，更是难上加难。除非多数党能联合许多少数党，不容易达到宪法所规定的条件。也就是说，除非多数政党能对修宪问题有一致的看法，宪法修正案不易为国民大会所通过。此盖辛亥革命以来，宪法一直不能生根，故特别使宪法富有刚性，庶可以培养大家尊重宪法的习惯。

2.1.3 宪政精神

上述宪法的成长，均为宪法之变。明白宪法变的道理，乃知宪法经常在适应后生的环境，故宪法条文之外，政治传统，判例，以致政党政治的精神等，皆为条文的外围或基础，研究宪法的人不能不加注意。但只知道宪法的变，则有宪法犹如无宪法，宪法对政治就没规范及指导的作用了。因之，在宪法成长之一节之后，尚须说明宪政精神(Constitutionalism)的意义。

宪政精神是一种尊重宪法的政治风气或传统。在此精神之下，宪法的变始可以称为宪法的适应；没有宪政精神，宪法的变往往成为宪法的破坏。袁世凯洪宪称帝、曹锟贿选为总统，都不能称为约法的适应而都是约法的破坏。罗斯福总统扩大其军事权以求二次大战的胜利，这是宪法的适应而不能说是宪法的破坏。两者之间分别虽极微细，而精神则迥然不同，这是不能不察的。

很多学者盛称北欧国家政治清明，因之，联想到瑞典挪威可能都有部优良的宪法。究其实际，瑞典宪法为十九世纪产物，君主立宪的色彩相当浓厚，可以说相当落后，最少没有任何优异之处。北欧国家政治清明，获益于宪政精神者为多，获益于宪法者少。北欧国家的政治领袖们，皆能不为一己的利益而曲解宪法。它们所行的皆为责任内阁制。同时，因为政党众多，很多内阁由数党联合组成。客观的情形，极与法国者相似。所不同者，国会严密控制政府而未曾试图谋倒阁，政府则于大选不利时悄然引退，未曾图谋僵持，由是国家乃获得和平发展的机会。这种种优良的风气，正是宪政精神的表现。

2.1.3.1　何谓宪政精神

然则何谓宪政精神？这是研究宪法者最为困惑的问题。盖宪政精神包含“恪守宪法”与“把握宪法的精神而使之具有充分的适应能力”的两种意义。恪守宪法者易于拘泥宪法条文而使宪法僵化，使宪法富有适应能力者又易使宪法成为因人们的意愿而变。如何才能得乎其中，真是政治中最大的学问。

宪法的目的在限制政府权力的滥用。不问这种理论是否有缺点，但制宪者确有如此用心，那是无可否认的。宪法的内容，或为保障人民的权利，或者规定政府的体制，其最后的宗旨，无非使政府在轨道之内行动，使之不会流入专制。因之，宪法对政府必然会有其不方便之处。执政者如因施政不使而即欲修改或虽不修改而另求变通之道，宪法的作用即等于零。宪法仅为白纸上的黑字，不会自己发生效用，制宪者纵于宪法中规定若干护宪机构，从各国宪法史中所得的经验，护宪机构仍然挡不住有力者破坏宪法的决心。政府尊重宪法，一般称之为宪政精神，这才可以说是宪法得以确立不移的重要原因。

但所谓尊重宪法，又非咬文嚼字的拘泥于宪法的文字。上文讲到宪法是必须生长的，而所谓宪法的生长，往往是条文逐渐在随时代而变更其意义。故尊重宪法者，只是尊重宪法的精神，把握宪法的精神，在不违背宪法精神的条件下做活动的适应。试以美国为例，最高法院院长马歇尔于一八〇三年做判决书时他或多或少的在变更宪法的意义。甚至华盛顿拒绝第三任总统的提名，他亦或多或少在变更宪法的意义，马歇尔以及华盛顿的行为，亦许是咬文嚼字的人所不敢做的，但他们的确掌握并充实了美国宪法的精神。

惠尔曾于此作以下结论：宪法随时代而变，只要这个变倾向于更为民主的面，这个变就不会被认为违宪。惠尔的话是根据英国的经验而来的。在英国，政治家之敢于创立新传统者即在修改宪法。华尔波尔虽获英王信任，但因巴力门的为难而毅然辞职，由是建立了责任内阁制的基础。鲁易乔治邀请南非的斯末斯将军参与战时内阁，亦开自治领总理入阁的先例。他们这样做而有利于民主，所以没有人说他们违宪。英国为不成文宪法的国家，创立先例较易。但其他有成文宪法的国家，惠尔的话一样也是正确的。多数被责为破坏宪法的人，都是为一己的利益而不顾宪法的限制，并非为国家利益而活动伸缩宪法的意义。人人皆为私利而漠视宪法，宪法就有若无而其作用破坏无遗。惟为国家利益而作必要变通时，许多时候反能充实宪法的精神。从前面所举的例来看，马歇尔于判决中说联邦最高法院得宣判违宪法律无效，他扩充了宪法中没有明示的司法权的范围，但他所作所为与宪法限制联邦权的精神是相符合的。他人所以没有责难马歇尔的行动为违宪，这自然是最重要的原因。

惠尔氏以有利于民主为宪政精神，值得我人三思其言。宪法以规范政府为目的，故宪法的基本精神是民主的。我人强调钦定宪法不足取，即因钦定宪法不能违反规范政府的目的，而只是想保全君上大权，故钦定宪法有宪法之名，而没有宪法之实，名实相符的宪法，应该是为人民的权利而去规范政府的行动的。因之，宪法的变通或成长，必须符合这个立宪目的，政治家的行动虽与条文略有出入，但如果他创立新传统的目的在使宪法增加其适国能力，人民亦不会责备他违背宪法的。宪政精神充沛的国家，并不一定是拘泥于宪法条文的国家。英国的政治家经常在创造新例，犹可调为不成文宪法国家的特质。但美国之有成文宪法者，一样也有日新月异的立法，一样也在创立新例，而立法与新例，也未必都能与条文的涵义完全吻合的。人民如认为新立法或新例违宪，他们可以提议法院解释。人民如不认为违宪，新立法及新例就成立而发生约束的作用了。立法与政治惯例的裁判人为人民，所以立法及政治管理多数是促进民主精神的。由是成文宪法的国家一样也有宪法的变通。

2.1.3.2 法治与国政精神

于此文可亦述宪政精神与法治之间的关系，对宪政精神的了解可能有相当的帮助。

现在谈法治的人，往往以英美与德日并举，认为这是法治最有成效的四个国家。不过仔细辨别，英美的法治，与德日的法治不同；尤其在第二次世界大战之前，它们之间的区别更为显著。德日的法治，目的在贯彻政府的威信，倾向于效率的推进，接近我国法家的理想。英美的法治，旨在保障人民的权利，尽量要求政府及官吏遵守法律程序(Legal Procedure)，使权力不至滥用，故倾向民主。在德日的法治之下，常常可以看到父举其子子举其父的各种奉公守法的精神，的确也是很可钦佩的。俄国为过分强调国家威信，官吏又居代表国家的地位，由是官吏无形中亦居于特殊地位，往往养成人民有法治而官吏无法治的官僚作风。第二次世界大战之后，西德设置宪法法院，而宪法法院中有一组受理有关民权的告诉时间，这一组的工作最为忙碌。日本实施新宪法之后，若干年内于东京举行宪法周，鼓励人民举发官吏侵越民权的事件，告诉事件之多，出人想象之外。以法治文明的国家，一旦实行保障民权的宪法，官吏侵犯民权的事件乃如是之多，实在是可以惊奇的事情。

英美等讲法律手续的国家则不同。它们要求立法者注意程序，例如法律不得追溯既往，不得以法案褫夺公权。它们亦要求执行法律的行政人员及司法人员注意法律程序，而于司法人员的要求恐怕更为严格。例如公正的审判，不得强迫当事人为有罪的证言，不得一罪两罚等。这均将于讨论英美宪法时详述之。此间应为说明者，英美人的法治是求诸政府及政府的官吏，故法治的精神越为成熟，则宪政精神亦越为旺盛。只有在这个法治的观念之下，法治的精神才是与宪政的精神合一的。德日的法治，只能做到政府有能，并不能做到人民有权，而且常常还是宪政精神的大障碍。

有一点也须在这一节中说明。保障人权的法治，并不是说人民无须守法。法律程序并不帮助人民逃避法律责任，而只是使他们不受冤屈。在此种法治之下，人民容易养成正确的权利观念，这也是有助于建树宪政的。德日的法治之下，人民的权利观念却会流于偏激，以为权利就是翻身，往往会借权利这个名词来追求一人的不法利益。在西德宪法法院所受理的民权案件中，很多是私娼控诉警察妨害她居住自由这一类的可笑事情。而这一种可笑的案件，实代表一种不正确的权利观点。所谓权利，当然不是使不合法的事件变成合法，可是久受官吏欺凌的人，总以为以前没有权利，故受欺凌，今日有了权利，自然就可畅我所欲。殊不知有保障作用的法律必有所禁止。禁止未曾妨害权利，以为权利是去除禁止的想法徒然增加自己犯法的倾向而已。西德人民对权利观念有正确了解以后，宪法法院的工作可能会减轻许多。

德日旧日的所谓法治，英美人称之为(Legalism)，我国习用名词中很少可以翻译，姑名之为法家思想。我国法家思想出现很早，在西方则封建制度崩溃后方渐渐抬头。法家思想要求被治者严守法令(在法家思想中很少辨别法律与命令的区别)，虽然有时亦警告治者守法，但只是说治者坏法，法律就失掉约束力量，治者就失去了统治的有效工具。所以法家基本的为统治者着想，缺少法律前平等的精神。在法家思想之下，不能产生权利思想，也不能产生宪政思想，这是我人在讨论宪政精神时必须注意的问题。

可以为宪政精神打基础的是近代的法治思想(Rule of Law)，近代法治思想的基本观念，不认为法律是统治工具，而说法律是国家社会的共同规范。法律本身亦可受到批评，如果法律不合于共同规范的原则的话，美国最高法院得宣判违宪法律无效，多少是根据这种精神出发的。近代法治思想固亦要求守法，但同时亦要求法律的合理性化。所以近代的法治思想，实与吾国儒家的礼治思想比较接近。儒家反对法家，总是批评他们苛刻，而所指苛刻，主要的是说法令孜孜为帝王之利，而不是指责守法的精神。

我人所以要仔细分辨这一点，因为我人深信法家思想不特不能为宪政之助，而且是有害的。以法律为统治工具，法律就变成了私器，有治权的人都想变换一种法律，而这种风气养成之后，对宪法的态度也就异常轻率了。说得简单一些，法家责成人民守法，人民守法，所要求的对象甚众，但人民习惯于服从，即有少数不训之徒，亦较易约制，故似难而实易。要求有权力的人尊重宪法，人数虽少，惟有权力的人习惯命令他人，受约制较难，故宪政主义似易而实难。亦以是故，在近世国家中，能做到法治者较多，能贯彻宪政精神者较少。

宪政精神的贯彻，与宪法的内容并无必然的关系。一部极为刚性的宪法，修改程序虽极困难，惟在不能尊重宪法的人的心目中，未必视为有约束力量的基本法，轻易违宪，宪法的效用因而完全丧失。魏玛共和德国时代，希特勒以授权法案一手撕毁宪法，固然是心目中没有宪法。就是兴登堡总统滥用紧急命令权，亦可使宪政精神破坏无余。魏玛宪法并非柔性宪法，可是它受兴登堡的蹂躏于前，又受希特勒的撕毁于后，未尝能得到刚性宪法的保障。

法治(Rule of Law)一词，原为英国人所习用。英国的宪法与法律没有明显的界限，故守法亦即尊重宪法，法治与宪治乃亦无甚区别。在其他国家，宪法高于法律，命令则又必须以法律为依据，显然应该谈宪治，而不应该谈法治。在宪政国家而独尊法律，则法律的合于宪法与否无可批评，从而命令亦随法律之尊而尊。在这种情形之下，宪法的作用反而湮没不彰了。我人谓法治有时且有害于宪政，就是指这种情形而说的。

2.1.3.3 宪政精神的培养

一般地说，制定一部宪法容易而维护宪法而使之发生效力则实难。所以然者，自然因为宪政精神是很难培养的一种传统。美国通过联邦宪法之后，虽然事属初创，但在政治领袖们的通信中，莫不对此新的设计崇扬万端。他们对宪法的认真如此，宜乎以后领袖们都视维护宪法为其不可舍弃的责任。总统就职之时，亦以忠实遵守宪法为其誓言，凡此种种，都可以说是宪政精神得以发扬的原因。后文略述培养宪政精神的客观环境，以为本节之结束。

其一，宪政精神必须在和平发展的环境中方能充实。英国于一六八八年之后，能标榜其不流血革命的精神，由是虽经工业革命的重要变迁，而未尝有主张以武力倾覆国家秩序者。也因为这个关系，英国的宪政精神乃能维持不堕。美国在独立革命之后，惟南北战争使社会秩序受到威胁，其余则皆在和平进步之中。所以美国的宪政精神也很是充沛。北欧三个小国，立宪之后也皆得安定，北欧的宪政精神亦是很为强盛。

不安定的时期，主张改革者可能主张推翻宪法，主张维持现状则又要求非常的权力。宪法在双方夹攻之中，未有不尊严扫地者，发生战争的时期也是一样。国家于存亡系于一发的时期，政府自然地要求非常权力，以期力量得以集中。美最高法院院长(Hughes)因鉴于第一次大战时对于言论自由的限制而感叹美国宪法怕会经不起另一次大战的考验。我人并非谓战时的政府一定违宪，但战争的气氛，与宪政精神一定是背道而驰的。

其次，宪政精神的蓬勃，实有赖于政治领袖们的学养与领导。上文提到美国开国伟人对于联邦宪法的崇扬，这是很可贵的现象。美国早期的总统，多数皆参与创宪的工作，故于宪法的精神知之甚熟。而且他们对于宪法都有亲切之感，认为他们所创造的东西不应该在他们手里毁坏，这一种心理是最有利于宪政精神的发扬的。其他的国家，制宪是一批人，行宪又是一批人，行宪者对宪法就缺少这种亲切之感。行宪的人甚至说宪法为不必要的束缚，求其尊重宪法，势不可得。

制度可能对政治领袖们的宪政精神有一些影响，拉斯基教授常说英国的平民院可以说是训练政治家的学校。英国的政治家，多数为张伯伦阿特里之类的中庸之道的人，原因就在平民院专门训练此类型的政治家。平民院中政府党与在野党的关系，内阁领袖对后排议员的领导，在在需要休休有容的度量及和颜悦色的处人方式，以才略称长的人往往是不适宜这类工作的。而中庸之道的人，较富宪政精神。

其三，司法人员优良的素质以及一般国民的民主思想，对宪政精神也大有裨益。缺乏宪政精神的国家，其司法缺少独立地位，而法官亦都是惟长官之命是从的人。在宪政精神之下，法官常依据宪法去批评法律。法官而没有这种习惯，而一味抱着恶法亦法的态度，宪法自然就很容易为法律所替代了。国民之有否民主思想，与宪政精神的关系亦是很大。国民而缺少民主思想，政治权力在人民的推崇之下漫无限制。人类的思想是随环境而变的。在民主的社会中，政治领袖皆能自制。但在专制的社会中，政治领袖多数颐指气使，在南美很少能看到有宪政精神的伟人，而在英美则又很少看到不以违宪为意的政治家。是以知社会的风气，对领袖的类型是有其决定作用的。

2.1.4 近代宪法的新趋势

近五十年中，发生了两次世界大战，而每次大战结束之后，总有许多新国家产生，每一新国家又都有一部新宪法。这近百部的新宪法，对研究宪法的人来说，真是大饱眼福，可以找到许多新材料以供研究。本书为篇幅所限，未能一一介绍。惟于西德日本及法国的新宪法，后文将略作分析，以示宪法进步的大概情形。

2.1.4.1　紧急权的盛行

一九一八年德意志推翻帝制而缔造共和，完成了一部世所闻名的魏玛宪法。这部宪法虽为希特勒的独裁所撕毁，惟其影响，则至今犹存。魏玛宪法推广了权利的内涵，它把工作权及受教育权列于基本权利之内，它亦揭示了权利的新原则，所有权虽受法律保障，但所有人负有使用的义务，不然，荒废的土地国家可以征收。这许多新原则，皆为其他国家宪法所采纳。魏玛宪法又规定国家元首有紧急命令权，这是著名的第四十八条。此权力经兴登堡总统的滥用，终于使魏玛德国过渡而为希特勒的独裁，故其结果实甚不幸。惟论其影响，则今日第五共和法国总统的应变权，仍然是他的后继。若干公法学家，且谓合乎宪法的独裁（Rossiter：Constitutional Dictatorship）为民主政制应有的一种机动作用，使四十八条更有了理论的影响。

尽管魏玛德国的紧急命令权曾引起宪法学上很大的争论，但第二次世界大战后的新宪法中，不止第五共和法国的宪法予以采用，其他新宪法亦很多作类似的规定。良以紧张的世局，很容易使人从国家的自卫权而联想到国家元首或行政首长随时有行使紧急措置权的必要。在这种时期，安全必然重于自由，所以不再顾到理论家所作的警告了。

2.1.4.2　政党地位的承认

第二次世界大战之前的宪法，很少提到政党。尽管政党对国家政治早有决定作用，但制宪者往往视若无观，不肯在基本法中承认它们在选举及议会中应有的功能，美国制定其第一部成文宪法的时候，多数人尚视政党为不祥之物。华盛顿总统的告别书，由谆谆告诫美国人不要结党而使国家分裂。在浓厚的“君子群而不党”的观念之下，宪法中自然不会有政党的一席地。以后其他国家的宪法，可能也受这个观念的影响，都没有提到政党。

在这个时期，宪法虽未尝规定政党的地位，但政党的发展并没有受很大的限制。该多数宪法保障人民有结社的自由权，而组党亦结社的一种方式。以是政党纷纷在国家默认之下成立了。第一次世界大战之后，若干国家出现独裁政党，它们均以排斥异党为独佔政权的手段。德意的纳粹党与法西斯党，皆其着例。

在上述独裁国家中，德意未尝在宪法中规定纳粹党与法西斯党的特殊地位，惟制造借口以为取缔其他政党的理由，或在选举法中限制其他政党在议会中可估占据的席次。苏联宪法可以说是第一部谈及政党的宪法。但是它所创设者为模范例。政权在政治中的领导权，于选举的胜利中产生，不然，根本用不到选举制度，也无所谓人民权利，连宪法也是多余的东西了。

因为德意志及意大利有独裁政党的恶例，所以战后的新宪法乃思所以防止这种政党产生的方法。西德及法国第五共和宪法，对这个闻风皆有其新的尝试。它们如何规定以及产生了怎样的效果，分别在西德及法国宪法的两章中讨论，此间不赘。此间所欲说明者，从西德及法国的经验，似乎证明政党是很难在宪法中作适当安排的问题，以前宪法的不提此事反为明智之举。政党为动态政治中最为活动的部分，欲于宪法中规定某些政党为违宪的组织，只能含糊其词地作原则性的提示，而不可能作明确而详细的解释。这会增加法官沉重的负担，不是使之失去原有的独立的地位，就是使之不能胜任他们的工作。

一般没有在宪法中规定政党的国家，其实亦未尝任有颠覆阴谋的团体蔓延，亦没有听政党的腐败行为尽量发展。它们以普通得法律来处理这种问题，故可针对当前问题，正确而具体地规定取缔者为何种活动何种行为。在这种方法之下，法官得到明白的指示，裁判乃成为通常的执法工作，十分轻而易举。例如美国因政党竞选费用数额惊人，有发挥金钱腐化势力之虞，乃制定哈奇法(Hatch Law)，限定政党竞选经费的总额不得超过三百万元，而个人对政党的捐款亦不得超过五千元。又如因共和党的颠覆阴谋层出不穷，乃规定共产党取缔法。法律的规定既较宪法为具体，亦较宪法更能适应当前需要，从效力来说，似较宪法中原则性的规定为大。

总之，“二战”后世界政治极端的不安，迫使多数国家对颠覆分子不得不谋取缔之道，而在宪法中规定政党问题，也是在这种紧急需要之下产生的。不过从西德所获经验来看，这个问题由法律来作处理似乎更为适当。

2.1.4.3　议会权的减削

第二次世界大战后西德及法国均在宪法中限制议会的权力。这种设计，当然是针对两国特殊环境而发的，能否称为趋势，颇成问题。日本战前的议会不能有所作为，战后乃加强其地位，因之首相不由天皇钦命而改由国会选举，使内阁逐渐的将受制于国会，可见战后宪法也有加强议会地位者。德法的国情不同于日本，大受议会嚣张之苦，由是谋矫正之道，亦可谓政治上的一种适应。

不过议会权的减削，不仅足以影响内阁制的精神，抑且影响民主政治发展的方向，故不能不论其事。德法议会善于翻云覆雨，其病在多党，这是大家都知道的。政党的组织以及礼盒，为实际政治中最不易控制的现象，前节已略为说明。德法新宪法虽有政党组织应符合民主原则的文字规定，并不能希望由它产生规范政党活动的神奇作用。在政党政治尚未走上轨道的时期，釜底抽薪而限制议会的权力，不能不说是明智的办法。

限制的方法，德法各具特点。西德宪法之所为，表面上极为严厉，众院反对总统所提名的新总理或不信任现任的总理或否决现任总理所提信任案而迫使辞职，均需众院能以过半数通过一位新领袖，方为有效。这种规定，实为十九世纪英相格拉斯通(Gladstone)与狄斯累利争论时所坚持的宪法原则，议会中在野党或在野党团进行其倒关运动之际，须有数起组织政府的决心，因为只有这样，政府才不至中断。如此说来，西德宪法的规定是在内阁制传统精神之内的。它没有减削议会的立法权，也没有改变内阁应由议会产生的精神。

在野党之对国家政治，原亦应抱负责的态度。尤其在内阁制之下，它的举动更直接影响到政治上的安定。但多党国家既未易分别在朝与在野的阵容，更不能约束在野者各自为谋的盲动，遂使组阁者有委曲求全而在野者寻隙面逞的形势。西德宪法中的规定能否使在野者日形团结以谋约制政府之道？实在是极可注意的新发展。制度可以影响人们的行为，英国的两党制的日形健全，可能与格拉斯通所坚持的原则有关。西德若能因新规定而产生坚强的在野党，那就可以证明我人的观点了。

第五共和法国所采办法，侧重于加强总统及内阁的权力。法国总统是不向议会负责的，总理则向议会负责而实际上受制于总统，他们得以约制议会而使之不能动弹，恐非民主政治的正常途径。此将于第五共和宪法一章中详论之，此间不实。

以上各点，虽说是战后宪法的新趋势，究其归极，皆为适应世变而有的措施。宪法原则应否为应变的需要而更张，这是一个问题。将来潮流转向之后，这种应变措施是否会消灭，又是一个问题。

2.1.4.4 绝对主权的限制

上述几种新的趋势，能否称为进步，殊成问题。不过除此之外，还有几种新发展，毫无疑问的增加了人们的新希望。战后德法日新宪法中表示它们均愿放弃绝对主权，以为建设和平世界之助，这是新趋向中最可喜的一项。

第一次世界大战之后，思想界即盛行多元主权的学说。多元论者恒强调国家主权为战祸不息的基本原因。该弱国的主权不足以为它独立的保证，而强国的主权则使之惟一己的利益是图，而不愿其他国家的生存权。更不幸的是，主权不会真正在人民的受重，均由富有野心的人代行，由是日本军阀纳粹党人皆假主权之名以驱使其人民。主权论与国际义务的原则是冲突的。国际约束而不为国家所重视时，欲加强制，国家将认为有伤尊严，往往会采最后手段来作反抗。第一次世界大战后所产生的国际联盟，即在主权论的影响下无法行动。大会不能采多数决定的原则，因为多数决将伤及少数国家主权，可是一致同意事实又是不容易得到的。当时批评国家主权的论点很多，以上不过举其重要的几点而已。思想界的论调虽然如此，政治家的反映则甚为冷淡。所以德日意等国，变本加厉的利用主权的观念来为它们的侵略政策作辩护。大战之后，新宪法居然能列入愿意限制一己主权的引言或条文，真可谓空谷足音。

不过从公法的观点来研究，限制主权者皆以对等为条件。例如第四共和法国宪法的序言中说：为保障世界和平的需要，在相互条件下，法兰西共和国愿承受对其主权的限制。这就是说，其他国家如不肯相等的限制其主权，法国亦不单独承受此项限制。所以这个序言只是向世界各国作一呼吁并表示了法国的愿望而已，对法国便没有绝对的约束作用。其实世界的不安是各国共同负责的，少数国家从能无条件的自限其主权，对世界未必能有很大的贡献。因之，宪法中偶而出现“愿承受对其主权的限制”这类字句，我们不能认为新的时代也已来临。我们只能说这是新希望的开始。

与主权自限的观念相随而来的是黩武主义的被扬弃。日宪第九条谓：“日本国民诚意希望以正义与秩序为基础的国际和平，永远放弃以武力为威吓的国权战争，及放弃以行使武力为解决国际纷争的手段。为达到前项目的，不保持陆海空军或其他的战力”。此条为此后日本舆论界引起激烈辩论的文字，盖他国未能为同条的规定时，日本的自限权自然成了问题，而它的安全感也就受了打击。黩武主义是应受批评的，但黩武主义的消灭，恐须在多数国家有充分的安全感之后。

主权的自限与黩武主义的扬弃，无论如何可以说是战后宪法中的新气象。与共产集团新宪法之依旧强调国民有服兵役的神圣义务者适成一强烈对照。

2.1.4.5　司法审评制的普及

美国久以司法审评制闻名于世。但第二次世界大战之前，各国很少予以采纳。莅欧洲大陆习于议会主权的理论，认为人民代表所通过的法律，法官没有怀疑的余地，只有尽忠执行，而其他新与的国家，司法的信用并不卓著，又未能付以审核法律的重任。第二次世界大战中美国有领导民主国家之功，它制度上的优点乃大为一般国家所信服。而美国人之欲以民主原则树立战斗世界秩序者，亦深信司法审评制为确保人民权利的重要基石。由是战后的新宪法，纷纷以此为法。西德、法国、意大利、泰国等，皆引用此制度。其中西德的成效最为卓著，而第五共和法国宪法委员会的功能又最为新奇。所以在第二次世界大战之前，司法审评制是美国的孤例。而第二次世界大战之后，却成为世界的通则了。

我人谓西德的司法审评行得很为成功，这因为宪法法院人权组受理的案件特多，对人权的保障的确尽了很大的贡献。这一方面说明德国以往的所谓法治，只是令出必行的法家思想，与近代的法治犹有距离；而另一个方面亦说明今日的西德正在循着民主的正轨途径前进。法国司法审评制的所以新奇，因为它的宪法委员会增加了一项新的仲裁任务。议会正在讨论法案的过程中，它得因内阁总理的请求而裁判该法律案是否在内阁的命令权范围之内。法国把立法权与命令权划分，为之仲裁者为宪法委员会，以一小介两大之间，这个任务自然是极其艰巨的。

2.1.4.6　新宪法中的人民权利

战后的新宪法，多数皆重视人民的自由与权利。第二次世界大战为反极权的战争，极权国家崩溃之后，于其残基之上建立民主秩序，培养该国人民自由与权利的观念，这种种工作，都是刻不容缓的。日本及西德的宪法，因而对此皆作详尽而进步的规定。西德以国民权力列于基本法的第一章中，其条文且多达十九，重视权利的态度，已可想见。在这许多条文中，“任何人不得违背其良心而迫其服战斗性之兵役”最为新鲜，这等于宣布德人有非战的权利。这一款与西德愿限制其主权的精神是相符合的。又在列举各项自由权之后，加一但书，说明凡以攻击自由民主的基本秩序为目的而滥用发表意见的自由权者，得剥夺其出版与讲学等的自由。这一条的问题，自然在自由民主的基本秩序一语，因为这是不容易作正确解释的。在此辞句之下，当政者很容易把他们所厌恶的言论视为攻击自由民主基本秩序的言论。不过基本法又明白规定对这样言论只能剥夺其出版及讲学等的自由，而不能置之于罪。对于所有权，基本法仍规定“所有权负有使用之义务，其使用并应有助于公共福利”，社会主义的色彩很为浓厚，这是集成魏玛宪法的传统而来的。

日本宪法的国民权利，与美国宪法所规定者甚为接近。惟第十五条规定“任何公务员皆为全体服务，非为一部分人服务”一款，旨在去除官僚政治。而第二十五条规定"任何国民均有享受健康及文化最低生活之权,国家应努力提高及增进社会福祉,社会安全,及公共卫生",可称为近代思想的产物。第四共和法国的宪法,于序言中宣布几项政治经济及社会原则,作为一七八九年权利宣言的补充,方法上相当特殊,而其保障的效力,恐怕亦会受到损失。例如:"国家对于个人及家庭,应保障其发展所必要的条件",这是很大的诺言。但何谓发展所必要的条件,恐人人皆有不同的意见,政府亦甚难实践这个诺言。又如它主张工业的民主,认为劳动条件的决定,企业的管理方式,工人应有代表参加。这一种原则性的宣示,必须有立法随之,不然,就显得太空洞了。

在上面简单的叙述中,很可看出欧洲大陆国家仍保持理想主义的传统。因之,与美国影响而规定的日本国民的权利,实大易其趣。宪法中的国民权利应如何规定方能算是进步,甚难以一言决之。若干公法学者甚至说:宪法中所规定的自由与权利,难免令人有"左手与之而右手取之"之感。自由与权利都不可能是绝对的。称自由者必列举言论自由集会自由以及其他种自由,称权利者又必列举财产权利工作的权利以及其他种可能认为重要的权利,但保障言论自由者不可能容许作颠覆国家的宣传,保障财产权者亦不可能听任业主任意荒驳其土地。以是保障之后,必然又会规定法律来作限制。故多数宪法总是说:人民有某某自由,非依法律不得限制;或人民有某某权利,非依法律不得剥夺。此实为宪法中不得不有的但书,但如是以后,宪法中所宣示的原则,其实际意义完全要看此后的立法行动了。惠尔因此主张宪法中不必宣示自由与权利这类非法律性的原则,认为直接由法律来作规定反更为具体。这种见解,恐怕是不容易得到多数国家制宪者同意的。现代国家之中,缺乏宪政精神者尚居多数。在那些国家中,宣示自由与权利的原则总较不作宣示为佳。

2.1.5　研究宪法应抱的态度

讨论过宪法的各种性质及各项问题之后,略一说明研究宪法时应抱的态度是有其必要的。许多人把宪法看作一部法典，逐条逐句的来作解释。这虽然是研究宪法最简单的方法，但是很难把握一国宪法真正的精神。宪法从一个国家的风俗人情以及全民族的要求中产生，绝不是白纸上的黑字所可以完全归纳或完全表现的。我人与白麦斯的想法相同，不很重视成文宪法与不成文宪法之间的区别，因为没有一国的基本原则均列入宪法条文之中，亦没有一国的重要原则完全没有成为条文。更进一步说，列为条文之后，条文的意义还是时时须求其充实的。这在说明宪法的成长的一节中已有讨论，姑再举一例以明之。我国宪法第一条规定我国为三民主义共和国，而三民主义共和国的实质内容为何如？自非条文的字面解释可以尽其能事，而必须由吾国过去现在以致将来全体人民各方面的表现来决定的。所以即以吾国宪法第一条而论，它是条文，但也有条文以外许许多多说不尽的意义。

美国一位著名的大法官霍姆斯(Holmes)曾说美国宪法是活东西。其实任何国家的宪法都是活东西，但从条文的字面去了解宪法，未免把宪法看成死东西了。研究宪法的人，须从动态的角度去了解条文，而后始能知宪法如何在适应国家的活动环境。

单从条文的字面研究宪法有许多明显的缺点。其一，条文所采用的文字，万万是不可全信的符号。近代国家的宪法都会提到自由权利，所用文字相同，而在不同的国家却常有不同的意义。英美国家的自由权利是种确定的生活规范，在此生活规范之下，政府以及人民皆有可走之路。它们所说的自由，在做人为各守分际，在政府行事为遵守正当的法律手段。至于在法国，自由是种哲学，是种口号，是各人提出的主观要求，而且这种主观的要求常常会使对方无路可走。这两种自由的意义恰恰相反，前者可以使人生活于自由之中，后者的自由是炸弹，随时会使社会破碎。两种自由的意义虽然不同，而制宪人对他们所用自由的名词不会作详细注解的。不了解这几个国家不同传统的人，未免要受文字的欺骗了。

其二，宪法是在一定的时日制订完成的，可是国家不能长期停留在制宪时期的状态之中。宪法在适应此种变动的环境时,上文业已说过,或则经由修正的途径,或则采用其他变通的办法,常使宪法或多或少的也发生变化。以静态的观念去了解宪法,自然要不得其真了。

我人所以强调研究宪法的正确态度,因为这与宪法的能否自然发展是极有关系的。拘泥于宪法文字的人,常以为非修改条文即不足以求适应,由是反使宪法时常要作修改,以至宪法失去其尊严。殊不知把握宪法的精神而为之作宽大的解释,有如美国联邦法院之所为者,反是培育宪政精神最正确的途径。

本节参考书

A. N. Holcombe:Foundations of Modern Constitution

C. F. Strong:Modern Political Contractions,London,Sidgwick and Jackson,3rd ed,1940

K. C. Wheare:Modern Constitutions,Butler and Tanner,1960

2.2 英 国 宪 法

2.2.1 英国的结构

在这一节中,以最简单的方式叙述英国各方面的条件。

2.2.1.1 地理及人口

英国本部称联合王国,United Kingdom。由欧洲西部大西洋中几个小岛联合组成。英格兰岛最大,南威尔斯在其南,苏格兰在其西,爱尔兰在其北。其中爱尔兰的南部已成独立国家,惟北爱尔兰则尚在联合王国之内。这几个小岛的矿产资源并不丰富,除煤以外,其余的工业原料均很缺乏。农业方面,因人口密度高,且很多可耕地为工厂所占用，故极感不足。这是自然环境不利于它的地方。

海洋对英国是很有帮助的。与大陆相隔数十浬的海峡，使它增加了很大的安全感。就是在第二次世界大战之中，它虽不能避免轰炸，但仍能防止陆海军的入侵，可见海峡防御价值之高。自西班牙无敌舰队覆没之后，英国对欧洲大陆几乎可以说是高枕无忧的，以是一直能保持最低限度的常备军，不特减轻国民的负担，并亦减少了内乱。十七世纪以来它能不间断的和平发展，亦可谓得海峡之助。同时，因为英国极早注意海权，所以它有遍及全球的殖民地及据点。工业革命之后，它乃能以世界工厂的姿态独霸世界市场。它以有限的资源，而能维持几近两世纪的经济繁荣，盖亦得力于海洋。

它的人口，十八世纪尚仅七百万，惟一百年中增加四倍，二十世纪初已达四千万。一九六二年的统计，总人口为五千三百五十万。人口密度，高达每平方哩五百八十人。其实这许多人有百分之八十集中于七大都市，仅伦敦一地，即占总人口五分之一以上。这种向都市集中的倾向，说明多人皆从事工商业。农业及森林不过吸收了百分之四的人口。英国政党之必须以工人为其密切注意的对象，这是必然的事情。英国工人对国际政治极为敏感，他们的工厂固然依赖国际的繁荣市场，他们的职业以及安全，亦皆依赖于此。以是英国政党的纲领，亦必须以重心安置于国际政治之上，而政治家之中，又以外交家为最得人望。

2.2.1.2　经济

很多人以为工党的国有政策一定使英国经济发生剧烈变化，究其实际，并不如此。国营企业所雇用的人员，不过占就业总数中百分之十一，而百分之七十七的就业机会还是由私营企业供应。而且国营企业的经理人才，也是从私营企业中网罗而来，所以经营的方式也没有什么重要的变更。工党之于企业家，也没有歧视。相反的，工党政府为便于管理，希望企业家加强其组织，由是英国企业公会（F. B. I）对政府的压力，也因组织而加强了。企业公会控制了英国百分之七十五的生产力为政府或顾问委员会讨论政策时必须咨询的团体。以是即在工党主政时期，它的意见一样受到重视的。

使英国经济受严重打击的是它生产力的衰退。在第一次世界大战之前，它控制很大数量的国际股票，在第二世界次大战之前，尚有四十亿镑之巨。但一次大战之后，陆续以此偿还战债。第二次世界大战后，更因伊朗石油公司及苏伊士运河被没收，已一无所有，故大英经济帝国实已崩溃于前。它的机器已显得陈旧，它的市场已日形缩小，更兼它本来缺乏原料，向有入超，经济基础极不健全。一九五三年五九年，它工业增长率为百分之二十三，而西德则为百分之六十六，法国有百分之五十八。固定投资亦然，英国仅增加率为百分之二十三，而德国则为百分之七十，法国为百分之四十九。它处处落后于欧洲国家之后，与美国更不能相比。英国的进出口，向以国协为其基础，约占总额的百分之四十。惟近年以来，宣布独立的南非联邦已减少其与英国贸易上的密切关系，而其他会员国，差不多也减少了百分之十的贸易额。它依赖美国及西欧共同市场的需要愈益增加了。

2.2.1.3　社会及教育

一般人说英国人较为保守，这与它的社会组织及教育传统很有关系。我们不能说英国还停留在阶级社会之中，但英国人矜持其门第及身份的观念，似较其他国家为浓厚。英国人尚贱视某几种乡音，有此乡音的人，不仅不能插足上流社会，甚至还会被摈于某些职业之外。各级社会层之间的流动率，英国不能与美国相比。当然，二十世纪以来，这种情形已在逐渐改善中。多数的父母，对其子女的上进机会相当乐观，最少认为比自己一代容易得多了。所以然者，教育的普及，使年青人能插足较为理想的职业。

教育的工作，一八三三年英国政府始予注意，那也不过津贴教育，使其稍为推广而已。一八七〇年始规定义务教育法，责成地方政府举办。这种义务教育，至十二岁为止。较高级的教育，仍由私人主持。文法学校(Grammar School)及公立学校(Public School)，相继产生。文法学校以训练拉丁文法得名，旨在传授古典文学。公立学校则由董事会主持，并非由政府创设。公立学校似以教育领袖人才为宗旨，特别强调人格训练，尤于责任心认为是最高的社会道德，伊顿及哈罗两校是其中最闻名的。文法学校及公立学校收费均极昂贵，公立学校尤甚，为贫寒子弟不能想望。在这个阶段中，高级职位几由公立学校的毕业生所独霸占。学校制度更加强了社会阶层的固定性。

一九四四年的教育法，为现时英国教育制度的基础。这个教育法延长了义务教育的年限，使多数儿童于识字之外能获得若干职业的知识。它规定小学教育于十一岁结束，而后举行考试，并以小学的成绩及报告为参考，决定儿童以后所应接受的中等教育。中等教育分三类，其一为新制中学(Secondary Modern School)，其次为职业中学，其三为文法学校。绝大多数儿童成绩丙等，限入新制中学，为工业界粗工及半技工的后备队；乙等者入职业中学，为技工的后备队；成绩最优者入文法学院，为接受高等教育的准备。这个教育法，对社会流动率的增加丝毫没有帮助，相反的，可能使社会阶层更为硬化。惟一可以为它辩护的，各人学校的选择由考试定之，并不由于门第或财富。可是儿童时代一个考试要决定人的一生，这个考试实过于武断。

一九四四年所设置的教育，可以称之为统制的教育。根据儿童时代的考试成绩，替他们决定将来职业的三大途径。这个教育法的最大理想，亦许是使各业都得到最适当的人才。但何谓适当，那是由十一岁时一个考试所决定的。我国有“三岁注定老”的俗谚，认为三岁儿童的行为，可以看出他老来的成就。英国的教育法多少抱同样的看法。但除非社会对三种职业一视同仁，就没有理由国家替儿童选择教育的种类。我人无意于此批评英国的教育法，我人不过欲藉此说明英国今日宪法精神，似已有从自由主义而转变为计划主义的趋势。

2.2.1.4　不列颠国协

美利坚独立之前，英国是最大的殖民地帝国，惟此后即逐渐有不能维持之势。加拿大联邦，南非联邦，澳洲联邦，先后以自治领地的名义获得独立的实际。自治领制度的建立，一方面由于进步殖民地的自觉，另一方面因英国承认事实而不得不退让，双方关系尚称和谐。此一时期的演变，法理上有得以自圆其说的解释。殖民地原为国王的殖民地(King Colonies),非英国所有,亦非英政府所有。自治领由国王派遣总督为代表。只要总督改变其与自治领政府的关系,自治领的政府的精神就可以根本改变了。是以自治领地位的建立,不过当地有民选的议会,并由此民选议会产生一向之负责的政府。自治领的地位,与英国仍非完全平等,例如那时加拿大的宪法,仍由英枢密院的司法委员会解释。

一九三一年的威斯敏斯特法(Westminster Act),确定英国与自治领形成一不列颠国协,各分子的地位完全平等。演化至此,大英帝国已不及一个邦联了。第二次世界大战之后,南爱尔兰(Eire)及缅甸不愿加入国协,印度虽加入国协,惟自选总统,不承认英王为共同元首。国协总理会议于一九四九年决议,以总统为元首之印度仍可留在国协之内。史末资将军(第一次世界大战中曾参与英国的战时内阁)于同年在南非议会中说:国协已如中古世纪的神圣罗马帝国,“既不真实,亦无意义,更少联合的具体内容”。一九六一年,南非遂亦告脱离国协。

我人如考察国协所以有土崩之势,倒不一定由于现在英国政治家之不智。英人确不智于前,以侵略手段缔造了一个庞大殖民地帝国。到了现在,他们虽欲以国协的方式维系彼此的合作关系,亦不可得。彼此领土既不接壤,经济发展的程度又不相同,又加上原先征服与被统治的恶劣关系,同床异梦殊不可免。惟此为题外之言,不必多说。

到现在为止,分子国之间究竟保持着怎样的关系?不列颠国协原来的目标,也可以说是英人之期望于此政治结合的目标,无非为经济军事及外交三方面的合作。它们不定期的举行总理会议,各分子互派高级专员(而不称公使或大使)留驻各分子首都,一方面是互相交换情报以解除隔膜,另一方面亦为争取上述三事的密切合作。惟各分子工业的进步,对英国的货品也须予以若干限制,使英国少不得争取西欧共同市场的合作,如是与各分子之间不无误会。英国战后的外交措施,尤其与埃及为苏伊士运河而出兵干预,事先并未知会分子国,不可能有军事上一致的步调。而原子武器时代,分子国固不愿供应人力物力，英国的海军亦市区保障国协安全的作用。分子国对它的依赖自然没有往昔那样重视了。分子与分子之间，印度在南非联邦的侨民常受歧视，印度与巴基斯坦经常发生冲突，国协总理会议很难寻求解决的方案。这说明英国对各分子的领导作用亦在降低之中。国协之于英国，除可增加它在国际政治中的声势外，作用不算太大。

从上述的种种情形来看，不列颠国协是若干独立国家的联合，英国不过为分子国之一。英国与其他分子国的关系，难不采外交形式，但必须相互尊重，欲求一致行动时，应知会其他分子国，以协议的方式取得之。有一点仍表示各分子国之间有一体的关系，即任何分子国人民之居留于其他分子国者，当然取得公民资格，不经归化的手段。分子国有脱离国协的权利，南非联邦业已创此先例。

2.2.2 英国宪法的性质

英国常被誉为宪政之母，这就是说，它的立宪历史最为久远。

2.2.2.1 *有无宪法之辨*

但说来奇怪，英国有无宪法还是个可以争论的问题。美法革命时代，潘恩（Thomas Paine）攻击英国是没有宪法的专制国家。潘恩同情美利坚独立运动，而于美国各州所创造的成文宪法，更为倾心。在他的心目中，宪法应该是部成文法典，人民始能根据此成文法确定其权利。假如宪法而没有形诸文字，它的内容常可因统治者的解释而转移，对人民权利的保障，是很为不利的。潘恩因英国无成文宪法而认为没有宪法，不能说没有理由。

但是为什么一般人又说英国是宪政之母呢？这因为十三世纪（一二二五年）大宪章（Charter），而大宪章实为后世权利法案的先例。现代的宪法都有国民权利一章，在这一章中详细开列国民应享的权利。这就是大宪章所创立的一种制度。严格的说，大宪章是贵族们向英王提出条件，故许多地方只是为贵族的特权讲话，尚非权利法案。惟此一先例，使王权有所限制而臣民的权利有所保障，故英人拳拳于此，以为此乃英人政治智慧的崇高表现。以后的清教革命及光荣革命，皆师其意,提出权利意愿(Petition of Rights)及权利法案(Bill of Rights),由是成为英国的伟大传统之一。从这个观点来说,英国最早有宪法,也不是过分的说法。

大宪章成立之后,英国并未立即进入君主立宪的时代。签字于大宪章的约翰王,于获得罗马教皇的支持之后,即对贵族反击并撕毁宪章。其后帝王亦未尝表示有遵守宪章之意。自十三世纪以至十七世纪,王权继续高涨,贵族的封建势力亦继续受到削弱。但大宪章的传统,不绝如缕,可谓英国史中的幸事。其间重要的原因,实由巴力门的作用日益显著。而国王与贵族斗争之际,常借党股实的平民,因之平民亦得插足于国会之中。渐渐的国会成为与国王对垒的主题,由是国会中的平民领袖乃承继了往昔的传统。最后国会胜利,从此确定了光荣革命(一六八八)之后虚君政治的局面。

从这段历史来看,英国不但最早有大宪章,而且为立宪所作的奋斗亦最久,立宪的主要目的为保障人民的权利,而所采取的手段为限制君主的滥用权力。在奋斗的过程中,法院多数时期与国会并肩努力。法院坚持普通法为不可破坏的原则,由是保持了法治的精神,并由此而保持了宪政主义的精神。在英国,法治(Rule of Law)与宪政(Constitutionalism)可以说很少区别,这是它与其他国家不同的地方。它的宪法,多数即普通法及制定法。故能尊重法律,宪法亦就受到尊重。法院既能保持法治精神,宪政的精神因之也得以贯彻。从这个观点来说,英国不但有最早的宪法,而且有最强固的宪政基础。

2.2.2.2　英宪的内容

英国的宪法,普通称为不成文宪法,因为它未尝汇编成为一部法典。英国的宪法,散见于宪章,政治传统,普通法(Common Law)判例,以及制定法之中。

所谓宪章,那是指历史上几个重要文献而言,大宪章即是其中最著名的一个。其余如权利请愿与权利法案,亦很重要。这类文献,都是反专制运动中重要的里程碑。

政治传统也是英宪中非常重要的部门。我人尝谓:要了解英国的宪法，至少要知道英国的政治传统及其发展的历程。英国的制度，不问是中央的或地方的，不问是议会、法院，或行政机关，皆深植其根基于悠久的历史之中，并非完全由法令规章或宪法条文来创立的。因此，如果不熟悉英国的历史与政治传统，则对英王之所以为英王，内阁之所以为内阁，都是不易捉摸其精神的。任何研究宪法的人，都会为英国不规则的组织体系所迷惑。即以中央部会而论，有的首长称国务秘书(State Secretary)，有的称第一大臣(First Lord)，亦有的称部长(Minister)，这都是不同时代的历史产物，没有什么一定理由的。至于英国的立国精神，人皆知其以民主自由为本，但这亦不易在法律条文中找到根据。从法理来说，英王仍享有广泛的特权，一若专制统治尚未结束者。实则王德特权，或则久已抛弃，或则已落入内阁之手，他不过是高拱的偶像而已。

上文说明政治传统的熟悉，实为把握英国宪法精神的关键。但可谓政治传统，很不容易为它解释。一般言之，这是政治的先例，后人予以遵守，乃成为传统。不过先例是很可能打破的，比如贵族不能担任首相，自寇仁爵士(Lord Curzon)创立先例以来，多数人认为已成传统，而休谟爵士于一九六三年又予破坏。故詹宁斯(Jeunings)曾说：先例维持多久才可以称为传统？这是无法确定的事情。

普通法师诺曼大帝一〇六六年以来所建立的习惯法。它所以称为普通法(Common Law)，因为它通行全国。这自然是王权伸张而后始能做到的。国王派遣法官，巡行各地，代平民雪冤。法官所依据者为古老的习惯，当然亦有时候依据帝王所发布的敕令。这是依习惯法以反抗封建特权的时代。其后法官渐得独立地位，亦常依据习惯法以反抗国王的特权。所依此种习惯法又成为保障人权的传统，不仅英国深受其赐，即美国亦常以普通法中的原则来维护人权。例如陪审制度及正当法律手续等，即是普通法中常被提到的原则。

判例是法官于判决书中所表示的意见而其后为法院所采取者。在习惯法的国家，法官的判例一定据很重要的地位，习惯法不会很完整的，以法官的解释来弥补习惯法的空隙自属必要。十七世纪中，柯克(Coke)大法官曾认为国会制定法以不违背宪法者始为有效。柯克的判例，似未为以后法院所采取，倒是独立以后的美国予以奉行了。惟于此已可见判例重要性之一般。

制定法指巴力门所通过的法律。英国因立法权与制宪权部分，故巴力门所通过者，可能是国家的基本法，近世纪中，一九一一年的国会法(Parliamentary Act)，一般认为属于宪法的性质，而一九三一年的威斯特敏斯特法，因它规定国协的性质，故亦属宪法的内容。

2.2.2.3　宪法的内容并不确定

如前所述英国宪法不仅没有制定成编，而且内容也不很确定。我人虽谓判例及制定法普通法皆为英国宪法的内容。但显然的，并不是所有的判例所有的制定法及所有的普通法都是宪法。英国学者常以为他们的宪法与其他国家的一样具体而肯定，那是一种偏见。英国宪法的不很确定，还是无法否认的事情。英国的宪法，经常是宪法学者推论之下的宪法。以往的不说，白芝浩(Bagehot)以来，戴雪(Dicey)及詹宁斯诸人，他们的意见对宪法内容究竟为如何发生很大的影响。宪法学者之受尊重，旁的国家不能与之相比。何则？政治家是创造传统的人，法官则职在执行法律，不能对制定法之是否为宪法表示任何意见，只有宪法学者乃能凭他的客观立场来表示意见了。

因为宪法内容的很不确定，英国在制度上较富弹性，适应环境的能力亦较强。后文会提到十九世纪以来内阁的许多权力，都是在枢密院的名义之下运用，从没有以制定法来确定其规范。枢密院在旧法理的假定上是王的参赞者。而所谓参赞是极富伸缩性的一种行为，只要参赞者认为合于机宜，他们就可以进言；只要参赞的建议确属王权范围之内，王就可以进行。而今日王与参赞者合而为一，参赞者自然更可自由决定一切。由是内阁创造的先例层出不穷，而内阁的权利亦在先例的建立中向外扩张。其他国家的行政机关，在这一点上都不能与英国相比。

不过所谓制度的富有伸缩性，亦即是制度经常在作改革，而且多数改革又不经巴力门立法，但以内阁的实际行动来作决定，这当然也是很危险的事情。任何国家的政治家，不说他们都有建立威权的欲望，最少总有因利就便的习惯。利便(Expediency)一辞，十九世纪初叶的保守思想家柏克(Edmund Burke)并认为这是英宪的基本原则。换言之，政治家于与革之际，但问是否有利及是否便宜，而不会寻章摘句地推敲法律条文的。但行政上便宜者未必合于社会公道的标准，政治家不重视公道而仅重视便宜，自然很容易流弊百出的。

所幸英国于制度柔的与革离可便宜用事，但牵涉人民权利者则法官多数坚持普通法中的正当法律手段，使制度上的与革不至进害人民的权益。

我人常谓英国宪政精神之得以彰显，实有赖于他的法治精神。惟此仅于不成文宪法的国家为然，而在成文宪法的国家，又当别论了。英国因无正确内容的宪法，对政治家与革所能予以节制者，惟有普通法总人民权利及保护此人民权利的正当法律手段了。政治与革而无害于正当法律手段者，这个与革无人可加以阻止。惟与革而有害于正当法律手段时，法官可能依旧遵守正当法律手段而不予采取。这种情形的发生，自以与革而未曾见诸明文规定者为限。该所谓政治先例，原亦非法院所能执行的东西。政治家固可大胆地创立先例，法官亦能视若不见地忽略这种先例的存在。若先例而成为法律案，法官就没有这样的自由了。

无论怎样，我人不能否认正当法律手段对英国人权所作的贡献。政治家不愿亦不敢公然提出违背正当法律手段的法律案。此正当法律手段，经法院翻覆解释及翻覆运用者达数百年，多数人极为了解而不容怀疑的了。过去的习惯法，政府可以因其不合时宜而予以淘汰，惟未能曾明其不合时宜时，贸然代之以新得法律是不容易得到人民合作的。尤其正当法律手段与保障人权有关，大家不仅没有觉得它们不合时宜，而且认为这是最有效的屏障，如何能轻易改变？英宪内容虽不确定，然政府的兴革，类能有利于民族，而不会退向专制的方向发展。

2.2.2.4 延续与创新

归纳上面所述各节，英国宪法主要的精神是在延续中求创新，因为它是延续的，所以它的宪法仍以宪章普通法及传统为其重要因素。也因为这个关系，所以英国依旧由国王统治，所以依旧由贵族掌握司法上的最后裁决权。可是在旧的形式之后，时时有新精神灌输进去。所以国王的统治无害于演化出向平民院负责的内阁；在贵族掌握司法权的形式之下无害于任命法律专家为法律大臣。这两个是比较显著的例子。其实英宪无一处不是新旧交错，无一处不是在旧形势之下灌注新精神。

英国的宪政，用旧瓶装新酒来作比喻，最为确当。它的外貌不变，这个外貌就是旧瓶，它的精神常变，常变的精神为其新酒。英人称旧瓶为法理上的假设（Legal Fictives），而新酒则为实际政治。王冠（Crown）、王权（Prerogatives）、枢密院令（Order in Council）等，都是英宪中法理上的假设，都是英国宪法的旧瓶。我人如认为这宗法理假设毫无意义，那又大谬不然。不特解释英国宪法的人还常常采用这类名词，即日常政治之中，也一样会常常看到这类名词。没有旧瓶，新酒将无处可盛。且拘泥于旧瓶，又要为旧瓶的招牌所欺，因为旧瓶与实际相去甚远了。瓶子上的招贴只是假牌子，瓶子的内容已变而再变。

因之，研究英国宪法的人，必须明辨虚实，而且还得新旧兼顾。不知其旧，将无以知其新。英国人为什么不去除伪装而一定要在旧瓶中盛新酒？这个道理亦很简单。英国的制度都是从专制制度演化而来的，而且它每一次演进，又都没有起草新宪法，所以躯壳依然是旧的，虽然躯壳之内的灵与肉时时在换新的。了解研究英国宪法的人，当以研究寄生蟹的态度去剖析。贝壳对寄生蟹是有其作用的，但与寄生蟹并没有生理上的联系。英国所谓不成文宪法，就是这一种寄生蟹式的组合。承袭而来的那套旧法理是它的贝壳，而日夜生长的政治传统式贝壳之内有生命的寄生蟹。旧法理不仅使政治传统的生长有所依托，而且也相当予以限制，正与贝壳对寄生蟹的关系相似。洛克虽早于光荣革命时代倡导分权的理论，而其后孟德斯鸠观察英国制度的时候，亦误认英国已实行此制度。但事实上英国制度始终与分权制度是有其距离的。所以然者，英国在法理上承认一切权利皆从国王而来，故巴力门的权利为“王与巴力门”(King in Parliament)所有，并非巴力门单独所有；内阁权利为“王与枢密院”(King in Council)的权力，亦非内阁单独所有；而法院为王德判席(King's Benches)，又非完全独立；因之，国王成为三权的联系，不可能完全分离。

英宪所以是旧瓶盛新酒，主要因为它是自然生长的。这就是说，英国政治家没有根据理论来设计一部宪法，而只是根据实际的需要，随时添置合用的机构。枢密院及内阁固然是在这种情形之下产生的，平民院也是在这种情形之下产生的。因为这个关系，英国的制度不很规则，有时甚至令人有杂乱无章之感，就因为这个道理。以它的地方制度为例，多数人说英国是实行地方自治最彻底的国家，但这个只是数百年以前的事情。近百年来，却一变再变，大非从前的面貌了。后文没有篇幅讨论它的地方制度，此间不妨略作说明。

爱尔兰威尔斯皆自成章程，其他地方制度皆不同于本部。即以英格兰而论，有历史郡，有行政郡，有市，每一种名称，均有其历史上的原因。行政郡之下，自十九世纪初叶起，随时设置改革区，如学校区、恤贫区、公葬区、卫生区等，各种区的疆界纵横交错，而且每种区皆征收地方捐，真是紊乱已极。而后巴力门通过地方政府法案，把这种凌乱的改革区划为乡区及钱区两等。这是英国地方政府近百年来改进的过程。而英国中央的政制，演化的时间虽较长，演化的程序则大致相类，皆是由点滴的修补累积而成。

比较研究英法两国宪法的人都会有一种感想：法国人爱好完整，爱好对称，他们发现原来的设计有缺憾时，只修补那有缺憾的地方，不肯整个破坏。因之，英国的宪法犹如百衲之衣，到处有缝补的痕迹。英国人爱好此百衲宪法，说这是自然生长的，虽然破旧却异常合身。不仅英国如此，美国人传此秘诀，对他们的旧宪法亦锲而不舍，宁可修补，而不肯缝裂新衣。

2.2.3　王冠(Crown)与王(King)

上文曾说英宪是旧瓶中盛新酒，而已乘机说明英王在宪法中的地位，因为英王权力的演变，最足以说明旧瓶盛新酒的过程。

2.2.3.1　王冠为国家主权的象征

Crown原为王冠，乃君上大权的信物。在过去专制的时代，戴此王冠者为王，享有君上大权而运用着国家最高而无可限制的权力。在那种时代加冕的仪式极为重要。教皇或大主教为王加冕，即等于承认他是合法的君主。在这种假设之下王冠为国家的最高权，它是永恒而不朽的。戴此王冠的王，则为必须腐朽的人，他虽运用最高权，但只是片刻的、暂时的。亨利八世、伊丽莎白，以及维多利亚，均为英国历史中极有建树的王，但他及她们都已是冢中朽骨，而王冠则永远有戴它的人，而且戴它的人永远在运用英国的最高权。

在法理上，上述假设至今没有变更。伊丽莎白二世依旧戴上传世的王冠而称王，依旧称英国为“我的国家”，依旧称英国人民为“我的百姓”，依旧住白金汉宫，而且依旧是不负任何法律责任的专制统治者。英国一向维持“王无误”(King can do no wrong)的原则。王的行为，至今没有人能讨论其是非。王是公道的源泉，他的一切即是公道的准则，如何还会有错误或过失？法律案必须经他批准及公布，而后始能生效。外交及军事，都是王的特权，没有人可以阻扰他在这一方面的决定。所有大小臣工，都是为王效命，都是王德仆役。

法理上享有这样漫无限制的大权的专制统治者，如何能成为民主国家的元首？其间详细的历史过程无暇在此叙述，此间所欲说明者，王冠与王在法理上原有区别。王冠所代表者为君主大权，为国家主权；而王则指继承大位的个人。从前的王因有实际的势力，所以常把两者视为一谈。以后王的势力屡经减削，有王位者不能运用国家的主权，由是两者之间的距离越来越远。现在实际的情形是：继承王位的人必须经人参赞，而后始能有所行动。王虽不负责任，为其参赞者却必须负责。政府的实际权力，因之亦为参赞者所有，王就高拱无为了。

这是英国的所谓不流血革命，也是在君主之下而能有民主的原因。

2.2.3.2　王的残余权

王冠代表国家主权，其运用人为王的参赞，而非王本人。那么王还有些什么残余权呢？在形式上，王还是政府的总动力。其一，政府是由他组成的。每次内阁辞职之后，她就得物色继任人。受她任命的人，进宫而吻其手指，表示已接受任命而为政府的负责人了。尽管平民院中多数党首领必然为首相，但没有她的任命，政府依然无法产生。而且平民院中有时情势很为复杂，例如一九二三年大选以后的情形，三党无一能获过半数议席，王依旧可以考虑而有所抉择。不过英国发生这种的机会不多，而且纵使在那种情形中，王亦接受参赞者的建议以决定行动，不肯自作主张。其二，平民院是由王召集及解散的。当然，王必须每年召开会议，因为不是如此，政府将无施政的经费。而首相建议解散平民院时，她即必须下令解散，不能自作主张，不然，即等于强现内阁总辞。在平民院集会之初，她要发表"王的陈词"(King's Speech)，以说明她对施政的观点。事实上演说稿由首相拟定，所说明者亦仅为内阁的政策。巴力门所通过的法律案，必须获得王的核准及公布，方能生效。惟自安娜女王以来，王事实上没有否决此类法律案。其三，对外缔结条约或对外宣战，必须以王的名义行之。但事实上，王虽然是海陆空三军的最高统帅，但于军国大计却已不能置一词。代她负责的内阁大臣才真正是有权决定的人物。

以上三点，名义上虽仍为王的大权，事实均由内阁替代她运用，王所以是象征性的元首。除此之外，白芝浩认为她尚有若干残余权力，有时也可发生重要的作用。王有被知会之权(to be informed)，有警告之权(to warn)，也有鼓励之权(to encourage)。这三种作用，都是王与首相发生接触时私人之间为之，外界很难明其真相。内阁有重要的决策时，首相自须向王报告。在维多利亚女王时代，她犹时时垂询政情，并亦亲自主持枢密院会议。从现在的情形来说，枢密院已不在御前举行，惟王犹有被知会之权。警告或鼓励，乃被知会之后的反应。盖王如认为内阁决策失当而将引起不良后果时，他可促请首相注意。又如内阁法定总辞，王认为尚非其时或事有可为，他可能鼓励首相勉为其难。白芝浩深信以王之富有经验，适时的劝告及勉励，一定可以发生作用。不过这究竟是想象之词，而且王纵令愿意为国效劳，听从与否仍为首相之事，因为责任是首相负担的。

总之，在我人印象之中，王的残余权极为有限。就是传统上尊重王权的保守党，也把王权解释为政府权，认为须由执政者负责行使，而不是王个人来运用的。当然，实际政治常因人物的个性而转移，尤其英宪既如上述之富有柔性，王的作用很可能因御位者的雄才而大起变化。詹宁斯于此，即曾作此论断。但到那种时候，英国的制度就完全不是现在的形式了。从另一个角度来看，这种变化的可能性是不大的。王可能由一极有雄才的人继任，但王的对手为首相及内阁，对手亦富有雄才，王仍不易大权独揽。爱德华八世可能即因其雄才而逊位了。

2.2.3.3 王与巴力门(King in Parliament)

研究宪法者常可以看到“王与巴力门”这个名词，这是假想中的单元，乃王权与巴力门权联合而产生的一种作用。

白芝浩强调巴力门至上的原则时，曾说“巴力门除不能将女作男外，无所不能”。巴力门可迎立新王，如光荣革命时代之所为者。它可以制定任何法律，亦并有权修改宪法。它可以建立、限制，甚至废除军队，它亦可以延长自己的任期。它享有权力，的确较任何国家为多。不过在强调巴力门至上的原则时，我人不能忘掉“王与巴力门”(King in Parliament)为不可分的单元，没有王，巴力门的作用亦将停止。盖王召集及解散巴力门，并亦批准及公布巴力门所通过的法律案。巴力门而无王，它既不能行动，即行动亦不能生效。故所谓巴力门至上，更正确的说，应该是“王及巴力门”至上。

当然“王与巴力门”的王，现在已指王的参赞，而非御有英国的伊丽莎白二世。王的参赞与巴力门联合在一起，始享有英国的最高权。在英国的历史中，从没有一个时期巴力门真正最高，王权极盛行时代，王对巴力门权有很大影响，而王权衰落之后，王的参赞又替代了王的地位。白芝浩所以称巴力门至上，可能因内阁由巴力门中多数党组成，内阁的作用，完全是巴力门所赋予，故内阁与巴力门实属一体，从民主的原则言，白芝浩的解释是正确的。就英国宪法的法理言，则将有差以毫厘之讥。在政党政治中，内阁为平民院中多数党所组成，惟内阁之所以有行政权，确因它是王的参赞。而这个王的参赞，处处代表王，故亦代表“王与巴力门”之王，由是它对巴力门的权力也可以分一杯羹。内阁利用王权以运用巴力门，内阁的作用显得异常机动，向巴力门负责而亦制御巴力门。从这种地方来看，“王与巴力门”的名词，研究英国宪法者实不能不予注意。

2.2.3.4　王与枢密院(King in Council)

在英宪法中另一常见的名词为“王与枢密院”。它是最高行政决策权之所在。但事实上王既无实权，枢密院亦早已名存而实亡，所以可以说只是法理上虚构的名词了。

王与巴力门和王与枢密院，皆所以表示王在英国政治中的特殊地位及特殊权力。这种特殊地位和特殊权力，现在事实上均由内阁加以运用。亦以此故，英国的内阁，其执掌不只是行政，实为行政、立法与司法三者之间的联络者。其他模仿英国内阁制的国家，既无国王的传统，殊不必斤斤以此为法的。

总之，英国是由君主专制演变而为民主的国家。它的政治演变，没有经过剧烈的流血革命。故在保留王的名号以及保留王形式上的地位这两个条件之下建设民主的政体。以此王权如何转移遂成为英国宪政精神的一大关键，而且也决定了英国政体上许多特点，这是研究英国宪法者不可不注意的事情。以后数章中，不再讨论英王的问题，特于这一章中略作论述。

2.2.4　英宪近代的演进

一般人都说光荣革命时代已决定了英国宪法各方面的重要原则。子虚君政体而言，这个说法是正确的。安娜女王之后，汉诺威王朝(现在的女王亦是汉诺威的后裔)最初的两位统治者因不谙英国语言及政治习俗之故，大权旁落。或谓这个偶然的历史事件始确定虚君政体的基础。其实光荣革命已把迎立君主之权置诸巴力门之手，国王已不再是事实的统治者了。故谓英国的虚君政体始于光荣革命，可以说是很有理由的。

但虚君政体不一定就是民主。治权如为少数派系首领所有，最多能称为寡头政治而已。事实上乔治一世时代的英国，寡头政治的色彩是异常浓厚的。英国政治之所以能变成真民主，十九世纪的演变是很重要的。

2.2.4.1　选举权的普及

在十九世纪的各种演变中，选举权的普及恐是促成其他进步的关键。英国很早就有议会，但贵族院议员为世袭，而平民院议员亦控制于地方绅士及城市自由民之手，都缺少民主的精神。不是一八三二年的大改革法，平民院不能说是民意的代表机关。以后在国会这一章中，还要说明选举法改进的过程，此间不赘。此间所欲说明者，选举权的普及对英国政治所发生的非凡影响。举其最重要的几点，以说明英国宪政在近代的发展。

其一，政党的大众化。选民众多之后，原先霸持议会的派系不得不发展而为争取群众的政党。英国到十九世纪中叶两大党始皆有地方党部。为党而工作的干部，一方面宣传党的政纲，同时亦反映群众的要求，俾党成为政府与选民之间的桥梁。从派系政治转进而为政党政治，这是十九世纪的重要进步。

其二，平民院成为主要的立法机关。在没有普及选举权之前，平民院不过是地主与富翁的集团，与贵族院同样富有寡头的色彩。在那个时期，贵族凭其门阀，比依仗财富的平民院更占优势。在立法的作用中，贵族院亦更具有决定的力量。盖内阁中人绝大多数为贵族，尤其首相，没有例外的都是贵族出身，他们自然与贵族院较为气味相投。选举权普及之后，平民院有代表民意的理论上的根据，贵族院只不过反映特权阶级的自私观点。由是内阁必须向平民院负责更多的责任。一九一一年的巴力门法，就在这种需要之下通过了。

其三，政治领袖的平民化。平民院既成为主要的立法机关，政府为求行事的便利，首相须为平民院的领袖。保守党虽较守旧，但二十世纪以来，它的首领均为平民，也是为适应此趋势而促成的。现在英国的所谓贵族，很多是因对国家社会有特殊贡献而加封的，可以说是种荣典，与血统及门第不一定有什么关系。但被封为贵族以后，即无选举及选举权，以是他们进入政府，并非出于人民的拥护。由他们来领导政府，事实上也是不很适宜的。

上述一连串事实的发展，均与英国宪政的民主化有关。这一连串的发展，虽有人为的势力在内，但一切都很自然，真所谓水到渠成。研究英国宪法者，自不能因其全不费力而忽略这种演变的重要意义。

2.2.4.2　社会主义的倾向

近代英国另一个重要的政治演变，厥为倾向于社会主义。英国是早期工业化的国家。此地所说的早期，指企业家尚未认识合理化的工厂管理的时代。因此之故，经济思想家鼓吹个人主义的同时期，实际领袖亦在发动许多种社会主义的运动。因为那时企业家固不满于政府的干涉政策，而有心人则不满于企业家不人道的工业管理。欧文的合作主义，早在马克思之前发生。揭发工人营养不足，童工女工所受到不人道的待遇，也早在医生及巴力门的注意之中。因此种种，英国是最早有劳工法的国家。十九世纪末叶，工会的力量逐渐充实，由是进一步而组成工党，使劳动者成为英国政治不能忽略的势力。

二十世纪的英国走上了社会主义的轨道。工党固然可以称为福利国家观的先锋，但保守党也不肯落人之后，常说所有的社会政策都是出于保守党的领导，两党均以此居功，可见它们都认为这是人民大众的一致要求。由是英国的宪法又走上一个新的里程。两大党既对社会改造抱相同的态度，因之所有进步皆出诸立法的方式。这又一度的和平革命，对英国的宪政精神自然是大有影响的。

社会主义或福利国家的推进，事实上只是政府施政目标的改向，对国体与政体都没有发生什么重要影响。但它对社会构造与经济组织的影响极其深远，因之容易引起富人及企业家的疑惧，英国能以和平手段获得成果，可以说是幸事。

本节参考书

Dicey：Introduction to the Study of the Constitution，London，Macmillan，1939

Jennings：British Constitution

Jennings：Party Politics，Vol Ⅲ，Cambridge Univ. Press，1960

2.3 英国政党

英国没有在法律中承认政党的地位。在选举法中，只规定候选人及其经理应该遵守的规则，于政党则未作任何约束。但英国的正当与其他国家的一样，在决定英国的政治甚至英国的宪法。它们拥护的领袖可能是政府的首脑，它们决定的政纲，可能是国家的政策。是以近代研究英国宪法的权威詹宁斯氏，曾以其巨著政党政治来结束他的英宪研究。从这种地方来看，政党虽未为英国法律所承认，但它们是英国政治重要的一环，也可以说是英宪重要内容之一。

2.3.1 选民及选举法

在叙述英国政党之前，略为说明英国选民的特点及其选举制度是有其必要的。

2.3.1.1 选举制度

英国依平民院的席次分全国为六百十八个选举区。除此之外，北爱尔兰尚有十二个选举区，每一个选举区，约略有五万七千人；惟城市区稍多，乡村区略少，而苏格兰威尔斯则更少。各选举区人口的差异，其目的并不在保障乡村的地主利益，主要的是为管理上的方便。乡村区地面辽阔，交通较为困难，近六万人的选区就不便集中投票了。至于苏格兰及威尔斯，则是为满足两地的民族要求，使它们能在平民院中多几名代表权。依一九五八年的新法律，选区每十年至十五年重新调整一次，由中立的划界委员会主持其事。至于割界的原则，由平民院立法指示之。

上述制度，即是普通所说的单一选举区的地域代表制。在这种制度之下，并没有承认职业代表的价值。英国的基尔特社会主义者对此甚多批评。若干人士相信地域代表制之下的议员必然为地方的绅士们，于工人大宗的利益极为隔膜，惟自英国的经验而言，这种批评是没有理由的。议员代表那些人的利益？实决定于国家的社会结构，而并不决定于选举制度。工业发达的国家，难采地域代表制，议会中一样会有许多工人的代表。在工业不发达而工运不很活跃的国家，即采职业代表制，绅士们仍然会冒充工人的代表而不为工人争权力。英国的工党，即是工运之下产生的政治组织。工党以及工会，皆推荐职工们为候选人。莫里逊、韩德森以及比万等都是工会方面著名的领袖，可见地域代表制不一定会忽略工人的利益，因此近来也不很听到这方面的批评了。

单一选举区的第二个弊病，乃是各党在议会中的议席不能与其所获选票成比例。一个选举区中，可能有三党或更多的政党参加竞选。候选人所获选票可能没有一位能达到半数以上，而以较多数票当选者，亦许与次多数票极为接近。由是发生某党所获选票较少而在平民院反占较多议席的情形。例如一九五一年的大选，工党获票达一千四百万之多，为历来的最高纪录，可是在平民院仅得二九五席。保守党获票一千三百余万，较工党少而是余万票，却得三二一席。是该工党的拥护者密集少数大工业区，而保守党则分布比较平均。在前几次的大选中，工党都因此吃亏。一九五〇年的大选，工党虽获三一五席，而实际的力量也不止此。

不过在各党之中，吃亏最大的还是自由党。一九二四年的大选，自由党仅获四十议席，自此一蹶不振。可是每届大选，它仍推出上百的候选人，所获选票，亦相当可观，而所获议席则微不足道。自一九二九年(妇女始有平等选举权)至一九五九年的三十年中，自由党所占议席，远较其所得选票为少。一九二九年它获五分一以上的选票，仅占不足十分一的议席；一九五〇年，它几获十分一的选票，而所占议席为七十分之一。自由党的选民几乎是平均分散于一百多个选举区之中，而且大多较保守党或工党为少，因之选票也多数牺牲，大党乃均占其利益。这种情形，国外的观察家很多认为不公。

英国学者以及两大政党，对单一选区及多数代表制却相当满意。第一，他们认为坚强的政府始是有效能的政府。现行选举制度虽明显的牺牲了第三党，但议会中却因而有占过半数议席的大党，政府政策乃亦得顺利推行。英国如采取比例代表制，此种好景即不能保持。第二，英国选举制度虽不顶公平，但不至阻止真能获得人民支持的新党的诞生。工党初以第三党的姿态出而问鼎，到发展而能获得三分一以上选民支持时，它就替代以往自由党的地位。可见多数代表制并没有扼杀新党。新党或小党如不能获得三分一左右的选民支持，它只能在社会中发出声浪，而不能在平民院中发生作用，英国人认为这是健康的现象，不应该受责备的。第三，自由党的衰落，党内分裂及没有吸引多数选民兴趣的政纲的原因为大，单一选区制不是它的致命伤。所以就是对自由党来说，它不能在平民院中占有重要地位，也不能说是不公平的事情。

在选举制度中另有一点可以一述。第二次世界大战之前，英国有若干选民可投两票。其一为大学毕业而获有学位者，其二为从事自由职业而事务所与居处不在一个选区者。大学区代表向为保守党所得，而自由职业者亦多数倾向保守党。因之工党每指责此种重量投票制为极不公平。工党执政后，已予取消。

2.3.1.2　英国选民的投票行为

近年以来，英国选民只注意在两大党之间选择，而并不注意党的候选人为谁。有人甚至过甚其辞的说：真是投候选人票的总数不会超过五百。所以然者，平民院中多数党的领袖即是首相，故选举区所举者虽为平民院议员，而事实上亦等于是首相的选举人而已。这一种情形的发展，自然使政党对议员的控制力加强，且亦有利于内阁团体责任。议员的当选，全赖党的号召，而并不恃个人的声望，议员的独立地位必然会因之降低。这与十九世纪的情形有了很大的改变，十九世纪是个人主义时代，而二十世纪则为组织的时代。十九世纪的议员，须凭自己的才华吸引选民的爱戴而二十世纪则凭选民对党的好感而进入平民院。

选民对第三党及其他小党，大多缺少兴趣。他们认为投小党的票完全是种浪费。小党不可能出面组阁，而政府政策亦不能发送推动或阻止的作用。这亦许是两党制传统得以维持的原因。二十世纪之初，自由党仍为两大党之一，第一次世界大战之后，它即退居第三位，而在平民院中的议席，忽然亦直线下降，几乎成为微不足道的小党。选民态度这样急剧的改变，不能完全归功于工党的宣传。选民习惯的愿意投两大党的票，恐怕是更重要的原因。

英国研究投票行为的学者曾获一共同的结论：选民投票的倾向与其职业发生极为密切的关系。伯奇（Birch）研究格林威治（Green Wich）一九五〇年的投票情形，最低薪的工人，百分之八十投工党的票，而投保守党者仅百分之十七。低薪者投保守党者已较多，惟亦仅为百分之二十八，投工党者达百分之六十六。高薪的经理级及自由职业者，其倾向适与此相反。皮休认为：高薪者所获为年俸，短期内无失业之虑，而且有相当的假期及医药保障，对工党提出的诺言不感兴趣，而对保守党的领导人才则极感兴趣。低薪者情形相反，因而同情工党。

英国选民的投票习惯相当固定。这就是说他们不常改变他们对政党的态度。在学者们的访问调查中，选民在十余年内改变对大党的态度的为数甚少。保守的选区，转变者甚至不及百分之八。英国虽不像美国那样有父传子的政党世家，但选民多数也不问致党的政策政纲，只是在习惯的支配之下投票而已：因为这种关系，两大党皆有其数字极为接近的基本票。大选的成败,往往决定于可变的分子。而政党大选期中的竞选活动,也大多以他们为争取的对象。

上述论点,亦有不可全信之处,选民态度的改变,方式很多,不一定要改投其他大党。比如原投保守党的人,可以在另一次选举中弃权或投自由党的票,不一定要改投工党一票的。上述访问调查,于此点似未能注意,以是研究的结果虽说选民牢守习惯,而事实上执政党常在易手。

在选民之中,却有一部分较为浮动,英国学者恒称之为边际的选民(Marginal Voter)。这种人经常弃权,参与投票时又无一定的倾向。政党自以争取这一部分人的同情为致胜的条件。在二十年代,原属自由党的进步分子,多数为边际选民,工党的主张因与彼辈相同,被吸收的不在少数。工党议席于一九二三年得以剧增,这是很重要的原因。惟第二次世界大战之后,这类选民的数量甚少,大的变动不很可能了。在战后的数次大选中,除一九五五年那一次外,两大党的选票总是相差无几。可见边际选民真已达到边际状态了。

2.3.1.3　地域与投票行为

地域对投票行为的影响,实际上亦与选民的经济及职业有关。工业城市对工业较为有利,而乡村的区域则倾向保守。在现行的选区划分标准中,乡村占有优势,故对工党稍稍不利。以一九五〇年的大选为例,除去自由党所得选票,保守党如获百分之四十四点六的票即可占过半数议席,而工党则须得四十六点六的票始能达到同一标准。但并不是所有的农村区都是保守党占优势。苏格兰与南威尔斯,都不算十分工业化的,因闹事业问题,工党樊能领先。一九五五年的大选,工党失去选票一百五十万之多,而在上述两地则有转入。伦敦市城市区,一向为工党的重要据点。惟近郊的选区态度多变,工党常因此而失败。

2.3.2　工党及保守党概况

说明选民及选举制度之后,我人可进一步说明英国政党怎样在这种客观的条件下活动。

2.3.2.1　工党替代了自由党

英国很早有两党政治的传统。十九世纪中，一直是自由党及保守党对抗的局面。自由党为维新党的后裔，有崇尚进步及爱好自由之称。惟十九世纪末叶，因爱尔兰自治法案而内部分裂，约瑟夫、张伯伦派脱离而与保守党联合，势力渐衰。其时社会主义思想勃与，自由党乃与社会主义分子合作。二十世纪之初，乃又获胜利而重握政权。惟第一次世界大战期中，路易乔治继阿斯奎斯为首相，裂痕又生。战争结束后，自由党领袖之间各成水火，遂惨败而退居第三党的地位。

自由党所以失败，固如上面所说的因为内部的一再分裂，同时亦因工党的出现及工党吸收了多数自由党的选民。工党于一九〇六年成立，由费边社以及社会党分子联合工会而形成。在一九〇六年之前，它们实际早已有联合竞选的组织，称劳工代表委员会(L. R. C.)。该年有二十九人入平民院，遂正式命名为工党。工党的产生，不仅破坏了旧日政党的均势，并亦使英国政党政治的性质发生了很大的变化。

工党有确定的改革主张，而且改革的范围，方面甚广。它不同于一般革命党者，它以和平的方法说服选民，使它能在议会中占据多数而完成各种革命性的立法。费边社是工党的智囊并亦是为英国人民提出社会问题的学术团体，它相信事实真相的分析，最后必然能获得选民的同情及支持。同时，工党以工会为其团体会员，而英国的工会，乃一切被雇人员的组织。例如市政员工总会及交通员工总会等，皆包容低级职员在内。工会的会员，今日已达六百余万人，工党有此基本数的选民，自然是个极为有利的条件。

第一次世界大战期中，工党于一九一七年发表“工人与新社会秩序”宣言。这个宣言出于韦伯夫妇的手笔，实为此后数十年工党政纲的重要依据。其一为最低工作条件及全面就业；其二为工业的民主管理；其三为实行新的租税政策；其四因改革租税政策而增加的国家收入应用之于公共福利事业，尤应推广教育及文化的机会。这个宣言使工党有其政治的立场,而不完全是工会的发言人了。

工党的党纲,较自由党及保守党者为进步,但一直为党内的激烈分子所不满。工党曾数次清除此种激烈分子,对一个新党来说,这是很能影响它竞选的力量的。以是第二次世界大战之前,它在平民院的议席虽时有增加,却从未能获得过半数席的议席。一九二三年保守党包尔特温解散平民院后,工党获一九一议席,自由党获一五八席,两党相合较保守党的二五八席为多,由是首次在自由党的支持下由麦克唐纳组阁。麦氏以原自由党的麦尔顿(Maldane)爵士为枢密院主席,原保守党的帕尔莫(Parmoor)为司法大臣,另一位保守党的人为海军大臣,可见那次的内阁完全是过渡的性质。未及一年,这个少数派的政府即告倾覆。一九二九年,工党在大选中获二八八席,它第一次成为平民院中的第一大党。麦克唐纳重组内阁之后,即遭遇世界性的经济恐慌,麦克唐纳未得同僚的同意而于一九三一年与保守党及自由党合组全国性内阁,又使工党发生重大的分裂。

工党一直为它左右两翼的歧见所苦。自建党以来,这种分裂现象很不容易弥缝。第二次世界大战结束之后它虽能任大选中获得三次胜利,而内阁的情形始终不能得到改善,这是工党最严重的病根。

2.3.2.2　工党与共产党的渗透

工党有一特殊困难的问题,厥为应付共产党的渗透活动。早在一九二二年,英共产党曾要求集体加入工党,为工党所拒。也因为这个关系,国际共产党也很早说工党是忠于帝国主义的整党。但共产党始终没有放弃掌握工党的企图,因为这是赤化英国的捷径。它是侧面的以其细胞渗入工会,希望利用工会的力量来控制工党代表大会,并从而操纵工党的政治主张。

在这里可以略述工会的概况。英国全国有二千余万受雇人员,其中约有六百余万人加入工会的组织。各业均有各自的工会,其宗旨无非为同业提高待遇及争取福利。其后为加强各工会的发言力量,所以成立总工会,由各业的代表组成总工会的大会,再由此大会产生执行委员会。在各业工会之中,交通员工工会(Transport and General

Workers)，矿工工会，以及市政员工工会的会员较多，实力亦较为雄厚。交通员工工会原先的领导人为皮文(Bevin)，是艾德礼的得力助手，亦是工党中极为干练的人才。皮文入阁后，由邓金(Arthur Deakin)继任，亦是位卓越的领袖。而矿工领袖路透(Will Lawther)及市政员工工会领袖威廉森，皆与邓金志同道合，常能左右工党的代表大会，有决定工党领袖谁属的大权。邓金因工会中有叫骂艾德礼及皮文的声浪，深知共产渗透的可怕，乃于一九四七年在交通工会发动整肃运动，一年中开除了九位重要的常任职员。但各工会的步调颇不一致。尤其小工会中如救火员工会及电气乐总工会的节制，放言高论仍极自由。

从上述来看情形，工党得到不少工会的助力，但也受工会的阻力。很多工党的内部分裂，多少与工会的复杂情形有关。工党的领袖，常会受工会的指责而声望中落。艾德礼、莫里逊及皮文，都不能避免这种厄运。而尚无地位的野心家，又常会利用这种激进的势力以争夺党的领导权。青年的莫斯莱是如此，现在的比万多少也是如此。共产党本是善于利用他人的矛盾，由是借此在工党中翻覆离间，使领袖之间的距离日远。

工党除团体党员之外，也有个人党员。由这种个人党员，分区组成地方党部。地方党部似较工会为激烈。比万反对西德整军及反对英国制造氢弹时，甚得地方党部的支持，地方党部推举的候选人，在平民院中常有增加。

工党的领袖，奋斗数十年，实亦有老成凋谢之感。一九五五年大选失败之后，达尔顿即退出在野党的影子内阁，并指出其他领袖中，九人已逾六十五岁，似亦应退让贤路。其后有四人起而效法。不久，艾德礼亦宣告退休，而由盖茨克继任为领袖，惟党内保守的势力日衰，邓金谢世而由激进的科辛(Covsin)继任为交通员工工会的秘书长后，更为孤立无助，所以又由惠尔森继任为领袖了。

2.3.2.3 保守党

保守党的历史较工党为久。二十世纪六十余年中，它执政几达半个世纪。以是它的领袖很多是为人民大众所爱戴的老成政治家。虽在社会主义盛行的时代，犹能牢握政权，当然不是没有原因得。

保守党认为：负政府之责者即应领导巴力门及全国人民。这可以说是保守党的宪政观，自迪士累利以来，一只坚持这个看法。在这个观念之下，党的领袖及政府的首相实为大任之所在，天然的握有决策大权。因之，国家的大政方针不是预先拟定的，端赖巨人相机施行。若问巨人为什么有这样的大任？迪士累利说因为他是自然的贵族(Natural aristocracy)。迪士累利对自然贵族之应该享有这样的权力是很为自信的。他提出普及选举权力法案的时候(一八六七)，他说：选权态是普及，自然贵族所获人民的信任与支持亦必越广。十九世纪保守党的领袖们，就赖这种自信在为人民团谋福利。

二十世纪的保守党，宪政观念未变，但自然贵族的信念则在动摇中。他们经常要为争取选票而被人民领导。举例来说，包尔特温主张采取保护关税政策，这是他对巴力门及人民的领导。大选失败之后，他即视此为禁忌，闭口不提保护关税。直到一九二九年经济恐慌而舆论多数主张采取保护关税时，他才利用参加全国内阁的机会重新提出这种主张。这很明细的说明他在受人民的领导了。在被领导的趋势中，保守党逐渐的改变它的传统，使它的政治纲领实际上亦在向统制经济转变。保守党的巨头们，深知企业界早已自动的发起组合，由组合来主持合理化的计划。工业发展相当的程度，同业的盲目生产会引起恶性竞争，而恶性竞争又会引起倒闭等不良的现象。在这种情形之下，政府出面管理是有其需要的。

第二次世界大战接近结束阶段时，保守党的少壮派(麦克米伦为其中重要分子之一)即要求领袖们对管理经济作全面性的考虑。在必要的场合，甚至亦主张国有政策。至于福利事业的推广，亦为少壮派企求的目标。丘吉尔等老成政治家，于此虽不反对，惟雅不愿于国家财政枯竭的时期作此承诺。惟一九四五年大选失败之后，保守党即于一九四七年通过工业纲领(Industrial Charger)，把少壮派的主张均纳入此纲领之中，成为保守党经济政策的基点，这又是保守党首领被领导的一次证据。

在上述的几个事件中，说明保守党的财经政策，并不如想象中的守旧，它很有迎合新环境的弹性能力。惟保守党的领袖们，于失去自然贵族的自信心之际，他们作为的勇气不能再如从前了。而且对内政策既日与工党者想接近，对外政策又提不出维护帝国光荣的有效政策，那它又凭什么以与工党争一日之短长？

保守党也经常有新旧之争，这与工党如出一致，而党派之中，力量亦未能集中。一九五〇年之后，领袖数易，已没有从前安定的气象。

2.3.2.4 两党皆缺少吸引选民兴趣的具体方案

英国的国力，整个的说是在衰落之中。第二次世界大战之后，它的国民所得、生产力，以及投资率，皆不如隔岸的两欧国家。甚至人口的机构，老年人的比例也在增加，明显出老大的势态。这种种现象出来已久，所以很早引起英国人的忧虑。可是在从前，总认为这是执政者政策的错误所致。以是工党乃提出福利国家的主张，很自信的认为这是英国民族的出路。可是工党两度执政之后，深感对内对外皆有若干不易解决的基本问题。因之工党的自信心也逐渐低落，远没有以往的凌厉之气。

一九五一年的大选，乃工党组阁一年后举行的。工党其时在平民院仅有三一五席，而保守党为二九八席，其余自由党九席，爱尔兰民族分子二席，执政党较在野党纯多六席。工党内部因生分裂，它在平民院的行为很受牵制，以是欲以解散平民院的方法来解开僵局。这是艾德礼自感无能为力的心理之下所做的决定。在那次大选中，保守党以指责生活指数的高涨为重要标题，而工党则说保守党的政策会引起国际战争。双方皆未提出自己的具体方案，诚不知必须征询选民意见的问题之所在。其实那时英国面对者为波斯石油公司问题，而接踵而起者又为苏伊士运河等一连串向大英帝国荣誉挑战的严重纠纷。英国到底走向何处？任何希望执政的政党可能都不愿意作正面的答复。但是对业已发生的问题不能供解决的方案，选民自然要很感失望的。

一般地说，保守党以保护英国的光荣自居。但在战后的国际风云中，它究将如何完成此任务，它没有自信，亦与工党同。一九五一年它曾指责工党执政时期生活指数高涨，但保守党继起执政之后，既未能减税，亦未能提出经济复兴的方案。我人无意于此评论两党施政的得失，只是指出两党似乎都抱避重就轻的态度，所以它们的政纲，也没有前一世纪的鲜明而有力了。

2.3.3　政党的组织

2.3.3.1　党员

英国的政党，原无所谓固定的党员，惟自一八六七年，约瑟夫·张伯伦为自由党建立地方党部之后，始征求党员，并颁发党证与征收党费，由是保守党起而效法。据一九五六年的统计，保守党有党员二百八十万五千人。工党的党员分两种，一种是团体党员，如工会、合作社、职业团体，以及社会主义团体等均是；另一种为个人党员，这是以个人身份参加的。两者合并计算，约达七百万人。有一点应该说明的，工人不一定加入工会，更不一定加入工党，所以工人分子之中，投保守党或自由党票者也不在少数。以谭培(Derby)一地为例，这是工党占压倒优势的地区，但一九五一年大选的记录，技工中投工党票者占百分之六十八，投保守党票者占百分之三十二。其余的选举区，工人投保守党票者尚不止此数。英国工人占总人口四分之三，他们如果集中投一党的票，则其他政党几无幸胜的可能。由此可见选民的政治主张不一定随所谓阶级而定，而政党的党纲，也不能完全为某些阶级着想。

不过工党究竟是一个以工会为基础的政党，保守党对工党这个雄厚的基础非常妒忌。保守党虽能获得不少工人的选票，但没有一个工会加入保守党的阵营。因之，保守党常以法律限制工会的政治活动。可是这一种高压手段，更使工会团结于工党的旗帜之下。现在保守党惟一的希望，是工会领袖或能自动放弃与工党结合的规定方针，那就可以增加保守党无限势力了。保守党不敢忽视工人的利益，这是很重要的原因。

自工党来说，工会六百万的基本票并不能使它操必胜的把握。一九四五及一九五〇年的胜利，皆得票一千二百万以上。可见工党之不能单从工人观念出发，也是客观的情况迫之使然的。

最后可以略述共产党在英国的情形。英国于一九二〇年即有共产党组织，但始终一筹莫展，其党员的人数没有超过六万人，在大选中所得选举票，也不过九万左右，所以近年以来，它没有一个候选人能进入平民院的。也因为这个关系，英国共产党时刻想集体加入工党，从而分化工会，以团掌握工人为阶级斗争的工具。它这种阴谋早为工党所洞悉，一再拒绝其渗透。莫里逊曾说：工党同时以民主及社会主义为目标，而且相信只有在民主政治中可以实现社会主义，而共产党则社会主义重于民主主义，两者立场互异，可以说是没有方法合作的。工党并因而通过党章，规定地方党部或集体加入工党的社会团体，均应严格遵守工党年会的决议，不得自行标榜方案或政策，这样共产分子即有个别混入工党里，也不会发生所谓细胞活动的力量了。

2.3.3.2　两党地方政党组织

一八三八年大改革法之前，政党的活动集中于国都，地方是没有政党组织的。但大改革法之后，各选举区的选民倍增，政党自然要注意争取群众的工作了。不过初期的地方政党组织，仅系保守自由两党热心分子组成的选民登记协助社(Registration Society)而已。这种组织的作用，一如其名称所指示者，皆在协助新选民列入选民名册之内，俾本党的同情者不至漏失，以加强本党的实力而已。十九世纪中叶以后，约瑟夫·张伯伦在伯明翰市(Birmingham)组织自由党的地方党部，各街坊(Wards)的自由党人选出代表，组织市执政委员会，主持平民院议员及市议员的竞选事宜。这一种地方组织，使自由党大获成功，伯明翰区的平民院议席，均为自由党所得，而市议会及市教育委员会，亦均为自由党人所控制。由是自由党在其他各市亦纷纷成立类似的组织，乃成为后来其他各党地方组织的楷模。

保守党地方组织：现在的保守党，分全国为十二区(Regions)，外加苏格兰一区，北爱尔兰一区，共十四区，每一区的组织方式略有不同，各区可以自订组织章程，惟须经中央执行委员会核准。大体的说，每区均有一执行委员会，由各议员选举区选出的各委员组织之。执行委员的总数，二十至三十不等，其中一人为主席，总理全区党务，诸如区内青年的组织、妇女的组织、工会的争取，以致暑期学校的开设，均由他策划。主席之外，中央执行委员会指派两人为之辅导。这两个辅导员，必然兼任区执行委员会的秘书，使中央与区质检得以联系。

区之下乃是以选举区为单位的地方党部，其主要活动集中于竞选工作。因之，它设置若干位选举代理人（Election Agents）以及若干位宣传员。选举代理人是依据一八八五年的选举法规而设置的，为候选人综理会计事项，并须对中央的内政部负责。选举代理人名义上是候选人的个人代表，但现已成为地方党部的常任职员。保守党的经济情形较为优越，给予职员的待遇亦较为优厚，可能较工党同类职员的薪给高出三分之一。代理人必须熟谙选举法规，并得熟悉区内选民的情形，其任务与美国的选举经理人（Campaign Manager）同。不过英国大选不定期举行，一旦国王下令解散平民院，大选即须于二十日以内举行。故地方党部必须随时提高警觉。选举代理人尤须于平时即注意联络与拉拢选民感情的工作，切不可临渴掘井，到大选时才开始奔走拜托。宣传员是英雄选举区党部的一种特殊工作人员，不但大选时要作宣传演说，即在平时亦须为党工作，甚至挨门挨户地访问选民，是代理人重要的助手。

工党的地方党部：党地域性的组织，与保守党大同小异，也区与选举区两级，区党部的负责机构也是执行委员会，选举区的负责者也是代理人。

工党虽系比较年青的政党，但地方党部的活动，反较保守党为松懈，其主要的原因，系由于地方党部职员的待遇较保守党为低，甚至还有许多是义务职，由工会的干事兼任。这许多兼任的职员，虽有高度的服务热忱，惟墨守成规，效力不高。而有的职员，又因为待遇微薄而情绪低落，进取精神也显不足。一九五五年大选的失败，工党每归过于此。

地方党部与候选人的抉择：地方党部重要的任务，乃在于为本党争取选票。因之，抉择本党平民院议员的候选人，也是地方党部的任务，乃在于为本地籍人士，故地方党部尽可物色客籍著名人士为候选人。通常两党亦重乡土观，就地取材者甚多，惟对方有极出色的候选人时，地方党部不惜在异地物色人才，甚至要求中央党部指派著名人物以资匹敌。一般的说，保守党选择候选人时注重候选人的资产，希望他能自己负担选举费用，甚至对地方党部的经费能做捐献。工党注重于获选人在工会中的历史，参加工运越早者越受欢迎。从选贤与能的标准来说，两党的地方党部都是要有愧色的。

2.3.3.3　两党中央党部

英国整治地重心，始终还在中央机构，因为各区候选人的决定，以致各区竞选活动的进行，都要受中央党部的审核及执导的。兹分述两大党中央党部组织的情况如下：

保守党的中央组织：有年会（Annual Conference）、中央执行委员会及中央干事会三种。年会由各区县选举党员代表参加，中常会委员亦均列席，总人数可能在五六千人。名义上年会是党的决策机会，党所遭遇的重要问题，均须在年会中予以讨论。但保守党采取格的领袖制。党的方针全面领袖掌握，所以年会不过贡献意见提供领袖参考。领袖不参加年会，但会期结束时刻须发表演说，以鼓舞代表们对党的信心。可见年会仅有宣传的作用，并非党的真正重心。

中央执行委员会人数也不算少，有领袖及各顾问委员会只是年会的常设机构，其作用年会间，不能说是党的正的首脑。

保守党务的处理，实由中央干事会负责任。而中央干事会的人员，均由党的领袖指派，这与工党之采取选举制完全不同。干事会设总干事一人，负责筹划党费，拟定改进党务计划，协调各地方党部的人事，可以说是极其辛劳的。总干事之外，尚设若干顾问委员会，其中有一个选务顾问委员会，专负辅导各选举区竞选活动之责，工作亦称繁重。保守党的习惯，各选举区可自定候选人，选举区无适当人才时，始请求中央指派。保守党的宣传文件，亦由这个顾问委员会编制印发。

保守党的宣传品定价极廉,但并不免费供应,一方面党可以因此而节省开支,同时亦因为一般人对买来的刊物,比较有阅读的兴趣。另有一个顾问委员会也值得一提,他供应各种资料,可以称为资料委员会。这个委员会拥有极为完备的图书馆一所。举凡党作重要决策或从政党员准备讲稿,而需要参考资料时,该委员会均能为之一一搜。

中央干事会的总干事既由领袖指派的人员充任,故干事会实秉承领袖的意志以活动。保守党高度之集权精神,此处有其最明显的表现。

工党的中央机构:工党的最高机构,也是党的年会(Annual Labor Conference),由各团体党员的代表(约五千人选一人),以及地方党部代表(约每千人选代表一人)组织之。年会于听取领袖们的报告后,乃选举中央执行委员,以及决议党的重要策略。工党的党章规定,党的其他机会及党员,均须服从代表大会的决议,即平民院议员亦然。故代表大会的讨论往往异常热烈,不过发言激昂而博得听众喝彩者,不一定能在大会中发生作用,因为一切问题都得以表决方式通过,而工会的代表,人数远较其他分子为多。他们虽不多讲话,表决权却很大,党的方针几乎都得取决于他们。

年会之外,工党有中央执行委员会,有二十八位委员组织之。二十八位委员中,一位是领袖,这是平民院工党议员选举的,大会只是接受成议而已。一位秘书长,一财务委员,五位妇女委员,任何团体均可提名,由大会选定之。其余二十位委员,十二位由工会团体选出,七位由地方党部选出,一位由合作社及其他团体党员选出。所以在中执会之内,工会分子占绝对优势。中执会执行党纪,核定竞选人名单,权力极为庞大,年会结束后,它是党真正的脑部。

大会与中执会,均系决策机构,而日常党务的进行,则操诸党的秘书之手。秘书处设秘书长一人,拉斯基教授未逝世前,即担任这个职务。工党秘书处的权力,没有保守党的干事会这样重大,但事务繁多则与干事会同。

2.3.3.4 院内政党与院外政党的关系

上文所提到的两大政党的中央机构，都是平民院之外的政党组织。

保守党的中常会与总干事，工党的中执会与秘书长，其负责人士未必为平民院议员，自然亦未必为贫民院议员，自然亦未必能参加内阁会议。然则党的决策，又怎样使政府予以采纳？关于这个问题，保守党与工党提出了完全不同的答案。

保守党的传统，院内政党完全不受院外政党的拘束，故党中央年会所作的决议，对平民院的保守议员仅有参考价值，并不能命令其服从。保守党的领袖，对年会抱超然态度，并不参与会议。而保守党的总干事由领袖认命，秉承领袖的意志以处理党务，也不受年会的约束。因之，保守党所采者为领袖制，以领袖运用政党的机构，并非以正当的机构去操纵领袖。至于保守党议员，也只遵守院内政党预备会议的决定，不受院外正当的指使。

晚近以来，保守党的领袖制亦在蜕变之中。在本质上保守党维持其道德方式，是以领袖统一党的立场，院内政党及院外政党，都是受领袖指挥的。然而政党总的以选举票来做支持的，保守党的领袖虽于传统中有其崇高的地位，但为争取选票，自不能远离党的基层组织。组织步调一致的要求之下，丘吉尔等认为院内政党必须独立行动时刻保守国家机密的论调，也就有了限度。因为这种关系，自麦米论任保守党领袖以来，院外政党决议的参考价值，事实上已大有增进，领袖不能视为无足重轻了。

工党的党章，与保守党者大异奇趣。它规定党的领袖，亦受党纪的约束，而平民院之内的工党议员，曾提出警告，认为艾德礼对工党中执会未经决议的事项，不能轻作承诺。工党的理论，认为党于大选时曾对选民有其诺言，政党对选民负有责任，从政党员必须以党的立场为立场，而后党始能负起应付的责任。

同时工党中工会派的领袖，常惧知识分子把工党引入激烈的途径，而工党在平民院中的议员，以此种知识分子为多，院内政党如不受院外政党的约束,工党前途将不堪设想。

不过工党在执政期间的表现,并未严格遵守上述原则。国际以及国内的政治是随时可以变化的。执政党要应付这种局面,不可能时时等待中执会的指示。因之,工党的年会及中执会。不得不承认从政的领袖有相当决策自由,惟事后须向中执会提出报告,并请其追认。

从以上所说的情形来看,保守党与工党,均已趋向于折中的途径。保守党的院内政党已不能完全独立,多少也受院外政党的影响。不过一般的说,领袖的权力比较大,领袖的集中权力,乃为院内院外政党发生统一作用的重要关键。工党的院内政党,现在也未必完全听命于年会了。但工党仍偏向于党的民主路线,领袖不能决定党的一切。反之,党的决议较领袖一个人的意志更有力量,故院内政党行动,多少还是向院外政党负责的。

2.3.3.5 领袖

英国两大党均采领袖制,而领袖的产生,两大党的方式稍有不同。保守党的领袖,由平民院及贵族院的议员联合选举,选出以后,除领袖自动辞职外,终身担任,不再重选。共产党的领袖仅每年由平民院工党议员票决,而且形式上还要经过年会追认。故不仅任期较短,并且须向年会负责。不过从过去的历史来看,多数连选连任,人选不常改变,与保守党的情形很相仿佛的。

英国政党领袖在党内的地位很高,与美国总统当选人和总统候选人之为两党领袖者完全不同。英国的地方党部,没有很大的势力,领袖可予直接指挥,这与美国州党部之各有其巨头,中央领袖几乎不能加以约束,此其不同者一;英国政党的二号领袖,多数围绕左右,成为一密切合作的行动团体,在朝则为内阁,在野则为影子内阁,对领袖不致有竞争对抗的情事,而美国党内领袖们则互树旗帜,此其不同者二;英国政党领袖均有相当的决策权,而美国的政党领袖,尤其是在野党的领袖,很少能为政党决定统一的大政治方针,此其不同者三。

话虽如此,英国领袖在党内也没有独裁者的身份。英国因有悠久的民主传统,政党的组织亦深受影响,不可能表现独裁的作风。领袖在党内是许多平等者之间的第一人，他可以领导，但并不能执会，举例言之，二号领袖的意见如与领袖不同，那领袖就得说服他们，而不能忽视他们。领袖有时得牺牲自我的观点，以寻求妥协的途径，绝不意气用事，抱唯我独尊的态度。

英国进步性的政党，似乎更难领导。盖进步性的政党，必然有其改革的主张，而改革的方案是人各有异的。至于保守性政治，其目标在维持现状，不致发生许多歧见，所以进步性政客容易分裂，而保守性政党常能团结一致。因此，进步性政党领袖的地位较易动摇，而保守型性政党的领袖地位则甚为稳固。自由党过去因一再分裂而终于衰弱，其后继的工党，麦克唐纳时代已有一次分裂，到艾德礼时代，比万派又与之有尖锐的冲突，可见进步性政党是难于领导的。

2.3.4 政党政治与宪法

英国的政党政治，渊源甚长，与其他国家不同。因之，英国提供了个典型的例子，说明政客活动怎样的影响好了一个国家的宪法。我们对这个典型的例子想略作分析与说明。

2.3.4.1 派系竞争与党政精神的维持

再起的英国政党，不过是些争权夺利的派系，即使光荣革命时代的维新党 Whigs，其动机亦不能使人肃然起敬。它迎立威廉王，并没有得到威廉王尊重维新理想的承诺，不过借助荷兰军队而已。不过维新派的政治阴谋，无害于他们的维新理想。光荣革命之后，巴力门即达过人权法案，王位继承法案等重要的法律，把他们的理想变成宪法。其后的派系冲突，多数仍属权力争夺的性质。而守旧者主张持续状态，进步者主张改革，始终是实际政治中的两大壁垒。昔马可黎(Macanllay)著英国自由史，尝谓英国的守旧分子与维新分子，宛如袋鼠的前后腿，以跳跃的方式合作前进，这就是说：英国的守旧者党，保持而并不顽固；他们执政之日，恒能接受维新分子的建树，未尝均欲加以推翻。故维新者亦不至流于激烈，亦没有说旧的都应加以廓清。马可黎的解释自然是理想化的英国史观。不择手段的派系，其作为并不如马可黎所说的理智。不过大体的说,英国旧瓶新酒的是守旧而不顽固以及维新而不激烈等气质所形成的。英国的维新派,虽以其观念改革宪法,但未尝重订一部新的宪法。清教革命时代,清教徒中虽有主张制定政府组织法(Instrument of Government)者,仍为克伦威尔(Cromwell)及其他领袖所反对。可见维新的人也不激进,没有重启炉灶的想法及作风。

我人试鸟瞰英国过去数百年的历史,都铎王朝及王国建立的时代,帝王利用党政来削弱贵族们的势力。是以党争虽极激烈,因有王权为重心,故国王维持了英国宪法的统一精神。司徒亚王朝时代,派系的倾轧已较温和。双方失败的领袖,保守者习惯的逃亡法国,维新的逃亡荷兰,一若各有外援。但成功而施政时,皆以英国利益为重,可以说是民族主义维持了英国宪法的精神。光荣革命之后,现正步入新的时代。尤其一八三二年大改法之后,政党政治始成为近代的方式。不过政党组织的方式虽变,而保守与进步协力前进的精神未尝稍变。工党崛起之际,许多学者认为它将改变以往和平改进的传统,事实上却不是如此。工党执政之后,于执政党所应遵守的轨道,未尝逾分。很多工党领袖,对常任文官的信任与依赖,甚至还超越保守党的领袖。工党依旧是马克黎所谓的袋鼠的前腿,而保守党则为其后腿。这可以说英国今日的政党政治,其基本精神,乃与旧日者很少差别。

2.3.4.2 竞选活动

大改革法之后,政治派系已无私人控制腐败选举区的可能。政治集团之把握政权者,必须在平民院中获得多数,而候选人之欲进入平民院者,又非在选举区获得广大选民的支持不可。这种客观的形势,不但促成近代政党的严密组织,并亦使政党的一举一动都可以影响民主的精神。英国于一八三二年来的一百数十年中,政党于竞选活动议会活动等皆能树立良好的楷模。而近代英国的民主政治,以宪法或法律为之维墨者甚少,以政党传统为其基础者甚多。

首先可以注意的是政党的竞选活动。竞选活动最容易发生腐化及恶化的事件,而这种腐化恶化的事件,皆足以动摇民主的根本。英国对竞选活动的规范，仅有限制候选人的法律则未提一字。英国所以为注意候选人的幕后操纵的政党，不是出于疏忽，而实因政党所应遵守的纪律不容易用法律性的文字来做规定，次将于讨论美国政党政治时论及之，此间不赘。英国政党虽未受法律的限制，但其竞选活动反较一般国家为清明。美国学者之讨论此点者，每谓英国的大选，只是议员在各自的选举区中宣传，没有美国总统选举的富有刺激性，故在冷静的空气中另有严肃的表现。此说不无理由，但亦未必尽然。

英国两大党势力相差不远，各党皆有执政的机会，在朝者故不能国为机身，在野者亦不愿铤而走险，这是英国竞选活动较为清明的主要理由。美国的总统选举，弊端亦较州内的地方选举较少，也可以旁证这个观点是相当正确的。英国的竞选活动，可分为两党领袖的活动及议员候选人在选区的活动两方面来做观察。两党领袖的竞选活动现已成英国大选期最能吸引群众兴趣的节目。领袖们虽亦作旅行演说，但旅程不长，发表的演说亦较少，仅于竞争最为激烈的选区为之，以期争取徘徊两端者的同情。电视及广播者的演说，极为领袖们所重视，而时间则不公平分配，两党均免费使用。经过竞选时期较短，自平民院解散以至进行选举，间隔的时间不过三星期，两大党即排满每一天的日程，亦不过上述几种活动。大众传播的工具能为合理的管理，问题已解决了大半。两党对广播及电视的时间分配很少争论，可见政府所规定的办法相当合理。这是英国竞选活动较为清明的第二个理由。至于各选区的候选人活动，大多也是由党的中央支配及支持。其活动的项目，不过举行政策演说书，选民访问及分发宣传印刷品等三项。宣传品由当的中央供应，非候选人自备。候选人的活动费用，法律规定以四百五十镑为基数，外加城市区每选民一便士半及乡区每选民两便士的费用至于合法支出的项目法律亦作详细规定，而且所有支出，均须经候选人经理签证。这种限制，使更多数候选人的费用都在规定的标准之下。这种现象，说明限制候选人的法规发生很良好的效果，对政党不必再事限制了。

选举能做到公平竞争的一步，两大党之间自然可以泯除许多恶感。而大选中失败的一方,对将来仍报无限的希望,自然亦不必做激烈行动的打算。

2.3.4.3 议会政治中演化出来的传统

英国的巴力门,虽已有六百年以上的历史,但以正当的组织来运用巴力门,则不过一百余年的历史。议会中一有政党的活动,在朝党与在野党必各守分际,而后使能表现政府的责任。议会中政党的活动方式,多数国家皆在组织法中予以规定,而英国则未会作次尝试。在议会中,在朝党自然的具有许多优势。不政党的利用此优势,可使在野党不得伸其职志;而在英国式的内阁制国家,甚至可以使在野党没有执政的机会。举例来说,英国的议员选举区每十年至十五年重新调整一次,执政党如利用此权利而予在野党以不利的划界,则在野党的议席可能因之而减少。英国把这种权利交给永久而中立的划界委员会,因而没有发生这样的流弊。又如在朝党议会领袖很自然的会当选为议长,议长权利如果集中,又很自然的可以操纵议会的讨论。英国乃形成议长退出党团活动及议长的选举区成为无竞争的选举区等传统,俾议长不至有政党的成见。又如平民院的解散,其权操在政府党之手。政府党如经常利用在野党的低潮时期解散议会,对在野党也是很为不利的。英国乃形成执政党领袖以其解散的意向预先通知在野党并征询其意见的传统。凡此种种,说明执政党本具有相当的优势,而英国政党则同意限制此种优势,以保障自由讨论及公平竞争的精神。

政党在议会政治中演成的传统,既极繁多,并亦异常琐细。但每一传统,莫不与民主精神的充实与否发生莫大的关系。在同党之中,后排议员与其领导如何沟通意见?这是近代民主政治中的大问题。在一般情形中,英国于讨论及投票时维持党的统一立场,而党团预备会议及党团所设置的委员会中,新进议员得自由陈述其意见。二十世纪多数国家皆为分歧的思想所苦,英国亦未能例外。因为这种关系,政党中左右翼常自成水火,党纪的维持,似较任何时期为困难。工党的比万(Bevan),曾违反党的决定而反对氢弹的制造。保守党的年轻议员，亦常有反对老成领袖的事实。一九四一年张伯伦首相的辞职，就是由于年轻议员不满的空气。在这一种纷扰的现象中，党纪自然亦在废弛之中，不过一般地说，党鞭(Whips)的作用依旧很大，党的阵容依然极为严整。尽管两党实力极为接近，从政党员的缺席以及投票时的异动，均可影响党的地位。在议员不支持政府重要政策即为对政府的不信任的原则之下，从政党员自然地知道自制，党纪因而也容易贯彻了。

本节参考书

Butler：The Electoral System in Britian，Oxford，1958

John Bonham：The Middle Class Vote，London，Faber，1954

Me Kenzie：British Political Parties，London，Heinemann，1955

Mc Kenzie：Marginal Seat，Hansard Society，1958

2.4 英国国会制度

多数学者均以巴力门(Parliament)称英国的国会。所以然者，英国的巴力门有许多特点，与一般国家的国会都不相同，为避免误会，不如音译原文为是。

2.4.1 英国巴力门的特点

巴力门的特点何在？最显著者：

2.4.1.1 享有原始的权力

美国国会所享有的权利出诸宪法的授权，固有一定的限度。超过这个限度，国会即成为违宪，其所有法律亦可由最高法院宣判为无效。其他国家的国会，其权利的范围多数亦由宪法载明，亦可以说由宪法授予。当然,其他国家的最高法院未必均能依据宪法以宣判国会制定法无效,但国会皆不能以普通程序改变宪法,则宪法对国会所作限制还是确实而有效的。所以一般国家国会的立法权为授予权,都有相当的限制。英国巴力门则不然,它的权力为原始权,而且是无限制的。巴力门可以延长自己的任期,可以改变宪法,也可以改变国体。尤其后一种权力,乃使英国有不流血革命的机会,常为一般研究者所羡慕。英国公法学者亦夸言此特征,以为英国人富有政治天才。

考诸事实,英国巴力门之所以具有此特征,可谓由渐而来,并非一蹴而成。巴力门原为贵族会议,在王权高涨的时代,不过讨论英王交易事项,是一种咨询的机关。十三世纪初叶,好自用的约翰王与贵族领袖时生冲突。而其时军费及政费日形膨胀,有非王室的私人收入所可负担者,逐步得不信赖贵族们资助。由是贵族乘机要挟,要求约翰王承诺许多条件,这就是英国史中著名大宪章产生的由来。自此以后,贵族会议时时依据大宪章争权力,而最后光荣革命(一六八八年)一举成功,巴力门且有迎废君主之权。专制君主乃一变而为立宪君主的政体,似乎巴力门有决定政体的大权,可以说主权在巴力门了。

上面简短的叙述,代表了数百年历史的演化。其间自然有许多曲折的细节,以及权力争夺中不可少的诈术与欺骗。但大体的说,英国长期历史的演化的确建立了巴力门主权的原则。巴力门有些什么权利,没有一部英国法试予列举过。它是逐渐累积的,逐渐扩大的。在巴力门认为有新的需要时,它即可以作新的扩张。例如第一及第二次世界大战,巴力门又议决许多新的原则,使巴力门与其他机关又产生了新的关系,世称巴力门无所不能,盖亦为此。

但是巴力门此特征,既不能学,亦不必学。国会职司立法,为政府机关的作用之一,那是无可争辩的事实。国会的议员可能因任期过长使之易于忘却人民的要求;或是议员缺少民主的精神而每自以为享有特权而常常发表有害公利的主张。凡此种种,说明国会既为政府机关之一,则其权利,自不能不予以必要的限制。没有这一种限制,国会能否民主地运用其权利就大有疑问了。我们可以说国会权力设有限制是正常的情形，不受限制属反常之举。且巴力门权利的无限，不过法理中的一项假设（Legal Fiction），事实上并不是真的无所限制的。英国的舆论，限定了国会可以动的方向。英国悠久的政治传统，亦告诉巴力门何者为其行为的边缘。凡舆论及政治传统的力量不如英国者，如果采取英国巴力门至高无上的原则，那真是画虎不成反类犬了。

2.4.1.2 绝对的掌握国家的预算权

英国之所以被称为国会之母，固因巴力门成立最早，而同时亦因其能以控制预算的技术传授与各国国会。从十三世纪起，巴力门所赖以节制国王特权 Prerogatives 者，即此预算控制权。其后各国议会而不能效法此点者，其议会即不能有正常的发展。例如战前的日本，日皇不同意国会所通过的预算案时，得以命令执行旧预算，由是日本官僚的气焰，始终未真正受到国会的节制。

现代各国的议会之中，惟美国最能继承英国的传统。可是美国制度过于机械，以致国会的预算控制权常会妨害总统的行政权。美国国会的预算权，常解释为国会有编制预算之权，由是不负行政责任者以闭门造车的方式为政权支配用途。有的时候不免宽滥，造成浪费的现象；亦有的时候失诸过严，使行政机关无从发展其业务。第一次世界大战之后，美国已改革其预算制度，设直属总统的预算局，俾总统得亲自监督预算的编制，以加强总统此重要政务的责任。但美国国会对预算还是可以任意增减，分赃及妨害总统施政计划的弊病还是时时发生。

英国巴力门预算控制方式，已经过好多次的演变。从现在的情形而言，它以编制的责任完全划归财政部，以决定权完全交给内阁会议，而巴力门所有者不过为讨论及监督，巴力门的讨论，甚至可以视为形式。盖预算案于平民院院会讨论之际，在朝党议员皆受党纪约束，必须支持政府所提预算案；而在平民院全院委员会审查时，人人能自由表示意见，但又不做决议，固亦不会改变预算案的内容。巴力门不过使内客听到各方面的批评，希望它能自动的来修正其原案。内阁如能顺应舆论，自不至因预算问题而发生倒阁风潮。惟内阁刚愎自闭而其政策又极端反对党及其本党的后排议员所厌恶时，预算案可能会被否决。内阁总辞职的事件就不能避免了，英国巴力门没有分割内阁决定预算的权力，因之，它亦确定预算案如发生问题，实在应全部由内阁担当。因为这种原因，我们可以说巴力门的预算控制是极其机动的。它只希望内阁人员有充分的政治能力来顺应舆论。议员们的批评，最初只是供阁员参考之用。到议员贡献其意见而内阁作最后决定后，巴力门再作是否必须进行倒阁的抉择。在通常的情形中，内阁于全院委员会之后即会作适当的修正，不会引起倒阁的最后结果。

又有一点必须说明者，所谓巴力门的预算控制权，在以往是由贵族院及平民院共同行使的，一九一一年通过巴力门法之后，贵族院对预算已无置喙余地，预算案只要获得平民院的通过，贵族院纵加反对，亦即公布而为法律。不过我们不要忘掉英国政治中机动运用的精神而只注意它法律字面的规定。巴力门法固然把贵族院的预算控制权剥夺了，但预算案仍须经贵族院讨论。贵族院的意见，内阁固不必重视，惟内阁予参考并酌予采纳，自亦不为法律所禁止。一九一一年的法律，只是说贵族院不能公然反对平民院的决议，而并不是说贵族院不能对预算案表示意见。贵族院中不乏老成的政治家，他们的言论亦很有说服内阁的力量。故贵族院之于预算案，仍有其可能发生的影响，而不能完全忽视的。

2.4.1.3 不采分权的原则

从上面所说的情形，我们不难归纳出英国制度的第三个特征，即议会与内阁不是分立的机关。以前孟德斯鸠曾根据英国的制度而创为三权分立之说，但事实上英国的立法与行政从未分家。自政党政治的运用言，内阁为平民院中多数党的首领，所以内阁不奋是巴力门执行委员会。世人皆称瑞士的制度为委员制，因瑞士的行政机关不过为议会的执行委员会而已。殊不知英国的内阁制，与其精神亦极为接近。又就政治的运用言，巴力门讨论的法案多数由内阁或其阁员所提出，而内阁所执行的政策，又多数经巴力门讨论及赞同者。故英国的制度，谓为以内阁领导巴力门可，谓为以巴力门节制内阁亦可。两者声气相通，职权相联，世人几无法分出彼此的界限。是以巴力门虽以立法的职掌为主，内阁虽以行政为主，但两者实互相汇通而并不是互相对立的。

上述特征，说来似极平常，但英制之所以为英制以及英制所以有相当优异表现，此特征是最重要关键的。试想美国行政机关离国会而独立，则国会而欲节制行政部门者，自然必须尽量的增减行政所提预算，必须坚持国会的立法观点来强行政就范。由是国会的权力，无往而不用以牵制总统。第二次世界大战前德、法内阁制国家，虽均以英制为模范，然因缺少强有力的统一的政府党，故行政党轴名义上虽亦为议会的领袖，事实却不能得到议会中多数人的信任，由是行政仍在国会之外。国会而欲表示其权力者亦必须采取美国国会的各种手段。不然，国会就毫无作为了。由是在德、法常因国会之节制政府而引起倒阁风潮。这种弊病，大家都已知道得很清楚了。

英国的内阁在巴力门之中，故内阁可凭在朝党领袖的地位去领导同党的议员。同时，因为内阁在巴力门之中，故巴力门的一举一动皆能使内阁受其感应。不仅反对党的批评内阁不能无动于衷，即在野党中不满分子的讥刺它亦不能听若无闻。故英国内阁的责任，皆寓于日常适应的政治生活之中，其轨迹至细至微，若不可寻。惟既为日常的适应，内阁自动改进的机会自然也就很多，因之不至引起政治上的大风大浪。上文已强调英国制度机动的精神，即因巴力门对内阁的制裁在若有若无之间。没有人可以说英国内阁不向巴力门负责，但又很少人可以描绘英国内阁怎样向巴力门负责。所谓内阁对巴力门日常的适应，有时是内阁让步，有时是内阁坚持其立场，或予或取，皆凭领袖们一个时期的政治判断，既无法律可以为依据，也无规章可以遵循。

英国的公法学者，常以“王与巴力门”(King in Parliament)来表示英国的主权。其实王与巴力门只代表英国整个的治权，而王与巴力门的实际形式，又只是内阁在巴力门中；即内阁与巴力门联合在一起方能成为英国治权的最后动力。我们如用比喻来作说明，英国政府只有一个动力，而其他国家的政府都有好几处动力站。英国因为只有一个动力，故少阻力；其他国家因有好几处动力站，力与力之间常常会发生抵消的作用。

2.4.1.4　跛足的两院制

现代国家的中央议会，多数采两院制，这是从英国模仿而来的。英国之所以有两院制——平民院与贵族院，没有什么理论的原由为其支持，只是历史演化中的不得不然。原先英国直邮贵族会议，可以说是一院制。其后地主及商人财力大增，英王欲增新税者自必征调地主与商人们的领袖而询问他们的意见，由是郡及市亦有代表参加议会。地主及商人们的领袖对贵族常有自卑感，不愿与贵族在一起开会，因此产生了两院制。十九世纪各国纷纷效法英国而设立议会的时候，正是英国两院权力最为平衡的时候。由是理论家找寻许多理论，说明为什么议会应该采两院制。主要的说法，以为立法乃国家大事，一院用过而不经另一院复核，未免失诸草率。而且采一院制者，该院可能为激进分子所操纵，那国家就会受尽过激法律的害处。如设两院，则一院激烈，其他一院可能守旧，因此可以有互相调节的好处。

惟理论家正在歌颂两院制的优点之时，英国的议会组织原则已在发生变化了。十九世纪中叶之后，英国已厉行社会立法，逐渐注意劳工及贫民的福利。每逢进行这种立法的时候，贵族院与平民院总是处于对立状态。平民院由普选产生，对动向很为敏感。而贵族均系世袭及终身职分子，对时代的认识较为迟钝，两者对立之时，内阁的施政就很困难了。有抱负的政治家，其革新计划虽能得平民院的欢迎，却必然受到贵族院的反对，可是抱残守缺的内阁，与贵族院虽能和平相处，却又必然为平民院所攻击。英国政治既发生这样大的困难，自然已到达穷则变变则通的时期。由是通过了一九一一年的巴力门法。

巴力门法的详细内容，拟于后文中讨论。此间所应说明者，该法把传统的平衡的两院制改为跛足的两院制，一高一低，一重要一次要，于两院制的形式中表现了一院制的精神。英国的议会，原以预算权控制内阁。今巴力门法规定贵族院不得阻扰平民院所通过的预算案，是无异说贵族院不复能控制内阁，内阁已不必再向之负责。由是贵族院虽没有被取消，而贵族院的作用已大为减少了。英国二十世纪的内阁制所以没有像法国那样经常发生倒阁风潮，巴力门法的作用是应该予以重视的。没有通过巴力门法之前，自由党内阁因爱尔兰自治法案而屡次倾覆，内阁几有无法稳定之势。两院如抱绝对相反的态度，内阁又须同时向两院负责，真是两姑之间难为妇了。

这一种跛足的两院制，到第二次世界大战之后又成为各国效法的对象。德法日意的新宪法，莫不改削上院的财政控制权，使下院成为该等国家惟一能控制行政当轴的立法机构。这说明跛足两院制的设计，对内阁制国家的议会制度是有其深远影响的。

2.4.1.5　超然议长制

英国初有议会制度之时，其议长并不超然。初时议长为议员的惟一发言人，议会有陈情，议长向英王陈述之，故议长当是议会的领袖。议会与国王作权力争夺之时，议长几与英王处敌对地位。查理一世亲至议会逮捕其所厌恶之议员时，发现问题议员均已逃逸，他很生气的质问议长："鸟呢?"议长很安详地答复："鸟已飞逸。"此一问答，当引为英国史中的美谈。议长的地位既然如此重要，当然有时亦会为英王所贿买。一个有重要地位的职位很难采超然的态度，证诸英国初期的议会史是极为正确的。

有的时候，议长应在议会中享领袖地位。例如以往政党政治并不发达，议长如无领导权，议会将成群龙无首的状态，立法根本无从进行了。不过政党政治发达之后，在朝党与在野党均能对其党员发生约束的作用，立法时自然形成一正一反的阵容。此时议长如仍采偏袒立场，必然他属在朝党的方面，在野党可能会没有充分发言的机会。议长是主持讨论的人，他制定发言的次序，他决定付表决的时间，对议案的进行有相当操纵的作用。因之，英国乃逐渐形成一坚强的传统，议长是一种超然的职位，他对政党的作用不作左右袒。英国形成此一传统的方法：议长解释议事规程时必须按照一套极为机械的原则，议长的尊严应为在朝党及在野党所共同维持。上述四点英国是完全做到了，所以议长乃成为一尊严而没有实权的偶像。他象征着英国政治中公平竞争的精神。

英国这一种超然议长制，很难为其他国家所效法。这并不是其他国家没有英国人崇高的政治道德，而是其他国家没有英国那样的客观环境，英国的政制，内阁有领导立法之责，故议会中自然有立法的把舵人，不待议长来作领导。英国的两党，实力皆相当强大，皆有组阁的机会，在朝党既不敢过分把持而在野党亦不致采破坏的行动，故议长乃易于相持其尊严。旁的国家，行政部门无坚强的立法领导权，议会须自由其离休，故议长当被视为议会的当然领袖。多党制的国家，任何一党对立法的进行皆无把握，是以又不得不希望议长能发生领导的作用。这是其他国家所以不能采取超然议长制的原因。

以上五点，我人认为是英国巴力门制的特征。

2.4.2　平民院（House of Commons）

巴力门由平民院及贵族院组成，而平民院的作用远较贵族院为达。兹先将平民院的情形说明于后：

2.4.2.1　民选的议员

平民院议员均由直接普选产生，为英国惟一的民选机关。议员任期，一九一一年规定为五年，惟巴力门既有权改变宪法，在需要的情况中，平民院得决议延长自己的寿命。第一次世界大战时期，平民院自一九一〇年至一九一八年始行改选，第二次世界大战时自一九三五年至一九四五年始告解散，都超过了法定的任期很久。从这个实际的例子，我们可以看到所谓巴力门主权的方便处，同时亦可看出此种制度的危险性。试想美国如遭遇到英国的危局而其两院不能如期改选，将很难找到解决僵局的合法途径。英国没有这样的困难，是巴力门主权的长处。然平民院如滥用此一权力，政府党将无限期的执政，而议员将成为终身职了。英国所以没有发生这种混沌局面，不能不归功于英国政治家的自制能力了。

议员的法定任期虽如上述，但英王得因首相的请求而下令解散平民院，使议员任期提前结束。十九世纪议员任期为七年，但实际每届都是提前结束，平均任期不到四年。二十世纪法定任期缩短了，而平均的任期远和十九世纪一样。关于平民院的解散，以往是英王得特权之一，现在则完全由首相决定。最正常的情形，平民院任期届满而下解散令；其次则因执政党提宪法性的重要法律案，为询民意而请英王下令解散平民院；更其次是执政党提案遭遇挫折而请求解散。在任何一种情形之下，新选出的平民院中原执政党如不能掌握绝对多数，内阁就得辞职以谢天下。学者有谓英内阁常利用解散权以节制猖狂的平民院者，这种理论是不能过分强调的。因为每一个使用解散权的内阁，它自己亦冒着可能下野的危险。解散权的正常运用，无非为济议会政治之穷。内阁应该有施政的抱负，如其政见处与议会相左，则除辞职或解散议会外，势必成为尸位的官僚了。此将于内阁一章详论之。

平民院议员原无确定人数，工党执政后始限定为六二五人，由等数的选举区各选一位代表。从前以历史郡（Historical Counties）为选举区，人口多寡不一，现在已设四个划界委员会，根据人口的变动进行调整，其建议案以枢密院令行之，比以往公平得多了。

平民院被解散后，大选必须于八日内举行，故候选人的提名以及候选人的竞选活动，皆须于短时间内结束。以是英国政党，平时即须照顾选民，不然，它们很难把握选举区的。英国政党有中央集权的传统，各区的候选名单，中央党部有核定之权。地方如自有其领袖，中央当然亦不会妄加干涉，惟竞争剧烈的区城而地方又无出色人才者，中央常指定人选出马。又英国各区候选人不必为本地人士，中央指定人选时，无须考虑候选人的籍贯。一般人认为英国这许多传统，都是议员素质较高的原因。

2.4.2.2　议员的素质

上文说平民院议员的素质较一般国家者为高，但也有许多英国人认为平民院的水准在降落中。这两种说法，均嫌过于笼统，兹为分析于后：

说平民院水准日行降落的人，无非因为它今日已少十九世纪式的雄辩家，议场中没有什么精彩镜头，所以认为平民院大非昔比。试以前排议员（内阁人员及影子内阁人员）为例，那里是入阁的以及准备入阁的党政要人，然而除邱翁语妙天下之外，其余都是艾德礼式平庸人物，一开口便是课堂里的讲解，并不能作吸引人注意的高论。的确，现在很少迪士累利及格拉斯通那样的伟人了。不过议员不能作惊人之论并不能说议员的水准业已降落。今日的政策，不能靠雄辩来作支持，必须有切实而正确的资料为其基础。二十世纪与十九世纪最大的不同，即为今日政策已非天才政治家的幻想。平民院风气的转变，实亦为事理所必趋。

至于说英国议员水准特别高，那也是不很正确的。平民院议员的平均年龄，常在四十九与五十一之间，较英国全人口的平均年龄为高。这就是说多数议员为老成硕望，但也有人因此而指责平民院暮气甚深，不足以代表年青人的意见。可见老成硕望也不一定就表示较高的素质。一般的说，英国政治家很少幸进之士，必须在平民院连任若干次才有露头角的希望，故平民院中常有职权服务十数年以上的老人在，而像丘吉尔那样，继续当选不下四十年，这是议员平均年龄较高最重要的理由。

议员的教育水准的确很好。以一九一八年至一九四二那几届的为例，保守党议员半数以上受过大学教育，自由党的有七分之三，工党的也达九分之二。在受过大学教育的议员中，出身剑桥与牛津者特多，两所著名的古老学府，为平民院培养了不少的人才。

讲到议员的职业，英国虽未采职业代表制，但职业的分配相当普及。以一九三一年那一届的为例，议员中属雇主及经理者一五二人；属自由职业者二七二人；属职工者一二五人；无职业者五十二人。职工虽未得到应有的代表名额（据 *Ross*：*Parliament Representation* 一书中的估计，职工仅得百分之四十的代表名额），但总不能说平民院只是有产阶级的发言机关。而且一九三一年为全国内阁联合阵线大获全胜的一年，工党惨遭没顶，在此后的平民院中，职工人数已大为增加。在出身自由职业的议员之中，律师最多，教师次之，新闻记者又次之，医生最少。英美社会一向重视法学人才，律师之所以高居自由职业的首位，这是有原因的。

最可以注意的是议员中党籍的分配。从前平民院中常有无党派人士当选。直到一九四五年的大选，尚有十四为独立人士获胜。惟一九五〇年及一九五一年两次大选，平民院中竟无一位无党派人士。这说明政党的组织日益精密，凡有志从政者已莫不为政党所争致。在有党籍的议员之中，两大党(保守党及工党)均得超额席次，而第三党的票常受无情牺牲。一九二九年，自由党尚得五百二十余万票，占总投票的百分之廿三，惟仅获五十九席，占全院总席次不足百分之十；换言之，它没有得到一半的应得席次。自此之后，自由党获票直线下降，而在平民院中的地位竟至小得无足重轻。反过来看两大党，一九四五年工党获票不到一千二百万，占总投票的百分之四十八，竟得三百九十六席，几占全院百分之六十二的席次。保守党于一九五五年获票一千三百余万，不到总投票百分之五十，得三四五席，占全院百分之五十五的席次。各党所获选票及席次这样不成比例，学者们均归罪于英国的多数代表制。在英国现行制度之下，每一选举区选出一位议员，三党竞争，得较多数票的那一位即可当选。在这种情形之下，自由党几乎处处做了陪客，很少几处能获胜利，所以它成为牺牲者了。假如英国采取比例代表制，自由党在机会中的力量必然大为增加。

从以上的分析，我们虽不能说平民院议员的素质特别差，但亦没有什么优异的地方。他们年龄较大，教育水准较高，从事于自由职业的人士较多，有人认为这许多都是优秀的质地，惟亦有人认为这是平民院倾向守旧的原因。至于党籍的分配有利于大党，虽有功于安定英国的政治，究竟不是顶合理的现象。

2.4.2.3　组织

1. 院内政党组织　上文已经说过平民院议员都是有党籍的，故政党常可利用党纪来统一从政党员的行动，俾政党的政纲易为议会接受而通过为国家法律，尤其像英国那样内阁制的国家，执政党的重要政策而为平民院所否决时，不仅执政党的政治主张不能付诸实施，执政党还得被迫辞职。政党之必须在议会内加强其组织，殆为一种自然的趋势。

保守党与工党一样，都在平民院之内成立从政党员的讨论会以为该党的核心组织。惟保守党的院内讨论会有独立地位，不授保守党中央党部的节制。工党则不然，院内讨论会仍须服从工党中央执行委员会的命令。盖保守党采领袖制，中央党部的总干事须秉承领袖之命以行事，而领袖为平民院中该党首脑，院内党部自无须再受院外总干事的指挥。工党与一般社会主义政党相同，认为主义重于领袖，而主义是由党用民主的方式决定的，任何党的机关及人员皆受主义的约束。更重要的一点，工党的重要机构以工会人士为其主干，这批人对平民院内的智识分子很不信任，所以坚决主张院内讨论会应受中执会的约束。工党认为它的组织方式较和民主精神，领袖们的英雄主义断难在此种体系中发展。不过究其实际，工党于执政阶段中亦没有能完全依据这个原则。执政党之与议会，既须及时提出法案，亦须随时应付反对党的质询，院内领袖如不能作机动性的适应而必须听候中执会的决策机会是不可能的事情。以是艾德礼于任首相时，亦曾要求中执会放宽尺度而授院内讨论会以较多的自由行动。虽然如此，工党中执会的权力还是高于院内讨论会。艾德礼于比万不受约束的时候，还是把这个案件提请中执会处理，并没有请院内讨论会作最后的裁决，可见工党仍以中执会为执行党纪的机构。

院内讨论会的组织方式，工党与保守党亦稍有不同。保守党所有该党议员均得参加，惟党的领袖于执政时缺席，另指定一平民院领袖为其主席。保守党所以作这样规定，自因执政时首相事务过繁，无暇指导院内党务。工党的讨论会由工党议员举代表组成之，人数较少，而工党的领袖为当然代表，不问在朝在野，均由其亲自主持。工党的院内代表，激进的智识人士常占多数，以致院内党部与院外中执会往往形成对立，工党因之很容易分裂。于此我们可以看到议会政治之下政党组织上的一个问题。议会之内的从政党员是必须有其组织的，而且此一组织自然的享有为党机动决策之权，因为党对每一法案的态度就是党的最高的决策。惟就党的组织体系言，议会党部并非党的最高权力机关，由是党的最高权力机关与实际享有机动决策作用的议会讨论会之间，很难使它们有和谐而协调的关系。除非像英国保守党那样，领袖既在议会之中，而领袖又享有党的最高决策权，那议会讨论会就是党的最高决策机关，自不会与院内党部发生摩擦了。

除党的讨论会之外，两党皆设党鞭(Parliamentary Whips)若干人，实为院内政党活动的灵魂。党鞭员有传达领袖意志报告从政党员观点以及执行党纪诸种重要任务。他们参加党的讨论会，尽量的依据领袖的意志来说服同伴。他们担任平民院选任委员会(Committee of Selection)的委员，决定本党参与各常设委员会的分子并决定其主席。发现从政党员有叛党活动时，他们得从事协商，以不引起党内分裂为原则，惟不得已时，他们得执行党纪。在英国，党的支持为竞选能否成功的重要条件，故党纪的维持尚非难事。且兼党鞭者常为领袖的亲信，他们掌握政治恩惠的枢纽，自易发挥约束从政党员之功。执政党的主任党鞭，必兼任财政部的政务次长，而这个职位，传统上有支配人事之权，从前是英王赖以节络议员的较色，现在仍为领导议会的重要人物。

2. 议长　上文说明政党在平民院中的组织，下文再分析平民院本身的组织情形。每届平民院举一议长 Speaker 为其院会主持人。议长为无党派的中立人士，英国人认为非如此即不足以维持公平得讨论。这一点英国与美国是很不相同的。美国以众院多数党的领袖为其议长，并不讳言议长的政党色彩。而英国则一旦被选为平民院议长后，其人即须退出政党活动，以示对政党不复作左右袒，故非年高德劭而无复政治野心者，不能亦不愿被选为议长。各党为尊重议长的中立地位，他的选举区相约为无竞争的区域，除议员外，各党皆不推荐候选人，使议长能很安全继续当选。以是被选为议长者，除非他自己退休，他会永久担任那个职位。

议长有维持大会秩序、解释议程、分配各委员会工作以及正反双方票数相同时投票以解除僵局之权。在专职时代，议长是惟一能代表平民院而向英王陈诉意见的人，故称 Speaker。此一传统，使议长享有极高的政治地位。不过他现在已很少为着政治目的而运用其权力。甚至他必须投票的时候，也是征求议会书记的意见而后行之，因为他投票的目的，不在结束一个议案，而是使议案得以继续进行。如何投票始能达到这个目的，书记(平民院中解释议事规程的专家)是他最好的顾问。这说明议长虽受院内各党各派的尊敬与信任，但他的行动多依据极机械的规律，绝不依一人的自由意志来处理事务。在通常的情形中，议长的责任在使在野党有充分的发言机会，而绝不像美国众院议长那样专想减短反对党的发言。

英国这种超然议长制自然史很值得称誉的，但旁的国家很难予以效法，例如美国就不会接受这个原则。所以然者，因为英国有特殊的内阁制。英国的内阁，实以内阁与平民院为一家，组阁者必为平民院的多数党领袖，故内阁的决策，在平民院中必能获得拥护，因此乃造成内阁领导立法的现象。在这种客观的形势之下，自无须利用议长的地位以控制立法的进程。美国采分权制，国会议员得自由提案，故各种提案的内容很多自相矛盾，而与行政首长的施政宗旨更多刺谬。众院中多数党如与总统属于同党，自然掌握议长的职位以利政府方面的推动。众院多数党而为总统的反对党时，自然又想利用议长的地位以通过一套在野党的政策，以迫总统采行。因之，在美国客观的情况之下，议长必然为富有党性的代表人物。

3. 书记　巴力门的书记，有如其他国家议会的秘书处。他们由巴力门任用，职司记录，是议会中事务人员中最重要的一种，英国有一古老的传统，政客的左右常以专门人才为辅佐，而书记的名义，向指专门人才。地方政府的实际负责人为书记，而各级议会亦莫不设书记以主持议政。他们自始即非闲曹，由此可以想见。他们整理并保管记录，解释巴力门规程，并亦实际主持巴力门的行政琐务。同时，他们的研究工作也不可忽视。

4. 各种委员会　平民院设立五个常设委员会，以审查各种正在进行中的法案，但英国的委员会，又与其他国家的有若干的不同。第一，平民院的委员会除苏格兰委员会外，皆无特定职掌，其工作皆由议长随时交付。委员会的名称为ABCD……不像其他国家那样冠以工作性质(例如军事或教育等)的称谓。故较有专门性质的法案付某一委员会审查时，常须临时增加特别委员，以利工作的进行。换言之，委员会的常任委员多数为通才，其能力殊不足以审查专门性质的法律。第二，平民院委员会的组织较大，通常有四十位以上的委员。第三，委员审查的法案，均已二读通过，大会已予原则接受。而美法等国的下院却在大会讨论前先付审查。这是英美法等国委员会制比较重要的差异。在美法制度之下，委员会对提案有生杀大权，凡委员会不向大会提出报告者，该提案即不复存在。英国制度则提案之接受与否权在大会，委员会至作技术性的修正。因之，英国委员会的重要性还在美法制度之下。所以形成这种差异的，可以说是议员有否自由提案权引起的。在英国，议员也有相当的提案权，惟提案而不为阁员所同意时，多数会遭否决。美国刚好相反，部长们虽亦有政见，惟欲成为法律案者，必先说服两院中有力量的议员而与之合作。这就是说，美国议员的提案权较大，而英国则否。也因为这个关系，美国议会中常会拥挤着许多提案，而且多数系未经成熟考虑的方案，如无委员会为之淘汰，大会势有无法应付之苦。第四共和时代的法国虽采内阁制，惟因多党猖獗，议员亦有自由的提案权，故委员会亦须具较大的淘汰权。英国以提案的控制权交内阁会议，委员会自然不复能有美法那样重要的使命了。又英国审查地方提案的私案委员会，其作用与美国委员会同，也在未经大会初读前即交审查，即因私案未经内阁会议事先审核制故，可见委员会任务之大小，端视事先能否控制提案而定。

在常设委员会之外，平民院还有全院委员会(Committee of the Whole House)。这是个最重要的委员会，专员审查预算案及宪法性法律案之责。所谓全院委员会，其组成分子与大会无异。所不同者，全院委员会不以议长为主席，而且也不采用大会的议事规则。全院委员会的作用，不在否决预算案或宪法性法律案而旨在使在野党及不满于内阁的后排议员自由表示其意见。英国学者常说他们的议会是发泄牢骚的地方,无异机器中的安全瓣。自政党有严密的组织之后,议员的言论大受党纪的约束,平民院安全瓣的作用大为减少。惟全院委员会因不作表决,议员言论仍极自由,故仍为发牢骚的场所,这是全院委员会消极的作用。全院委员会既能使人人畅所欲言而无所忌讳,则让案必能得到充分的考虑,只要在朝党领袖能平心静气地注意批评者的意见,所争论的问题应能得到圆满的解决。这可以说是全院委员会积极作用。在全院委员中,批评者所抱的态度是这样的:“你们所提的方案,我认为有这样那样的缺点,不过信不信由你,因为责任是你们的。”内阁在全院委员会中仍处主动地位,它如认讨论业已成熟,即可提议恢复大会,藉谋结束讨论。

常设委员会及全院委员会之外,平民院尚有选任委员会及特别委员会。选任委员会在讨论党鞭的时候已有说明,不复另赘。特别委员会则为研究某一问题而临时设立的,任务终了,特别委员会即可结束,特别委员会有时是与贵族院联合设立的,亦有的时候由平民院单独组织,特别委员会中人选,并可包括院外著名专家,不必全由议员充任委员。英国常以特别委员会的调查研究为新立法的准备。例如制定劳工法之前先成立工矿调查委员会,改组贵族院之前先成立特别委员会(以名学者白麦斯为主席)。特别委员会的报告书甚受英国社会的重视,因为报告书可能指示着新的施政方向。当然,并不是所有的特别委员会都能有结果的,拟议改进贵族院组织及权力特别委员会,虽然罗致了不少著名的学者,但并没有提供可资遵循的适当方案。一般来说,英国特别委员会的制度是可以效法的。

2.4.2.4 平民院如何进行工作

平民院每年必须召集一次,这是英国的不成文法。惟何时召集,何时结束,法律中并无规定,纯系英王的特权,现在事实上是由内阁依成例请英王下令为之。十九世纪平民院与二月底开始一年的年会期(Session),七八月停会。二十世纪以来,平民院因工作繁重,已改在十月中开始,十二月休会若干时期,一月底或二月初复会,直到七月底乃停会。十九世纪平民院工作一百十余日,而现在须工作一百七十余日。

开会时间之内，每星期五下午起至星期日为休息时间，以利议员还乡。英国认为议员必须接近选民，故每星期均为之安排还归选举区的日子，用心不可谓不深，但在疆土辽阔的国家，这种制度就没有意义了。开会期间，院会多数于下午二时半开始，一直开会到晚上十时半。而紧急时间，大会乃至开会通宵达旦。阁员皆须参与院会，故主席台之后上辟有两室，一为在朝党领袖议之用，有时内阁会议即在该室举行。另一位在野党及其影子内阁集议之所。可见英国的政要们，在平民院中要消磨好多时间。他们甚至还在平民院中进餐及理发，几以平民院为家了。星期五则上午举行大会，重要的议员们，上午参加委员会工作，下午参加院会，可谓辛劳备尝。

会场概况：平民院议场为长方形，主席台据长厅之一端，其前为书记席，书记席的两侧，其左为在野党首领席、其右为在朝党首领席，坐此者成为前排议员。主席台的对面为一般议员席，坐此者成后排议员。通常的院会，一般议员席几空无一人，至重要提案付表决时，后排议员开始拥进会场。平民院虽有六百余议员，但仅设三六四个座位。战后重建平民院时，并仍保持此一传统。所以议员全部拥入议场时，势必占据旁边席。丘吉尔对此不合理的现象会做辩护。他认为平时两党首领向空旷的会场演说是很不自然的，不如两党领袖面对面来作争论。付表决时座位虽嫌过少，但平时已嫌其过多，他认为宁可座位少设，平时犹不至过分感觉冷落。

提案及议事日程：平民院所讨论的议案，分为两种：一种为公案；另一种为私案。公案涉及全国性事件，固亦有议员提出者，但绝大多数是内阁提出来的。私案涉及地方法人的权益，由地方法团提出。关于私案，平民院采用特殊的议事规程，先经私案委员会审查成立后再提院会讨论，通常以星期五上午的时间讨论私案，惟公案太多时，还可改变此日程。故平民院绝大多数的时间是用来讨论公案的。

公案讨论的先后，每一案所容许的时间，每星期排定一相当正确的日程。编列日程之权，有的国家交议会主席，亦有的国家特设一委员会主持之,英国则由内阁的立法委员会(Committee of Legislation)规划。院会的时间大体上是这样分配的:立法实践占十分之五,询问及检讨内阁施政方案占十分之四,而讨论预算案的时间为十分之一。这个时间分配表极为合理,是其他国家的议会可以效法的一点。英国以议事日程规划之权交内阁,论者或谓可以产生行政控制立法之弊。然内阁划定十分之四的时间由议员质询政策,可见英内阁未尝有控制平民院的企图。在平民院之中,每日讨论前的询问为检讨政府政策的固定时间。此一时间之内,后排亦告满座,议员们之重视于此可知。议员询问时态度亦庄亦谐,极尽讥刺之能事。政要们有时即席答复,有时约定时间以书面答复,莫不戒慎戒惧,惟恐失误。英国的询问不能利用为倒阁的工具,这是英国议会制与第三第四共和法国议会制最大的不同之点。但英国的询问,常能发生实际的效果。盖所询事件,有时是部长们没有注意到的事件,亦有的是经常任文官按成例而签拟的方案,经议员询问后都可得重予考虑的机会。窃当谓议会之所以有助于民主,不在议员们之飞扬跋扈,而在其匡救时弊的诚意。英国议会以议事日程的规划权赋内阁,似将使大权旁落,而英国议员则认为施政责任应由行政机关负之,以是哪一个法案应及时完成,哪一个法案应优先讨论,内阁理应计划,议员不必过问,甚至反对党亦无异议。惟政府施政而已见弊病,或政府所订方案确知其有缺点,乃积极进言,以尽言者之职责。反过来看,政府而欲维持威信者,不在尽封他人之口,而在其有积极负责的态度。英国内阁未尝不知询问的时间常使他们难堪,但它在规划议事日程的时候,还是尽其所能的充裕这种时间,不问保守党或工党主政,这个成规不变。政要们知道任他人举其所短就是一种负责的态度。盖惟有任他人举其所短才能改正其所短。从英国处理议事日程的方式来看,乃知此一国家的好处,不在它的典章,而在它的风范。

立法程序:平民院的立法程序,仍采古老的三读一审制,即每一提案须经三次宣读通过并经委员会的审查者方为完成正当的程序,此一烦琐的程序,极为浪费时间,是往昔立法工作轻松时代的产物。那时只欲立法精密，不在争取时间上设想。今日立法工作极为烦重，似已不能适应时代的要求。惟大体言之，初读不过由主席制定该案提议人宣读案由，简单说明该案名称及内容，无异议即定期二读。通常初读时不会引起辩论，惟在野党所坚决反对的政府提案，它可能提议“该案六个月后再议”那就是说把该案搁置。这是在野党表示将力争此案的警告，因之初读时刻即须付表决，通过后方进行二读。工党的煤矿国营法案就遭遇那样的命运。

二读是整个程序中最重要的阶段，原则上决定该案能否成立，提案之成败，实决定于此际。政府党与在野党，常作唇枪舌剑，通常会进行二三日之久。议长当得双方皆已充分陈述其意见时乃付表决，获通过者议长乃制定一委员会审查之，由是进入委员会审查的阶段。在二读的阶段中，平民院中有多种终止辩论的方法，所有终止辩论的方法，都是为便利在朝党控制立法的时间而设。平民院中不容许美国参议院的马拉松演说，因为每一议员发言的时间是严格限制的。惟同一阵线的人轮流发言，不对提案的利病得失作分析，而只是无意义的拖延时间，也可使提案陷入泥途。故有腰折式的停止辩论以及预定的分节规定讨论时间等方法，如能获大会过半数的通过，即能立即停止讨论，或到达约定时间后停止讨论。议长对停止讨论与否有甚大决定权。他如发现在野党尚未获得充分表示意见的机会，他可以不停止讨论。平民院议长有保障在野党充分发言的作用，这是英国的另一优良传统。

委员会审查注意提案的内容，其立法文字是否适当，提案中所采方法是否合理，均将予以仔细研究。英国委员会不采美国式的公听(Public hearing)制度，故无广泛的调查以及要求作证的权力。不过委员会中常有专家在内，对提案的粗疏之处每能予以修正。而该一提案与以往法律冲突之处，亦能予以指出，提读内阁注意，故委员会的贡献，亦是不可厚侮的。提案经委员会审查完毕而向院会报告后，该案乃进入三读。三读讨论提案内容，通常以委员会的意见为重，故亦不至引起激烈辩论。经三读通过者该法案乃完成在平民院中的程序。

2.4.2.5　对平民院的总印象

平民院对英国政治之作用如何，各人因立论不同，可以互异。有的人认为自政党政治发挥其效用以来，平民院已成内阁的群众，其地位乃日形降落。但是大战前后英国政治重要变动，都是在平民院中进行的，张伯伦对意大利的妥协政策，引起了一九三五年注明的霍尔赖伐尔事件。平民院询问英政府何以不惜牺牲阿比西尼亚以鼓励意大利的侵略后，不特霍尔个人引咎辞职，张伯伦亦不得不改变其对意大利的态度，张伯伦于一九四〇年的引退，又是保守党院内讨论会的决策所促成的。其后丘吉尔的退休，艾顿的辞职，又莫不以院内党员的意志为依归。院内党员所以有这样大的作为，不因为他们是党员，而实因为他们是平民院的议员。因为他们若决心不支持内阁，则内阁平日来一顺利进行的立法工作，皆将搁浅，而内阁终将成为干岸上的轮船，无法行动。以是院内党员的决定，虽领袖亦必听命。如此说来，院内党员的作用，也应该说是平民院的作用。平民院而可以决定政府首要的命运，那平民院就不能说是政府的橡皮图章了。

抑又有进者，平民院中有强力的在野党在。此一在野党，时时争取发言机会，时时以揭发政府的短处为职责，而且它在平民院中的行动，转瞬即成为新闻资料，成为大家讨论的对象。此一制度的顺利运用，自须以公正的舆论为其后盾。全国如无是非的观念，报章如以颠倒黑白为务，则在野党亦将成为危言耸听强是为非的捣乱集团，殊不足以揭发政府之短了。在野党有公正的舆论为其后盾，一方面使其行动有力量，另一方面亦是行动负责任。盖在野党而滥用其发言权者，其言论不会得到同情，势将损失它以竞选中的选票。

综合平民院中政府党约束其领袖的力量及在野党揭发政府短处的作用，平民院之于英国政府，实不仅为消极的批评人而已。它平时没有以阻挠立法来表现它的权力，所以它没有妨害行政机关之能。但它已没有因股权行政机关之能而丧失了自己的权，因为它依旧掌握着去不消极料正失误的柄。议会之争立法权以妨害政府之能者往往亦会藉此制造了不少关顾私利的法律，使议会的信誉受到损失。而且政府之能受议会牵制以后，反可推卸责任。这是美国议会制可作殷鉴的地方。英国利用政党政治的作用以机动发挥节制政府的作用，使权能兼顾，这是研究英国议会制最值得体会的一点。

2.4.3 贵族院

贵族院以前是巴力门的主体。即在光荣革命时代，它仍亦然是平民院的领导者。甚至十九世纪的前期，首相人选仍须在贵族院中物色。盖大改革法之前，平民院虽称民选，然实为少数人操纵把持的机构，其议员固无爵位，然亦为沆瀣中享有特权的分子，殊未能以平民的身份骄人。其后实行普选，政党政治亦日益发达，贵族院乃有没落的趋势。一九一一年通过巴力门法之后，贵族院显然退处辅佐地位，不复能与平民院抗衡了。故英国的两院制，实兼有一院制之长。

2.4.3.1 贵族院与最高上诉法院

最高司法权为贵族院古老传统之一。在贵族会议的时代（十一世纪），它即佐助英王审判案件。当时以王为公道的源泉，最高司法权集中于王，而贵族们是他的重要助手。其后司法工作日繁，势非分设专门机关不可，由是王家判席，平准法院，甚至特务人员的星室，受理殖民地上诉案件的司法委员会，前后成立，英国的司法系统，可谓极尽复杂而紊乱的能事了。然贵族院仍保留其一部分司法权，即受理民刑两案的最终上诉是。一八七三年，会以贵族非司法人才为理由而打算取消它的司法权。可是以后妥协了事，保留贵族院的司法权，而以加封法律贵族的方法来弥补它缺少司法职事的缺点。法律贵族初时仅二人，以后增加为九人，乃就大律师及司法人员中声誉卓著者加封之。

贵族院原以司法大臣（Lord Chancellor）为主席。司法大臣不一定懂司法，也不一定是贵族，常由执政党中老成硕望任之。他处理若干司法行政的事物，例如向英王推荐法律贵族及法官的名单。他的主席职位亦没有什么特殊权利，不过他是最高法院院长，他与法律贵族即可处理英国的最终上诉案件。上诉于贵族院的案件有极严格的限制，每年不过数件。它不开庭，不研究事实的证据，而只作法理上的最后裁定。

以贵族院为最高法院，这种制度是无可称述的。名义上每一贵族均为法官，均有发言权，贵族如妄欲包揽诉讼，为当事人撑腰，九位法律贵族将无法行使其职权，而贵族院也会变成英国司法制度中的一大污点。幸而贵族们没有滥用他们权力，这个坏制度乃没有表现重大的缺点。

2.4.3.2　贵族院的立法权

要讨论贵族院的立法权，必先了解一九一一年的巴力门法。该法主要内容有三：其一，平民院所通过的财政法案，于休会前一月送到贵族院。在此一月之内，贵族院未能无修改通过，该案迭送呈国王公布。其二，对某一法案是否为财政立法有争议时，由平民院议长裁定之。其三，一般的政府提案，二年内连续在三个会期中通过，贵族院虽始终予以否决，仍得呈请英王公布为法律。上述法案的用意至为明显，即贵族院对财政立法不能发生阻挠作用，而对一般立法有延搁之权。惟内阁如坚持其政策而又能继续得平民院支持者，该政策虽为贵族院所反对，经两年制延搁后仍可成为法律。在一九一一年之前，英国亦如美国，法案须经两院通过始能成为法律。以是两院如有不同意见，势必关联合委员会协议一折中方案。双方若坚持成见，该一法案即告夭折。这类僵局如一再产生，对政府的施政自然是大有妨害的。抑又有进者，英所行者为责任内阁制，内阁如不得巴力门信任即应引咎辞职，而政府重要提案不获巴力门通过即为不获巴力门的信任。故两院不能有一致的立场，在英国议会发生内阁应否的难题。内阁是不能同时向两个有不同意见的议院负责的，那么内阁究应向那一院负责呢？为解决这许多难题，所以有一九一一年巴力门法的设计。在这个法案的规定之下，内阁向平民院负责，凡盖要提案而不获平民院通过者，内阁应引咎辞职。而贵族院之同意与否，视同次要，它不必因贵族院的反对而辞职。英国内阁较法国内阁稳定，一九一一年巴力门法是很有贡献的。

在巴力门法的规定之下，贵族院还有些什么残余的立法权呢？对于财政法案，它一样有讨论权，惟讨论的时间，仅有短短的一月。讨论中自然仍可表示意见，惟其意见无政治的约束力，内阁如不愿予以考虑时，它就徒唤奈何了。不过它的意见而能说服内阁，内阁自可自动接受，并据此而再与平民院磋商。因之，贵族院的多数党如与内阁为同党，它对财政法案仍有相当的发言权。同时，贵族院的意见而有客观的技术价值者，内阁即非同党，亦可能予以重视。

对于一般立法，贵族院的作用还是不可忽视的。它所反对的政策，内阁无法立刻付诸实施。一般立法而经贵族院否决者，内阁有几种途径可以选择。一则知难而退，不再向平民院提出。二则继续向平民院提出，冀平民院能为其支持，始终不懈的对贵族院奋斗。而于此情况下，内阁已视此提案为它的重要政策，不幸中途亦遭平民院否决时，它继续辞职。凡一个法案而遭贵族院否决者，平民院的在野党无异即占压倒优势，多数不肯轻易冒险。近年以来的英国内阁，较在野党不过多数个议席，许多偶然因素均可影响平民院的投票记录，则贵族院所坚决反对的政策，内阁是否愿继续奋斗，实大有郑重考虑的必要。又贵族院所否决的法案，须平民院于二年内连续在三个会期通过者始能成为法律，对工党来说，无异致命的打击。盖一九二三年及一九二九年工党两次组阁，其执政时间皆不足两年，故工党都是没有推行它的政策即告倾覆。工党第三次执政后，又于一九四九年修改巴力门法，把贵族院的延搁权缩短为一年，即使如此，贵族院对普通立法仍有阻挠的作用。

2.4.3.3 贵族院与政党政治

贵族院之成为英国政治中的一个问题，若从政党政治的角度来做观察，一定更为清楚。光荣革命之后，维新党长久执政，贵族院之内的维新党分子大为增加，与守护当势均力敌，以后维新党演变为自由党，贵族院中维新分子亦即成为自由党分子，故自由党的内阁对贵族院仍有其控制的力量。在那种时期，英国并没有发觉两院制的缺点，及格拉斯通坚持爱尔兰自治政策，自由党内部发生分裂，张伯伦派且与守护党组合联合党（Unionist Party），而贵族院中自由党分子转变者更多,贵族院逐成保守党一党的天下。这一种不平衡的发展,乃使此后的自由党内阁或工党内阁大感棘手,颇有应付为难之势。

贵族院议员可分四类。最多是世袭贵族,凡北爱尔兰区之处拥有公侯伯子男等爵位者当然有出席贵族院之权。第二种为教会的显贵,大主教及教会所选的代表属之。第三种为爱尔兰区贵族所选的贵族代表。第四种是每年加封的新贵族,这是内阁决定名单而由英王加封的。第四种分子内阁可以控制,用以均衡它在贵族院中的势力。不过加封的人数不多,世袭分子如踊跃出席,新贵族实难与之抗衡。再说贵族院议员既为世袭的或终身的(加封的为终身的),党纪封他们很少有约束的力量。近代国家政党之所以能维持其纪律,有的靠整肃,如共产党及纳粹党,有的靠竞选活动中党的组织力量,如英美的政党,也有的恃主义以为号召,如法国的社会党。而最后一种方式是最为脆弱的。英美式的党纪,仅选择人员方予重视。贵族院的议员既不参加竞选,对政党毫无所谓,只是党的政策与其观感相同时始予支持,因无须适应社会潮流,多数较保守党所主张者更为保守,可以说是保守党的极右分子。以一个立法机构而充满这样的分子,对保守党是一种牵制,对其他政党则是一种障碍。自由党及工党之蓄谋改组该院,不可谓无因。

上述客观形势一经造成,两院制的弊害乃彰著而无可否认了。尤其二十世纪的政府,类多负改革社会经济之责,而贵族院始终对此抱反对的态度,执政者屡受打击之后,自然要去之而后快了,不过话又得说回来,贵族院虽有形成上述趋势的倾向,而其害尚不如上述之甚。更多数贵族虽极守旧,却又不喜欢积极参加政治。平时贵族院几寂寞如无人之处,惟少数执政党的分子在那里支持场面。它以三人为法定人数,故很易集会,司法大臣、枢密院议长、掌玺大臣及法律贵族足可使贵族院经常进行了。但遇到意气之争的大问题,贵族们亦会忽然光临,对政党的重要政策予以攻击。

2.4.3.4 贵族院的存废问题

贵族院的实际情形既如上述,则它是否值得保留自然成为大家讨论的问题。十九世纪末叶，自由党主张予以改革，而贵族院委员会拟具的改革计划，不过减少贵族院人数，由贵族们投票选择他们的代表，这就是说以北爱尔兰的方法普遍行诸英国罢了。除此之外，参加内阁的贵族为贵族院当然议员，内阁每年得加封两位新贵族，自由党对这个改革计划不感兴趣，由是有一九〇九年以后的政治纠纷。这次纠纷是贵族院反对累进税而引起的，结果是通过了，一九一一年巴力门法，把贵族院的地位予以降低。以后工党起而代自由党，它主张根本取消贵族院，并会把这个主张列入政治纲领之中。它认为一个不是民选而又不能顺应舆论的机构，殊不宜担负立法的使命。

不过为贵族院辩护的人，亦举出若干甚为重要的理由，坚持贵族院仍有保留的价值。第一，他们说近代立法不无躁急之弊，故另一院的审慎审核是有其必要的。这是为两院制辩护的古老理由，于内阁常须平民院通过急就章的今日，这个理由乃更为动听。第二，他们说平民院对内阁提案否决者即成为不信任政府的表示，故平民院议员的行动受政党的严格限制，平民院的态度乃失去客观的立场。贵族院则不然，支持政府与否皆不影响政府的地位，所以它的意见较为客观，对政府真能尽诤谏之责。第三，英国的巴力门兼负制宪之责，而宪法条款如亦由平民院草率为之，影响于国本者至巨，不如由贵族院予以延搁，使全国人民能于搁置期间之内从容表示其意见。三种理由，都可以说是持之有故。

主张保留贵族院的人，并不是说贵族院制完美无缺。反之他们都主张加以改革的，他们亦知道以世袭的贵族来组织二十世纪的立法机关是不合理的。但如何改革，他们实在想不到任何妥当的办法，如以民选的上院来替代现在的贵族院，则两院的分工必更为困难，因为民选的上院是不愿意退处辅佐地位的。然而上院如亦像美国参院那样坚强，则内阁势将向两院同时负责，内阁制的运用必大生困难。在这种种推论之下，英国的上院似又非保留贵族院的形式不可。

其实英国人之留恋于贵族院，无非是爱惜其传统的表示。贵族院在过去是尤其辉煌成就的，由是不愿一旦舍弃。

其实它今日能否像辩护者所说的还有那许多功用，实在是一个疑问。立法机构采多院制而使之互相制衡，在政党政治发达的日子，实无必要。

本节参考书

Jennings：Parliament

Marshall：What is Parliament，The Changing Concept of Parliamentary Government，1954

Bromhead：The House of Lords in Contemporary Politics，Routledge & Kagean Paul，1958

Laski：Parliamentary Government in England，1939

2.5　英国内阁

2.5.1　内阁的历史渊源

英国的政府，可以说是以内阁为其枢纽的。

英国人所说的政府，就是指他们的内阁。但说来奇怪，英国内阁是于法无据的组织。我们找不到内阁的组织法，因此也不能确实知道内阁有些什么职务与权力。内阁完全依据政治传统在动作及发挥功能。一个国家实际上负责的政治机构，竟无宪法及法律的根据，在今日的世界中是少见的例子。

2.5.1.1　枢密院

所以会有这种情形，因为内阁是从枢密院分裂出来的一个机构。至今内阁所作决定，形式上选要经过枢密院的通过，而内阁的命令，至今也还是用枢密院令(Order in Council)发布的。在英国的宪法中，只承认枢密院的地位，而不承认内阁的地位，由是内阁经常以枢密院的名义行事。

枢密院不仅于法有据，而且是富有历史渊源的一个机构。从前英王在贵族中择其亲信，命之参与国家最高机密，称为枢密院，可以说是国王的最高咨询机关。在专制时代，一切权力为国王所有，而施政权更亲为国王所独享。但国王无法一个人亲理万机，所以不得不简拔亲信的人来作参赞。因之，枢密院对国王参赞，亦是向国王负完全责任的。内阁既为枢密院的分支机构，其法理上的职掌自然亦为对国王的参赞(Advice to his or her Majesty)。

光荣革命前夕，查理二世因感枢密院人数过多，不足以保守机密，乃复在枢密院中选择最亲信者五人在寝阁共商国是，由是这批出入寝阁的人员被称为内阁，而一直没有得到法律上正式的命名。出入内阁的人，都是枢密大臣(Privy Lords)，而枢密院大臣却并不都是内阁中人。演变而至今日，英王已不能凭自己的意见以选择内阁人员，而完全由平民院中多数党的领袖——亦即首相——来作决定。但形式上还与从前一样，内阁人员都是枢密大臣，而枢密大臣不一定都能入阁。枢密院的人数，远较内阁为多。

现在的枢密大臣仍有专号，称 Right Honorable。而枢密大臣的由来，第一类是现任及曾任内阁阁员的政治家，第二类为法律贵族及大主教，第三类为对政治、文化及国家有功勋而经加封者。以上人员的总数，约在三百人以上，而担任的阁员，却不过二十人左右。

枢密院的大会，仅在国王加冕或丧葬等大典时举行。例会则法定人数仅为三人，枢密院主席及阁员二人已可开会。内阁的重要国策，诸如宣战、媾和，以及其他重要国策的推行，类由枢密院令宣布，那就非举行例会不可。

2.5.1.2 内阁权自枢密院的权力而来

我人所以在叙述内阁之前必先叙述枢密院，因为枢密院为内阁之父，内阁的权力都是从枢密院承继而来的。枢密院的权力，原为国王的参赞，在王权高涨的时代，无非随国王的意思以行事，不能说十分重要。但到国王权变成形式的时候,所谓参赞权事实上就是代行国王的一切特权,从历史演变的程序言,枢密院当权的时代,国王权尚未衰落,而巴力门责成内阁大臣代国王负责时,内阁已有自己的地位。因之,内阁殊无继承枢密院权力的必要。但内阁始终没有得到法律上的承认,所以它必须假借枢密院的名义,也必须假借枢密院的权力。

内阁必须借枢密院的名义、权力以行事,使英国的内阁制得到许多方便。英国无须在法律文字上推敲而详细规定内阁的权力,它必须根据历史传统承认内阁为英王的参赞就是了。"参赞"二字,在英国公法中会发生无穷的妙用,使内阁得以随时代及客观环境而很自然的伸缩其权力。所为参赞,就是向英王建议。只要建议事项却在传统的王权之内,英王就可同意而予以推行。乔治一世之后,建议成为形式,内阁决定则是事实,由是从前国王的特权乃成为枢密院的权力,而也成为内阁的权力了。因之,内阁的权力,直接来自枢密院,而间接的来自国王的特权。

上述内阁权力渊源的说明,使我人较易了解英国制度的精神。其一,内阁有许多潜存的权力,此时此地,虽不予运用,而必要的时候它却又予以运用了。战争的时期,英国内阁不必经国会的授权,即可采取非常手段,这在旁的国家是不容易做到的。而在英国人的设想中,从前的王权原可以在战时作紧急措施,因之,现在的内阁既面对战争,自然也可以作类似的建议了。其二,英国内阁权既自王权而来,故内阁权力的运用没有绝对遵守三权分立的原则。王权为一切权力的源泉,最少在法律的假设上是如此的。因此内阁可假国王的言辞来宣布它的施政纲领,在必要时又可解散平民院。

2.5.1.3　国务院(Ministry)

枢密院之外,另有一行政机构称国务院,那与内阁也是有密切关系的。国务院是由国王的大臣(Crown Ministers)组成的,其执掌为执行,亦是个于法有据的组织。国王的大臣人数常在百人左右,每个执行单位,皆有二三位大臣。英国执行单位的首长,名称至不一律:有的称国务秘书,有的称部长,已有的称委员长。这种名称的不同,并无实际的区别，皆是沿袭旧名称而来。这许多不同名称的首长级政务次长，皆是国王的大臣，合起来总称为国务院。国务院从不集会，惟与内阁同进退，于内阁总辞时全部辞职。内阁阁员除少数不管部者外，其余皆为国务大臣，而国务大臣中，只有极少数能参加内阁。

国务大臣现在也由首相选拔，他们皆建有议席，并愿出席议会为他们的部务辩护。在从前，国务大臣都是秉承王命而执行，现在则须自己决定部会的重要方针。但遇到重要的政策，部会首长应征得首相的同意。首相认为必要，并须提出内阁会议讨论。内阁对整个政府行政负责。不入阁的部会首长，其施政亦在内阁的责任之内。

从以上简单的分析，内阁以国王参赞的名义决策，以国务大臣的身份执行。内阁可以说是枢密院及国务院的核心组织。

2.5.2 内阁的组织

说明内阁的历史渊源以后，进一步说明内阁的各种组织状况。

2.5.2.1 英王与内阁

在形式上，组织政府依旧是国王特权之一。这个形式，于英王任命首相一事表现之。旧内阁总辞之后，英王即须重组其政府。他选一位新的首相，由首相去物色其内阁同僚及其他部会的首长。

在上述过程中，英王很少有自由选择的余地。故其工作亦极为单纯，非第三第四恭贺时代法国总统可比。平民院中经常有一多数党在，英王势必选择这个党的领袖为首相，而后政府权力始能顺利运用。英国重要宪法原则之一，国王必须阻止一能运用治权的政府，这是他的权力，也是他的义务。在这个原则的束缚之下，他就不能凭自己的好恶来组织政府了。例如维多利亚女王对迪士累利(Disraeli)颇有好感，对格拉斯通(Gladstone)则极为嫌恶，但自由党在平民院中占过半数议席时，她只有邀格拉斯通任首相之一途。

“组织能运用其治权的政府”，这是实际政治中很容易演绎出来的一个原则。一个时虞倾覆的政府，不可能多所作为，国王又何必不嫌麻烦的组织这样一下子就要瓦解的政府？因为这个关系，十九世纪以来英国已建立很深固的传统，过半数大党的领袖一定是起而组阁的。

不过亦有的时候情形较为混沌，国王似仍有自由选择的机会。例如保守党执政时，其首相因病辞职，而保守党又并不立刻选举新领袖，国王可以在几位领袖中挑选他最喜欢的一个。又如三党鼎立的局面之下，可能没有一党获过半数议席。这种时候，国王亦可考虑何人组阁最为合适。不过实在的说，就在这种特殊境况中，英王仍须遵循一定的途径。在第一种情况中，英王征询保守党退休领袖的意见，他们不仅有较客观的认识，而且他们的决定亦较易为党所接受。在第二种情况中，原来的执政党不应再起领导，第二大党的领袖乃成为为必然的组阁者。

总之，英王虽负组成政府之责，但态度中立，不会介入政海纠纷。

2.5.2.2　首相与内阁

首相是内阁的灵魂，亦是执政党的灵魂。从他为内阁的灵魂而言，他代表内阁向巴力门及全国发言，他向国王报告内阁的决策及施政方针。其实他不仅代表内阁，亦代表政府，甚至代表英国。在法理上英王是国家的代表，但事实上英王从不表示政治主张，更不会在国际纠纷中表示英国的立场。对国际而言，英国首相的态度及言论方为举世瞩目的焦点。从他为执政党的灵魂而言，他是大选中执政党全国性的领袖。英国的选举，仅由各选举区自举其代表。惟近世以来，两党竞争剧烈，党的中央乃不得不统一各区的竞选活动，而党纲的宣示，更为重要。为党纲发言，这是领袖的权利与责任。由是两大党领袖皆作电视演说，皆作各选区的巡回演讲。他们的言论，皆代表党的态度与立场，以是种种，首相与在野党领袖成为竞选中两大角逐者。首相的一言一行，足以影响执政党在大选中得票的数量，其关系执政党的胜败，自非浅显。

从以上的叙述，可知首相的威权在日行增长之中。组织内阁时，物色部会首长及阁员的是他。他为党内的团结，许多拥有群众的领袖是不能不予延揽的。但不经他邀请，没有人可以入阁或担任部会首长。内阁成立之后，他有权辞退任何正要。政府有所决策，他实握有牛耳。多数重要问题自然须经内阁会议讨论，但首相视事实的需要及方便，有时邀集少数有关阁员商谈，有时提付内阁的委员会讨论这种便宜形势之权，使他有所决定时总可以如愿以偿，阁员们很难加以阻止。

在二十世纪的首相中，鲁易·乔治(Lloyd George)及丘吉尔皆能大权独揽。而比较平庸的首相也能运用手腕，使自己安于领导的地位。全邪念保守党麦克米伦任首相，政潮屡起，要求加入西欧共同市场，又为法国所拒，真可谓四面楚歌。然因能机警地运用首相权，独能渡过不少难关。是盖一身系党国安危，他自然会有无数的崇拜者，而左右有逐鹿野心者亦不能过为已甚，已愦大局，所以总可化险为夷。

一般的说，英国首相尚不能与美国总统相比，美国总统由宪法赋以行政全权，英国首相未能有此。论法律的地位，他不过是国王的首席顾问，他与王的其他顾问共同负责，故必须与他人合作，而后能发挥他的作用。从客观的形式说，他虽有权进退阁员，但究竟不能任性为之。阁员们为执政党二三流领袖，亦皆拥有群众。首相如不欲宁为玉碎，自须相当容让，而后执政党始得团结。首相必须在众星拱月的条件下始有光辉，与美国总统自然不同。

首相必须出身于平民院，这已是重要的传统之一。一九六三年休谟(Hume)任首相时，似乎打破了贵族不得任首相的惯例。但休谟辞去爵位并补选为平民院议员，事实上还是旧惯例的遵守。一九一一年的国会法通过之后，内阁主要是向平民院负责。因此之故，贵族院首领任首相是很不方便的。从前贵族院地位隆盛的时候，贵族为首相极是顺理成章，但到民主势力兴盛之后，贵族中虽有极开明者，但既未得选民普遍拥护，又不能出席平民院，担任国家行政首长，于事理亦是不顺的。

从这种地方来看，英国首相所以权重一时，一方面因为他是首相，另一方面亦因他是政党的首领。美国总统，大选时期一样依赖政党，而当选之后，每直接依赖人民的舆论，执政党对他很少约制的力量。英国政党始终是首相的后盾，亦始终是首相的约束者，故平民院中与内阁同党的二三流领袖，对他的约制作用常较美国执政党议员为强。这是英国首相更具民主作风的原因。

2.5.2.3　阁席的分配

首相组阁是种很艰巨的任务。同党的次要首领，都希望有入阁的荣誉。但阁席有限，满足了甲，可能使乙大失所望，由是引起党内的裂痕。柏拉图说：政治家为巧妙的织工，能把各色线条织成和谐而美丽的图案。不过人事的图案是最难和协的，而组阁者第一个碰到的难关就是和协人事。

内阁无定员。从人数而言，从数人至二十余人不等，从入阁的部会长而言，外相、财相、国防大臣、掌玺大臣、枢密院议长、司法大臣，通常都会入阁，其余的就待首相因时制宜来作决定了。近代劳工问题甚受重视，劳工大臣乃能列入阁席。

增加内阁的席次，自然是减少人事压力的良法。不过多数人认为过大的内阁势必破坏内阁的工作效率，故普遍认为十二至十八位内阁是适当的人数。

在前述入阁人员之中，好几位不兼部务。例如掌玺大臣及枢密院议长等，都无须为部务劳神。他们均有封号，故同时为贵族院议员，是内阁在贵族院中的领袖。同时，他们较为清闲，可以作首相的亲信顾问，对国家重要政策详为策划。所以不管部的大臣不一定在内阁中权势较轻，相反的，他们可能比其他阁员更为重要。以是英国的不管部大臣，与其他国家不管部的政务委员是不尽相同的。其余多数阁员皆管部，并为平民院的议员。尤其财政大臣（Lord Chancellor of Exchequer），自一九一一年国会法的通过以后，他必须在平民院有议席，而后始能为每年的预算案辩护。财相往往由执政党的二号领袖担任，因为预算常常代表执政党的施政纲领，能规划预算并为预算作辩护的人，在党内的地位会逐渐提高的。工党恒重视其经济部，常把经济部的地位放在财政部之上。财相为政党二号领袖的传统，始稍有变动。

英国的阁员必须有议席，而且只能在有议席的一院出席并参与辩论。这与第五共和法国之禁止阁员兼为议员者刚好相反。英国这个制度，并无任何理论的根据，只是古老传统的沿袭而已。原先国王惟在贵族中物色枢密大臣及内阁人员，而枢密大臣及内阁人员并不丧失其出席贵族院的权利。以后虽在平民院中物色阁员，此一管理不稍改变。演进而至今日，始发现阁员兼有议席对责任政治是很有助益的。对于这许多理论的问题，此间不多作讨论。我人但说明首相组织内阁及国务院时，对同僚们在平民院及贵族院是否有议席，以及在两院中是否均有强有力的发言人的问题，必须加以注意。

2.5.2.4 内阁的任务

内阁在英国政府中究竟处怎样的地位？其一，它是决策的机构，故其第一任务，当为决策。通常来说，所调决策，即是重要法案(Bills)内容的最后决定。政府施政，必须依据法律。若干国家，认为立法是人民代表的事，由人民代表决定法律内容后，然后交政府去执行。这是立法与行政分立的美国所抱的宪政理想。另有些国家认为施政是政府的事，施政所依据的法律亦应由政府决定其内容，人民代表的工作在监督，在批评，亦可以说在批准。这是英国的宪政理想。当然，两国在实行上述理想时常有变例，好比近年来美国的行政部门参与法案起草的工作，而英国平民院的在野党亦会建议重要的法律案。不过大体的说，英国的提案权是属于内阁的。

内阁的决策，照例要在内阁会议中进行。法律案的起草者，可能是各部的常任文官，可能是内阁的委员会，也可能是政府之外的压力团体。各部负责执行它对业务有关的事项，如遇事实需要，自可建议新的法律案。至于利益集团，也常草拟有关法案，得关系部长得赞同后提出于内阁。不问法律案的建议及起草出于何方之手，最后毕竟内阁会议作最终决定。经它认可者，方提出于巴力门，而内阁乃对此类法律案负责。

从上所述，可知所为内阁决策，并不是说这个的过程均由内阁操纵。内阁加上不入阁的部会长，总数不过八十余人，而且他们多数仅系通才，对主管的业务，甚至是不很熟悉的，例如工党的麦克唐纳(Mac

Donald)曾兼任外相,自由党的鲁易·乔治曾担任财相,在他们担任这种职位之前,未当谙练于此。英国引起的反应以及与执政党的立场是否相符。以是内阁的所谓决策,实际上只是种过滤作用,把阁员们认为不适当的法律案加以清除而已。

内阁有时不假手于人而自己决策,例如紧张外交关系的处理以及和战大计的考虑等。这一类的决策不必提出法案,而其影响于国家,实还超过一般的法律案。因之,在最严重的情况下,内阁得把他的决定通知在野党,以便形成全国一致的政策。

决策之外,内阁第二个重要任务为督导行政。英国以人事权集中于财政部的人事处,这是很特殊的现象。首相兼财政第一大臣,他能总理人事,自有助于他督导行政的工作。不过这种传统事实上早已不存在了。人事处由一位常任次长主管,有相当独立的地位,非首相或度支大臣(财相)所能干涉。内阁之督导行政,现在全赖首相的统帅能力予以发挥。首相是内阁的首领,同时亦是国务院的首领。部会长多数虽不入阁,但均由首相选人,均为执政党二三流领袖,而且均向巴力门负责,是以部会长与首相之间的连接是十分密切的。部会长所有重要决定,事先必向首相禀陈,故首相之能代表内阁以督率行政,殊无问题。

内阁因为负责决策并督导行政,所以它很自然的成为行政与立法之间的连接者,亦可以说变成民意与政府之间的桥梁。内阁的决策,多数成为法律案,而法律案必须送国会讨论通过。它督导行政,因为它须以行政的后果向国会负责。英国的阁员是两楼的,他几乎有一半时间在国会中度过。平民院议长席之后有一间屋子专备阁员们筹商国事,有时内阁会议亦就在那间屋子里召集,可见他们与平民院关系之密切。他们以眼睛审阅常任文官草拟的法规与计划,以耳朵听议员们的批评与指责,而后拿出理智来作决定。这是内阁的第三种任务。

2.5.2.5 内阁的辅佐机构

近代的内阁,因其任务繁剧,非设置各种辅佐机构不可。

其一,内阁之下常设置各种委员会,协助首相考虑问题。这种委员会，普通称为内阁的委员会，委员会研究的成果，对外不得公开。委员会有临时性的。例如调整薪给的委员会为临时的，而国防委员会是常设的。参与委员会的分子，有阁员、有枢密大臣，亦有政府之外的专家。在常设的委员会之中，国防委员会以首相为主席，国防大臣、财相及外相亦皆出席，同时还有许多军事专家的参与。举凡国防计划，动员及复员的方案，均为该委员会检讨的问题。法制委员会由党鞭(Parliamentary Whips)及法律专家所组成，不仅研讨提案的法律问题，并亦决定提案在平民院中所应占据的时间。枢密院议长的委员会(Lord President's Committee)于第二次世界大战时创设，研讨支援前线的方案，其后工党政府则要它主持设计工作，可见它的职务是多方面的，所以参加的人员亦特别多。

内阁委员会的设立，因为内阁所须讨论的大政方针，已非一星期一次的内阁会议所能结束。而同时，阁员的工作负担都是太重，内阁并不能因问题众多而经常集会，所以不得不分门别类成立多数委员会而仅邀请与业务有关的阁员参加。

除委员会之外，内阁又设秘书处，那是第一次世界大战的产物。秘书处准备内阁会议的议程，准备讨论事项的资料，记录并致送有关备忘录。它的工作纯属事务性质，但对内阁是有很大贡献的。在没有秘书处的时期，阁员们对会议的经过往往每人有不同的印象，现在不至有这样分歧的情形了。同时，在秘书处的规划之下，内阁会议有了讨论所需的资料，时间经济，自不待书。

2.5.3 内阁的责任

内阁的产生，前已言之，由于枢密院的过于庞大。惟内阁制得以确立，责自内阁向巴力门负责的那个时期开始。内阁如不能负责，它始终是英王的私器，它不会成为一种民众的组织，也不会成为今日内阁制的典型了。

2.5.3.1 弹劾权与责任制

一个帝王的通知机构，如何会成为向议会负责的一个民主政府，这是英国政治史中颇值得注意的悲喜剧。经过清教革命而查理王复辟之后，专制的统治者并未受革命的教训，依然视政府为其私器，任用亲信为其耳目，指挥他们有如臂之使指。那时的内阁，有如一般专制国家的内阁，最多能说是帝王有效能的臣僚集团而已。可是革命之后的国会，对英王虽抱敢怒不敢言的态度，对他的僚属却逐渐采积极的控制手段了。那时能想到的积极手段，就是一般所说的国会弹劾权（Impeachment），不过英国的弹劾，与同时的君主国家有所不同。其他君主国家检察官的弹劾，都是向帝王举发失职或滥用权力的官吏。而英国则由巴力门的平民院提出弹劾，由贵族院审判，尽量要避免帝王对此事的干预。同时，巴力门认为君王的错误亦由左右臣僚的参赞所造成，故君王的错误亦听由臣僚负责。这就是说，巴力门虽承认国王无误的法理假设，却主张事实上国王是有错误的。因之，要追究这种错误，而且责成国王的臣仆代他负责。由是臣僚们虽奉有王命为自己辩护，巴力门也可以加以处分。

弹劾权的主要目的，只在制裁权臣，使之不能获得国王特权的庇护。此一制度，曾受普遍的称誉，以为这是国会权的重要胜利。故美国独立之后，亦于宪法中予以效行。即至今日，多数国家还是以国会的弹劾权来制裁高级的行政官吏。不过自十七世纪的英国而言，那时王权没有立刻衰落，受弹劾者往往成了国王的代罪羔羊，很失公平的宗旨。因此巴力门主张以信任制替代弹劾权。这就是说：国王如能任用巴力门所信仰的人来主持国政，臣僚们既不致滥用权力，巴力门也不会有滥用弹劾权的弊病，这在上文已经说过了。

2.5.3.2　个别责任

在民主政治之中，责任制最为重要而又最难学习。巴力门与王权斗争的时代，发明了国王的臣僚应该负责的原则。但负责者为何事？使之负责的方法又如何？当时的人则茫然无所知。巴力门只是想制裁“国人皆曰可杀”的权臣，多少抱着报复心理。以后国王虽任命议会领袖为阁员了，但执政者仍然不知道他们什么地方应该负责。他们巩固自己地位的方法，不是迎合君王的心理，就是对国会议员利诱势齐，使议员们为其所用。直到十八世纪中叶沃波尔(Walpole)首相因失去巴力门的拥护而毅然辞职，方始创立一个新的原则：巴力门的逆势投票可以强迫阁员负责。这个先例，只说首相一人在巴力门不合作的情况之下应该引退。巴力门的不合作，是与情不洽的表示，但没有出诸弹劾。沃波尔的知难而退，可能畏惧恋栈的结果，终于要受弹劾的耻辱。他是旧式的政治家，平日对巴力门经常使用利诱势齐的手段的。一旦发现此等手段业已失灵，由是知大势已去，他已无法顺利施政了。他的引退，亦可谓知机之先。英国的政治史，因此而推进一步，那是他这次举动的意外收获了。巴力门打击阁员所提政策可使阁员引退，则阁员向巴力门负责者为其政策，责任的意义，自然明谓知机之先得多了。

在十八世纪，英国已有政党，而且内阁亦已是清一色的一党内阁。不过政党政治尚未发挥积极作用，领袖们均自求表现，因此也个别负责。因之所行者仍是个别责任制，每人对其自己的行动负责，巴力门中在朝党的议员，一样攻击他们所不喜欢的阁员，使之无法立足。而阁员们亦承认“一人做事一人当”，敢作敢为者亦敢于负责，绝不愿连累他人。

内阁阁员及国务员个别向平民院负责，今日仍为英国宪政的原则之一，但在团体负责制之下有逐渐冲淡的趋势罢了。近世纪中，发生过好几次阁员个人引退的事例。一九三五年，保守党的西蒙(J. A. Simon)外相因霍尔—赖伐尔(Hoare-Laval affaire)事件辞职。一九六三年保守党的陆军部长普罗夫莫(Profumo)因桃色案及泄露国防机密而辞职。阁员及国务员，多数管理一部，其主观业务发生问题时，小则引起平民院的质询，大则发生个人的去留问题。而个人发生有亏官箴的事件，尤其泄露国际机密，原为枢密大臣及国务大臣誓言中明白禁止的行为，自然亦会发生个人责任的问题，这是英国宪政原则中认为应由阁员及国务员个人负责的事项。

在上述事例中，霍尔—赖伐尔事件亦许值得深究。外交为外交部主管的业务，西门外相对它应该负责可以说没有问题。惟外交政策的决定，在英国传统中，应为内阁之事，最少要得到首相的默许，而后外相始能采取行动。英法联合对意大利妥协以谋共同防止希特勒对欧洲均势的破坏，这个政策如此重要，首相不应该毫无所闻。内阁诿为一个人别的责任，未免有牺牲个人以保全内阁之嫌。在此一事例中，可以看到个别责任与团体责任的界限不易划分，许多内阁应负团体责任的事项，未当不能以诿过一人的方式了之。

2.5.3.3　团体责任

讨论英国内阁制的精神者，莫不强调它的团体责任，即内阁以其一致的政策集体的向平民院以至向全国人民负责。这是十九世纪末叶一位贵族首相萨列斯伯利(Salisbury)所提出的原则。他认为内阁应有统一的政策，阁员除辞职外，不得与内阁持相反的意见。从内阁制的运用而言，这是极为重要的。内阁如无团体责任，必然各部会首长分别以其政策向平民院负责，平民院亦分别课各部会首长以责任。这就是说，平民院分别审查各部会的提案而为信任或不信任的表示。在道一种情形之下，首相固无由建树其领导权，而各部会首长亦必经常为其政策对平民院做艰苦奋斗，再不能以执政党的立场要求多数议员为后盾了，英国内阁制之不同于第三共和法国及德国、团体责任之有无恐为重要的关键。德法国内阁无法建树真实的团体责任，故议会得对阁员各个击破，而一部分阁员的地位动摇，逐迫使内阁不得不重行改组。更重要的，阁员既个别受议会的压力，阁员们自然不重视内阁所决定的共同政策，以是内阁亦没有所谓共同政策。内阁基础脆弱，乃成为德法内阁不可避免的缺点。英国内阁能强调团体责任，它与平民院乃成团体对团体的状态，平民院不能个别的否决某一部分的政策，因为个别的否决即是对整个内阁的否决。这样，平民院自然不能任意否决，而必须考虑该一政策是否值得作宁为玉碎的孤注一掷。

赞誉英国制度者，多数于其成熟的政党政治三致其意。我人不能否认党纪的整饬是英国内阁制得以顺利运用的重要原因，惟人为感情动物，议员们不一定能很理智的因党的关系而抑止对某一阁员的私愤。惟确立团体责任制之后，否决某一部会的政策，即是迫使内阁总辞，连他们热忱拥护的团员，亦将去职，在这种顾忌之下，党纪始能发生作用。

团体责任制的作用，既然要受许多因素的影响，不像理想中那么单纯，每一位首相都想要建树他的领导权，所以都很重视团体责任的原则。因之，团体责任的传统是比较容易维持的。但组织政府的政党，内部的团结不可能毫无缺陷，领袖的领导力以及个人的威望，更是因人而异，故内阁所能表现的统一性也常常是在变化的。不说十九世纪自由党内部分裂的情形，即以本世纪而论，自由党阿兹癸斯(Asquith)之于鲁易乔治，工党麦克唐纳之于韩德森(Henderson)，阿特里(Attlee)之于比万(Bevan)，皆不能以领袖的身份加以约束。他们的内阁，表面上虽亦以政策向平民院负责，事实上是各怀成见，形成各自领导其徒众的状态。阿兹癸斯最后不得不让位与鲁易乔治，麦克唐纳则组织国家内阁以埋葬他所领导的工党，阿特里亦以退休结束他在工党中的领导权。这几件著名的事例，说明英国内阁的团体责任制，不免因执政党内部的裂痕而大打折扣。最特殊的例子，莫过于麦克唐纳的国家内阁，组成分子包括工党保守党及自由党，以是内阁根本没有所谓同意的政策。麦克唐纳这位首相，既不能约束尾大不掉的保守分子，亦不能指挥颇有历史传统的自由党人，由是各党成立"良心投票"的默契，选有各党不能相同的政党，阁员们在议会中得以自由投票。"良心投票"的默契，自然破坏了团体责任的精神。

国家遭遇非常，内阁的团体责任亦会不同于平时。此一世纪之中，英国曾两次组织战时内阁，而每个一次的战时内阁，其运用的方式，皆与平时大大不同。通常认为战时内阁是建立于政党休战的原则之上的。在政党休战的状态中，在野党亦在内阁之中，故无所谓团体责任。第二次世界大战初期，工党未允入阁，用意在保留他的异议权，政党之间似未完全休战。惟政府决策权亦是集中于三数领袖之精神受非常时期影响的明显证据。

由上可知英国内阁团体责任的精神，实受领袖个性、执政党内部的团结以至内阁所处的世道而有异，未可一概而论。

团体责任的实质意义如何？简单的可以作如下的归纳：在内阁运用权力的过程中，内阁以至国务院是一个整体，阁员及国务员不得表示不同于首相的意见。首相有权代表政府，对议会及全国国民宣布他的政策，一般人所说的首相在内阁中的特别地位，都可以说是从团体责任产生的。内阁所提出的政策而为议会所反对而投不信任票时，为表示团体的责任，内阁及国务院须集体辞职。是以团体责任的实质意义，以首相独特的领导地位，以内阁及国务院的总辞职终。

2.5.4 解散权

英国内阁如不受平民院的不信任投票，即可总辞职以谢国人，亦可解散平民院而请选民决定争论中的立法问题。前述方法为团体责任精神的表示，已于前节讨论；后述一种方式，即就是所谓内阁的解散权。

2.5.4.1 解散权源于国王的特权

解散权初为国王专制权之一。巴力门的障碍，现在内阁所使用者，仍系承继此种王权而来。故内阁所作决定，仅是对国王的参赞，必须奏请英王下令行之。自然，在今日的惯例中，英王不能拒绝内阁的请求。因为在今日的政治之下，不利于执政党者必有利于在野党，英王为显示中立，惟有不作左右袒，听任负责的政府裁量党前形式以作决定。今日的解散权，较诸往古进步之处，即解散后，三星期内必须举行新的选择，而选择权后又立即召集议会，俾巴力门的作用，不致中断，而亦不致在长期务会议的状态下行使政府权力。

2.5.4.2 解散权的意义

在议会政治的发展中，近代解散权的表现的意义为如何？这常是学者们争辩的问题。哈利生（Wilfrid Harrison）教授认为解散权维持党纪之效。尽对议员来说，竞选总是费钱费精神的事情。他们因恐惧不合作的行动将招致民院的解散，故惟有服从党的决策。此一说法，如衡诸法国的经验，颇似可信。近法国第三、第四共和时代内阁几乎不能解散议会，议员乃甚为嚣张。在这种印象之下，很容易联想到英国政治所以安定，内阁的解散权恐为重要的原因，由是更联想到解释权有内阁对抗国会的作用，使行政权与议会之间得以平衡，不过这种想法，与事实是不近相同的。平民院解散之后，内阁仅系看守性质。它的能否留任，全视大选的结果而定。无人对选举敢信其必胜，故内阁之解散平民院者，实以丧失执政权为赌注，不可能经求一试，亦不可能以此制裁少数反党者的武器。更有近者，在近代的政党政治之下，候选人均赖党的支持。竞选中金钱与精神的耗费，政党的负担较诸候选人个人为多。尤其政党的领袖，必须作全国性的巡回、旅行及演说，其劳瘁较他人为尤甚。故就制裁的作用而言，政党领袖畏权解散的程度，实较一般议员为甚。

英国议会政党的党纪，的确较一般国家为严明，而其原因之所在，解散权不足以为之说明。假如解散权为维持党纪之道，那只执政党握有此项权力，在野党势必党纪荡然了。事实上并不是如此。我人皆知英国在野党的党纪，并不逊于在朝党。即以在朝党而论，派系领袖而有意分裂者，实亦难以回乡竞选来作威胁。十九世纪自由党的张伯伦氏，与葛兰斯顿分裂后仍能当选，以后且与旧党联合，成为联合党的二号领袖。政治家声望的培养，非朝夕之功，而声望既成之后，在自己的选举中拥有可靠的选票，政党欲予制裁，并不容易。二十世纪以来，执政党因内部分裂而在平民院投票中受袭击者，少数派的工党内阁以及一九四〇年的保守党内阁为最显著的例子。一九二三年工业组阁，赖自由党的合作始在平民院拥有可以立法的多数；迨自由党反对它的政策，自然就无法维持，由是不得不以解散平民院为解开僵局的途径。但那一次分裂者为合作的友党，工党不可能在那次解散中制裁不合作分子的。一九四〇年保守党内部关系的恶化，造成二十三人投反对票及六十人缺席的局面。张伯伦于此一情势之下，决定自己辞职，而未尝解散平民院。此类事件说明几个原则。其一，执政党领袖之握有解散权，未尝能以此权威胁迫其同党的议员，足征以解散权维持党纪之说并不可信。其二，执政党内部发生分裂时，其领袖亦未必能借故解散平民院。一九四〇年发生上述事件后，保守党虽形分裂，但平民院中仍占多数，故保守党仍应执政，惟执政的领袖应该另易他人而已。此事张伯伦内阁如决定总辞或解散平民院，皆将造成政治僵局。尽总辞之后，工党不可能以少数派继起执政，而解散平民院的结果，可能依旧保守党占多数而反张伯伦的派系会更形扩大，故解除此僵局之道，张伯伦个人辞去领袖地位乃最为妥当。

2.5.4.3 解散平民院所以解政治的僵局

上述种种说明，解散平民院为解决政治僵局的适当途径。我人试以一九二三年的工党内阁的事件为例，工党如不顾一切而继续执政，将不可能在巴力门中贯彻他的政策，必然形同尸位。他若辞职而自由党或保守党继起执政，情形也是一样的。因之，不如说它要求有一个“能够行事的政府”。政府必须能够行事，实为宪法中的一个重要原则，英王筹组政府时固然必须遵守，而内阁之去留，亦是一次为准则。所以政府能行事时，自然无须解散平民院；现政府不能行事而议会中的尚能产生另一可以行事的政府时，现政府总辞去而由另一政党起执政，亦不应解散平民院；惟现政府不能行事，而平民院中又不能产生另一能够行事的政府，这才形成所谓政治僵局，解散平民院乃成为必要途径。

上述原则，乃分析近六十年来英国的政治而获得的结论。执政的政治家，在尚有可为的时期，自然不愿挂冠而去。十九世纪末叶，葛兰斯顿的自由党内阁因在平民院遭遇挫折而总辞，迪士累利的保守党亦拒绝组阁。在这个事件中，葛兰斯顿曾责备迪士累利发动不负责任的倒阁运动。不过从迪士累利来说，他知道爱尔兰分子附和他而攻击自由党政府，不过为一时的联合，所欲困难必然与葛兰斯顿同，他认为解释平民院始为接触僵局的办法。英王以组成一可疑形式的政府为重任，而为之称赞者，自亦以此为主要的任务。故内阁于遭遇不信任投票之后，仍当为英王找寻一可疑行事的政府，不能认为总辞即可一了百了，或一残局强后人为止收拾。

解散平民院之举，在通常的情形之下，乃因平民院已成混沌状态，不可能产生一可恃的多数党，任何派系起来组阁皆将迅速瓦解，在这种情形之下，才是使用解散权的适当时机。

第二次世界大战之后，英国执政党与在野党的议席极为接近，政府党的多数，往往并不超过十席。同时两党内部皆有裂痕，以执政党贯彻政策固极费力，在野党其而替代更为困难。因之往往拖延四年之后再解散平民院，盖知僵持局面，未必能有所改善，而同时又不希望大选过于频繁也。

2.5.4.4 以解散权替代复决

在二十世纪中，英国内阁曾数次于平民院获得支持而于贵族院遭反对，由是发生了内阁向谁负责以及贵族院有否决定财务法案的权利等基本问题。其后一九二二年，保守党波纳·劳(Bonar Law)首相因病辞职，由鲍尔温(Baldwin)继任。新首相主张保护关税，一反保守党的传统，与保守党对选民所做诺言相背。在那个场合中，自由党与保守党皆决定解散贫民院，以征询选民对于此等基本问题的意见。

在英国，一般认为宪法修正案与普通法律的程序相同，故制宪权与立法权之间没有什么区别。不过近年以来，英国似在创造新的传统，使此两类法律通过程序不尽相同。其一，宪法的修正，须先在平民院全院委员讨论，以获得政府党与在野党的共同谅解。庶宪法不至于随执政党之变更而变更，这在讨论英国制度的一章中已经说过了。其二，宪法修正案应经征询选民的手续，这是这一节中所欲说明的。

一九〇九年及一九二二年，内阁在平民院中皆拥有可观的多数，并没有遭遇平民院的不信任投票，它们所以解散平民院，虽然与平常的解散权的意义不同。一九〇九年那次的情形，内阁政府虽得到平民院的支持，却为贵族院所反对，所以亦有不能行事之苦。此时内阁如作总辞的决定，在野党绝不能获得平民院的拥护，故建议英王解散平民院，仍为常规中的解散方式。惟新平民院召开之后，执政党与在野党的形式未变，执政党继续提出其累计所得税法案而继续遭贵族院反对时，虽然引起了一个严重的问题，即内阁及平民院如不屈服于贵族院之前，政府即无法安定。贵族议员为世袭，无所谓解散，因之它的立场是不会改变的。内阁如不能获得它的支持，虽为平民院所拥护亦不能行事,如是,英国政治将完全决定于贵族院的态度,而人民的投票反而没有意义了。此一基本的政治原则,如不澄清,英国的民主精神势必丧失。此所以自由党提出贵族院不得阻挠财务立法的根本原则,要求选民表示意见。这是一九一一年巴力门法案的由来,也是我人所以说那两年的解散实包含着复决的意义的原因。

一九二二年的情形更为特殊。保守党在平民院的席次围边,惟领袖斩易,且新领袖提出了有背该党之数,而自由贸易政策的改变,在英国可以说是基本传统的改变,似不能贸然为之。所以也决定解散平民院,于新的大选后再行提出。

以解散以后为探询民意的方法,在许多国家的宪法中曾亦有此规定,英国可能受这种宪法原则的影响而由此创制。对英国来说,这个新传统自然是很有意义的。它使宪法的修正有了不同的程序,而且亦能使宪法更合于民主的精神。

2.5.4.5 解散权不是行政权与立法权之间的平衡器

世之论英国制度者,每以内客的解散权为一种平衡器,使内阁不至完全受议会的控制。此一观念,与事实不相符合,前文已详作说明。近年来内阁之所以解散平民院,从未欲以此节制议会。往昔王权专制时代,的确以解散权为节制议会的武器,思想昌明之后,应不复如此。议会对政府的监督,已从对部会长个人的弹劾而演进为对内阁政策责任的追究。尤其在政党政治运用之下,议会的作用已侧重于批评的工作,内阁并无保持其制裁议会的武器的必要。我人所以不厌其详而说明这一点者,盖不能了解解散权的真意义,对英国内阁制的精神就会有重大误会,而于民主政治的原则也就不很了解了。

2.5.5 战时内阁

上文所述,皆系平时内阁的情形。在大战时期,英国曾两次组织战时内阁,其形式不用于平时,很有参考的价值。战时的行政也别紧张而繁重,原先参与内阁的郡部长,大多为部务所迫,无暇参与频数的会议。此内阁组织所以要做新的适应者一。战时的决策更要求高度机密，平时的内阁人数太多，英国政治家虽皆有保密的政治道德，但人数多总是可虑的事情。而且人数一多，行动亦难求迅速，此所以要做新的适应者二。平时内阁对巴力门的责任太重，阁员须分出一半时间应付巴力门的各项活动。这是战时所做不到的，此所以要做新的决定者三。好在内阁的种种都是建立在传统之上的，首相需要时，他就可以向英王建议，得到同意后就可进行改组了。英国的不成文宪法，在这种地方使政治家得到最大的方便。

在过去的两次经验中，战时内阁的人员均大加聚缩，由平时的十七八人减少为六人至五人不等。担任部务的阁员，仅外相及财相，其余的皆无部务。在第一次世界大战时，葛易高治并邀请南非联邦的总理入阁，一求这个自治领能更有密切的合作。内阁会议自一星期一次而变成经常举行。这是组织上的变动。自内阁对巴力门的关系言，第一次大战中政党宣言休战，保守党及工党皆有领袖入国务院，担任新设机关的首长。第二次世界大战时，初期工党难拒绝入阁，但对政府表示有保留的支持。在这种情形之下，巴力门自然不再行使其不信任权了。即巴力门的询问权，因保守机密之故，事实上亦告停止。第二次世界大战中，丘吉尔常在平民院的秘密会议中报告战况，以期议员们了解客观的处境。这类秘密报告，现在已有若干文件公之于世。丘吉尔于新加坡陷落后，因舆论颇多责难，他曾向平民院说这还不是最坏的消息。日军如冒险向印度进攻，他相信这个辽阔的体域是很难坚守的。他说明运输吨位也短少的情形，因之东方的英军只有在原有的配合之下作战，人力及物质均无法获得补充与接济。我人愿意为丘翁做赞美之辞，只是借此说明平民院的询问，在战时已变成不定期的秘密报告了。

这一种应变的体质，与平时最大不同的地方，实际上还在政府党与在野党关系的改变。在平时，双方因权利的争夺而形成对立，而战时则相忍为国，使政府的行动，减少了不必要的牵制。英国的制度本复有机动的性质，政府与巴力门之间的关系则更为活动。政府如能严格控制它所领导的政党，巴力门的制衡可以完全成为形式。战时连在野党都充分合作了，政府的行动自然有更多的自由。上述观点，亦许是过于理想化的说法。在野党的所谓合作，事实上绝不是毫无间隙的。第一次世界大战时工党的麦克唐纳合作非战的言论，而第二次世界大战时工党的激进派亦时常攻击战时政府的措施，尤其于战争的目标，更作严厉批评。不过一般来说，战时的在野党不能不说是合作多于攻击。

2.5.6　内阁与行政

英国的行政组织，以内阁为金字塔的尖端，它极负权指挥之责，未尝实际为执行的工作。至于各部会的首长以至政务次长，名义虽是单位的主管级主管的重要助手，事实上亦很少参与日常的行政事务。内阁以及国务院中都是顶尖的人物，多数参与政务而不参与事务。十九世纪的潘尔马斯顿(Palmerston)外相，才力过人，不仅实际指挥驻外使领人员，并亲自草拟外交文告。不过现在的外相，不可能有那么多的时间花在办公桌上了。部内各级常任文官，才是真正的推动政府工作的人。计划的研究，法令的草拟，几皆出于常任文官之手。至于下级单位的巡视督察，公营企业的经营与管理，非常任文官不办。第二次世界大战之后，常人文官已激增至三七〇万人，可谓洋洋大观，此三七〇万人如何训练？如何服务？以及得到何种待遇以及报酬？这是文官法中所规定的问题，此间不欲多做讨论。惟此三七〇万人员如何能为阁员所用？英国的执政党经常变动，而保守党与工党的政纲又多少有其距离，常任文官不问生张熟魏，均能为之尽瘁服务，这是很可钦佩的一种精神。而此精神之所在，实亦为英国宪政原则之一。与讨论内阁制种种问题之后略予论及，谅不能视为赘文。

2.5.6.1　文官中立的传统

英国的文官，之前被视为国王的臣仆，国王对之有充分的进退自由。因之，文官的职位是没有法律保障的。不过实际的说，英国文官已被称为永久职(Permanent Civil Service)，除非违法失职，殊不愈撤职降级或减俸等处分，而且高级的文官，可以升至各部会的常务次长，职权之重，殊非其他国家的文官可以想望。所以然者，虽说由于十九世纪的各种文官改革，而最重要的原因，恐怕与它文官中立的传统最有关系。

英国把政务官与事务官分的最为清楚。政务官与内阁总辞时全部去职，而常任文官则否，故不与内阁共进退者皆为事务官。事务官有相当客观的献议政策的作用，因为多数法案的草拟，都是出于他们之手。不过与此应为说明者，文官奉命而草拟规程，决策的最后全力，仍在政务官手中，文官只是贡献他们的专门知识经验而已。很多工党的理论家因高级文官中出身剑桥、牛津两学府者特多，而他们又有极大的建议权，认为这对工党极为不利。此种疑虑，到工党有实际的执政经验以后，很快地就消除了。文官对工党的尽忠，与其对保守党的尽忠一样。文官能保持这样的中立态度，所以虽没有职位保障的法律，却能得到所有政务官的尊敬而安于其位。

2.5.6.2 财政部控制人事权

在西方国家中，英国的文官制度改革最早。一八七〇年枢密院令，规定了文官的等级以及公关考试的原则。公关考试由文官委员会(Civil Service Commission)主持，由其登记录取的各级人员并在政府公报予以公布。文官委员会虽然享有独立的地位，但仅负事务方面的责任，至于考试法规的草拟，考试科目的决定，各部会人员编制，以至文官的待遇及其服务规则等等，均由财政部的人事处(Establishment Department)决定。因之，财政部可以说是人事的主管机关，文官委员会不得过问原则性的问题。这个特殊的传统，使人事制度的推行得到很大的便利。财政部掌握预算权，因之它亦控制各部会的经费，对不依人事法规而任用的人员很易制裁。不过文官委员会独立的事务权也是很可贵的。事务不受人事处的干预，故考试不仅公开，而且是公平的。录取的人员，各部遇缺则补，不得任用未经考试及格的私人。

2.5.6.3 考试注重通识

英国人事制度中另一特殊传统，即不因职务的需要而规定考试科目。录取人员经任用后，亦往往转调数部，俾增阅历。我国文官，分简任、荐任及委任三级。英国亦分三级，各种虽然不同，精神则极相类似。它分行政级、执行级及书记级三类。行政级由升迁而来，不由考试。执行级由高考及格人员担任，而高考资格，大学毕业者始可参与。书记级由中学毕业生参加之普通考试而来。高考除外交特考外，其余的都考普通大学课程，而且与考者可在相当范围内自由选择科目。在这种种规定中，可以看出英人认为文官的专长从任职后的经验中得来，而不是在任职前训练成功的。因为如此，他要求公务员有广阔的知识基础，而不要求他有任何专门的技术。它认为只有前者方能充分的吸收经验。

文官的素质，对内阁的任事精神自然是深有影响的。英国的文官，大体的说，才足以为政务官分劳，所以阁员们方能集中精力于大政方针的检讨。多数学者常谓法国的日常行政，全赖常任文官为之维持，以是证据虽然多变，而政治秩序仍竟然客观，行政亦无中断之虞。英国的文官，在日常行政方面的贡献，其实亦不输于法国的文官。

本节参考书

Jennings：Cabinet Government，Cambridge Univ. Press，1959

Laski：Parliamentary Government in England，1939

Graeme C. Moodie：The Government of Great Britain，Thomas Y. Gromwell Co.，1954

2.6 英国的司法

2.6.1 英国司法的传统精神

英国政治之中，最能保持旧日传统者，恐一司法为最。不仅法官穿法及戴假发是古老习惯的遗传，即整个的司法精神，亦复如此。

2.6.1.1 司法受习惯的尊重

诺曼王朝为使国王的权利深入地方，时常派巡回法官，巡行郡县及贵族们的封地，为平民平反冤狱。那时贵族均自有法律，自设法庭，对平民多数极为虐待。国王的法官能为之主持公道，自然极受平民的欢迎。如此，英国的法律始逐渐统一，成为世界两大法系之一的普通法。这是英国司法机关始，在一早成立的时期，没有被人民看作统治者的鹰犬，而被认为人民权利的护卫者。

当然，我人不能认为旧日的英国司法完美无缺。著名的哲学家培根任大法官时，为了附和亨利八世的意旨，曾判决其好友莫尔(Thomas Moore)有罪而处以死刑。不过这是枢密院星室(Star Chamber)中的血腥事件，与普通的法院无关，而且培根亦因此深为其世人所不谅。星室是专制君主所设立的特别法庭，自然容易受君主意见的影响。

在光荣革命的时代，司法界中著名人物，多数与巴力门并肩作战。柯克(Coke)甚至在判例中说违反普通法原则的命令与法律皆不能为法院处理案件的依据。不过说来奇怪，洛克于阐述维新宪法的宗旨时，未曾予司法以独立的地位。亦许他认为司法权应受尊敬，也是现在英国人对于司法权的一贯看法。现在英国的司法权，形式上统属于内阁中的一位阁员——司法大臣(Lord Chancellor)。所有的法官，或则由其直接任命，或则经其推荐而由英王任命。但司法大臣以及其他行政机关以至行政人员，从不干预或影响法官的审判。在英人的想法中，隶属行政并不就是受行政的节制。一般公务人员尚能独立行使其职权，何况向受尊敬的法官?

大体的说，司法权之受尊重，可以说是诺曼大帝以来一贯的传统。到了现在，虽有人批评法官倾向于守旧，但对司法权的尊重，现在或胜过从前。举几个具体的例子，法官的俸给在政界中为最高级。司法大臣的俸给同于首相，法官亦特首优待。司法权常须受理政治性的案件，其判决常会影响政治团体的利益。例如工党因某公司于大选时刊载巨幅的反对国有政策的广告，认系为保守党作非法的赞助。法院因该广告不是为某一特定获选人而发，因之没有触犯选举陋弊法规。这个判决，对工党不无影响。可是那是法律的问题，而非法官有什么偏向。故应改革者为法律，而非法官的地位与职权。

2.6.1.2　普通法

英国的法律，属于普通法系。初有这个名称的时候，原所以与割据性的封建法区别。封建法为地方性的特殊法，而普通法则全国一律。从普通法的性质而言，全由习惯累积而成，故亦称习惯法。习惯法中之习惯，并非社会中一些的习惯，而仅指为法官所采取而见诸判例的部分。故习惯法又称判例法。从这几个不同名称说明，可知普通法施行于英国本部，其内容并不决定于法典，却以法官所承认的习惯为依据。这一种法律，实无特别值得称誉之处。雇来的习惯既不必适合于今日的环境，而古往今来的判例，又是多得汗牛充栋，没有一位法律学者能全部浏览。英国重视律师，认为当事人而没有聘请律师为其顾问为之辩护，其权益即不能得到充分的保障，皆因普通法过于繁复及过于矛盾之故。

但普通法亦却有其优点。法官为人民平反冤狱时，曾搜集有利于人民权益的习俗，以为否定封建特权的依据。诸如一罪不得两罚，罪嫌的判决应得其同级人民的陪审；证据的搜查及犯罪者的逮捕应持有法律等手续。世界各国的宪法，亦均以之列入人权宪章之中。大家所以欣赏普通法，不因为它是种习惯法，而是因为普通法为正常法律手续之母。这许多平实而琐碎的手续，乍视之好像无足轻重，实施而能切实遵守时则人民的权利与利益皆得到了适当的保障。无怪国外的观察者，都认为这是英国特殊优异的立国条件了。

普通法虽成为习惯法，但其内容，却常因制定法而更新。英国是所谓巴力门主权的国家。巴力门所通过的法律，无人能否定其效力，故制定法而与习惯法抵触时，制定法优于习惯法。近世为勤于立法的时代，英国亦非例外。普通法的旧瓶，装入大量的制定法的新酒之后，普通法自然也不能保持原状了。惟上述种种正当法律手续，改变的极少极少。我人若谓普通法即正当法律手续，从今天的情形来说，实在是很正确的。

2.6.1.3 法治主义

尊敬司法权与注重正当法律手续，两者相合，乃成为英国的法制主义。上自英王，下至庶民，无一人能自外于法律，这是所谓人人于法律前平等的原则，在英国是做得最为彻底的。这个原则的建立，司法界的贡献最为宏伟。上文说过，司法对封建时代是对抗封建特权的一种组织，而与英王与国会相争是又称为对抗专制权的力量，所以到了近代，它乃称为保持英国传统与护术人民权益的一个机构，封建特权与帝王的专制权皆得向司法权低头，这就是所谓法治的精神。当然，法官的刀笔，并不能单独来对抗封建特权与帝王专制权的。他们与对抗封建权时得到国王的支持，与对抗帝王专制权势又得到国会及人民的支持，如是而累计数百年的经验，乃能培养司法权卓著的名誉，乃能建立尊重司法权的传统。回顾我国，法家思想向称盛行，惟与执法官吏，皆一刀笔小吏视之，以是所重者为法家之术，所轻者为执法之官，这是我们不能有法治的主要原因。

英国因强调法律前人人平等的原则，所以不容易有行政法的产生，它的著名法学者如戴雪(Dicey)辈，坚信应以同一法律管理诸色人等。政府官吏与执行职务是其行为皆代表国家，官吏可以不负责任。惟逾越职权而有犯法行为是，则其罪责，与他们相同。如以一种法律施之于人民而以另一法律施诸政府官吏，那就是违背法律前平等的原则了。戴雪这一种意见是有问题的。行政法的目的，实为更进一步保障人民的权利与利益，形式虽似以另一种法律施诸政府官吏，精神上则并不违背法律的制裁。行政法如以庇护官吏的特殊地位为目的，那行政法的确违背法律前平等的原则而是可受批评的。惟行政法的目的如不在庇护官吏而实在使受国权行为受害的人民权益获有保护的机会，如何能说违背法律前平等的原则呢?

上述略论戴雪的意见，无非为说明英国是如何的坚持法律前平等的原则。它反对行政法，当然更反对其他的特别法。这对法制的精神而言，实在是很有助益的。只是王室中人以至于国王本人，皆受物资管制法的限制，不能享受法外的优待；平时亲王驾车超限，亦得受罚款的处分。凡此种种，都是新闻报道中传为美谈的事件。这是英国法治精神最具体的表现。

于此有一定应作补充说明者，英国是宪法与法律没有严格分别得国家，故所谓法治，亦即是宪政精神的表现。尤其英国的法律，普通法为其重要内容之一，而普通法是最重保障人民权益的正当法律手续的，故法治的意义，其重心在保障，而不单在要求人民服从。

2.6.1.4　优秀的司法人才

英国司法传统之中，另一为任所称道者，那就是它常能维持司法人员的优异的水准。

英国司法人员水准所以较高，其得力之处，并不由于严格的考试制度。说来奇怪，英国的法官以及律师，都不经由考试，而是由法学院(Inns)发给证书的。英国的法学院，并非大学中的一个学院，乃是具有悠久历史的独立书院。它们是专门训练法律人才的私立学校。对封建制度崩溃而王权抬头的时代，国王乃不在贵族中物色佐治人员而好起用新的人才。在那种时代，新人才就是明习法令的人，所以训练这种人才的学校非常发达。这种风气，至今没有没落。因为所有的律师以及法官都是持有法学院证书的人，所以他们都是法学院出身，都加入该学校为会员，而且还受那个学校的制裁。律师或法官而有背司法道德(实即法学院的传统精神)者，法学院得注销其证书而使之不能就业。因之，法律人员的知识水准以及服务到的，都是由几所私立的法学院来负责的。

法官的任用，以曾从事大律师(Barristers)业务若干年以上者为条件，法官的职位愈高，其所须从业的时间亦愈久。故法官与律师，既同属法学院出身，且同为法学院会员，他们又同为司法精神的维护者。历史悠久的学府，常能把这个学府的道统与学统薪传永继，英国的法学院，可以说已经发挥这种作用了。法学院规定须大学毕业始能入学，故有类研究所的性质，收费极为昂贵，间或请著名学者作短期的演讲。考试异常严格，毕业者即获得证书，从此即为法学院的会员，并开始起大律师的业务。法学院所发证书，法学院得随时吊销，只要从事律师业务是有违该业道德的话。故法学院同时又是司法业纪律的维持者。其实司法业同人既均为同一书院的前后同学，他们为母校的令誉，自然亦会互相督促与鼓励。这种种情形，是英国的司法界乃能树立其独特的清风亮节。学校的风气而影响国家政治如是之深，可叹观止。

大律师有出庭辩护之权。从业久而信誉卓著者得由同业选举为丝袍大律师(Silk Gown Barristers)，这是律师业中最高的荣誉。惟丝袍大律师始能加封为律师贵族，入贵族院及枢密院的司法委员会服务。从业大律师七年以上的任县法院的法官，十年以上得任高等法院的法官。因之法官的任命，均与律师的资格有关。法律贵族的加封，固出于律师业的选举，即法官任命的先后次序，实际上也是由法学院编造的。这是英国司法制度中最为特殊的传统。

大律师之外，尚有小律师(Solicitors)。他们都是学徒出身，在著名小律师处学习讲师而后开业的。他们只能在最低级的法庭出席。通常的职务，只是为当事人搜集证据及介绍大律师。小律师除可以任书记官外，不得为法官，所以在司法界的地位较低。

2.6.1.5　法院无司法审批权

上文提到光荣革命时代英国有一位大法官提倡法院得依据普通法以拒绝执行与此相背的命令以及法律，所以有人认为司法审评制(Judicial Review)由英国首倡。不过一般的说，英国的司法界均否定此一理论。一八七一年威利斯(Willes)法官说的最为明显：“我人承认巴力门所通过的法案乃我国法律……我人坐此判席，实为女王陛下及立法者之臣仆……设巴力门之法案不甚适合，惟立法者可予纠正及予以撤销。法律而仍为法律之日，法院务须服从”。这可以说是英国司法界的共同态度，奥斯汀曾谓恶法亦法，亦是此种态度的说明，法律是否适当，法理学者可予研究，舆论界可予批评，立法者可予纠正，但法官的职责只在执行，不能有其他的作用。

法官虽无审核法案而审判违宪法无效之权，但这不是说法官全无解释法律的作用。在英国，法官选法的例子也是很多。盖应用法律者为法官，而应用法律之门，若干结束时必不可少的。尤其高等法院及上诉法院的法官，其执掌在研究法理的疑义，解释的机会更多。法官在解释法律时，多数依据他们最熟悉的普通法的观点，由是英国的新法律不知不觉的为旧观念所中和，这是法官们对法律所可以发生的作用。

在目前的情形中，法官必然出身于优裕的家庭。法学院的学费，以及初期之星大律师业务是微薄的收入，非有者不能为此。医师法官多数有守旧的倾向，而这时守旧的倾向决定了他们对法律的解释态度。拉斯基教授于此点曾深致其批评之辞。不过实际地说，司法界的守旧倾向，多数由于法学的训练，不一定与出身的家庭有关。法学的训练为“恶法亦法”盛行法的态度，故不肯亦不能背离法而接受新理想的指导。从理想主义者来看，这是他们守旧态度；从司法界来说，这是他们忠于法律。平情而论，司法者鼎沸立法者，他们不能以主观的见解去改变法律的意义。他们的忠于法律应该说是种司法道德，而不能说是司法的守旧。

从韦利斯法官的释例中，可见英国司法界的态度，认为司法者联司执法，而造法是立法者的工作。他们对巴力门的制定法，不至有意以普通法的观点曲解的。

2.6.1.6　没有行政法

上文说过英人因深信法律前平等的原则，以至于认为行政法乃祖护官吏的法律，所以不足取法。以是英国始终没有行政法规。不过实际的情形，已在逐渐演变中，与戴雪的理论已大异其趣。这须从两方面来作说明。

其一，英国以往依据“王无误”的法理来表示国家对它的行为的不负责任。政府公务人员依法执行职务是，即代表国家的行为，人民因而受到损害或损失，并无任何救济的方案。因之，英国虽无行政法院，但一样有因行政行为而发生的争议。受理此类争议者为普通法院，法官必须研究公务员的行为究竟是依法的抑或为违法的，如属违法，即处以平民有此行为时应负之罪责。公务员执行公务而发生究竟是否依法的争议，必然那种行为已在依法与违法的边际境界中，法官无客观的行政法可为依据，而必须用自由心证的方式亦为裁定，当然不是很妥当的。而且法官所作判决，后人常依之为例，所以事实上亦逐渐产生一部行政为正义的判例法，我们也不能说英国没有行政法了。只是这部判例法由法官所创造而不是由立法者所制定的。

今年以来，英国公营企业勃起，而供应企业所作活动，更易牵涉人民的权益，因之争讼的机会亦更多。人民因司法程序迂缓，往往要求管辖机关从事裁定。所以行政裁定的案件越积越多，亦有形成一部判例大的可能。人民不服行政机关裁定者，可向枢密院的司法委员会上诉。这是英国实际的行政诉讼的系统。

其二，"王无误"的法理已由国家责任法（Crown Proceedings Act）来作纠正。在国家无责任的原则之下，只要公务员没有犯法或越权的情形，受害人即将无事释放。法官为同情诉讼人的不幸处境，必然扩大解释公务员犯法及越权的范围，使公务员有动辄得咎之苦。法院无论采那一种立场，都会失事理之平。因之，英国不得不向其他国家一样，正面承认国家所应负的责任。这个态度的改变，法院亦解释何为犯法及何为越权之际，必然会倾向于减轻公务员的责任而增加受害人被救济的机会。如此发展下去，法院对行政诉讼所作的判例，其内容一定越来越接近大陆国家的行政法了。

因之，现在英国的形式，实质上有行政法，而形式上则没有，因为它没有完整而聚集在一起的行政法典。

2.6.2 司法的组织

英国的司法，自其制度而言，因系适应不同时代及不同环境的产物，故极不统一。苏格兰及北爱尔兰，皆有各自的法律与各自的司法组织，与英格兰大不相同。下文所说的司法组织，仅指英格兰及威尔士两岛者而言。

一八七三年为英国司法改革年代。在这之前，它有许多特别法院。诸如宗教法庭、衡平法庭、军事法庭之类，皆各成系统，各有管制权利，割裂凌乱，不可名状。改革之后，已经为完整。

2.6.2.1　司法大臣

司法大臣为内阁阁员之一，主管司法行政。司法大臣乃一相当雇来的职位，在枢密院为国王重要组织机构的时代，司法大臣常居枢密院大臣之首席，几如其他君主国家的宰相。现在这个职位仍极显贵，任此职者，年俸一万镑，与首相的相同。他担任贵族院院长，枢密院司法委员会主席。在国家的典礼中，它的席次，仍在首相之前。

司法大臣虽然身兼数职，工作并不繁重。他主管的司法行政，主要的为法官的任命。全国法官不过两百人，而法官的职位是由法律保障的，非经国会决议，不得撤免。因之，只有法官因退休或死亡而出缺是，司法大臣方有真正的任命权。就在那种情形中，法学院准备着推出的名单，司法大臣人不过依例行事而已。他对各级法院的审判，绝对不能干涉。因为这种种关系，司法权虽若隶属于行政权之内，而事实上是独立的。

2.6.2.2　和平法官(Justice of Peace)

英国的法院分刑事及民事两个系统，各自分立。兹先述刑事系统，并从它最低级的组织说起。

处理刑事案件最低级的人员为和平法官。和平法官其实不是法官，既不必有法律知识，并亦不受国家俸给，只是年高的地方绅士借此为自娱的名号而已。一县的和平法官常在三四百人，全国总数在两万名以上。每位和平法官，都能处理些境内的轻微案件，例如无照开车或醉酒闹事等，但所处罚金，不得超过一镑，拘禁不得超过十四日。较为大一些的案件，须由邻近的两位和平法官组成简易刑事庭(Court of Summary Conviction)裁判之。更重要的案件，那就得有全县的和平法官会同处理。其实全县和平法官不常会全体出席，而实际的裁判，全由执行吏为之。执行吏是谙习法律的，和平法官事事的依仗他们。和平法官受理较为严重的案件时，召集陪审团审定犯罪的证据。

英国的法制虽为世人所称道，但和平法官可以说是盛名之累。他们处理的案件虽极轻微，但以不懂法律的地方绅士负责，实在是不必保留的传统。工党执政之后，曾欲加以改革，也只于一九四九年规定和平法官于七十五岁时强迫退休的办法，并没有予以废止。和平法官很有些像我国曾在各乡所设的调解委员，惟和平法官所处理者为刑事案件，而调解委员则注重民事方面的纠纷。

与和平法官共同维持地方治安者为地方的警察，这也是英国很特殊的传统。英国约有一百六十个警察机关的单位，每一单位有一位警察长(Constable)，由地方议会的委员会任用，但须得内政部的核准。警察长负责训练与组织员警。警察的服务范围及效率，内政部规定若干章程，合于标准者得受中央的补助。亦以此故，内政部经常派遣人员到各单位视察。将查账的地位，据判例的解释，他是王的臣仆，在职责中有相当的裁量权。我人所以要提及此点，因为英国的警察有不小的检察权，他们所提出的证据，陪审团是极予重视的。在初级的刑事案件中，警察为检察官，和平官为审判者。

2.6.2.3 其他刑事法庭

和平法官得警察及执行吏之助，每年处理的案件在数量上是相当多的。多数的案件，经他们处理的谋杀等严重案件，皆以县刑事法院为第一审。县刑事法庭由“王的法官”(King's Judge)一人主持。每县皆分为八个巡回区，由“王的法官”巡回受理案件。刑事案件的审判须召集陪审团。所以县刑事法院仅有一位法官，而且须在八区分别开庭，其事务之繁，可想而知。

县刑事法庭的上级为刑事上诉法院(Court of Criminal Appeal)。刑事上诉法院采合议制，所以上诉法院是不采陪审制的。上诉法院的判决是最终判决，惟得检察长的同意，独可向贵族院作最后的上诉。

2.6.2.4 民事法庭

民事的初级法院为县法院(County Court)。全国共有四五〇个县法院，而四百余县又合并为六十二个巡回区，每区仅有法官以人，轮流在区内的县法院开庭。县大院的管辖范围，以二百镑以下的民讼及五百镑以下的平衡诉愿为限。凡五镑以上的案件，经当事人要求得召集小陪审团(八人),但民事通常不采陪审制。

县法院之上为高等法院(High Court of Justice)。高等法院分设普通民事庭、衡平庭及遗嘱检证及离婚庭三庭,每庭皆有其特殊的管辖范围。普通民事庭组织最大,由庭长一人及法官二十人组成之,衡平庭由司法大臣及法官五人组成之,遗嘱检证庭由庭长一人及法官四人组成之。

高院之上为上诉法院(Court of Appeal)。上诉法院由院长及法官八人组成之,受理不服高等法院判决的上诉案件。上诉法院分全国为八个巡回区,每区由一位法官主持。当事人得贵族院或上诉法院之间意,得向贵族院提出最后的上诉。

2.6.2.5 英国司法组织的特点

上文对英国的司法组织既作简单的叙述,兹再说明其特点于后:

各级法院均分成若干巡回区,这是旁的国家所没有的制度。巡回法院为英国及其古老的传统,十三四世纪即已盛行,那时交通不便,而国王又急欲把司法权的力量深入民间,这是最为有效的方法。现在交通发达,是否尚有巡回的必要,甚是可疑。在各种巡回区中,上诉法院及高等法院,因为全国只有一个,分为巡回区尚不失便民的意义,县法院全县一人,好像只为节省法官。

第二是各级法院法官甚少,亦为特点之一。除未能列入法官的和平法官外,全国法官仅两百人。县法院每人要管辖好几个巡回区,工作的负担一定太重。法官的待遇与法官的素质固然高出其他国家,但繁重的负担也会是他们不胜辛劳的。英国所以能做到这一点,诉讼事件较少,恐为原因之一。而轻微的案件之不涉及精微的法律问题者,均由和平法官及警察处理了事,这亦节省了法官不少的时间。

刑民案件均以贵族院为最后的上诉机关,这也是英国的特殊制度。古代贵族院,本为封建法院之一,管辖贵族间以至国王与贵族间的纠纷。其后王权日盛,王权已非贵族院所能节制,惟贵族的犯罪事件,依据贵族须由其同级的人来治罪的原则,仍由贵族院受理。虽王家判席(King's Benches)已专负司法之责，此点又不改变。就因这个传统，贵族院仍保留最后上诉的审判权。贵族院须有九位法律贵族在内，这是贵族院法庭的主干。一般地说，上诉于贵族院者，因须得原判法官及检察长或贵族院的同意，每年手里的案件实寥寥无几。

最后可以一说的是警察的检举权及和平法官的审判权。英国警察虽有很高的素质，行使职权时亦彬彬有礼，但他们究竟是隶属地方委员会及内政部的行政人员，由他们负担检查工作，对司法权的完整不无严重影响。和平法官为地方的退休绅士，有公正的令誉，但于法律知识则毫无根基，由他们支持初级的刑事裁判，亦非常之事。观英国的司法权，不仅没有独立，而且也不完整。从这种地方来看，随历史生长的制度，固有其自然适应之妙，但不合理不规则的地方，也所在皆是，而且在因利图变的观念之下很不容易作彻底的改革。我人除于英国司法保障人权的特殊功绩觉得可以崇扬外，于其制度可取的地方实在不多。

2.6.2.6 昂贵的诉讼费用

英国的法制虽极彻底，司法界的服务精神虽极崇高，但得到司法保障的代价是相当高的。一件较为重要的案件，当事人的支出常在万镑左右。拉斯基教授因控诉某报亦诽谤罪，因而发债累累。各级法院的手续费，都规定得很高，而小律师与大律师的公费，更为昂贵。在这种情形之下，普通人都不愿意入讼。法庭较为清闲，各级法院法官较少，这恐怕是很大的原因。不过司法所以保障人权，有了公正的司法机关，贫寒者却不能得到它的服务，这是很可以遗憾的事情。何况牵涉刑事的当事人，被控者如无力聘请律师，可能会失去正当的辩护机会，更失公平的宗旨。英国有鉴于此，一九三〇年通过一贫寒罪人辩护法(Poor Prisoner's Defense Act)，经律师公会证明确系贫寒之罪人，法庭得指定一小律师或大律师为之义务辩护。一九四九年又通过一司法救济法(Legal Aid and Advice Act)，把上述辩法扩大而适用于民诉之当事人。

本节参考书

Jackson：The Machinery of Justice in England Univ. Press, 1953

Moodie：The Government of Great Britain

2.7　西德的基本法

2.7.1　基本法及其原则

希特勒自焚之后，德国已在盟军完全占领之下。英美法以及苏俄各定区域，分别予以统治。这一各分割的统治，留给德国人最为深刻的印象。盟军各自鼓励建立地方政权，各自整顿其境内的纳粹分子，各自拆除军事工业，甚至还各自进行其英俄法的语文教育。各国宽严的态度既不一致，政策更多分歧，一时几成混沌状态。

这种混沌统治如果长久继续，德意志又将回复为地理上的名词，国家的意识必将消灭而没有一点痕迹了。幸而英美为德国的经济重建而要求四区合作，经苏俄及法国的拒绝后，英美乃进行两个区域的合作。最后法国渐知反对无效，亦同意加入，而完成三个区域的合作。这是西德所由诞生的重要原因。西德成立之后，自然要制定宪法而完成其民主改造的工作。但西德人士深感没有东普鲁士参加的德国是不完整的。于此残破的国基之上建立新秩序，无异舍弃其原有的疆域。尤其德国是重视法统的国家，更加在没有统一之前制宪是很不合适的举动。因之，他们称所定宪法为基本法，并于引言中要求全体德国人民依其自由决定完全德意志之统一。

制宪代表之中，基督教民主党及社会民主党两大党所占席次的约略相等，其余小党则周旋期间而发生制衡的作用。他们大多感到魏玛民主的失败，皆由于国会不能凝聚各党的意见，以致成为无缰的野马而不可控制。其结果是内阁不时倾覆，政府显得软弱无能。为收拾残局，总统运用紧急权力，最后乃导致希特勒的独裁。这种不幸的经验，使代表们特别警惕。为避免此种缺点，会对联邦政制作重要的政革，而其他方面，承载传统的地方较多。例如人民权利，魏玛宪法会以创造新的权利观念闻名于世，基本法的起草人殊无另起炉灶的必要。相反的，代表们还保守废止了创制的直接政权，使基本法的民主精神大为灭色。所以然者，魏玛时代的直接政权常为极端政党所利用，例如共产党之反袖珍舰运动及右派政党之反杨格计划运动，皆曾联署复决以打破政府的威信。为巩固新政府的地位计，此类民主工具只有暂时割爱。与社经政策有关的工作权，基本法谓："人民有自由选择职业、工作地点，及职业训练所之权利"，与工作权的涵义相去已远。

一般来说，基本法中理想主义的色彩，没有魏玛宪法那样浓厚。

基本法有如其他战后国家的新宪法一样，承认国际组织对世界和平的重要贡献，第二十四条第二款谓："联邦为建立并保障欧洲及世界恒永和平秩序，赞同主权的限制。"第三款又谓："为解决国际纷争，联邦愿加入强制性的国际仲裁协约。"主权观念的改变，原为第一次世界大战国际间重要的理性呼吁之一，惟国家愿意列入宪章并以之为立国的原则者，仍不多见。基本法有此规定，殊为可喜。当然宪法的实质意义，仍须由国家的其他客观条件为之充实。尤其国际组织及主权限制等伟大理想，更非若于国家增列几条宪法条文就可以发生作用的。

2.7.2 偏向中央集权的联邦制

德国原为联邦国家，但它的联邦制，殊不同于美国。德意志统一之前，全呈分崩离析之状；而其统一，又全恃多数人旺盛的民族观念及俾斯麦首相的铁血政策。因为这个关系，各邦地方观念既极强烈，而对中央领导的期望又极殷切。俾斯麦完成此矛盾目标的方法是经联邦的形式以行中央集权之实。他凭普鲁士首相及联邦首相的双重身份，支配普鲁士，因之亦支配联邦的政治。原来普鲁士在联邦中任何方面均占压倒优势，普鲁士与其他小邦的联合无异狮子与狐兔的联合。那时联邦众院没有什么重要的作用，而联邦参院又不过为各邦官僚的组织，普鲁士的表决权为十七票，几占总数的三分之一，俾斯麦能运用自如，无怪他可以得心应手的指挥全国了。所以俾斯麦时代的德意志帝国，虽采联邦的形式，实质上与单一国家是无甚分别的。

魏玛民主德国曾思改革此畸形的势态，规定普鲁士在联邦参院的代表，一半由其他地方政府派遣，一半由联邦政府任命，用这个方法来分散普鲁士的表决权。但魏玛时代的政治领袖们，一样是倾心于集权的。宪法中所规定的联邦与邦的共有权，本来与邦分享，惟联邦规定有法律者各邦必须以联邦法为凭，以是联邦对共有权极占优势。

西德继承往日传统，仍先偏向中央集权的联邦制。基本法七十三条列举十一项联邦独有的立法权，七十四条列举二十三项联邦兴邦的共有立法权，七十五条又列举五项联邦得以发布原则性规定的权限。其详尽的程度，不亚于魏玛宪法。

除上述权力之外，皆为各邦的立法权，这也是基本法七十条明文规定的。从表面看，西德既把未赋予联邦的权力划归各邦，各邦的立法自由，应该是很大的。在列举的联邦立法权之中，共同权力最堪注意，因为项目最多，包含的领域亦最为广泛。联邦及对共同权的运用皆受有原则的限制。联邦运用共同立法权时，乃因由各邦立法不能为有效之规定，或因由各邦规定势将损害他邦之利益；或因为维持法律及经济统一之目的须由联邦立法（基本法七十二条）。而各邦运用共同立法权，惟以联邦尚未立法者为限（基本法同条）。上述原则的限制，对联邦者极为抽象，对各邦都极为具体，可见联邦实有的运用的较大自由。凡联邦认定应予统一规定或联邦始能为有效规定的立法，它就通过法律，因之各邦也就没有该项立法权，岂非各邦立法实皆受制于联邦？

在立法和程序方面，基本法似亦予邦权以适当的保障。联邦法律通过时，均须经代表各邦利益的联邦参议院的审议，联邦参议院表示有审议时，众院须再予讨论。而法律案之涉及邦权者，以及宪法修正案而可能涉及邦权者，联邦参议院三分二绝对多数通过更为必要条件。再从宪法的解释来看，邦对联邦法有违宪的疑义时，有权提请宪法法院裁判。这许多规定的实际意义，将于后文立法机权及司法机权的两节中讨论，此间不再另赘。但可以注意者，这许多都是美国联邦制中没有的规定，西德各邦的分子权，应该说较美国各州所享有者更为充实而且亦更有保障，为什么多数人可以认为西德是偏向中央集权的联邦制呢？

西德与美国最重要不同的地方，在于行政的系统。美国的联邦权，以由联邦机权执行为原则为。西德基本法第八十三条规定："联邦法律之执行，除本基本法另有规定或允许，为各邦之职务"，可见西德以由各邦执行为原则。因为联邦法经由各邦政府执行，所以联邦政府对邦政府有了监督权。它督察邦的执行是否合法是否适宜，有时甚至派遣委员直接指导（基本法第八十四条）。同时，联邦亦得干预邦政府的人事，对任用条件及训练发布统一的行政规程，甚至中级机关首长的任用，还须得到它的同意。

行政的监督是西德于联邦制之下得以行中央集权之实的主要原因。从行政体系来说，邦的机关，乃联邦各主管部会的隶属单位。尽管各邦有自己的民选议会及民选首长，尽管各部亦自己在制定法而交由邦政府执行，但在联邦法的体系之中，邦的机关是在联邦的命令系统之下的。联邦可对各邦政府首长及其所属机关发统一性的指令。而在紧急的情况之下，并可对某邦发布特殊的指令。

我们亦许可以这样说，西德于立法权的割分采联邦制的形式，而于行政权的指挥与监督却采单一制的形式。

2.7.3 政党政治

与魏玛时代比较，西德改进得最多的是它的政党政治。基本法第二十一条正式承认政党的地位，说它有协助人民作成政见的功绩。这是第二次世界大战前任国家宪法中少见的文字。政党作用既如是实实在在，人民自愿享有组织政党的自由。惟亦以是故，政党愿受宪法及法律的约束。极端政党之有害于民主政治，实为有目共睹的事实，而德国已受纳粹党的蹂躏于前，于此更不能不引为深戒。第二十一条规定政党内部的组织愿符合民主原则，并愿公开说明其经费来源，更重要的一点，第二十一条又规定："政党之目的或其党员之行动欲侵害或废止自由民主之基本秩序或危害德意志联邦共和国之生存者为违宪。有无违宪之问题，由联邦法院决定之。"

在上述规定之下，西德已取缔德意志社会党及共产党，可谓业已发生效果。不过我人所谓西德政党政治的改进，尚非指此。魏玛时代政党之多，几与法国相同。国会之分歧，内阁之不易安定，亦与第三共和国相类，这种诡谲多变的政党政治会为纳粹专政开道，这是西德不愿重见的覆辙。但政党的多寡，非人力或法制所可以强求。而且美英法占领党局，业已核准许多政党。它们并因共产党为反纳粹的地下势力，甚至还扶助共产党的发展。以是西德初期又是政党林立，大有恢复魏玛旧观的趋势。所幸基督教民主党形势强大，常在大选中获得压倒优势。而阿德诺的坚强领导，更有助于该党的团结。由是小党逐渐失势，形成基督教民主党与社会民主党两大党角逐的正常状态。

西德多党现象的得以改善，恐怕应归属于它的选举法。而不能归功于基本法取缔反民主政党的规定。德意志愿采比例代表制，西德的小党皆维持这个传统，大党中社会民主党对此亦有偏好，由是采用了一种相当复杂的折中制度，在新的选举制度下，一半议员由单一选举区产生（一九四九年规定为百分之六十，以后修改为百分之五十），其余的按各党所获选票比例，更重要的一点，一九五三年及一九五七年两次修改过的选举法更增加一些淘汰小党的办法，使国会中的政党大为减少。政党所获选票不到总数的百分之五而又没有若干候选人在地方获胜者（一九五三年规定为一人，一九五七年规定为三人），牺牲其比例分配议席的权利。

这个选举法的实际效果，至可骛人，一九四九年的联邦众院共有十个政党，基督教民主党仅占百分之三十五议席；一九五六年众院仅有六个政党，基督教民主党议席激增为百分之五十一；一九六〇年的众院仅有四个政党，基督教民主党议席百分之五十五；一九六二年基督教民主党消灭，惟众院中仅有三党。第三党为自由民主党（F. D. P.），其领袖赫斯会被选为西德第一任总统，它并会与基督教民主党数度组合混合内阁。

西德的第二大党为社会民主党，在众院中经常占三分之一左右的议席。论党的基础，它有六十五万人，超过基督教民主党的二十余万人远甚。不过它早期的领袖司马撒（Kurt Schumacher）氏，虽有反纳粹的记录，惟久受希特勒的迫害，因之精神不很正常。他反对西德重整军队，亦反对加入欧洲共同市场，他渴望德意志统一，甚至联共亦在所不惜。故不能得到人民的信任，现在他的领袖为西柏从市长白兰德，是一位少壮的反共人士。社民党于一九六〇年修正党纲，放弃国有政策，并以拥挤联合国为对外政策的基点。无如基督教民主党执政已久，而且是领导西德走上复兴之道的功臣，社民党一时谈不到起而执政的机会，不过它在若干邦仍有深厚基础的，而且控制了邦的政府。

现时的执政党基督教民主党员的基础虽较薄弱，而常能获得过半数的选举票，足征它的施政成果很能得到人民的欢心。阿德诺有刚强的意志，而且常能正确的领导。他合作的诚意赢得了民主国家的合情，并因而使西德得到外援，各方面都能欣欣向荣。阿德诺的继承人欧哈德，以建设自由经济获得成功而闻名于世。他会以经济学者的立场，评论英工党首相韦尔逊的国营政策，可见他自信力之强。后远景来看，基督教民主党的组织基础始终是它的缺憾。它的宗教观念使自由的知识分子远离，而它的社经政策又使工会分子决心站在社民党一面，它只有靠领袖们的政绩来维持党的声誉。而领袖之间的歧见，很容易引起党的分裂，例如阿德诺与欧哈德之间常闹意气，大大削弱了党的力量。

上述政党政治的大概情形，实为战后西德有安定政治的重要原因。基督教民主党因为常在众院中拥有多数，它有得到众院使用的充分自信。到现在为止，内阁尚无须运用基本法中紧急立法事件的权力，可见它的施政方案经常是得到顺利通过的。这一种内阁制之下应有的常态，魏玛时代不可能产生，而西德如回复以往多党的的旧貌，一样也很快会丧失现在的健康现象。

2.7.4 总统

德国向有崇拜权力的传统，故总统一职在魏玛宪法中占据极为重要的地位，而其后与登堡因经常须调停于国会及内阁之间，更使总统成为政治的主角。西德基本法的起草人，显然不希望西德的总统享有与登堡式的权力。在基本法的规定下，总统没有紧急命令权，不是海陆空三军的最高统帅，也没有选择总理人选之权。更重要的一点，他公布法律或命令时，除解散下院及任命的总理的任命外，均须总理或有关部长的副署（基本法五十八条）。换句话说，西德的总统，有如御而不治的英王，是象征性的偶像。

为配合上述观点，西德总统任期五年，由间接选举的方式产生。总统选举团在联邦大会，由下院全体议员及与此名额相等的各邦议会所举的代表组成之。总统候选人仅须年满四十的选民即具有资格。总统的权力皆可活动运用，而其中最重要者，莫过于总理人选的提名。上文调西德总统无权决定总理人选，因为他提名的人选，须经过众院表决通过。众院不予接受，总统就无能为力了。在这种规定之下，众院如有其拥戴的领袖，更具体的来说，众院如有一获得过半数议席的政党在，总统实没有多少选择的余地。不过众院中政党阵容极为复杂，总统的提名还是很有作用的。在那种情况中，总统既有在若干领袖中作一选择的自由，并可能因之而要作解散众院的重要决定。其实总统的个性与威望，也可以使形式上的权力成为实质的权力。例如阿德诺有意竞选总统时，会表示愿提名他的财政部长爱瑞兰为总理，而欧哈德因与他外交观点不合，所以不认为是适当的人选。阿德诺类型的人自然会把提名权看得异常重要，认为这是为国家服务的最佳机会。第三共和法国的马克翁，其实就是在类似的宪法条文下运用了他的提名权及解散权。

西德第一位总统由自由民主党的首领赫斯（Theodor Heuss）担

任。他既是有经验的政治家，又负文名，更兼为人和易而不好矜持，很适合偶像元首的身份。故首任届满之后，其连任几乎得到选举国一致的赞同。一九五九年，阿德诺会宣布有意竞选总统。此一举动如果成为事实，西德总统的功能可能会发生重大的改变。阿德诺希望决定总理候选人选，并调愿指导若干外交的原则。这种看法，固然不认为总统是虚位的元首。以后因后继人选难定，他决定留任总理，而陆培克(Heinrich Luebke)乃被选为第二位总统。陆培克虽与阿德诺同党，但亦愿总统为虚位元首，与阿德诺相异。两位所行，可能为西德的虚位元首制建树优良的传统。

2.7.5 总理与内阁

2.7.5.1 总理的产生

总理如何产生？基本法中规定得极为详细。总统提名总理候选人，众院对之不经讨论而即行投票，获过半数票者当选。在这个程序中，说明总统有组织政府之实，惟决定权则在众院。总统不能因其个人的好恶抉择总理人选，必以能获众院多数拥挤的组织政府机构，此原为内阁制的常轨。惟过去魏玛德国的经验，它的议会中不常有明显的多数党，没有上述程序那样顺利。在小党林立的议会中，总统虽可以任意选择一位党领袖聘任总理，但所组成的政府不易安于其位，而且总统的权力也显得太大了。基本法有鉴于此，乃规定总统提名的人如不能获得众院过半数通过，众院即须于两星期内自己选出一位能获过半数票的人出来担任总理。由此一方式选出来的人，总统必须立刻予以任命。众院自选总理，须小党能联合而为大的执政党团始有希望，小党意见过于分歧，两星期内无法产生一位能获过半数票的总理，第三款选举总理的方式。两星期后总理仍未产生基本法，众院得以较多数票选出一位总理。但在此种情况下，总统可以作接受或解散众院的考虑。盖仅获较多票的总理，虽可勉强组成内阁，但不易持久，是以总统不妨以解散众院的方式来解开僵局。

基本法这许多规定，设想可谓周详。第一种情形是最正常的环境中产生的，即众院中有一占过半数议席的大党在，总统乃提该大党的领袖为总理，总理很容易的就产生了。第二种情形是多党的环境下产生的。总统提名一较多数党的领袖为总理而未获通过，众院各党领袖乃多方奔走联击，莫能形成一强有力的执政党团，两星期内如区成功，内阁亦可顺利组成。第三种情形魏玛时代经常发生，政党形势混沌而又无人能予澄清，内阁乃呈难产之状，不是以较多数票选一总理暂渡难关，即须解散众院。

所幸西德政党没有以往那样分歧，一九四九年情形较为恶劣，惟基督教社会党与自由民主党联合后，即能产生一有施政实力的政府，所以没有产生过第三种情形。

2.7.5.2　总理的地位

总理是西德内阁的灵魂，并以为行政的最高负责者。他享有如此崇高的地位，乃依据基本法六十四条及六十五条的规定而来。

六十四条规定：联邦部长之任免，由总统经总理之建议为之。此一规定的实际意义，自然指总理得自由任免其阁员。因之，总理的地位与作用，非一般阁员可比。多数内阁制国家，对阁员的任免，其实与基本法的规定大出入，我人不能谓六十四条有特殊推崇总理的意思。惟德国自俾斯麦建立首相制以来，向视阁员为高级公务员，而高级公务员又向视有任命权的人为主管。此一传统，对总理威信的建立实大有裨益。现在西德内阁规程，独规定阁员离开首都满一日者，须知会总理，而告假三日以上载赴国外考察者，须得总理的批准。总理之视阁员为僚属，于此可见一般。

六十五条规定：总理决定一般政策，自部长在此一般政策之下负责其部务。这个规定，大体与英国传统相仿。惟英国的一般政策，不必由首相一人决定，多数时候须与阁员们共同协商。基本法原意，显然欲纠正魏玛宪法的缺点。魏玛宪法曾明定：一般政策由内阁会议决定，而内阁会议中，阁员们均有其相等的表决权。更兼那时阁员不一定与总理属同一政党，这个一般政策须由内阁会议通过的规定，更使总理有一筹莫展之感。现在的规定则一反往日传统，一般政策由总理一人决定，而阁员们均须禀承一政策。这自然使总理加强其统一指挥的权力，内阁因之而有了阁体的精神。

在我人印象中，魏玛宪法与基本法有过独不及之憾。魏玛宪法重视阁员们自由划制，可是忽略了内阁的统一政策。故魏玛时代的内阁，总理很难建立其领导权。基本法鉴于前失，未免矫枉过正，把内阁制的合议精神完全牺牲了。内阁的团体精神，须建立于责任制之上。内阁如须向议会集体属实，则其责任越为真实，团结亦必越为坚固。像基本法那样规定总理决定一般政策的方式来加强内阁的一致性，似乎不过分重视阁员地位。遇到一位个性很强的总理，阁员自然就成为属员。这样，可能制造人事纠纷。基本法明定总理决定一般政策，阁员于此，不能分享权力。然则西德内阁会议的作用又何在？阁员于内阁会议敬陪末座，恭聆总理的言论，或则总理高居上座，听取阁员的报告，这不是内阁制而是总理制了。阁员须依总理所决定的一般政策施政，而又对其部务负责。此种责任，如何负法？团体责任的精神是在共同决定政策的条件之下产生的。今以决定权付总理一人，而责任则阁员共负，既失事理之平，亦很难使其具有独立意志的政治家安于阁员的地位。总理辞职，阁员的职位亦同时终止，显然阁员与总理同进退而不能有固定的任期。是则阁员应在议员中选择，而不能从文官中去物色。惟在俾斯麦以来的德国传统中，政务官与文官界线不清，俾斯麦自视为王帝的第一臣仆，对王帝负责而很少对议会负责。对他的阁僚，自然更以臣仆视之。那时的阁员，可以说都是高级文官。现在西德的阁员，比照文官叙薪，且规定在政府服务满十年者享受退休待遇，仍把阁员看作文官。西德一九五四年出版的宪法数本尚谓阁员可以不从文官中选择。从这个话表面，可以看出西德人士尚以为自文官中选择阁员为正常状态，并没有了解政务官的真正意义。

就事实而言，内阁中文官出身的人已逐渐减少。阿德诺第一次组阁时有四位文官，第二次仅一位文官，第三次竟没有一位文官。欧哈德任阿德诺为总理后，也没有在文官中选择阁员，与第五共和法国大为不同。

2.7.5.3　内阁与众院

总理由众院通过或选举，所以西德的内阁可以说由众院决定入题的。同时，内阁也因众院的反对而倾覆。基本法六十七条及六十八条规定：众院如通过不信任案或不通过政府所提信任案，总理皆须辞职，而其他阁员的职位，当然亦同时终止。从表面看，西德的内阁受制于众院，与魏玛时代并无二致。不过细考那两条的精神，很容易发现西德内阁所负的责任是很不完全的。

第一，众院对内阁的不信任，须以明示的方式为之，暗示的手段不能发生作用。这就是说，政府所提法案而不为众院所通过，并不形成不信任事件。政府施政，全恃向国会所提的法案为依据，如果法案遭国会否决，实际上它的政策已受挫折，它应否留任，已大有问题。西德为保持政府的安定计，这类暗示的不信任并不能动摇政府的地位。西德政府党的议员，一样对政府提案滥肆批评，例如调整薪给的法案，财长原提高百分之四，并力言这已超过国家财政的力量了，但政府党的财税委员会的主席受文官公会的压力，竟提高为百分之九。这类事例，说明西德的制度对政府亦有利有弊。自其利而言，政府不因法案之横遭修改而去职；自其弊而言，议员的言论亦不真负责，而且各部必须个别对众院作战，对内阁集体责任的精神颇多打击。

第二，众院提不信任案的权力是很受限制的，它必须同时以过半数票选出继任的总理。这就是说，众院如不产生一位新的总理，它就不能为不信任的去表示。这个条文的意义，必须自政党政治实际变化中求其解释。政府是某一政党或某位集团能在众院中控制过半数票而产生的，此一情势不变，上述事件自无发生的可能。此一情势后稍稍改变，例如执政集团内若干分子因不满政府政策而辞职，也不会形成严重势态，因为他们即加入在野集团，仍不易产生一位新的总理。上述严重事件的发生，必然因在野集团变成多数，而且它们坚决拥戴一位新的领袖。在这种情形下，联邦总统自然只有接受众院的决议了。不过这种情形不是容易发生了，多党的议会，倾覆一个政府容易，而产生一个政府则非常困难，因为多党的复杂情形不会共同拥护一个领袖的。基本法根据此一原则限制不信任案的条件，可以说是安定政府极为有效的方法。

关于信任案的否决，情形也是一样。信任案是政府提出来的，而所以提信任案，自然为了坚持政府的立场，表示愿意为某一政策去作斗争。例如阿德诺的重整军备方案，各方反对的声浪虽高，政府认为必须实施，乃要求众院对此作信任投票。众院未能过半数通过该信任方案，总理可于三星期内请总统解散众院。惟众院能于三星期内以过半数票产生一位新总理者，即不能解散众院而惟有总辞。

基本法所以设计此不完全的责任制，主要的原因为国家不能一日无政府，而众院滥用其不信任权会造成无政府状态的。这是德法的惨痛经验。因之我人可见成功的议会制度，须议员们有自制的德性，而其政治智慧，尤在能识大体，辨利害，不为意气之争。我人常调民主政治的成功，有赖于人民——最少是他们的代表——能有较高的道德与知识的水平，实即指此。

2.7.6 联邦议会

联邦议会由联邦众院及联邦参议院两院组成之，为联邦最高立法机关，两院之间的关系，并不平衡，兹为分述如后：

2.7.6.1 联邦众院(Bundestag)

联邦众院为西德民选的立法机关。众院每一届任期四年，遭解散时则提前结束。基本法规定众院于任期结束前三月内举行改选。选举是依直接秘密普及的三项原则进行的，因之，众院议员均为民选的代表。选举的详细办法，已于政党政治一节中讨论，此间不赘。所可注意者，西德历次选举的记录，似选民已不像从前那样爱好理论，故于政治所提示的标语不感兴趣，而只追求实际的福利。小党在这种转变中很受打击，因为选民了解小党标奇立新的，不足重视。在他们所看到的政党搏斗中，各党理论一若南辕北辙，而行动则又很类似。转不如投大党的票，政局得以安定。是以小党很少能得到百分之五的选票，不能在众院中占有议席。众院由是清静得多了。

西德的议员，初期多数为新手，有议会经验者，不过百分之五。议员的职业公布很广，很多在地方议会或地方机权兼任职务，这是西德很为常见的现象。议员之中，研究法学者较多，对于立法者应该说是很好的训练。但大会中讨论的空气单调沉闷，水准并不很高，是盖议员均受党纪约束之故。基本法三十八条虽规定众院议员为全国人民的代表，仅服从其自己的良心而不受委任或指令的拘束。事实上议员们很少违背党的领导的。社民党绳墨最严，基督教民主党较为松懈，但它的议会党团亦规定不依党的决定投票者，须事先声明立场。议会党团的会议(Fraktinne)不仅决定对法案的立场，甚至还指定发言人。众院的议长副议长，亦由议会政党瓜分。议长为执政党的议会领袖，副议长三人，三个大党各据其一。议会的日程及委员会工作的分配，由议长副议长及各党代表所组成的委员会(Council of Elders)决定。

众院分设若干委员会，其作用介于英美委员会之间。议会党团经常选专家及利益集团的代表，充各委员会委员，使委员会对政府提案常作重要修正。委员会在秘密中进行，政府部会长及其随从文官均有权出席说明，双方如何获得协议的内幕，很少对外泄露，不过政府提案常在委员会翻查的阶段变更内容，可见委员会的功能殊非英国式者可比。

讲过众院的概况以后，可进而说明它的权力，众院是战后德国很受歧视的一个机权。魏玛时代，众院因受多党之累，始而合纵连横，颇使内阁不安；继而内阁赖紧急权施政，谟视众院的意见；最后希特勒出而独裁，小党固各个击破，众院亦名存实亡。这一段苦难的历史，实为起草基本法者引为深戒的前车之鉴。他们尽量加强总理的地位，已如前述，而于众院倒阁权，亦严为限制，务使翻云覆雨的国会议员们无所施其伎。这样，他们认为西德始可像英国那样有一个行动灵便的政府。

但众院依旧是西德主要的立法机关，法案的提出，七十六条第一款规定联邦政府，众院议员及参院代表均可为之。惟政府提案，应先送参院审查，俾三星期内提供意见。不涉及邦界及邦权的法案，参院仅能搁置否决，众院有最终决定权。这就是说，参院既有异议，众院如能以同样的多数维持原案，即可不愿参院之反对而成立。

法案的通过为政府得以施政的主要根据。政府如不能控制众院的多数，它所希望的法案即易在议会中受打击，内阁并可因此垮台。众院享有一般法案的最终决定权，其声威似可与英国的平民院相比，然而不然。

一则，内阁认为必需的立法而为众院否决者，内阁不特不必辞职，并可于征得到联邦参议院同意后，宣布该法案为紧急立法事件，众院后再度否决，政府仍得公布为法律（基本法八十一条）。惟每位总理的任内，只能一次运用此项权力，这是相当严格的一种限制。紧急立法事件与魏玛宪法的紧急命令权有许多区别。紧急立法事件仅为内阁贯彻某一法律案而采用的手段，而紧急命令则为应变的一般权力。紧急立法事件的产生，无非内阁与众院之间有歧见，内阁又深感某一法案势在必行，乃不顾众院之反对而采用此一手段。紧急命令乃国家遭遇叛变而运用的比较广泛的非常权力。又紧急立法事件不得改变基本法，而紧急命令可以停止一部分宪法的作用。阿德诺于一九六〇年提出紧急命令权的基本法修正案，以充实政府准备非常的权力，因社民党的坚决反对而没有成立。

除立法权外，联邦众院尚有调查权。基本法四十四条规定众院有设查调查委员会之权力，如经四分之一议员的请求，则有设查的义务。在议会休会的时间，常设委员会并可兼行此种调查。惟调查委员会所认定的证据，法院没有采用的义务，其议员对之自由作评论与判断。

复其次，众院有如英国的平民院，其议员对政府可以提出询问。但运用的实际效果，两者相去甚远。所以然者，既有制度的原因，亦与议员的素养有关。自制度书，西德询问的时间太少，一九六〇年之前每月仅得一小时，而且询问内容以辨明事实为限，并须事前以画面为之。在这种种限制之下，政府殊不以议员的询问为意。政府充分的准备之后，事实真相皆可得以掩饰，答复辞令均成官权文章，议员们对之亦毫无兴趣。举例来说，议员问：英国牛津地图以苏维埃东德为独立国家，政府准备向政府交涉而要求修正否？这个问题提出后，经两星期始为答复：其语云谓政府早向英政府交涉，惟事属私人及学习团体的活动，友邦政府固不得任意干涉，我国政府亦无法强人所难云云。

最后，联邦众院有节制内阁的权力。自总理的通过或选举以致不信任内阁而使之倾覆，可谓有绝对的制裁权。不过它的节制作用受着严格的限制，这在上文已有叙述，不复另赘。

众院在任期届满之前，总统有解散之权。总统的解散权，必须于下述两种情形之下行之。第一，条理难产而有形成无政府状态的危机时，总统可自行决定解散众院。这是新任众院集会之初可能发生的情形。第二，众院没有通过政府所提信任案而又未能以过半数票选出新总理，总理于三星期内可提请总统解散众院。第二种情形，名义上虽是总统在行使解散权，实际上是内阁的决定。这是内阁业已组成而众院与政府形成僵局时发生的。

2.7.6.2 联邦参议院(Bundesrat)

基本法五十一条规定：由各邦就其高级人员中任命代表组成之。每邦最少可有三位代表，人口在两百万以上者有四位代表；六百万以上者有五位代表。各邦的投票权，与其代表名额同。现时四邦派遣五位代表，三邦派遣四位代表，三邦派遣三位代表，共有四十一位代表。代表皆受政府节制，故每邦代表的投票是一致的。事实上代表们皆为邦政府的总处长，大部分的时间都在邦政府工作，一月不过一两天在波昂。因此之故，代表又指定邦的常任文官留驻波昂，并代其出席。这种形式的议会，乃世界中最特殊的座谈会。

参议院在立法方面的权力，略逊于众院，但还是近代国家中颇具作用的上议院之一。参院对法案的作用可分几个阶段来说明政府提案未经众院讨论之前，先交参院审议(七十六条)，审议时间可达三个星期，这因为参院同时亦是行政顾问的原因。在审议阶段中，参院不能否决法案，而只能陈述它对法案的意见。审议阶段是参院发挥其作用的最重要的阶段。参议员为各邦高级行政官，实际上就是联邦法的行政人，他们指定的代表，更为邦政府中有经验的资深文官，参院如以实施困难为理由而要求政府修改若干细节，很容易得到政府的同意，而以修正过的提案提出于众院了。参院能于沉默中影响政府，实皆有赖于此。

众院讨论法案而达成决议后，即转参院讨论，此为参院对法律案表示其态度的第二阶段。参院如表赞同，法案即能成立。如不同意，两星期内可要求召开两院代表所组成的联合委员会，以期能协议一折中方案。在联合委员会中，参院代表不受各邦指令约束，俾利协议的进行。联合委员会如获得协议而建议修改，众院应采取这个新决议（七十七条）。如联合委员会仍不能获得协议，参院可以在一星期内提出异议，这才把参院与众院的歧见表面化而公之于世。参院很少采取此途径以贯彻它的立法主张。参议员既为邦政府的高级官员，自然亦有党籍，启肯与获得执政党支持的法案为难？而且在审议过程及联合委员会的过程中，它已有充分的争取其立场的机会。参议员知道得很清楚，他们在幕后易于发生作用，所以很少想把自己的行动成为报章中的头条新闻。以是西德人士甚至有不知参院的存在，而它却坚强地掌握着立法的主舵。

除上述立法权外，参院又有许多众院所没有的权力。基本法五十条规定参院参与联邦的立法与行政，可见它不是单纯的立法机权。它经常要为联邦政府的行政顾问。上文提到的法案审议权、紧急立法事件的同意权，均属这一类性质的权力。联邦政府所颁发的法规命令而关涉铁路的建设与经营，或铁路及邮电的收费原则者，亦须经参院的同意。联邦不满于邦的执行，虽经提示而未能消除者，可提请参院裁定其是否违法，参院对此所作裁定，可向宪法法院上诉。

从上述情形来看，西德参院保护邦权力量，较美国的参院为大。

2.7.7 司法制度及宪法法院

2.7.7.1 法律哲学及司法组织

德国以长于法家精神闻名于世。盖德人深受黑格尔思想的影响，向说法律为国家意志的表现。法律与国家，乃一而二的同义名词。由是以尽信法的态度造法，其法典之完备，胜过近代的任何国家。他们因为重视法律的作用，对司法人才的训练，亦极其严格。法官有其特殊的升迁途径，与其他职业皆不可通，职业律师者亦不能打入。大学的法科学生卒业后，可在律师、文官以及法官三途中选择其一。入司法界者必须经过考试，及格者得试署机会，再试及格方能得正式法官的资格，这时年龄已在三十左右了。以后循一定的阶梯上升，五十左右始有为邦高等法院法官的希望。在这种严密的系统之中，司法界自成团体，与其他社会的接触很少，而对社会的反应亦至为愚钝。

论德国的司法组织，它因采联邦制，邦以内即有三级制，自地方法院上诉法院，以至高等法院，似乎已完成邦司法的完全体系。惟德人求统一的意志，在司法界一样的极为强盛。在各邦最高法院之上，设置联邦最高法院，以统一法律的解释。所以联邦最高法院，不只为执行联邦法面议，邦法院与联邦法院是混为一体的。德国司法组织中另一特点是民刑法庭之外，设立许多专业的法院，例如行政裁量之有行政法院，财税之有财务法院，劳工问题之有劳工法院，社会福利业务之有社会安全法院，这类专业法院自成系统，而且归属于各该业务有关的部会与厅处监督。行政法院属内政部，财务法院属财政部，劳工法院属劳工部，而社会安全法院属社会部。

2.7.7.2 宪法法院

基本法为西德创立一个宪法法院，这是相当新鲜的制度。宪法法院的法官，原先为二十四位，以后紧缩为二十位，其中六位为终身职，另外的十四位由众院及联邦院分适。宪法法院的管辖范围，详定于基本法九十三条之中。(一)联邦最高机关，或其他依本基本法或联邦最高机关处务规则具有固有权利之关系人，于其权利的义务的范围发生争执时；(二)关于联邦法或各邦法律在形式上及实质上是否适合基本法发生疑义时；(三)在这种情形中，联邦政府、邦政府及三分的联邦众院议员皆可寻求解释；(四)联邦与各邦间，邦与邦间，发生争议而无其他诉讼方法时；(五)其他基本法规定应由宪法法院裁判之案件，例如政党之是否违宪。

从上述条文，可见宪法法院管辖范围之广，远胜美国的联邦最高法院。兹就已有的判例，来说明它职务的性质。第一类解释联邦法是否违宪一款，一九五七年社会民主党占优势的黑森邦会指责准许公司扣除对政党捐输的所得税为违宪。宪法既以平等待遇各政党为精神，而该法将鼓励各公司对执政党纳捐，已是违宪。宪法法院依据社会事实，确认该法对某些党特殊有利，宜判该法无效。一九五一年，小党指责获票百分之五始能在下院有席次的联邦法违背各党平等待遇的宪法精神。宪法法院却谓：政党分裂有害政务的顺利进行，该法为合理的规定。从这许多例来看，争讼者未曾有实际的案件，法院所表示的意见亦往往逸出法理的范围。

第二类，联邦或邦的行动是否越出宪法的范围，常为宪法法院所须裁判的艰巨案件。一九五八年，联邦从事原子军备而社会民主党努力阻止，由是社会党占优势的汉堡以该案提付省内人民复决。联邦指控汉堡逾越其权力范围。宪法法院亦认为国防及外交乃联邦权，邦不得干预，故汉堡的行动为违宪。一九六〇年联邦政府谋统一全国电视网的管理，其次与各邦协议未成，阿德诺总理乃毅然采取立法行动，邦指控其违宪，宪法法院因基本法三十条明定未赋予联邦之权力为各邦所保有，电视网既未列入联邦权之内，该联邦法为违宪。

第三类，人民认为宪法所保障的基本权利受有侵害时，得提请宪法法院解释。德国向受专制统治，一旦宪法保障人民权利，由此而发生的争讼，数量自然很多，每占总解释案件的百分之八十。受理此类案件的第一庭，很有不胜负荷之苦。西德的诉讼程序法，似乎有意要扫除官僚政治的作风，凡提出此类诉讼者，不负担诉讼费用，亦不必委托律师辩护。因为这个关系，人民皆跃跃欲试，一伸其自己认为所受的冤屈。在这类案件中，许多是幼稚而可笑的。例如妓女认为取缔娼妓的规定为妨害他们的职业自由与居住自由，取缔滋事的酒排为妨害集会自由，凡此种种，说明德国数有不少著名的权利哲学家，但多数人不很熟悉权利的意义。宪法法院辛勤的工作，可能会发挥一些权利教育的功能。

第四类为西德宪法法院最特殊的职掌，它须检定政党组织及活动之是否民主，把有背民主精神的政党宣判为违宪。此一条文的实际效力如何，宪法法院已受过两次考验。其一为联邦社会党（S. R. P.）。该党乃由纳粹分子所组成，其组织的方式及宣传的口号，皆脱胎于旧日的纳粹党。该党成立之后，在西德北部极为活跃，于一九五一年即能获得百分之十一的选票，联邦政府乃依据基本法提请宣判其违宪。其二为德意志共产党，联邦政府于同年亦提请宣判其违宪。对于第一案，宪法法院很快获得结义，认为纳粹主义政党正是基本法所欲防止的反民主组织，迅即宣判其为违宪。对于共产党，宪法法院认为共产党于一九四八年前参与政府，并有代表参与基本法的起草工作，自理论言，应非基本法所欲取缔之政党。该案应而未决者四年。其后东西德的关系日趋恶化，而突击搜查共产党部所获资料，证明共产党有破坏国家民主基本秩序的阴谋。宪法法院乃于一九五六年宣判共产党违宪而禁止其活动。

从宪法法院现有的效果而言，应该说是极有贡献的。它把极右极左的政党均宣判为违宪，使之不能立足而无从发生颠覆的作用。但一般而言，此一制度的价值还是值得怀疑的。举发反民主政党者为联邦政府。就理论言，联邦政府以超政党的立场代表国家。而就事实言，它必然由执政党组成，因之亦必有其政党的偏私的立场。执政党如借宪法法院的作用以取缔在野党，其后患又将如何？政党之是否民主，纯为一政治问题，非法律所可以解决。美国联邦最高法院所以拒绝对政治问题作任何裁判，乍现之如逃避责任，细想之实有至理。法院而经常涉及此数问题，必然会牵入政治旋涡之中，它会因此失去独立的地位，宪法法院除上述四种管辖权之外，尚有其他作用。选举争议中涉及宪法的问题；国际法及国际条约之中，何者对德国有拘束力；总统、联邦法官以及邦级法官，经国会弹劾为破坏宪法者，皆须由它裁判。

从上所述，宪法法院的任务实甚繁剧。它过去的工作，德国的公法学者会有加以指责及批评者。不过他们多数相信这是基本法造成的错误，而法官不能负其咎。宪法法院的政治功能是基本法所赋予的任务，不是它好大喜功而妄事干预。法院于选用此类权力之际，已极尽戒慎戒惧之能事，未尝逸出基本法所划定的范围。就西德所获经验，以政府机关为请求解释的主体，很易提出使法院左右为难的政治问题。联邦与邦未必皆掌握于一个执政党之手，由是联邦与邦的争议，往往就是两党政权的冲突。同时，在野党可能控制若干邦的政府，如社会民主党之控制黑森然。在这种情形之下，邦可以利用宪法法院来作政治宣传。这都会使法院很感为难的。

本节参考书

Gerald Freund：Germany Between Two Worlds N. Y. ,1961

Amold J. Heidenheimer：The Government of Germany，Thomas Y. Gromwell Co. N. Y. ,1962

Edgar Mclnuis：The Shaping of Post War Germany N. Y. ,1960

2.8 第五共和法国

世界国家之中，论立宪的历史，法国仅后美国十数年。但是它的宪法经常改变，制宪之勤，世界国家中尚鲜其匹。这因为它受尽民主与专制往返革命之苦，政治缺少安定的基础，而每一次旧制被推翻之后，必以新的宪法来建立新的秩序。大革命以迄拿破仑执政，称第一共和。其后拿破仑称帝，第一共和乃告倾覆。拿破仑滑铁卢失败后，继之以查理十世的复辟，路易波旁的继位，而有一八四八年的第二次革命，建立了法兰西第二共和。不久拿破仑三世称帝，一直到普法战争时拿破仑被俘，乃有第三共和出现。第三共和经过两次世界大战，第二次世界大战中又告倾覆，在德军的支配下成立维希政府。此时戴高乐将军亡命伦敦,继成立自由法国政府。盟军登陆诺曼底,戴高乐亦凯旋返法,是为第四共和法国。战后的法国,创巨痛深,而海外殖民地又纷纷独立,政府更难树立威信。同时,法国的小党仍以倒阁为争不动产政治地位的重要方法,政府不能以久远的政策克服困难,遂有一九五八年阿尔及利亚军人征召戴高乐将军组织政府的要求。戴高乐东山再起之后,以修改宪法的原则提请选民复决,经复决通过后,他即组织制宪委员会,并自任其主席。这部新宪法,世称法兰西第五共和宪法,法国亦因之而进入第五共和的时代。

第五共和宪法所规定的政治制度,与以往任何时代都有不同。不过其他部门,很多继承旧的传统。例如它未列入权宪章,而承认以人权宣言以来的成就为其基本的原则,而国体亦仍采共和,未稍变更。因之,研究第五共和宪法者,必须熟悉法国以往的许多宪法,然后能正确地把握其精神。本书非研究法国宪法的专著,没有篇幅详叙过去的历史,仅于讨论现行宪法条文的时候,略提以往有关的各种规定,以示其间的演变而已。

2.8.1　制宪的经过及第五共和宪法的特点

第五共和是法兰西的新时代。它得到前所未有的安定,国会不再嚣张了,内阁不常倾覆了。由是政府有了政策,并能有效地从事多种改革。这一切,几乎都可以说是奇迹。许多人说这种奇迹是新制度所发挥的效果,而法国的公法学者(例如盖必当 R. Capitant)却说建立新制的第五共和宪法是最坏的一部宪法。法国的知识人士总觉得第五共和是违背它共和传统的,因之对新宪法亦不无微词。

2.8.1.1　政府制定的宪法

以往法国宪法,都是在国会中讨论。宪法中主要问题,不仅议会中反复诘难,舆论界亦各抒所见,可以说是集合各方面的意见而形成的结晶体。第五共和宪法仅由临时政府组织一小组委员会,虽由戴高乐亲任主席,事实上由戴布瑞一人执笔。就制定的形式而言,它缺少民主的气氛。不过戴高乐临危受命,曾以修宪为要求,而组成政府之后，即以修宪问题提付人民复决。故委员会的修宪工作，其权力来自人民，不足以为第五共和宪法之病。

2.8.1.2　不完整的宪法

第五共和宪法虽有十五章九十二条，但许多重要的制度，没有列入。例如司法组织以及地方组织，都没有能作任何规定。关于人民权利，仅于引言中谓："法国人民对于一七八九年人权宣言所规定，并经一九四六年宪法所确认，而又加以充实之权及国民主权的原则，郑重声明，恪遵不渝。"也极草率急就。很显然的，第五共和宪法的重要宗旨，仅在赋总统以新的权力，确定内阁与国会的关系，以及防止国会权力的滥用。除此之外，均因时间匆促未及详细研究，留待命令加以补充。九十二条规定："为建立新的政制，或在新政制尚未建立之前，行使公权所必需之立法措施，由国务会议咨询中央行政法院之意见，以具有法律效力之条例处理之"。由是法政府在不及一年的时间中颁发了近三百条命令，如联邦规程、选举规程、法院组织规程、社会经济委员会组织规程，性质皆极重要。其后总统颁布"决定"，规定联邦制度发展的程序。国会又通过其他法律，才把第五共和的新体制真正建立起来。其实任何国家均未尝能把重要原则完全纳入宪法之中。第五共和宪法有其疏漏，也不足以为深病的。

2.8.1.3　新创的部分

第五共和宪法曾创造若干新的原则，如内阁制之上设置赋有实权的国家元首，如划定立法权的界限，皆将于后文详述，此间不赘。

除上述两点一反旧日传统外，下述数项新原则多数学者认为亦极重要。

一、国协主义的建立。法国与英国一样，战后深为殖民地问题所苦，它所拥有的海外领地，皆为如火如荼的民族主义所湮没。越柬老三国及摩洛哥突尼西亚等先后独立，其余亦皆有脱幅而去之势。戴高乐早于一九四六年的制宪演说中主张国协主义为解决此殖民地问题的总纲领。他说："国协的形式是逐步发展的，但其原则必须提示于第四共和宪法之中。"十二年之后，他主持第五共和宪法的起草工作，乃以此原则规定于第十二章之中。宪法仅规定国协的分子国享有自治权(七十七条)。惟法国原为殖民帝国,本部与领地之间,关系并不平等。如何自此帝国一跃而成为国协,必须有一定的程序。宪法七十六条曾规定:"海外属地:一经其本身议会之考虑而明白表示其愿望者,得改编为共和国之海外省,或加入国协而为分子国。"第八十六条又规定:"共和国或分子国议会得决议要求变更分子国之地位。……分子国地位变更之方式,以共和国国会及各该分子国议会之协议定之。"可见在戴高乐的心目中,这个国协尚在演进之中。

国协的组织形式,以法兰西共和国总统为国协总统,而负行政之责的总理,各分子国自行产生。各分子国总理及主持国协共同事务之部长,组成国协行政委员会,以总统为主席。行政委员会的功能,在谋求各分子国行政上及政治上的合作(八十二条)。除此之外,还有国协参议院(八十三条)及国协仲裁法院(八十四条)。不列颠国协仅有总理会议,其他皆付缺如,法兰西国协似较进步。惟国协参议院若变成英国过去的贵族院,而仲裁法院变成英国枢密院的司法委员会,则此一组织方式,必将引起分子国的不满。盖国协机构的功能过大而其宗旨又偏向共和国利益时,显然与各分子国要求独立的愿望是相左的。

如上所述,第五共和宪法只描绘一国协的轮廓,详细内容犹待组织法命令甚至各分子国与共和国的交涉来作补充,诚如戴高乐所云:国协是逐步进展的,故他不愿由宪法详细的条文来局限这个国协的发展。以后事实的发展,一九五八年批准宪法参加国协的十二分子国,一九六一年科特迪瓦国、达荷美等非洲国家皆主张完全独立而退出国协。国协没有成熟而已面临瓦解的危机了。

二、政党地位的被承认。宪法第四条规定:"政党及政治团体,在选举中发挥它们正当的作用,组织政党的权利及活动不受限制。惟政党必须遵守国家主权及民主的原则。"

戴高乐虽厌恶政党政治,而重执政权之后,于宪法中表示尊重政党在选举中的合理作用,并承认政党在国家中的地位,及国民组党的权利;对新共和联盟之外的党团及政党领袖,不无绥靖及抚慰的意义。

同时，对共产党可能是种警告。共产党是国际性的，并不尊重国家主权。共产党又强调阶级独裁，根本违背民主原则。对这样的政党，必要时自可宣布它违宪而予以取缔。惟上述条文，仅为原则上的宣示，至于不遵守国家主权及民主原则的政党，究应如何取缔？宪法委员会能否宣判该类政党为违宪，有如西德宪法法院之所为？第五共和宪法皆无具体规定。

就便我人可略述第五共和政党的趋势。法国原为多党国家，而且没有一党能在国会中占过半数的议席。这是它以往模仿英国制度而结果大为变质的重要原因。戴高乐东山再起之后，法国多党如故，除蒲嘉德派外，没有什么党消失于政治舞台之上。但是产生一个新的大党，以新共产联盟的名义，控制国会上下两院较多数的议席，使法国的政局初得安定，这是使法国政治得以改观的重大事件。我人将集中篇幅以说明此一大党的宗旨、姿态，以及可能有的变化，借以把握法国政党政治的前途。

从新共和联盟的名称，可以知道它是许多派系的大联合，人民复兴党内部发生分裂之后，戴高乐即解散该党，并宣布他不再组党。一九五八年东山再起，他仍坚持此立场。他认为他是法国人民的领袖，而不是任何政党的领袖。他宣称超然于政党利害之上，这很可能是他精神感召力大为增高的原因。但说来奇怪，新共和联盟是以对戴高乐个人效忠的观念联合起来的。除此之外，这个政党不能产生任何统一政纲。因之新共和联盟有一共同的领袖，但这位领袖并不在它组织之内，不过是各派系共同的精神偶像而已。是以戴高乐个人的存亡以及其声望的起落，都会影响这个联盟的团结的。

人民复兴党解散之后，其残余在苏斯泰尔及加庞德尔模(Chaban Delmas)的领导下组成社会共和党，在国会中仍能占若干议席，这是新共和联盟的中坚。原来戴高乐将军的旧部，多数对他崇敬异常，这些人未必参与政党活动，但亦是新共和联盟的重要基干。除此之外右派分子也不少于一九五九年加入联盟。法国右派势力向称雄厚，第三共和时代常能出而组阁。第二次世界大战后，实力锐减，盖右派很多因参与维希政府而受整肃，遂不复活跃于政治舞台。但未参与维希政府者尚有农民党及激进社会党等。此次亦与戴高乐派携手，新共和联盟的声势遂可以迫人。

戴高乐被选为总统之后，决心以民族自决的原则解决阿尔及利亚的长期纠纷。这使苏斯泰尔一系大为失望。阿尔及利亚的白人，多数为小有产者，对阿尔及利亚的独立运动最为反对。他们自知无力回归祖国，故独立如告成功，他们将受异族的统治。而阿尔及利亚的驻军，多数亦欲一战以雪在越南等地败退的耻辱。苏斯泰尔深得这两种人的爱戴，遂为叛军的首脑。这造成了一九六一年阿尔及利亚的叛变。戴高乐于获得人民信托后，以强硬手段予以解决。他应变的迅速获得法人的赞美，可是苏斯泰尔及其阿尔及利亚派成为不满分子，新共和联盟分裂了。

如上所述，新共和联盟能否发生安定议会政治的作用是极可怀疑的。他内部的复杂关系，几乎可以说是法国政党政治的缩影。戴高乐的存亡，即可影响他的分合。

三、宪法委员会功能的加强第四共和已设宪法委员会。该会以总统为当然委员，并由其担任主席。其余的委员，由国民会议就院外人士选七人，参院选三人。宪法委员会的会议因总统及参院议长的联名请求而召集，从事审议国民会议所通过的法律案。经宪法委员会决议为属修宪性质之法律案，须交回国民会议依修改宪法的手续重行审议。是盖第四共和的国会虽仍有两院——参院及国民会议，然以国民会议为惟一的立法机关，参院几近借位。不过在修改宪法的时候，参院很有作用。两院各以五分之三的绝对多数通过的修正案时，不经人民复决即可生效；而参院反对的修正案，必须经人民复决通过始能成立。国民会议所通过的法律案参院不表同意并认为此法律案属于修宪性质，可以绝对多数的决议请议长与总统联名要求宪法委员会审议。这是参院对国民会议立法权阻挠的手段之一。但修改宪法的法案究属少数，所以宪法委员会召集的机会是很少的。

第五共和的宪法委员会，由总统、参院议长及国民会议议长各任命三人组成之。总统并任命其中之一人为主席。它主要的任务有三。其一为监督国家选举及其他公民投票。总统的选举以及公民的复决投票，皆在其监督之下进行，并由其宣布结果。在国民会议议员以及参院议员的选举中，它是选举纠纷的裁决者。其二，它是总统的法律顾问机构，总统于行使紧急权的时候，应咨询它的意见。可是在这种场合中，它只是顾问的身份，它的意见并无拘束力。紧急时期所作紧急措置，往往涉及人民权益，其措置是否必要，经一独立机构予以研究，自然可以减少一些错误。但紧急权为总统独有的权力，紧急决定又可暂时替代宪法及改变宪法，宪法委员会的审议几乎可以说是多余的。

宪法委员会最后的一种功能最为重要。国会所通过的法律案，组织法案以及政府进行的国际条约草案，于未公布及未批准前，得由宪法委员会审议其内容是否违背宪法精神。经宪法委员会决定为违宪者，法律案及组织法案不得公布，条约草案不得批准。它的决定是最后的，不得上诉。政府及国会对立法权与命令权的范围发生争议，或政府对国会修改预算的提案认为违宪时，亦可请宪法委员会来作裁决。其决定的效力，亦属最后性质。

可注意者，宪法委员会的主要职权虽为审议法律案是否违宪，但它不是主动的去进行这类工作。非经总统、总理，或两院议长提出申请，它不能表示意见。这与美国联邦最高法院不主动去审核法律是同样的情形。惟美国对法律发生违宪与否的疑问者为提起诉讼的国民，而法国则为议长总理及总统等有立法或公布法律之责的当轴者。国民提起诉讼，终于其权利受到损害。当轴者对于法律案或条约草案发生疑问，或则缘于不同的法理认识，或则缘于应有职权的受到破坏。而在法国制度的实际运用中，上述争议是应该很少发生的。就法律案言，通过者为两院。两院可能各抱歧见。在这种情形中，通过于甲者必否决于乙，根本不会产生法律案，议长又何必请求解释？总理对法律案可能表示歧见，惟法律案可能就是他的提案，也可能是评论员的提案。总理自己的提案，他不该出尔反尔；议员的提案，他于审议中已可停止其讨论。议长及委员会不同意总理的见解时,双方才有请求宪法委员会解释的必要。总统对法律案自然也可表示歧见,惟总统有交回复议之权,须复议而仍为议会通过时始有提请解释的可能。法宪已充分发挥行政权节制立法权的作用,总理或总统所不同意的提案,事实上不容易在国会中通过。法律案之违宪与否,如仅议长总理及总统有提请解释之权,宪法委员解释的机会一定不会很多的。条约案则发动者为内阁,批准者为国会,而公布者为总统。总统所不同意的条约案,可于他主持的国务会议中表示其意见。国会所不同意条约案,根本可以不予通过。所以也很少会发生请求解释的情事。因为这种种关系,宪法委员文字上的功能是加强了,实质上的功能还和第四共和时代的一样。

从第五共和的经验来看,宪法委员会对许多应该解释的问题反而无权解释。例如一九六一年戴高乐以总统选举法的修正案提付选民复决,国会宪法委员会以及内阁的多数阁员皆认为违背修宪的程序,可是引一举动,既非法律案亦非条约案。宪法委员会表示的意见,不过为总统参考之用,并无拘束力。而内阁又由总理为之统率,总统视阁员们为僚属,其意见向不受重视。如是,内阁与国会互相节制,而总统则独立运用其职权,成为法国政治中最无拘束的一种权力。

四、宪法的修改第五共和宪法规定共和政体不得修改,这是第三共和以来一直保持着一种传统。惟宪法中既未说明何谓共和政体,则制度的改变究竟会否破坏共和政体?实在是不易分辨的事情。这一类性质的宪法修文,其用意不过在宣示一项伟大的原则,实际的作用是并不很大的。第五共和宪法又谓:“凡损害领土完整之宪法修正案不得提出或进行审议”,其用意亦无非在维护领土之完整。但这项任务的达成,亦不是宪法所可以保障的。事实上第五共和成立之后已有海外领地获得独立,法国之承认此类国家,是否损害了领土的完整?

除上述两项不得修改的原则外,其余部分皆可以合法的手续予以修改。修正手续分提案、通过及批准公布三个程序,提案权操诸总统与内阁总理以及国会议员。关于总统与内阁总理一节,涵义很不明显。第五共和宪法八十九条谓："宪法修正案由共和国总统基于内阁总理之建议提出。"很明显地说总统所提宪法修正案，其实质的内容应由内阁总理决定。但内阁总理原享有向国会提案之权，何以宪法修正案不由他自己提出而必须假手于总统？总统所提宪法修正案如非内阁总理的建议，国会是否可以拒绝讨论？一九六二年戴高乐总统所提总统选举的修正案，内阁曾予讨论而多数人不表赞同，这个修正案能否适合"基于内阁总理的建议而提出的"规定？这种种的疑问与纠纷，皆因八十九条而引起的。

通过宪法修正案者为国会或两院的联席会议。由国会审议宪法修正案时，两院分别开会，其通过的手续与普通法同，两院皆能多数通过始视为一致赞同。在这种方式之下，修正案尚须经人民投票通过，方具最后确定力。由两院联席会议讨论时，须出席人五分之三的绝对多数始获通过。在此一方式之下，无须人民复决批准即生效力。从上述的规定，可知国会的通过为修宪必不可少的手续，而公民的复决并非必需。可是一九六二年总统选举法的修改，未经国会或两院联席会议的通过，而进行提付人民复决，这与宪法的规定是不合的。

第五共和有关修正宪法的各项规定，其精神与第四共和大体相同。国会的议员与行政当轴皆有权提议修改宪法，公民却无权直接创制。通过宪法的程序，两院皆以多数通过者与普通法同，只多一项公民复决批准的手续，刚性的程度并不很大。即以国会联席会议的通过程序而论，出席五分之三虽为绝大多数，惟缺席人数如果太多，则这个绝大多数仍不足以表示对修改宪法的郑重态度。一般地说，法国修宪手续并不过于困难。

2.8.2 总统

第五共和法国的总统，可以说是法国政府的主角，这是以往没有的现象。批评第五共和宪法的人，常以现在的总统与路易十四相比，虽属言过其实，亦可见第五共和总统已有大权独当之势，这非以前的虚位元首可比。

第三及第四共和时代，均视总统为不统不治的国家元首。前后十六位总统，当选时绝大多数已逾花甲之年。他们都有过议会的经验，十位且担任过议长。不过他们大多数没有坚强的政治主张，更非重要的政党领袖。所以然者，过去总统由议会选举，议员们自然不愿拥护开罪过他们而有风骨的政治家。同时，议会亦不愿由一位个性刚强的总统来破坏不统不治的传统以削减议会的地位。克里蒙梭及白里安皆以成功政治家的姿态角逐此一职位，均告落选，就因为他们声望太高了。克里蒙梭曾气愤地说："你们投最低能者一票罢!"

惟以往法国总统尽管不统不治，任务仍极艰巨。十六人之中，三位被迫去职，两位被暗杀、一位死于任所，两位因制度改变而去职，仅半数能善始终。是盖阁潮时起，总统常须为政府的持续而操心，固亦未尝能悠游岁月。关于这许多，不必详述，且讨论第五共和总统的种种问题。

2.8.2.1 总统的选举及其任期

新共和的总统由选举团选举，其详细手续规定于宪法第六条之中。第三、第四共和时代，总统均由国民会议选举，获过半数票者当选。这个选举方法，常使总统难产，有时投票十余次方有人获过半数票。这对未来国家元首的尊严来说是很不利的，因为投票十余次始获足票的人，总使人有不争失望之感。法国以多党闻名，国民会议内政党林立，总统候选人须向多数政党领袖低头。一位抱有理想的卓越政治家，很难做到这一点。所以旧的选举方法，实亦是使法国总统不容易得到杰出人才的原因。这是戴高乐所不愿采取的方式，但他初时亦不愿意采直接选举的办法。法人多数不信任劳工，以为劳工倾向偏激，而直接普选则会增加劳动者决定的作用。为了这种种原因，乃采选举团选举的方式。

宪法第六条所说的总统选举团，由国会议员，省议会议员，海外属地议会议员，以及各区议会选出代表组织之，总人数常达数万人，与国民会议之仅有数百人者自然大为不同。这个选举团，绝大多数为区议会选出的代表。而法国的政党努力，集中于城市，故区代表可望不受政党太大的支配。这样，可以避免政党因总统选举而发动的拉据战了。同时，郑区代表较为保守，市区代表较为激烈，选举团中乡村代表实占压倒优势，保守的总统候选人较多获胜的希望。巴黎占法国全人口八分之一，而在选举国中仅有百分之七的力量。更有进者，乡村代表之中，一千人以下鄙塞区的代表占百分之三十八。这些代表都是三家村的学究，赖庞斯(La Pance)笑谓他们纵非十八世纪的人士，最少应该说是十九世纪的冬烘。这样性质的选举团，在近代国家中还难以找出第二个例子。

一九六二年，这个选举法旋被修正。戴高乐亦深信上述选举团很易选出席才，而席才是不足以行使第五共和总统的任务的。其次，海外属地很多已成为联邦中的分子，它们的地方议会将选出代表参与选举团，不但人数激增，而操纵者又为海外的激烈政党，已非一九五八年的形势可比。戴高乐乃坚决主张总统直接民选，以得过半数票者当选；如初次投票无人获过半数票，则第二次投票中获较多数票者即可当选。他为避免国会的干扰，径以此案提付人民复决。复决投票中，投票率虽仅百分之六十二，但修正案终于被通过了。故第五共和的第二任总统，由直接民选的方式产生。

总统任期七年，连任无限制。这是法国智识人士不满第五共和宪法的一点。总统若享有庞大权力，则任期不应如是之久，更不应无连任的限制(按一九六五年的总统选举，戴高乐未能于第一次选举中当选)。

2.8.2.2　总统的平时权力

在第五共和宪法的规定之下，总统是否为享有实际权力的元首，实不无疑问。戴高乐平素的言论，一直主张法国应有一强有力的国家元首。他以第三共和的雷勃伦总统为例，说明没有实权的总统会造成历史悲剧。当战败的事实迫使内阁作投降或继续抗战的抉择时，雷勃伦总统内心主张将政府迁往北非，但他一直袖手作壁上观，以为由他擅作决定是违背共和传统的。以一有为之人，统率一有为的国家，处尚有可为的时机，而不能作有为的决定，谁实为之？法兰西的虚位元首制应负其咎。从戴高乐的言论来看,他所主持的宪法应该有一位实际权力的元首。但宪法第二十条以行政权及行政决策权赋诸政府,而且政府对国会负责。此间所谓政府,以总理为领袖,而不是以总统为领袖。是则负实际统治之责者仍为总理,总统在行政方面的影响,似仅能于幕后为之。第五共和的宪法起草人,或与魏玛宪法起草人的观点相同,把政府权力分成平时及紧急时期两类。平时权力由总理及其政府选用,那必须在民主的程序中进行,故必须向国会负责。紧急权力由国家元首运用,俾非常状态中元首得便宜处置,以有效的手段渡过难关。戴高乐被征召而东山再起之日,适值法国危急之秋,制宪者抱这种态度是很为自然的。但仔细分析第五共和宪法的内容,总统又未尝无平时权力。兹为说明如后。

使人对法总统平时究竟有多大权力发生疑问者,厥为第五共和宪法第五条的规定"总统监护宪法,使之受普遍的尊重;仲裁政府机构间关系以保证国家公权的持续。他是国家独立、领土完整,以及遵守联邦协议及国际条约的维护人"。监护、仲裁、维护人(Le Garant)等含义不明的名词若为表面文章,则总统权力不一定很大;若有实质的意义,却又可庞大无比。多数法国的公法学者,认为这些不过都是名义上的权力。因为行政权既赋诸内阁总理,总统何能进行监护仲裁等实际的工作?第三第四共和宪法皆曾有类似上述的规定,故考蒂总统亦曾说:"从我来看,我主要的职责在:保卫国家,维护宪法,以及保障它的制度和永恒的利益。"可是考蒂总统不会真正这样做,因为他这样做,内阁就无处容身了。戴高乐总统的哲学则不同于此。他认为宪法既以维护之责交给总统,他就不能置国家荣誉于不顾,他认为监护仲裁维护人等字样皆有实质的意义,总统并应充分发挥这种种方面的作用。

法国总统既不管实际行政,他又从什么地方来发挥监护仲裁和维护人的功能?第五共和宪法的设计如下:

一、监护宪法尊严与咨请宪法委员会解释之权。总统监护宪法的作用,主要在使法律及条约不致违宪。五十四条及六十一条分别载明：于法律未公布及条约未批准前，总统如怀疑它们违宪，得提请宪法委员会解释，宪法委员的决定是最后的，不得上诉。宪法委员会的组成，总统任命九人中之三人，而且它的主席也由总统任命（五十六条），故总统对宪法委员会不无影响力。总统此项权力之运用，无须内阁的副署。

二、仲裁机关关系与解散国会之权。为确保公共权力的顺利进行，机关之间必要的合作是不可少的。第三第四共和法国，失诸国会过分嚣张，故形成内阁的瘫痪。第五共和赋总统以解散国民会议之权（十二条），以作必要的节制。惟可注意者，过去的两次宪法，皆曾有解散权的规定，而且都曾运用一次。第三共和以解散权赋予总统。行宪之初，马克马翁总统于一八七七年解散代表院，舆论哗然，以为是专制权的复活。由是其后总统皆不敢轻试。第四共和时代以解散权赋予内阁总理。傅尔总理（Egar Faure）于一九五五年又做试验，舆论虽未加非议，惟因缺少鲜明的政策之争，故特别举行的大选亦未能予政府以任何指示。可知过去的失败，一次因为马克马翁利用这个工具来支持他的守旧内阁，可谓权力的滥用；而另一次则在多党的复杂环境下，内阁与国会皆在混沌状态中，内阁的所以不能立足，由于执政党团的分裂，而不是由于政策的争论，故解散国会并不能澄清政局。

第五共和以解散权赋诸总统，与第三共和同。惟解散令无须内阁副署，亦不经参院的同意，那是有异于第三共和时代的。又国民会议经解散后，一年内不得再行解散；而紧急时期，总统亦不得为解散之决定（十六条）。使总统不致滥用其解散权。戴高乐总统于一九六二年运用过一次解散权。那一次的经验，表面上因彭比杜内阁为国会所不信任而辞职所引起，好像总统在行使其仲裁权。事实上国会与彭比杜所争者为戴高乐总统所主张的宪法修正案，总统本人亦牵入此一争议之内。戴高乐主张改变总统选举法，而又知国民会议会阻挠此一修宪工作。所以不采由国民会议通过的正常的程序，而直接提付人民复决。他的决定，曾咨请宪法委员研究，并交内阁会议讨论，宪法委员会认为不合修宪程序，而阁议中若干议员亦表示其反对的意见。戴氏不为所动，由彭比杜总理报告国民会议列入纪录后依原定方式进行。由是国民会议以二八〇票通过不信任案，迫令内阁总辞。戴高乐总统于批准内阁总辞的同时，决定解散国民会议。故此次解散权的运用，无非为了贯彻总统的主张。总统为当事人之一，已失去其仲裁人的地位。同时总统以提付复决的方法通过宪法修正案，亦逾越了他应有的权力。

于此，我人不难自英美法三国的不同的制度观察解散权的意义，英国平民院的解散由英王下令，惟实际由内阁决定。美国总统无解散权。法国则第三共和时代总统经参院之同意决定解散代表院，第四共和时代由内阁决定解散国民会议，第五共和时代则由总统运用解散权。为什么三国有这不同的规定？而其实际的效果又为如何？英国内阁向平民院负责，而解散平民院的后果是内阁本身亦在选民的考验之中，盖解散平民院之后的内阁为看守内阁，俟大选揭晓以决定它去留的命运。有人谓解散权乃内阁制裁议会的工具，公法学者多数不以为然。盖平民院议员于解散后固须重新参与竞选，内阁阁员又何尝不然？平民院议员有失去议席的危险，内阁阁员又复相同。是以在英国的规定之下，可望内阁不至滥用解散权。美国总统不向国会负责，而国会中多数党之谁属又不能影响总统的地位。解散后的国会，总统同党如占多数，总统的政策易受国会支持；总统的同党如仍占少数，对总统亦不会增加更多的困难。故若赋美国总统以解散国会之权，对国会有威胁，对总统则毫无损害，因之这个权力就有滥用的可能。今法国的总统，其不向国民会议负责的情形犹如美国的总统，由其单独运用解散权，自然是不利于国民会议而有利于总统。因为这个关系，公法学者认为第五共和宪法总统的解散权不是种妥善的规定。

三、咨文权。总统有向国民会议提出咨文之权，国会不得讨论（十八条）。以往的总统也有咨文权，但很少运用。第四共和时代，考蒂总统曾以咨文表明态度，国民会议如不能同意戴高乐为总理，他惟有辞职以谢国人。这是戴高乐执政前很为著名的插曲。而从那个例中，可以看出法国总统的咨文权，略异于美国的方式。美国的总统咨文，多数系对立法的建议与愿望，与英王巴力门演辞的意义很为接近。法国总统咨文则不许国会讨论，显然没有使它成为法律案的意思。它多数系对国会的警告，使舆论集中注意于国会应负的责任。考蒂总统的咨文的作用在此，而戴高乐总统的咨文亦是如此。

四、复议权总统有公布法律之权。这是一般国家的元首权。虚位元首的公布权纯属一种形式，因为他不得拒绝公布。纵令他所反对的法案，他亦不能表示意见。第五共和总统的公布权有实质的意义。非虚位元首之公布权可比。他对国会所通过的法律案表示不满时，可于送达后十五日内退回国会复议，国会不得拒绝（第十条）。法总统的复议权，较美国总统者有更多自由。美国是整个法案的复议，而法国则可以逐项复议。法总统对于有违宪之嫌的法律案，有咨请宪法委员会解释之权，故退回国会复议的法律案，总统并不一定认为违宪，只是法律案的内容不很妥当或与总统的政见不很相同罢了。从这个观点分析，法总统的复议权实不无干涉立法之嫌。

经总统复议的法律案，国会在那种情形下可以维持原案？国会与总统对法律案的意见始终不能一致，又如何解开此一僵局？第五共和宪法皆未作详细规定，实为草率之笔。总统所非难的法律案，国会可能认为妥当而且是必需的。宪法既未规定通过复议法案的特殊手续，俟国会的专常多数即可维持原案，经国会再通过的法律案，总统似乎又非予以公布不可。果尔，总统的复议只有引起国民注意的作用，并无其他实际的影响。

五、提交公民复决之权。复决为第五共和新的设计。戴高乐总统常说，这是最民主的一种工具，应当广为应用。就宪法的规定现言，复决应用的场合是很有限制的。政府在国会会期内所提建议，或国会两院所作联合建议，总统得以之提交公民复决（十一条）。是则总统提交复决的方案并非总统的主张，而为国会或内阁的建议。建议的内容，须有关公权组织，联邦协议或国际条约等重要问题，并不是所有问题都可以提付复决。更进一步研究，内阁的建议或国会两院的联合建议，很易成为法案。而所以没有成为法案者，或因双方的意见难以协调;或因兹事体大,双方都觉有征询民意的必要。在这种情形之下,总统如觉得该建议并不违宪且亦不影响政府的职权,乃得以之提交人民复决。

复以一九六二年的复决案为例,说明国会内阁宪法委员会以及总统对行使复决权的条件的各种不同意见。一九六二年的复决案乃总统选举法的修正案,涉及公权的组织,自可成立复决案。惟既非国会的联合建议,亦非内阁的建议。且既系宪法修正案,则应依正常的修宪程序进行,不应未经国会讨论即付复决。这一种程序上的争论,并没有能阻止总统以该案提什复决的决心。自第五共和成立以来,总统早已广泛地运用该项权力。在总统的认识中,复决乃是他与民众联合以制裁小党领袖的一种手段。

六、内阁总理的任免。在总统的平时权力中,内阁总理的任免权(第八条)亦许是最重要的。这是国家元首为延续公权组织所必须运用的权力。第三共和宪法及第四共和宪法亦谓总统指派国务总理。惟未规定有免职权而已。内阁既须向国会负责,总理必须以能得国会的合作为维持政权的主要条件,故总统任免内阁总理的权力,不易发生实质的意义。例如彭比杜总理,总统虽欲予以维持,而议民会议通过不信任案,总统只有允许他辞职。决定政府去留者为国民会议的信任与否,总统如拂逆议民会议的意思以物色总理,徒然自找麻烦,使他的政府不易安定。

第五共和宪法有许多限制国会权力的特殊办法,将于后文予以讨论。此地所欲研究者,此种特殊办法能否使总统有任免内阁总理的完全自由?一般言之,那许多办法是得以加强总统自由任免的权力的。例如阁员不得兼任议员,这使总统不必在议会的政党领袖中去物色总理。总理因国民会议不信任权之削弱而有较为安全的地位,总统更可以任用他所信任的人而不应议会的阻挠。不过国会的最后的武器——不信任权——是不可忽视的。第五共和宪法保障内阁地位的一切办法,皆不能强迫国民会议与内阁合作。内阁所需预算,仍须国会为之通过。行政权所依据的法律,仍须国会为之审议及通过。我们很难想象一个须向国会负责的内阁可以不得国会的合作而生存。内阁既须向国会负责，任命内阁之权就不会是很自由的。因为这种种关系，我们有理由相信宪法二十条的规定，委容易使总统任免内阁总理的权力回复到旧有状态而成为一种名义上的权力。

七、主持国务会议。上述种种权力，作用虽极重大，但尚没有介入实际行政。而戴高乐总统自就职以来，实已亲自指挥行政。他又何所根据而然？主持国务会议（第九条）可以说是重要的根据。过去法国也有国务会议，而且也由总统主持，但那只是把内阁会议业已决定的政策知会总统的场所。虚位元首制的常例，元首有被报告（To be Informed）之权，国务会议的作用不过在此。当然，元首于维护报告后，也可以凭其老成的经验，提出劝告甚至警告。惟多数时候视为国务会议仪式，为奉行故事。戴高乐总统则不然，他把国务会议看作实际决策的机构，内阁会议则隶属其下，讨论总统交议的事项而已。以戴高乐声响之隆，威望之高，个性之强，在国务会议中几乎是惟马首是瞻。在戴高乐所创的先例之下，总统为决定者，内阁为被通知者。他甚至还不把决定通知有关部长，部长要在总统的广播中方能知道总统新的决定。有人说第五共和受牺牲最烈者尚非国会，而实为内阁。盖自戴高乐主持国务会议后，总理及其内阁名义上负行政的总责，而实际上只是总统的傀儡。总统透过国务会议以指挥内阁，由是总统实际控制了行政。

八、其他任命权。总统有庞大的任命权（十三条）。大使、特使、审计院委员、省长、驻海外属地的政府代表、将官、大学校长，及中央行政机关首长，特别载明须由他任命。省长及驻海外的政治代表，法国一向认为是颇有政治努力的官吏，今皆由总统任命，他对地方行政及属地行政均可操纵裕如。戴高乐更利用任命权组织若干直属总统的委员会，其中最著名的为外交委员会。这种直属总统的机构，皆为顾问性质，襄助总统决策。

国家元首类皆有任命权，总统制国家的总统固然如此，内阁制国家的总统亦并不例外。但两者有重要不同之点，内阁制国家的任命令须经副署的，而总统制则不然。第五共和宪法第十三条规定上述任命要得到国务会议的同意，可见并非为总统实际所有的权力。戴高乐视国务会议为僚属，所以不常注意“得到国务会议同意”这一句话的意义，而利用任命权以建立总统府的直属机构。

就上文的种种情形来看，第五共和宪法中有关总统平时权力的规定，其精神极不一致。所谓总理的任命权，议会的解散权，宪法的维护权，国务会议的主持权，任命权，皆为虚位元首可以有的权力。惟在戴高乐总统的实际运用下，已成为得以指挥政府的大权。这一种情形能否长久保持而成为法国的确定制度，多数研究法国宪法及法国制度的人均表怀疑，因为这不特为法国政治传统所不许，而且也与内阁向议会负责的制度不协调的。在第五共和的政治演进中，有一点表示得极为清楚：总统的行动，内阁已无法代他负责。一九六二年总统决定修改总统选举法，而且以此修正案提付人民复决批准。议会不赞同这个决定，乃以不信任内阁总理的方式迫使内阁总辞。这在讨论解散权的时候已经提到过的。在这个争执中，彭比杜总理仅为名义上的负责者，议会所指现的对象，责为总统。戴高乐总统对这点也是知道得很清楚的，所以他在提付人民复决的演辞中说，人民的决定，“将告诉他是否必须及是否能够继续他的责任”。换句话说，人民如否决他的宪法修正案，他只有辞职以谢国人，向议会以及人民负责的是总统，总统已不能藏身于内阁责任之后了。这是第五共和在实际演变中所产生的新原则。

2.8.2.3 总统的紧急权力

第五共和宪法的条文之中，最引起争论者，莫过于第十六条，那是总统行使紧急权力的根据。自德国魏玛宪法创造紧急权这个名词以来，许多国家起而效法。二十世纪是多事的世纪，国际局势，经济组织，在在可以发生剧变而陷国家于混乱状况之中。宪法中规定紧急权以为适应，原亦无可厚非。第五共和宪法对于何谓紧急，规定的相当具体。“共和制度，国家独立，领土完整，或国际义务之履行遭受严重威胁，而宪法上公权之行使受到阻碍时”，方构成紧急的状态，因之，经济恐慌及重大的自然灾害，魏玛宪法认为系使用紧急权之客观条件者，第五共和则认为尚非紧急状态。故第五共和的所谓紧急，较魏玛宪法更有严格的限制。一九六一年，戴高乐总统使用紧急权以平阿尔及利亚的军事叛变。在这个事件中，国会议员们认为尚非宪法所指的紧急状态，因为变乱在阿尔及利亚进行，尚不足阻挠公权的行使。戴高乐总统与议员们有不同的看法，他认为紧急状态与瓦解有别，如果到了瓦解的局面，紧急权已无可行使了。

十六条之所以为人诟病，最重要的原因，厥为紧急权所许采用的手段毫无限制。十六条谓发生上述紧急状态时，“共和总统经正式咨询内阁总理、国会两院议长，及宪法委员会后，得采取应付情势所必须之措施”。是则内阁总理，两院议长以及宪法委员会，难为总统可以咨询之对象，但他们的意见，只是聊借参考，对总统的行动皆无拘束力。而总统可以采取的手段，漫无限制，凡总统所认为必要者，皆可以行之而不疑。紧急为非常状态，应付此非常状态，自不能拘泥于平时节制与平衡的观念。惟紧急时期的非常措施，必然严重影响国民的权益，否则宪法亦不必特别规定此为只许于紧急时期采用的手段了。故紧急时期虽许总统以便宜行事，但紧急状态的承认，一般认为应由议会决定，而不能由运用紧急权者任意宣布。更重要的一点，非常手段的采用，旨在结束紧急状态，故宣布紧急状态存在之际，即应由议会限定时间，负责运用紧急权者应在此限期之内恢复常态。限期之内尚未完成使命，宁可再由议会授权。

第五共和宪法抱着歧视国会的态度，故于上述正常的紧急权的限制，皆予废除。它只提到紧急时期不得解散国民会议。而国民会议既无权宣布紧急状态的存在，亦不得宣布紧急状态之结束，惟有坐观总统成功而已。阿尔及利亚事变发生后，戴高乐总统于广播中宣布紧急状态的存在，并谓国民会议仍继续进行其正常的工作。由是总统剑及履及的成立军事法庭，进行新闻检查，甚至勒令某些报纸停刊。为便利警察的搜查工作，他并暂时停止若干保障人权的法案。这许多总统的紧急措施，称为“决定”(Decisions)，在紧急时期为最高法，其效力且高于宪法。到戴高乐总统认为阿尔及利亚事件业已顺利解决，他又于广播中宣布紧急状态的结束，而若干“决定”的效力，却依然存在。

从十六条的规定以及阿尔及利亚事件中的实际行动，可知第五共和确认应变为总统一人的权力。从紧急状态存在的宣布到紧急状态的结束，以及其间一切适当而必要紧急手段的采取，皆由总统一人决定。对总统紧急权惟一的限制，因为议会的不得解散。而实际的说，这个限制也不成其为限制，因为机会既不能否认紧急状态的存在，也不能有效的批评及矫正总统所作的决定。为什么总统可以运用这样漫无限制的权力？其惟一的理由，乃第五共和宪法所说的，总统为国家公权持续之维护人，或如若干公法学者所说的，元首居超然的地位，使他成为国家危急时期最适当的应变者。

2.8.2.4　总述法国总统的权力

从以上的说明中，不难得一印象，第五共和宪法虽已不同于前的权力与总统，但并不是所有将来的总统均能享有现在戴高乐总统的崇高地位。总统的平时权力之中，有数项无须内阁总理副署，如总理的任命，如国民会议的解散，如向国会的咨文，如任宪法委员会中的三位委员，如咨请宪法委员会解释，如提付公民复决等，皆是所谓维护宪法以及使公权得以持续的元首权。一般来说，这许多权力均未介入行政，亦不致损害内阁的行政权。亦以是故，这许权力常为虚位元首所有，第五共和宪法所规定不能说是例外情形，也不能说因此而总统即有实际的行政作用。

亦许有人认为总统可以藉任命内阁总理之权以指挥行政。不可否认，实际政治中常透过人的关系以转移权力的位置，总统若能自由任用其亲信，则总理可能就变成他的直接僚属。戴高乐之于戴布瑞，即以此一关系建立了他在政府中的基点。不过国民会议中多数党如果不是新共和联盟，总统就不会那样方便。国会的声誉如果不是六十年代那样的低落，国会亦不会容许总统任用其亲信。我人已一再说过，内阁向国会负责的制度使总统不得不选择国会所能信任的内阁问题。第五共和宪法既保留此一责任的原则，则总统任命总理之权，实际上必然受限制的。

总统主持国务会议，这是使总统得以介入实际行政的主要原因。不过法国以往的总统均主持国务会议，英国的英王在原则上亦主持机密院会议，与第五共和宪法所规定者大体相类。可见主持国务会议并不一定能使总统实际指挥行政。内阁如能发挥其团体责任的精神，总统最多只能从旁协助，尽其鼓励及警告之责，而不可能发纵指使的。总统既不负责，自然也就没有实际的权力。这是共和制度的基本原则。

总之，戴高乐总统所享有的平时权力，不能说是第五共和宪法各项条文所产生的结果。法国六十年代国内和国际的环境，戴高乐一己的个性，以及他对国家荣誉特殊的责任感，这三种因素汇合，乃产生了戴高乐式的总统职权。人物的转移，环境的改变，都会使总统的平时权力改观的。研究宪法的人，都会知道宪法条文的意义，常因人物而异。第五共和的第一任总统如为考蒂，条文依旧而总统的作为可以大为不同的。

2.8.3 内阁

内阁一向是法兰西负行政总责的机构。第五共和仍有内阁，而且仍为政府的决策者。一般人因新法国国会的作用受到严格的限制，都相信内阁的地位已相对的提高。但实际的情形并不是如此。

2.8.3.1 内阁的组成

组织内阁的程序，先由总统任命一位内阁总理，而后由总理物色阁员，请总统任命之。就形式言，与第三及第四共和时代大体相同。不过以往被提名组阁的人，为议会各小党的势力所压迫，从来无法作自由选择。各党加入内阁均附有条件，社会党通常要求任劳工部，激进社会党通常要求卫生部，不能满足它们的条件，即会退出内阁。法国的组阁工作一向是最艰巨的任务，因为很少人能使各党各派如愿以偿的。尤其第四共和时代，国民会议中左右两极端党派势力激增，为第三共和所没有的现象。极端分子单独不足以组阁，它们又拒绝参加中间派内阁，以是所有的组阁者必须获得所有中间党派的支持。这也就是说，中间每一小党领袖的政治价值大为提高，而向组阁者提出的条件亦益形苛刻。第四共和时代新阁常于筹组期间即告流产，原因在此。第五共和时代这种情形已见改善。新共和联盟几占议席的半数，组阁者如能获得它的支持，即可稳操左券，不致再有以前进退为难的痛苦。这是政党形势的改变，使新法兰西组阁工作大见轻松。

第五共和组阁工作所以较为简易，更应归功宪法第二十三条的规定：内阁阁员不得同时兼任国会议员，全国性职业代表，及其他公职或专门职业之职务。此一条文的用意，表面旨在限制阁员兼职。其实第三第四共和时代，除阁员得为国会议员外，其余的职位，一样也是禁止兼任的。故二十三条的重要精神，实则重于阁员不得兼任国会议员的一点。所谓阁员不得兼任国会议员，并不是说总理不能在议员中物色其阁员，只是议员而被任命为阁员者，须立刻辞去联席。法国现行选举法，每一议员候选人必有候补人为佐，俾议员辞职时即有人补充。第五共和宪法此一规定，自然是违背内阁制的传统的。内阁制为便利阁员们在议会中发挥领导作用，故英国阁员必须有联席，日本及西德新宪法规定多数应有联席。法国的传统，阁员亦多数有联席，而且在没有联席之一院亦能出席发言。现在一反传统，不许阁员兼任议员，当然为解除总理组阁的困难。阁员既不得兼任议员，总理自无须于议员中物色人选，亦无须向政党低头，新阁难产的事情也就不再发生了。现在法国的内阁，不复为党团内阁，而系技术内阁，性质上似与以往者大有不同。

第五共和不以议员为阁员，固使组阁容易，但付出的代价亦很大。议员之外，堪以入阁者，似乎久任文官最为理想。法国文官以干练著名于世。过去阁潮时生政局动荡的时期，常赖高级文官维持日常行政。所以常次级的久任文官，实为法国政府的重要基石。戴布瑞总理提升他们担任部长，既可冲淡政党的气氛，又可加强行政效能，同时，内阁的统一阵容又可因之而确保。一举三得，可谓最理想的措置。但近数年所获经验，久任文官长于行政而不善决策，更缺少应付议会的经验。他们或则以依违两可为顺应舆情的手段，或则我行我素根本不理会议员们的批评与指责。以致内阁与国会的关系上日形恶劣。戴布瑞常以局部改组的方式来和洽国会的空气。戴布瑞辞职之日，一半人已非原班人马，可见常任文官不宜于为阁员。

内阁没有一定员额，总理可就需要而增损。法国与英国一样，也设不管部的阁员，而不管部阁员可能是不好繁剧的老成政治家，也可能是应付政治环境而设的闲曹。戴布瑞组织第一次内阁时，非洲领地的土著领袖，入阁者达四五人，均不管部。组阁的工作，第五共和较以往为便利，前已言之。但以前总理完全依自己意思选择合作者，总统无置喙余地。现在的宪法仍以此项任务交给总理，于决定名单后始请总统任命。不过戴高乐总统事实上决定一切，总理不能有自己的主张。这亦许因戴布瑞为戴高乐的信徒而且一向有从属的关系，所以有此现象。

内阁组成之后，以往即须受国会的考验，即以新阁的名单及其施政纲领要求国民会议作信任投票，未获通过者新阁即告倾覆。第四共和时代，新阁因此而夭折的机会很多。现在宪法未规定新阁名单必须获得国会的信任。惟戴布瑞为尊重传统，新阁组成后立即向国民会宣布名单及其一般政党，要求国会信任。当然，现在的信任方式与以往大为不同，国会不举行投票，二十四小时内如无不信任的提案，即视为通过。这将在后文作较详细的说明，此间可以注意者，现在所谓的信任案，除非多数议员抱坚决而积极反对态度，很容易获得通过。新阁不必为此而发愁。

2.8.3.2 内阁与国会的关系

多数人相信第五共和的地位已见加强，那是从国会已不能滥用其倒阁权这一点着眼的。过去内阁之所以欺软弱无力，皆因其数月即告倾覆的短命现象所引起的。

如何防止国会滥用其倒阁权，这是第五共和宪法努力以赴的目标之一。多数学者认为法国国会滥用其倒阁权的方式之一，即为它相当特殊的质询制度。国会为监督政府的日常行政，规定时间询问，俾议员们了解施政进展的状况。法国之不同于其他内阁制国家者，询问之后可提议付表决，以表示国会对政府答复的满意与否。而否决投票不仅可以打击政府的威信，并可迫令辞职。第五共和宪法有鉴于此，乃于四十八条规定："每一星期中，应保留一次会期，以作国会议员询问及政府答复之用。"这是集中及限制询问的时间，以便利政府的应付。询问之后是否可付表决，则未作说明。宪法实施之后，国会曾作恢复旧惯例的尝试，戴布瑞总理谓此乃宪法修正案，应于征询民意后再作决定，他并以去就力争阻止此一惯例的复活。到现在为止，法国询问的方式，已与英国者同，而询问的时期，又还较英国者为少。是则国会质询的武装已被解除了。

其次第五共和又限制国会运用其不信任权。不信任案的提出，须有国民会议至少十分之一议员的联署（四十九条）。这项规定，不可谓为苛求。惟第五共和第一届国民会议中，除新共和联盟外，仅独立党派，基督民主党及阿尔及利亚派能单独达到这个标准，其余的党派，须与其他政党联合，始能提不信任案。这自然会增加倒阁运动以若干困难。不信任案未获通过时，联署人于同一会期内不能再提不信任案。这使倒阁者更不能不作郑重的考虑。他们指责政府的题目若非相当严重而能得多数议员同情者，他们宁愿保留机会而不肯轻求一试。不信任案提出后，须经四十八小时始作表决，能得国民会议议员过半数之赞同票者，始获通过（同条）。这种种规定的用意，使不信任案表决之前有两天的冷却时间，议员们可以多作负责的考虑。表决时不作辩论，也减少雄辩煽动的机会，使表决能于冷静的空气中进行。最重要的是最后一点，不信任案须得全部议员的过半数始得通过，把缺席者均视同拥护政府的分子，在议员们常以缺席的方式来表示模棱两可态度的法国，对政府是很为有利的。

从上述情形来看，国民会议运用不信任权相当困难，内阁因之有了较大的保障。不过所谓困难。绝非不能之意。国民会议中过半数议员如坚决反对政府，则不信任案还是可以通过的。一九六二年，彭比杜内阁即因通过不信任案而辞职。国民会议中党派的复杂如故，戴高乐的新共和联盟虽为最大政党，但仍未掌握过半数议席。何况阿尔及利亚事变以来，苏斯泰尔派成为联盟之内的不满分子，内部分裂的现象已日益显著，政府并不能恃新共和联盟为有力的支持。戴高乐任满之后，将来的内阁能否恃新宪法的规定为保障，实大有疑问。这是多数研究法国新制度者的共同看法。

其次，总理可向国民会议提出施政计划或宣布一般政策。他并可就施政计划及一般政策向国民会议提信任案，如二十四小时内无不信任案的动议，即视同通过。议员们如不表赞同，须有十分一议员之联署于二十四小时提不信任案，依不信任案的程序表决之。这是极有利于政府的一项巧妙设计。政府认为重要的政策，即可以提信任案强迫国会接受，信任案的反对相当困难，因为留给议会考虑的时间太短一日内议会如无行动，该案已视同通过了。不过在法国的政治传统中，这类专断的手段只能偶一为之，要是经常运用，一定会惹起议会的反感。

信任案有时亦用以表示议会同意一个新内阁的名单。第五共和的宪法并没有新内阁须经议会同意的规定，可是戴布瑞组阁之后，他觉得这个传统是应该保持的。他在国民会议宣布新内阁的名单，并随之宣布新内阁的一般政策。这个先例，以后的总理均予遵守。

2.8.3.3　总理内阁及其职权

从内阁与国会的关系而言，内阁的地位确曾改善，已如上述。但内阁能否再用此一地位以实施其政策？内阁的功能，厥为施政。如果不能施政，则地位又有何益？

第五共和特别重视总理的作用：指挥政府的活动；负责国家防务；保证法律的执行（二十一条）。他代表政府，向国会提出法案，惟所提法案，应先咨询中央行政法院的意见，并经国务会议讨论（三十九条）。是以阁员们于提案内容，并非全无参加意见的机会。但总理所不能同意的法案，绝不可能由他向国会提出。故总理与统筹国家政策的一点，较以往为强。除此之外，他于国会两院意见不同时，有召集联席委员会之权。在联席委员会中，他得提折中案。在这种情形之下，非经他同意，议员们不得再提出修正案（四十五条）。在国会审议法案的过程中，他如认为该法案已侵越政府所有命令权的范围，可以反对该法案的条续审议（四十一条）。他得向国民会议宣布政府的一般政策，而要求议会作责任投票（四十九条）。从这许多条文的涵义来看，无疑地他是行政部门的领袖。

至于内阁，第五共和宪法未尝提到它的积极作用。二十一条规定总理得以其部分权力授总阁员行使；二十二条总定：总理之行为，如有必要，须由负责执行之部长副署。除这两条之外，宪法甚至亦不写阁员个别的职能。阁员的权力既出诸总理的授权，就原则言，政府权力皆为总理所有，他若不作授权，旁的部长即无权力可言。阁员之于总理，实为僚属之于长官，这是一般内阁制国家所没有的现象。近代请求行政效能，内阁总理皆已增加其领导作用。过去法国内阁制的失败，总理缺少这种领导作用自为其原因之一。现在则又有矫枉过正之嫌，领导者成为长官，被领导者成为僚属。在这种形式之下，内阁的集职已无意义。

现在法国的行政组织，有内阁总理内阁阁员而无内阁。习惯上总理及其阁员仍有会议，但这个会议是不为宪法所承认的。宪法承认的政府决策机构为国务会议，那是由总统主持的，总理只有在总统特别授权的方式之下主持这个会议。就理论言，总统为国家元首，超然于政府之外，何以要由他来主持这个政府的决策会议？国务会议的组成分子为总统及国务委员，而所谓国务委员，又不过总理及其阁员。内阁总理及其阁员不能开会决策，而必须总统主持后才能开会决策，这是第五共和宪法的一种特别安排，在此安排之下，总理代表政府而运用的权力，又在此会议中奉献与总统。也因为这个关系，总统虽超然于政府之外，却又能指挥行政。

以上说明内阁与议会的关系，内阁已占上风，内阁的地位是安全而坚固了。第五共和的内阁已失去独立的地位，它几乎成为总统的幕僚机构。宪法以行政权赋诸内阁，故向议会负责者为内阁。惟宪法主持国务会议的权力交给总统，使总统与内阁的关系究竟如何成为很大的疑团。

戴布瑞总理组成内阁之后，总统即招待新闻记者。在招待会中全体阁员恭侍总统之后，戴高乐则居中答复记者问题，高谈他对当前局势的看法。此一景象，充分说明总统视内阁为“我的政府”。更重要的一点，总统认为应由他宣布法国的政策，而宪法中总理向国民会议会宣布一般政策的规定不过具文。戴高乐一向表示对外交及军事有特别兴趣。许多对外政策，外交部于总统广播时方悉内容。因为这种种关系，我人不能谓总理及其内阁乃法国的行政当轴。称内阁为总统府的幕僚机构之一，亦非过甚之言。就此事实来说，称内阁为第五共和的窥见者，可谓谬以千里。

比较现行美法制度者，常争辩两国总统权力大小的问题。实则两国最重要的不同之处，乃美国内阁不向议会负责，而法国要负责。尽管法国国民会议的不信任权已受限制，但此项犹能犹在，国民会议中只要有过半数人坚决反对内阁，内阁殊难逃其总辞的命运。总统实际决定政策而内阁代其负责，这是第五共和法国的制度；总统实际决策而内阁为之执行，故内阁不向国会负责，这是美国的制度。在这两种制度中，内阁皆为总统的幕僚，惟美国内阁易于履行其职务，法国内阁则很难于总统与国会之间周旋。或谓法国总统有解散国民会议之权，他卵翼内阁的能力较强，所以内阁虽须向国会负责，亦不致惨遭没顶。解散权无可疑问的有吓阻作用，使没有倒阁决心的国会不敢妄生是非。一旦国会有了决心，此吓阻的工具殊难使国会就范，一九六二年皮杜尔内阁的倾覆可为明证。而且解散权也可用作总统制裁内阁总理的工具。内阁总理如依国会为后盾而自作主张，总统可能以解散国会来作彻底的解决。在现行的法国制度之下，内阁已居次要的地位。它得之于国会者已失之于总统，而且所失还较所得为大。

2.8.4 国会

第五共和的国会采两院制。上院称参院。参议员任期九年，每三年改选三分之一。其选举方式采间接制，由省组成选举团票选之。选举团的分子，包括省的众议员及参议员、省议员、市议员，以及其他地方官吏。选举团中乡村绅士占压倒优势，故参议院中，守旧的色彩甚为浓厚。又参议员的选举总是在国民代表之后，有力量的地方绅士，常先竞选国民代表，落选时再活动为参议员。参议员几成为地方绅士的政治退路。

下院称国民会议。国民会议代表四八二人，均由选举区选出之。因候选人众多，第一次投票常常无人能获过半数票，而组织法规定须过半数票始能当选，故多数选区恒须于一星期后进行第二次投票。第二次投票较多数即能当选。又宪法规定阁员不得兼为国民代表，而每一位代表均有入阁可能，故选举法规定每一位代表均须有候补人。这是法国最特殊的制度。

第五共和宪法极其歧视国会的地位。因为在一般人的观感中，过去法国政治的不易安定，国会的嚣张及其滥用倒阁权实为最重要的原因。制宪人为补救此一缺点，自然一反旧有常规，有时甚至矫枉过正地努力使国会不能发生作用。所以多数研究第五共和宪法的人，都会有国会乃新法兰西的养女之感。

2.8.4.1　会期的缩短

怎样限制国会的作用？第一是限制它的会期。第二十八条规定：国会每年自行集会两次；第一个会期自十月第一个星期二开始，于十二月第三个星期五结束；第二个会期于四月最后星期二开始，延续不得超过三个月，换句话说，国会一年集会的时间，不满六个月，除正常的会期之外，得召开临时会。关于临时会召开的条件及召集与闭会的方式，分别在二十九条、三十条中规定。召开的条件，一为总理的请求，另一为国民会议过半数议员之要求。而临时会的召集及闭会，皆须以总统的命令为之，与正常会期之自动者不同。临时会时间不能超过十二日，讨论的事项，亦以特定议案为限。

一九六一年，国民会议过半数代表之联署要求召开临时会，藉以制订改进农业经济，俾当时好多省的农民风潮得以平息。从代表们来看，他们联署的人数已超过宪法所规定的条件，集会为当然之事，而总统的召集令不过形式而已。但戴高乐的观点却不是这样。他认为宪法既赋以召集之权，他即有权考虑该临时会有否需要，对不必要的临时会，他可以拒绝召集。他说明农民的不满与发生风潮不能为召开临时会的理由。国民代表不应受任何特殊利益的请托，亦不应为特殊利益的压力所动。他决定不准国民会议代表的要求。这是宪法第三十条第一次的应用，议员们始知总统颁布临时会的召集令是有许多实际作用的。

2.8.4.2　工作范围的紧缩

国会所受第二项限制为工作范围的紧缩。宪法第三十四条列举应由国会投票表决的立法权凡十五项之多。论其内容，包罗似已相当详尽。但在基本的精神上，与第三第四共和时代大异其趣。以往法国与英国同，视国会为人民主权的代表，国会无所不能。尽管法国行政机关的命令权一直在扩大之中，但未尝有害于国会的主权，因为国会可以随时以法律改变命令的内容。而现在把立法权限定于十五项目之内，十五项目之外，归诸行政机关的命令权(三十七条)。在宪法中划分立法权及命令权的界限，这是法宪的新创作，很值得加以研究。在十五项目之中，有七项国会抵决定基本原则。这七项包括国防之一般组织：地方团体之自治行政，权限及资源，教育，财产权利，民事及商事之义务，劳动，工会及社会安全。在组织法所规定之条件与保留下，规定国家之财政资源及其业务，规定国家之经济及社会活动之目标。很明显，国会规定原则云云，政府对之自然有规定办法之权。因之，国会有立法权者，政府仍可有命令权。

反观，内阁的命令权，却又不许国会侵入，而且予内阁以适当的保障。国会已列入议程的提案，内阁如发现其逾越宪法授权的范围，即可反对而停止其审议(四十一条)。国会对逾越范围的命令，却无适当的处理方法。在上述的七个项目中，内阁与国会可以发生的争议一定会很多的。何谓基本原则，何谓实施纲领，实难定其界限。国会在讨论国防原则而订国防法的时候能否规定常备员额？而国防机关颁发兵条例时能否决定兵役的种类与年限？凡此种种，殊非法理所能仲裁，只能由国会与内阁实际权力的消长来作决定。宪法既保障内阁而没有保障国会，优势自然在内阁的一方。

即使明显地属于立法权的事项，内阁为执行其施政机会，仍可要求国会授权，在一定期间内以命令替代法律（三十八条）。但获得授权之后，此类命令即具有法律的效力。授权的时间届满之后，必须以修改法律的方式始能改变它的内容。换言之，授权的命令表面上有时间的限制，实际上除非因国会反对而取消，它即取得法律的地位。

2.8.4.3　预算权的减削

国会控制行政权的方法，要以控制预算为本。当然，国会控制预算可以发生许多流弊，而分赃立法为最重要的一项。法国的议员们，与其他国家的代表一样，常常慷国库之慨以取欢选民。内阁的施政纲领因之常受影响。盖行政为当局所认为必要的设施，代表们认为浪费，而行政当局认为可以暂缓的建设，代表们却认为不立刻进行就可以引起某些地区的坚决反对。在这种情形之下，内阁实无法对财政作合理的设计。第四共和宪法，曾谋防止此一弊病，乃规定预算讨论过程中议员不得为增加支出的提议。这在英国是一项极为有效的平民院议事规程。但在法国，又由后述许多新的习惯加以破坏了。法国代表们认为只要不增加预算的总额，不妨为改变用途的提议。议员们若能减削甲项用度，即可以此款作为增加乙项支出的提案。同时，解释提案是否违背宪法规定之权属国民会议的财务委员会，而委员会一向袒护议员的权利。由是第四共和宪法所作限制财政提案权的努力，几等于零。

第五共和宪法有关国会预算权的种种，规定于四十条四十一条及四十七条之中。四十条的内容，第四共和时代大致相同。国会议员提出的法案或修正案，若可减少国家收入，或新设或增加国家支出者，国会不得接受。但议员提案是否属上述性质，其权不全在国会议长及财务委员会，内阁亦可表示意见。政府与议长解释不同时，则提议宪法委员会解释。八日内宪法委员会必须作裁定（四十一条）。四十七条限制国会通过预算案的时间，国民会议应于四十日内通过，参院应于十五日内通过，两院合计不能超过七十日。两院如有意延宕在七十日内未能通过时，政府得以条例公布之。此实效法日本帝国时代宪法的故智，使国会不能以延宕的方式来与内阁为难。

这种种对应，是否能完全解决国会预算权对内阁所作威胁？恐仍未必。盖国会根本不通过内阁所提预算案的权利仍在。政府难说可以条例公布，但内阁大多不愿采取这种最后手段。故国会作不通过的姿态时，内阁仍会让步，不使事态过于恶化。戴布瑞内阁初期的预算案，力事节约，削去退伍军人的津贴，大为各方所反对。国会即以不通过该预算案为要挟，结果戴布瑞让步，允许于一九五九年恢复津贴的一部分。一九六〇年全部恢复。预算案乃获通过。

2.8.4.4 法国国会制度的变迁

上述种种，为第五共和限制国会作用的方法。除此之外，国民会议的不信任权亦受限制，此已于内阁的一节中讨论，而最后总统并可解散国民会议，此亦于总统一节中详述，皆不另赘。我人所欲研究者，在这重重的束缚中，法国国会制度究竟经历了怎样的变迁？

从制度的观点，第五共和较第四共和多了个参院，已恢复第三共和时代的两院制。实施新宪法之初，很多人认为总统将利用参院守旧势力以节制国民会议。但以后的事实证明总统并无借重上法院之意。参院除无不信任权外，其余的法案皆须两院通过，即预算案亦不例外。讨论法案的程序，预算案须先在国民会议提出，讨论的时间，国民会议亦优于参院，其他法案则两院有平等地位。凡法案两院有歧见而二议后皆未能通过时，则由政府召集联席委员会磋商折中案。如联席委员会不能获致协议，或虽获致协议而两院仍不通过时，政府得要求国民会议对此法案作最后之决定(四十五条)。

从国会的作用来看，较第三及第四共和自然皆有逊色。惟如不以法国的传统为标准，则多数内阁制家皆有解散权，总统享有此权利，不能说降低了国会什么地位。预算权所受的限制，除美国国会外，亦可以说是一般国家的常态，不信任权虽受拘束，但国会如有过半数人抱坚定的立场，国会的威力仍然是无可抗拒的。国会的多数始有倒阁的权利，少数人不得利用之为翻云覆雨的手段，这是第五共和所采的原则，其实亦是一般国家所采的原则。因之第五共和不同于众的地方，以划分立法权及命令权这一点最为新奇。而且对行政机关的命令权选设有保障，俾国会不得逾越。在委任立法（Delegated Legislation）极为盛行的今日，实是一种大胆的尝试。国会的职能，自以立法为主，而立法则一般认为系命令之母，故命令不得违背法律。令以立法权与命令权并立，行政乃可以离国会而独立。这样，国会的立法权在精神上实收到最严重的打击。

话虽如此，一般人感觉法国的国会已到没落阶段，那还不因为宪法中的种种规定，而实因戴高乐总统获得前所未有的威望，使国会不得不为之雌伏。其实，一九五八年之后，法国常在总统得以运用其紧急权边缘，国会自然不能故态复萌，动辄以不信任案与政府为难。总之，第五共和的国会权利没有以往那样强大，但尚没有到无用的程度。它现在的种种，尚不得视为常例。

本节参考书

J. A Laponce：The Government of the Fifth French Republic，Univ. of California Press，1951

Dorothy Pickles：The Fifth French Republic，Fridenck A. Praeger，N. Y.，1962

Duverger：Les Institutions de la Cinquime Republique，in Review Francais de science politique，1939

Duverger：The French political System，Univ. of Chicago Press，1958

2.9 日本的宪法与政府

对于日本，尤其是战后的日本，我国人似未尝能予以适当的注意。它无知军人的侵略政策，对我国曾造成无法计算的损失与牺牲，那是我们不必亦不能加以原谅的。不过日本遭遇的问题，大体与我国相类似。它解决这类问题的经验，不问成功与失败，均可引为前车之鉴。这是日本问题值得我们注意的原因。

从明治维新的时代起，日人努力于近代化的运动，一般人还认为它在这方面得到相当的成功。日人之于新知，采取“西学为用”的方针，尽量的引进新的技术与新的应用科学。它的西学为用，的确得到很大的成功，第一次世界大战中，它利用技术上的成就创立繁荣的工业，因而增进了国民所得及国家的经济力量，不过在政治的民主方面他只做到貌似的程度。天皇神圣的迷信既未革除，建国策与舆论之上的议会政治亦从未建立，由是军阀财阀以及官僚三者统治着日本的社会。“九一八”的侵略实为它军阀跋扈必然有的后果。而武力主义又为迷信于天皇神权与国会无能的副产品。日人由于固有精神文化的障碍，不知争取近代式的权利，而只从日本维新成功的事业中沾沾自喜。因之日本人民不但没有阻止三阀所决定的错误政策，反而甘心为他们的牺牲品，以为这样才能表现大和民族的精神，才能对天皇效忠。

战败投降之后，盟国占领当局的重建工作，实侧重于为它培植民主的条件。诸如军人之退出内阁、地方自治之建立、经济集中之破坏、中小型企业之保障、妇女地位之提高，皆欲改变它过去半封建的面目。但是占领者所提倡的新政策，推行起来常是事倍而功半，多数民族于外来文化有抵抗力，尤其出诸战胜者的强迫，更易视此为耻辱的标记，抗拒力亦因而越大。因为这种种关系，上述种种民主化的条件在日本能否生根，实不无疑问。

2.9.1　战后新宪法的制定

盟国再造日本的重要步骤之一，厥为新宪法的制定。明治维新之后，日皇鉴于民间要求立宪的声浪日高，乃与一八八九年颁布宪法，世界称明治宪法。这部宪法出于伊藤博文的手笔，大体以德意志帝国宪法为蓝本，故虽具内阁及国会等机构，实际与一般内阁制的精神大异其趣的。伊藤曾求教于德皇威廉，询以制宪时必须注意的原则。斯坦因认为安定政治之道，莫过于勿使国会控制国家的钱袋，伊藤深为首肯，真把这个观念表现于明治宪法之中了。是以知明治宪法不仅为一部钦定宪法，其主要的立宪精神并且是反民主的。英美议会权得以昌盛，实因其控制预算之故。今伊藤以削减议会的预算权为能，无怪以后日本国会不能发生作用了。

天皇的大权独揽，普遍认为也是旧宪法的缺点之一。其实明治之前，日本的实际权力在藩阀之手。而维新之际，日皇亦未尝有削平藩阀的力量。日皇之得以恢复其主权，不过因势利导藉舆论界割据及向往于维新的要求，乃能造成归藩的事实。维新之后，日人虽炫耀其万世一系的古老传统，实则政柄操诸新兴官僚、财阀以及军阀之手。当然效忠天皇是三阀巩固其统治权共同利用的一种传统思想。故天皇越尊而三者的地位亦越隆，而天皇遂俨然成为近代国家中亦御亦治的皇帝。

2.9.1.1　制定新宪法的经过

日本军阀横行而侵略吾国，及其失败，盟军予以占领，并根据历次宣言而着手建立民主秩序的基础。而其中最艰巨的任务，厥为修订新的宪法。

战胜国代战败国制定宪法，可谓史无前例。盖外人代定宪法，不问其目的如何正大，绝不易得到该国人民的热心支持。因之美国决策当局并不希望麦帅在制宪工作中插手，而麦帅亦一再否认他有促成新宪法企图。但其时国际情势变化甚剧，苏俄大有利用远东委员会以赤化日本的野心，麦帅乃不得不剑及履及地要求日人迅速修宪，以确定日本的政治形态及建立新的政府，以利合约的进行。这是麦帅终于介入日本制宪的经过。

2.9.1.2　新宪法的精神

从新宪法的内容来看，新宪法与明治宪法大为不同。明治宪法为钦定，而新宪法称日本国民……确定此项宪法，显然是民定宪法。明治宪法又称"大日本帝国由万世一系的天皇统治"，而新宪法则称天皇为日本国家的象征……其地位基于主权所在之日本国民之总意。举此一端，已可看出新宪法完全是新的创造，绝非为旧宪法的承继。但新宪法的通过采取明治宪法中所规定的修正手续，以表示新宪法不过为旧宪法的修正，两者实一脉相承。麦帅所以采取这个谨慎的程序，自然为冲淡统帅部制宪的印象。

2.9.1.3　新宪法的原则

新宪法大体以英美宪法为蓝本而参酌损益之，上述虚君制度的采用，即从英国宪法得来。天皇不仅失去神的性质，并亦自实际政治中退出。例如首相由国会选举而不由天皇任命，内阁对国会负责而不向天皇负责，举其大段，已可看出重大的改变。日人对此改变，最初很不赞同。他们为传统的思想所束缚，不能习惯于这种民主的态度。但渐渐地也就安于故常，不常有批评的言论了。最可喜的王室许多开明的行动，自己破除神化观念，很有提倡之功。

天皇地位的变动，对日本的国体自然亦引起变动。众院讨论这一条的时候，很多人还以为并不影响天皇的最高统治权。其实宪法既以全国人民的名义制定，国体已为民主，那是毋庸怀疑的。

2.9.1.4　人民权利

新宪法最为重视的问题，无过于详细规定人权宪章。它以三十一条的条文（全宪共一百〇四条）规定人民所可享有的各种权利，其完备详尽的程度，超过其他国家。论者恒谓日宪忽略国民义务而过于强调权利，很容易发生流弊。惟就目前的情形而论，这一种论断是不正确的，日人之畏惧官府如故，仰赖政府的保育亦如故。日人的缺点，不是缺少义务观，而依然缺少权利的思想。以是知权利非宪法可赋予，不是个人自己争取，宪法的条文规定得再为完备些也是没有用的。

在盟军当局的鼓励之下，日本妇女的地位确已有不少改变。就宪法条文而论，仅二十四条规定婚姻必须基于双方之同意，以及民法中有关“配偶财产继承等事项，应本个人尊严及两性本质平等之原则”，并未如共产集团国家之特别强调女人工作权等以为点缀。可是就实质言，女子在家庭在社会的地方皆已有显著的改变。而民法中歧视女子的条文，亦均于一九四七年依据宪法的精神修正。这是战后日本最获成功的一点。

人权的保障与政府官吏的滥用权力是对立的事项。官吏越滥用权力，则人权越无保障，反之，人权越有保障，则官吏亦越不能滥用职权。一九五六年十一月四日至十四日举办人权周，仅东京一地，官吏侵患人权的案件已达六千件之多。一九五七年增加为七千件，一九五八年估计又增为九千件。日本的文官，素质高而习气深，故任事有其效率而常有凌压人民之憾，这实在是人民权利最大的敌人。西德于宪法法院特设简易庭，许人民举发政府及官吏的违宪事项，比日本人举行人权遇的收效为宏。

日宪所规定的国民权利，分析言之，多数为英美权利思想的产物。例如十三条谓：“国民的生命自由及追求幸福的权利，除违法公共福祉者外，必须予以最大的尊重”，很明显的是美宪引言的复述。他如言论自由、结社自由、居住及迁徙的自由，以及法律前平等等，亦无一不在英美的权利清单之中。日本制宪者并以教育家的态度，要求日人以不断的努力，保持此类基本的人权(十二条)。权利的保持，事实确有待于国民不断的努力，惟以之载入宪法的条文之中，尚属创举。

除上述基本人权之外，尚有选举罢免及担任公职的政治权利。罢免在日本为新创，选举则旧制中早已存在，惟选民的资格、年龄及性别皆有较为守旧的限制而已。新宪中仍无创制及复决权，但对法律命令或规则的制定废止或修改，皆有和平请愿之权。担任公职并不是人人的权利，而只是人人可以有的机会，国家所保障者，乃不以种族宗教信仰门第或性别的原因作差别待遇而已。

关于收益权，日宪曾吸时代潮流中最新的原则。二十五条谓在任何国民皆有享受健康及文化的最低生活的权利，二十六条谓国民皆有按其能力而接受教育之权利，二十七条谓人人均有工作的权利，而工资、工作时间、休息及其他关于劳动条件之基准，以法律定之。这三项受益权，非政府努力于各种客观条件的改进，国民均无从受益。

2.9.1.5 武力主义的放弃

日宪曾表现一种崇高的理想，为维护国际的和平，国家主权应受限制，而军备更须予以废除。这是第二章第九条著名的规定。就条文的内容言，"不承认国家交战权"，实非一国法的偏面宣示所能生效。战争为国际行为，国际间除非能成立一项不承认交战权的多边条约，日本一国的承诺与否，殊不足重视。话虽如此，日本宪法第九条倘能成为风气而各国宪法均作类似的规定，对国际和平的贡献就会很大了。愿如日本宪法之宣示"不保持陆海空军武力"者，殊如凤毛麟角。

上述条文的规定，麦克阿瑟宣称出于币原首相之意。在他的回忆录中，叙述币原过访详情，并谓币原对久战名将赞同和平主义深感意外。但币原于临终时却又否认这个事实。为什么两人有这样不同的回忆？原因是日宪第九条在日本舆论界曾引起激烈的争论，故麦帅及币原皆不愿承认是这一条文的造意人。战后的国际环境，险恶异常，以没有防卫武力的日本，其不安之情，不难想象，而且日人之中，军人多数失去其原有的地位，对新宪法自多不满，更兼多数人于丧乱之余虽已厌恶战争，惟每日有不安全的感觉时，亦批评放弃武备为不智之事。由是修改第九条的呼声，甚嚣尘上。平情地说，第九条是战后新宪法中所显示的进步思想之一，惟时代没有跟上它，以致没有能发生实际的作用。日本现在已有直属首相的防卫，其发展的趋势显然与宪法的精神相违背了。

2.9.1.6 政制的改革

新宪法在政治制度亦作重要的改革，以配合新的民主秩序。将于后数节中详论之，此间不赘。总之日本新宪法除含糊而伟大名词过多，显得政治宗教的气氛甚为浓厚之外，比明治宪法进步得多了。两者相隔七十余年，时代本已有很大的进步，更何况明治宪法又为同时期中较为守旧的一种，两者精神自然根本不同的。新宪法充分注意旧日政制缺点的补救。故新宪法虽诸客卿的手笔，但这许多客卿对日本是有同情了解的。因之，新宪法是针对日本国情而设计的。

2.9.2　首相与内阁

2.9.2.1　战前的内阁传统

战前的日本内阁都不是政党内阁。首相既无国会中的多数党为后盾，阁员亦为军人把持，政党内阁的形式又复中止。

以往的内阁在法理上向天皇负责，能得天皇的信任是出任首相的惟一条件。明治初期的首相，即伊藤博文亦未能得国会多数派的拥护。习惯于专制政治的国家，每视国会为橱窗中的装饰品，既不重视国会的意见，政党自然也不能表示其力量。在这种风气之下，政治中所重乃人的因素。所谓政党，不过派系组织，随领袖态度而转变其政治的立场。政友会或宪政会，几乎如出一辙。一位善于适应的首相，但能运用有利机会以笼络派系首领，即可安若泰山。故首相虽无国会多数为后盾，仍可维持其政治地位。

日本这种客观的政治环境，对担任首相的人来说，有便利同时亦有不便利的地方。自其便利处言，他不必担心选举的结果，不必担心派系的分合。自其不便利处而言，首相的政治命运操诸元老重臣之手，元老重臣的不欢，每能断送他的前途，因人成事的首相不容易真正掌握实际的权利，因之亦缺乏领导群伦的威望。上述客观的情形，形成日本内阁的许多缺点。其中最严重的一个，莫过于首相缺乏领导权。大战之前，日阁一直是无形政府与有形政府的联络站。所谓无形政府，指元老、宫内大臣，以致财阀军阀们所蓄积的实力。他们莫不各显神通，支持或操纵内阁中一些分子，以维持其一己的利益。由是内阁反映他们的观点而形成政策，指挥有形的政府予以实行。内阁阁员既各有凭藉，首相很难予以统一。尤其文武双方，意见更不一致。世莫不知日本有双重内阁，而且多数学者认为这是武臣的帷幄上奏权所造成的。海相陆相们可以直接上奏天皇，使他们可以公然借天皇的名义来反对文治派所作决定。当日阀与世为敌之时，居首名位者无一能加以节制有时还会不当其意而横遭杀戮。其实帷幄上奏权只是使军阀有挟天子以号令诸侯的机会，他们之所以猖狂，还因为他们另成派系和另有背景。而且武人固不受首相的节制，文人亦是一样。法国是阁员们挟小党的背境以胁内阁总理，日本则阁员们挟派系的实力以胁首相，后果则大体上相同。

2.9.2.2　战后的首相与内阁

新宪法中内阁的组织以及责任，以英国为蓝本而加以参酌的损益的。第一可以注意者，首相应为国会议员，而且由国会两院选举（六十七条）。这个选任首相的方式，必然使内阁成为政党内阁。国会议员之中，纵有无党派的独立人士在，其绝大多数必然是有党籍的。他们基于政党的立场，自然会选他们的领袖出任首相。自此以后，官僚内阁当不至重新出现。

两院同有选举首相之权，是否有其必要？实大有疑问。日阁负责的对象，主要的为众院，因为只有众院能以不信任案或不通过信任案来迫使内阁总辞（六十九条），参院殊不必共同享有此选任首相之权。两院政党的阵容如果完全相同，多一次投票更可表示首相人选的郑重，原无所谓。但在多党的国家，两院可能立场互换；在这种情形之下，内阁可能因而难产。制宪者似亦看到这个缺点，所以又增加了一项补救的办法。两院没有一致赞同的人选，召开协议会仍然未能解决者，或众院所作提名的决议而参院于十日内尚未能决议者，均以众院之决议为决议。这就是说，两院意见相左时，众院有最后决定首相人选之权。因之十六七条的流弊也就不会很大了。

事实的情形，在自由民主党没有联合之前，国会的政党内容相当复杂。而自民党联合之后，国会中虽有一过半数党存在，但党内的派系仍然分歧，故国会选举首相之际，经常有一剧烈的争夺战。池田首相因病辞职之后，自民党究先由党选举总裁抑先由从政党员先选举首相，悬而不决者有相当的日子。可见党的内部分歧，与多党所造成的客观形势是很为相同的。

国会选出首相后，日皇必须予以任命。首相产生之后，他有选择阁员的完全自由。因为六十八条规定他任命国务大臣，而且亦可以任意罢免他们。但宪法亦予首相以若干限制。其一，国务大臣之中，半数以上应为国会议员；其二，国务大臣中不得有军人（六十六条）。第一种限制，其目的在加强政党内阁的色彩。事实上首相为便于领导国会计，自然会把国会中同党的次级领袖网罗于内阁之内，阁员中兼为议员者，很容易超过半数。第二项限制，自然是防止军人入阁的重要规定。战前日阁常受军人操纵，而军人在日本社会亦确具深厚的基础，如果没有六十六条的限制，军人内阁很可能重见于天日。

首相在内阁中的领导地位，因上述案条文而日见加强，内阁不致再像以前那样呈分裂状态。首相对国务大臣既有完全的任免权，自然不会选择与自己政见不同的人入阁，亦不至听任阁员闹意气而不强令辞职，内阁的统一阵容，自然不会发生问题了。不过内阁的团结，有赖于健全的政党者多，首相的任免权尚在其次。如前所述，战后日本的政党仍不健全，每一政党之内派系众多，这对首相的牵制会很大的。

战后的首相权势日盛，不过这不是从他在内阁中坚强的领导权而产生的。日本与其他国家一样，战后产生了许多新的行政机构，而这类新机构多数直接隶属首相。诸如国家安全局、经济计划局、地方自治局、公平商业局、原子能委员会等不下三十余所。首相综揽这多的事务，为其他国家所少见。

战后的日本首相，虽均以执政党总裁的身份出而担任此一职位，但出身资深文官者仍属多数。吉田、池田，以及佐藤，都是在常任文官的岗位中表现其能力而活跃于政治舞台的。以常任文员为政党领袖的阶梯，这是日本特有的现象。日人重官治，而企业巨子，又皆赖政府得保育而得到繁荣，财政机构中重要的官职，每与企业界呼吸可通。他们往往利用这种关系，于退出文官岗位后成为政党中最能筹措竞选经费的要角。也因为这个关系，首相的议会经验往往是很不充分的。

以言内阁，现在由二十位国务大臣组成。十二位部长之外，尚包括副首相等不管部的大臣。内阁每星期三五于首相官舍机会，以首相为主席。内阁会议不规定法定人数，故不必全体或过半数出席。会议采秘密方式，故其内幕，很少对外界泄露。所可知者，阁员现在已均能支持内阁的共同政策，再不会有以前陆相海相公开表示其不同观点的事情了。内阁因而表现了集体的责任，这是战后的重要进步之一。

内阁设秘书处，主持该处者为秘书长，为现在日本政治中新的重要人物之一。秘书处保管内阁档案，准备内阁会议所需资料，并整理会议记录，犹如其他国家内阁的秘书处然。秘书长之所以重要，原因尚不在此。他是首相所依赖的政治联络人。执政党各派系领袖的接触，两院中各委员会主席的联系，都是他的重要任务。内阁处境的顺利与否，他的关键最为重要。以是他虽非入阁的国务大臣，但与首相的亲近则超过内阁中任何部长。

内阁的权利，就新宪法七十三条所规定者而言，有忠实执行法律、处理外交关系、缔结条约、作成预算、制定政令等七项。忠实执行法律是项无大不包的行政权。惟内阁并不亲自执行，它不过为最高的领导与监督的机构而已。从忠实执行法律的权利，他得到广大无比的任免权。除会计长之任免，须得众院的同意外，其余人员的任免皆不受国会的节制。因为它负忠实执行法律之实，故亦有极为重要的提案权。日本内阁的提案权尚不能与英阁及西德内阁相比，但在国会立法中亦占重要的比例。预算必须由内阁提出，惟国会可以改变，依近年的趋势，国会经常增加用度，而并非减削。外交政策既由内阁决定，故首相常亲自出马，参与及决定重要的外交活动。吉田亲自主持和约得签订，即其实例。日本政府的命令权向来很大，因战后日皇已无颁发敕令之权，内阁的命令权乃更为扩大。日本国会没有像英国那样设置专门审议命令内容的委员会，内阁的命令权可以说漫无节制。

一般地说，内阁比战前是重要得多了。

2.9.2.3 内阁的责任

内阁以前向天皇负责，而现在则对国会负责。内阁对国会负责的方式，规定于六十九条之中，即“内阁经众议院通过不信任之决议案，或否决信任之决议案后，如十日内未解散众议院时，应总辞职”。这可以说一般内阁制国家的通例。由是可知日阁仅向众院负责，参院无不信任之权。战后日新闻界勇于批评，议会因之亦发生了很大的力量。它们常常联合行动，指责政府失当的措置。吉田曾两次为众院所不信任，这是以往不易见到的现象。

为众院所不信任的内阁，并不一定要总辞，它可于十日内决定是否解散众院。在讨论英国宪法的时候，我人已说明内阁的解散权，应用来解决政治上的僵局，而不当用来作为抵抗议会的工具，因在对抗的意义之下，与责任制的精神是不合的。而我人所说的政治僵局指议会中党派分歧，无一人能组织坚固的政党团以为内阁的后盾。战后众院中的情况，自由民主党常占过半数议席惟党内分裂，始则吉田与鸠山明争，继则八系暗斗，以致形成内阁的危机。以一九五三年而论，吉田派二〇二人，鸠山派三十五人。进步党七十七人，执政党团实力之强，无与伦比。但鸠山系与进步党不愿与吉田合作之后，众院乃有不信任案的通过。在这种情况中，解散众院不失为解决僵局的方法，但改进的希望是非常渺茫的。改选不会使鸠山及重光葵等人屈服而与吉田合作，吉田派亦很难增许多议席而占过半数的地位。所以一九五四年的众院，非吉田派人合而为民主党，实力稍增，吉田派则损失若干议席，吉田的地位更不稳固。直到一九五六年之后，自由民主两党联合，内阁的基础始见健全。可是自由民主党既为合并数党而成，内部派系之争甚烈，首相的选举及首相的组阁工作常会触及暗礁。这种客观政党政治，使日本的解散权不常能发生积极的作用。

至于众院不信任案的通过，即因派系间明争暗斗酝酿而成，所以叫嚣的气氛很浓、很容易产生法国式政党政治的恶果。内阁的真实责任，常由议会的其他有效行动而完成。例如询问及委员会活动等，而其中最重要者，莫过于在野党地位的承诺。英国以在野党权员任稽核委员会及命令审查委员会主席，即是此种精神的具体表现。这自然使政府的用途与命令的内容易于受到法律的约束。日人未能承诺在野党的正当作用，虽有迫使内阁负责的不信任权，效力恐怕是不会很大的。

不过话得说回来，战后日本的内阁制较战前健全得多了，而责任制的精神，亦在日本进步中，如与第五共和法国的制度比较，则一进一退，日人实在有可以自豪之处。

2.9.3 国会

新宪法特别强调国会的地位。四十一条明定它为酿权的最高权关。这与德语与战后贬抑议会作用者适得其反。德法因议会猖狂而政局不安，日本则因权会无能而军阀横行，各国政治背景不同，所以战后世界有这样背道而驰的宪政潮流。

2.9.3.1 旧国会的传统

日本过去虽已有近百年的议会史，但议会始终是政治橱窗中的装橱品。天皇有无限制的命令权，国会立法与否，可以说无足轻重。三军的编制、条约的订定、战争的宣布，都是天皇的特权，议会不得置喙，更重要的一点，政府预算，虽亦提议会讨论，但议会不予通过时，政府得依旧预算施政。一般国会藉以节制政府得武器，在日本也变得毫无作用了。更兼国会没有广大的民众基础，贵族院议员均为世袭，众院又由有限制的选民投票产生，它的言论既不受人民重视，也不能在舆论中发生领导的力量。

明治宪法的重要精神，帝国乃天皇所有，政府大小臣工，皆应以效忠天皇为职志，议会亦非例外。在这种传统观念之下，议会自然有名无实，议会而不为人民的喉舌，那议会不过少数人争名夺利的用武之地而已。三阀的势力，皆深入其中而极尽操纵控制之能事。由是效忠天皇者实效忠于三阀，战争虽烈而无关国家大计。议会中派系的分合与消长，实不过三阀实力盛衰的寒暑表而已。到军阀悍然不顾一切而独行其是的时候，议会早已是奄奄一息了。

2.9.3.2 新国会的组织

战后日本国会仍采两院制，惟原先的贵族院则予以废除而另设民选的参议院，参议员当选年龄须在三十岁以上，任期六年，每三年改选一半（四十六条）。现任参议院共有议员二百五十人，一百人由国会选举区产生，其余一百五十人则分别由各地方选举区选出之。日人对参院的评论，激烈派则说它过于守旧，而一般人则认为参院的组成分子，与下院大同小异，故为不必要的重复。占领初期，参院中独立人士几占百分之四十，而现时仅占百分之五。现时之参议员百分之九十以上有党籍，两党分配的比例，与下院没有很大的区别。

众院现在有议员四六七人，由普选产生。战后日人的选举权大为普及，选民年龄降低为二十岁，而妇女亦已获得选举权。现时选民已自战前的一千四百余万，激增为四千九百余万。以一一八县市为选举区，少者选出三人，多者选出五人，东京为七人。日本虽采大选举区，惟未采比例代表制，故以得票较多者当选。大党候选人较多，选票无法集中，而小党则集中投票，故常有利于小党，自由民主党在乡镇的势力较为雄厚，而社会党则以劳工密集的都市为基础。现行选举区的划分，乡镇所获代表名额超过其人口的比例，这因为战后工业发达，人口更向大都市集中，而选举区又未能及时调整，所以大都市所得名额，少于它人口应得的比例。

初时，议长颇欲维持一超然的地位，首任众院议长亦会退出政党以树立良好的风范。无如执政党常认为议长一席乃它控制国会的利器，不肯维护此一传统，议长的党性乃越趋而越益显著。

国会自定组织及自定战事规程。就组织言，日本国会跟他国大同小异。每院均选一位议长，一位副议长。议长传统由政府党人担任，副议长则归次大政党，议长权力很大，大会由其主持，发言经其允许，议事规程由其解释，而正反票相同时由其投一票来作决定。他维持现场秩序，这在战后的日本是相当艰巨的任务。上下两院均曾演出全武行，样长无法控制，有不得不愤而辞职者。按战法规定，国会亦议员之权，不过这不是议长可以决定的，须由出席议员三分二的绝对多数通过之。议长也有决定日程及分配提案之权，故对立法颇具力量。

日本与其他国家一样，立法的主要工作已由大会移转到委员会手中去了。早期两院均有二十一县委员会，现在都减少到十五个。众院委员会例于上午举行，以便利下午进行的大会。参院则反之，大会在上午进行，而委员会则在下午，每一议员，最少须出席一个委员会，最多不能超过三个，事实上委员会的名单都是政党的预备会议决定的。委员会会议采秘密方式，由于它对法案有决定的作用，政党及利益集团的压力，乃纷纷而来。

2.9.3.3 国会权力及两院地位的比较

新宪法称国会为最高的国权机关。国权究竟指的是什么？日本因已放弃战争，故国会无宣战权，这是日本国会权力惟一不如他国之处，除此之外，它有一切通常所说的机会权。第一，它是惟一的立法机关，这在日本式颇足称述的一种权利。原先天皇有命令权，而天皇的命令既可替代立法，亦可改变立法，故国会不特定不是惟一的，而且是较低级的立法机关。如今既称国会为惟一的立法机关，即日皇亦不能以命令改变立法的内容了。第二，国会有选任首相之权，这就是说，凡非国会所提议的领袖，即不能出而负责行政。此一权利，以往也是日皇所有，而现在则归属国会。第三，国会有不信任内阁之权。这一点日本与西德相同，不信任须以明示的方式为之，政府提案遭遇挫折，不能视为不信任案，亦不足以强内阁总辞，与众院不信任权相对，内阁有解散众院之权。按六十九条的规定，内阁须于众院通过不信任案或否决信任案于十日内始能作解散众院的决定，惟事实上吉田首相曾于众院未作不信任表示时即解散众院。第四，国会有询问权及调查权。国务员虽非议员，亦得出席为其提案作必要的说明，而国会要求时，国务员有出席的义务。至于调查权，其运用之广，仅次于美国国会。调查权与弹劾权是有其联系的。弹劾案发生后，国会组织弹劾裁判所，对犯罪的调查，与一般法院的权力同。

两院虽共同运用国权，但参院的地位，则略逊于众院，这要求从几方面来作说明。

第一，有关首相选举者，为期首相的迅速产生，规定参院须于接获众院的决议案于十日内作成决议。十日内参院如能与众院为一致的决议，首相顺利产生，十日内参院不能作成决议时，则以众院之决议为国会的决议（六十七条）。这就是说参院对首相人选虽可表示其意见，但当以取得众院的协议为之，而且不能过分在时间上作延宕。事实上现在众院的多数党即是参院的多数党，故众院所作决议，参院不致反对或在时间上延宕。故这一条的作用如何？战后尚无实际考验的机会。

第二，预算案先在众院讨论，得决议后即送达参院议长，参院不能为相同之决议，经召开协议会两院意见仍不一致，或参院于收到众院的决议案后三十日内尚不能作决议时，即以众院的决议为即会的决议（六十条）。是则参院对预算案的作用，亦不过延搁时间，俾便敦促众院再作郑重考虑。预算案得以延搁的时间，较诸首相选举者为长，惟亦不能超过一个月。预算案内阁的重要提案，不仅每年的施政纲领包罗于此，即政府的经费亦从此而出。两院往返碾懋而不决，对政府是很为不利的。通常因上院无倒阁权，故亦不得干预预算。日宪予参院以一月的延搁时间，对参院的地位已经相当重视了。

第三，对于普通法案，参院可能采取两种不同方式的行动——立刻否决或独置不予决定。采取后述手段时，延搁至六十日时亦视为已遭否决。经参院否决的法律案，众院如能以出席议员三分二绝对数再予通过，即成为法律（五十九条）。在这个规定之下，众院对普通立法仍居优势，因为它有三分二绝对多数票维持原案的权利。惟就议席实际分配的情形看，执政党的力量从未达到三分之二，故参院否决的法律案，众院很难维持原案。也因为这个关系，执政党如不能在参院亦占多数，政府对法律提案就很有把握了。

从上述许多条文看，参院的普通立法权较大，而首相选举权及预算立法权较小。它的主要作用，在于延宕时间，参院如能吸收许多老成政治家，时间上的延宕是很有意义的。因为参院可以利用此时间要求召开协议会，俾老成政治家进行其说服工作，无如就质地言，两院议员大同小异，参议员并不懂于众议员，所以很难在协议会中发生领导力量。

参院没有不信任权，故内阁的责任，乃专对众院而言，这更使参院居于次要的地方。

2.9.3.4　国会的新气象

日本国会享受前所未有的大权，它的议员曾否善为利用，以为日本人民造福？一般的说，日本议员的教育水准很高。以一九五八年的众院为例，自民党的二九八人中有二百二十二位毕业于大学，而社会党的一六六人中，大学毕业生亦达百人。但议场的气氛，似仍失诸冲动，对议会权不能作适度的运用。我人于讨论英国宪法时曾云：成功的议会，须于合作中作监督，这是一种相当进步的议会技术。所谓合作，不是但为政府的橡皮章：所谓监督，亦不能但以叫嚣及否决为手段。这种进步的技术常赖政府党与在野党之间机动的关系来作表现。日本政党多少有分合无常的缺点。每一个政党内部都有壁垒甚深的派系在。因之，反对政府提案者，可能是政府党中失意的派系，这种情形，使得党纪失去效用而增加了议员们的发言自由，而同时亦使政府不得不利用各种政治手段以寻谋制服国会的途径。

国会常在风暴圈内，这是关心战后日本常常可以发生的印象。日美共同安全协定的修订，警察制度的修订，反暴动法，以及反独占法的修订，皆引起职场混乱而不愉快的场面。观察日本国会的人都说自民主党日益专横，而社会党则乱辄以退席为要挟，是以国会中缺少妥协的和洽空气。晚近以来，自民党在两院中皆占过半数议席，惟尚不能有三分之二的实力，不然，它很可能提出若干宪法修正案，使民主政治为之变色。社会党也是一样，它虽处少数党的地位，犹是一切抱否决的态度，它若得到多数，专横的气焰也是很为可观的。

归根结底，日本政党依然停留在个人中心的阶段中，所以旧政治的风气很难有所改革，责任政治是从实际的责任中产生的。以个人为中心的派系完全侍英雄崇拜心理或实际的恩惠为团结的基础，故派系的色彩浓而政党的意味浅。这一种局势不予改革，政治就难望有大进步了。

2.9.4　战后日本政府的施政重心

日本地少人众，而自然资源亦并不丰富，更兼战后伤残遍地，工业中落，社会问题的严重，可以想见。新的民主政治尚在试验之中，政府如何进行其复兴工作？自然有参考的价值。兹分节叙述于后：

2.9.4.1　经济

日本自明治维新以来，一直采取新重商主义政策。这就是说，在政府的规划与奖励之下，加速经济的近代化运动。一般的说，此一政策发生很为显著的效果。它使日本成为惟一工业化的国家。不过它亦发生不可弥补的缺憾。日本的企业家，均以得到政府的恩惠为致富的途径。长袖善舞的商人，多方与政府官员交往，而独占了高度的利润。这一方面助长官吏的势力，另一方面亦养成官商勾结的风气。

第二次世界大战之后，在占领当局民主化的要求之下，不仅军阀政客须受整备，财阀的势力亦谋予以限制。大企业的化整为零，使经济界能充分发挥自由竞争的精神，一如美国反托拉斯法之所为者，亦是占领当局注视的目标之一。惟日本战后经济面临破产之境，经济的改革遂受阻挠。币值的猛跌，物价的暴涨，在在使占领当局及日政府不得不以平定经济市场为当务之急，由是有经济平定局的设置。这个局以后发展为直属首相的经济计划部，设部长级的总监督一人，为日政府中极为重要的一个机构。

经济计划部为设计机构。计划的执行，分属工业部、国外贸易部、农业部、劳工部等有关的部会。

同时，计划的实施又有赖财政部及中央银行的支持。经济计划部之所以直属首相，殆亦为此。与经济计划部并行的有经济会议，亦直属首相，由企业巨头金融巨头以及政府要员混合组成。经济会议讨论计划的目标，同时，政府的希望与意愿常可透过会议而向各业转播。经济会议与经济计划部之间的关系，很不分明。盖会议非国会，其决议并不能拘束计划部的设计，同时，计划部的决定亦不能拘束会国。两者端赖首相从中运用某个人的领导力以为联系。

计划部设秘书处、研究司、经济计划司、经济发展司及联络司五个单位。秘书处及研究司可编制最大，皆在百人以上，而经济计划司编制最小，仅五十一人。所以然者，因计划乃专家的工作，大的编制是毫无益处的。研究司的任务既在研究，亦在搜集各种必要的资料，有时甚至还得自己进行调查，为拟订计划者找寻必要的事实根据。日本的文官，素质很高，而认真的事业精神极为可钦。经济计划部的工作成续其他机构皆可比美。不过无可否认的，经济计划部仍然为新重商主义的传统观念所左右，而占领时代反托拉斯的观念乃大受打击。

一般地说，日本战后的经济重建工作是相当成功的。尤其工业方面，生产力的成长甚为惊人。自一九五三年至一九五八年，日本每年平均提高生产率百分之九点三。西德在同时期内位百分之七，意大利百分之五点九，法国百分之四点六，英国百分之二点九，美国百分之二点六，日本实为其冠。这种丰硕的成果，不能完全归功于计划部的设计。战后残破经济的迫切需要、美国订购契约的刺激，往往促使工商界加倍努力。而日本政府的大量贷款，实为企业复苏最主要的原因。换句话说，日本战后企业的繁荣，多数在政府财政支援之下完成。而在此一政策之下农村与都市人口的不易平衡，畸形繁荣的工业造成过剩的生产，这种问题是由经济计划者预为之谋。而日本战后生产，常感缺乏市场，以致严重的影响了它对中共的外交政策。

2.9.4.2　工农政策

日本宪法对劳工福利曾作近代式的保障。二十条规定人民有工作的权利，二十七条规定国家保障最低工资，而二十八条则规定劳力有组合的权利，并得藉此组合以与资方订立团体契约。这一类性质的宪法条文，必须政府有所设施始能发生实际的意义。例如工作的权利，日本如无战后那样高的工业成长率，不少人将有失业之虞，又何从享受工作的权利？差幸经济复兴的工作进行极为顺利，日人工作权因而未受威胁。至于最低工资，因劳动市场未见过剩，劳工的待遇常能随物价调整。

但农民没有劳工那样幸运，他们的生活没有能维持适当的水准。日本政府战后的农业政策并无可以訾议之处，它于一九四六年突出“耕者有其田”的法案，此后且一直以此法为农业政策的基石。这个法律原则上不许有不在地主的存在。所有放租的田地，皆由政府按价收购。同时，为保证自耕的制度，一人所有耕地面积超过十亩者，其超过部分亦由政府收购。政府所购的土地，转以配售稀有土地或没有土地的小农及雇农使用。土地的价格以及土地的购售，政府均假手于农民组织的农会为之。从上述措施，可知日本的根本问题为缺少耕地。每人耕地以十亩为最高限制，实在是不得已的办法。

为维持农家的生活水准，为争取国家的粮食供应，日政府曾从增加单位产量及配给食量两方面努力为增加单位产量，至一九五七年，日政府用于改进土壤者约达六百万美元（二二〇亿日元）。粮食配给的办法初行于战时，战后迄未取消。农民于收获前自动申报其余量，政府则按农业的生产成本及物价指数规定价格收购，并先付百分之二十的价款。至于工农的组合权，盟军当局初时亦颇欲藉此推广民主的基础。一九四六年至四八年，工会成长的速率极高，惟此后则逐渐降落。根据一九五四年的统计，加入工会的劳工达六百万人，约有全体工人百分之四十。日本的工会，绝大多数以工厂为单位，未与同业联合。每一工会之中，兼有该一工厂的技工与粗工。甚至工会的职员，其薪给亦来自实力。工会常缺少独立性，即是为此。工会要求调整工资的能力，因罢工权的受限制而大为降低。战后初期的工会法，皆未限制工人罢工。可是政府两百万员工因待遇菲薄而有罢工的企图后，政府即于公务员法及公业法规定政府员工不得罢工，因而对劳工亦采强迫仲裁制度，限制工会作罢工的决定。其实日本那一种化整为零的工会，它所发生的问题都是局部性的，不难以调解的方式予以解决，很少会采用强迫仲裁的严厉手段。

一般地说，日本战后的劳工政策较为开朗。它并不片面的限制工人的罢工备，而同时亦严格管理劳工的雇用条件。诸如最低工资的标准，工作时间的限度，工作环境的条件，皆抱积极干涉的态度。更重要的一点，日本企业在政府的协助与鼓励之下，都是相当繁荣。劳工问题所引起的社会不安，因之也并不严重。

农民组织农会，政府并付托农会以买卖土地与分配之权。同时，政府并鼓励农民组织合作社，以加强农民的购买能力。

2.9.4.3 救济及社会福利

“二战”后的日本，伤残及贫病无依者几达八百万人。这种情形，自然严重威胁了当时的社会安全。盟军当局有鉴于此，在备忘录要求日政府负起完全的责任，这个备忘录并提出数项原则、救济的工作，集中由卫生福利部监督及指导；其二，全国分为若干福利区；其三，城市的福利机构必须力求改进；其四，办理福利工作的人员应举行在职训练，以期提高行政效能；其五，公私的救济工作应严格划分。此项备忘录，以后成为一九五一年社会福利法的重要纲领。日政府所支出的福利经费，一九五八年占总预算百分之八点二，不能算很高。因为福利事业的项目很多，诸如儿童的保健、问题儿童的特殊教育、产妇及孕妇的保健、失业的保险、疾病的保险，以及老年的退休金，均包括在内。亦以是故，日本的福利标准并不很高。以退休金为例，半数以上达到退休年龄的老人，仍然不肯离开岗位，足退休金之无法维持于年。按退休法的规定，缴纳公积金满四十年的人员，六十五岁退休时月支三千五百一十元，未缴公积金的人员，七十岁后仅月支千元。

社会福利的基础主要的仍在健全的国民经济。而日本大工业的工人收入最丰，农民则相去甚远，贫农雇农之有待救济者五十八万家，以是多数人营养不足，虽有进步的医药，仍无补于多数人的健康。以上的说法，不免有求全责备之意。一般来说，日本社会部的服务精神极为笃实，在远东堪称最具成效者。它男子的平均年龄为六十四点九，女子为六十九点六，死亡率亦降至千分之七点四。与战前相比，均有进步。

本节参考书

Allan B. Cole：Japanese Society and Politics，Boston Univ. Press，1956

Jerome B. Cohan：Japan's Post War Economy，Univ. of Indiana Press，1958

Ardath W. Burkes：The Government of Japan，Thomas Y. Crowell Co.，N. Y.，1964

2.10 美国宪法

美国宪法(一七八九年)是世界中第一部成文宪法。论文字的简洁、原则的明显，以及运用时富有伸缩的弹性，近世新宪法尚少有胜过它的。遥想一百八十年前制宪诸贤，在并无样本可资参考的情形下，居然有这样的成绩，实在难能可贵。近代宪法学者如比尔德(Beard)教授，自经济史的观点分析制宪诸贤的家庭境况，认为美宪乃富人维护其经济利益的产物，殊失公允。任何种政治会议，苟无谋国的热忱为之支持，成果是不会很大的。当年讨论的经过，固有不少人根据地域观念及经济利益发言，但终于让步，终于妥协，可见并非完全出于阶级的偏见。

2.10.1 美宪的特点

2.10.1.1 联邦宪法的诞生

美利坚独立成功之后，其初期的邦联组织殊不足以应付新国家所发生的许多问题。最感困惑的厥为财政。它既没有自己的税收，而摊派各州的款项又迟迟不缴，全靠公债的发行以为维持，以致邦联债台高筑，公债停付利息，币值贬落，真到了无法维持其信用的境地。士兵常因欠饷而滋事，有一次竟威胁到邦联会议的安全，迫使迁地集会。在这种情形之下，邦联的制度若不求改进，新国家实有瓦解的可能。

同时，十三州的州际关系也有改善的必要。对英抗战结束之后，州际贸易随之激增。但每一州皆有歧视他州的倾向，这是在各自为政的情形之下极难避免的事情，为解决商务的纠纷，有关各州恒互派代表，商谈解决方案，一七八六年，弗吉尼亚与马里兰又因纠纷而召开会议。与会代表深信层出不穷的商务纠纷非州际代表们协商所可永久解决，一致结论应于翌年邀集十三州代表修正邦联条款，以为一劳永逸之计。

该一建议弗吉尼亚首先响应，经邦联会议采纳后，即号召各州推举代表赴会。并推派华盛顿、麦迪逊(Madison)及兰道夫(Randolph)三人为代表。由于华盛顿的信誉，其他各州州议会亦作同样行动。一七八七年五月，除罗得岛州外，十二州的五十五位代表集议于费城。由于各州代表人数不等，他们建议每州只有一个投票权，并公推华盛顿为主席。会议原以修正邦联条款为目的，但代表们立刻发现他们必须起草一部新的宪法，因为他们所将采取的体制，与旧的是根本不同的。

关于联邦宪法制定的详细经过，殊无叙述的必要。会议进行时虽然困难重重，但在容让与妥协之下，终能拟成草案，规定获得四分三州议会批准生效。对新宪法热心的人士，并出版联邦主义通讯(The Federalist)的刊物，解释宪法中重要原则的意义，以求舆论的同情与支持，这个刊物成为独立时代的著名文献，大法官们每依此为解释宪法的根据。

2.10.1.2 *以政治传统为基础的成文宪法*

美宪虽以第一部成文宪法著名于世，但支持它的政治惯例与传统之多，实非其他国家的成文宪法所可比拟。随便举几个例来作说明：

美国宪法规定总统由选举人投票产生，故为间接选举。但自杰克逊领导西部民主党之后，由党代表大会产生党的总统候选人，藉谋打击弗吉尼亚巨头们所控制的国会预备会议。其后由维新党演变而来的共和党亦起而效法，形成两党总统候选人对垒角逐的形势。由这个政治传统，使选举人投票与直接选举无异。又如联邦最高法院的司法审评权，从一八〇三年的判例而来，而判例之受到尊重，实亦出于传统。这类例子太多，而且后文中常会提到，不必多作重复。有一点在这里应该说明，懂法中许多名词的意义，根本都是从英国宪政的传统而来。诸如追溯既往的法律（Expost Facts Law），褫夺公权的法律（Bill of Attainder），正当法律手续（Due Process of Law）等，均沿用英国传统下的名词，对英国传统若无认识，几乎不能懂得这类术语的意义。霍姆斯（Holmes）大法官解释这法时曾说：美这是“从英土地移植而来的有生命的机体。它的特点不在形式而在活力”。霍姆斯认为美宪的基础为英国传统，但移植之后继续生长。

因为上述原因，我人常以为美国懂法实介于成文与不成文之间。借用霍姆斯所说的话来形容，成文是它的形式，而不成文是它的活力。美国行体已有近两百年的历史，漫长岁月中，自然有许多传统产生以为宪法的扶助。就是在宪法制成之初，它已经与英国传统结合在一起而不能分解。这是美国特殊的政治历史所形成的现象。但这对美国宪法的顺利生长是很有帮助的。美国宪法的内容如果完全是新奇的原则，美国人对它可能会产生很大的排除力量，它就不容易生根了。

在美国宪政史中，最值得注意的，厥为它成长极其迅速而又能坚守宪法的原有精神。美国的联邦制度，国会与总统之间的关系，联邦最高法院的作用，以至社会经济的发展，无一不在成长之中。今日的美国，与独立时代相比，可以说没有一点是完全相同的。各方面的成长情形，我人将于以后有关的章节中论列，此间不赘。于此所欲讨论者，所谓成长，其行诸于外者皆为变。然则何以如此大变而美国人没有感觉他们的宪法受到损害？何以他们还常以为美国宪政精神最为发达？是盖美宪最基本的精神是为民主。它的联邦组织是为民主，三权分立是为民主，保障民权是为民主，故宪法中虽未提到民主一词，都是以民主为其基本精神。在宪法的成长过程中，皆是为民主而变，由是虽变而又能坚守宪法精神。举例言之，总统领导地位的增高，林肯始倡之，威尔逊继之，到罗斯福时代已是第三季度予以扩张。林肯利用强大的总统权平定内乱，其目标在为坚固联邦的基础，在废止奴隶制度，可以说无一不是为了民主。威尔逊领导美国参加第一次世界大战，所标榜者又是为民主的安全而战。罗斯福初则为解除经济危机，继则为第二次世界大战，所以要求各种广大的自由裁量权。而解除经济危机时才充分就业政策，参战时又是站在民主阵线的一边，皆无背于民主的原则，更重要的一点，他们要求领导权的同时，都没有抹杀国会的地位，都没有破坏三权分立的原则。以是种种，总统领导地位的提高只是旧宪法原则的新适应，只是种生长，而不是宪法精神的破坏。

多数采用成文宪法的国家没有美国那种幸运。同时多数国家实施新宪法以后，大家都从文字去解释宪法的意义，由是反而忽略了宪法的精神。在这种国家，感觉宪法不便者轻率地要求修改宪法，而这个所谓修改，往往是宪法原有精神的破坏。这种极端行动很容易激起另一部分人的护宪，而护宪者反从文字狭义的解释宪法，更使宪法缺乏适应新环境的能力。从这种地方来看，多数行宪国家缺少像马歇尔(John Marshall)那样具有通识的法学者，使宪法的精神从刻板的文字中解放出来。

但美国法院何以独能广义的解释宪法？这又是它的传统有以致之。我人认为称美国成文宪法的确不很妥当，它的宪法处处以传统为其基础，为其枝叶。欲深知美国宪法者，不能单在它的条文上寻求解答的。

2.10.1.3 刚性宪法

世之为宪法分类者，总是把美国宪法归入刚性一类。美宪为自己规定了几条修正的程序，这是很有眼光与很有胸襟的举止。制宪者往往会把自己所规划的大经大纲实为万世不变的法则。由其独立时代尚无成文宪法的先例，美国制宪者更会对这史无前例的创作当作经典。但他们没有如此，他们知道宪法不可避免的要经修正，他们胸襟的扩大殊不可及。亦许美国制宪过程中的艰难的经验使他们了解到当时许多规定只是暂时的妥协,将来可能还会有更妥善的解决方案,所以毅然决然地加上几种修正的手续。

美国宪法的修正要经过提议及批准两重手续。宪法的制定其实也经过上述两个程序,对修正案作同权的要求,殊不能谓为过分。修正案的提出,除国会每院以三分二的绝对多数通过外,亦可经三分二州议会的要求,由国会召集制宪会议以三分二绝对多数通过之。现有的二十五条修正案,均由国会通过,州议会尚无要求修正宪法者。批准亦有两个途径,其一经四分三州议会的通过,其二经四分三州制宪会议的通过。除第二十一条修正案经州制宪会议批准外,其余皆由州议会批准。在上述手续中,有若干疑点须由法院解释。其一,批准方式有二,州于获知宪法修正案后,究应在州议会讨论抑或召集制宪会议?各州如自由行动,势将不能获得结果。最高法院解释,州应一致行动,而采何一途径,国会有决定的全权(United States V. Sprague, 1931)。其二,国会通过的修正案,是否尚须送请权统签署公布,法院认为无此必要(Hollingworth V. Virginia, 1798)。其三,国会的三分二绝对多数,究应如何计算?法院解释为出席人的三分二(National Prohibition Cases, 1920)。划于批准的时间是否应有限制?宪法条文中并无规定。第十八修正案附带提到七年内获得批准者该修正案方为有效,最高法的解释,认为七年是合理的时间。自此以后,修正案都附带有时间的限制。

以上所述美宪的修正手续,较通常的立法手续自然要困难得多。美国国会立法皆以过半数通过,而修正案的提议须由三分二通过,而且此后还得经四分三州议会的批准。美宪修正须经过这样困难得手续,所以多数人认为这是刚性宪法,因为它的改变是不容易的。不过就事实而论,自一七八九年以来,美国已经通过了二十五条修正案,也不能说少了。在两大党的政党之下,通常一党不易在国会掌握三分二的绝对多数,故修正案而仅得一党支持者,很少有通过的希望。必须修正案为迫于事实的需要,且与两党共同观点相符,而后通过与批准才不会发生很大的困难。因之,我们也可以说美国的宪法刚而不刚:

如一党欲凭一己之见任意改变，这是不容易做到的，美宪可以说富有刚性，但有实际的需要而两党共同谅解时，修改不太困难，又可以说美宪并不刚硬。

在二十五条修正案之中，关系人权者最多。一至十条普遍称为美国人的人权宪章，于一七九一年一次加入；十三、十四、十五三条皆于内乱之后增入，主要的要禁止歧视种族的立法；一九二〇年的第十九条修正案规定妇女选举权；一九六四年的第二十四案修正案，又为禁止因人头税的原因而歧视选举权利，皆与人权有关。因之二十四条修正案之中，有十五条为人权而设。

除此之外，尚有十条修正案，四条与总统有关。一八〇四年的第十二修正案因在原规定之下，总统副总统并不分别投票，两人很易获得相同票数，无法分出谁为总统谁为副总统，故修正成为由选举人分别投票。一九三三年的第二十修正案，规定总统任职的起迄期日，及总统缺位时的继任方式，并把国会每年始会之日自原来的十二月的第一个星期一改为一月三日。一九五一年的第二十二修正案限制总统连任的次数。一条关系参议院议员，那是一九一三年的第十七修正案，使参议员改由各州公民普通。一条关系税制，修正宪法第一条第九节第四款使联邦得以收直接税。一条确定某些问题的司法管辖权，凡他州公民或外国公民控诉某一州的普通法或衡平法者，联邦政府无权审理。两条关系禁酒，事实上十八条规定禁酒，而二十一条又予以废止。一条关系哥伦比亚特区的选举权利。

在上述许多修正案中，有关人权的各条，性质皆极重要，惟十条为宪法在州议会批准阶段中制宪人预作的诺言。另三条又为内乱后解决黑人问题而设。人权修正案之外，多数为解决制度上多发生的实际困难，总统连任的限制以及参议员的普选，自然是很大的革新。但总统连任一次，原为过去重要的政治总统，经罗斯福总统打破之后，方有提修正案的必要。参议员普选，目的在加强该院的民主基础，自属需要，而到一九一三年方能实现，较一般国家上院的民主化已觉落后了若干年月。

修正案之中，不容易看出美国近百年来各种惊人变迁的痕迹。当然，历史是由社会及人民书写的，不一定都见诸笔墨，更不必皆见诸法令规章。但既有修正宪法的方法，为什么许多变迁的大原则都没有规定于修正案之中？联邦权的扩张，既促进了美国社会的近代化，亦改变了原来的放任思想，而宪法则于默认的方式之下任其演化，无人原以修正宪法的方式来作明确的规定。这说明美国宪法的修正，多数不以正式的手续为之。法院的解释，总统的言论，国会的立法，往往有变易宪法意义的可能。尤其新旧政治传统的消长，习惯观念的改变，诸如政党的采行直接初选，一般人对总统看法的不同，对宪法的影响更大。这都是美国宪法刚而不刚的原因。

从上所述，可知美国宪法值得重视，因为它历史最久而又变动最少。所谓变动最少，又仅指正式的修正而言。至于实际的变动，其实亦已很多。如起十八世纪的制宪伟人于地下，他们一定不会相信今日任重致远而庞大无比的联邦政府，乃是他们所设计的一种体制。是以美国宪法有少变的外形，而有常变的内容，这可以说是它特别之所在。它所以能屹立不动者在此，所以能雄视他国宪法者亦在此。

美国宪法的不变而变，应为研究宪政者最值得注意的问题。一般卫护宪法精神的人，常以缪柱鼓瑟的态度解释宪法，由是政府的行动有无往而不违宪之苦，由是进一步就想修改宪法以便利政府的行动，由是所以卫宪者适所以破坏宪法。美人，尤其是联邦法院的大法官们，独能承认马歇尔所创立的传统，对宪法文字作广义的解释，由是政府在新环境的需要下有回旋余地，由是美国宪法的精神常新而无须动辄修改宪法，以适应新的政治势态。

使宪法的精神常新，这是美国宪政成功的秘诀。林肯进行的南北战争，威尔逊从事的第一次世界大战，罗斯福施行的新政，都是美国史中社会经历发生重大变动的界石。三位总统于应付此重要事件的时候，不仅要求异于平时的权力，并亦领导国会进入新的立法权的领域。林肯是以修正宪法的方式来解决其需要的。黑人公民权的独有保障，国会于战争结束后通过了三条修正案，惟于南方诸州所提出的退盟权的宪法问题，却始终不作正面的解释，仅由南北战争实际的结果来作答复与解释。威尔逊与罗斯福总统皆因实际的需要而敢于大刀阔斧的树立新作风。他们的行动，皆以舆论的许可与否为其指南针，因之也没有发生违宪与否的问题。他们没有以修改宪法的方式来配合他们的行动，这是与林肯时代不同的地方。

我人权联邦法院的大法官们对宪法条文作宪义解释，实为美体宪法精神常新的秘诀。但亦有许多时候，美国人会嫌大法官们守旧与保守，甚至有人批评他们获得特殊利益。当州议会及国会通过各种劳工法以改造工人的工作条件时，联邦法院均以妨害契约自由的理由宣判其违宪，使法院的信誉大为下降。这是一八九〇年至一九三七年那个时期中所表现的现象。不过一般来说，大法官们对宪法生长的贡献最大，就是三位伟大总统的所作所为，恐亦不能与他们相比。

2.10.2　美宪所宣示的重要原则

2.10.2.1　民主原则

美国宪法可以说是世界上第一部民主宪法。法国革命在美国宣布独立之后十三年始行爆发，而美国之前的英国虽于十七世纪已有光荣革命，但独立时代正值乔治三世当政，称它为君主立宪都很勉强。在这样的时代中，美宪能以联邦权赋诸国会，而且规定来院议会民选，参院议员由州议会选举，总统由各州的选举人投票，对民主政治可以说是深具信心了。但说来奇怪，美国宪法中找不到民主这个名词。它只提到联邦对各州保证它采共和制，而共和的意义如何，没有作任何具体的解释，那我们又为什么说美宪是第一部民主宪法？

美国的民主原则，由序言充分表达出来。序言中说："美国人民制定并确立此宪法。"可见美国人民乃国家的主权者，并不只是被统治的百姓。而且制定这部宪法的目的，乃为"增进一般人的福利，使我们及我们的后代享有自由的幸福"，民享的宗旨，实已昭然若揭。美宪的序言，乃基于独立宣言上而产生的。威廉倍基(William Tyler Fage)于美国信条中曾说："我们相信美国政府是一个民有民治民享的政府，它的权力是经过被统治者的同意的,它是一个共和国中的民主政治。"宪法序言中简单的文字,无不与此信条吻合。

因为这个关系,宪法虽未提及民主,而每一个美国人皆深信他们的国家为民主的国家。当然,十八世纪人士的民主观念,与今日者或大异其趣。制宪人士如以他们所认为崇高的理想,详细的规定于宪法之中,到后来恐怕反会成为民主进步的障碍。从这种地方来看,宪法表达其民主的志趣而不落痕迹,实在是很聪明的办法。那一时期的所谓共和或民主多数侧重于民享,于民治则尚抱怀疑的态度。独立时代的伟人,只有极少数的人信任人民,多数人则认为民智未开,人民被领导尚属必要。就事实言,当时的美国人多数为文盲,教育极不普及,与他们现在所责备落后国家的情形差别很小。是以制宪人士于总统任期的久暂,人民选举权之普及与否,都是争论的很利害的问题。就因为这许多问题难于得到结论,所以能妥协的妥协,不能妥协者干脆付诸阙如,乃留后人许多发展的余地。

主权在民与共和等名词,不仅宪法未作解释,最高法院亦认此为政治名词拒绝解释。但美国总统则常于适当场合中为之阐明。林肯总统葛底斯堡的演说(Gettysburg Address)、威尔逊总统的十四点原则、罗斯福总统的四大自由,在这一连串历史性的文件中,不难看出民主一词在美国演进的程序。有人常说美国总统对宪法的生长也有其贡献,在这种地方得到最明显的证据。法院谢绝其解释政治性名词之权,而推让总统来担当这个任务,一般来说是很聪明的行动。由法院来作解释,法院自知不能胜任。独由总统选择担当的机会来发表他民主的见解,对舆论有深刻的印象,而又不致流于偏激。

2.10.2.2 分权主义

普通都说美国政府制采三权分立的原则。不过从宪法条文来看,它从没有提到三权分立的字样。它只于第一条以立法权赋国会,第二条以行政权赋总统,第三条以司法权赋联邦最高法院及国会随时设立的联邦低级法院。这种分别授权的方式,乃各国宪法中常见的制宪技术,并不能认为这就是分权。若以联邦宪法与麻州宪法(一七八〇)相比，麻州很明显地采分权主义，而联邦宪法则很含糊。麻州宪法规定如后：

“此一共和州的政府，立法部门不得行使行政及司法权或其中之任何一权；行政不得行使立法及司法权或其中之任何一权；司法不得行使立法及行政权或其中之任何一权；其宗旨在建立一法治而非人治的政府。”

联邦宪法所以没有规定得这样具体，麦迪逊于联邦主义通讯第四十七号中曾云：孟德斯鸠设立法权与行政权集中于一人或一机构则无自由，可是他并没有说此机构不得部分代理或节制他机构的权力。足见制宪者因顾到三权之间可以有互相制衡与互相代理的情形，所以没有把分权原则说的过于刻板。不然，麻州宪法早已创立于前，制宪者大可取法于它了。

但制宪者重视分权原则是没有问题的。麦迪逊于同一通讯中又说：集中立法行政司法等一切权力于一处，这简直就是专制政治的定义。其后解释宪法的大法官们，都尊重制宪的用意，所以一贯的把分别授权方式解释为分权主义。独立运动以来的重要人物其实都是孟德斯鸠的信徒。早期的几位总统，自华盛顿以至孟禄(Monroe)，几乎无一例外，都能熟读孟德斯鸠的名著——法意。所以他们所建立的政治传统，也都在加强三权分立的精神。

制宪者认为三权分立的原则无异于互相制衡的作用上文已曾提及。联邦宪法赋总统以咨文、复议、任命法官及大赦等权，都不是纯粹的行政权，使他与立法及司法两权自然的发生了混合的作用。而且因为这种混合的作用，又自然发生了相互节制的作用。国会与联邦最高法院，其情形也是一样，就像麦迪逊所说的，一个权力，常常代理并亦节制其他部门的权力，这在后文讨论各部门的组织及权力时尚须论及，此间不赘。我人于此尚欲略作说明者，在其后美国的政治演进中，三权之间的界限较宪法所定者更不分明。例如国会的调查权，国会委员会得要求任何人出席作证，被调查人有答复各项询问的义务，拒绝答复者犯“藐视”(Contempt)罪。这类性质的调查权，似乎已侵入了司法权的领域。又如各部会的公共关系室,常与国会议员连聚,提供国会所需要的资料,有时甚至代议员起草有关法案。这种情形,似乎性质部门介入了立法的工作。诚如塔夫脱院长所说:“三个部门的完全独立与分离是不能做到的,而且也不是宪法所希望的”。各部门权力的自然发展,只要没有留人专制之途,大体上说是不会受到美国人民及最高法院的责难的。

2.10.2.3　联邦主义

中央与地方的关系,美宪采联邦的组织方式,这在十八世纪完全是种新创。就形式言,联邦制度不过是联邦的改进,多少增加一些中央的权力,使各州于满足其自主的愿望之余,尚能有一统宪全局的联邦政府。这种改进,说来容易,得来却困难异常。各州既习惯于独立自主的政治生活,雅不愿对中央作任何权利的让与,尤其各州的人才及实力甚为悬殊,小州很怕大州垄断中央,对强大的中央更抱着戒惧戒怕的心理。制宪者们终于能超越其地域主义而采取联邦制度,不能不钦佩他们有广大的胸襟。

联邦宪法之中,其实从没有提到联邦的名称。所谓联邦主义,不过于第一条、第八节把若干立法权赋予国会而已。宪法对中央政府的授权,包括下列项目:征税、举债、铸钱、维持陆海军、主持外交、管理州际及国际贸易。在这许多中央权之中,征税权及举债权实际上为中央与地方所共有,中央所独享的权力可以说寥寥无几。对此寥寥无几的联邦权如采严格解释主义,联邦权很难延伸,联邦政府也断难有今日的规模与格局。在独立的初期,不少人从州权的立场主张严格解释联邦权。幸马歇尔院长独排众议,他在好多判例中表示联邦权应发挥其完全的作用。他一则云:联邦权虽受限制,惟在所有的范围内是最高的。再则云:联邦负对外交涉及以军力自卫的重务,岂有负此重务者它所有的权力尚不能有效地运用?他否认宪法对联邦权有任何严格解释的企图。

宪法一条八节第十八款的规定,常被利用为扩大联邦权的根源。该款会赋国会以较富伸缩性的其他权力,那就是“为贯彻上述权力,国会得制定一切必要而适当的法律”。“必要而适当”一词，涵义极不明确。但也幸而由此含混的字句，使联邦权有伸缩的余地。联邦最高法院“应予包涵 Implied Powers”的原则，也就是从这个含混的字句演绎出来的。

上述几项简单的中央权，从十八世纪末各州领袖的心理来说，已是州的重要进步。但从二十世纪的美国来说，当然不很充分。不过它在法院宽大解释及自然发展之下，居然使联邦政府得以管理这样复杂而高度工业化的社会，实为不可思议之事。

各项联邦权在一百八十余年中均有扩张。以军事权为例，空军以及原子物理的维持是明确的新项目。以铸钱权而论，不久因纸币的发行而随之有银行设立、金融管理及信用管理等权力。在各项权力的伸张中，州际贸易管理权恐怕是最重要的一项。联邦最高法院的释例中，也已解释州际贸易的文献最为繁多。联邦政府管理近代工业的权力多数自州际贸易管理权而来，此一联邦权力的扩张情形，将于讨论国会权力涉及，此间不赘。

联邦权虽在日形扩张之中，但美国与单一国终究有不同，盖美宪绝无偏向联邦权的意思，从上述列举联邦权的情形中已可知之。以后第十条修正案又明白规定凡宪法所没有列举的事权，归各州及人民享有，这是著名的余权在各州的原则，使州的地位及权力更获得充分的保障。在州权之中，一般认为公安权(Police Power)最为重要，州常赖此以保护及推进人民的公共卫生、安全、道德以及一般的福利。其余如学校的设置、遗嘱鉴定及亲属法的规定，一般也认为是州的独有权。当然，联邦宪法以规定联邦事权为主，州权是以并未列举。上述州权力的主要内容，也是美国的实际政治来决定的。

除此之外，宪法有特别规定州政府得以参与联邦政府的许多事项。例如，早期的参议员由州议会选举，参议员不是州的代表。因之，参议员的许多特殊权力，如同意总统所任命的人选，如条约的核准，皆是经参议员之手以使州对联邦有所节制。他如宪法及宪法修正案的批准，州议会都享有重要的否决权，更使联邦不能任意该州的地位。

就是像马歇尔那样的联邦主义者，他亦承认联邦所有权力皆来自各州的让与，而各州所有者皆为其原始权力。因是凡非宪法明文授予联邦的权力，以及宪法没有明文禁止各州使用的权力，各州均得自由运用。州不仅有自己独立的征税权，而且也有自己独立的预算权。在联邦不课所得税之前，州的税源且优于联邦。在很长的时间之内，联邦以关税为收入的大宗，而各州则税源众多，惟自第十六修正案通过之后，这种情势又为之改观。

同时，州惟恐亦深受十四修正案的影响。十四修正案为保障各州人民自由财产以及生命权而设，故于各州立法权具有限制的作用。尤其正当法律手续被法院广义解释之后，州的立法常要受到司法的审查。不过州权在这方面的牺牲，并没有相对的加强联邦的权力。

2.10.3 人民权利的保障

赞美或批评美国的人，都会提到它的权利保障。赞美的人，自然说它保障的设计最为精到。批评的人，又说这一种保障过于倾向个人主义，甚至有时会偏于既得利益的保护。这一类赞美与批评的话，都过于笼统，与人权所依照的法理以及所表现的事实都有些距离。美国有美国的特殊国情，因此，有些问题它能圆满解决，有些问题却意外困难，解决之时非常棘手。

一般地说，美国在英国的传统中去认为权利问题。洛克重视生命、自由以及财产诸获利的观念，对美国人很有影响。独立宣言中，列举生命、自由，追求快乐为造物赋予人类的不可创造的权利，与洛克不同者，仅以追求快乐代替财产。而在宪法修正案第五条中，又恢复财产的权利，不谈追求快乐。凡此均说明美宪的权利思想，实渊源于英国。不过它们与其他观念一样，事实上是随时生长的，故在今日社会中，并非都是两百年前的旧物了。

普通都说一至十修正案为美国的人权宪章，因为它们是一七九一年同时增入，其目的在补充宪法条文之不足。不过十条修正案之中，第十条规定余权在州，与人权无关。十九条说明宪法中的规定，不能用以排斥其他权利，虽与权利内容得以生长有关，但并没有正面规定权利的内容。第二修正案人民保有武器的权利，第三条规定军队不得强占民房，在现在的美国已无多大意义。而第十修正案之后，十三、十四、十五及最近的第二十四修正案，均与人权有关。除修正案外，宪法本文中亦有人权的重要规定。例如，第一条第九节二款规定人身出庭状不得停止，三款规定国会不得通过追溯既往的法律，不得以法律褫夺公权；又如，第三条第三节对于叛国罪的规定第二节规定犯罪事实须经陪审团的宣判；其重要性皆不在修正案之下。因之，美国人权宪章的内容相当复杂，兹为分类说明如后：

2.10.3.1　生命权的保障

生命权广义包括身体的自由在内。对于这项权利的保障，宪法本文及修正案均有详细的规定。宪法第一条第九节第二款云，除对外战争或内乱等特殊情形外，不得停止人身出庭状。出庭状为法院三大令状权(Wrist)之一。人民如遭公共机关的非法监禁，或遭公共机关合法拘留而超过一定时间，受害人或受害人的家属得要求法院颁发出庭令状，违背令状而拒不交人者犯藐视法院之罪。这对于身体自由是很大的保障。在美国，平时没有停止出庭令状的事情。在战时，宪法原亦视为例外情形，允许军事当局以停止出庭令状之权，不过这种非常措施，人民常认为非事实所必需，故要求法院纠正。内乱时期，林肯总统下令停止人身出庭令状。马里兰一位富翁马里曼(Merryman)因反联邦言论而为该区军事司令所拘捕，马里曼申请该区巡回法院颁发人身出庭状，联邦最高法院院长但尼(Taney)适检值该巡回法院的首席，核准其申请而命军事司令将人犯提解法院，司令以获有总统命令拒之。但尼又命司令出席法院说明理由，因法警不得入绞台而无由送达法院的文件。但尼无可如何，乃以其惟国会始得停止人身出庭状的意见函送总统，林肯未作答复，而以马里曼移送法院，以叛国罪提起控诉。内乱终止后，国会在南方设立军事区并设立军事法庭以事整肃，因之，常发生身体自由失去保障的争诉，联邦法院均以对军事法院无管辖权以逃避这个现实的问题。直到一八六六年的米里根案(Ex

Farte Milligan)法院表示国会无设置军事法院之权。此一判决公布后，国会以减少大法官的人数至五人答复，而国会的南方诸州的重整计划，依旧进行。

第二次世界大战时，一九四一年日本偷袭珍珠港后即以夏威夷置于军市政府的管制之下，停止人身出庭状并组织军事法院以管辖一切民事案件。直到一九四四年，该岛始恢复交人的统治。该岛长期的军事统治会引起很大的不满，尤其中途岛一役（一九四二年）之后，日本袭击的威胁也已解除，殊无军事管理的必要。联邦法院直到一九四六年的邓肯案（Duncon V. Kahanamoku）始表示其谴责军事法院越权的意思。

除人身出庭状外，宪法第三条第三节对叛国罪的规定，于人身自由也有很大的贡献。叛国罪限于“与美国进行作战，或与美国之敌人合作，予敌人以协助或便利”，这就是说，其他犯罪行为皆不得认为叛国。叛国者的财产，其后人仍有承继之权。

此外，宪法修正案中所规定的各种正当法律手续（Due Process of Law），对人身自由的保障有其贡献，对其他权利也有无比的价值。修正案第四条规定人犯的逮捕及赃证的搜查，必须持有法院所颁发的搜捕状。这不仅防止了滥捕，并亦限制了法院所可以采用的证据。最著名的一件案子，一位私酒商的电话由人窃听而成为他犯罪的主要证据，最高法院即因该项罪证未经正当法律手续的搜查而推翻原判。修正案第五条规定：不得强迫当事人自证其罪。修正案第六条规定：被告有权要求获悉被控之罪状及理由；有权要求原告证人对质；有权要求法院颁发命令状强有利于被告的证人出庭作证；有权要求由律师借助辩护。修正案第八条规定：犯罪者不得处以残酷而反常的刑罚。修正案第四条至第八条规定的各点，形成了有名的“正当法律手续”的主要内容。当然，在法院的解释之下。每一正当法律手续的含义都较文字所表达者更为广泛而复杂，为篇幅所限，不及一一寻求判例以为说明。

大体说，生命权的保障，在平时问题较少，在战时则一样会发生很多的困难。第二次世界大战期间，七万归化的日本公民以及四万日侨的后裔，均撤出太平洋沿岸而集中管理。从国家安全的观点，这亦许是必要的措施，但从保障人身自由的观点言，无疑是种违宪的行为。可是 Korematsu 一案中，最高法院确认政府措置为合于宪法的精神。以国家安全为第一要义的时期，法院自亦须配合行政与立法的行动。

2.10.3.2　自由的维护

关于自由权的保障，主要的有修正案第一条的规定：国会不得确定宗教或禁止信教自由；不得剥夺人民言论及出版之自由；不得剥夺人民正当集会及向政府请愿之权利。这一条的意义，最高法院一向认为仅联邦立法受其限制，至于各州，州议会仍可视需要而制定限制自由的法律。为堵塞这个遗漏，所以又有第十四修正案的规定：无论何州，不得不经正当法律手续而剥夺任何人之生命，自由，或财产；亦不得否认州内任何人法律上平等保护之权利。除此之外，修正案第五条亦提道："人民的生命自由或财产，不经正当的法律手续，不得遭受剥夺"。上述三修正案都提到自由的保障，惟第一条把自由分析为宗教信仰自由、言论自由、出版自由及正当集会的权利，其余两条仅笼统地称自由。最高法院的解释，第五及第十四修正案的自由，亦即指第一修正案中的各种自由。又第五及第十四修正案均有"未经正当法律手续"一语，似未经正当法律手续者得以限制自由。换言之，自由并非绝对权利，联邦及各州皆得加以限制，但限制的时候，必须注意正当的法律手续。此处的所谓正当的法律手续，是否即上文人身保障中之正当法律手续？而且正当法律手续的限制为对法律的执行而言？抑为立法时亦须注意正当法律手续？而立法时之正当法律手续，又何所指？凡此种种，均为文字上的疑点。

在诸种自由权之中，宗教自由可以说是一个独立的项目。在独立时代，宗教问题相当严重，盖移殖新大陆者，虽为逃避宗教迫害而来，而到达新大陆后，被迫害者对人亦未当能抱宽容的态度，以是州内州际，都因信仰的分歧而发生分化的作用。第一修正案谓国会不得确立宗教，使任何宗教不得假国家的势力以欺凌其他宗教。在无国教的条件之下，而后进一步追求宗教的自由，使人人有自己的信仰。政府公职，不得以宗教信仰为其条件，则政治与宗教自然分离。在这种种规定之下，宗教问题乃获解决。宗教信仰亦得到了相当充分的自由。当然，在宗教自由这个要求之下，百余年亦发生了不少争讼。例如 Ulsh 教主张多妻，州法律之取缔多妻者是否妨害宗教信仰自由？最高法院解释：宗教信仰不应妨害国家社会的善良风俗，国家社会皆以维持善良风俗为其责任，不能因宗教自由之故而放弃维持善良风俗的义务。宗教样式中固有以活人为祭品者，国家能否为宗教自由之故而容许以人为牺牲的行为？又如若干人士说为向国旗致敬为偶像的崇拜，而有些宗教是禁止偶像崇拜的。有一位小学生拒绝向国旗行敬礼而被除名，因之引起了妨害宗教自由的诉案，对于这种案件，最高法院的判例前后有不一致的意见。最初说规定须行敬礼的州法律是违宪的，以后又说公民应崇敬其国家，任何宗教理由不得否定对国家的崇敬。

言论自由，出版自由，及和平集会的权利，在第一次世界大战之前，很少引起实际的案件，联邦最高法院因之也没有什么释例。第一次世界大战之后，美国因对德宣战而必须一致非战及替德国宣传的言论，而一九一七年所发生的赤色革命，使美国社会亦受其影响而时有激烈言论的传播。由是联邦国会及各州议会，常有通过间谍法反工团社会主义法及反无政府主义法者，第一修正案虽于言论自由出版自由及和平集会权利未加正面限制，但在合理的推论之下，这许多权利皆非绝对而属相对的性质。文生（Vinson）院长在登尼士案中（Dennis V. United States）即作如是表示。宪法既规定国会不得剥夺人民言论及出版的自由，而国会又为社会安全的理由而通过取缔某些言论的法律，法院何去何从，当然是极费踌躇的事情。霍姆斯（Holmes）曾于一九一九年度克案中（Schenck V. U. S. ）规定“明确及立刻危险”的原则，以规定法院是否应该执行此类法律。在那次的案件中，度克以社会党秘书长名义投函已受召的人民，敦促他们坚守人权的立场反对召，因而触犯间谍罪。最高法院认为此类行动足以引起明确而立刻危险，应置之于罪。同一年中的其他两案件（Debs V. U. S. ，Abrams V. United

States)，一为反对战争，另一为攻击美国参战，皆因触犯间谍法而受刑，惟未援用明确而立刻危险的原则。

一九三〇年，胡士(Hughes)继任联邦最高法院院长，一反一九一九年以来的态度，认为除非公开利益的需要，否则限制言论、出版，以及集会的自由皆为违宪。大法官陆德尔琪(Rutledge)于托马斯案(Thomas V. Collins)中亦说："个人自由何处为之，国家权力何处为始？这是我国制度所赋法院的责任而须为决定者。在这个边境上作选择，现在与以往一样，总是异常艰难的。……法院认为自由的领域应得领先的保障而不容许国家的侵入。任何限制此类自由的企图，必须证明公共利益确受明确而立刻危险的威胁。"

陆德尔琪的释例，虽然提到明确而立刻危险的原则，但他强调各种自由优先受保障的立场，由是立法常受法院的考验，与传统的法官立场颇有差异。联邦最高法院虽有宣判法律达意之权，但法院的基本态度，与其他国家同，认定法律都是合理的，只是在发觉法律与宪法抵触时始拒绝执行该法律。而陆德尔琪则认定限制诸自由的法律都是达意，除非能被说服该法律确出于公共福利的必需。这一种态度上的变动，使司法权逐渐失去其中的立场。无怪另一法官法兰克福特(Frankfurter)表示不能同意。

第二次世界大战使联邦最高法院的态度有另一次的改变。尤其第二次世界大战之后，赤色颠覆阴谋日益猖獗，而"冷战"又经常在进行中，由是国会通过了好几种防止共产党颠覆活动的法律。在这之前，国会原已于一九四〇年制定外籍人民登记法(普通称史密斯法)，对拥护纳粹主义的人予以约束。该法并可以同样适用于共产党徒。一九四七年通过塔夫—脱哈特来(Taft-Hartley)法，规定工会职员须宣誓非共产党徒；控制法及国家安全法，规定同情共产党的组织须在司法机构登记；联邦政府机构不得任用共产党员。各州议会，亦通过类似精神的法律，以取缔无政府主义或工团社会主义的思想与活动。

文森主持下的联邦最高法院乃采取"明确而可能发生危险"(Clear Probable Danger)的原则，以为认可此类法律的理由。可见近年来美国司法界的态度，正在向限制自由的方向发展。

总之，诸自由非绝对权利，这是历来联邦最高法院共认的原则。在需要的情形之下，国会得制定限制性的法律。惟需要如何确定其意义，大法官们也认为这是相当艰难的问题。

2.10.3.3　财产权的保障

保障自由权的宪法修正案，同时亦均提到财产权的保障。第五及第十四修正案均规定非经正当法律手续不得剥夺人民的财产，而第五修正案并强调不经正当补偿，不得征收人民的财产。宪法文本第三条且规定叛国罪者的财产，其后人仍有继承权，可见所谓财产权的保障，并亦包含保障继承权的意义在内。

在上述条文中，正当法律手续与正当补偿的规定，很费解释。法院若认为依法行事即是按正当法律手续，法院的责任较为轻微，而财产权实际上完全在法律的操控之中。联邦法院如不推卸责任而愿进一步研究正当法律手续的意义时，常自保障财产权的精神立言，凡法律而达反此一目的者，法院即认为它没有按照正当法律手续。可是在这一种情形之下，法院将成为太上的立法机构，凡法律之不能满足法官心目中的公道观念者，他们都可以宣判为达意。这是一般人批评美国司法审评制最重要的原因。

大体地说，联邦法院自一八九〇年至一九三七年约五十年中，大法官们深受放任主义的影响，几乎把财产权看成一种绝对的权利，州议会欲于此加以限制，他们就会根据第十四修正案而宣判它达意。在这个阶段之前，大法官们自普通法的传统解释正当法律手续。那就是说：重视手续(Procedure)而不很注意正当二字的意义。一八九〇年的密尔华盖铁路公司案(Milwaukel and St. Paul R. R. Co. V. Minnesota)的判例中，大法官们始强调正当法律手续的实际意义。判例中说：铁路票价的合理与否，一方面是对公众而言，另一方面亦为对公司而言。由州的委员会决定票价的标准，很容易忽略公司的立场，有悖以正常法律手续保障财产权与正当法律手续之间的关系。例如规定最多工资的法律被判达意，即因法院认为第四修正案所说的自由，亦包括选择职业的自由在内，而职业自由亦即是契约的自由，故规定最低的工资的法律妨害契约自由，亦即妨害了职业的自由。法院在让契约自由的时候，形式上在保护职业自由，其实际的意义与否定由政府机构来管理铁路票价是相同的。

总之，自法院对正当法律手续作广义解释之后，美国联邦以及各州的社会立法与劳工立法很受严重的打击。而亦在这个时候法院的司法审评权受到多方面的指责。

从以上所说的各种情形来看，美国宪法中有关人权的各种规定，其后在司法解释之下所发生的实际意义，都是有其优点，亦有其缺点。对于生命权及身体自由权的保障，在正当法律手续之下有最为正常的表现，较一般国家为妥善。自由权的保障，因社会安全的要求而时有变动。可见这个问题常与安全问题发生连带关系。在实际政治之中，无法在文字上甚至在理论上具体而正确地确定其内容。在美国是如此，在其他国家也是如此。对于财产权的保障，正当法律手续一样的解释不同于身体自由之下的正当法律手续。在这个问题上，法院最少有一个时期是偏向为既得利益作辩护的。以是美国社会立法与劳工立法的进展极为迂缓。惠尔于宪法其原理中认为这是政治性名词发生的流弊。我人不很同意这种看法，正当法律手续一样，在身体自由的保障中解释极为具体，而在自由权及财产权的保障中较为灵活，可见不能肯定说这个名词为政治性的。十九世纪后业，美国放任思想特别兴盛，这是它特别的社会背景之下的产物，其问题不在宪法文字，亦不在司法审评。

2.10.3.4 公民与选举权

美国的公民，与其他国家的公民有同一意义，仅表示其有国籍而已。解释美国宪法的人，早年均认为国籍原始于州籍，即谓于州享有公民权者即为联邦的公民。一八五七年最高法院的判例（Dred Scott Case）即会作如是解释。惟内乱平定之后，国权主义者自然不能同意这种看法。第十四修正案明定："生于美国或归化美国者为美国公民并为其所居住之州的公民。"自此以后，国籍先于州籍的原则乃获确定。至于归化，其法律由国会制定，并为国会的专有权。故规划的条件与规划的允准，均为联邦权力。归化分集体归化及个别归化两种。集体归化是扩增领土时的措置，类由国会通过单独的法律处理之。个别归化依照普通的归化法，由移民局执行，很少因此而发生争诉问题。惟一九二九年有一史维满案(United States V. Schwimmer)，一位年龄五十岁而抱和平主义的妇女，因拒绝宣誓愿为保卫美国而战，故不获归化。大法官霍姆斯表示其少数意见时云："宪法原则中最须坚持者，莫过于思想的自由——并非同于我人思想的自由，而亦是我人所恨的思想的自由。我人允许进入这个国家与生活于这个家之中，应同样的依据此一原则。"霍姆斯理性的呼吁，并没有影响他同僚的意见。两年之后，联邦最高法院又于两个案件中(United States V. Machntosh 及 United States V. Bland)否定同类情形的两个人的归化。不过一九四六年，在另一案中最高法院却认可了吉罗德(Giroard)的归化。吉罗德入籍宣誓中表示愿在军队中从事非战斗的工作，以从事保护美国。惟为宗教信仰的理由，不能从事战斗。大法官道格拉斯陈述法院意见云：不能战斗非即表示对国家缺乏忠诚。这种人对国家一样可以有积极的贡献，似乎霍姆斯的少数意见又占上风。

在美国，有公民资格未必即有投票资格。投票权是由州法律规定的。到现在为止，美国公民投票资格的规定仍多分歧。即以选民的年龄限制而言，乔治亚州因第一次世界大战时年满十八岁者即须服兵役，因之把选举资格亦改为年满十八岁以上，而其他多数州则规定为二十一岁。他如在州内居住时间的限制，或为半年，或为一年。又如教育的限制，有的规定必须认字，有的要经教育测验，有的没有任何限制。这种分歧的现象，实为各国所少有。原因所在，实因宪法以此项权力赋予各州。宪法第一条第二款规定在州获有选举州众议员的资格者，得选举联邦众议员。其后第十七修正案规定联邦参议员在各州普选时，亦采同样的原则。又总统及副总统选举人的选举，其方式由州决定之。这是由州规定选举资格的依据。十四、十五、十九，及二十四修正案，对各州这方面的立法权加上若干限制：(一)不得因种族、肤色或原先被奴役情形而剥夺公民的选举权利；（二）不得因性别的原因而剥夺选举权利；（三）平等保障；（四）不得因人头税的原因而剥夺选举权利。这许多限制的目的，均在纠正因分歧而产生的歧视黑人选举权。

林肯总统平定南方的分离运动之后，不幸遇刺身死。国会中极端的共和党人，谋以军事占领的方式，改组南方政治。这种高压政策，使南方人受很多的牺牲与痛苦。这不仅使南方永就成为坚定的民主党派，并亦使南方永远歧视黑人权利。宪法修正案所欲改进的各点，多数在南部人技巧的运用之下失去作用。这是美国政治中最不幸的事件。一九四七年总统所设置的民权委员会报告中曾说："若干州除以立法的方式剥夺黑人选举权外，经常还采用恐怖及恐吓的手段，使造成一种空气，黑人非有极大胆识，绝不敢前往投票场所。"以法律的方式歧视黑人投票权，联邦最高法院得依据十四、十五及二十四修正案宣告他们无效。例如一九一二年 Oklahoma 通过一条法律，公民须经过一项测验（书写或诵读数州宪法的任何一节），通过者始有投票权。惟其祖先在一八六六年之前获有投票资格者，无须经过测试。这因为该年之前黑人尚无投票权。此一法律，于一九一五年即在一个案件中(Guinn V. United States)被判为达意。又如得克萨斯州白人初选法，以党为民间团体的理由规避十五修正案的约束。但一九二三年的案件中(Nixon V. Herndon)联邦最高法院仍宣判其达意。是以在法律上歧视黑人的选举权，不是项容易的。但像人权委员会报告书中所提到的以威胁的方式吓阻黑人参与投票，虽亦可根据修正案平等保障的原则予以纠正，惟威胁而成为风气，那就不都是法律所易为力了。更何况州政府与地方人士的心理相同，不愿积极贯彻宪法的精神，问题就更为复杂困难了。

平情而论，美国对种族平等所作努力远超过其他国家。即以宪法修正案而论，二十四条中竟有四条（十三、十四、十五、二十四）皆为此而发。往昔民主党同情南方人士的主张，而执政之后，也已变初衷，第二十四修正案的通过，民主党居主动地位。无如种族偏见经养成之后，再欲革除，真是困难万分，此为本文题外之言，但欲对美国选举权问题作深入了解者，黑人问题的认识是很重要的。

本节参考书

Benjamin F. Wright：The Growth of American Constitutional Law，N. Y. Houghton Mifflin Co.，1942

Beard：The Living Constitution in the Annals Vol.，185

Tresolini：American Constitutional Law，Macmillan，N. Y.，1959

2.11 美国的政党

2.11.1 两党制

每隔四年，美国民主共和两党必唱一次对台戏。双方锣鼓喧天，生旦净丑，各尽其妙，真是十分热闹。直到大选的结果揭晓，落选者向胜利者致电道贺，这个民主戏方告闭幕。之所以美国只有两大党，变成为人人皆知的事实。但两党如何形成，有什么不同的主张，各有些什么根据地，实力上有什么差别？且为作简单的叙述。

2.11.1.1 民主党

民主党是杰弗逊（Jefferson，1801—1808）一手创造的。当时的总统，依宪法由选举团投票产生，而选举团则由各州人民与总统选举人组成。此一选举方法，如无事先的联络，自然会有难产之处。尤其那时交通困难，消息阻塞，很少人的令誉能超过州的界限，选举人更会更易各选其本州领袖，选票是无法集中的。由是国会中的领袖们相互联络，成立少数集团，更以此集团联络州的领袖们，以集团的力量去操控选举团。所以华盛顿谆谆告诫勿以政党分散国人的力量，而政党却很自然地产生了。

民主党的对手为汉密尔顿(Hamilton)的联邦派，很早因其领袖死亡而势力衰落。故民主党一直把总统的职位掌握在它手中。不过政党的发展，逃不出一个定律，在位太久则内部腐化而易生分裂。一八二四年，民主党三位派系领袖出而竞争总统。其中一位为杰克逊(Jackson)，原来得票最多，惟未能超过半数。他的两位对手携手合作，所以在参院投票时失败了。他气愤之余，改组民主党而与其余的分子分裂。他创议以党代表大会提名总统候选人，以避免国会预备会议的操控。他当选总统之后，以联邦的职业奖励党的干部，所以民主党又能操控联邦政治者数十年。十九世纪的前五十年，除维新党的哈立逊一度问鼎之外，几乎全是民主党的天下。

南北战争之后，南方十一州受军事管理，民主党的势力乃大受影响，一度居于劣势，仅克利夫兰(Cleveland)于一八八四年出而主政。所以十九世纪的后半期，又成了共和党的天下。二十世纪民主党转运，威尔逊于一九一二年进入白宫，一连两任。一九三二年罗斯福创导新政，因有复兴经济之功，民主党继续获得优势，除艾森豪威尔击败史蒂文生之外，白宫一直为民主党的领袖所占有。

从上面的话来看，可见杰弗逊、杰克逊、威尔逊以及罗斯福是民主党的四大伟人。当杰弗逊创立民主党之时，他抱着农业民主的理想，标榜州权，偏向农民的利益，故甚为南方人士所拥护。到现在为止，南方的十一州还是民主党的大本营。西部开发之后，中西部因利益一致，也为民主党的势力所掩盖。这是民主党的地理上所占的优势。罗斯福的新政，农业复兴法案仍对农民有益，可以说是民主党传统政策。惟工业复兴法案则扩大联邦权，与旧传统相背。南方人多数反对黑白人权利的平等，而北方人则认为势在必行。因之一九四八年南方民主党自提总统候选人，以与杜鲁门对抗。

2.11.1.2　共和党

共和党由汉密尔顿以联邦派的名义开创基础，惟汉氏身故后，此派势力衰落。在民主党内阁的时期，起初杰克逊与其对手均自称为杰弗逊的信徒。杰克逊胜利之后他的一派称民主党,而他的对手称为维新党(Whigs)。维新党虽亦由民主党分裂而出,但与联邦派及一力反杰克逊的派系联合,故有了新的传统,一八五六年,维新党改组而为共和党,一八六〇年在林肯领导之下大获全胜,以后继续主持白宫几达半个世纪。

共和党一直主张扩大联邦权,同时亦比较倾向于关顾企业的利益。汉密尔顿会讲联邦应与企业家利害与同,而后联邦始有坚固的基础。汉氏讲这句话的时候,其实只指设立联邦银行以吸收富人的存款,使富人更能爱护联邦。惟自此之后,共和党更得到企业家的支持。二十世纪新政的时代,共和党为反对联邦政府对企业自由的干涉,乃放弃主张扩大联邦权的传统,反而采取民主党昔日的口号,在政纲上调了一边,可以说是美国政党史中最奇怪的事情。

共和党仅有佛蒙特(Vermont)一州可以绝对控制,惟在康涅狄格(Connecticut)等州,占很大的优势。

2.11.1.3 大党所以不至消减的原因

从上述两党的历史来看,它们都会有过长期失意的时期。共和党之于十九世纪前期,二十世纪新政时代之后,民主党于一八六〇年之后,皆有数十年不能进入白宫。这种情形如在若干州保持绝对优势,因之并能在参议两院占有可观的议席。一九一二年之前,民主党久失总统的宝座,但在南方诸州仍是独霸的局面,所以很能偏安一时。共和党虽没有民主党那样大的根据地,失势之后,一样还有不少州长及州议会可资活动,不至过于寂寞。

大党既均有重要根据地,执政的时间长达数十年,为什么又会忽然易手?选民态度的改变当然是重要的原因,而党内部的分裂又为导致选民态度改变的主因。政党于势力稳固之后,往往任意提名“宠子(Favorite Son)”为总统候选人,政治渐趋腐败,引起有为之士的不满,再说不能分一杯羹的其他领袖自然也会愤愤不平,发送分离的运动。共和党于一九一二年由进步共和党产生,就是很显著的例子。拉福莱(La Follette)及老罗斯福等人,满怀理想,主张以更民主的方案医治民主之病。他们提出不少改革计划，并在不少州获得实施。但当以此理想向塔夫脱总统建议时，总统不以为然。由是共和党继续提名塔夫脱为总统候选人，进步分子即在芝加哥另行召集进步共和党的代表大会，并提名老罗斯福为候选人。那次大选的结束，老罗斯福获四百万余票，塔夫脱获三百万余票，民主党的威尔逊获六百万余票当选，使民主党于长久消沉后重新获执政机会。

一九四八年民主党发送南方民主党(Dixiecrate)运动，情形很类似。一九三二年至一九四八年，民主党继续执政已达十六年。党内跃跃欲试的领袖，如参议员喀富佛，乃以揭发联邦政府的贪墨为竞争总统宝座的口号。南方的领袖们，于罗斯福的尽量扩大联邦权亦已有不满，而于杜鲁门对罗斯福的谴责而提出人权法案更为愤怒。民主党的代表大会提名杜鲁门为总统候选人后，南方的代表即另行集会，“建议”(有以避免提名的字样)以修蒙(Thurmond)州长为总统候选人。南方人士的想法，三角竞争的结果，必然没有一位能获过半数票，在众院投票的时候，他们可以压迫杜鲁门放弃人权法案了。结果大出南方人士的意料之外，杜鲁门大获全胜，他们没有施行压力的机会。这一次的分裂，没有结束民主党的执政地位，可是一九五二年的大选，却予艾森豪威尔以打入南方的机会了。

2.11.1.4　其他小党

美国虽说是两党政治的国家，但民主共和两党之外，尚有其他许多小党。以一九五二年的大选而言论，角逐总统者竟达十七个政党之多。两大党之外的小党，美人统称之为第三党。第三党既无当选的希望，为什么经常的出现于选举票上？它们对大党的作用是什么？对于这一点不加说明，则我人于两党政治的意义会不很清楚的。

小党有好几种类型。第一类从大党分裂而生。上述共和党于一九一二年老罗斯福与塔夫脱分裂而组建进步共和党，一九四八年南方民主党为抗议人权法案而另行建议总统候选人，均属此类。正当内部分裂总是两败俱伤的事情。两大党得票相差不会太多，分裂的政党各得原有票之半，自然双方都会失败。一九一二年的记录，共和党得票较民主党为多，但共和党由两人分得，由是得票少的民主党反而当选了。故痛定思痛，分裂的两方常会重修于好而仍然联合起来。不过分裂派的抗议，对大党常有刺激的作用。例如老罗斯福虽然失败了，他得票超出一般人的想象，迫使威尔逊不得不考虑他的进步主张。老罗斯福的政见，反在民主党总统的任内予以实施。

另有的小党是因新理想的流行而产生的。例如因争取女子的公民权而产生女权党，因禁酒的要求而产生禁酒党。这一类的小党，常为大党所吸收。盖小党的主义而大受选民欢迎时，大党为争取选票，自然把这种主义也列入它们的政纲之内。在这种地方，小党有如压力团体，把它们的理想提出于选民之前，迫使大党接受。

在这类小党之中，可略述绿背党、人民党及进步党的历史，以说明小党的与兴发原因。

美国的工业人口占最大比例，而农业人口亦不在少数。这两种人常感在政治中没有得到应有的地位，所以常欲自组政党。一八七五年，农村经济很不景气，中西部的农民领袖主张增加纸币的发行，俾制刺激市场而恢复农产品的价格。时两大党均相信紧缩政策，不为所动，由是组织绿背党，并于一八八〇年提名韦佛(Weaver)为总统候选人。韦佛于大选中仅获三十余万票，极其令人短气。惟农民的联合继续展开，南部者称南人联盟，北部者称北人联盟，分别转移其目标于争取地方议会的议席。一八九二年，农民领袖更与工会的领袖联合，组成人民党，仍提名韦佛为总统候选人。此次他获一百余万票，并获科罗拉多(Colorado)、爱荷华、堪萨斯(Kansas)及内华达(Nevada)四州二十二位总统选举人票，这是小党从来没有的成绩。可是一八九六年因与民主党提名同一人选为总统候选人，大受打击。从此一蹶不振，一九一二年宣告解散。

一九二四年的进步党是许多小党的大联合，惟仍以工农分子为主。它提名威斯康辛的拉福莱为总统候选人，并提出政纲，主张铁路及水利的公有、总统的直接提名及直接选举、州法官的选举，以及劳工组合及团体契约的鼓励等。进步党因无地方基础，只有在不同的州不同的名称登记，故虽获四百余万票，而仅得威斯康星州十三位总统选举人票。表现虽不平凡，但没有基地的缺点是很不容易补救的，所以只好知难而退，翌年即告解散。

从上述小党的发展史来看，可知美国的农工未尝不欲自组政党。惟新党没有据点，在联邦政治中很难发挥作用。它们可以在一市或一州获胜，但不易于半数以上的州占第一或第二的位置，因此永远只能得十数选举人票，不足以影响大选的形势。其次，在实施新政之前，农工的政见未受大党的重视，故农工组党的愿望不肯终止。罗斯福执政之后，此种政见已列入民主政纲之中，恐怕不再会有类似的小党活动了。

2.11.2 美国政党的特点

美国的政党，亦以争取政治权力为目的，这是与其他国家政党相同的地方。但除此之外，它们还有许多特点。

2.11.2.1 没有全国性的领袖

美国的两大党，均以竞争总统的宝座为它们最高且是最后的目标。所谓在朝党，即指其候选人能进据白宫的政党。大选之年，两党真是全力以赴。自党召开代表大会起始，至大选之日结束，两党皆动员全部人员，无止无休地做着争取选举的工作。但说来奇怪，总统在党里并不占重要的地位。至于提名总统候选人的代表大会，出席者虽均为各州的知名人士，但他们都是抬轿子的而不是坐轿子的，会期一过，代表立即星散，这个机构立即结束，连象征性的权力都没有。

被推为总统候选人者，不问当选与否，名义上即是该党此后四年中的领袖。可是这样人物，多数在党里面没有什么基础。威尔逊之于民主党，艾森豪威尔之于共和党，与党的组织皆甚疏远，这是很显著的事实。据豪斯上校的记载，他于晤见威尔逊后方知他的为人，而他为威尔逊奔走时，民主党的巨头们对他都不很清楚。至艾森豪威尔，大战时功勋卓著，共和党的巨头自然都知道这位将军，但他对共和党极少渊源，那又是无法否认的事实。其实就是肯尼迪以及其他著名的总统，都不是政党组织中人。

党于物色总统候选人时，注意这个人的得票能力，而并不注意他的党性。除非一个党有绝对胜利的把握，它才会任意的提名党的巨头为候选人，否则党宁可在圈子以外寻觅人才的。因为这个关系，名义领袖多数无法领导实际领袖，双方必然保持若干距离。

两党的领袖既有当选与落选的区别，当选者春风得意而大权在握，他多少对他的党会有些领导群伦的作用，一则他可以安抚一些人事，使攀龙附凤者有一显身手的机会；二则他为一国之夺，不时党的声音赖以提高，即国家的乐利以赖以伸张。另一位落选的党领袖，完全是备位式的人员。史蒂文生曾感喟地说：没有比落选总统更为象征性的领袖了。他境况的落寞，可以想见。

总统对他的政党不能实际领导，对党的统一性以及对总统权力的运用来说都发生不可尽言的损失。不过美国的政党乃产生总统的机构，而并不是供总统运用的机构，所以这种关系恐怕是很难改变的。

两党均有中央委员会，委员百人，每州举男女各一人组成之。中委会并设主席一人，由总统候选人指定人选。这个中委会及其主席，名义上是党联邦级的干部组织，但实际上只是大选时期的助选机构。他们对竞选费用的筹措也许有些帮助，对总统候选人在各州的巡回演说可能有些策划，而对日常的党务是不能过问的。他们于决定下一届党代表大会召集的日期与地点时集会一次，除此之外，聚集一处的机会都是没有的。

从上面所说的情形来看，政党联邦级的机构可以形同虚设，与其他国家党的中央有很重要指挥权者完全不同。

2.11.2.2　地方领袖为党的中坚

上文说美国政党没有全国性的领袖，这不是说它们没有领袖。相反的，它们都有不少领袖。这许多领袖，皆以市或州为据点，一面维持地方，一面大肆合纵连横的手段，图谋在联邦政治中争取最大的利益。政党之内的实力派，多数属此人物。

美国不仅政党的领袖是州级的市级的，即政党的组织，亦以州县市的为中心。所以然者，自然有其传统上的原因。在独立的时代，美国不过是闭塞的农村社会，多数革命伟人，都是些有乡曲之誉的人物，除华盛顿以元戎而著名于十三州之外，其余的很少能名播几州的。因为这个关系，领袖人物多数是州内的，而非州际的。其后此种被推为众议员或参议员而必须有政治组织时，这个组织也是以州为基地。更何况美国的选举，除大选外，皆以地方为单位，候选人并须有当地的籍贯。在这种种传统与选举制度的影响下，党的组织与领袖很自然地会以地方为基础的。

地方领袖约略可以分为三类。第一类是有心参与联邦政治角逐的人物。他们很少是党的工作同志，更不能利用党来图谋私利。著名领袖之中，杜鲁门总统担任过民主党的基础干部，但这种例很不多见。多数人只是党部的财务支持者或干部的关顾人，藉此与地方政党联盟。他们的政治目标，不是州长，就是参议两院议员，而后再进一步争夺总统候选人的身份。这一类的领袖不在少数，共和党的杜威、尼克松、高华德等，民主党的罗斯福、肯尼迪等，都是他们所居住的州的领袖。

第二类的地方领袖为党魁(Boss)。党魁是美国环境所产生的特殊性质的领袖。他们多数以大城市为根据地，对这个城市的归化公民有很大的控制力。他们自己没有政治地位的野心，但对选举则颇有操纵的势力。他们就凭这种力量作政治上的买卖。他们向必须与之合作者索取政治的报酬，诸如公共建设的承包权及地下事业的庇护等。党魁所在之地，政治总不会清明。

第三类的地方领袖是党部的干事们(Party machine)。党的干事是党的工作者，自街坊干事以至州委员皆属之。他们对党很具热忱。在他们的心目中，他们的党既具历史，而且对国家最有贡献，所以他们为党服务，就是为国家服务。这种人在党的选举中虽能直上竿头，有不少上进的机会。但自己出马竞争为参众议员的事情是很少发生的。他们经常是研究美国政党政治者批评的对象，因为他们操控提名，使政治家及选民，都为他们所左右。在旁的国家，地方党部为党的中央所控制，地方党部虽亦有提名之权。究竟要受党中央的审核，地方党部实不能任情为之。像英国那样，一旦被提名为候选人，即永远为该党在那个选区中的候选人，使党部的提名权更受限制。美国的地方党部没有上级为之指导，所以大家觉得他们的提名权过于专断了。而地方干部之亦成为党的领袖，原因亦在于此。

党魁以及党部，这是关心政党的人所欲改革的两件大事。改革的方法，若干州规定直接初选制，而推行市经理制的市及少数州并实行无党派的投票，以避免党魁及党部的从中操控。直接初选制乃党员直接提名的方法，而无党派选举则候选人不标明党籍，用意皆在使人民直接抉择人选。不过在多数人并不关心党国大事的客观环境中，党魁及党部的势力还是不容易根除的。

2.11.2.3　政党皆为多头怪物

美国各州的两大党，既各有土生土长的领袖，各领袖自然都有很深的地域观念。他们都以瓜分联邦利益为取欢本州的方法，最少他们必须维持本州的立场，不肯为联邦而少作牺牲。地方政党名义上是统属于大党之内的，事实上则我行我素，并不是大团体的一个分子。说得苛刻一些，两大党皆是多头怪物，在一面大旗帜之下颠覆着无数各自为政的小团体。大选之年，这个多头怪物为争夺总统的宝座，步伐似亦相当整齐，合作似亦相当密切，总统候选人获得各地党部的激烈拥护，虽然一个统一的政党，但大选一过，各单位又忙着自己的营生，各不相干。政党内部权力之分散，没有一个国家可以与之相比。地方党部的人事，经费，以至政治的立场，可以说是各自独立的。美国南部民主党坚决反对黑白平等，与北部民主党的立场刚好相反，最足以说明美国政党统一的立场。其余东部西部以及中部，其实都各自有主观的要求，与其他区域同党的人都不相同。

美国的政党，其实是联合选举事务所，完全依选举的事务以分工。联邦级的选举，两大党始成为对峙的集团。州级的选举，因州各别的情形而不同。在一党独霸的州，该党即分成许多派系，州党部缺少统一的力量。而在两党竞争的州，两党又各成坚固的集团。州在这一级的选举中，州党部总是处于指挥的地位，中央委员会无置喙余地。县市的选举，又由县市党部的买卖，州委员会也不能控制。尤其大城市如纽约市芝加哥市之类，其市党部不但有独立地位，有时且可支配州的选举。选举的事务既依这个标准分工，政党自然会变成散漫的集团。

2.11.2.4 缺少鲜明的政纲

政党类多标榜其独特的政纲，理想主义者且认为这是政党必须有的功能。政党而无政治目标，对内无以鼓舞其干部，对外无以取信于人民。但美国的政党，形式上虽亦有政纲，而且每逢大选之年，党的代表大会必须通过一政纲，以表明党此后的政治立场，但事实上则很少人重视这类政纲。因为美国政党的政纲都是聚宝盆式的，把选民喜欢听的话堆积一起，由是两党的主张从没有太大的区别。选民欲由政纲来选择他所信托的政党，他一定会有无所适从的感觉。

许多人亦许因此而讥讽说美国的两党实为一党的两翼，最多有左右之分，而不能说是各具主义的两个政党。不过了解美国政党各种客观条件的人，就会知道政党是不能有鲜明而独特的主义的。从党的内部而言，各地领袖皆有因其地域而产生的各种成见，政纲如伤害这类成见，党的内部即会分裂。上文提到一九四八年民主党因人权法案而南方领袖几乎要另行组党，就是此类事例的最好说明。从党的对外关系而言，政党所以发布政纲，无非欲争取选民的支持及拥护。选民的利益也是分歧而互相冲突的，过于鲜明的政纲，得于此者必将失于彼。不是面面俱到，没有一党能获得胜利而使其候选人进入白宫。为争取选民中各阶级的同情，也惟有说些八面玲珑的话了。

理想主义者亦许认为政党应占据领导的地位，但实际政治家则以争取选举票为第一目标，两种观念何得何失。我人不欲于此深论。但在美国，政党纵使标榜其独特的理想，党的工作者仍然会因地制宜的去迎合地域观念，反而显得政纲是言不由衷的表面文章。政党既不能作统一的领导，聚宝盆式的政纲可以便利各地区的工作者，各自自圆其说，这不是统一中求统一的惟一方法。政党政纲是于大选年决定的，针对党时的政局，说些党对此政局所抱的观点。但政党很少愿意对争论中的问题表示意见，总只炫耀过去的光荣传统，指责执政者的过失或指出现政府的成就，表明贯共同信念的决心，而于争持的问题的模棱两可不为左右袒。这是美国式的政党纲领。因之，美国式的政纲，其惟一的意义，可以说是美国人意见的指标。这就是说，它把美国人的共同信念昭告于世人。把民主共和两党过去十数年的党纲来看，它们的共同信念为反共主义、反集权主义，以及增进全民的福利。反共产主义声中发生了麦肯锡主义，主张以极端的手段整肃公务员及教师之间的嫌疑分子，这引起了舆论界拥护及反对激烈的争辩，政党则既不拥护又不反对，以免受累。

至于根据此政纲而在各州发言的参议员候选人以及其他的工作者，其意见更是形形色色五花八门。民主党人亦许说了些共和党的话，共和党人亦许说了些民主党的话，但这皆无害于党的统一立场。各党中皆有左右派系，民主党的左派，与共和党左翼的意见较为接近，右派亦然。

2.11.3　美国政党特征对政治所发生的影响

美国地方分权的政党，决定了它政治许多的形态。

2.11.3.1　总统成为国家的精神领袖

美国宪法仅以总统为行政首长，惟在各种客观的形势下，他非居全国领袖的地位，即不足以推动行政。而在所谓客观的形势中，政党的分权恐怕是最重要的一个。行政必须有立法为之配合，而立法机关之内都是些各抱成见的地方领袖，他无法以政党领袖的地位争取他们的合作。他必须呼吁舆论的支持，始能以舆论的压力强使国会通过希望中的法律案。不少总统表示他是国家的领袖，而不止是一党的领袖，虽为提高自己身价的说法，实亦势迫出此。

一般的说，总统与国会领袖往往为不同类型的人物。总统较有开朗的性格，且有民主及进步的想法。而议员——尤其是资深的议员，则比较守旧与顽固。所以然者，政党于物色总统候选人之际，均在人口众多的十大州之内找人。二十世纪以来两党十七次的代表大会中，十二位总统候选人出生于纽约，十八位为其余九州的人士，仅四位为小州出生。此盖纽约等四个最大州的总统选举人已达一三八位，占总数的四分之一强。在大州物色候选人，即易在该州获得胜利。大州工业人口最占优势，非开明之士不易得到他们的拥护，所以政党不得不愿到这方面的要求。至于参议员及众议员的选举，乡镇人口较占优势，故而院议员亦以出生乡镇为多，尤其资深议员更是如此。一九六二年的参议院，没有一位委员会的主席是十大州的人士。大城市当然也能选出议员的，但他们多数不易连任很久，因为大城市选民的态度是较易转变的。惟小州如内华达者，它的参议员才能连任。

总统的性格与政治观点，既与国会领袖者有异，他自然不愿意成为政党的俘虏，以免受国会领袖们的牵制。他以国家领袖自居，既可多得国民的支持，又可使国会中反对党的进步人士也为他所用，这是一举两得的事情。政党方面，对于总统这个超然的作风，也并无可以遗憾之处。政党是常以该党所有的伟大总统为炫耀的。民主党以有杰弗逊、杰克逊、威尔逊及罗斯福而自傲，共和党以有林肯而自傲，不问这几位总统与他们现在阶段的政治立场是否相合。政党的其他领袖，事实上亦都在自我表现，又何能单独责怪总统？所以总统未必依遵党的政纲以行事，未必自视为政党中人，美国传统中从不以此为怪的。

2.11.3.2 国会中的混乱立场

一般的说，国会中任何法律案如不得众院议长及参院多数党领袖的首肯，通过的希望是不大的。分享此领导权者为各委员会的主席。至于少数党的两院领袖，亦享有相当的否决权。因为少数党如能团结一致，即可利用多数党的不满分子，很有左右大局的可能。这是讨论美国国会制度的人很容易得到的议会领袖专制的印象。但究其实际，两党议员不常依政党的立场投票。南方民主党的议员，对人权法案就不会遵守党纪。中西部共和党的议员，说什么也不会赞同艾森豪威尔农业辅助的政策。议员以选举区的利益为利益，党纲对他们是无关宏旨的东西。因此之故，国会领袖的威权事实上是很有限度的。

在国会的投票记录中，很可以看出两党立场分歧的情形。肯尼迪总统时代，国会中的所谓进步派，乃指赞同总统的下列各项政策者：发行公债以救济不景气的区域；增建国民住宅；增加教育协款；以及对外援助等。能完全依照上述立场投票者，众院中民主党议员九十一人，共和党一人；参院中民主党议员二十四人，共和党一人。民主党的南方议员，多数反对上述各案，而大城市的共和党议员，对增建国民住宅及增拨教育协款则甚为支持。

众院议长如与总统同属一党，议长自然要与总统合作，最少他对新闻界必须如是表示，不然，对党就会有很不利的影响。事实上议长多数属党的中间派，故能居间作妥协的工作。议长深知每一议员的需要，一般法案他都能相机应付，以满足对手的需要为条件而凑足通过某一重要法案的多数。不过碰到某些议员所坚决反对的法案，他对总统就爱莫能助了。上文已经说过，委员会主席多数为顽固派，议长最难应付的就是这些巨头。他们既操法案的生杀大权，而又各有特殊的地域观点，议长很难进行说服的工作。政府法案所遇阻挠，亦以此般人的力量为最大。熟悉国会内幕的人，总以群龙无首来对它作形容。每一位领袖都有自己的立场，都凭自己的实力来要求对方让步。任何法案的命运，多数要看对它有兴趣的人能否以交换条件来争取相当人数的支持。

党纪不能约束议员，实有各种客观的理由。美国的议员都得自己应付各种复杂的环境。党的提名不过是它参与政治竞争的起点，而且党的提名多数是有条件的。议员而不能自己筹募经费，州议员会是不愿予以提名的。而大州的参议员，其竞选费用有高达一百八十万元者，这笔经费的募集，对普通人来说，一定是颇费张罗的。一旦竞选成功而进入国会之后，他得偿还人情以及经济方面的积欠。同时又得为未来选举打基础，由是不得不敷衍政党以及友好的请托。总之，美国议员的地位是独立的，他得不到政党的帮助，所以也不受政党的约束。在政党有统一领导权的国家则不同。政党以全力支持议员，故议员亦受政党的约束。英国平民院有明显的两大阵营，盖即为此。

2.11.3.3 压力团体的乘虚而入

压力团体的种类极为繁复，而性质亦极不一致。人民以某一理想而组成团体，希望以此团体的作用推动国会；工人，农人，以至退伍军人，为争取本身福利而结成会社，此类会社自然亦尽其全力包围国会；企业家们为反对或盼望某一法律的产生，也施其压力于国会。凡此种种，学者常统称之为压力团体。

任何国家的政府及立法者都会受压力团体的影响。但压力团体势力之大以及政府对它让步之多，美国皆称首屈一指。举一显著的例子，英国的退伍军人，不能从他们的政府获得像美国那样多的福利，而英国退伍军人协会，其发言亦不像美国的那样咄咄逼人。美国的议员没有政党为之屏障，为之作缓冲，所以总是直接感受到压力团体的势力。在英国，压力团体必须说服在朝党，然后方能达到目的，影响少数议员是没有用处的。政党当然不一定就能抵抗这种压力，但政党先有确定的政纲在，多少要考虑接受压力团体的要求是否会改变自己的立场，是否会予在野党以口实？有了这种种考虑，压力团体的腐化作用就可以减少了。美国则不然，它国会中虽亦有多数党，但因领袖们意见分歧而无确定的党纲。每一法案，仍须以合纵连横的手段结合有利于该一法案的人数。压力团体乃乘虚而入，利用种种复杂的因素以制造有利于己的形势。大集团大多掌握不少选票或舆论势力，这对议员来说皆是种威胁，故不肯对之开罪。而且议员投票是自由的，并不顾忌所属政党的立场，当然就容易成为压力团体的俘虏了。

压力团体的乘虚而入，不一定就能说是政治上的腐败力量。民主政治的基本精神，原为各种意见相互自由影响。压力团体有其意见，自亦有其表达的权利。议员予以重视，亦可以说是尊重舆论的应有态度。所不幸者，议员们没有自己的方针，全凭各种压力团体的力量为之推移，就很容易发生不合理的情形了。

美国学者之研究本国政党政治者，多数举述党魁及党部所持的种种劣点，而于上述三点，评论的却是很少。总统之以国家领袖自居，有其好处，亦有其缺点。盖此种形式成为习惯以后，总统益发不能领导其政党，政党亦不监督其领袖，于政党政治的健全运用，最少是有损失的。至于国会的混乱，压力团体的声势追入，则缺憾更多。这种现象都是美国客观的环境所形成的，对宪法的精神是大有影响的。

2.11.4　美国选民的投票行为

政党作风的形成，很多受选民投票行为的影响。同时，选民投票行为当然亦受政党作风的影响。两者关系，至为密切。在说明美国政党与其影响之后，有一述选民投票行为的必要。

2.11.4.1　美国人对政治的冷淡

美国人对政治的冷淡，似为世界之冠。总统选举吸引的选民最多。一九五二年因艾森豪威尔参与竞选，共和党鼓励“我爱艾克”的狂潮，投票率打破历来的纪录，但也不过百分之六十二的选民参与投票。这与实施强迫投票制的比利时及澳大利亚固不能相比(两国投票率各为百分之九十)，较英国的百分之七十八及加拿大的百分之七十五也远为逊色。不过从美国而言，总统选举的确是大家最关心的事情。单独选举参众两院议员的时期，一九四六年的投票率百分之三十九，一九五〇年为百分之四十二，一九五四年为百分之四十三，一九五八年为百分之四十四，没有一次能有一半选民到达选举场所。

美国人对政党，兴趣亦在衰退之中。伍德沃德(Julian Woodword)曾调查八千位公民的政治活动，发现四年内参与助选活动者不过百分之十一，对党会作捐输者不过百分之七。公民现在已不大谈到自己的党籍，而且他们常投分裂票，以甲职位选民主党人而以乙职位选共和党人，表示他们不愿忠于一党。因为这个关系，白宫主人与国会不常掌握在一个政党之手。自一八七二年至一九五二年八十年间，一个院操在总统的反对党手中者达十六年，两院均掌握在反对党手中者亦及八年。

这种现象，许多人或以为是美国人厌恶民主政治之故。这实在是皮相之谈。美国投票率所以低落，原因很多，不可一概而论。例如它有太多次的选举以及太长的选举票，即是许多原因中的一个。市长及市议员，州长及州议员，总统及参众议员，除此之外，许多州还规定法官，厅处长，甚至地方救火队队长，都要由人民选举。在实施直接初选制的州，候选人提名时又有选举。选举战之多，没有一个民主国家能与美国相比。美人一年中总有好几次要去投票场所，那能不令人厌烦？而且选举票太长，选民既不认识票中所载的张三李四，而职务亦不顶重要，自然不会认真考虑孰贤孰不肖，甚至不考虑候选人的党籍而任意圈画了。

弃权的选民之中，并不全是不关心政治的人。因病因生产而不能达到投票场所的，为数当不在少。因短期旅行或因业务而出差无法赶回原籍投票，人数一定亦很可观。再加上其他不可尽举的事实而缺席的，据估计当在百分之十与百分之十五。

再说美国定期定时举行大选，与英国因特别事故而解散平民院而不定时举行大选者很为不同。美国大选之年，不一定提得出重要的问题要求选民抉择。政党为求选民积极参加，不得不夸大其词，把每一个大选年说成历史上的转折点。说的人心中暗笑，听的人自然亦不相信，选民不关心政党并亦不关心选举，乃成自然现象。

最后而最重要的，是人民对政治的态度，多数在不满意时则批评万状，满意时则“你们好好的干吧”，事事放心而不再过问。这种态度是不健全的。惟选民之富有惰性，确亦为事实。譬如美国教育之普及，国民知识水平之高，亦未能免此。从这种地方来看，美国投票率之低，正表示它政治的安定及政治的上轨道。据一九六三年的民意调查，美人之满意其现状者为百分之六十八，法人之满意其现状者仅百分之四十八，而英国亦不过百分之五十四，无怪美国的投票率低于两国了。

2.11.4.2　选民重人不重主义

政党、政纲以及候选人三者之间，美国人究竟重视哪一个？答复这个问题，必须分别情形来作说明。

在两党竞争相当激烈的各州及各市，美人最重视者为政党，这就是说只问候选人的党籍而不问候选人为谁。美人常觉政党较个人的信誉更为可靠。不过这亦不是说选民只投习惯票而从不改变他们的态度。在大城市中,上一届民主党人当选为市长并且在市议会亦占多数,但下一届忽然巨变而把民主党人全部轰下台去。选民常对没有成绩的政党施以警戒性的报复。在各州,类似的情形也常会发生。惟在全国政治中,选民态度较为固定,两党均有其基本的拥护者,甚至若干家庭的政治倾向是父子相传的。此一情形,近来亦有重大的改变。邵德(Salter)教授说他是共和党世家,但亦常投民主党的票。与他情形相同者,自然亦不在少数。工业社会是多变的社会,大家的心理亦受影响而多变迁。政党对习惯票的依赖也不能像从前那样可靠了。

美国南部原属邦联派的十一州,向为民主党的大本营。在这许多州的地方选举中,共和党多数不推候选人,可以说是民主党一党的天下。民主党由是派系林立,经常会有五六人出面竞争一个职位。选民亦不复能选党而只好选人,能注意候选人的主张者可谓寥寥无几。所谓选人,也不是从人的才具着眼。据凯氏(V. O. Key)的研究,地方报纸中常见的名字比较容易得票,所以报纸成为臧否人物的主要工具。而曾任公职的人也被选民视为要人,著名球手或足球员更为许多人所爱戴。乡谊与友谊也为南方人士所重视,候选人有在居住区域得绝大多数票而在他区竟不能得一票者。因之,住过几个地方的候选人很占便宜。总之,一党独霸的区域,选民投票难说重人,竟亦可以说没有什么标准。

若干采取经理制的城市,为便于此一制度的进行,其选举采无党派的方式。除此之外,明尼苏达(Minnesota)等少数州亦采无党派投票的方式。采无党派投票的州与市,其情形与南方的州相同,候选人众多而选票不能集中。采无党派投票制的原意,无非欲去除党部对选举的影响。但实际的情形,选民并不能因此就有自由的选择。地方报纸、工会、农会,以及商会等,皆起而替代了政党的作用。选民依赖成性或者是说选民对候选人毫无成见,这是党部所以发生力量的真正原因,其罪过不能由党部单独负责。

在总统的选举中，两党均标出政纲，战争至为剧烈。但学者们调查一九五二年艾森豪威尔因什么而当选，发现他个人的声望是最主要的因素，与共和党及共和党的政纲无关。其实政党的巨头们早已发现这个原则。他们经常详细考虑候选人个人的得票能力，而于党纲的内容，反认为是次要的事情。在竞选的标语中，都是想把候选人制造成偶像人物。甚至副总统候选人的作用，亦在帮助总统候选人的得票能力。所以在联邦选举中，人的因素最为重要。

从上述分析，可见竞争剧烈的州选党，一党霸持及无党派选举的州市选人，而联邦的选举亦是选人，因政纲而决定投票倾向的竟是寥寥无几。此一客观的事实，使多数知识上的领导者乐于弃权。因为他们知道他们的选举票是不会发生力量的。当代的知识人士常有其谁我与的孤独之感，美国亦不例外。

2.11.4.3 厌弃小党

上文已说到美国亦有许多小党，小党之中，也有气势甚壮而予大党以不少威胁者。例如进步党的拉福莱初次出马即能获得四百万余选票。但小党都是难以为继，因为它们是地方性组织，不能在多数选区立定脚跟。人民党初次获二十余总统选举人票，第二次即未能获得一票。这种种经验，使其后小党得票更为不易。盖选民之投票小党，初为惩处大党，其后即不会继续支持小党，尤其看到小党在总统选举团中所占力量，绝不足以影响两大党的均势，兴趣乃更为之降落。

多数的选民，对小党不会有任何信任之心。它没有历史，没有任何表现，仅以新异的政纲为号召，而大家对政纲又是最不关心的。除激进的知识人士之外，对小党是不肯予以支持的。多数选民这种心理状态，对美国的两党制是有其贡献的。

2.11.5 竞选费用及法律对它的限制

美国政党的竞选费用，常为研究政治者所热心讨论的问题。美国政党对党员并未规定缴纳党捐的义务，那么党的经费从何而来？两党于选举时期支出如此之巨，究竟如何用法？这许多金钱会否在选举中发生腐化的作用？法律对竞选费用又有些什么限制？凡此种种，皆为关心政党政治者不能忽略而必须解答的课题。本文因篇幅的关系，无暇详述，仅集中注意力于总统选举的经费问题。

十九世纪的竞选费用并不太大，林肯不过花费十万元即进入白宫。以后历有增加，每党亦仅百万元左右。一八九六年的大选，两党为自由白银问题激烈竞争，共和党用了三百三十五万元，首开惊人纪录。其后竞选费用直线上升。共和党于一九二〇年的费用为五四一万，一九二四年稍减为四〇二万，一九二八年为六百万，一九三六年为九百万。民主党较共和党为少，一九一六年为二二八万，一九二四年为一一〇万，一九二八年为五百万，一九三六年仍为五百万。上述数字，尚不包括提名的费用，两党于大选年费用的总和，已经超出千万。不过学者指出这个数字还是依公开的报告而得到的，比实际的支出要小得多。据美国新闻及世界报导杂志所作估计，一九五二年两党实际的支出当在八千万至一亿元，而那年的公开报告则不到一千万元。可见政党必须文饰其账目，它的报告是不可全信的。凯内教授(Kanray)就福特汽车公司每年的广告费总在三千万左右，两大党才四年一次的支出近亿元的政治教育费用，也不能算是过分。

竞选费用有其正当的需要，这是没有方法否认的，但问题是经费的来源如何？理想主义者亦许认为应该采集腋成裘的方法，向关心政党的大众劝募。但有经验的政党的工作者都知道这个方法必须出动大批的工作人员，耗费的精神甚多而所得亦许很少。更重要的一点，大选年工作人员已极辛劳，再不能加上这个负担了。因此之故，政党经费多数由富人的捐输而来。从政党的公开报导，千元以上的捐款人所输送的，占政党经费百分之七十左右。惟一九三六年及一九四〇年，罗斯福的新政大为一般人民所关注，人民踊跃解开荷包，大额捐款遂降至百分之四十五及百分之四十二。这是极例外的情形。

至于捐输者的动机何在？美国政治学者对政党的研究虽极称详尽，独于此一问题未作调查。是盖深知即作调查，其结果是不会正确的。没有人能知道大企业家对政党究竟捐输了多少，当然更没有方法知道他们为什么捐输。他们可以举许多堂而皇之的理由，但与实际的动机相去可以有千里之遥。事实的真相既不可知，猜测之辞随之而兴。卡尔逊(Carlson)曾云：候选人能从爱护他的大企得到些铜币，从友好及亲故方面得到些银币，从痛恨他的对手的人得到些银币，而从有所希冀于他的人得到金币。所谓有所求于候选人的捐输者，可能是邮政局长，可能是希望出任大使的人，也可能是为了公司与企业的利益。以上是极其印象主义的说法，无非说明捐大钱者都是有所希求的。

在政党经费公开的来源之中，有一部分为地方党部的贡献。例如一九四四年共和党中央委员会自三十州党部收入一百二十四万九千余元，而资助一个州党部一万四千元，纯收入达一百二十三万之巨。民主党州党部不很严重，故收入不多。它帮助十九州参众议员的竞选费用为十四万八千余元，自二十二州党部收入二十七万余元，纯得仅十三万元。州党部的收入，也自募集而来，而募集的方法，与中央委员会所采取者实在是大同小异的。

竞选费用如何分配？一般的说，用之于不合法的活动者甚少甚少。这固然因为法律限制甚严，同时亦因对手者亦是强有力的组织，耳目既广，制裁的力量亦大，故政党不得不谨慎从事。据一般学者分析的结果，用于广播及电视者，常占总经费的百分之十五至百分之二十。大众传播事业发达以来，政党即视此为重要的宣传工具，而美国是利用广播与电视最早的国家。一九三〇年，芝加哥一个电台十五分钟的支出即达七五〇元。这是指事先安排的时间，竞选紧张而临时要抽出时间时价格增加百分之五十。据纽约报纸的估计，一九五二年共和党为艾森豪威尔竞选所用的电视费达二百万元，而民主党为史蒂文生所花的电视费亦达二百四十二万余元。除此之外，报章杂志的广告费亦很可观，而党部印刷及散发的小册子，其费用亦颇惊人。至于人事费用，如包括中央委员会及州委员会的全部支出在内，数字当然很大。但政党公开的账目，仅列临时任用及义务助选人员的旅费食宿费，已是一笔可观的数目。

对于前述种种，我人可有一总的印象。美国竞选费用虽然大得可惊，但自其用途而言，反觉是必需的，不可少的。竞选经费之最发生问题者，厥为来源问题。一般人民，因不很关心政治，故于政党不很作热烈的支持，使政党不得不仰赖于少数巨头。此一现象之所以造成，于上文选民投票率中已有说明。多数人民在安定中是不关心政治的，惟到不能聊生时始知政治的重要，始对政治作严厉的批评。此固为事理之常，但结果是很不幸的。人民不愿分担的政党经费，少数巨头愿意输助，由是党的决策权，未免转移到巨头手中去了。美国政党之所以未能完全为企业家所操纵，全因政党同时需要选举票之故。人民是以其选举票去平衡金钱的势力，使政党不得不顾到并尽其所能的去寻求人民的要求与希望。不然的话，政党即一无是处了。此项原则，虽不规定于美国宪法之中，却为美国的重要精神之一。美国是以人民的选举票来奠定民主基础的。

竞选经费可能发生的弊病，其实立法者亦很早注意。州膳食以及国会，一直在设法予以防范。纽约州于一八九〇年通过选举陋弊法规，其后有四十五州亦采取同样的步骤。陋弊法规的主要用意在防止贿选及恫吓等不法行为，对此惩戒极严。对于其他陋弊，亦加列举，惟责罚较轻。其次，各州亦皆限制选举费用。多数采限额制，即规定每一选举职可以使用的费用，不得超过定额。

联邦采取防止选举陋弊的行动，其一为一九二五年的选举陋弊法规，其二为一九四〇年的哈奇法(Hatch Law)。这几个法规的用意，与各州的法律相同。其一为规定各类选举费用的限额。众议员的选举费用定为二千五百元，最高不得超出五千；参议员定为五千元，最高不得超过万元；而党中央委员会的竞选经费，以三百万为限。联邦法对经费来源，很是注意。私人捐款，每人不得超过五千元，惟一人可对数个委员会捐款。公司商号，不得对党捐助，工会及农会亦然。政党不得向政府官吏捐款，亦不得要求政府官吏代为劝募。

上述各种法规，当然不是尽善尽美的。政党需款甚切，而愿意捐纳者又颇多有重要的动机，双方出于愿意，自然有很多逃避法律责任的方法。例如政府官吏而由政党或政党领袖的原因而得到位置者，可以于杰弗逊日、杰克逊日（民主党的节日）或林肯日（共和党日）购买宴会券或其他党的纪念品以代捐款。工会长会，可以义务助选的方式替代输助，而公司商号自然就以董事长或董事私人的名义协助改党。至于费用的限额，于参众议员未包括政党为他们的用费，于总统则仅限制政党而未限制候选人个人的经费。因为这种种的关系，法规没有能发生多大的效用。政党及候选人事实上所用的钱，远较法律的限额为高。

2.11.6 结语

据上所述，美国政党最重要的特点为地方分权，以致政党既无统一的领导，亦无统一的领袖，这与联邦制的精神亦许是极其吻合的。惟二十世纪以来，联邦权发展甚速，在联邦的形式之下逐渐以联邦政府为国家的中心。在这发展趋势中，散漫的政党是很大的阻力。至于一般人所戳刺的政党腐败现象，如党魁的恶势力，如党部的霸持提名，多数国家皆有同样的问题，而美国还比较是勇于改革的国家。

本节参考书

Ranney and Kendall：Democracy and the American Party System，Harcourt Brage and Co. Inc.，1956

Rossiter：Parties and Politics in America，Cornell University Press，1963

以上两书讨论一般问题，叙述精细而详尽，读之可知美国政党之全貌。后述各书亦有参考价值。

David A. Truman：The Congressional Party，John Wiley and Sons Inc.，1959

Cotter and Hennessy：Politics Without Power；Atherton Press，1954

2.12　总　　统

2.12.1　总统制的精神

美国的政治制度，普通称为总统制。这个名称，很易使人误解，以为美国总统有特殊强大的权力。我人于讨论美宪所规定的总统权力以及法院对这种规定的解释之前，应先说明总统制的意义以及总统在美国的实际地位。

2.12.1.1　制宪者所想象中的总统权力

第一次世界大战以来，美国总统成为举世瞩目而最有权力的人物。这当然不是说所有的美国总统都有伟大的人格，但一个人而得以运用美国全部雄厚而不可测计的国力，以为其决策的后盾，自然这个人一举手一投足都会影响世界的安危，都会影响美国境内的荣威。他所以为举世瞩目者在此，所以受美国人民的崇拜者亦在此。在美国的政治传统中，不可能产生一位以国家为私器的总统，但是他的荣耀、他的权力很可以与朕即国家的君主相比。

说来奇怪，在制订联邦宪法的时代，很少人想到他们要有一位势力无比的总统。除汉密尔顿醉心于领袖式的终身职总统之外，其余的伟人都对总统的职位抱着异常矛盾的心理。他们都体验到邦联时代软弱的行政会发生不幸的后果，但对强大行政权始终抱着戒慎戒惧的心理，不愿它过于强大。因此宪法以联邦权赋予国会，总统则不过享有依据法律以执行的权利而已。但行政权最富弹性，因它所须处理者皆为动态社会中所发生的变动不居的事项。是以制宪者虽欲以法律来规范总统的行动，事实上总统的行动不能都以法律来绳墨的。由是总统的实际权力，与制宪者的想象是不相同的。尤其在应变的时代，行政权更富动态，总统的权力因之亦更多变化。

总之，就美国宪法的规定而言，总统不是联邦政治的重心。惟因行政权的本质极富弹性，在实际运用中乃能日形扩大。

2.12.1.2 人物、时代与总统的实际权力

总统的实际权力，其实因人因时而异。人的因素相当复杂。有意竞选为第一公民的人，按常理来说，必然具有相当领导能力而好图事功的人。惟第一大党拥有雄厚的优势而无虑于在野党的角逐时，党内要人亦可属意于平庸的人才，以便利他们的幕后控制。这种情形，二十世纪中叶以后很少发生，因为美国总统同时是世界所重视的领袖，政党不至于再抬出黑马来了。但在十九世纪，这种情形是常常发生的，那时有许多总统不长领导，而且甚至是被领导的人。而就是善于领导的人，因其性格的不同，毅力的差别，以及精神与体力的互异，其领导的方式以及领导权所受到的阻力都会不很一样。威尔逊富于理想，气魄雄伟，但不善处人，使人容易发生专断的印象，以是与国会及内阁龃龉至多，最后因国联计划受挫而抱恨以终。富兰克林·罗斯福的理想主义与威尔逊相近，但长于应对，“炉边闲话”时亲切感人，闻者感动，而内阁会议中又风趣横溢，虽决断一切而阁员们不觉其专断。更兼他有惊人的毅力，新政难时受非难与挫折，终于顺利度过经济恐慌，且能领导国家走向复兴与繁荣。他因功业极盛，所以受到公众的崇拜。不仅使他一人的荣誉达到巅峰，即美国总统的地位，亦因他的声望而提高许多。

老罗斯福与塔夫脱一样是白宫的主人，后者认为总统只能做宪法所允许做的事情，而齐奥多·罗斯福则认为凡非宪法所禁止，即可大胆为之。两人重视宪法的观念相同，但一则保守谨慎，一则敢作敢为，两人所实际享有的权力自然亦大不相同。这种种情形，都说明总统的人物不同，因之他们的权力亦不相同的明显例子。

至于时代不同，总统的权力因之而异，更具有客观的理由。非常的时期，人民多数希望有强大的领袖及强有力的政府，庶能表现效率及克服危难，在这种时期，国会及联邦法院，皆能与总统的行动相呼应，不复以制衡争地位。林肯在内乱时期，威尔逊及罗斯福在大战时

期，国会皆是惟总统马首是瞻，总统的政策及政略皆能畅行无阻。在这种时期，总统几可与专制独裁相比。但在承平时期，总统很难享有同样的权力。甚至同是一人，战时威望甚著，一到复员时期就动辄得咎。威尔逊能领导美国获得战争的胜利于前，却不能领导美国参加国际联盟于后，可为明证。林肯与罗斯福，皆在大难方过时身死，没有亲尝权力低落的滋味，而继续他们任务的副总统，约翰逊（Andrew Johnson）且受到众院的弹劾；杜鲁门虽未受同样的折辱，而国会随时为难，处处表示国会的独立立场，与第一次世界大战后的情形完全相同。是盖美国国会原不受总统操纵，非常时相忍为国，勉予愿从一到非常时期结束，自然不肯再作屈服，甚至还会矫枉过正，更向压制总统的方向发展。

一般地说，美利坚开国初期，总统的权力都很微弱。其间虽亦有杰弗逊及杰克逊等人极图建树功业，但他们能做的事情，与二十世纪保守的总统都不能相比。内乱时期的林肯第一次扩大总统的权力，他做了许多以前总统所不敢做的事情。林肯的继任人为国会所牵制，凡非国会所同意者，总统即不能有任何政策。这时国会主张以军事占领的方式整顿南方诸州，约翰总统虽加反对，但占领方案依旧在国会决议之下进行，国事几乎完全由国会决定。其后的总统与国会的关系虽较好转，权力又恢复开国时期的状态。二十世纪之初，齐奥多·罗斯福始把握经济发展的机宜，力图进行反托拉斯政策。而于国际政治亦表关注，当欲仲裁国际纠纷，施为较多。第一次世界大战使美国改变了它的孤立政策，同时更改变了美国总统的地位。总统能运用全美力量以为政策的后盾，这是美国史中第一次，而这第一次的经验，实使总统职位的性质亦为之剧变。

2.12.1.3　总统成功的必备条件

从以上简单的分析，可知总统未尝有确定的权力，实因人因时而异。在人的因素中，他的个性、学养、宗教热忱等皆有关系，而更重要的是他取得国会合作的能力，这在总统制国家是基本的一个因素。总统制之所以为总统制，吾国学者常重视总统单独行使行政权的特征，这自然是正确的看法，但同时我们亦得承认另一总统制的特为国会的独立行使立法权。因之总统制实质的意义，实决定于美人对行政权及立法权的具体解释。美宪以列举的联邦权皆归属国会，因之，总统的行政决策最少不能远背法律案的宗旨。总统如欲独行其是，他不易得国会的合作，也就是不能有很大的作为。上面已说过，总统权力的消长，多数决定于他与国会之间和洽或冲突的关系。总统可以运用政党的桥梁，可以利用舆论的压力，可以用种种理由说服国会领袖，但在任何情形之下，他必须国会立法在前，而后他始有行动的机会。罗斯福的新政，是基于国家工业复兴法案而施行的。近代国会常作授权立法(Delegated Legislation)允许总统于一定范围内得以自由裁量。这是总统得以有大权的原因之一，但授权还是从国会方面得来的。

如此说来，总统而不得国会的合作，无论他个性如何坚强，时代对他如何有利，他是不能发展抱负的。他在各种能力之中，必先有灵活应付国会的智慧。这不仅说明了总统成功的秘诀之所在，并亦说明总统制实际精神之所在。乍视之总统制似与内阁制完全不同，但仔细的观察，我人即可知总统制之下的行政，一样的受国会的节制。国会不能强总统辞职，但可限制总统的行动。总统制的国会节制是消极的，但其确实性仍无可否认。

对于美国总统的正确认识，我人仅能谓在行政权中是惟一的领袖，没有人可以分享他的权力或代他决定或分担他的责任，但在美国政治之中，他不是惟一有权力的人，他的受制于国会，与内阁制极为相似，英人白麦斯常谓美国总统极少第一流的政治家，这是他看到十九世纪及二十世纪初美国的情形而有的结论。其实英国首相如不得巴力门的合作，其不能积极表现，其不能成为第一流的政治家，与美国情形是完全相同的。

2.12.2 总统的选举与任期

2.12.2.1 有名无实的间接选举

美国总统由四年一度的大选产生。民主及共和两大党固尽其全力以求竞选的胜利，而多数选民亦对未来领袖谁属的问题表示最大的兴趣与关切。无怪大选年要举国若狂而有许多紧张热烈的镜头了。不过说来奇怪，宪法起草人是尽力想避免这种狂热的运动的。他们设计一种间接的选举，各州选民投票产生选举人，而后再由选举人冷静考虑何人最能胜任这样重要的位置。选举人所投的票密封寄参议院议长，由参院议长在参众两院议员之前开票，获得半数票者当选为总统。所以采用这种间接选举制，一方面因为制宪者不信任人民有选举适当总统的能力；另一方面亦怕野心领袖对人民作剧烈的竞争，一定会发生各种不良的影响。十八世纪末叶，尚未看到拿破仑叔侄利用人民直接投票来造成他们帝业的事实，已能理智的考虑到这类非常现象，可谓有先见之明。但是他们没有预想到政党组织可以发生作用，所以政党产生之后，间接选举制的意义完全变质了。

华盛顿总统坚拒第三届总统的职位之后，联邦派与共和民主派即发生激烈的竞争，两派均利用国会中的党团会议(Cacus)来联络决定出马竞选的人物，更由党团会议联络各州巨头，以控制各州的选举人及选举人的投票。一八〇〇年的选举，党团的控制力已极有效，所以共和民主派胜利时，杰弗逊和其副领袖会得相同的票数。当时以众院的投票来解难题，以后不得不修改宪法，由选举人分别投总统及副总统的票了，不能像已往那样选举人选两人而不分别注明何人为总统何人为副总统了。到杰克逊反抗民主党弗吉尼亚派的霸持而采取政党代表大会选举该党的总统候选人时，政党的活动已公开化，人人皆知党支持什么人，而投该党票时即等于投该党候选人的票。从杰克逊时代以至今日，这种情形日益明显，间接选举制可以说是徒具形式了。现在许多州的选举票上，根本没有选举人的姓名，而只有两位总统候选人的名字。选举人的决定是政党内部事情，人民对此已毫无兴趣。

从现在的实际情形来说，总统的产生要经过好几次剧烈的竞争，第一回合须获得党内提名的胜利，而后始能在全党的支持之下出马与其对手角逐。党的提名在党代表大会中进行的。每一大党总有不少位知名之士想获得第一公民的荣誉，所以在党代表会召开之前，党内要人早已接触频繁地在为自己或为友好安排机会了。有的人在直接预选会(Direct Primary)争取高额的选票以先声夺人，亦有的人暗中以某种条件要求他人合作。到党代表大会正式决定某人为该党候选人后，即进行第二回合的角逐，与另一政党的领袖在大选中争胜。在大选中，各党皆是全力以赴，党的干部以及拥护总统候选人的义务助选团体，都会用尽方法去争取人民的选票。宪法中未尝于选民资格有所规定，而于政党及竞选活动的规则，更是只字未提。凡此皆由州法律或联邦法律规定，故很少引起宪法问题。

2.12.2.2 总统资格

总统资格：一须为出生于美国的公民而居住美国境内十四年以上；二须年龄在三十五岁以上。对总统这样重要职位而言，这种资格限制可以说是最简单的了。在实际政治中，出马竞选总统的人，必在社会中有重要的建树，其为人及能力最少已能为政党的巨头们所认识者。有这类地位的人，年龄多数在五十岁以上，五十以下的青年总统，肯尼迪是打破传统的惟一人物。至于公民资格及居住资格，对归化公民及长年在国外营生者似有歧视。惟就实际而言，归化公民不可能在政治圈中占有地位，而长年侨居国外者亦自然的脱离了祖国的政治圈，他们不会有做这种政治角逐的野心。实际政治会在宪法的限制之外产生各种传统，使不合于传统的人不易在竞选中获得成功。在肯尼迪总统之前，一般人相信天主教的宗教信仰对总统候选人是很不利的条件。美国虽为宗教极自由国家，但新教占绝对优势，对旧教的领袖有相当的歧视。肯尼迪能打破这个传统，一方面说明他在其他方面有惊人的吸引力，另一方面说明美人宗教信仰的观念在今日已更淡薄。教育的水平，开国初期极为重视，所有总统都受过高等的教育。没有受过高等教育而能努力上进的人，似乎更能得到人民的欢迎。不过话亦得说回来，威尔逊几乎是学究式的人物，不仅做过大学校长，在政治学界上亦很有名，他独能与民主党长久失势后一跃而起，足见教育界人物亦并未受政治团的歧视。

至于总统过去的职业及家庭门第，在过去的记录中，没有富商，亦鲜企业巨子。多数总统在政治上有过建树,或为著名的参议员,或为州长,或为国务卿,原为方面人物,更上一层就可以叩白宫之门了。可能战争中的著名将军,在英雄崇拜的心理之下很易获得选票。杰克逊、麦金莱,及艾森豪威尔都是显明的例子,初期总统皆拥有相当资产,堪称高门华族中人,杰克逊之后,自己创业的人更受重视,赖祖宗余荫者很少有成功的机会。

2.12.2.3　任期

宪法仅规定总统任期四年,对连任问题只字未提。所以如此者,并非出于制宪诸君的疏忽,而实在是没有方法作更详细的规定。当时有力量的政治意见,一派为杰弗逊,主张任期一年,他著名的言论为一年一选制终止之日,专制立即开始。杰弗逊虽出使在法,但制宪会议中不乏他的同谓者在。另一派为汉密尔顿,主张总统任期终身。汉密尔顿自政治效率的观点立论,亦颇持之有故。他认为总统任务重大,须经长期的训练始能得心应手。而且总统所持政策,亦须长期努力始能有成。任期过短,不足以发挥这个重要职位的功能。两派极端意见,自然未易协调,最后能折衷为四年的任期,已弗易事。如再要加上连任的规定,必然要为杰弗逊派坚决反对了。

以后事实的演进,华盛顿首创谢绝第二次连任的传统,杰弗逊追随其后,连任一次之后坚辞第三次提名,大家以为这是美国不成文宪法中的重要原则了。以后的总统,纵使经过间隔,想竞选第三任总统的都没有成功。直到福兰克林·罗斯福总统第二次世界大战发生于他第二任总统将满的时期,由是又连任两次,把以往的传统整个打破。共和党对此自然颇有批评,而一般舆论亦认为此风不能长,因为杰弗逊所强调短任期的主张更合民主的精神。第二十二修正案乃正式规定总统连任以一次为限,惟副总统继任为总统者,如继任时间在两年以内,则他可担任总统十年。

一般地说,总统任务繁剧,成熟的政治家年龄不会太轻,担当这个职务,实亦不宜超过十年。第一次世界大战之前的总统,虽亦为行政权惟一负责人,究竟还算清闲。而一九三二年之后,劳碌的情形,殊非常人所能堪，修正案的规定，自较合理。

2.12.2.4　总统的继任

宪法规定：总统因免职、亡故，或不能执行总统的职权时，由副总统执行总统的职务。所谓免职，乃因弹劾案成立而发生的。辞职应出于总统本人的要求，总统应向何机关或何人提出辞职书？总统一经辞职，是否立即去位？凡此宪法皆未作明白规定。总统辞职的事情尚未发生过，所以也没有遭遇这类令人困惑的问题。所谓不能执行总统职权，而且也不肯去位，在这种情形中，究应如何使国家的行政不致发生停顿的现象？凡此宪法都没有作详细的规定。

以往的实际情形，总统继任都是因总统死亡而发生的。总统中曾有三位被刺身死，也有几位死于任所，都由副总统宣誓继任，至该届总统任期终了之时为止。副总统继任为总统后，副总统即成缺位。惟继任的总统如又因故不能视事，一九四七年已有总统继位法规定后继的顺序。第一后继人为众院议长，第二后继人为参院临时主席，第三后继人为国务卿。

2.12.3　宪法所赋予总统的权力

2.12.3.1　元首权

宪法中未尝规定总统为联邦的元首。但总统享有赦免之权，这当然不是因为是行政首长而可以有的权力。一般地说，赦免权乃专制王权的残余。英国古时固有国王为公道源泉的观念，其他国家专制时代其实亦莫不如此。法律本须严格执行，惟特殊情况中觉得背乎人情。例如杀人者偿命，古时认为合理，惟孝子因报父誉而杀人时认为情有可原，执行偿命的法律即不足以劝孝了。在这种情形之下，由国王予以赦免，似乎更合公道原则。民主国家中，任何个人不能说是公道的源泉。但是法律所不能适应的特殊事件还是可以有的，然则应由何人行使赦免权？如由司法机关行使赦免权，司法人员岂不将任意玩弄法律？如由立法机关行使赦免权，等于法外生法，也不很合理。但行政机关一样也没有行使赦免权的理由，它亦不过法律的执行者而已。代表国家的元首，在法律专家的顾问之下，谨慎行使此一权力，庶不致破坏法律的尊严而又能维持衡平的精神。美宪之后的成文宪法，多数规定由国家元首行使赦免权者，都是为了这个原因。

总统的赦免权受有若干限制。其一，总统赦免的对象，仅以触犯联邦法者为限，触犯州法而由州法院判刑者，其救济由州长为之，不在总统的赦免范围之内。其二，控诉案不在赦免之，盖被控诉者或为总统本人，或为总统的部属，且系国会就特殊案情而作的审慎决定，不会发生法律不能适应的情形，故不能再作赦免。在过去的经验中，很少因赦免权而发生纠纷。赦免原所以救法律之穷，总统自不至滥用此权以干扰司法的独立。在禁酒修正案实施时间，一位酒贩虽经法院颁发禁令而依旧出售存酒，法院乃处以藐视法院罪，罚款之外，并加拘禁。总统赦免其拘禁处分时，法院认为藐视罪非联邦法，故不在赦免之例。最高法院不同意该法院的观点，极力说明赦免的用意本在救济过严的处分。而藐视法庭罪不经陪审，不经通常公平的审判程序，很容易失绪偏激，正是需要总统来作赦免的对象。

总统不仅有赦免权，并有接见外国大使之权，故外国的国书也是由他接受。接见大使公使，不能视为单纯的外交活动，而实代表国家主权与他国家主权的接触。有接见之标，当然就有消极的拒绝接见之权。拒绝接见，对原有邦交的国家而言，可能因对使节人选不满，亦可能为表示两国外交关系的恶化；对尚未建立邦交的新政权而言，拒绝接见即是不承认的表示。接见大使或公使为总统单独享有的权力，故与友邦关系的持续与否，以及承认新政权与否，均由总统一人决定，无须经参议院的襄赞与同意，即两院的联合决议，亦不能改变总统的行动。

在总统享有的权力之中，赦免权与大使公使的接见权，都应该说是元首的权力。一则代表国家主权，对法律不能适应的事件为特殊救济，一则代表国家主权与他国主权相接触，都是代表国家的行为而不是通常的行政行为。也因为这个关系，我人说宪法虽未以元首称总统，但事实上又承认了总统元首的地位。

在宪法中美国总统并未享受元首的豁免权。英国"王无误"的传统观念，自不易为独立革命人士所接收。惟元首既代表国家，其尊严应为法律所承认，不然，总统一人的受损将使国家的荣誉受损。所以最高法院在解释总统权力时，总是采宽大主义，尽量使之完整。法院所采理由，或则从三权分立的原则着眼，或则从事实的观点着眼，皆未尝因总统为国家元首而重视其豁免权。这说明美国的公法观念中，至今未承认总统的元首地位。可是事实上，总统的确享受了其他国家公法所称的元首权。

这一观念的辨别，对美国总统权力的了解是很重要的。总统因兼有元首及行政首长的身份，故其权力，在宪法的规定中异常含混。宪法仅谓行政权属总统，并谓总统监督法律的忠实执行。对这一种含混的规定，每一位总统均可施展其想象力，以建立他一己的总统权力的轮廓。本文所说的总统的权力，若干为宪法明文所列举，亦有许多是从总统实际的行动归纳出来的。

2.12.3.2　*总统在立法方面的作用*

美国虽为三权分立的国家，但行政与立法之间，实有解不开的纽结，勉强使之分离，双方的工作都会因之而无法推动。制宪者有鉴于此，使两者仍有沟通的机会，所谓互相独立之外复有互相节制，而使之互相平衡。

总统对国会用咨文权(Message)，实际上是他对国会作立法的建议，敦促国会采取行动。就宪法的规定言，总统之提出咨文，是他的义务，亦是他的权力。总统应随时向国会报告联邦政府的情形，这是他的义务；他以本人所认为必要和适当的政策向国会建议，这是他的权力。国会立法不能在想象中进行，而必须依据并针对国家各方面实际的要求以制定法律。而国家各方面的实际要求，总统知之较为真切，所以他有随时向国会报告的义务。总统的职务为总揽行政，而负行政总责者无可否认的会有他的政策，罗斯福总统的新政固建立于他的若干重要政策之上，其他的总统也一样有他们的政策。总统若不能推行他认为是的政策，而惟以推行国会所决定的法律为务，总统就变成机械的执行人员了。因之,总统如有所见,必须有贡献这种意见的机会,他应该有建议他所认为必要和适当的政策的权力。

咨文权在实际的运用中,自然因人而异。有的总统受舆论的拥护,而且在两院中皆有过半数的同党议员,亦有的总统已为舆论所冷淡而在国会中又充满了反对派的势力。同时,咨文权的作用也可因时而异。在非常的时期,舆论视总统为主宰国家命运的人,他所主张的政策,国会不能不予重视。但在平时,尤其强有力的总统卸任之后的阶段,国会往往抱着节制行政权的决心,总统的咨文很难引起国会的良好反应。罗斯福得人和得时宜,他在咨文中甚至可以作某一政策势在必行的表示。他有一次建议国会废除管制物价的法案,结论中谓:"除非国会制订适当的法律,为国家的利益着想,余将负起责任而采取必要的行动。"不过这一种强硬的语气,在咨文中是少见的例子。其他总统的咨文,多数语气温婉,且亦不敢表示总统有单独行动的权力。

总统的咨文权,与内阁制国家的政府提案极为相似。所不同者咨文不正国会列入议程,而内阁制之下的政府提案必须优先列入议会议程。以是咨文之能成为法律案,尚有待于议员的提议。咨文既不在国会议程之内,同情咨文而提案者仍为议员的个人行动,此一提案如在国会受到挫折,自然也没有谴责总统的意思。此与内阁制国家否决政府提案即为对政府不信任者有异。这也是两者大不相同的地方。

除咨文权外,总统尚有复议权(Veto Power),他所不赞同的法律案,在尚未公布之前,可退回议会复议。经总统要求复议的法律案,国会两院须各以三分之二绝对多数始能维持原议。一般地说,总统很容易在国会中获得三分之一以上议员的支持,所以他返回复议的法律案,多数会被打消。总统的复议权也受有相当的限制,其一,国会所通过的宪法修正案,他不能退回复的;其二,他必须复议全条法律案,而不能复议法律案的某些部分;其三,他的复议权须于法律案送达十日内行之,不能把法律案搁置太久而不予公布。国会闭幕前十日内所通过的法律案,送达总统后已无从返回复议者,总统对不赞同的法律案得不予公布,称为袋中复议。

复议权对国会立法很有节制的作用。总统的咨文，国会可以不加理睬，而经总统复议的法律案，国会却亦很难坚持原议，经总统复议的法律案，一定成为舆论注视的问题。在通常的情形之下，国会自不愿过为已甚。更何况总统可以利用各种方法以个别影响议员的意见，使他所反对的法律，不易在国会中获得通过。安德鲁·约翰逊时代国会的激烈共和派占压倒优势而又坚持一己立场，故能反抗总统的复议而维持原案，除此之外，就很少有类似的例子。总统的复议权既有这样有利的形势，故逐渐演化的结果，总统不特运用此权以为事后的节制，并常利用此权以为事先的警告。国会方讨论某一总统认为不适当的法律案时，他如公开表示将复议此一法律案，国会自然会慎重考虑总统的意见而修正原来的提案。

2.12.3.3　军事权及外交权

就宪法的规定，美国总统是陆海军的总司令；国民被征召时，亦是国民兵的统帅；得到参议员的同意后，他任命各级的军官。这一种规定，如在虚位元首制国家，皆不过是象征性的权力。惟美国总统为实际元首兼行政首长，这项规定的意义就完全不同了。联邦政府的三军部长，都是总统军事方面的助手，惟总统之命是从，故总统实际决定军略并指挥军事行动。

军事可以是国家日常的行政，亦可以是国家非常的行动。当国家进行战争之际，国会以及联邦法院，多数会支持总统的决策，不至采制衡的原则以削弱总统的力量。因之军事权的范围如何，由战争的实际需要来作决定的。在第一次及第二次世界大战时间，总统自由裁量权至大，例如全面管制物资与人力，例如宣布夏威夷戒严以及停止那里的人身出庭状，集中管理日籍侨民及美籍日本人等，皆为美国史中罕见的事例，这都是总统运用军事权而后始可以有的举措。在战争时间，总统是美国独一无二的权力，平时所加于他的节制皆降至最低限度。

战时的军事权，在任何国家都是庞大无比的。至于平时，总统军事权的范围如何？在美国也很难有确定的解释，往往因总统之行动而转移。总统可以发动"仅次于战争"的军事行动。由是他的军事权，很与宣战权相接近。美宪以宣战权赋国会，原所以节制总统的军事权，使之不能单独发动对外的战争，惟军事权必然包括军令权，即谓动部队或舰队的权力。由是总统得命令舰队进入发生争议的危险区域或到友邦作示威性的访问。凡此种种军事行动，可以造成实际战争，使国会不得不继之以宣战，以维持国家的尊严。近年以来，民主国与极权国之间进行"冷战"，经常会造成法理上无战争而事实上有战争的局面。在这种状态中，总统更能充分运用其军事权以贯彻他的外交目标。韩战越战，都是这一类性质的军事行动。杜鲁门总统及约翰逊总统，皆曾为之极尽智虑，在一人负责的状态中决定和指挥这种行动。韩战在麦帅建议轰炸鸭绿江以西的战略地带，杜鲁门拒绝麦帅的建议，并因此而解除麦帅的职务，这是举世皆知的事实。而越战中约翰逊总统所负重任，实亦与杜鲁门相同。

对国内政治而言，总统的军事权也有极其重大的作用。州内发生变乱，经州议会或州长的要求，总统得派遣国民或联邦军从事敉平。这是宪法中的规定。但总统如认为势态严重，虽未经州议会或州长的要求，也可以为社会安全的目的而采取军事措置。对于这类事件，法院因其为总统的政治决定，不愿作司法上的解释。

总统的外交权，宪法所列举者约为三项：(一)接受外国使节的到任国书，并接见外国的大使公使；(二)缔结条约，并于获得参院三分二绝对多数的参赞同意后批准及公告之；(三)获得参院的参赞及同意后任命驻外的公使大使及领事。一般地说，总统的外交权极其充分而运用时又相当自由。联邦最高法院在寇蒂斯出口公司一案中所表示的意见最值得重视。大法官沙森兰认为：外交权非其他联邦权可比。联邦权原为各州所有，是为联合体的原有权力。因之，国会如无条件地以外交裁量权授予总统，不能视为违宪之举。再说外交事件的处理，事实上有保密的需要，国会因之亦不能对总统节制过严。在广大的对外领域中，面对重要复杂而精微的各项问题，惟总统有权力代表国家发言。

上述最高法院所表示的意见，可能是美国多数人对总统外交权的共同看法，外交的灵活运用，实为国家福利甚至是安危之所系。国会既不能事先指示政策，亦不可能预纵手段，广泛的授权乃成为理论与事实上的必需。由是主持外交政策的总统甚至不透过正常机构，直接亲自处理或派遣个人特使以从事各种机密的外交活动。威尔逊任命豪斯上校为特使，奔走英法德诸国之间，希冀终止大战，这是历史上著名的事件。罗斯福也派遣许多特使，奔走于盟邦之间，以期接触盟邦之间的歧见。两位总统又同样的亲自主持国际巨头会议，俾迅速决定盟国的共同政策。

外交获致结果而须缔结条约者，宪法规定应经参院的参赞，并获得其三分之二绝对多数的同意始得成立，此一规定中的所谓参赞(Advice)，原意参院议员不过二十余人，应能实际为总统外交事务的顾问。但在华盛顿总统时代已知以参院为外交的参赞殊不可能。二十六人虽为很小的团体，但各人的意见很难一致，筑室道谋，不可能争取时间。而且参院亦自始不欲居参赞的地位，以分负总统的责任。因之条约的通行，向由总统一人裁决，订有草约后，再提参院讨论表决。参院很重视它的条约同意权。重要的条约常因不能获得它三分之二的同意而中止。国际联盟条约的未获批准是参院此项权力的最高表现。也因为这个关系，美国经常遵两党外交的路线以决定它的外交政策，因为在野党所坚决反对的外交政策，在参院中很难获得三分之二绝对多数的拥护。两党对内政策容或有异，而两党党际的外交主张总是很为接近的。

条约虽须经参院三分之二的同意，而行政协定则甚至不必经参院的参赞，更无须经三分之二的通过。行政协定是宪法中没有提到的外交行为，而是齐奥图罗斯福创立的外交途径。其后最高法院的解释，认为行政协定的效力与条约同，应视为联邦法律，各州及全国人民皆受其约束。此例一开，其后总统乃尽量采用行政协定的方式，以便利他的外交行动。

除行政协定之外，总统亦可经两院联合决议的方式来支持他的外交行为，此例开始极早，杰弗逊总统已利用联合决议来实现它购买路易西阿那得愿望。

行政协定以及联合决议，都是总统利用以减少参院牵制的方法。

2.12.3.4 任免权

在总统许多权力之中，任免权也很重要。因为从总统行政首长的职位而言，这项权力有督导所有联邦官吏的作用。尤其联邦政府所任用的人员，已自独立时代的三百人而激增为三百五十万人，其重要性亦非往日可比。

宪法中仅提到总统的任命权，于免职权则未尝涉及。而任免权中，大使、公使、领事、最高法院的法官及日后依法而有的高级政府官员为第一类，总统有权提名，并于取得参院同意后任命之。第二类为低级官员，无须参院同意即可任命；但国会可制定法律，把这类官员的任命权授给总统，或授给法院，或授给各行政部门的首长。

宪法所以特别规定法官的任命的方式，目的在保障法官的独立地位。宪法第三条第一款并规定：法官如能尽忠职守得终身任职。足总统虽有任命法官之权，但并不能任意予以免职。外交人员中之大使公使及领事由总统任命，以是美国的职业外交家，常为幕后智囊，而大使公使反是获胜政党酬谢“肥猫”(Fat Cats，指对捐献颇多的富豪)的职位。其他的所谓高级政府官员，实际上并无正确的划分标准，可以说是很含混的名词。在惯例中，部长、部长级的官员以及高级将领，总统须于获得参院同意任命，而各种委员会委员的任命，亦是一样。

低级官员一样是含混的名词。他们的任命，总统如有兴趣，大体的说都有很大的决定作用。因为部长们既由总统任命，自然都要受总统的节制。法律从以低级官员的任命权授给各行政部门的首长，总统还是可以示意安排的。杰克逊总统所建立的分赃制度，即指低级官员的任用而言。竞选获胜的政党尽量以政府职位分配于有功的干部，这是十九世纪中叶美国最腐败的政治风气。惟一八八三年通过考试法之后，这种风气也已为之大变。美国现在已有富于独立地位的文官委员会，负责规划考试任用以及考绩的各种制度。大体地说，它把文官分成两种，一种是分级的文官，另一种是不分级的文官。分级的文官皆规定任用的资格，而且要经过考试。不分级的则不然。不分级的官吏之中，少数属高级的专门人才，多数为无须经过考试的雇用人员。

从上面的分析，可见在三百五十万余的联邦官员中，真由总统任命的官员为数不多。各级的文官，虽由部会长或军部武官任用，但必须符合文官委员会所规定的资格，而其薪给亦须依职级的限制。高级的不分级文官，在部会中常占重要地位，其待遇亦较优厚。这是部长们乐于支配的职位。

总统任命的人员，既不如想象中那样的众多，为什么任免权在美国政治史中成为争论的问题？杰克逊总统倡导分赃制，凡欲改革此一风气者，莫不欲减削总统的任命权。同时，国会之妒忌总统者，亦欲以限制总统任命权的方法来削弱总统的权力。宪法暗示国会对任用问题得随时立法。机关的设立，须由国会通过，故国会规定机关的编制时，自然可以限制该一机关人员的任用方式。而且低级联邦官员的任用，国会又可以授予总统、法院，或行政部门的首长。故低级人员的任用法，亦可由国会临时立法。十九世纪末叶，国会常规定委员会委员的固定任期，有的长达九年，少的亦达五年，使该类机构享有半独立的地位。林肯总统遇刺身死，副总统约翰逊（Andrew Johnson）继任，这是总统与国会交恶最烈的一个时期。国会因于一八六七年通过一任期法（Tenure Act），规定经参院同意而任命的官员，免职时亦须获得参院的同意。约翰认为这个法律破坏了他的行政权，退回国会复议，国会又以三分之二的绝对多数维持原案。约翰又说该法违宪，决定不予执行。由是国会发动弹劾，参院以一票之差没有通过。这不但是美国史惟一的由国会来弹劾总统的案子，并亦是美国政治史中对总统在用权图谋节制的重要文件。

约翰逊与国会虽成僵持状态，但没有发生实际案件，因之联邦最高法院对此没有表示它的意见。直到一九二〇年，威尔逊免除一位邮政局长米尔（Myeres）的职务，米尔因总统未经参院同意，故违反一八六七年的法律，申请赔偿。一九二六年联邦最高法院解释云，免职权从总统的一般行政权产生，因之是总统独有的权力，一八六七年的任期法实系违宪。自此，总统有相当的任命权，并有绝对的免职权。不过米尔案的释例，以后法院又作补充。亭勿莱（Humphrey's Eecutor V. United States）一案中，把官员分为普通的及准立法与准司法两种，前者总统有完全的免职权，后者则受若干限制。所谓准立法（Quasi-legislative）与准司法（Quasi-judicial）的官员在政治学中是常见名词，在法律文字中很少采用，因为这是很难作正确解释的。美国的州际贸易委员会文官委员会等，其委员皆有固定的任期。这一种制度的建立，上文已有说明，乃因国会希望这类机关于总统权力之外。亭勿莱为联邦商业委员会的委员，一九三一年由胡佛总统获得参院同意后任命。联邦商业委员会组织法规定委员任期七年，非有不胜任、失职、玩忽职守等过失，不得免职。一九三三年罗斯福总统深感该委员会不能合作，愿有政见相同的人出任委员，故讯令亭勿莱辞职。亭勿莱不允，逐予免职。亭勿莱坚持他未犯法律中所列举的过失，故有权利继续任职。他在不得薪俸的情况下继续执行职务，一九三四年病终任所，他的遗嘱执行人乃向诉原法院要求联邦政府偿还一年中的薪水。诉原法院请最高法院解释两点：（一）联邦商业委员会组织法所规定的免职条件，总统是否受其限制？（二）该法是否有效？联邦最高法院说：联邦商业委员规定固定的任期，即所以使他们的工作不受总统的干预。商业委员所推行者，并非“纯粹的行政事务”，故非总统的手足或耳目，与米尔案中官员的性质迥异。法院从该组织法讨论的经过，说明国会本意“不欲委员会受制于政府……而仅受制于美国人民”。

亭勿莱案的释例，虽亦承认总统有完全的免职权，“惟以纯粹的行政人员”为限，而准立法及准司法人员，总统不能任意免职，须受法律的限制。

2.12.3.5　行政督导权

宪决赋予总统的权力之中，行政督导权的性质最为广泛而无从确定其界限。总统在国内所行使的权力，多数从这一项产生。什么是行政权，本来不是可以一一列举的。上文业已指出，行政为政治中最富弹性的一权。消极政治思想的时代，并没有多少行政项目，而积极政治思想的时代，又是什么都能归入行政一栏。总统常利用此广泛的行政权以主持对内的施政。不过这方面的权力中极广泛受到国会及法院的牵制亦较多。总统对内政策的建议，国会并不能有求必应，而且得到国会允许后，法院可能又会起而非难。因之，总统对内的施政权，绝不如他的外交权与军权那样得到放任。

2.12.4 总统的辅佐及其所领导的行政机构

美国总统，任重事繁。因之，他必须统率一极为庞大而又极有效能的行政组织，而后始足以完成监督法律忠实执行的使命。

2.12.4.1 总统的辅佐人员及机构

佐助总统处理业务的有很多种机构，一种是白宫人员，助理及秘书属之。助理的任务日见重要，他们常是总统与部会之间的联系人。他们亦常与国会议员接触，甚至代议员起草法律案。助理与秘书之下，并又配属各种工作人员，几达三百人之多。

除白宫人员之外，有许多直属总统的委员会，襄助总统为重要的决策。安全委员会、预算局及经济顾问委员会属之。

安全委员会的出席人员，多数为重要的部长，由总统决定人选。副总统经常在委员的名单之内，故亦得参与国家的最高机密。联邦情报局长、国务卿、国防部长，通常均在委员的人选之内。从安全委员会的组成分子来看，即可知安全委员会所讨论的对象，与内阁会议不同。它研究的对象为国防为外交，亦为社会的安全问题。因之，这个委员会的机密性，还胜内阁会议。

预算局襄助总统编制年度概算。预算局于一九二二年之后始予设立。原先财政部有一司主管编制概算，因各部及国会皆不予重视，故效率很低。而国会互惠立法 Rog-rolling 的弊病日形显著之后，大为舆论所非难。盖议员皆欲维护地方利益，以致不愿公共需要，朋分公帑，浪费财力于地方不很迫要的兴建工作。在财政赤字日益严重的情况中，这种现象自然要成为舆论指摘的对象。改革此种弊病，一般认为应加强总统对预算的统筹权。由是设置预算局，直属总统之下，俾预算局有控制各部经费的实际力量。预算局即直属总统，它自然不是独立的机构，局长必须秉承总统的意思以编制概算。

美国的预算制度，与英国有几点不同，美国预算局属总统，而英国则属财政部，这是形式上最易区别的一点。英国首相虽兼财政委员会第一大臣，但究非财政部的主官。预算局对各部门有所要求，仅能由财政部备文咨商。美国预算局因直属总统，预算局所定章程，均于得到总统的核准后以总统的指令为之。从表面来看，美国预算局的效能应高于英国。但事实上不是如此，一则预算局长所能得到总统的信任，不一定超过各部部长。故局长所定预算限额，可能因部长们坚持而打破。再则预算的决定，美国以国会为主，故预算局的决定作用，不如英国。这两种制度孰优孰劣，英美学者恒有不同的观点。美国学者强调他们的制度较为民主，因是预算较为合于各方面的观点与要求。国会自国民纳税能力来审查及决定预算，各部自实际需要要求经费，预算局则介于数者之间，以为周旋。英国学者则自经济及效能的观点为他们的制度辩护。

经济顾问委员会罗斯福总统时代增设经济顾问委员会，襄助总统经济的决策事宜。顾名思义，这个委员会是种专家组织，其主要任务在搜集各种经济资料。总统每年例须向国会提国情咨文，而咨文中有关经济情况的分析，多数皆为经济顾问所提供的意见，因之经济顾问对国家决策的影响力是很大的。例如新政时代的农业复兴法及工业复兴法等，虽经由国会议员动议，但构想的来源，确为罗斯福总统所提出的经济国情咨文。从这种地方，我们可以看出搜寻事实的专家机关，对美国的行政与立法皆有其重要作用。总统左右并亦设有其他的专家机构，例如国家安全资源委员会，本亦极为重要。主持经济顾问委员会的人，认为委员会不介入政治，而只提供总统已决定的资料。主持国家安全资源委员会的人，认为服务于委员会的专家，应同情总统的政见，协助总统完成他的政治主张。国会欢迎经济顾问委员会的态度，所以不久就裁撤安全资源委员会了。

2.12.4.2 半独立性的许多委员会

上述各种委员会，皆直接隶属于总统，襄助总统决策，他们都必须秉承总统的意思行事。除此之外，另有若干委员会，最高法院曾称之为准立法与准司法的机构，不受总统行政权的支配而享有部分独立地位者，可以说是美国行政体系中极为特殊的一种机构。州际贸易委员会联邦商业委员会，以及文官委员会皆属之。这类机构的委员，任期固定，如遇出缺，亦由总统得参院的同意后任命。惟在任期之内，非因不胜任怠忽职务等法律所列举的过失，不得任意免职。上文提及一位联邦商业委员，罗斯福总统因其政见不合乎而予以免职，该委员无给继续到职，死后由其遗嘱执行律师要求赔偿任内的俸给，在那一次的释例中，联邦最高法院采用了所谓准立法及司法的机构的名称，认为此类委员，非有组织法中列举的理由，不得免职。联邦最高法院并说明此类委员会组织法的立法要旨，即在使之超然于总统权力之外，因为它们的工作，务求中立客观。最高法院所以称这类机构为准立法与准司法性的，以示它们的工作并非纯粹的行政，固不是总统的耳目与手足，总统不应对之绝对操纵。

国会设立这类半独立性的委员会时，固如最高法院所云，因为这类机构的性质不同于一般行政机构。但在这一种组织的方式之下，国会对它们的控制力倒是加强了。它们的预算也独立于一般行政机构之外，由是委员会的经费，直接受制于国会，故国会实亦有控制此类机构的目的。预算局初成立时，国会颇欲以之与非纯粹的行政机构并列，因为这样可使国会对预算局更多控制，国会的预算权亦可以更为完整，以后因为各种实际的困难而改变了。可见国会设置半独立性委员会的目的，并不如最高法院所说的那样单纯。

2.12.4.3 纯粹的行政部门

美国联邦的行政权，虽完全属于总统而日常行政的处理，又非总统可以亲与其事，故不得不分设各部以专司其事。宪法中对此类机构的组织，未尝以专款予以规定，仅第二条第二节第二款规定总统任命权时提到“本宪法未有明文规定的政府机关”一句话而已。在各国宪法之中，对中央政府的组织规定得如此简略的，可以说是绝无仅有的例子。该款有提到“政府日后依法而有的一切官员”一语，说明宪法虽未规定行政组织的方式，但日后因需要而分别设置时，必须逐一提出国会而经国会通过组织法始可。也因为这个关系，国会对行政机构的设立，实皆有相当的控制作用。美国联邦行政机构性质极为复杂，与一般国家较有统一完整性者颇为不同，这未始不是重要的原因。例如上述半独立性机构的产生，很多出于国会歧视总统行政权的心理。

国会认为直属总统指挥的部门，始是纯粹的行政部门，至于这许多部门的首长，形成一个内阁，那完全出诸传统，在宪法及法律上都是没有根据的事情。

联邦政府共设十个部，其中国防部又分设陆海空三部，其设立先后的次序如下：国务部、财政部、总检察长及陆军部（悬合并于国防部之内）等四部，于一七八九年最早成立。一七九四年增设邮务部，一七九八年增设海军部（现亦合并于国防部之内）；一八四九年增设内政部；一八八九年增设农业部；一九〇三年增设商业部；一九一三年增设劳工部；一九四七年增设空军部，并与陆军部海军部联合组成国防部，以增加军事的合作，惟陆海空三部仍由部长级人员主管；一九五三年又增设卫生教育及福利部。关于各部详细组织以及他们工作的情形，此间已无法加以叙述。此间所欲说明者，这是各部的首长与总统之间的关系究竟如何？上文已经说过，最高法院曾认为纯粹的行政部门皆是总统的耳目及手足，换句话说，都是受总统的指挥而不能依自己的意见行事。这是从宪法中行政权属总统这一款的规定演绎出来的理论。行政机构的设立，须有法律的依据，故国会对机关的设立亦有不少的控制作用。国会如认为没有需要，纵总统认为是必需的设置，亦不得产生。华盛顿总统很想组织一个内阁，使他的施政有一得力的咨询机构，但国会拒绝考虑，终于不能依法组织。他以后只有利用（总统得要求每一行政部门的高级官员有关该部门的意见）这一款来召集部长会议，而这个部长会议随传统称为内阁会议，但既不能使之合法化，也不能正确规定它的功能与执掌。到现在为止，内阁的功能时时随总统的意见而改变。有的总统重视内阁，每遇有重要政策须待决事实上，总统向内阁提出，而且很能尊重数人的意见。有的不重视内阁，像威尔逊总统那样，甚至有相当长的时间不召集内阁会议。

内阁会议是总统正常行政的顾问机构，与白宫人员之处理总统个人的事务或为某一类政策的专门顾问者不同，而与非行政的独立性委员会又有区别。内阁会议所讨论者，一般言之，应为日常行政中的重大问题而与多数部发生关系者为主。不过美国的内阁会议，与十九世纪英国的内阁会议同，既无议程，亦无记录，所以它讨论的内容究竟是什么，外界很少了解。在内阁会议之外，部长们经常进见总统或被召见，与部务有关的重要事项，多数在这一种面谈中决定的。因之，内阁会议不可能为决策会议。美国的行政机关无提案权，各部所主管的业务，其有立法的需要，多数利用部长与议员的私人关系或透过部内公共关系人员与议员的接触而推动议员在国会提出的。内阁会议因之并无讨论政府提案的必要。从上述情形，可见总统的独任制并未能避免政出多门的弊病。各部之有求于国会者，或利用部长出席作证的机会，或利用与议员的关系，各提方案，各自表明立场，而又往往没有原到部的利害。尤其三军各部，为争取一己的经费，未免有各自作自我宣传的情形。其后为避免这种弊病，规定各部有向国会提案者，须先在预算局立法咨询处 Legislative Reference Bureau 登记，避免互相冲突与矛盾，总统没有利用内阁会议来调整提案的分歧情形，而反利用预算局，其最重要的理由，无非为节省总统个人在这方面的可能浪费的时间。

总之，联邦的正常行政，由十个部来作推动。而十个部的部长成一内阁会议可能不止十位部长，预算局局长现在亦被邀出席。因为这是法外的机构，其组成分子由总统决定的。

2.12.5 副总统

2.12.5.1 竞选伙伴

副总统以往很不受到重视，多数人称之为总统竞选伙伴，利用他来调节政治上的平衡关系。美国地方观念很深，尤其南北之间歧见更深。故总统候选人多数为北方的互头，由是在南部或隔近南部的区域物色一位人物，来作陪衬，比较容易获得南方人的同情。在党代表大会决定副总统候选人时，须于总统候选人业已揭晓而由他来作决定的。总统候选人作此裁决时，自然有许多计较，如何使党内因副总统的适当人选而更易团结是主要的考虑对象，人望能力，恐尚在其次。

副总统在政治中有一极难处的地位。宪法以全部行政权交给总统，副总统对行政不能表示关切，以免瓜分总统领导地位。他只是参议院名义上的议长，因为他没有参议员的身份，自然没有发言的地位。当然，一位有经验的政治家，或是会有参议员经历的副总统，在幕后亦能发生不少作用，以为政府与参议院之间的桥梁。在多数情形中，总统不很希望他的副总统过于活跃而成为新闻界所注意的人物。因是种种，十九世纪的副总统甚至不常住华盛顿，以避免政治上的许多困难。

副总统平日虽无重要任务可言，但总统一旦死亡，副总统立刻继任总统。肯尼迪遇刺之日，约翰逊于飞往华盛顿的飞机中已做就任的宣誓，使美国的元首不至虚悬。二十世纪民主党有过五位总统，而其中有两位最初是以副总统继任的，可见总统在政治中权势日重，而心力交瘁及遭遇意外的机会以日增，因是副总统继任为总统的可能性亦在增加之中。以一位可能继任为总统的人，平日不能躲在政治上阅历及不能多了解国家的机密，当然是不很理想的。近年来的总统，似乎都在努力补救这个缺憾。罗斯福于大战中常派遣副总统华莱士为特使；艾森豪威尔之于尼克松亦复相同，上文已经说过，安全委员会以副总统为委员，俾副总统了解一般国情，这对他是种很重要的训练。不过对副总统的重视，恐怕亦至此为此，不能有更进一步的作用了。

2.12.5.2 从副总统的地位论总统制的特征

副总统是可以为总统分劳的人，从联合竞选的日子开始，在选民心目中，他们应该是合作无间而互相信任的伙伴。但当选之后，副总统每格于形势，不能在实际政治中插足。于此可一述总统制的特征，以为本章之结束。从总统的辅佐机构来看，行政首长助手之多，能如美国总统者，殊不多见。但讨论总统制的人，每位总统寂寞而孤独，真像食前方丈而无可下箸的人的一样。在总统左右有成百的专家，有成打得政治干才，均欲为总统支助，以成事业。在这许多欲成事业的襄助任务之中，副总统亦是其中之一。但就决策而论，始终是总统一人。诚如美国宪法所云：行政权为总统一人所有，但不能为他分担责任。这是制度的问题，不是任何总统一人胸襟广狭的问题。为总统分负责任，不仅为总统所不喜，抑且为制度所不能分得一部分的领导权。副总统更不如各部部长，因部长尚有固定的部务，而副总统是没有专职的。副总统而活跃于政坛之上他就的确会分去总统的权力及声望的。尤其总统四年一选，副总统如为未来的竞选打算，处处与总统立异，那更可以造成政治上的不幸局面了。

本节参考书

Gorwin：The President：Office and Power，1948

H. J. Laski：The American Presidency，1940

J. P. Comer：Legislative Functions of Administrative Authorities

W. E. Binkley：The Powers of the President，1937

Frank A Magruder：American Government，1933

Garter and Rohlfing：The American Government and Its Work，1951

2.13 美国国会

2.13.1 国会的权力及其限制

美国虽以总统制闻名于世，但就宪法的规定而论，实以国会为联邦政府的主体。主要的联邦权,宪法均授诸国会。制宪者重视国会的地位,可说是当时最自然的想法。他们不愿再见大陆会议时代无权作任何决定的邦联议会,同时亦不愿像英国那样的行政专制,加强国会的作用,乃成为必然有的倾向。

在制宪者的设计下,联邦权必须经过立法然后方能付诸执行,而立法权是国会所专有的执掌。由是征税、钱币的铸印、外交、海陆军的维持,以及州际及国际贸易的管理等联邦所有的权力,国会如果没有通过法律,总统即无从执行,而法院亦无裁定与制裁的标准。宪法对总统及法院虽亦作直接授权,只是要总统任命各种联邦官吏,并督导行政机关忠实执行法律,以及要法院行使司法权而已。对总统与法院的授权如此简略,而对国会的授权又如此之详尽,重视国会地位的态度已可见一般。宪法以第一条规定国会,而以第二条及第三条分别规定总统及法院,实又表示了三权不同地位的次序。

不过话又得说回来,国会地位虽高,它又不能取行政权或司法权而代之。换言之,它既不能自己执行,也不能自己来作审判。同时,国会的权力虽高,所受限制亦多。详为说明如后:

2.13.1.1 征税权

征税权列于国会立法权的第一个项目。美国制宪的时期,英国巴力门已因握有征税权而迫得王权屈服。这一个历史经验,美国人自然是知之甚熟。但宪法所以把征税权列为国会的第一项权力,其用意似不仅大节制行政权,更重要的还在坚固联邦政府的地位。过去邦联没有独立的征税权,以致财政完全依赖各州。各州抱自谋不暇的态度时,邦联立即陷入破产的绝境。这种惨痛的经验,不得不使制宪者认为征税权是联邦权中最基本的一项了。

征税法案应由众院提出,但参院对之可提出修正案,与其对其他法案的权力同。这一款的规定,使美国制度有异于一般国家的情形。税率的高下决定于用途的多寡,盖国家的财政,莫不以“量出为入”为原则,与私人经济之量入为出者不同。用途以行政的支出为大宗,故行政部门知道得最为清楚。因之,国家的收支,由行政部门规划最为适宜。多数国家均以预算的提案权归行政，而以审查权及节制权归国会。美宪规定征税法案均应由众院提出，国会乃强调提案权亦归国会所有。其次，征税法案虽均由众院提出，而参院对之有修正权，这也是与二十世纪以来多数国家财政立法的经验不很一样。现在多数国家均以富有代表性的一院作为财政立法的主体，其他一院处于辅助的地位。美国参院恒视修正权为任意改变的权力，故两院对财政立法权完全立于平等地位，不是两院取得协议，财政立法即无由成立。这也是美国宪法所加于财政立法的特殊负担，要改变这一点，恐非通过宪法修正案不可。

以上是就征税法案通过的程序，说明美国宪法中的几个特殊规定。

征税权是邦联时代中央所没有的权力，现在以之赋其联邦，各州自然会抱各种猜忌的态度。为解除此种猜忌，由是又为国会的征税权加上几种限制。其一，不得征收出口税。这是为使南方诸州安心而有的规定。南方以棉花及烟草等农产品的出口为财源，深怕由北人操纵的联邦政府对农产品出口横加征敛，故坚持出口税不在联邦征税权之内。其实现在北方工业成品的输出额，还较南方的农产品为多，这亦许是南方人士始料所不及的。其二，联邦的直接税必须按人口分配于各州，这又是为保障人口稀少的各州而设的。这一款的限制，使十九世纪末对所得税是否为直接税的问题引起激烈的论争。所得税如系直接税，即应按人口分配各州。联邦最高法院曾根据这个理由宣判所得税法为违宪，终于不得不以第十六修正案来解决这个难题。其三，关税、国产税，以及其他税收，均应全国一律。这一款的意义，最高法院解释为税律必须全国一致，而并不是说不得为累进税的规定。例如所得税法依收益之高下而变动其税率，并不违背全国一律的原则。其四，税收必须用以增进国家的一般福利。这一款限制税收所作的用途，窥其原始用意，不过谓联邦不得以国家收入特别来发展少数州的建设。在各州互相歧视的时候，这亦许是必须规定的一点。但国家施政，纵使其目的为一般福利，受益者可能是少数州的人民，这种支出，能否视为增进国家的一般福利呢?“国家的一般福利”为美国宪法中另一伟大而含糊的政治名词,以此为衡量国家用途的标准,诚如英公法学者惠尔所说的既增加法官们的困惑,亦增加了法官们自由裁量的领域。一九三三年的农业复兴法案,因该法案受益者为农民,因之违背一般福利的宗旨(United States V. Butler,1936)。这一种释例,殊有研究的余地。

因征税权的解释,联邦最高法院又创设若干原则。联邦设立于各州的机关,是否可以为州的征税对象?这在以规定联邦权为目的的宪法中自然是不会提到的。一八〇五年麦克洛克(McCulloch V. Maryland)一案中,马歇尔院长发表其大胆的理论。他认为征税权必然包含若干摧毁的作用,若联邦机关(联邦银行)容许各州征税,则此类机关将无法立足。因之他说:联邦机关在各州皆豁免其纳税的义务。其后一八四二年的都宝案(Dobbins V. Commissioners of Erie County)中,服务于联邦机关的公务员,其薪给亦免除所在州的征税。其实征税权如果真正包含着摧毁的作用,州的机关似亦应豁免其联邦税,不然,联邦就可以任意摧毁各州的机关了。但马歇尔院长等热心为联邦作辩护,于州的地位未尝顾及。直到一八七一年的征税员案(Collector V. Day),始承认各州法官的薪给免除联邦税。联邦与州机关及其服务人员互相豁免纳税义务的原则,在今日已不能完整维持。一九〇五年南卡罗来那案(South Carolina V. U. S.)联邦法院认为南步罗里那的酒公卖局实系营业性质,不得因州政府经营之故而免除其联邦税。而在一九三八年的佐治亚大学(Allon V. Regonts of University of Georgia)一案中,并谓大学奖学金的获得者亦应缴纳联邦税。是盖近代地方政府的公营企业日益发达,机关与企业之间的区别难以确定,法官对这类问题自然不能有一定的意见了。征税的目的,可以为适应政府的用途,亦可以为管理禁止或调整社会的关系。对于此种性质的税法,法院有时采宽大的态度,认为税法的规定既在国会征税权之内,税法的目的法院可不予研究。例如一九〇四年的麦克刻兰案(McCrag V. U. S.),对国会歧视染有黄色的植物油的税法认为有效，因为“一切赋税，其原始目的均在财政收入”。但一九二二年的蓓兰案件中(Balley V. Drexel Furniture Co.)，法院又建立另一原则。它说一九一六年的童工法旨在惩罚，故越出赋税权之外。上述两个释例，其理论互相冲突。在新政时代，法院左右逢源，于它赞同的法案则采麦克刻兰案的判例，于它反对的法案则采蓓兰案的判例。

在上述分析中，可知征税权的复杂情形，多数由它的联邦制度所引起的。国会征税权的限制，皆是为顾全各州的利益而设。这种种限制，从今日的情形来看，对州的利益已不很重要，但既形诸宪法的文字，要改变就得经过正式的修正手续，既未引起严重弊病，只好予以保留了。法院的司法审评制，也使征税权时时发生新的问题。对于征税目的之审核，我人认为法官们享受的自由裁量权似乎过分。

2.13.1.2 铸印钱币与发行公债之权

与征税权目的相同者为铸印钱币与发行公债的权力。三者结合，乃成为国会强力有力的财政金融权。在制宪时代，这三种权力都用以供应联邦的收入，政策性的目的很少很少的。在今天，金融与流通的管理可以成为管理经济社会的重要工具。惟因钱币铸印权及公债发行权而引起的法理纠纷并不多见。在实际政治中，白银政策或绿背政策可以成为两大党的重要口号，但法院对此类战争是不置一词的。所以然者，宪法中对铸印权及公债权均未加任何限制，故国会于运用此类权利时并没有违宪的顾忌。惟一可以发生纠纷者，宪法虽以印铸权及公债权赋予国会，但并未禁止州运用类似的权利。那么这两种权力究为联邦的独有权呢，抑为联邦与州的共有权呢？关于此类问题，法院曾间接表示其意见。一八六六年国会通过对州发行的纸币征收百分之十的联邦税。这一条法律，显然欲驱逐州纸币于市场之外。联邦最高法院在万众银行案(Veazie Bank V. Fenno)中说联邦得立法已禁止州纸币的发行，故征州纸币以联邦税并不违宪。是以法院现铸印权威联邦的独有权。至于公债发行权，州以及州的市法人，亦均享有此一权利。

征税、铸印，以及发行公债，皆所以供应财政的来源。有此收入之后，当然会发生用途问题。但宪法未尝以明文规定国会有拨款权。宪法曾规定国会有维持陆海军之权。陆海军的维持，自属用途范围，但联邦政府的用途，并不以维持陆海军的经费为限。这个所谓用途权，即一般国家的预算权。从国会的功能而言，这虽不能说是国会惟一的权力，但总可以说是一项重要的权力，美国宪法的国会权中独独缺少这一项目。在殖民地时代，殖民地议会皆以征税权及预算权控制监督行政，何以制宪诸君忽略这个权力呢？惟一的解释，在英国的传统中，征税权包括预算权，故二者为“一而二，二而一”的权力，举了征税权，不必再提预案权了。美国承继这个传统，所以美国宪法没有特别提到国会的预算权。

在美国的实际政治中，国会一直保持着它的预算权。在众院与参院中，拨款委员会亦为最重要的委员会。

2.13.1.3　建立陆海军及予以维持之权

对于国会的军事立法权，一条八节诸款中有关的条文最多。兹为列出如后：

第十二款：募集及维持军队，但一次拨款充该项用途的款项，其间不得超过两年；

第十三款：配备及保持海军；

第十四款：制定管理陆海军的条例；

第十五款：准备召集国民兵以执行联邦法律，镇压叛变，及击退侵略；

第十六款：规定国民兵的组织、装备，及训练，并规定国民兵为国家服务的管理办法，但允许各州保留军官的任命权及依照国会规定以训练国民兵的权利；

第十七款：……用以建筑要塞、火药库、兵工厂、海军船坞及其他必要建筑物之地方，国会握完全立法权。

对于国会军事立法权规定得如此详细，在宪法中为少见的例子。

英国一向视军队的设立为巴力门权力之一，盖非如此不足以限制王的专制权。美国承其遗风，无怪也要把海陆军设立及维持之权详细列明为国会的权力了。何况邦联时代，大陆会议因财政支出而大为士兵的索饷所苦，更深感军队的设置应由国会来作决定。制宪人士当然没有梦想到以后会有空军以原子装备的发展，关于这一类武装部队的建立，皆随时代的进步而进步，没有因宪法中未尝提及而发生争论。好像宪法的主要精神，在于国会应掌握武力设置之权，只要能得国会的同意，发展任何种类的军队都是可以的。

宪法特别提到国民兵的组织装备及训练，皆由联邦国会的立法规定。这说明各州虽得设立国民兵，惟其编制及训练，应全国统一。且因总统同时为国民兵的统帅，所以联邦并得藉总统的统帅权以调遣各州的国民兵。这一款的规定，旨在满足各州的地域观念，同时又可以避免地方割据的弊病。不过认真地说，各邦如无建立国民兵之权，南方的独立运动可能不致发生，为满足地域观念而所付的代价可以说很大了。南北战争之后，国民兵未再形成问题。它名义上虽然在州长的指挥之下，但服装补给以至经费，皆来自联邦，不能说是地方的部队了。

2.13.1.4　宣战权

与军队的设置与维持权有关的为宣战权。国家对外关系破裂之际往往诉诸战争。在美国制宪之前，多数专制国家均认为这是君上大权。英国虽久有限制王权的宪政运动，但仍承认宣战权属诸王及枢密院(King in Council)。美国能独创先例，认为这是国会之权，可谓明智之举。自兹以后，立宪者皆以宣战权交国会，成为最流行的办法。战争是影响国民权利与利益最深的一种举措，如不经人民代表审慎讨论而轻率为之，则侵略的战争可以经常发生，而国民亦经常要为满足少数人的虚荣或卫护少数人的利益而牺牲其生命财产了。国会的决议不一定是最合理的，但多数人的讨论总较少数人冒险的决定为审慎为妥善。

国会的宣战权与总统的军事权常成犬牙交错的状态，有不可划分之势。所谓宣战，有时只是对已成事实作法理上的宣布而已，此已于总统一章中论之。不过我人不能因此而认为国会的宣战权只是形式上的权力。总统行动如不能得国会的同情,他的行动势将以军事行动为止,而不能发动以全国命运为赌注的战争。大规模的战争,其动员,其战费的支援,皆来自国会,国会不仅掌握宣战的形式上的权力而已。

2.13.1.5 州际贸易管理权

各项联邦权之中,州际贸易管理权的发展最为可惊,而有助于联邦权的发展者亦最多。大法官斯通(Stone)曾云:州际贸易管理权是使各州真正能联合而成为一个国家的一项权力,可见其意义之重大。去除州际的贸易的障碍,原为制定联邦宪法的目的之一,但制宪者多数不会想到此项权力以后能有这样辉煌的作用。在宪法的文字中,仅云国会制定法律以管理州际及与印第安人之间的贸易。至于何谓州际?州际与州内有何界限?以及何谓贸易?都没有作详细的说明,这所以要留待联邦最高法院来作解释。

何谓州际贸易,在制宪时代亦许有其当然的解释。那时既无输船,亦无火车,交通非常困难,所以州际贸易与州内贸易的区别是很清楚的。十九世纪初叶,汽船发明,由是汽油船的管理是否在州际贸易管理权之内,首先发生问题。马歇尔院长于琪朋斯一案的判例(Gibbons V. Ogden)中会为贸易下一著名的定义。他说:"贸易是交通"。盖贸易的进行,必须利用交通工具,如交通在贸易范围之外,贸易也就无从管理了。马歇尔的解释是否确当,我人不欲深论,我人应注意者,这是州际贸易权扩大的第一里程碑。

琪朋斯案的判例的意义自然是非常重要的。它认为州际贸易不止是州际商品的买卖,并亦包括州际的交通工具在内。由是州际运河州际航行以及州际航行公司服务的人员,无一不在联邦管理权之内。其后州际交通自内河航行发展为铁路运输、汽车运输、飞机运输,联邦权亦即随这种事业的发展而发展。到一八八七年,联邦政府乃设置州际贸易委员会来管理州际水陆两运的运输价格。不过这一类贸易权的发展,实际上只是禁止各州作这方面的管理,仍未能发挥贸易管理权的积极作用。

一八九〇年,国会通过反托拉斯法(Anti-trust Act),图谋打击经济界的兼并现象。国会所以通过这个法律，因为它相信大企业集团所经营者皆为州际贸易，国会因管理州际贸易而管理这种垄断性的企业，可谓名正言顺。最高法院最初在娜爱特公司一案的判例（United States V. E. C. Kinght Co.，1895）中颇有不利的解释，认为制糖工业不在州际贸易之内。该一判例，深受舆论批评及攻击。一九〇五年另一司卫夫脱公司的判例中（Swift And Co. V. United States），最高法院乃改变它的态度，认为肉类包装业的组合为违法的占据事业。在斯坦福一案中（Stafford V. Wallace），塔夫脱院长谓：近代的商业发展，其中心现象为货品的往来川流不息，而此一中心现象，不能不谓为州际贸易及国际贸易管理的对象。在这类判例中，把工业亦包括在贸易之中，因而联邦得以进一步积极管理工业。这是州际贸易管理权发展的大体情形。

2.13.1.6 调查权

国会之有调查权，可谓由来已久，但宪法没有明文授国会以这样的权力。国会所以运用调查权，不外下述两个理由。其一，国会既须制定适当的法律，充分的资料自不可少。而欲搜集第一手的资料，调查权是极端重要的。其二，国会有弹劾权，而在进行弹劾之前，也得调查各种证据。因之，调查权是附带在立法权与弹劾权之内的，社会方面，因调查权自然会发生监督政府的作用，而且调查内容的公布，于舆论的刺激与领导也有无上价值。所以一般的说，社会大众多数赞许国会的调查工作，极少因此发生纠纷。

惟近年以来，国会的调查权很引起争论。推原其故，调查权运用得过于广泛，以至于立法权、弹劾权一无关联。而且主持调查委员会者，往往为一己政治目的，或则欲夸大某些事实以打击反对党，或则欲藉此吸引群众对他的注意而增加他个人的声音。更重要的一点，调查方法不很公道，而被调查者又缺少合理的保障。调查之后，往往未经宣判而许多人名誉受损害及职业权牺牲。因之，很多人主张改变调查程序，而且建议国会调查时遵守证据法，不能先有成见。

调查是由委员会主持的。两院皆有调查委员会，亦有的时候两院联合组织一院委员会。无论在哪种情况之下,委员会须经国会一院的决议或两院的联合决议而后始能成立。在决议中,必须指明授权的议会。通常的说,调查的对象不是过于广泛的。惟马加锡的非美活动调查富季佛的黑社会调查,几乎变成普通的侦查机构,往往逸出范围。

最高法院对国会的调查权,一向抱谨慎的保守态度,从不肯妄事批评。以是舆论界的批评虽极激昂,并没有发生重要的结果。

2.13.1.7　其他权力

以上分别说明了国会若干种权力,但尚非国会权力的全貌,它全部的权力,虽有后列各项:

制定全国一律之归化法及破产法;

制定伪造联邦证券及通用货币之罚则;

设立邮局并建筑邮政道路;

规定著作权及专利权,以奖励科学文艺;

规定公海上之海盗罪与重罪,及违反国际法之犯罪;

制定海陆捕获之规则,并颁发捕获许可证;

制定执行上述一切权力而所需之法律。

关于这许多国会权,后述一项甚为重要,已于美国宪法一章中论述,不拟分别叙述了。

2.13.1.8　委托权不得再付委任(Delegata Potestas Non Potest Delegari)

讨论国会权的时候,最后必须一述"委托权不得再付委任"的原则。如上所述,国会权皆系宪法所委托,因为宪法是人民制作的。在英国普通法的传统中,认为受托权并非一己所有,故受托者不能再以之转托他人。国会权是否也受这个原则的限制?若受限制,则所谓委任立法均为国会的越权行为,因之是没有效力的。

提出这类问题的人坚持两个理由。其一,美国为分权的国家,立法、行政及司法皆为宪法的受托者,而且皆有专职。受托者如许可再委托,则分权原则势必破坏无余。其二,委任立法 Delegated Legislation 的事项一多,不仅行政部门代行了立法的工作,并亦使总统的权力急剧增加，殊失立宪的本意。联邦最高法院对比原则，常持两可的态度。它曾根据此原则而宣判一九三三年的国家工业复兴法案为违宪。该法曾特别设置一复兴执行机构，并授权该机构会商企业家而拟订一解除经济恐慌的办法，执行机构在此授权之下，乃详定缩短工作时间提高工资以及增加就业的方案。这是新政时代最大胆而牵涉最广的一个法案。最高法院所持口实，责备工业复兴法案授权及于企业团体，殊与宪法精神不符。它说，政府机关本系中立，彼此再委托已属不可，私人企业之利害有关者而付托以拟订办法之权，自然更不许可。

最高法院在其他判例中，又曾许可委任立法。早在一八二五年马歇尔院长于魏曼判例中(Wayman V. Aouthard)，表示国会规定重要原则而授权其他机关规定详细办法是合理的举措。一八九二年，与另一判例中(Field V. Clark)，法院又承认授权总统便宜变动现行关税的法案有效。第二次世界大战时，委任立法极为普通，而联邦法院亦从没有否认它的效力。

因之，国会究竟能否以其立法权再委任其他机关，从过去的释例来看，并无一定标准，联邦法院常可作自由的解释。所以然者，国会有立法权的事项，许多是国会不能或无从详细规定其内容的。例如一八二五年发生问题的法律，乃因国会无从详细规定诉讼程序，故委托法院为之。而近代管理经济的法律，国会议员缺少专识，不能作详细的规定。故委任立法乃势所难免。禁止再委任不过普通法中的一项原则，宪法既未予明文接受，国会没有受其限制的理由。一般地说，法院如无其他理由，不会单独依据这个原则来宣判一个法律案违宪的。

2.13.2 参议院

美国国会，分参院及众院俩院。兹先说明参议院如后：

2.13.2.1 参议员

参院代表各州，州不问人口多寡，面积广狭，皆有参议员二人以为代表。现在美国共有五十州，故有一百位参议员。采联邦制的国家，地方单位皆抱猜忌之心。尤其弱小的单位，猜忌心更大，深怕加入联合体后自己会逐渐消灭。因之,联邦组织中心须有一机构能保持各地方的平等地位,使每一地方不但不感觉受到欺压,而且还觉得它能控制联邦的组织。美国的参议院,就是联邦政府中能发生这样作用的一个机构。

在起初,参议员由州议会间接选举。这一种间接选举的方式,亦使参议员受州的控制而更富州代表的色彩。惟第十七条修正案通过后,已以州为选举区,由州公民直接首选。在间接选举时代,参议员不仅受州议会的控制,往往亦为当魁所操纵,成为特殊利益的发言人。声名狼藉,常成为舆论批评及攻击的对象。第十七修正案的通过,不仅所以迎合民主的潮流,实亦所以纠正这个弊病。现在参议员既由州选民选出,代表的地域自较众议员为广大。

参议员任期六年,他们的当选资格,年龄须满三十岁,为美国公民满九年,其余别无教育财产等条件的限制。这样低的资格限制,一方面看出制宪者的民主修养,同时亦可看出制宪者并没有希望参院成为保守的上院。参议员每两年改选三分之一,一方面使议员有适当的新陈代谢,同时又能保持熟练的经验与老成的领导。在这个规定之下,每届众院改选,亦必有三分之一的参议员改选。

一般地说,参议员的素质相当优秀,在政界的声望,恒较众议员为高。多数参议员是州政党的巨头,在州内有极大的控制力。因之,参议员常有出马竞选总统或副总统的。杜鲁门、肯尼迪、尼克松、高华德以及约翰逊,皆是参议员出身,可为明证。由参议员而出任最高法院院长的亦颇不乏人。从这种种情形来看,可知参议院常为政治家汇集之所。而对政治有较大野心的人,莫不以参议员为重要的进身之阶。

2.13.2.2 参议院的特殊功能

参议院除一般的立法权之外,宪法又赋参议院以若干特殊的功能。其一为总统任命的同意权,其二为条约的参赞与通过权,其三为弹劾案的审判权。若干学者认为参院的这种特殊功能是它享有崇高地位的原因。不过一般的说,制宪者所以赋以这种特殊权力,因为参院乃小议会之故。成立联邦时期美国仅有十三个州,参议员不过二十六人。这样小的小团体，很适宜于参赞的工作。在当时制宪者的想象之中，总统别无内阁或专家委员会这类的顾问团体，又参院来作参赞，大可加强各州对行政的节制作用。不过参院成立之后，一直放弃它的参赞工作，所以参院两栖性的作用并不显著了。

参院的特殊功能，当然亦增加了参议员特殊的权力。以任命的同意权而论，他们没有因而干预总统的人事权、内阁阁员以及大法官等，总统的提名多数不会受到拒绝。但总统亦报之以礼貌，各州联邦官吏的任命，总是听该州参议员的推荐。

条约的批准权，使参院的外交委员会得参与外交的机密。美国的外交政策总是建立于两党的共同纲领之上，执政党甚少坚持一己的主张。是盖条约须得参院三分二的绝对多数通过，一党单独的政策很难满足这个条件。虽说外交未必皆须缔结条约，但执政者为求外交的顺利进行，参院的合作甚为重要。

关于参院审判弹劾案的权力，那是须在众院成立弹劾案之后进行的。参院不如英国的贵族院，并无法律贵族在内。惟美国国会精通法律的人才特别多，为一般国家议会之冠。参院之内亦然。所以参院组成法庭来审判被弹劾的人员，可谓胜任愉快。在过去的历史中，一位总统数位部长及法官曾被弹劾，参院审判时，未当以法理为重。议会究竟是政治的集会，即有精通法律的议员，法理亦无用武之地。

2.13.2.3　一般立法权

一般的立法权，参院堪与众院匹敌。财务立法宪法规定须先由众院提出，其余的法律案件两院的议员有同样的提案权。许多重要的法律案皆为参议员的提案，例如塔夫脱法案等，凡冠以参议员的大名者，都是先在参院提出及讨论的。就是财务立法——包括拨款案在内，参院的发言权及决定权还是很高的。众院虽独占提案权，但不得参院通过，即不能成立。预算案自众院送达参院后，参院的财务委员会往往大加删削，使其面目全非。参院通过财务委员会的修正案后，送回众院讨论，众院如能接受此修正案，则以修正案送总统公布，如不能接受，则两院召开联席委员会解决两院的歧见。

美国的制度，一般来说，使立法浪费了很多的时间。尤其预算案，总统于一月初提预算咨文，众院常须在五月甚至六月始告结束，参院再事推敲，年度开始时，往往尚未完成。总统于所提预算受众院打击后，尚可请参院援助，把减削的部分重行列入，这是美国制度的惟一长处。但使预算权分裂，预算局、众院及参院无一能有真正的控制作用，实为其最大的缺点。美国学者曾为辩护云：美国制度的优点在民主精神，它的预算制度亦然。它的预算，是在各方面表示意见以后决定的，不仅预算局众院及参院得参与其事，即要求拨款的各部，因拨款而受利的各企业，以及纳税人的代表，在两院委员会审查时亦得列席作证。也因为这个关系，美国的预算不致忽略任何有关方面的意见。这是它预算较为合理的主要原因。本文非专论预算制度的著作，略陈所见以为学者的参考。

参院对一般的立法的作用如此之大，自非其他国家的上院所可比拟。在上面所提及的各国宪法中，其立法机构皆采两院制，但没有一国两院真有平等地位，美国实为特殊的例子。在十八九世纪，政治学者多数赞同两院制。盖立法为国家大事，不能不以审慎的态度出之。两院分别讨论，则一院的热烈感情，可因另一院的考虑而冷却，感情用事的可能性就比较少了。无如二十世纪以来，一则政府争取行动的速度，二则避免两院因各怀成见而形成的僵局，对两院制类多有其修正。美国独能为中流砥柱，可算效能之至。但认真的说，美国亦有其争取立法速度之术。两院皆以委员会代全院大会，省却的时间不能算少。失于此者得于彼，与原来两院制的精神也很有出入了。

2.13.2.4　组织

参院的组织，虽亦有议长及委员会，与众院大同小异，但一般来说，参院因人数较少，全院会议的机会较多，每一议员对各种问题均能自由表示其意见，与众院之工作重心在委员会者不同。

参院以副总统为议长，这是宪法赋予副总统的一种任务。议长除主持会议外，在正反同票时得投票以解除僵局。他不得凭政党的作用控制会场，与众院议长的权力不能同日而语。除议长外，参议员又互选一位临时议长，于议长因故缺席时代行议长职务。当进行弹劾案而被弹劾者为总统时，议长回避，由最高法院院长支持。

参议院亦设许多常设委员会，惟一九四六年之后，已减少为十五个。在十五个委员会之中，财务、拨款、外交、司法、军事、国外及州际贸易六委员会最称重要。每位参议员只能担任其中之一的委员，但除此之外，还能在其他九委员会中兼任一个。委员会主席，由参院中两党党团分配决定，资深者优先。资深优先纯系政党政治所造成的传统，并非法律的规定。但两党恪守不渝，有时且发生很不好的后果。第一次世纪大战时，史顿(Stone)参议员因资深任外交委员会主席，但他同时是著名的亲德派领袖。第二次世界大战时，雷若尔(Reynolds)参议员又因资深而任军事委员会主席，他是纳粹主义的同情者，对租借法案及禁运案阻挠不遗余力。这两位人士，如无资深的条件，很难在战时担任委员会主席，亦很难发生那样大的作用。

参议院之内也有党团的活动，一般地说，民主党者较共和党的为强，两党党团均选出自己的议场领袖(Floor Leaders)，政策委员会及选任委员会等。民主党于一九〇三年规定经党团三分二绝对多数决议的政策，民主党参议员须采一致行动，违者开除党籍。一九三三年为支持罗斯福总统，又规定总统的主张而为党团多数接受者，民主党参议员不得持反对言论。共和党独立作风较甚，地方的观念重于党的立场，党纪没有这样严明，这亦许是共和党长久在野所造成的倾向。

2.13.3 众议院

众议员一向直接民选，故众院不仅代表人民，而且是两院中更具民主基础的一院。

2.13.3.1 众议员

众议员的名额宪法中并未确定，仅为每三万人选一人，按各州的人口分配。总人口的增加固增加众议员的人数，而各州人口的变动，亦可影响各州的分配名额。在制宪当年，人口二字因奴隶问题很引起争论。奴隶无选举权，故北方认为不应计入人口之内。而南方则认为有意减少他们的众议员名额，很不公平。最后折中，非自由民的人口以五分之三计算。其后十五修正案规定不得因种族肤色剥夺人民的公民权，黑人皆为自由民，人口的解释自不再发生疑义。其次，以三万人为选举商数，以后事实上不能维持。盖美国人口自四百万人激进为今日之一亿数千万，势非提高商数不可。一九二九年的法律，规定总众议员名额为四百三十五人，其商数依据人口总数除四三五得之。

因上述人口分配名额的规定，宪法规定每十年一次的人口总数调查，这是众议员选举所加于联邦政府的特殊负担，美国因之最早有正确的人口统计。人口总调查之后，第一步即重新分配各州应得的名额，第二步是各州依其应得名额重新划分众议员选举区。是以众议员选举区并不固定，与州的行政区划并无关联。操纵州议会的政党，常以不规则割裂的方式使反对党之势力集中于少数选举区之内，这是美国划分众议员选举区时可能发生的弊病。

众议员选举的投票资格，宪法仅规定须具有各该州州众议员选举人的资格，缺少统一的标准。所以然者，良因独立初期各州对公民权的看法颇不一致，对此作统一规定势将引起难以解决的纠纷，从现在来说，各州大体一律。

众议员的当选资格，较参议员为低，年满二十五岁以上，而居住美国满七年之公民，其当选即为有效。每当众议院集会之初，须组织资格审查委员会，所有的选举纠纷，由这个委员会来作解决。众议院偶尔有在宪法规定之外另作资格限制者，例如多妻主义的教徒，某种激烈思想的教徒。亦曾谋拒之于议会之外，不过这类举动极为少见。

众议员任期二年，每逢双年改选。不过连任并无限制，以是众院中资深的众议员一向不在少数。

众议员原定于当选后（十一月举行）次年之三月就职，而每年会期，则于十二月的第一个星期一开始。因此新当选的众议员，要在一年以后才参加会议，而落选的众议员，却仍为人民的代表。这种不合理的现象，至第二十修正案而始于纠正。现在众议员选举于双年的十一月举行，翌年一月就职，会期亦于同时开始。

2.13.3.2 众院的地位

在制宪人的心目中，因为众院更具民主的基础，自然极予重视。征税案须由众院提议，实即表示了制宪者重视众院的心理。十八世纪末叶，征税为代议机关最重要的一项权力，已如前述。众院对此有优先权。足证众院地位亦优于参院。在开国初期，众院人多势众，于国会的总统的提名预备会议中更占压倒优势，故众议员亦确为政治领袖们最欲争取的名位。不过好景不长，自政党以代表大会替代提名预备会以后，众院就失去此种优势。而自参议员改为直接选举以后，它又失去了惟一的人民代表机关的资格。它的声望，似乎在降落之中。

众院与参院相较，它有几个不利的形势。其一，它人数众多，大会讨论的作用日形减少，由是它对公众的吸引力渐小。议员在议场中的重要发言，报纸每载为头条新闻，而委员会所采行动，缺少这种轰动的力量。其二，众议员任期较短，政治领袖每无意角逐，而参议员任期六年，为美国选举职任期最长的一种，自然能刺激政治领袖们的兴趣。我们不能说众议员中没有第一流的领袖，但是有的话，年龄一定比较轻些，在他们资望培养好以后，总想竞争另一院的宝座。其三，众议员选举时的地域不很固定，因之这一级的党部，仅与众议员选举有关，缺少基层的群众。由是众议员在党里面的地位，也不能与参议员相比。

众议员的待遇，虽略逊于参议员，但相去不多。他们已自开国初期每日出席费而调整为一九四六年的年俸一万二千五百元。另外还有聘请书记的费用一万二千五百元及其他邮费电话费等优待，较一般国家的人民代表已较丰厚。他们又享有豁免权，例如他们在院内的言论对外不负责任，非得议会的允许，他们不受逮捕，与参议员同。所以从待遇来说，众议员与参议员是很为相同的。

2.13.3.3 组织

众院任用若干议员，例如书记速记牧师警卫长门丁收发以及其他次要的议员。这许多议员的任用，均为众院多数党的特权。

宪法规定众院以大会为决议机构，而大会开会，须以过半数议员的出席为法定人数。开国初年，众议员仅五十六人，虽较参院为多，但过半数仅二十九人而已，不算是困难的条件。现在已激增为四百三十五人，过半数为二百十八人，困难较多。而且立法虽说是国家的大事，但讨论的过程中，许多人拖泥带水的马拉松演说也很难强聒以为听。尤其院内的党团作用日见严密，讨论长成形式，更难吸引多数人的参加。这是近代议会政治的最大问题，原非制宪者始料所及。近代议会为适应此种趋势，莫不降低其法定人数，例如英国平民院为四十人，加拿大下院为二十人，澳洲联邦的下院为三分一议员的出席。美国独由宪法规定为过半数的出席，使它不得不把讨论的工作实成常设委员会进行，而大会只作例行的表决。

话虽如此，大会的议长依然为众院最重要的职位，议长必然为众院多数党的领袖。每当众院集会之日，举一位最资深的议员为临时主席，进行议长的选举。事实上多数党早已推定人选，由是一人提议而其他人高声欢呼，议长乃告产生。议长当选后并不像英国那样退出党团活动，他仍积极领导党团以维护党的利益。一九一〇年之前，他一个人决定大会的议事日程，并亦决定各委员会的名单，可以说是众议院的霸主。一九一〇年的改革，使议长失去这两项特权。不过议长还是美国政坛中极有声势的人，他在讨论时能发言，他的意见经常最受舆论注意，而且也最为受同党议员所拥护。

上文已经说过，众院的重要工作不在大会进行。十九个常设委员会，才真正决定法案的命运。一九四六年之前，委员会不下五十，经合并后仍在一打以上，而且每个委员会又分若干小组委员会。委员会之多，众院首屈一指。委员过多，对立法会引起很多的流弊，最显著的是法案之间缺少协调。委员会，甚至小组委员会，皆各自为政，很少顾到其他委员会的行动，由是外交委员会所赞同的援外计划，拨款委员会亦许减削其所需经费，使政策的执行人有无所适从之苦。

委员会之所以繁兴，上文业已说过，由于大会的不能长期进行。现在的大会，等于是听取各委员会的报告而循例通过，故委员会的重要性乃日见增加。委员既成为立法的主体，委员会自然就各自发展其传统，对其他委员会的不同观点，每视为侵犯了它的职权。这是政治机构发展的自然趋势。在现有的情况中，法案由议员提出而在众院登记以后，其命运即操诸委员会之手。委员会如否决而不予报告，大会甚至还不知道有这样的提案。委员会的专断如此，如何会与其他委员会合作？

当然，美国的委员会制有其民主的一面。委员会的决定，多数依赖公讯中 Public Hearing 所得的资料。所谓公讯，乃委员会听取与法案有关的各方面人士的意见。美国议会中盛行压力团体的活动，学者们认为这种压力团体形成议会走廊中的第三院，对立法大有作用。实者这种压力团体是纳入制度之中的，各企业则利用律师或专家为他们陈情，政府机关则由公共关系人士说项，纷纷向委员会说明赞同或反对或修正的意见。所以委员会对众院虽极似专断，但所有的决定都是舆论的反应。

多数国家的议会均利用委员会制，其中似以丹麦的最为合理。丹麦的情形，议会两院分别开会，而委员会则联合举行。委员会的数目只有四个，分工不细，所以每个委员会都能知道些全部立法的情形，不至过分的各自为政。经委员会通过的提案，在两院讨论时不致受太大的阻挠，但两院亦没有完全受委员会的操纵，在这种分工合作的方式之下，议会的功能既没有完全由委员会替代，而委员会又能节省大会的时间。美国因立法工作过于繁重，自不易采取丹麦的方式。

2.13.4 国会发展的趋势

美国国会今天发展的情形，有许多是在制宪者想象之外的。

2.13.4.1 国会与总统权力的消长

美国宪法详定国会的权力，原期国会成为联邦政府的中心。但政府的功能，必待行政而始愿，这是种必然的现象。不论采取哪种制度，行政机关终将最受重视。尤其在行动的时代，行政权更易趋于国会之上。宪法赋总统以督察联邦行政及忠实执行法律之权，宪法学者认为只此一项，已可演化为各种庞大无比的权力，实非虚语。行政权是种动态的作用，法律无论怎样为之划定疆界，在实际需要中必然一再引申而成为原起草人不能想象的东西。在行政权引申的过程中，国会权相对的就会显得降落。美国史中扩大行政权的三位总统——林肯、威尔逊与罗斯福，都是在实际需要中引申的。以往研究美国政府的人，常说国会是不甘雌伏的。行动的需要一旦解除，国会一定重整旗鼓，以与总统对垒。林肯总统的后继人，深受国会的阻挠，而威尔逊总统则于最后两年大受国会的打击。盖国会为国家的利益，虽不得不暂时作广泛的授权，事后绝不肯再事放纵，以降低自己的地位。这种推论似只能用之于林肯及威尔逊的时代，第二次世界大战之后，国会未尝能重为主妇，依旧在受总统的领导，这亦许因五十年代的国际政治一直动荡不安，联邦政府经常有行动的需要，故总统的领导权始终不衰。不过这种形势既经造成而又长久保持之后，是否尚能恢复原状，实在是很有问题的。

总统的领导地位加强之后，政党的桥梁作用亦随之而加强，而舆论的注意力，亦自国会而转向白宫。这种种的转变，都是水涨船高的自然状态，研究制度及宪法的人甚至还没有觉察。而这种转变，造成总统与国会之间的新均势，再欲加以改变，就相当困难了。说现实一些，美国国会与总统之间的均势，实因国会领袖政党意思的强烈与否为转移。国会领袖自恃其地方巨头的身份，则国会加于总统的负担甚重，而立法权的作用亦日趋活跃。国会领袖如自愿为联邦政党中的一分子，应受全国领袖的领导，则总统的领导权提高。目前的各种客观环境，使总统最少成为执政党全国的领袖，而且国会领袖亦深具同感，国会自然处处以配合总统的行动为务了。

2.13.4.2　国会立法工作的分析

总统领导权的提高，所以会影响国会的地位，无非因行政须以立法为基础。总统于推行新的政策之际，必须要求国会作立法上的配合。罗斯福新政时代，国会如不通过工业复兴法案农业复兴法案之类的法律，总统当会有缚手缚脚之感。国会中民主党的党团由是决议凡总统的主张而经党团接受者，民主党议员反对者视为违反纪律。这才使总统畅行其志。

国会的立法，大别之可分三类。其一为政策性的法律；其二为预算案；其三为私案。政策性的法律，与行政部门的施政有关，虽亦有由在野党或议员私人提出者，如有关工会的塔夫脱法案，惟多数为总统的主张而经政府党议员提出者。这类性质的法律案，在其他国家皆由行政首长直接提出，美国则尚须如能同时在国会中占据多数，可以说顺利无比。至于预算案，其编制权已掌握于预算局之手，而预算局是直接隶属于总统的。预算案提出于众院之后，可能会有相当重要的改变；经众院议决而送达参院之后，可能又会受第二度的重要改变。这种种情形，在上文已有说明。预算案的控制，可以说是今日国会对总统的最大控制。但总统因掌握编制权，最少有一半的决定作用。最后说到私案，数量不能说少，惟缺少重要的意见，那是由国会自己决定的。

上述意见，自然亦不能过于强调。美国既无中央集权的政党，国会领袖又各受其选举区的压力，总统的意见不常为国会所尊重。更重要的一点，国会议员均凭独立的地位以为要求他人合作的资本，非他人所易影响。这都在政党一章中详为说明，不必质述。议员们既各自独立，国会在立法方面的独立地位自然亦因之而增加。最低限度，美国的国会非英国的平民院可比。英国的制度虽以议会政府名，但议会的地位实已居于次要地位，美国虽以总统制名，而国会常可与总统抗衡。名实不符，莫此为甚。

2.13.4.3　**国会与舆论**

一般议会均称为民意的代表机关，但于民意反应之迅速，似乎都不能与美国的相比。这亦许与美国大众传播事业特别发达有关，但最主要的，应与议员任期较短有密切的关系。议员而不须回选举区，议员是不会关心民意的。美国议会不仅须回选举区，而且众议员两年得回乡一次，参议员每两年亦有三分之一重要选，对民意自然不能漠不关心。美国议员与英国议员又有不同，政党对他们的帮助少而又少，全恃议员自力更生，这对于党纪是种很大的打击，惟于议员之必须时刻注意民情来说是很有益处的。

一九三七年,罗斯福建议改革联邦最高法院,以便利新政的推行。讨论这个法案时,民间抗议的信件雪片飞来,同情罗斯福政策的人也就噤若寒蝉了。总统当选的初期,国会与总统之间例有一蜜月时间,这也是国会尊重民意的表示。当选的时期,总统新受人民付托,国会对他的尊重,就是对民意的尊重。两年之后,政府当如在选举中受挫,那表示人民对总统的施政不甚满意,国会既不能像从前那样恭顺。

总之,议员有各种主观及客观的理由,对民意的反应极为灵敏。国会的尊重民意,有其优点,亦有其缺点。自其优点而言,国会立法能顺应民情,使立法为人民所欢迎,国家的政治乃日益民主。自其缺点而言,各种团体皆组织民意以影响国会,各团体的力量如果不很均衡,国会也会因之而失去公正的立场。美国是民间团体很为发达的国家,企业界的联合与工人的联合堪称势均力敌,故没有发生流弊。如在其他国家,所谓舆论的压力,可能变成强有力者去支配国会了。

2.13.4.4　国会与民主

在上文的各种说明中,表示二十世纪的国会的地位似在衰落之中。二十世纪为行动的时代,讨论的机关总因之相形见绌。不过到现在为止,美国国会依旧是民主的堡垒,在联邦政治中所能发挥的作用是不可厚非的。它对总统以及行政的节制,仍以预算的控制为最主要的手段。总统藉预算局之助,虽已较有统筹财政之权,但除战时外,国会从没有完全接受预算局所编制的概算。而预算的变更,政策自然也会随之而变更。不问外交上的援助政策或军备的扩建政策,经费减削之后绝不能照按原计划进行了。国会对预算的控制,可受批评之处很多,诸如互惠立法及上文所列举的各种缺点,但在这许多弊病之外,仍有其最宝贵的贡献在。行政当局深知国会对预算的态度,因而从没有敢任意支配财务。一切机关的用度,不得不依据预算法案而为支出。国会在这方面所发挥的功能,足可弥补它所有的缺点。

在讨论政党的一章中,我人已详述国会议员未必完全依据政党的立场投票。这种情形,从立法效率的观点来说是有其缺点的,但同时亦使执政党对它毫无控制的把握。美国国会所表现的独立立场，在近代国家中是鲜有其匹的。

本节参考书

H. Walker：Law Making in the United States，1934

L. Rogers：The American Senate，1926

M. E. Dimock：Congressional Investigating Committees，1929

E. E. Deonison：The Senate Foreign Relations Committee，1942

W. F. Willoughby：Principles of Legislative Organization and Administration，1934

2.14 司法权与联邦最高法院

2.14.1 独立的司法权

美国普遍被称为三权分立的国家。在三权分立的原则之下，司法权应具独立地位，并与其他两权发生制衡作用。但司法机关的设立以及法官的任用，往往受制于立法权与行政权，它的所谓独立，究竟指的什么？

联邦的司法机关，包括最高法院、上诉法院以及地方法院（District Court）三级。其中仅最高法院见于宪法，其余皆根据第三条第一节国会随时制定并设立低级法院一语而产生。其实就是最高法院、大法官的人数以及待遇等，宪法皆略而不谈，完全由制定法为之规定。可见就是最高法院，多数问题皆有待国会为之决定。至于低级法院，更不消说，即设立的决定权亦掌握在国会手中。至于法官的任用，不问等级，宪法中皆规定由总统商得参院的同意后任命之。从这种种情形来看，联邦各级法院的地位，与一般国家的法院相同，没有值得特别提及的所谓独立的身份。

联邦宪法曾提到法官的职位及薪给的保障，那也是第三条第一节中所规定的。其一，法官如恪尽职守，得终身任职。其二，法官得按期收受薪俸，作为服务的报酬，俸给数额，在任期内不得减少。这两种保障，在一般国家的宪法或法院组织法最少在形式上都会有同样的规定，也没有特别值得称许的地方。法官的终身职，在“恪尽厥职”(During Good Behavior)的条件下始获保障，而“恪尽厥职”一词，当然可以作多方面的解释，在不良政治风气下，甚至以服从上级命令为恪尽厥职的条件，那司法独立的精神不知要从何说起了。

联邦最高法院在解释它工作的性质时，常常谨慎地指出它对行政权及立法权，实际上没有强制的可能。在密西西比一案(Mississippi Johnson，1867)中最高法院自问：“国会如通过一违宪的法律，最高法院能否颁发禁令(Injunction)，要求总统不执行该一法律?”它答复说不能。因为总统如拒绝接受禁令，法院无疑地即无能自己执行。如果总统接受法院的禁令，总统与国会之间可能因之而引起冲突，国会可能因之而弹劾总统。在这种情形之下，法院能否发出禁令，要求参院不作弹劾案的裁决？当然又是不能。故法院而对总统或国会发出禁令，将造成最可笑的境况！塔夫脱院长于克罗斯曼(Eckarte Cro-ssmaun，1925)一案中曾云：三权分立并不是三权互不依赖。就司法权而言，诚如一般人所说的，它是三权中最弱的一环，不是其他两权的合作，它不能完成它的任务。克林斯曼的案情如下：克林斯曼犯藐视法庭罪而被处徒刑一年，并科罚金千元。总统认可其罚金而赦免其徒刑，地方法院法官拒绝释放，因总统只能赦免触犯联邦法的罪行，而克林斯曼所犯者为藐视法庭罪，总统如予赦罪，将影响司法的独立地位。最高法院说司法独立不能这样解释，宪法规定除弹劾案外，总统可赦免一切触犯联邦法的罪犯。赦免权之设立，即为救济刑罚的过当。藐视法庭罪不经陪审而法官又易于矜持司法的尊严，因之而处罚过当，总统自然可以运用他对藐视法庭罪的赦免权的。

从上述判例中，可见最高法院对于司法独立的概念是非常持平的。它不主张司法人员神圣不可侵犯，它并进一步要求司法从业人员对行政与立法抱赤诚合作的态度。以后我们还要提到，最高法院虽常审核国会所适过的法律，但在基本态度上，以尊重国会为前提，故对国会立法绝不吹毛求疵。不是明显的违背宪法精神，它绝不宣判法律无效。

美国的司法权，于严格的自律之下发挥独立的精神，这是我人对它三权分立制首先应该有的认识。联邦全部的法官，并没有超过四百人，它没有因为司法独立之故而要求扩大其编制。它所重视的是审判的独立，它甚至要求法官勿受骚动的舆论的影响，它认为受舆论威胁即有失公平审判的宗旨，这种判决是应予撤销的。

2.14.2 联邦法院的组织

上文已经说过，联邦法院分三级，最高法院为宪法所规定者，它是本章所欲说明的主要对象。而上诉法院及地方法院，乃国会通过法律后增设的。

地方法院：地方法院级位最低，人口少的州，一州只有一个地方法院；人口多的大州，可以有几个地方法院。现全美共设八十六个地方法院。除州之外，在波多黎各及哥伦比亚特区，亦各设一地方法院，并在关岛、巴拿马运河区及维尔京群岛设类似而地位略逊的地方法院。除最高法院有原始审判权者外，一切触犯联邦法的案件皆归地方法院初审。地方法院法官自一人至十八人不等。每个地方法院，工作多数极为繁重。

上诉法院：上诉法院现设十一所，因之几个州始有一个上诉法院。上诉法院法官三人至九人不等，审判时以二人合审为原则。上诉法院采巡回制，因为辖区既广，法官又少，只有在巡回的方式之下始能便利人民的诉讼。在最早的时候，大法官还得兼巡回的上诉法官，现在因最高法院本身的工作已很繁重，不能再兼上诉法院的工作了。上诉法院受理不服地方法院判决的上诉案件。

最高法院：最高法院的各方面均须作较详细的说明，兹先述其管辖范围。最高法院享有若干原始的管辖权，凡以大使、公使、领事及州为当事人的案件，直接由最高法院受理。不过这类案件为数甚少，因为大使公使及领事皆享豁免权，事实上很少讼案。除这少数原始管辖的案件外，其余它所受理的均为上诉案件。上诉案可能来自州法院。那一类的案件州法院已作最后的判决，惟因该判决认定某些条约的或联邦法违宪而否定其效力者，或对州法律是否违宪发生争议而州法院承认其效力者，当事人不服，得上诉于最高法院。上诉案亦可能来自联邦的低级法院，地方法院的案件，其性质特别重要者，得不经上诉法院而直接上诉于最高法院。所谓特别重要以下列各种情形为限：(一)地方法院判决国会所通过的法律违宪者；(二)地方法院否定联邦所提起的刑事控诉者；(三)地方法院对联邦所提出要求执行反托拉斯法州际贸易法州际交通法而已作判决者；(四)地方法院颁发禁令(Injunction)或拒绝颁发禁令的案件，这一类案件，都是对联邦法州际贸易委员会及联邦商业委员会的命令发生问题，是以最高法院应为迅速处理。就上述情形来看，最高法院受理的案件可能很多。但事实上却很有限制，国会曾通过法律，允许最高法院对上诉案有充分的自由裁量权，大法官们认为缺少重要联邦性的问题(Want of Substantial Federal Question)最高法院得便宜行事。近年度中，五十件上诉案中有三十七件经最高法院于会议后宣布其缺少重要联邦性的问题而未作判决。

在联邦低级法院中，尚有联邦特设法庭(Federal Legislative Court)如租税之有税务法庭，赔偿之有赔偿法庭(Court of Claims)，名目很多，这类法庭皆有其特殊的管辖对象，且亦不常涉及宪法问题，故不在正常的司法系统之中，其法官且不受宪法所规定的任期保障与薪给保障。惟这类法庭的案件而牵涉重要联邦性问题者，当事人亦得上诉于最高法院。

除受理最后上诉案件外，最高法院又可采用其他方式来作审判。其一为调卷复核(Writ of Certioras)。所谓调卷，由当事人申请，得大法官最少四人的同意为之。这类案件，本不得上诉，除非牵涉重要的宪法原则，最高法院通常不会允准调卷。其二为低级法院请求作确定解释(Certification)。这须在处理案件遇有宪法解释的疑难时始可为之，当事人不得为确定解释的申请。调卷复核与确定解释，这都是不常采用的方式。但在宪法事例中，不少重要原则是这类案件所产生的。

其次，略述最高法院的人事。

院长及大法官：美国司法独立精神得以有优越的表现，最高法院的功绩不可磨灭。而最高法院所以有崇高地位，又以大法官们传诵一时的判例为之关键。马歇尔院长一八〇三年的判例，奠定了最高法院有宣判违宪法无效之权的基础。从这个例子，已可看出大法官们卓越的才华对法院地位的关系是怎样的重要了。

最高法院置院长一人，同僚大法官(Associate Judges)八人，这是一八六六年以来确定而没有变动过的编制。在这以前，编制常变，最少仅五人(一八〇一年)，最多十人(一八六三年)。可见大法官员额，国会常视需要而可以增损的。大法官由总统商获参院同意后任命之；而其去职，须众院过半数的决议，参院三分之二的裁可，所以没有成立弹劾案。院长与大法官既皆由总统任命，所以人选的抉择常含有政治的意义。马歇尔院长的任命，即因联邦派欲借重他的才能来抵制州权主义的过分扩张。很少总统任命异党的人为大法官，而参院司法委员会审议大法官资格时也着重于政党的立场以及政治的观点。艾森豪威尔总统任命华伦(Earl Warren)为院长时，因民主党的长久执政，共和党分子已二十年没有进入最高法院了，院长及大法官的任命既重政治立场，所以他们虽有若干司法的经验，但都不是久任的法官，也很少是法学方面的权威。他们多数是很活跃的政治人物。州长、参议员、国务卿，以及卸任的总统，常有充任院长或大法官的机会。这许多政治人物被任命为大法官以后，居然没有破坏司法独立的传统，这不能不说是件幸事。亦许因为美国的所谓政党立场(Partisanship)不是种褊狭的成见，所以他们对宪法问题表示意见时，仍不乏持平之论。

若干学者甚至说：大法官们政治性的任命，对提高最高法院的地位很有助益。联邦最高法院不很重视琐碎的细节,每能从大处立论。因之,在他的解释之下,宪法乃能随时代而日新,不拘泥于小节,这是普通的法律训练之下不容易培养出了的素质。大法官们因出身政治,所以才能有那样深的眼光。这种说法是否正确,必须在更详细的分析与研究之后始能证实,此间不欲深究。不过有一点是很明显的,大法官们因深具政治经验,对施政的实际困难每多同情了解。塔夫脱于审议任期法时,深感它会影响总统的行政监督权。因之,宪法即以行政权赋总统,他的免职权就不能受国会的限制。塔夫脱与威尔逊属不同的政党,所以他没有偏袒威尔逊总统的意思。不过于他自己的政治经验中,了解到没有免职权的首长是无法指挥他的僚属的。他从这种角度来解释行政监督权意义,自然就抱着广义解释的态度。又如马歇尔院长虽为著名的联邦派人物,但他解释修正案第一条时,却说州立法并不受它的限制,因为他知道第一至第十修正案为一般人恐惧联邦立法侵犯个人自由与权力而订立,至于各州,已由州宪法规定人权宪章,故不在修正案限制之列。

上述的许多事实,均说明政治性的任命,未当影响最高法院独立的地位。这亦许与任期保障与薪给保障的制度有关的。院长与大法官依据宪法的规定,在忠诚服务的条件下为永久职。实际的情形,他们非经国会弹劾成立,不得免职,故大法官都能久于其位。马歇尔连续任院长三十五年,但尼任院长二十八年,霍姆斯任大法官二十年,史东任大法官及院长前后二十余年,都是明显的例子。七十岁之后,他们可以退休,并获退休金的待遇,无怪他们对党争与政治恩怨都无甚兴趣了。复其次可一述最高法院处理案件的程序,它每年度的庭期于十月的第一个星期一开始,自此即接受各种案件,到翌年六月停止。七月至九月为大法官们的假期,非遇特殊重要的案件,院长不召集会议。上述案件须由上诉人具呈四十份节略,说明上诉要旨、事实,及原判中所采用的法条及法理等。法院书记视节略的性质分别登入上诉类原管辖类或其他类,而后分送大法官及大法官的助手们,经他们详细研究后,乃决定是否尚须举行庭讯。庭讯时无须全体大法官出席,澄清原未注意的各项要点。经过研究及庭讯后，院长乃召开会议，院长作简略报告，有时亦说明他处理案件的意见，而后逐一按资深的程度询问各人的意见。会议是秘密而自由的，院长从表示其个人的意见，对大法官们没有约束力。各人均表示过意见后，乃进行投票。投票的次序与发言次序相反，资历最浅者先投，资深者在后。开票结果，多数派意见为法院的意见，而后休会。休会期间，事实上是大法官撰写判决书的时期，故会议之后，常须休会两星期。会议日的晚上，院长致送各大法官以备忘录，并在备忘录中，分配各人的工作，何人主稿判决书主文，何人主稿补充意见，何人主稿反对派意见（Dissenting opinion），每人所撰文稿皆分送其他大法官传阅，以免重复，休会期满后星期一，最高法院宣读其判决书。

最高法院的判决书，通常包括主文、补充意见及反对派意见三个部分，这是美国特有的例子。主稿补充意见的人，其结论虽与多数派同，但导致此结论所持的法理都有异于主文。主稿少数派意见的人，所持结论不同于多数派，故亦称反对意见。在法院判决书中容许这许多分歧的立场，这充分表现了美国人的自由精神。对研究政治及法理的人来说，补充意见与反对意见可能是更有兴趣的研究对象。因为这类意见或则表示了政党不同立场，或则指示了社会活动的新方向，往往是了解动态政治的有力资料。若干年之前的反对意见，亦许就是今天多数派的主张，这又表示了法理学发展的新趋势。

最高法院的会议虽由院长召集及主持，但院长并无任何特殊的地位，他的意见不能约束任何人，而且也只有一票的投票权。因之，院长也常会属于少数派方面。院长意见属少数派时，多数派中最资深的大法官执笔草拟判决书。院长意见如属多数派，他有权指定一人执笔，遇有重要的案件，他亦自己执笔。

院长的投票权虽与其他大法官同，但他的行政权则高于其他大法官。他任命最高法院的职员，他召集并主持会议。在国家的荣誉地位，他仅次于总统，而高于众院议长及参院临时议长。一位优秀的院长，经常能得到同僚的尊敬。著名的院长常常是美国的历史人物。马歇尔名垂不朽，不因为他是亚当斯总统的国务卿，而因为他是杰出的院长。林肯总统时代，但尼院长（Roger B. Tacey，1836—1864）为维护人权而所作奋斗，也是美国人喜欢提到的史绩。大法官之中，也有不少著名人物，霍姆斯、白兰第（Louis D. Brandeis，1916—1939），皆曾以其进步的思想转变宪法的意义。

2.14.3　最高法院与宪法解释

上文曾一再强调宪法解释对宪法成长负有极重要的使命。这个制度，实际源于美国，而到现在为止，运用纯熟而且能发生极佳效果者，很少国家能与之齐步。宪法的意义，原所以保持制度上的传统，故其流弊，可能因之而阻止进步。宪法的正当解释，使宪法中的传统随时代而生长，由是宪法虽未领导进步，却亦没有阻止进步。但正常解释不是很容易的事情。多数法学者，很容易如马歇尔院长所说的，抱了一部字典来解释宪法，由是使宪法精神僵化，宪法再亦不能适应时代，以致宪法时刻需要修正。但过分的想当然尔，宪法的涵义是活动了，而宪法亦再不能有保持传统的作用。美国的宪法解释，常能得乎其中，因之常能发生最佳效果，美国人之富有政治艺术，这种地方是他们的重要表现。

美国宪法虽欲建立三权分立的原则，但于司法权的功能，实未尝作明确的规定，只是简单的说"司法权属最高法院及国会随时制定并设立低级法院"。司法权指什么？最高法院如何来运用这个司法权，完全留待将来的国会制定法及法院的判例为之说明。

司法权通常均包含解释宪法的作用。但所谓解释，多数仅限于条文有疑义时始于运用。美国于一八〇三年马歇尔院长的判例中，因宪法的解释而进一步宣判违宪的法律案无效，这才建立了解释权的新意义，由是美国遂以司法审评制（Judicial Review）闻名于世界。从此以后，最高法院经常依据宪法而审查和评论国会所通过的法律，究竟它们曾否背离宪法的精神？如果发现法律与宪法的精神不符，它们说这种法律是无效的。十九世纪初期，英国正盛行议会主权的学说，而模仿英制者也多数宗奉这个学说。它们都觉得马歇尔所采手段十分新奇，而且也过于大胆，司法权是不能有这样作用的。

美国名宪法学者如柯文(Corvin)及比尔德(Charles A. Beard)等都说制宪者当时本有这个意思，他们并引联邦通讯七十八号汉密尔顿的论文以为证实。我人无意替司法审评制作考据的工作，我人只想说明此一制度所产生的实际结果。

在司法审评制初创的时代，只觉得最高法院有卫护宪法之责，使国会的立法不致任意去破坏宪法的精神。这在美国，多数人觉得是很为需要的。美国的联邦权皆为授予权，国会如超越其权限，未免要侵入州权的界限。且宪法又曾明白禁止国会运用某些权力，如无司法权为之监护，这一种禁止就没有任何意义了。美国因有这种种特殊的国情，司法审评制很容易得到州及人民的同情与支持，不过自马歇尔创立先例以来，最高法院宣判了近八十件联邦法无效，而州法律被宣判无效的数量，远超过这个数目。所以霍姆斯大法官说过：最高法院如无宣判国会制订法无效之权，美国联邦仍能保存；如无宣判州法无效之权，美国联邦就很有破裂的可能了。可见监护宪法精神的结果，所以保障联邦权者较多，所以保障州权者较少。

最高法院在作司法审评的时候，许多时候也在创造新的宪法原则。这是司法解释权容易产生的结果。在英国，法官有接受制定法的义务，但因有解释法律之权，已有法官造法的现象。美国最高法院的宪法解释权，远较英国法院为大，所以造法甚至造宪的机会，自然亦较英国为多。我人于讨论美国宪法的一章中，曾提到联邦权的得以扩大，最高法院所创立的“应为包含的权力”(Implied Powers)的原则贡献最大，大法官胡骑士(Charles E. Hugnes)也说：法院使宪法精神与国家成长的情形相配合，远较其宣判违宪法无效的权力为重要。

上述几种作用，诸如宣判违宪的联邦法无效；宣判违宪的州法律无效；以及活动的解释宪法使之能配合国家发展的环境，都是司法审评制可以发生的作用。它们之间，究竟哪一种最为重要，见仁见智，自然各人可以有不同的见解。最高法院因有这样重要的作用，所以最高法院在三权中地位并不最弱。而有的人甚至认为美国的宪法只是大法官心目中所承认的东西而已。

不过实在地说，最高法院解释宪法常常依据客观的立场。十九世纪前期，大法官们常找寻制宪者的意思去解释宪法。因之，联邦通讯(The Federalist)等著名文献常被引用。这个方法，很容易取信于人，因为这不是大法官们主观的偏见，而是制宪者笔下的记载。但这个方法不易使宪法随时代而进步。尤其有关联邦权的解释，制宪者根本没有想象到近代所发生的事情。例如空中可以有飞机，在以前是不可思议的，那么他们所说军事权是否应该包括空军的统率权在内？在这种地方，如必以制宪者的意见为意见，宪法的解释就异常困难了。由是大法官们又采取了合理的原则来解释宪法，这是他们扩大宪法精神最重要的武器。州际贸易管理应包含州际交通的管理在内，就是在合理的原则之下，演绎出来的结论，平心而论，在有火车与轮船等交通工具之后，不得管理交通而欲管理州际贸易是不可能的。尤其管理州际贸易之目的原在防止各州商业上的互相排斥，那交通如在管理的范围之外，各州运输价格的上下即可形成互相的歧视与互相的排斥。以是州际交通的管理虽不在宪法的文字规定之内，但合理的说，必须包括于州际贸易管理权之中。从采取合理的原则以后，宪法的解释活动得多了。二十世纪以来，大法官们于若干困难的案件中又常创造其他新的特殊原则，这上文在讨论美国宪法时已有提及。宪法保障言论自由及集合自由等权利，而战时以及东西“冷战”时事实上又必予以若干限制。限制言论自由的许多法律，人民如感觉其违宪而发生争诉时，最高法院究竟应该采取什么态度？宪法所说的“不经正当法律手续”的含义究竟如何？在解释这类问题的时候，霍姆斯认为有“立刻而明显的危险”而予以限制时无背于宪法的精神，文森院长则说有“可能的危险”时即可予以限制。

2.14.4 最高法院的自律原则

最高法院在美人的心目中，地位固极崇高，惟其所在职司为监护宪法及解释宪法，对总统及国会常增加他与他们行动的困难，所以很容易形成不愉快的局面。罗斯福总统的新政，若干政策所依据的法律案被判违宪，使罗斯福甚至要求修改最高法院的组织法。杜鲁门总统接管钢铁工厂的命令，最高法院因其未经国会授权而宣告无效。在那个案件中，最高法院固认为接管是部长的行动，它宣判命令无效并没有损害到总统的尊严，但事实当然打击了总统的决策。又如林肯总统时代，但尼院长因总统停止人身出庭状而愤然提备忘录，要求总统不忘就职时忠于美国宪法的誓言。这一类的例子很多，真是不能尽书。最高法院的任务既如此艰巨，大法官们周旋于国会与总统之间，殊亦不易。他们不能任情表示其批评的态度，更不能置身于四战之境。马歇尔一八〇三年的判例，亦许可以再度引用，以说明院长与大法官们必须具有的机智。一八〇三年的案件，乃亚当斯落选以后，于其未卸任时要求国会通过法律，设置哥伦比亚区和平法官，以安置他的党人。马伯里(Marbury)为新任命的一位和平法官，任命令已由总统签署，但在国务卿马歇尔的公文柜中尚未发出就赶办移交了。新任总统哲裴逊命令国务卿麦迪逊扣发该任命令，所以成为讼案。马歇尔为著名的联邦派，如于该案件中发出令状(Mandamus)，要求麦迪逊送出任命书，一定会形成僵局。由是他避轻就重，不问马伯里的任命令的效力问题，转而研究一八〇一年司法组织法的效力问题。他说该法第十三节违宪，因而无效，最高法院自然不能依违宪的法律而发出令状。他推翻亚当斯总统时代的法律，却正面确定最高法院有审核国会所通过的法律之权，既避免与新总统之间的冲突，同时又加强了此后对国会立法的控制，真可谓匠心独运。

马歇尔的先例，告诉最高法院须在避免与总统及国会冲突的条件下建立司法权的威信。自此以后，最高法院乃演绎出若干自律的原则，使司法审评制减少了许多发展的障碍。

美国联邦法院怎样自律呢?

其一，必须有实际的案件法院始予受理。上文已经说过，联邦法院于解决本身职务上的困难始能运用司法审评权。故法院并不主动地批判国会所通过的法律。就是政府机关要求联邦法院对某一法案表示意见,联邦法院亦以它非法律顾问的理由予以拒绝。此一立场的遵守,不仅使法院确保中立,并可使法院不致为国会或总统所忌刻。盖联邦法院宣判国会制订法违宪因而无效,其权力虽极崇高,但法院并不采主动立场,必当事人深信他的权利受到破坏,而且深信破坏他权利的法律条文是违背宪法原意的。故实际诉讼案件之发生,一定若干人民已怀疑法文的效力于前,甚至在舆论界也已引起重要的争辩了。法院因此案件而表示其意见之时,自然不能说是以司法权去干涉立法权。

其二,联邦法院不对政治案件表示意见。联邦最高法院常常说,它是司法机构,对政治性的问题不得表示意见。因为对政治性问题作决定,那是总统与国会的权力。联邦法院的这种态度,使它避免了许多困难。同时,它更因之而表现了超然的立场。它只对职务内的法理感觉兴趣,并不想侵越其他机关的权力。

但何谓政治性的问题?那是无法有确定的解释的。从以往的判例来作归纳,下述诸项为政治性问题:外交权范围如何?州有些什么主权?战争及叛乱已否结束?何谓共和政府?可是亦有些时候,联邦法院对总统是否有完全的免职权以及总统不经州的请求能否派遣军队救平州内暴动等问题表示它对宪法的解释。

其三,判例对法院有约束力(Stare Decisis)。法院如不能尊重以往的判例,将使人有不知所适从之感,而司法审评制亦不能继续下去了。因之,法院确认判例有约束力的原则,使法院对宪法有其一贯的观点。不过话亦得说回来,法院有时亦会改变态度。例如限制工作时间的法律,法院曾有过不同的判决。美国最高法院的判决书,主文之外,并附少数派的意见。所谓少数派的意见,就是九位大法官之中四位以下法官的观点,与多数派抱不同的主张者。这种少数派的观点,过了若干时间,可能变为多数派的意见。所以研究美国判例的人,对少数派的意见异常重视,常有引用他们的文字来替当前的案件辩护。尤其近年来,最高法院的立场常变,因之有人说笑最高法院的判决书有如当日有效的车票，过了些时候就一无价值。这是由近年法律思想转变而引起的。同时，也因为美国面临世界巨变，司法界也不能不随之适应。这说明宪法与政治事实上是不能分割的。

其四，尊重国会有谋国的忠诚。法院对国会立法不能抱吹毛求疵的态度，而必须出之以适当的尊敬。这是福禄辛汉案件(Frortingham V. Mellon，1923)最高法院所表明的立场。国会立法事实上也是相当郑重的，草撰法条时亦充分考虑宪法对立法权所加上的限制。故法院对审核法律时，必先承认法律的效力，只在发现有明显的抵牾时始予怀疑。法院抱这样的立场，而后它始能郑重其事，而后它的判决始不会引起国会的反感。

其五，法院自律的其他原则。联邦法院除遵守上述三大原则外，尚恪守其他许多限制。法院对法文违宪的部分，虽宣告无效，但其他部分，如其违宪条款可以分离，它仍维持其效力。换言之，法院原则上主张缩小审核的范围，而并不想扩大它的权力。其次，法院对行政机关的行政裁定，雅不欲推翻其处分。美国虽无行政法院，但行政争讼一样是常常发生的，而行政争讼是由机关来裁定的。例如州际贸易委员会等半立法半司法性的机关，对运输价格等常作裁定。法院因这许多裁定都属专家的工作，与法理毫无关系，所以它也不愿置议。

上述的几个自律原则，对美国司法审评制的卓有成效是深有关系的，尤其一、二两项原则，更为重要。盖司法审评而离开实际的案件，则联邦法院可能成为政府的法律顾问委员会了；而联邦最高法院若对政治问题发生兴趣，它又将牵入政治旋涡之中，那联邦法院不免要为反对者所攻击，从而它的声誉也将为之受损。

2.14.5 美国司法审评权所引起的争论

自一八〇三年以至今日，整整过了一个半世纪。在此一百五十年中，司法审评制固曾得到许多赞许，说它是宪法精神的护卫者，说它防止了国会与总统的滥用权力，甚至有人说它是美国民主政治最重要的基石。但在这样漫长的时期中，司法审评制亦曾形成若干不愉快的事件，使人怀疑联邦法院究竟是否应该有这样大的权力？

在所谓不愉快的事件中，所得税法案，限制童工法案，以及农业复兴法案的被宣判为违宪是最有名的。所得税法案因其未依各州人口比例分摊而违宪；限制童工法案因其非联邦权及有背合法手续（Due Process）而违宪；而农业复兴法案则以支出未以全国福利为目标而违宪。从法院来说，它都是言之成理持之有故的。但从舆论界来说，这几个法案都是顺应时代而且为今日社会所急迫需要者。因之，法院从法理而所得的观点与社会因公道或需要而所得的观点之间有相当大的距离。在这种时候，人们自然会问：法院如何可以违反社会的要求？国会是民意代表机关，法院能否审核国会的制定法？联邦最高法院大法官会议采多数表决制，大法官共九人，五人意见相同，即可决定一切，而与他们持不同见解者，尚有四人，一人之差，是否能决定这样重要的问题？凡此种种责难，是美国舆论界中常常可以听到的评论。

2.14.5.1　司法审评的性质

司法审评虽系根据宪法精神以评判制定法是否与此精神相抵触，似乎纯为解释的工作，应由法院运用是没有问题的。惟实际运用审核权时，难免发生法官造法的现象，使人惊奇法官何以竟能代国会立法？举例来说，马歇尔院长著名判例所确定的原则，已属造法性质，不能谓为单纯的解释工作。又如以后法院经常采用所谓"包含权力"（Implied Powers）的原则，那个原则认为宪法所列举的联邦权力，其范围应较文字所指陈者为广。无论是军事权或外交权或举债权或其他联邦权，总以使该权力能有效运用为度。故所谓州际贸易管理权，可能包括运河及运河两岸的森林管理权在内（法院确实曾这样广泛的解释州际贸易权），因为只有这样，州际贸易才能有效管理。这个著名的原则曾使近代联邦权得以大量扩张。而法院于宣布此一原则时，的确可以说在造法，而并不是单纯的在解释宪法。

故美国所谓司法审评，竟使法院参与了立法的工作。大法官都是总统任命的，并非民意的代表。如何可以代国会立法？也因为这个关系，许多人主张大法官民选。这样，他们才可以顺理成章的运用司法审评权。

不过法官们认为他们并没有造法。上述的几个著名原则，对美国政治虽有深远的影响，但究竟只是法官们对宪法条文表示意见而已，并不真是有意造法。在美国的政治经验中，法官民选并不是好的制度。因为民选的法官有固定的任期，而且选举时必须参与竞选，无法维持法官的独立地位，所以即使法官有造法之嫌，法官还是不应该民选的。

2.14.5.2　法官有守旧的倾向

法官因学业关系，使其宜于有守旧的习性。法律教育须有较长的学习阶段，故习法者多数为世家子弟，对进步的政治思想是格格不入的。更重要的一点，法学的知识，多数有类于记忆，理解的功夫往往下的不深。法官的职业，是他与社会宜于隔绝，故于社会进步的趋势，往往不很了然，凡此种种，都是美国舆论指责司法审评制的原因。旧法官既习于守旧，而他们又掌握解释宪法的大权，岂不宪法的精神，将来越不合于时代的潮流？

当所得税法案为联邦最高法院宣判违宪时，这类的批评响彻云霄。不过就事实而论，美国大法官中不乏进步人士。像霍尔姆那样，简直可以说是思想界的领导者。法官所以宣判所得税法案及禁止童工法案违宪，上文已经说过，实在是言之成理持之有故的。而且法官并不是反对这类的法律，只是宪法未修正前，他们认为这类法律违宪而已。法官如亦人云亦云，惟以迎合舆论为事，那也无须他们来解释宪法了。大家所以重视司法界，正因为他们守正不阿，可以希望他们为社会的中流砥柱。

2.14.5.3　多数决的问题

有的人因联邦法院以五对四的多数决定一切重要案件而深感不满。司法审评的作用这样重大，有时且等于造法，则联邦法院的裁决方式应有所变更。有人建议联邦法院必须三分二的绝对多数始能宣判法案无效。亦有人主张经联邦法院宣判为无效的法案，如重获通过，联邦法院即不能再予批判。可是这许多建议，迄未为国会所采纳。

2.14.5.4 新政与司法审评

在罗斯福例行新政时代，因若干重要法案为联邦最高法院宣判违宪而引起舆论的激动，其中最著名的是农业复兴法案的被判违宪。所谓农业复兴法案，乃是减少农产过剩以维持农产价格的方案。罗斯福政府要求农民与农场内采取土地更番休息的制度，凡农民之接受这个原则者，政府补贴因土地休息而所受的减产损失。这个法案，许多人认为优越州权，而联邦法院则认为因此机构贴而所需的支出，不能认为一般福利的用途，殊违背宪法中所规定的财政目的。联邦法院这一个裁定，使罗斯福的新政大受打击，所以罗斯福总统主张增加大法官人数及规定大法官强迫退休的年龄，是总统较易控制大法官的人选。

罗斯福的建议没有为国会所接受。盖联邦最高法院的裁判固不一定都是合理的，但因此而加强总统的任命权，势将使最高法院成为总统的配备单位，那司法独立的精神必因之而动摇，其对司法的损害实在是太厉害了。

综观上述所说的各种事实，可见美国人虽承认司法审评制有其问题，但对司法独立的精神是感觉满意的。在司法职守中立的原则之下，司法审批的贡献，必须胜于因它而引起的祸害。

本节参考书

Corwin：The Twilight of The Supreme Court，Yale Univ. Presa，1934

R . Pound：Organization of Courts，1940

C. G. Haine：The American Doctrine of Judicial Supremacy，1932

Ferguson and McHenry：The American System of Government，Ch. 16，McGraw-Hill Co. ，1960

2.15 瑞士委员制

瑞士风景清丽，有世界公园之称。同时，它亦以典型的委员制闻名于世。他的人口，仅四百余万，而包含德法意三种不同语言系统的民族。它的领土约等于荷兰及丹麦之和。四境多山，仅三分一的土地为可耕地。地下矿藏极为缺乏，除有丰富的水力，几乎没有任何其他值得重视的工业资源。这样缺少天助的国家，而竟政治清明，民生康乐。据一九六三年的民意调查，它是英、美、德、法等七国中人民最能满意他们经济状况的一个国家。无怪他的制度要为政治学者所赞赏，誉为民主政治中三大类型之一，堪与内阁制及总统制鼎足而立。

2.15.1 瑞士宪政简史

瑞士联邦起源于一二九一年三个山地森林郡的联合，那是为反抗奥国大公的专制统治而发生的。

2.15.1.1 联邦时代

瑞士人以无组织的庄稼汉猎户等细民，凭守望相助和爱好自由的精神，居然驱逐了奥国大公的军队。由是邻近的郡，也纷纷加盟。加盟的郡又以武力兼并属地，瑞士的疆域乃渐开拓。一四九九年对奥的斯华坪战争，瑞士又获全胜，使它名义上虽仍在神圣罗马帝国的宗主权之下，但事实上已是独立的国家。一六四八年的威斯特法利亚会议，他的独立乃获得国际的承认。此后它一直采邦联的组织形式，至法国革命后而复有重要的变更。

在邦联时代，加盟各郡有绝对的自主权，由此建立了瑞士重视地方自治的传统。各郡政制互共。森林区的郡采农民民主政体，以全郡的人民大会主持政务。其余如潘恩郡为贵族民主，柔立克郡为严格的寡头政体。邦联管理少数共同事务，如外交及郡际纠纷的仲裁与调解等，那是由不定期的邦联会议(Diet)来讨论与决定的。邦联会议每郡代表二人,郡的属地一人,还有需要时由领袖郡召集之。领袖郡通常为柔立克郡,但亦有一个时期采轮值制。在会议中领袖郡并无特殊地位,与其后德意志邦联之由普鲁士独裁者不同。

法国大革命时期,瑞士为法军所侵,原先的政治传统大受破坏。尤其贵族的实力及寡头的政制,一扫而去。法人喜欢整齐划一的制度,它为瑞士重创郡的疆界,每郡采用相同的代议制度,并大大的充实中央政府的权利。更有意思的,法人为其开拓西南部的疆域,合并了若干法语及意语的邻近区域。这种在外人压力之下所进行的改革,虽为瑞士人所不喜,但对他们却又发生深刻无比的影响。从此以后,瑞士人知道了统一的利益。拿破仑失败之后,瑞士重获自由,它的多数政治家不希望恢复往日的邦联制,而主张模仿美国式的联邦。

2.15.1.2 联邦制度

多数政治家所渴望欲完成的联邦主义,曾为南部意语区的天主教郡所反对。他们组织新邦联,意图反抗。一八四八年,这种分离运动为联邦派所铲平,瑞士乃从事于制宪的工作。这部宪法,经一八七四年的重要修正以及其他多次部分修正,奠定了世人所称誉的委员制的典型。

一八四八年瑞士宪法所采者为联邦制,与以往邦联制的精神大为不同。联邦有中央政府,而却有宪法授予的联邦权。除原先邦联时代的外交权及郡际纠纷的仲裁权之外,又增加了币制、交通、商业、度量衡、归化、高等教育、自然资源的保护,以及联邦财政等的立法权。一八七四年的宪法修正案,联邦又增加了专利法、水利开发、民刑法、酒类共卖、海空运输、银行、社会福利计划、家庭保护、工业卫生、农业、军事工业、公共卫生、谷物市场的管理等权利。较着美国联邦的权力,似更广大。瑞士也采余权在各分子的原则,即宪法所没有明文授予联邦的权力,皆为各郡所有,各郡得自治法律。

联邦法院有解释宪法之权。各郡得法律及命令,经联邦法院宣判为违宪或抵触联邦法律者,皆为无效。但联邦法院无美国式的司法审评权,这就是说,联邦法院不能宣判联邦国会所通过的法律为无效。

以是联邦权很容易在联邦立法中获得补充，而郡的权力则绝无优越联邦权的可能。因之，郡的地位似乎缺少可靠的保障。第一次世界大战以来，瑞士虽严守中立，而军事的设备必不可少。为建军及储备军需，筹集财源乃其要著。为平定物价既增加动员的效力，各种管制的政策相随而来，由是联邦权更为膨胀，中央集权的趋势亦越为显著。

话虽如此，公法学者仍称瑞士为标准的联邦制，与德国及苏联之仅具形式者究竟不同。瑞士各郡多数有极为强固的自治传统，且此传统又深植其基础与市乡政治之中，可谓根深蒂固，联邦自不能轻易违背道义传统。而且各郡与联邦国会中并非无法言及，每郡有两位代表参与联邦院，所有的立法，不获联邦院通过不能成立。如是，损害各郡利益的法律是不容易通过的。宪法修正案及创制案的批准，过半数郡议会的通过为不可少的条件。不得多数郡的允许，以修改宪法的方式来补充联邦院也是不可能的。郡在修正宪法的程序中又有着重要的作用，联邦自不能轻易改变郡的地位。

2.15.1.3　自由与民主

瑞士人不肯屈服于强暴的武力，同时，他们的抵抗又多数处于自动自发。因之，瑞士于其历史中培养了深厚的自由传统，这是很少民族可以与之比拟的优良本质。它于十九世纪制定宪法之际，自然会把这种精神形诸笔墨，列为保障自由与权利的许多条款。它全国皆兵，但又禁止建立常规军；它要求国民教育的普及；它坚持婚姻必须经过政府机关的公正；它禁止教会侵入学校及执行教会法。这都是十九世纪宪法中少见的保障宗教自由维持和平主义的具体条文。它亦与一般自由宪法一样，保障言论、出版、结社、请愿等的自由。

在经济方面，它尊重经济活动不受政府干涉的原则。它规定契约的自由与企业的自由。它亦保护私有财产的权利。不过经济方面的自由与权利，瑞士亦与其他国家一样，二十世纪中已有很大的变化。战争与社会主义，使瑞士在管制与公营的两种政策之下改变了原先的方向。

瑞士地方的民主政治也有很多可以称道的地方。后文将比较详细地说明它地方自治的情形，此间不赘。地方自治是瑞士的历史传统，虽未规定于它的宪法之中，但它是民主政治最重要的基石。不了解它的地方自治，对瑞士的民主政治不会有深刻的认识的。从它其他方面的制度而言，瑞士亦许可以说是极为保守的。它的选举权，仅普及于年满二十岁以上的男子，妇女迄今未得参政；它的议会至上的原则与合议制的行政组织，为共产集团国家仿行后竟可成为一套民主独裁的工具。可见瑞士充沛的民主精神，并不得力于它的委员制，而实受地方自治之赐。

瑞士与众不同的民主制度，当推它连用得极为熟练的创制与复决的两种直接民权，这也将于另一节中叙述。此间可以一提者，此种制度所以在瑞士获得成功，与瑞士人强烈的公民观念有关。他们把公共事务看的与私人事务一样重要，每人都能竭尽智能地去了解与关切国家的各种问题，这所以他们有资格选用直接民权。而这一种强烈的公民观念，又是它优良的地方自治培养出来的。

2.15.1.4　政党政治

瑞士与其他欧洲大陆的国家间，有许多小的政党，纵横于政治之中。十九世纪中叶，自由党与激进党力量最为雄厚。这两党的联合，使联邦成立之初获得稳健的发展。与之反对者为天主教保守党，维护分子继而有分离独立的倾向。一八四八年独立运动失败后，它一直处于在野党的地位。其后自由党中落，在国会中的议席锐减，社会民主党、农民党、共产党、民主党等随之而起。激进党乃与天主教保守党合作，最后还得与社会民主党联合，始可掌握国会。瑞士的执行委员会，一向采混合方式，从来没有一党所组成的政府。但它既没有因多党而发生内部的倾乱，也没有因国会的压迫而终辞职，所以瑞士虽有多党，却没有发生多党的弊害。这原因究竟何在？

瑞士的各党，自然也都有它各不相同的政治主张形式，而其领袖，自然也有争夺政治地位的野心。而各党之中，最大的激进党在民族院中不过占五十席左右，天主教保守党及社会民主党不过四十余席，均无单独组成政府的可能。瑞士国会于选任执行委员时，重视候选人的经历及其过去的服务成绩，党籍尚在其次。自由党实力很早已经衰落，可是早年的自由党籍执行委员，因其成绩卓著，依旧得以连任。这种情形，在其他国家是很少见的现象。联邦国会所以能这样注重实际，可能与瑞士的民性有关。在瑞士人的投票行为中，表示他们不好高骛远，所有理想主义的创制案，均为选民所拒绝。由是瑞士的政党与其领袖，也都有务实的精神，不仅仅于主义的立场。他们多数有与异党合作的经验，知道容让与妥协为共谋国是的惟一途径。同时，瑞士小国寡民，其政治较为简单，政治家亦无用于纵横家的手段，凡此种，均使瑞士的政党，有异于欧洲大国的政党。

2.15.2 地方政府

瑞士宪法的运用，实以地方政治为其基础。诸凡直接民权的使用，民主政治家的锻炼，以至于公民道德的培养，莫不于地方政治中树立良好的风气。故欲了解瑞士宪法的精神者，当以它的地方政治为起点。

2.15.2.1 乡镇(Commune)

“Commune”本应评为市，为郡(Canton)的基础地方单位。惟多数Commune，居民仅数百人，较诸我国乡镇尚觉不如。为便于比较起见，乃评为乡镇。

兹以鹿上丹谷(Lotschenlal Valley)的白兰顿乡(Blatten)为例，说明他乡政治进行的概况。鹿上丹谷为瑞士风景区之一，海拔五千公尺。该谷分四乡，白兰顿为四乡之一。白兰顿乡虽有少数人业向导及旅馆业，但多数人从事畜牧及农作，生活非常艰苦。哪里的妇女还需纺纱织布以供应一家的服装。男子农作收获，亦仅足糊口。其他家用，就有赖牛乳等的收入了。但那里充满了和睦气象，未尝因生活艰苦而奔竞走逐，真如世外桃源。

该郡居民仅三百四十人，二十岁以上的男子不过一百十人。此一百余位男子组成亲民大会。乡中经费在一千法郎以上的公共事业，均须取决于乡民大会。乡民大会于星期日上午十一时礼拜后举行，有执行委员遇有需要而召集之。一般的情形，一年总要举行二十次乡民大会。大会选举执行委员五人，其中一人为乡长，另一人为副乡长，均系无给职。执行委员会之外，分设若干行政委员会，分别进行乡的行政工作。其一为财务委员会，负责财产估计及决定地方税律。其二为教育委员会，照料男女学校。白兰顿乡的学校制度极为特殊。那里男女学童大约有二十五人，分别在两所学校接受教育。儿童自七岁至十五岁受强迫教育八年。惟每年仅冬季六月入学，夏季六个月则休息。因该地夏季为农作时期，冬季不能操作，故儿童皆利用农闲接受教育。十五岁之后，男孩尚须接受补充教育四年，每年一百二十小时。补充教育实际上是公民教育，包括法律及历史诸课程。这许多教育工作，由男女教师各一人担任之。教师年薪各三千法郎，乡员担三分之一，郡补贴三分之二。郡又派视学一人，主持每年的考试。这种教育制度，当然不适用于工业区域，而对酷寒的白兰顿乡则最为合宜。瑞士地方自治之真能做到因地制宜，于此可见一斑。其三为消防委员会。消防委员视察各家庭建造情形，每年两次，向乡民大会提出报告。消防员由每一位乡民充任，惟练习及从事救火工作时，每小时得津贴五毛(Centium)。其四为司法委员会。乡中不设警察，司法委员得拘禁现行犯，解送郡警察局处理。这种工作事实上是很少的。其五为公共事业委员会。白兰顿的公共事业不能算少。公路，电力设备，给水供应等皆属之。居民既皆贫苦，公路的建设费，多数要由郡补贴。电力则自筑水坝发电。其六为救济委员会，主持孤儿的救济。其七为卫生委员会。乡民均参加保健会，年纳会金三法郎，由该项经费请一专业医师，负责疾病的医疗。所有委员会的委员，均为无给职，惟全日服务时亦得五毛钱一小时的津贴。全乡行政费用，每年仅一百六十法郎，而为民服务的事项又如是之多，可以说是任何国家看不到的现象。

多数乡民除须参与上述各种活动之外，他们还得参加牧地合作及森林会议。附近山地的森林与牧场，均为乡民的公有物(少数外来居民，因祖上没有山地所有权，他们不想有此公有物)。参与森林会议者始能采伐木材以为燃料；参与牧地合作者始能放牧牛羊。森林及牧场的公有，对瑞士农村大有裨益，而参与此种合作活动的人，每人得义务劳动，为森林取出蔓草扫除落叶以及采伐，为草地开淤灌渠。每种合作活动，大致每年须义务劳动两日。至于对森林及牧场可享的权利，则由会议决定。

在上述各种乡政治活动中，每人所花时间很多，而对公益事务有兴趣而在地方政治中露头角者，所耗时间自然更多。瑞士若离开农村经济，此种民主的地方政治恐将变质，因为多数人没有这样多的闲暇了。而白兰顿人因能参加各种公共活动，故能培养出良好的公民习惯及政治道德。他们多数知道如何选择他们的领导者。白兰顿乡乡长及那里的学校老师，他毕业于本乡学校后，赴郡立师范深造，以后即回乡任教。他因只有冬季上课，夏季还在农田操作，与其他农夫一样。三十余岁当选为乡长。其余的委员们大体相同，多数要三十以上且任事有认真表现者始能当选。而担任公职满两任后，多数委员即退让后贤。他们自然依旧出席乡民大会，在大会中成为有经验的会员。乡民的选举，的确做到选贤与能。说实在话，公职既皆无给，且亦不能因公职而有什么权势，所以被举者必然是热心公益的人。任事皆为服务性质的，故大家亦不能要他们长久牺牲，新陈代谢的速度很快。

瑞士的乡级单位，也有人口极多的大市。例如柔立克 Zurich 的省会柔立克市，人口即达三十二万，为瑞士最大的工商业城市。那里没有市民大会，而只能以比例代表制选出一百二十三名议员组织市议会。市行政由九位执行委员负责，每一委员主管一局。执行委员也是由市民直接选举的，执行委员之一为市长，主持执行委员会会议，但并无特殊权利。执行委员会决定市预算及市政纲领，提出与市议会讨论。柔立克政党很多，有八九个之多。市议会及执行委员会，党籍极为复杂。所幸瑞士人极重实际，遇事纯从业务的观点出发，很少以党见为重，以是很少因政党之间的恶感而市政陷于停顿。执行委员出席市集会讨论，但不能参与表决。执行委员的意见，多数为市议会所尊重，但也有他们的建议为市议会所打消者。柔立克市民行使复决权，以补救他们不能有市民大会的缺憾。

上述种种，不能看出柔立克的政制有什么特殊的优点，该市优异的秩序，大部分应归功于市民爱乡土的观念以及有良好的公共精神。该市投票率很高，而每次投票的结果，均表示市民熟悉市政内幕以及能认识谁为负责的政治家。该市举办的公共事业，有煤气，电力，电车及饮水供应，每年纯利达六十万镑，足见经营的方式极为得宜。市与乡镇，也有它的公有地，柔立克有五千英亩市区地，另有三千英亩临近的森林地。这种公有的收入，对市政是大有帮助的。市支出中，奖励文学的经费很多。它以两万五千镑维持一歌剧院，以一万五千镑奖励音乐及绘画。一个市政府而能把相当大的经费用之于文化活动，执行委员们的意见及素质可以想见。而这些人都是善良的市民所赏识的人才。在复决投票中，市民也表示他们对市政认识之深。他们的抉择，经常是正确而可喜的。西蒙氏（E. D. Simon）于研究瑞士政治之后，深感瑞士最高明的地方，莫过于它的人民的确有政治的兴趣。他们很少为政党的傀儡，多数能有自己的判断。

总之，在大城市的政治中，市民虽不能如乡镇民之实际参加决策，但他们也没有太阿倒持，把控制市政的大权轻易让给代表或政党。他们不是在争吵中指责市政，而是在对市政的爱护以及对市政的了解中使议员及政党不敢非为。瑞士人这一种优良的素质实在是值得羡慕的。当然，这种优良素质都是历史传统的遗产，而不是法律制裁所产生的效果。

2.15.2.2　*郡及郡政府*

瑞士联邦的分子单位为郡。最少的尼特华尔顿（Nidwalden）半郡仅一万五千人，而最大的柏恩郡（Bern）却有七十万人，可见各郡大小不一，最小的还不如我国的大乡镇。那是瑞士的自治单位，多数瑞士人坚持郡是他们民主的基础。不过实际的说，瑞士虽没有走向中央集权，但在近代社会经济事业的发展中，联邦无法推却它对电力交通以及工业的管理责任。也因为这个关系，郡的地位必然会相对降低。

郡的政治组织，极不一律。而一个小郡与四个半郡，还保留着古老的郡民大会（Landes Gemeinde），以为郡的最高权力机关。这在尼特华尔顿郡是可能的，一万五千人之中，公民不过四千余人，集合四五千人开露天大会，一定很热闹，但进行讨论恐怕也有很多困难。所以多数的郡，已采郡议会制，由公民以比例代表制选各党领袖为他们的代表而组成之。郡议会中各党难处，没有一党能占过半数议席，与联邦国会情形同。因此之故，瑞士的选举看不出公民对政党主张的向背。瑞士公民似乎对政党领袖个人的才干较之政党的政纲更有兴趣。任事而有成绩者总可继续当选。这样，党在政治中的作用自然大为减少，而议员们也就不常以党的立场为意。瑞士的从政党员，常称为党的调节器，他们凭任职的经验，劝告党的决策者应以取得他党的同情与合作为务，而不能一意孤行，以致丧失党在政治中的地位。稳健、善容让、处理事务切实而认真，这是瑞士成功政治家的典型，以这一种人从事议会活动，就像白齐士所说的，议会乃成为事务机关。这是它的优点，也可以说是它的缺点。自它的优点而论，他没有发生法国式多党的流弊；自其缺点而言，它始终不会有高视阔步的政治家。

郡的执行机关为执行委员会，执行委员的人数，各郡不一，最少者五人，最多十一人，通常由九位执行委员组成之。九人之中，有一位被推为郡长。郡长与其他执行委员，皆主管一个局。郡的权利，管理与督导为多，除此之外，即系乡镇无力举办者，乃由郡主持之。以教育而言，乡镇及市没有创设大学者，而大郡则有郡立大学。多数的郡，办理职业学校及专科学校，训练专业人才，这也是乡镇所无力办理的。故郡与乡镇的执掌，很少有重复的情形。郡民行使创制及复决，而且这是郡加入联邦的条件，没有一个郡可以例外的。

从政治组织的观点言，联邦，以及乡镇是大同小异的。他们都有直接民权，都有间接的代议机关（惟小乡镇为例外），都以执行委员会为行政机构，上下极为一致。自历史及民族言，郡以往多数有独立地位，而且多数有民族的统一性。故郡常有强烈的独立意志，并亦因之为常引起少数民族问题。瑞士联邦宪法特别注意宗教自由及民族平等等问题，不是没有原因的。

郡的独立意志曾发生若干不幸的后果。多数的郡皆欲诱致大企业家及大工厂,以为繁荣本郡之助。由是对工厂及企业的税率,特别降低,与其他税率不能相称。而对大企业的优待,自然又会引起小企业的不平,财产估价的工作,多数由郡负责,联邦税亦依据郡估定的价值。这不仅使有产者占极为优越的地位,而联邦的财政收入亦大受影响。

最后应该提及各郡均有自己制定宪法的权力。当然,它的条文不得与联邦宪法相抵触,而且它的政府组织亦不得违背民主原则,除此之外,它就享有完全的自由。因之,郡的情形虽大体上与前述者大同小异,但每一郡皆有其特殊之处,不可能在本文中分别予以叙述。所可注意者,联邦宪法保证各郡采郡民大会制度者,完全系直接民主的方式,故不消说。既是采代议制的多数郡,其创制复决权运用的范围,亦较联邦为广。不仅郡宪法及其修正案,须经郡民复决,就是一般性的普通法律及财政立法,亦须经郡民复决。瑞士的民主是金字塔式的,其基础很为广泛,越到下层,民主的程度越深,这是瑞士宪政的特点。而它民主政治的不易动摇,当然是很有原因的。

2.15.3 联邦

瑞士是联邦国,由二十五个郡联合起来组成的,在这二十五个郡之中,十九个为全郡,六个为半郡。在复决投票时,折合计为二十二票,因为六个半郡的票都是半票。可是除此之外,全郡与半郡的地位是相等的。

郡 Canton 的前身,有的是独立的地方单位,亦有的为独立单位的附属。它们是为反抗外来的压力而结合起来的。它们可以说没有一点相同,民族不同,语言不通,政治的组织不同,政治的地位亦不用。惟一相同之点,就是它们有共同争取自由和独立的愿望。所以外敌入侵时则守望相助,外敌退出后又各不相谋,几乎是一种防卫同盟的状态。其后拿破仑入侵而予以同意的组织,拿破仑的侵略虽宣告失败,可是瑞士人因之而知道了统一组织的好处,很多人乃继起主张成立联邦。

所有的联邦宪法都要规定联邦与各分子如何划分其治权，瑞士亦不例外。瑞士所采分权原则，联邦权为列举，分子则享有剩余权，与美国的情形极为相似。是于联邦成立之日，必有感于若干政事之必须集中处理，此若干政事，乃明显而具体地规定于宪法之中。至于其他政事，则听任其处于原有状态，故规定余权在分子，以安分子自治派之心。这种分权的方式，普遍认为有利于分子，其实亦不尽然。一者，我们要看列举的权是否详尽。要是列举的权过于详尽，则所余无几，分子不能说还有什么重要的自治权。二者，我们要看联邦国会是否有任意的修宪权。两帮国会如能任意修宪，则原始宪法虽对联邦权严格限制，而其后陆续修改的结果，可能放宽。三者，我们要看联邦司法机关是否有司法审评权。司法审评的作用，常可利用宽大的宪法解释权来扩张联邦权的。就此三点再对瑞士宪法的分权略作说明。

第一，瑞士宪法对联邦权列举的相当详尽。军事及外交，列为重要的联邦权，这是联邦所形成的主要目的，自不能听由分子各自为政。惟各分子仍保留相当的外交权，它们相互之间可以订定有关文化及经济的协约，甚至与外国亦可缔结此类协约，惟皆须得联邦的核准始能生效。涉及政治与军事的条约权，完全属于联邦，不容分割。这就是说，联邦只在政治及军事训练，每人要服一定时间的兵役。瑞士虽爱好和平，但达兵役年龄后，国家即授以枪支及弹药，且终生保藏之。在旁的国家，此一措施可能会发生很大的流弊，而守法的瑞士人却未闻因此而发生不幸事件者。兵役的时间，少壮时一年须入营数月，渐渐地减低至数年轮到几个星期。兵役在瑞士是没有人能逃避的，瑞士人常因此而深感公平。体格不合或因其他特殊理由而请准免役者，须缴纳重税。这类的税收，一半归郡，一半归联邦。这个办法，不能做到全面征兵的国家似可以效法。联邦另一重要的军事权为维持内部的秩序。郡际如果发生冲突，郡内如果发生混乱，皆须立刻通知联邦当局，联邦有为的责任及权利。

关于经济及社会权，联邦有发行权，管理金融权，管理银行交通及运输的权力，他也有对劳工问题及社会保险制定法律之权。对森林，佃猎，以及酒精的制造及出售，亦有管理之权，它也有征收关税之权，凡此种种，虽不能说瑞士的联邦权特别庞大，但亦不比其他国家的联邦权为小。

各郡享有最原始的机会自制宪法之权，但联邦宪法对此曾作若干限制。其一，郡必须采共和体制；其二，郡宪法的内容不得与联邦宪法抵触；其三，郡宪法必须可由郡民以创制方式修订。共和体制实在是含混而不易有正确解释的名词，美国联邦宪法亦曾以此限制州宪法，但是并没有能发生任何积极与实际的作用，郡宪法不得与联邦宪法抵触，所有采联邦制者都会采取这个原则，因为如果郡违宪，联邦即无存在余地。郡宪法是否还背联邦宪法，瑞士亦与美国同，由联邦最高法院裁定之。

第二，瑞士的联邦国会有相当的修正宪法之权。瑞士虽采直接民权制，但以后我们可以看到，联邦国会依旧在修宪活动中占最重要的地位。不过无论怎样说，宪法修正案必须经复决通过然后生效。而复决通过的条件，乃得投票公民过半数的赞同，以及过半数郡议会的赞可。换言之，多数公民及郡议会不赞同国会的修正案时，国会虽有扩大联邦的野心，实亦无能为力。这一点对郡是很为有利的保障。到现在为止，瑞士人仍有极为浓厚的地方观念，因之而极为强烈的地方自治的倾向，国会如无险恶的国际情势为助，企图扩大联邦权是很不容易的。

第三，瑞士的联邦最高法院，对国会立法不能为违宪与否之裁决，故联邦法虽侵犯了郡的权力，联邦法院殊无予以阻止的能力。至于联邦法院利用宪法解释权来扩大宪法的意义，它也没有这种机会。联邦法院对联邦权及郡权，可以说未曾为左右袒，它是不能发挥美国式司法审评的作用的。

近年以来，瑞士的联邦权亦有逐渐扩大的倾向。近代的经济发展，有赖于集中的规划，而此集中的规划权，又舍联邦政府莫属。是以瑞士人虽乡士观念极浓，而为时劳所趣，不能不授联邦以新的权力。试以复决通过的宪法修正案来看，如商标法案，如疾病及意外保险案，如纸币行权法案，如联邦营理工业法案，如清洁食物法案，如统一民刑法典法案，如航空及海连管理法案，诸如此类，不尽枚举。上述宪法修正案，其性质应否列入宪法条文之内，那是另一问题，但它们都增加了联邦权是毫无疑义的。这一种新权力的授予，自然又会紧缩郡所享的余权。

第二次世界大战时，联邦权的扩张很为惊人。例如国防法案，经济管制法案，瑞士银行法案，物价管制法案等，使瑞士的联邦权可与其他国家政府的权力并驾齐驱。一九五〇年，公民乃创制一项取消联邦国会战时权力的法案，此种膨胀始告停止。可见战争的国际环境，诱使瑞士联邦权扩大。瑞士还是没有参战的中立国，但为戒备德法军队的侵入，必须采取许多未雨绸缪的措置。由是国防军动员了，军事工程兴建了。而财政的支出，亦非平时的收入所能应付。十九世纪中叶，瑞士岁出为四百万镑。百年之后，其支出几达百倍。应付此一庞大的数字，其一为改变联邦与郡的分配比例。若干税项为联邦与郡的共同收入，各得若干成，规定于宪法之中。战时不得不增加联邦的成数。其二为增加税率。更重要的一点，联邦政府亦得如其他国家的中央政府一样，由国会授予无比的紧急命令权。瑞士国会似较其他国家更为大方，许政府便宜行事，仅于一年结束时向国会提出报告而已。

凡此种种，说明联邦宪法制订之初，制宪者或有保障郡权之意，惟事后实际的演变，联邦权总会驾凌分子之上。所以然者，近代社会经济的发展趋势固为重大原因，而联邦结合的历史越久，实亦越有变成单一国的可能。联邦原是特殊环境的产物，瑞士如非多种民族混合而成，那样小的地城恐怕只能组成一个单一国。民族的不同使各个郡最初欲保持其独立的地位，但以后各民族发生同化作用，和一的精神乃日见浓厚。联邦的美国是如此，联邦的瑞士何独不然。

2.15.4 联邦宪法和人权的保障

瑞士是爱好自由的民族，它七百年来反抗日耳曼皇帝，反抗美国大公，即是为自由而奋斗的历史。但自由云云：有时是抗暴，瑞士建国初期的自由，即指此一境界而言；有时是和平生活的享受，即由宪法及法律保障人人的权利，使大家于此条件下获得安定而合理的生活。瑞士宪法所规定的种种人权，可以说是由后述理想而产生的。

瑞士人民的自由与法律所受最大威胁，莫过于因宗教语言的不同而发生的相互歧视。尤其各郡之中，常有少数民族存在，相互的歧视可以导致许多不幸的后果。所以先发规定德文法文及意大利文皆为国家文字。其后一九三八年又增一修正案，罗马注音亦为瑞士国定文字。这样，任何郡不至于强迫人民使用某一种文字。不得因种族的原因而影响公民权，这也是宪法中明文禁止种族歧视的条文，对于宗教，宪法没有明白规定。但它说瑞士只承认法院登记的婚姻，这当然没有禁止神父或牧师结婚，但天主教或新教占多数的郡，最少无法否认不在天主教堂或礼拜堂所举行的婚姻，宪法并规定主教区的增设须得联邦国会的同意，而救世军则不得在瑞士组织。凡此种种，都是限制天主教以其仪式及组织来束缚人民的规定。

除此之外，瑞士与多数国家一样，在宪法中保障人民的结社自由、法律前平等的权力，以及新闻的自由等。关于新闻自由，它加上一个重要的限制，新闻或文字之违宪瑞士中立地位者得予以取缔。瑞士是著名的守旧国家，可是思想之自由，很少国家能与之比拟。它真是能做到“见怪不怪，其怪自败”的国家。

瑞士是最早行使创制权的国家，人民为自己立法以后，增加了些什么权利的条文？说来奇怪，竟是没有。一八九四年、一九四八年、一九四七年，社会主义党三次发动“工作权利法”的创制，每一次都在复决时被否决。瑞士人不希望工作得到保障吗？我们相信不是的，他们相信保障工作的方法是辛勤工作，而不是宪法的条文。他们有那样的胸襟，所以他们有资格行使直接民权。在行使直接民权的其他记录中，他们反对取消某种严刑（一八六六年），他们赞同恢复死刑（一八七九年）。他们赞同由联邦制订统一的民法及刑法（一八九八年）。惟一的近代式的社会权利法，乃一九二五年批准的老年、寡妇，以及残废的保险法。

对于公民权，瑞士所享者最为充分。在乡镇，有的甚至实施直接民权，公民即是乡镇的主人。在郡以及在联邦，选举权之外还有复决权与创制权，瑞士人亦不愧为享受这种公权的人。他们政治智慧之高，很少有学问的人能与之相比。举例来看，一九三四年至一九三五年，法西斯主义者与旧的郡权派组合主义者相合，发动全面修改宪法。得联署人七万九千余人，声势可谓浩大。在法西斯主义者看来，其余两派为乌合之众，不难各个击破，只要全面修宪的创制案提付公民及郡议会复决。复决的结果，不足七十三万的投票人之中，反对者竟达五十一万余人，而二十二郡以后票之中，反对者亦高达十九票，在瑞士复决史中为最惨败的一次。试想那个时期，有多少名流学者为法西斯主义喝彩，而瑞士的升斗小民却弃绝惟恐不及。以这样具有政治智慧的公民来行直接民权，自然不会发生什么流弊。

瑞士的权利思想当然有它的缺点。到现在为止，瑞士还没有把公民权推广到妇女。所以然者，瑞士宪法虽规定取得郡公民地位者为瑞士公民，郡不得以法律歧视他郡之人民，一若公民权是从郡那里得到的。实际上瑞士的公民权得自乡镇，而在乡镇所以能取得公民资格，不仅因为他出生于此，而且也因为他是乡镇公有森林及牧场的共同所有人之一。而这项所有权，得自父系的遗传，女子是没有继承权的。由是相沿成习，女子不得参与森林会议，不得参与牧场公社，因之也不得参加乡民大会。女子于此基础政治中丧失其公民权以后，很难使瑞士人承认她们在郡及联邦可以享受公民权。在过去这么多的修正运动中，竟没有一次为女权而努力，这也可以令人惊奇的了。

瑞士人父权的观念很重，故女子所受管教甚严。年青的一辈极受约束。他们很重道义观念，对人对己的要求皆有过分之处，由是会倾向于刻薄。瑞士尚无大规模工业，务工问题不顶严重，但店员服仆役的待遇过低，已常引起纠纷。瑞士的公务员待遇，亦近于吝啬。这种种现象，许多人认为乃小国寡民所不易避免的缺点，史华第（Michaels Swart）（氏著近代形式的政府）曾说：瑞士可以致民于安乐，但不能对高级的文化有所贡献！于其质朴而拘谨的人生观，盖有微词焉。

2.15.5 联邦的政府机构

2.15.5.1 联邦国会

联邦国会分联邦院(Council of States)及民族院(Council of the Nation)两院。联邦院代表各组,民族院代表人民。两院联合开会,则称联邦国会 Federal Assembly。

联邦院即代表各郡,故其议员由各郡产生,瑞士现有十九个全郡,各举议员二人;六个半郡,各举议员一人,共议员四十四人。议员的产生方式、任期,以及薪给,均由各郡自己规定及支付。多以联邦院议员有的由郡民普选,有的由郡议会间接选举。而起任期,亦自一年至四年不等。各郡于保全其独立及自治的地位,每视联邦院议员为其发言人,故常欲加强联邦院议员与本郡的关系,这是有上述分歧现象的原因。

民族院有议员一百九十余人,以郡为选举区,按人口的比例分配其应得名额。大体的说,每二万四千人可选议员一人。惟最少的郡其人口不足二万四千人者,最少也能举一位议员。郡的议员名额在三人以上者采比例代表制,瑞士为多党国家,天主教保守党、社会主义党、激进党,以及小农党等。所以大郡之有三十位左右的议员者,选民常得在一百余位人名中挑选他们的代议士。瑞士人政党的观念很淡,他们很可能在数党的名单中物色他们的代表。法律也不禁止选民以全郡力量支持一位代表。选民投票的名额,与郡的议员名额相同。这就是说,郡产生议员五名者,每一选民即可选举五人,大党的选民,通常分举五人,而小党的选民,则集中投一人或二人。

民族院议员任期四年,连选可以连任,且无次数限制。瑞士政治安定,有经验的政治家常为选民所欢迎,故连选连任的机会,每届民族院中,十年以上的老议员常占四分之一,而连任一次的更多,可能在半数以上。民族院所以常能得复有经验的人领导,工作的效率很高。

两院进行立法工作时,分别开会,而且两院权力完全相等。任何法律案,必须得两院多数通过,始能成立。此项规定,与美国的国会制度同，其用意在保障各分子的地位。整联邦立法，或多或少会影响各分子的权力，分子代表能在立法时享绝对的否决作用——不得他们多数同意即不能成为法律，联邦院不容易通过侵越郡权力的法条了。惟有一点瑞士与美国不同，两院意见未能一致时，则召开联邦会议解决之。联邦会议以民族院的主席为主席。两院人数众寡悬殊，几为四与一之比，民族院如有坚强的态度，不能压倒联邦院的立场，所以在瑞士不致发生立法的僵局。美国两院意见不同，只可召开联席委员会，委员会双方发表人数约略相等。委员会所涉及的折中案，回到两院讨论时可能又会触礁。

有一点应该说明的：多党的瑞士在选举中很难产生某一政党占过半数席次的议会。故讨论法案时，没有一个大党可以强迫其他政党服从。任何政党必须就事论事，不能凭党见来折服他人，也不能坚守政党的立场而不兼容让。因之瑞士虽为多党的国家，却未受多党之害。

两院召开联席会议处理下述各种事项：(一)选举七位执行委员，三十位左右的联邦法官，以及戒严时期的一位军事统帅；(二)议决原则，对执行委员指示行政方针；(三)议决原则，命执行委员依据此原则起草法律案；(四)仲裁各级权力机关间所发生的冲突；(五)撤销行政机关的违法命令；(六)颁布大赦与特赦令；(七)宣布战争的存在，进行讲和的工作，并批准条约；(八)颁布戒严及解严的命令。

上述八项权利，显然不是一般所说的立法事项。尤其指示行政方针一项，虽非国会亲自执行，而观执行委员会为隶属机关，极为昭著。至于撤销违法命令之权，多数国家认系行政法院的管辖范围，瑞士则亦由国会处理。其余如选举权，可以看作一般国家的任命权。凡此种种，说明国会而举行联席会议之时，简直是集行政司法两权于一身，而分别开会的时候，又是正常的立法机关了。

2.15.5.2 合议制的执行委员会

瑞士的行政工作，由执行委员会依据国会的指示进行。执行委员会设评委七人，分掌政务、军事、司法及警察、财政及关务、内政、国家经济、以及邮电交通七部。执行委员由国会选举，所需资格与议员同。

执行委员不得兼任议员，故议员而当选为执行委员者，须即放弃议席。委员任期四年，连选可以连任，且无次数的限制，故有很多人继续当选直到退休的时候为止。瑞士法律规定官吏须连续服务十年以上者始能领取退休年金，而执行委员亦能享受这项权益。瑞士之不以执行委员为政务官，于此可以想见。

联邦国会选举执行委员时，须严格注意地域的分配，消极的不能有两位执行委员同出一郡，积极的须德语的柔立克及柏盘恩各占一人，法语的万特郡占一人，意语的最少亦有一人。这种种规定，不使一郡或一民族独占联邦的政治领导权。至于执行委员的党籍，宪法中并未规定平均分配的原则。惟议会中既呈多党现象，执行委员自亦属混合性质，在议会中占相当席次的政党，在执委会中亦会有该党的委员。

执行委员互选一人为总统，另一人为副总统，任期均为一年，连选不能连任。以往规定总统必须兼政务部部长，每年势须重新分配执行委员的部务，现在总统已不限兼任政务部，故每一委员均可专任一部，更合久任的精神。

如前所述，每一委员均主管一个部的部务，因之皆有许多日常的行政工作等待他们处理。七部之中，国家经济部及邮电交通部恐较重要。瑞士与其他国家一样，自二十世纪以来，已对工商业抱着管理及监督的态度，不复采完全的放任政策。在这个态度的转变中，立法及行政皆在这方面插足，因之增加了国家经济部的重要性。至于邮电交通部，因铁道及电气事业皆属国营，部务自然会多些。不过瑞士的国营企业，皆有半独立的性质，既有完全独立的预算，也有相当完整的人事权，执行委员可以干预的事情也不太多。其余五部的事务皆极轻松。政务部主管外交，军事部主管军事，因瑞士常守中立，无繁剧可言。内政及司法，因重心在各郡，亦相当清闲。

委员们清闲的部务，正可使他们有充裕的时间集议国家的重大政策。瑞士执委会采集议制，任何提出于两院的重要法律案，均须经执委会通过。当然，所谓法律案的提出，有时执委会处主动地位，自动的向国会提建议；亦有时处被动地位，国会要求它就已定原则撰拟草案。

无论主动被动，它的决定须以合议的方式出之，不是由主管的部单独与国会交涉。执委会以四人为法定人数，每一决策，须由到会委员会的多数通过，故最少须有三位委员的同意始能把问题决定。

执委会之下设总理(Chancellor)一人，亦由联邦国会选任之。总理实际上是文官长，主管考验事务，与一般国家的总理不同。

2.15.5.3 联邦国会与执行委员会的实际关系

瑞士制度之所以称为委员制，一方面因为它有个合议的执行委员会，而更重要的原因，还是因为此执行委员隶属于国会，不得与国会对抗。它的不得与国会对抗，于数种规定中见之。其一，执委会无英国式内阁的解散权，国会坚持其主张时，执委会只有放弃自己的见解以与国会合作。其二，执委会根本无独立的决策权，执委会即有所主张，亦不过是向国会提出建议，有如美国内阁向总统提出建议然。其三，民族院虽亦可向执委会提出书面或口头的询问，但答复不能使该院满意时，国会可命令执委会改变其执行途径。国会对执行委员会有命令权，故无所谓信任或不信任。其四，执行委员列席议会，报告并参与讨论，但没有表决权。凡此种种，皆所以造成国会至上的形势，使执行委员不得不俯首待命。

惟实际的情形又如何？执行委员都是老成政治家。他们的人望，他们的经验，以及他们服务的成绩，无一不引起国会的尊敬。他们对国会固然只能提建议，但国会言听计从时，建议也就等于提议了；他们列席国会，发言而无表决权，但发言极受重视时，发言的作用亦等于或有过于表决权。执行委员之深受国会信任，即内阁制的英国亦属少见。第二次世界大战时，国会赋执委会以紧急权力，而此紧急权力的行使，竟不受国会任何控制，只是每年向国会提出报告而已。这是公司董事会与总经理所处的关系，在政治组织中，很少能这样大方的。

执行委员会原隶属于国会，而事实上几又领导国会，这是什么原因？是尽立法与行政性质上的基本不同，立法多少为坐而论道，其人才以气度胜，以容量胜。行政多少为立而行，其人才以精干胜，以敏捷胜。两种人的才具，可能前者高于后者，可是要他们合作无间，端在前者有知人之明,而不在后者俯首听命。执行委员是国会选出来的,执行委员而贤能,那是国会领袖有知人之明,要贤能的人俯首听命,那国会又未免贤贤而不能用了。瑞士国会能知人,亦能用人,能用人故能尽执行委员之长,能尽执行委员反之长,故执行委员反不能领导了国会。这是政治的术,恐怕与政治制度无关的。

2.15.5.4　联邦法院(Federal Tribunal)

联邦国会选举法官三十人,组织联邦法院。联邦法院分若干庭,惟审判重要叛国罪时采陪审制,其他的审判,均无陪审。它分设的法庭之中,有刑庭,有上诉法庭(Court Cassation),有行政法庭。刑庭受理普通刑事案件,上诉法庭受理触犯郡刑法而犯罪人认为郡刑法与联邦刑法抵触者。行政法庭管辖范围很为庞杂,官吏之不当行为(Misconduct)固然由它受理;宗教团体之间的争执,也由它受理;诉讼之以联邦或郡为一造者,又由它受理。

在此可以稍作说明者,瑞士本无统一民刑法,犹如美国。惟一八九八年的两次宪法修正案,规定联邦有制定统一民法与统一刑法之权。自此以后,郡民法及郡刑法而与联邦法相抵触者无效,民刑法乃复一致。又瑞士既设定联邦法院,该院自有解释法律之权。然则它能否如美国联邦法院那样有宣判违宪法无效之权?答复应从两面来看。对郡法律官,联邦法院得宣判违宪法无效,甚至郡法律与联邦法抵触者,联邦法院也可宣判其无效。但对联邦法,联邦法院就只有执行的义务了。瑞士的执行委员不能离国会而独立,联邦法院亦然。

法官的人选,会否因国会选举而沾染浓厚的政治色彩?法官的资格,就宪法规定言,与国会议员同。但国会选举时,总会注意到候选人的法律训练。任何联邦职位的选举,亦总会注意到任职人语言及种族的分配。集中一族或一种语言的事情是不会有的,这是国会所作的政治考虑,其他的弊病很少发现。一般来说,法官均极具清望,一次被选,常可连选连任,与职位受保障者没有重要的区别。

总观上文所说的瑞士联邦制度,既与其本国的地方制度相类,亦与英国的郡制相类。可见此种制度,必有深长的渊源,而不是一八四八年制宪时创造出来的。日耳曼民族于游牧时代即有会议制，与会的人皆是部落酋长，与会时发言代表，分散时即为行政者即司法者。所以欧洲古代的会议，皆是集立法行政及司法于一身的。瑞士保存日耳曼的古风最多，因之而有它那特殊的政治制度。此一制度与分权制度刚好是背道而驰的。分权近于分工，比较适合近代事务庞杂的政治社会，委员制既不分工，对近代的政治社会是很不适合的。事实上瑞典的制度亦在演变中，执行委员会指示的事件越来越少，自己独立执行的场合越来越多，这是它新演变的最重要的趋势。

2.15.6 直接民权

直接民权的行使，应该是瑞士宪法重要的特点之一。而瑞士的直接民权，仅指复决与创制两项。罢免权的行使，因为自地方以至联邦，行使官吏皆听命于民意代表，瑞士不认为是重要的政权。兹先说明复决权行使的情形。

2.15.6.1 自由复决(Optional Referendum)

自由复决有别于强制复决(Compulsory Referendum)，是一八七四年全部修改宪法时加进去的一项民权。一八四八年的宪法，只规定强制复决，那就是说，宪法或宪法修正案通过后，须交公民及郡议会复决批准后始能生效，这与美国宪法所采方式，实在没有太大的差别，一八四七年的宪法向民主的途径迈进一步，亦增加了自由复决权。自由复决权主动在公民，而其对象则为普通法律。所谓主动在公民，那就是说公民如不提出复决的要求，国会与郡为法律案已得公民的默认，不再提付复决。法律数量极多，如果每一件法律都得像宪法修正案那样提付复决，人民会感觉不胜其烦，而政府施政，也会进入停顿状态。复绝不是少数公民即可发动，瑞士规定三万人的联署，方可提出复决的要求。三万人的联署，对瑞士而言，条件可谓过低。十九世纪中叶，公民总人数当在七十万左右。果尔，三万人的联署，较以往是容易的多了。

自由复决的要求，不仅须有三万公民的联署，较以上也有限制。

法律通过实施后，并非随时可以要求复决，而必须于通过后九十日内为之。复决权的行使，仍应顾及法律的信用。在上述限制之内，只有新法律而其实施时间未满三个月者始可怀疑其效力。实施既久，人人皆已习惯，不能再复决了。九十日的时候，可以说是很合理的规定。时限过短，公民等于没有自由复决权，因为过短的时间内，大家还没有了解法律的作用和意义，如何要求复决？时限太长，公民似可有更充分的复决自由，但法律的尊严必大受损失。

所谓自由复决权的对象为普通法，也应稍作说明。

瑞士国会的权力特别庞大。就立法权而论，它通过法律，通过命令（一般国家所称规程命令），并亦通过条约。法律、命令，以及条约，在瑞士效用相同，故所谓普通法律，实际上还包括命令及条约在内。兹分别说明之。

命令，其他国家皆认命令系行政权，而瑞士则特殊性命令执行政权，一般性命令仍须经国会通过，视同法律。所谓一般性命令，大体的说是指规程命令（Regulative Orders）。其他国家归行政院、内阁或总统颁布。瑞士则不然，规程命令亦须由联邦或国会以正常的立法程序通过之。故规程命令公民亦可要求复决，其复决的程序，与法律同。至于特殊性的命令，则不在复决之列。

自第一次世界大战以来，瑞士政府亦常须作种种紧急措置，有紧急措置时亦常须发布紧急命令。对于紧急命令，公民是否可以要求复决？一九三九年的修正案对此有一答复。公民所认为不当的紧急命令，可以三万公民的联署要求复决。联邦国会对此，应于提复决及听任紧急命令生效的两种途径中采择其一。惟不提复决之紧急命令，十二个月后自动失效，国会且不得再通过该项命令。是则国会如果认为紧急状态可以延长，而该紧急命令又为应付此紧急状态的必要措施，应该提付复决，让公民来作最后决定。

对于条约，其效力既视同法律，所以也可以复决。不过所有条约皆可复决，必然会降低瑞士的国际信用，增加外交上许多困难，所以又不能不作相当的限制。一九二一年创制的宪法规定条约时效在十五年以上或无时效的限制者，公民始可要求复决。

至于普通的法律，指宪法及宪法修正案以外的一切法律，只要公民认为不妥，他们可以于法律通过后九十日内发动公民签署，三个月内能得三万人联署者，即可要求复决。

复决是对付立法机关相当有效的工具。立法机关如不顾舆情而倒行逆施的通过大家所反对的法律，除复决外，实在没有其他办法。瑞士自一八七四年以来，曾行使了六十次自由复决权。在六十次自由复决中，三十九条法律因复决没有通过而被撤销，只有二十一条法律得到多数公民的批准。故被复决的法律，多数会被废置。足征发动复决者相当审慎，不是大家厌恶的法律，他们不愿轻易一试。

2.15.6.2 强制复决

强制复决乃宪法或宪法修正案通过后，联邦国会必须以之提付公民及郡议会复决。此种复决，对人民言为权利，对国会言为义务，对宪法及宪法修正案言则属它们将以成立的必备条件。这一种复决权的行使，在其他国家亦极流行。美国宪法修正案须得四分之三州议会或州制宪会议的通过，澳洲联邦与瑞士同，须分别得分子议会及人民的多数通过。联邦宪法动机牵涉到分子的权利，故宪法及宪法修正案，除须得求公民的同意外，并亦须征求州议会的同意，在理论上固有讨论余地，在事实上恐又为必要的设计。是旧联邦的各分子，皆有极浓厚的地方观念，触犯或损伤此地方观念者，小则引起不愉快事件，大则可以制造不幸事件。就瑞士而言，所有的强制复决案（共一〇九件）中，仅两次郡议会与公民有不同的意见。有一次公民批准而郡议会反对，那是联邦管理度量衡法；另一次反过来郡议会批准而公民反对，那是一九一〇年民族院议员比例代表选举法。其余则双方态度极为一致，即使去除郡议会批准的手续，亦不会改变强制复决的结果。

强制复决有数种用意。其一为防止宪法修正案的轻易通过，尤其国会享有修正案的权利的国家。此一措置大有必要。国会原非制宪机关，而每届国会的任期，多数长达四年。国会若于第三四年后发动修宪，议员离当选的日期已久，是否尚能谓代表选民的意见，亦大有疑问。对国会的修宪权如不稍加限制,议员们可能轻易主张改变国家的根本大法。意大利国会于法西斯政变后的许多立法,法国离琪政府成立后所作国体上的改变,如有公民复决权的规定,恐怕就没有那样容易了。其二为对于公民宪法创制权的限制。瑞士是行使创制权的国家,而公民常轻易主张改革,甚至于要超过国会。瑞士于一八七四年以后所提出的宪法修正案,公民创制者较国会拟议的为多。如无复决予以淘汰,瑞士宪法的改变一定更大。于此,有一问题值得吾人再三玩味。创制乃公民所发动者,而创制案成立又颇非易事,为什么公民创制的宪法修正案会在公民复决中被淘汰?可见创制乃往往是政党挟公民之名而发动的。瑞士规定五万人联署始可提出修正宪法的创制案。此一条件,大党或几个小党的联合很容易做到,而无组织的公民是很难满足的。故创制权名义上是公民所有,事实上却常常为政党所利用。至于复决,那是全体公民参与投票,公民真正能赖此以表示他们的意见,也因为这个关系,公民的创制未必能于公民的复决中获得批准。其三,复决当然是很重要的一种政权,不问其为自由复决权或强制复决权,均可增加公民对政府的节制作用。

2.15.6.3 修改宪法及创制权

至于修宪工作如何进行,瑞士宪法规定得极为详尽。国会固可发动,选民亦能创制。所谓创制权的运用,即是指公民提议修正宪法而言。

修宪分全部修改及部分修正两种。全部修改宪法,可因国会两院分别以多数通过同一草案后而成立。在这种方式之下,创议人可能为议员;可能为郡议会;亦可能为执行委员会;更可能出于热心公民的建议。不问创议人为何,必须同时得到两院多数人的同情,始有顺利通过的希望。而两院讨论该案时,舆论自然又会作各方面的反应,舆论反应如不良好,议会即不敢作拂逆公意之举。故此一修正方案虽极简单没通过亦不容易。一八七四年的全部修正宪法,为瑞士为宜采取此一长须而通过者。

两院对修正宪法的意见不能一致,则进行初复决。初复决无几案，仅问选民是否需要全部修改宪法。选民多数答复为否，修宪的工作报告终止。选民的答复如多数赞同修宪，则解散国会，选举新国会来担任此修宪的工作，新国会如仍不能有一致意见又当如何？是否仍须复决及解散国会，宪法没有进一步的说明，瑞士的修宪史亦未发生这项实例。

最后的全部修宪方式是由公民创制，由选民五万人的联署为之。修宪创制案得法定人数联署后，联邦国会即提付公民复决，经否决者修宪工作终止，经可决者亦解散国会，由新国会进行修宪工作。

部分修正宪法的手续较为简单。其一，由国会两院各以多数通过一修正案，然后提付复决，得投票人之多数及过半数郡议会通过者即成为宪法的条文。两院意见如不一致，不得提付复决，这是与全部修改宪法不同的地方。其二，为公民的创制。公民创制宪法修正案，有的只提出修正的原则，有的提出修正的条文。此一创制案的成立，提议人须于动议后六个月内得五万公民的联署，逾六个月而不足法定人数者，该案即行取消。国会接到创制案的请愿书后，须于一年内采取行动，不得拖延。公民创制案如仅系原则，国会两院如赞同此一原则，即根据此原则起草正式条文，然后提付复决。国会如不赞同此一原则，则提付公民初复决，公民否决时取消创制案，公民赞同时国会须依据原则起草条文，然后提付强制复决。在此情况下，国会起草条文无时间限制，故国会虽不得违背，但可以拖延。公民创制案如系正式条文下，国会赞同时提付复决。国会如不赞同，它可以提出相对方案连同原创制案提付复决，听选民抉择。在任何情况下，国会不得变动原创制案。

2.15.6.4 直接民权的效果

最后我们可以研究直接民权在瑞士所发生的效果。第一个印象是直接民权运用的次数极多。自一八四八年宪法生效至一九五二年，修宪案达一〇九次，平均每年一次。一八七四年宪法全部修改之前，仅提修正案十一次，而且九次都是在一八六六年一年中提出来的。而一八七四年之后，七十八年间提出了九十八次修正案。更可注意的，九十八次修正案之中，五十次由人民创制，四十八次由国会提出，可见瑞士人民勇于行使创制权之一斑。至于普通法律的自由复决，一八七四年之后亦提出了六十次，而且有三十九次被撤销，这都是良好的记录。

从这许多数字之中，我们要研究几个问题。其一，瑞士人为什么这样喜欢行使直接民权？规定有直接民权的国家不止瑞士一个，但实际运用如是之多的却没有一个可与瑞士相比。瑞士社会极为安定，并无太多急剧变动，与同一时期的美国来比，它几乎可以说在静止状态之中。照例宪法亦没有常加修正的必要。而它修正的次数，乃五倍于美国，难道直接民权刺激了瑞士人，使他们勇于在这方面尝试？

学者的解释，认为瑞士无司法审评制，以至于它别无其他修改宪法的途径。它没有变相的修改宪法的机会，国会提议案修改以及公民创制案修正的次数自然会因之激增。司法审评本所以防止违宪法律的通过，惟法官因审核是否违审而必须解释宪法，由解释宪法而重新确定宪法条文的意见，一步一步的推进，终至法官造法，并亦创立了宪法的新内容，美国宪法的新内容，美国宪法的伸缩性，就是在这种情况之下演成的。瑞士的联邦法院没有美国式的庞大权力，凡欲修正宪法者自然不会到法院去试验，而必然采直接行动了。其实瑞士自乡镇而郡而联邦，皆有直接民权的规定。公民于此皆有熟悉的经验，不视直接民权为畏途，这是他们敢于行使该权的最大原因，司法审评权之有无，倒还在其次。

瑞士人民因勇于行使直接民权，他们所增加的宪法修正案，很多属于普通法的性质，不必容纳在宪法条文里面的。例如畜牲屠宰法、水力管理法、老年疾病及孤寡保险法、家庭保护法等，殊无在宪法中予以规定的必要。宪法容纳这类条文的结果，将使宪法更须随时修正，对宪法的尊严来说是很有损害的。瑞士公民可以创制宪法修正案，但不能创制普通法律。公民希望通过的法律遭国会反对时，往往即制一宪法修正案，这也是宪法创制案所以很多的另一原因。

激进的政党，不时利用创制权来作宣传，例如社会主义党提出的工作权利案。它自己亦知道没有通过的可能，但它只要能得五万公民的联署，该案即须一年内提请选民复决。提出一个问题而强迫大家来思考及讨论，这是宣传最好的方法。共产党如在瑞士有相当的势力，直接民权使用的次数一定会更多，这是可以预卜的。

在不少次运用直接民权的活动中，成功百分比如何？自由复决的成效已如上述，六十次中有三十九次撤销了国会所通过的法律。人民对国会通过的法律发生反感，且于六个月内得到三万选民的联署，则此法律之不受欢迎可知。复决时有三分之二要被撤销，不是奇怪的事情。至于宪法的修正，情形不大相同。上文提到过三十八个获复决通过，否决者仅十次。人民创制案获复决通过者仅十四案，而被否决者三十六案。在这个对比中，显然人民信任议员的程度，远较信任他们自己者为深。国会虽仅由人民的代表所组成，但修正案的发动，或由热心的公民，或由郡议会，其建议多数来自民间。而该案进行讨论时，正反的意见皆可教育人民。最后国会经成熟的考虑而通过了，公民对此决定，自然亦为之首肯。国会提修正案，较公民创制自较简易，国会提案最少不要有五万选民联署的麻烦，故公民之欲创制者，其初亦必向易于那游说，待在国会中失败后再进行创制。是以公民的创制案很多已为国会所拒绝，在选民观感中留下不良的印象，所以不容易在复决中通过。

最后可以一说的是瑞士的修宪程序：须投票选民的过半数赞同以及过半数郡议会的批准方获通过。多数人的印象，郡议会比较守旧，公民比较激进，那么过半数郡议会批准的条件会否增加宪法修正案通过的困难呢？在瑞士行使直接民权的历史中，仅有二次郡议会与选民的意见未能一致。上文也已说过，不复赘述。

总的来说，瑞士真可以说是国会至上的国家。它的国会，较英国的巴力门权力不知要大多少。在这种制度下，最易发生立法专制的弊病。幸而瑞士同时又有直接民权，使国会专横时亦能有所补救。没有直接民权，瑞士的制度是不足效法的。

第三编

宪法随谈

3.1 手令·命令·法律

一般国家，法律与命令是日常行政的根据，而我们则又多了一个手令。手令与命令有什么区别？手令与法律有什么关系？手令行的太多了对民主精神有什么影响？这许多都是现实政治中大可研究的问题。

行政机关的命令权，一向为政治学者所歧视，因为命令权多少破坏了立法权的完整与独立，使人民代表的意旨，横遭行政机关的摧残。可是近五十年来，政府工作日见繁重复杂，立法势难包罗万象，使行政可以一一遵循。以是行政机关的命令权，事实上天天在增加与扩大中。最明显的，美国自威尔逊总统以来，总统已可以命令裁并机关，规定输出的品类，这都是以往的总统所不能梦想的权力。就是英国，枢密院令的数量也每年在那里增加，并不因为它是老牌的民主国而有所例外。

但是命令权虽在那里扩大使用，而命令权仍是有一定的限制的。命令不能违背法律，更不能违背法律所依据的宪法。不然，即有形成独裁的危险。战前德国一九三三年的授权法案，意大利一九二五年的政府元首权力法案，所以变成独裁釉廖的拱心石，即因共以命令替代立法之故。从此以后，希特勒与墨索里尼不必再问法律的内容，从心所欲，任意的发号施令。英美与德意的外表是差不多的，但失之毫厘，谬以千里，一组是民主国家，一组是独裁国家。而这个相差的毫厘之点，就是英美命令要根据法律，意德则命令不根据法律。我们已经说过：命令原是民主国家中不得已而使用的工具，假使政清刑简，最好一切的规章均由法律规定。然而近代国家事务复杂，立法机关既没有这样清闲的时间也没有这样精细的头脑来厘定细如牛毛的条文，所以只能于决定若干大原则之后，其余就信托行政机关去加以补充和填塞了。

命令而不违背法律，行政机关可以说不负立法机关的委托。因为命令权虽说破坏了立法权的完整，但到底为了事实的需要，而何况又处处地方格守立法者的意志呢？因此在英美两国，命令权均称为委托立法权。命令既称为委托的立法，则不付委托之时，自然不能发生效力。美国的最高法院，就可宣判这种命令为无效。命令不仅在事后可以宣判无效，而尤注意于未颁布前请专家机关复核。检察长通常是总统或首相的法律顾问，而预算局也能审核各种的命令。命令于发布之前必须经过审核，在客观上有必要。行政机关若可以任意发布命令，而其有效与否，仅由最高法院裁判，其势将迫得行政机关去破坏法院的尊严。尤其像我们这个国家，司法的独立根本还成问题，行政机关对于它的命令审核权，一定容易暴露轻视的态度。若能于司法机关之外，另有作事前考核的机关，那自然要妥当多了。

命令之应以法律作根据，殆已成为近代民主国家普遍的趋势，如德意那样以命令替代立法，实为民主的原则所不许。立法所以要由立法机关专门负责，倒并不完全因为分权的理论；孟德斯鸠的名言，现代的政治均已予以打破。惟立法权一项，则一般人仍认为不能任意由行政机关代庖，因为原则无论如何须由代表机关决定，如是方能完全合于民主的精神。政府行动，要须以民意为依归，故政府行动而能遵守法律的原则，政府就可以说不违背民主的宗旨。如若不然，行政机关可擅自改变民意机关所制定的法律，那究竟这个政府还有那一点可以说是民主的？政府受民意机关的节制，这是民主，民意机关受政府的节制，这是反民主，泾渭既然这样分明，那政府的命令如何可以违背法律的原则？

不过有人这样说：国家处于非常时期，政府不能不有自由裁量权。紧急局面之下，机会稍纵即逝，在此时必须等待议而不决的立法机关指示原则，势将造成极大的混乱与不可收拾的危机。为了这个缘故，民主国家的宪法又类多规定紧急命令权一项，俾国家元首，能于特殊的环境中发挥当机立断的效用。德国的魏玛宪法，法国宪法，以及我国宪法，对此均作肯定的条文。然而，紧急命令的紧急两字，在政治中永远是可以争论的名词。政府认为紧急了，人民还不认为紧急；人民认为紧急了，政府亦许不认为紧急。因之紧急与不紧急，常形成政府与人民之间差了若干距离的不同观点。其实人民认为紧急而政府不认为紧急，不致发生什么严重的问题，因为政府不会因人民认为紧急而发布紧急命令；惟有政府认为紧急而人民认为不紧急，才形成了妨害自由的严重事实。政府不管人民的态度，只要它认为紧急，就毅然决然的发布紧急命令，而且这种紧急命令总是限制了若干平时可以允许的自由。为了这个关系，紧急命令权的运用最少应当受到严格的限制。

运用紧急命令权的场合以及时效，一般宪法中大抵加以明显的限定。这个场合的限定，不啻对于紧急两字下一批注。普遍认为对于经济恐慌天灾以及变乱可以用紧急命令来处理。但是这三种特定的场合，经济恐慌与变乱依然是不容易有客观解释的。法国于第一次世界大战之后，几次经常使用紧急命令权，而所持的理由就是为应付经济危机。意大利于一九二二年罗马进兵之后，通过政府元首权力法案，所持的理由又为肃清共产党倾覆社会的阴谋。可是法意人士，对于政府所抱的见解并不能完全同意。金法郎风潮是种经济恐慌，但是否严重得必须由紧急命令来解除？意大利共产党是当时制度的一种威胁，但是否严重得必须通过政府元首权力法案？脱了缰的野马无法重加约束，这是政治中所以谨以慎为上的原因。当然，意大利的政府元首权力法是超过紧急命令权的范围的，因为紧急命令权有时效的限制，而政府元首权力法案则并无时效的限制。一般的说，紧急命令的时间规定为三个月，三个月以后，应该提请立法机关追认。这项规定的用意是颇为明显的。公法家之所以主张有紧急命令权，并不想替行政机关谋打破立法机关约束之道，而只是说迫不及待的时时允许行政机关有变通的余地。命令的时效而长及三月以上，这证明并非真的迫不及待，很可以候立法机关的研究和通过。紧急两字的意义，并不等于严重，所以也不能对于所有的严重的案件下紧急命令。紧急命令必须对猝不及防的案件发的，而且只要有时间可以等待立法机关表示其意见，总以不颁布紧急命令为上策。

命令中也有不完全根据于法律的，比如纯粹行政性质的指令。这一种命令，系上级机关对下级机关而发，仅对行政的技术或手续方面作指示，其不以法律为根据，似亦无可厚非。然而指令是否真正不关连到人民的福利？我们又认为未必如此。指令尽管是上级对下级所发的命令，惟下级机关根据此命令而有所行动时，人民的福利一定受到深刻的影响。省政府指令县政府年内扫数清理田赋积欠，这固然增加了县政府催粮的责任，但人民如何不因之而大受骚扰？因此我们相信指令也应该有法律作根据，对于违法的指令，法院仍有权加以撤销或终止其效用。

以上说明命令与法律不同的地方，并且指出了命令所以必须依法律为根据的理由。但在我们国家，司法的尊严从未树立，即立法机关亦从未离开附庸的身份，以致法律与命令的区别，极少有人注意。不管是法律，不管是命令，只要是官府的意思，人民就有服从的义务。合理与否，合法与否，不特一般人不能推究，即法院与立法机关亦无从过问。政治上好多紊乱的情形，大多是这个原因造成的。我们除普通的命令之外，还有所谓手令，更增加了政治上不少的困难。所谓手令，有一些近于指令，也有些近于西方的电话政治，为求政治效率的增进，似乎亦有可取之处。但是手令运用得极为广泛，而其内容，又常与法律的规定相违背，因之发生的流弊，乃至不堪设想。

手令不同于普通的命令。命令的发布，还要经过一定的手续，大体上都是经过集议以后才能决定。惟有手令仅系一人的意旨，不经过任何手续。所以从形式看，手令最易犯专断的毛病。就手令的内容来说，也无原则上的限制；行政上的技术可以用手命来指导，立法性的规章也可以手令来执行；手令的效用，有时且驾法律而上之。这是近代政治中的畸形现象，影响所及，实可以破坏整个的政治制度。

我们已经说过：近代国家对于行政机关的命令权都是加以限制的。近代的政治学者，并不是不知道命令可以增进行政的效率，但为保障政治上的民主作风，宁可牺牲这方面的利益。像英美那样的国家，甚且不允许行政机关可以有自动的发布聚急命令之权。即在紧急的局面之下，仍须立法机关的授权，而后始可在特许的范围内自由裁量。所以然者，有几个重要的理由。国家法令，极须就一，不许彼此抵触，使人民有无所适从之苦。若干立法机关之外，复许行政者任意出令而不必极据于法律，势至朝令夕改，法令多如牛毛，反而丧失了法令的效用，这是不宜有手令权的理由一。手令的内容，如与法律的精神相合，尽可由正式的命令行之；手令的内容如与法律的精神相违背，并不能因其为手令而就说是合理。因此手令竟是多余的，这是不宜有手令的理由二。手令表示是人治，而不是法治，法治合于民主的精神，人治则违背民主的精神，这是不宜有手令的理由三。现在部会长有手令，省主席有手令，某长有手令，各种手令，多得不可稽考，从而上行下效，人人以下手令为能事，法律的作用，因之隐而不彰，使得一般人民亦不能有守法的习惯，这是不宜有手命的理由四。

有人说缔造民主国家须先养成民主的传统，这是很有见地的话。但手令的办法却把一切民主的传统从根铲除了。我们若问究竟有什么理由要下手令，总觉得这是很难答复的问题，除表示几个人有特殊的威权外，我们确不容易找到手令必须存在的理出。但是民主国家的官吏，自总统以及科员、书记，不过为国家行使特定的职务，均不能有特殊的威权。以一二人为偶像，听一二人独行其是，非假与民主的精神不合，且将阻止民主精神的产生。我们若希望国家逐渐走入民主的正规，必须从速停止手令的习惯。

原刊于《民主论坛》1947 年第 2 卷第 2 期

3.2 民主政治的目的

我们要讨论民主政治问题，首先要明了政治的意义和政治的目的。国父说："政治是管理众人之事"，这是关于政治意义的说明。现在进一步问：政治的目的是什么？换句话说，为什么要有政治呢？西方学者有许多不同的说法。其中有一位这样说："政治的目的就是减少浪费。"在没有政治的状态之下，浪费是很多的：两佣人的问题解绝不了，只有用打的方式来解决；婚姻用掠夺的方式，财产也用掠夺的方式。现在有许多落后的地方，还保存着械斗的风气。打、掠夺、械斗，当然浪费很大；有了政治，一切都用法律来规定，既减少了精神上的浪费，同时也减少了物质上的浪费。

虽然说政治是减少浪费的，但是有的政治反足以增加浪费。譬如贪污，它使浪费增大，同时时间上的牺牲也很大。所以政治的目的虽然是减少浪费的，如果组织不健全，适足以增加浪费。也就是说，惟有健全的政治，才可以减少浪费。

怎样的政治可以说是健全的政治呢？我认为民主政治就是最健全的政治，惟有民主政治可以达成减少浪费的使命。

称民主政治的人很多，意义各不相同，苏联自称为民主，美国也自称为民主，这两个国家的政治是各不相同的。究竟什么是民主呢？越讨论问题越多，越不容易有一个明确的概念。现在就我个人的意见，试为民主政治作一解释。

所谓民主政治，一般人都是根据林肯总统的意见：民有、民治、民享的政治，才能称为真正的民主政治。怎样的政治才可以称为民有、民治、民享呢？就是人民对于政治必须有控制的力量，不是官治，也不是独裁和专制。这样才可以达到民有、民治和民主。这三者与三民主义有相似的地方，但并不是完全相同：民治相当于民权，民主相当于民生，"民有"不就是"民族"。民族思想虽然在十九世纪就已经存在，但林肯总权领导黑奴解放，他所提出的"民有"，应当与"民族"无关。

"民有"是一个抽象的观念，是哲学上的理论；除了用民治、民享来解释以外，是非常空洞的。有人说，民有就是可以发表主张，自己的意见可以发生力量；也有人说除了可以发表主张以外，还应当有一点东西，如土地之类；究竟应当怎样，到现在还是争论不休的问题。

民治就是民权，也就是民主政治的方式；民主就是民生，也就是民主，政治的目的。民权是民生的工具，民生是民权的目的。民主政治，方法必须是民权，目的必须是民生，单有民权而没有民生，可能使民主政治变质。必须以方法和目的联合起来，才可以真正达到民主政治的理想。

什么是民权呢？民权就是人民有四种政权。我们虽然喊了很多的口号，但是这四种政权还是可望而不可即。这是什么原因呢？要了解这一个问题，应当有一个比较详细的讨论。在一般国家，民主虽有相当规范，但是四权都运用的却很少；尤其是创制和复决两权，英国是没有的，美国虽然有，但是适用于邦政府而不适用于联邦政府。德国魏玛宪法里有过，第二次世界大战以前的奥国和瑞士也有过，但是这仅是政治上很高的理想，一时是很难以做到的。

创制是人民根据自己的意思，制定法律；复决是人民根据自己的意思，取消或是废止一个法律。在使用创制权的情形之下，法律不一定去经过文法院才能成立，例如说，没收一部分的豪门资本，是很需要一个法律的，但是立法院不能通过，于是人民可以自动的起来，签名发起，大家投票，如果通过，也就可以成为正式的法律。这当然是很好的制度。但是国家的范围很大，国家的事情很复杂，如果说，一千个人可以提出一个创制案，创制案一定很多，大家就要天天忙着投票，因此不得不有所限制。德国魏玛宪法规定要有百分之五的选民才可以提出创制案，如果中国的选民四亿，那么提出一个创制案，要两千万人签名，这就不是穷光蛋所能办到的了。因此，魏玛宪法实行的十五年(一九一八——九三三)间，创制案始终不容易提出，仅有的一个提案就是没收德国皇室财产的一个案子。由此可见创制权的不容易实施。假如不加限制，流弊又太多，大家非特要不尊重民主，而且要讨厌民主；民主的担子，大家都要不愿意去挑。所以宪法上虽然有创制权的规定，事实上却很难使用。瑞士有创制权，因为它的人口不过数百万。我们如果要使用，最多也只能在地方单位上使用而已。

复决也是这样，人民看到法律的不适用，由大家来发动修改，取消，这是很高的理想，做起来也很困难。如果复决案提出的手续容易，那么凡是违反法律受到罪刑的人恐怕都要提出复决案了，这岂不又要使大家天天忙着投票？所以这几种权是最后的法宝，天天使用这个法宝，不仅不能减少浪费，恐怕还要增加浪费了。

再谈到罢免权，如果发现官吏不能胜任，人民可以有权力对他提出罢免，但也只是对一部分官吏而言的。政府中有一部分是雇用人员，仅仅负责执行上级的命令，例如警察，奉令执行违警罚法，我们绝不能因为他对我们有地方不方便而罢免警察。罢免权是只能够对选任人员如立法委员等使用，因此也是不能常用的。

在四种民权之中，有三种权不能常用，仅有的可以常用的权就是选举权。如选举权尚不能好好的运用，应当选出来的人不能够选出来，那么这种国家绝不能够算是民主国家。政府里的人能不能够做到民主，这也是一个最低限度，如果这个最低限度达不到，在任何情形之下，我们不能说它是民主。

我国是官治的国家。法律是立法院制定的；国家的政策，在中央是由院长决定的，在地方是由省政府主席决定的。这一种人如果不根据人民的意见做事，人民对他们是无可奈何的。人民的意志和官吏的政策无法沟通，无论如何不能谓之民主。以我们国内许多人的眼光看其他国家的种种现象，有时会觉得莫名其妙。例如，丘吉尔在战后大选会失败，他的实力很大，政党的力量很强，他的所以失败正表示英国人对于英国的政治人物有决定的力量。艾德里能得到人民的拥护，得到了多数票，也就取得了政治上的力量。人民在选举的时候，先看他的人是否可靠，然后再研究他的政纲。

这一种情形，正如国父所说：政府是一架机器，人民确定有控制机器的力量。

就选举的历史上看：我们是抄袭人家的制度，但是在一般国家也都是奋斗七八十年才得到，实在不是一件容易的事情。我们不能仅仅的责备政府，我们应当自己反问自己：在运用选举权的时候，是不是经过慎重的考虑？如果我们放弃自己的权利，就是自暴自弃。也就是说：必须人民能够真正的运用选举权，才可以称为真正的民主。

花许多精力，选出了我们所要选的人，成立政府，必须以民享为目的，才算是真正达成了民主政治。现在一般国家，都在向这一个方向进行。英国是民主政治的国家，也是最注意民享的国家，民生必需品如面包、鸡蛋等都是卖的最低的价格。政府对这许多物品施行贴补政策，使它不致于涨价。又如在火车里面，虽然也分了头等和二等。其实二等也很舒服，和头等的相差是极小的。英国有贵族和绅士，他们能花比较多的钱，但花钱只能买他的身份，而不能买享受。对于大家的衣、食、住、行，政府是用种种方法使大家的享受平均，绝不因为平民或是贵族而有所差异。人民的收入，最低的每星期仅有几先令，每月不足四镑；而最高的收入每月有十余镑。二者的差别虽然大，但是享受的差别是很小的。所以从生活的享受上看，英国有民生，有平等；就因为这个缘故，所以在政治的惊风骇浪中，英国能够平安度过。人民能够接受政府的领导，向一定的目标努力。

为什么要有民主，要有选举，就是要明了大众的环境、大众的痛苦，和大家需要的人来执政。这一种人，他的政策，才能够顾及大众的痛苦和需要。

谈到民生，我们的国家虽然很贫困，但是节省若干不必要的浪费，各种情形是可以改善的。这样做，政府方才可以有好结果。最明显的例子：各位在此地举行月会，大家讨论大家的需要，得到一个决定，再根据这个决定去做，结果大家可以享受利益。民主政治的若干设施，都是根据这个原则。

以民生为目的，以民权为方法，这就是民主政治。

（九月七日在浦东工作团体联合会讲，记录者：朱树锦同志。）

原刊于《中建》1947年第2卷第9期

3.3 民主政治是否仍需自由？

民主政治这个名词，经过了近两百年的演化，依然不能有明确的解释、具体的方案。一般的说，现在有两种不同的民主——政治的民主与经济的民主。从内容与实际来说,两者竟是南辕北辙,各有理想,各悬鹄的,有时甚至反唇相讥"说对方不是真正的民主政治。"这种思想家或哲学家的论辩一多,更增加了云雾烟雨,更使人难见庐山真面目。

以民治民主民有作为民主政治的定义,显然的政治的民主常常忽略了民享而经济的民主常常又忽略了民治。所谓政治的民主主义,这是指英美的议会国家而言,它们均以人民的代表机关来决定国家政策监督政府行政,而且这个代表机关又是用普选的方法产生的。因此,在这种国家中,自满者认为已实现了自由的理想。但是从另一个角度来看,政治的民主并没有减少经济上的不平等。豪富与赤贫所得到的保护与享受显然极为不同。钢铁大王与他工厂中的工人,可以住在两个完全不同的世界之中。许多人就问:一人手中拿到的一张选举票究竟有多少价值?

讲到经济的民主,这是指苏联的那种方式而言。苏联因一九一七以后各种有效的措施,人民的生活大多已得到保障,最少比帝俄时代已经改进得多了。虽然目下还不能做到各取所需的地步,但资本家以及中间商人的剥削已完全铲除。不问是农民或工人,劳力的酬报大体上已接近工作的价值。颂扬这种制度的人说经济的平等才算真平等,而也只有得到这种平等才可以算真民主。但是也有许多人抱相反的看法。

这两种政治究竟是否鱼与熊掌,二者不可得而兼有?政治民主之下是否必然后有经济平等?经济民主之下是否必然没有政治自由?尤其最后的问题,我们觉得应该予以答复。

许多现实的政治家,常会提出一个有力量而生动的标语,以鼓动人类勇往直前的勇气。好多历史上的成绩是这个方法创造的。但是不幸的很,现实政治家又常会夸大事实,使人们因之而激昂而冲动,好多历史上的不幸事件,又是这样盲目地被铸造出来的。第二次世界大战的尸骨未寒,第二次世界大战的血污未净,可是第三次世界大战的日期已经在预言家的口中泄露出来了。而第三次世界大战之争,据说是自由与平等之争。为了这个关系，我们对于代表自由与平等两种精神的制度不得不推究其内容，我们倒要问一问这两种理想是否真是矛盾得不能共存共荣的？

从历史的主流来说，政治是在继续不断的走向自由平等之路。可是由于顽固与成见，历史往往迂回曲折而不趋捷径。在一七八九年的革命过程中，自由和平等两个原则是同时提出来的，但事实的发展却把平等遗忘了。而一般思想家，也习于故常，甚且认为争平等则将牺牲自由。这一次社会的大骚动中，领导的人又反其道而行之，相信平等第一，自由无足重轻。其实自由与平等，用最通俗的话来解释，自由为了思想说话，平等为了穿衣吃饭。没有一个人可以不穿衣不吃饭，所以人人必须要求平等。但也没有一个人可以不思想不说话，所以人人也必须要求自由。不穿衣不吃饭，人已失掉了生存的权利，那一定要从人的世界变成鬼的世界。不思想不说话，人已送进了无形的监狱，即使今天有衣穿有饭吃，明天一定就要变得无衣穿无饭吃。所以从普通人的眼光看来，自由与平等是一样重要的。

但是我们到底走上了历史的十字路口，一种人依旧主张要了自由不必再要平等，另一种人则同样顽固地坚持要了平等不必再要自由。富有的人大抵信仰前一原则，贫乏的人则信仰后一原则。世界贫乏的人究竟多些，所以后面的一个主张也显得更为声势浩大一些。就是有思考的人，不走这一极端就走那一极端，想鱼与熊掌兼而有之的并不多见。照这样下去，自然更增加历史的迂回与曲折。抱前一种见解的人，不问他们的诚意如何，实际上是在延长旧的时代，而抱后一种见解的，虽然也持之有故，但总不免阻止了新时代的来临。

要了自由不必再要平等，法国革命以来始终遵循这样的途径，因此这个思想实在是属于旧时代的。我们在旧时代所可以发现的缺点，都可以说是这种见解的缺点。自由而没有平等，自由不是顶真实的。在政治权利不平等的社会中，自由变成享受特殊权利者的自由；在经济不平等的社会中，自由变成资本家单独有的自由；这已证明为不可否认的事实。政治权利不平等的社会就是所谓封建社会，经济不平等的社会就是所谓资本主义的社会，在这两种社会中，沙笼中虽然提倡自由，宪法中虽然保障自由，但伏尔泰（Voltaire）以及左拉（Zola）等的呼声终究是微弱的。在特殊阶级没有削平之前，他们的自由就妨害了他人的自由。一种人的自由安置于坚固的堡垒之中，另一种人的自由暴露于无处可守的防线之前，什么人的自由可以得到胜利，那是不难想象的了。

我们现在处于官僚资本以及豪门资本垄断的社会之中，因之我们对于自由的努力也是种非常艰辛的工作。法律的保障，宪法的条文，都敌不过少数人所拥有的大量的黄金与美钞。货币，我们都知道它不过是市场中的筹码，但法币的集中，却就变成权势，甚至变成军队和弹药。福特在美国享有权势，而狄阿士在墨西哥就统率军队。这种权势，这种军队，都会间接直接影响他人的自由。美国的“走廊”及“肉桶立法”，墨西哥长久的内乱，是否都是权势和军队所构成的？不特如此，就是政党在政治中所发生的霸占作用，竞选运动中规模宏大的宣传，都有赖于大量集中的货币。在不平等的社会中，贫乏的人虽在法理上同样有自由，同样有权利，但只能有表面的自由与里面的权利，总缺少真实的意义。要墨西哥人民去向狄阿士争自由争权利，大家一定说这是螳臂当车，而西班牙人去向佛朗哥争自由争权利，也一样是愚蠢而可笑的。

以上所说的种种，指出单要自由而不要平等的不合理。十八世纪以来，之所以总是不能有风平浪静的坦途，这恐怕是最大的原因。但现在时间的摆在向另一极端移动，这是否也矫枉过正呢？阶级独裁的哲学，最少在字面上不避免独裁这个形式的。而领导这个运动的人，并且在本质方面轻视自由，以为这只是资本民主制度之下的装饰品。甚至有一般人，认为宜由这个名词就是种小资产阶级的意识。关于这一类话，以前是非常通行的，现在虽然不这样说了，而行动方面，依然贯彻着一致的作风。一辈领导革命者的想法，也许以为自由与阶级独裁有其根本的矛盾，也许以为在这个时期允许自由，未免助长了旧时代的人的反抗力量。无论他们的想法怎样，这种想法是错误的。人人是否能真正平等，一方面要改除各人经济上等差的待遇，一方面也靠政治中自由的制度。共产党宣言中的豪语，“我们没有东西可以丧失，而可以得到一切的东西”，这一种豪语为什么没有很迅速的实现，就因为旧制度中缺少真正的自由。但旧制度中缺少了真正的自由所以阻滞了历史的进步，新制度中若缺少真正的自由一样也会阻滞历史的进步。所谓平等，乃是人人心目中的平等，绝非某一二人或某一个党所指定的平等。平等之所以能对人人发生真切的意义，一定要这个平等是人人要求的，而并非某一二人所授予的。我们要想做到这一点，只有鼓励大家自动的想，自动的讨论，自动的对于平等能有了解与认识。换句话说，我们必须更进一步的发扬自由的精神，使个人的理智能放射光辉。

激进的以及顽固的分子，在性情上都属于固执的一流，对于历史的教训往往是最容易遗忘的。激进者常常自信，自己是进步的分子，而且又偏爱他们所领导的组织，总认为他们永远不会腐化的。因此他们对于政治的看法，往往如彼得大帝一样，要造成开明的专制。其实历史上有不少的例子，进步分子在尝到过统治者的滋味以后，其面目往往也一样是可怕的。在俾斯麦统治普鲁士的时候，亦许很多人要歌颂他的政绩罢？就是到了现在，一提起俾斯麦还是个值得崇仰的名字。但俾斯麦所拟定的宪法，俾斯麦对于政治活动压制的手段，在德国所散播的独裁种子，我们实在也应该引以为戒的。

自由开发了人民的才智，更培养了一般人民主的德性。在没有得到平等的社会中，自由鼓励人民去争取平等，在已经得平等的社会中，自由勉励大家去永远保有平等。我们若不愿意辛勤得来的平等轻易丧失，对于自由实在不应该抱轻视的态度，在争取自由的时代，很多的哲人会为自由的重要发表了好多的名言。他们会说：禁止自由的人，最初的动机亦许是善良的，但最后则一定造成奴隶以及落伍的潮流。这个警告，我们相信对任何历史阶段都是有效的。无论哪一个有权力的人，千万不要相信他们永远是不腐化的，他们的向上，他们的维新，需要人民的自由为之监督。统治者的德性，不仅仅是个人的修养问题，没有批评，没有指责，总容易有滥用威力的可能。没有平等的社会中，统治者不能是天堂中的上帝，有平等的社会中，我们也不能希望统治者是天堂中的上帝。

但是，有人说历史演进的过程是正反合的三部曲。倘使有自由而没有平等的社会是正，那么有平等而没有自由的社会是反，这个阶段一过，才会有又有自由又有平等的社会，这才是合。这样说来，反是必须经过的。但反的时期不应该太长罢？领导反的时代的人，应该怎样去缩短这个反的过程？

原刊于《民主论坛》1947 年第 1 卷第 10 期

3.4　军人与政治

鲁易乔治的战争回忆录，对于当时的疆场英雄并不抱恭维的态度。基奇纳(Kitchener)的刚愎和顽固，使军火的供应和交通的配备，都延误了重要的机宜。军人和其他种人一样，也有他职业上的偏见，兼因平素的训练使他们守旧而自负，因之更难对于新的事物适应，以致就是本行的事情，也变得才不胜任了。乔治的话并不是过分的，他书中举出了许许多多事实，证明军人对于改进所加的阻碍。

在我们国家，向来提倡文武合一。所谓文武合一，实际上是文人任军职，颇有点像近代英国之以文人去管住陆军大臣。可是到了今天，大概因为战争机会太多的缘故，军人来擒任文职了。由是有人愿以为这是个问题，值得提出讨论。其实军人任文职，也是有例可援的，惠灵顿做过首相，马金莱做过总统，丘吉尔这个老头也是海军出身。不但如此，政治不应该对任何种人享以闭门之羹，只要这个人合于政治家的条件，没有理由可剥夺他的政治权利的。

话虽如此，我们国家的武治确实已成为问题，这究竟为了什么呢？

军人有其美质，亦有其缺点，但无论是美质或缺点，对于从政都是不适宜的。军人的美质是豪迈与勇敢，而豪迈则把事情看得太简单，勇敢则往往强不知为知，蛮干的结果总是败事有余。军人的缺点是顽固而武断，因为顽固而武断，所以不容易接受旁人的意见。

军人常常以为军事是种最高的学问。运筹帷幄之中，决胜千里之外，非大有胆识，如何能做得到这一点？军事是种专门的学问，我们不能否认这一点。但政治一样是种专门的学问，军人也无法否认的。而且政治的复杂性，实远过于军事。战争进行之际，疆场的情形瞬息千变，神机妙算，能把各种变化的可能性预先推测得一清二楚，的确不是容易的事情。但管理众人之事，要估计的因素可就更多了，所以征服高卢的恺撒，摧毁普奥的拿破仑，在军事上是才华横溢，在政治上却成为悲剧的主角。

率直地说，军事的成功在一半靠精密的计算，一半靠军队中独有的纪律。纪律把军队变成机械的容易控制的单位，所以军事家在计算自己的成本的时候比较是很简单的。统率政治社会没有这种铁的纪律以为凭借。国家固然有法律，但法律对于人民的拘束究竟是有限度的。更何况法律还必须要合法与合理。我们看到很多统率军队的人去统率政治社会，对这一点往往不能辨别清楚，由是造成了失败的悲剧。边沁曾说一般人为趋乐避苦的情欲操纵着，姑无论这个学说道德上的流弊如何，但人类确是这样有冲动的动物。国家的法律，多少受这项原则的阻制，超过这项原则，社会的纪律就会发生问题。军人把对待士兵的方法去对待人民，结果常使他们失望。人民是乌合之众，但这一群乌合之众足够使一个上将束手无策的。

军人喜欢用他们的同僚，因为只有同僚才同他们有一样的纪律的观念，可见军人亦知道他们的习惯与一般人不同。但是他们把这个习惯带到政治中去，造成的是什么呢？一句简单的话来说明：就是副官政治。军人都宠爱他们的副官，因为这是增加他们精神与物质两方面愉快的一种人。他们从政以后，所以始终欣赏副官型的文人以为他们的僚属，由是他们变成官邸中的发号施令者，对于外面的情形，一概是隔膜的。又因为把人民当作士兵，总以为可以指挥如意，偶尔听到反抗的消息，没有不赫然大怒而主张严厉惩处的，由是不知不觉中政治上传染到专制的气息。

有人说谢安颇善下棋,我认为所有的军人都善于下棋。不论是将将的刘邦或是将兵的韩信,总把活人当作棋子,以为可以随心所欲自由摆布的。由他们来处理国家大事,也认为简单不过,一纸命令可以解决。大家穷吗,下令造产不是就有办法?再不然,下令节缩不一样也可以解决?那么困难问题,总是希望一纸手令可以发生效力,由是政治学经济学的原则,在于他们都是太迂阔的理论了。殊不知马上得天下并不能为上安天下,政治方面的现象没有调兵遣将那样简单。

有人说拿破仑也是政治上的天才,他的《拿破仑法典》,至今犹是不朽的杰作,至于增加行政的效率,调和政教的冲夺,那都是政治家不易成功的伟大事业。这许多我们都不否认。但拿破仑纵有这许多长处,普通军人的坏习惯还是有的。把事业看得太简单,把一般人民都看作他的士兵,由是法兰西人都变成他政治赌博的资本了。英国的惠灵顿将军也是一样,统率军队是有名的策略家,参加政治就是个顽固的首相。可见军事和政治的确是极其不同的事情,出将入相不能希望人人可以成功的。

这就一般军人的质地来说,他们是不适宜于参加政治的,讲到我们国家的军人,似乎更有其他的缺点,使他们不应该在政治中插足。西方的职业军人,自由教育的素养相当深湛,在军事的专门智识之外,对于政治经济以及公法都有切实的训练。因此,他们来担任政治上的职务,除顽固的习惯作梗以外,其余的流弊还少。我国军人,对于自由教育是不注重的。少数成功的军人,除在书法和诗词上稍加修饰外,也很少切实去留心政治经济方面的学问,由他们担任政治职务,不特性情气质极不相宜,就是才干方面也很成问题。近代政治是极其复杂的,各种行政,都达到专门化的程度,并非人人可以胜任愉快。尤其省政府的主席,如不以敷衍应付为能,而想切实推行实际工作,非大有学养者,如何可以担当这样的重任?民财教建,这是省政府所应该设计而规划的;设计需要实际材料的搜集,规划需要远大的眼光加以决定。使对此均无适当的智,当然会造成不知所措的现象。

军人之不适宜于政治如此，而估计全国行政界中，差不多有百分之七十以上的重要位置为军人所占据，这安得不造成中国近代政治中的严重问题。退一万步讲，我人即认为军人亦有能力从政，但亦绝不能说只有军人适合从政。

当然，军人主政之风，也可以说由来已久了。民国缔造之初，袁项城为防止国民党势力的生长，异常倚重各省的督军。其后段祺瑞和黎元洪不能改变这种风气，浸假而成军阀割据的局面。曹锟、张作霖以一介武夫也生了窃取国柄的野心。国民革命本来以铲除这种割据努力为目的，然成功以后，革命的军人仍不能消除分茅裂土的观念。兼因党内的团结发生了龃龉，更不易收到杯酒释兵权的效果。几经努力，军队的指挥总算国家化了，但久经沙场的退伍军人，论功行赏，一省的最高位置一定要轮到他了。因此三十余年一贯的习惯，省政总是由军人主持的。所不同者，以前由带兵的军人担任，而现在由退役的军人担任。粗犷暴戾之气，在各省政治中当然减少了许多，而低能无效率，依旧为今日政治中之大病。

有一个时期，大家对于曾胡都非常崇敬，不过大家忘掉曾胡也是文人。曾胡之所以成功，究竟因为文人的气质，还是因为武卒的训练，应当不是难于辨别的事情。会胡之能够立于庙堂之上，当然因为他们的经济学问，而不是因为他们训练过湘军。即以曾胡为法，似乎也不能由武人来包办政治。但因为军人具有实力，所以在地方未靖的理由之下出任地方长官了。我们明知地方的政务，绝没有统带军队那样简单，但统带军队的人到底支配了地方的政治，而且种种表现的事实，也是以统治军队的方式在那里统治人民。官在中国本来已经是很神圣的了，再加上军人的威风，无论是僚属，还是人民，都只有诚惶诚恐的地步。这是我们政治史中很不幸的一页。

我们常常讲政治的改革，其实这一种现象就是应该改革的一点。对于退役的军人，国家应该注意他们的出路，但绝不能把他们的出路放在政治工作这方面。其尤重要者，对于军人的训练，自由教育应该十分注意。非增加军人的适应能力，则军人的素质也会降落的。我们对近代的军人的要求,绝不止于战术而已。就是对于哲学以及社会科学,也希望他们有很深的研究。亦这方面能有认真的训练,军人的气质亦许可以改变一些,亦许他们的从政,也不致发生现在一样的影响。马歇尔是军人,但是马歇尔那样的军人,政治不致于拒绝他的。我们不愿意对军人有什么偏见,但就目前的政治而论,军人的参加政治已发生了恶劣的结果,我们不能不对于一般人之不满于武治表示相当的同意。

原刊于《民主论坛》1947 年第 1 卷第 6 期

3.5 论 选 举

"以投票替代枪弹",这是选举的妙用。然而金元势力隆盛的今日,却又可以用钞票操纵投票,由是选举之仅成为一种形式,殆已是不能辩的事实了。云南老年会为此而发告民众书,但是言者谆谆听者藐藐,究竟有什么用处?西人有云:议会是民意的镜子,不过由我们这种选举方式所产生的议会,其势将是面铜钱的镜子,什么影子都不会反映得很清楚的。

我们虽然不是老牌的民主国家,而对于选举也有好多回的经验。不幸的很,没有一回能予人以好的印象。民国初年,一辈的国民初次离开皇帝的压迫,却投票选举议员了。因为大家不了解选举的意义,据说一碗肉面就出卖了一张选举票。当时选举权资格极严,选民少,包办和操纵非常容易。可是这样产生出来的国会,对袁世凯大有牵制的作用,以致受袁氏的摧残和破坏,民十二曹锟贿选之后,议会制度寿终正寝,大家也忘掉选举是什么事了。北伐成功之后,选举仍不大时兴,而圈定的办法,却使一般人发生不良的印象。以后有国民代表的选举,地方参议员的选举,大家方得到实习民权的机会,可是民意表达的力量总是很薄弱的。

今年的情形似乎不同,重将召集的国民代表大会有批准宪法的特别任务，而立法院在宪法的规定下又有新的使命，所以本届国大代表与立法委民的竞选应该是非常热烈的。而政府对此，也异常重视，各处的选举事务所在次第成立中，候选人的名单各方也在拟定中，一若民主的基础，此番定可奠基，我们于欢欣鼓舞之余，仍不能不为许多流言担心。道路传说，某某人预备花数亿元捞一个立法委员，某某人又以数亿元活动国民代表。这一种话自然不可全信，但若事出有因，则我们的选举，又有什么意义？若人贤，若人不肯，若人有谋国之能，若人有代人民争福利之志，这许多绝不是金钱可以购买的，如何位高则多金，连人民代表的名义也可以买卖起来？说实话，克尽厥职的国民代表和立法委员都是苦差使。有治权的总认为他们有意寻事生非，有政权的又说他们取媚官长，这一种治权与政权的中间人，一定是非常受罪的。而现在许多人不顾一切，并且拿出大价钱来购买，是否真是别有用心呢？

统观我国选举历史，有一很大缺点，即缺少强有力的政党组织。民国初元，除兴中会外，其他小政党亦有很多。但大多数是国会议员捭合的工具，不是真正的政党。而且成立于选举进行以后，对选举没有发生什么作用。因此之故，地方绅士，可以包办一切，凡欲竞选者，不能不仰承地方绅士的鼻息。且因为没有政党的组织从中活动，所以选举时教育作用亦少。大家究竟为什么选举，究竟选那许多人，一辈人都是糊里糊涂的。大先生有所吩咐，选民全体遵守，这就造成了地方绅士次定一切的时代。近年以来，国民党的组织是健全了，但因为只有一个党，无须公平竞争，所以选举时也无须凭候选人的推荐以及候选人的演说等那套民主的花样。党的组织决定了一切，人选可谓全属内定，在这种情况下，选民对于选举，自然也是不具兴趣的。两党制或多党制的国家，选举是异常生动的事情。敌对的政党，各自拟定不同的方案，各自推荐不同的人物，各自拿出全副力量来使自己的政策和人物成功。由是大家有选择机会了，而且也从此而了解选举的意义了，民主的精神，当然也因此而天天发育滋长。

今年春季以后，青年党和民社党也加入政府，所以青年党和民社党也是合法的政党了。此后的选举，国民党以及青年党民社党自然处于公开竞争的地位。为什么现在的选举还是这样沉闷呢？原因所在，就是青年党和民社党缺少基层的相织，民青两党有首领而无广大的党员，所以只能作政治协商中的王牌，而没有竞选的资本。因之在大选的前夕，民青两党除要求国民党开放几个选举区外，实在有全军覆没的危险。如此说来，民青两党所产生的代表和立委，也是国民党所产生的，选举期中，如何说得到竞争？选民于此，自然仍是糊里糊涂的投票，糊里糊涂的开票，大家对于选举一定也不是很了然的。

虽然，我们是民主国家了，我们不但已有选举，而且也要讨论选举制度的各种枝节问题。我们以前曾热烈地讨论现职人员能否为候选人问题，其实这倒不能一概而论的。现职人员有政务官有事务官。政务官本来是以其政策向人民负责的人，说他们不能为选举候选人理由非常牵强。美国总统英国首相，均以在职之身，进行其竞选游说，这是世所周知的事实。总统与首相之所以能如此，并不因为他们位置高，而因为他们是政务官，何则？政务官因人民之信任而得到地位，所以理论上他们可以天天测验民意，以决定自己可以不可以坐这把交椅。岂有到了正式的选举时节，他们倒不能充候选人的呢？我们的政情，自然又有不同。第一，我们的政务官并没有作明白的规定。究竟那许多属于政务官，一时还不容易分别得出来。何在政治习惯中，简直没有政务官，因为还没有由人民选举而向人民负责的职位。勉强的说，特任官类似政务官，虽然还有许多地方是不很像的。第二，我们是绝对分权的国家，政权举治权划分，行政权与立法权又相互独立，行政上的特任官，能否参加国大代表或立法委员的竞选，理论上亦确有讨论的余地。不过无论如何，特任官若肯参加竞选，而且竞选失败后立即退出政治舞台，总是我国值得提倡的政治风气。

选举制度上其他可以讨论的问题很多，比如地域代表制而兼用职业代表的原则，到底应该根据什么原则来分配职业团体的名额。这不是简单的事情，不预备在本文中加以讨论。我们目前所应该努力的，当注意于去除选举中一切的陋弊，因为只有这样，才能使选举真正表达民意。西方国家，对于这个问题的解决，类有成规可以参考。诸如选举费用的限制，支出项目的规定，以及恫吓纳贿的取缔等，在我国皆值得定为法律，务使选举的进行，极尽公平与纯洁的能事，庶几此后的民主政治，可以有一点新的气象。

原刊于《民主论坛》1947 年第 2 卷第 2 期

3.6 论 自 由

自由与不自由，在老百姓总是很容易辨别的两种不同的境界。“日出而作，日入而息，帝力于我何与哉”的古代人，我们不会说他不自由的。反过来说，宋江被张顺强迫要作“板刀面”的时候，我们又没有一个人说他是自由的。悠悠然与惶惶然是两种截然不同的心境，宛如南辕北辙，绝不容许混为一谈。然而做官府的人，往往是自说自话的，明明已迫得你惶惶然了，还说你是最自由的。在这种时候，一般人对于自由的意义实在要不明不白的了。

自由是什么人都要求的。读书的愿意自由地读他们的书，种地的愿意自由地耕他们的地，做工的愿意自由地做他们的工，经商的愿意自由地做他们的生意。各人对于他的生活都有各自打算，这种打算，聪明人亦许说是傻的，但无关宏旨，各人总是希望这种打算能如愿以偿。读书的某甲打算十年寒窗一举成名，耕地的某乙打算饲养一条小黄牛以替代他劳动，做工的某丙打算学好一点手艺，经商的某丁打算自己有一个店铺。平凡的人打算就是这样平凡的。但这种打算因为受到人家的打击阻挠而没有能成功，有这种打算的人一定怨恨气愤，而这个怨恨气愤就是不自由感觉的发现。

好多的学者把自由讲得玄之又玄。尤其卢梭和康德的长篇大论，使我们往往不得要领。他们把自由看得太神圣了，以为这是灵魂高度发展以后才能发现的境界。由是他们的自由往往与实际生活脱离了线索。其实任何一个平凡的人，他们都总有对于自由的看法。亦许他不称这个看法为自由,那也是无所谓的。比如说有的人称自由为“称心”,有的人称自由为“如愿”,虽然说法不一样,而确实表现平凡人自由的观念,而这种平凡人自由的观念,都是与实际生活有关,而且也能为每一个平凡人所了解。“称心”“如愿”,就是一个人生活上的打算能顺利地达到目的,这也就是学者所颂扬的自由。为什么平凡人的平凡打算,有时不能“称心”“如愿”,而令人有不自由的感觉呢?在最大多数的情形之中,不良的政治设施实为其原因。这个说法,越到近代越见其确实。在从前,学校是私塾,先生都是家长请的,自己读不好书,绝怨不到国家。种地的更是在“自然社会”之中,很少受到法律的支配,所以也很少可以怨到官府。做工的与经商的,情形大抵相同。自从近代国家的形式成立以后,一切都经到官府,无论哪个穷乡僻壤,都可以看到官府的告示。官府规定这个规定那个,所有的规定都与平凡人的生活有关有影响。规定得合理周到,大家生活上的打算有把握容易达到目的;规定得不合理不周到,大家生活上的打算就无把握不容易达到目的。因此,现代的所谓自由与不自由,大部分是政府的行政以及法令所造成的。学校里没有好的设备没有好的教师,想读书的得不到实在的学问,所以青年苦闷;想教书的得不到教书的工具,所以教师苦闷:耕地的牛被屠宰了,儿子抽壮丁抽去了,眼看田要荒芜家要衰落,所以农夫苦闷;做工的得不到按照生活指数的工资,养不活一家的父母妻子,所以工人苦闷;经商的经不起左一重税右一重捐,更兼法币跌价,货卖出去后买不进同样的东西回来,所以商人也苦闷。这种种苦闷,都因为生活上的打算打了折扣甚至成了泡影。而这种种生活上的打算所以要打折扣要成为泡影,又大部分是政府的行政与法令所造成的。

拉斯基说自由是生活的一个条件,也是种实实在在的说法,与平凡人的观点颇为接近。可是话要说回来了,究竟怎样使大家的自由得到保障?近一二百年思想家的研究,政治家的努力,对这个问题总算有了个答案。

关于自由的保障,历来采取两种不同的方式。第一是在宪法中规定人民的基本权利，而此等权利为政府权力所不得侵犯者。第二是规定政府民选，使政府的利益能与人民一致。这两种方法是否有效，姑不具论，但我国还没有实行更没实现这两项原则，那是不容否认的事实。人民权利，几次想肯定的规定下来，但因为政府只顾到自己的方便，并没有履行诺言。最明显的例子，如报纸之被封禁，学生的被枪杀，虽在行宪之年，仍不能免。其余如官吏越权，动辄损害人民的利益，更是呼天无应，诉愿无门。除非是豪门滑吏，几乎没有一个人有自保之道。哪一个人在投宿逆旅的候能避免检查，我们有什么行动的自由？哪一个人在讲话的时候不要提防隔墙有耳，我们有什么言论自由？哪一个人的财产不会有变相被没收的危险，我们有什么财产的权利？哪一个人的生命不受屠夫的捉弄，我们有什么生命的权利？讲到政府民选，更是空口说白话，连所谓民意机关都不是由选举产生的。衙门中的官僚习气，从没有因民主这两个字而稍有改变。不要说衙门中的官僚，就是保甲长之流，也一个个如狼如虎，绝不能为人民福利着想。一般国家对于自由保障的两种方法，在我们看是一样都没有实现。

小密尔于讨论自由之际，曾经发问过一个问题，那就是："民主政府真正实现之后，权利的保障是否还属必要？"一般看法，认为民主政府既系政与民合一的制度，权利保障的繁文缛节似乎不必了。民主政府绝不致损害人民的权利，因为这等于损害官吏自己的权利。今日的官吏即是明日的人民，在台上的时候不能不为在台下的时候着想的。小密尔的意见没有这样乐观。他相信政府真是民主了，权利的保障还是很重要的。无论那一个人尝试到威权的滋味时总要表现出作威作福的身份，纵使明天就要变成平民，但今天的气焰还是很可怕的。统治者总是统治者，除非能为人民的权利筑一堵坚固的城墙，民主的统治者也有不加重视的可能。小密尔的先见是值得钦佩的，其后近一百年的政治演化史，证明所谓民主的政府，未必即能自动的尊重人民的权利。

我们所以引证小密尔的话，无非说明政府对于人民自由总是具有危险性的。即使是真正民主的政府，也未能例外。我们现在还没有真正的民主政府,自由自然更在危险状态之中。而自由一旦发生危险以后,可能自由就越来越没有保障,因为政府与人民,势将各趋极端,使得自由的观念,根本被破坏无余。人民因自由受威胁,他们对于自由的要求必然更为积极。在通常的情形之中,一般人只顾及身体的安全财产的安全,换句话说,只要一人对于生活的打算能顺利地实现,对于其他的自由,他们可说是不感兴趣的。可是这种最低限度的自由被剥夺,他们不得不进一步要求言论及请愿的自由,由是许多的行动,从政的眼光看来,更为动摇了政府的威信,因此要想出种种严厉的办法来压制所谓蠢动。这样的循环刺激,一定是激烈的越来越激烈,压制的越来越压制,自由这个名词,乃葬送于乌有之乡。这是我们目前遇到的险境。

很多人说自由是个人主义的名词,在集团主义的近代,不应当再抬出这个近于神学的名称。这种观点,即等于说真正的民主政府不至于损害个人的自由,小密尔早已说出这个观点的错误来了。集团往往由政府代表的,而政府则实际由官吏表现其行动。在保甲长可以牵走人家的羊捉走人家的鸡的时代,在几个士兵可以轮奸致死一个女教员的时代,说自由主义是自私的佣人主义,那实在太不应该了。无论哪一种集团,他的行动足以妨害个人的基本生存的时候,自由的要求总是不能漠视的。

现在,一切的事实证明自由的重要。不论是阶级独裁的苏联,议会民主的英美,以及什么亦不是的中国,都未尝能充分的授人民以自由。当然我们国家的情形可以说是最糟的。任何国家的官吏,绝没有我们的那样专制与无理。一切国家的人民都还得为自己而努力,而我们则更应该努力加鞭。不然,我们各人生活上的打算恐怕不能有实现的一天。现状不加改革,笼统的说我们的自由继续要受迫害,分析的说就是我们将继续的生命不受重视,权益横受摧残,悖论严受抑制,思想强被奴化。我们必须坚决的要求选举的普遍实行,我们必须坚决的要求权利受法律的严格保障,我们一定得实现民主的两个条件。

原刊于《民主论坛》1947 年第 1 卷第 7 期

3.7　行宪的条件

中华民国的宪法正式由国民大会审查通过了，而且决定从本年十二月二十五日起开始实施，这是可喜的事情。在国大开会讨论的过程中，我们有几件事值得担心。第一是两个政党未能参加，很怕因未能集中各方意见之故，失掉各方对宪法的信仰。第二是会议中争辩的很厉害，时时有因小失大的危机。这种难关大体克服了，两个政党虽没有参加，两个政党平时的主张是受重视的，因为讨论的范围，尽量不超出政协的决议。至于辩争最激烈的问题，因为删除国都这一条而不复存在。当然，我们不能说宪法已得到理想中的成功，但因此而得到宪治的开始，总是历史上可以大书特书的事件。

许多人批评宪法非驴非马，其实这个问题不算严重。没有一国的宪法不是在妥协中产生的，既是妥协的结果，自然各方面的主张都接受一些，所以讲不到理论的贯彻。美国制宪中碰到南北两派的对立，以致宪法条文中不得不有非驴非马的现象。法国第三共和国时代保皇党的势力尚盛，关于总统的规定，不得不亦有其矛盾之处。我们的宪法，这种缺点不能说没有，而且有的还非常严重，实行时甚至可能有窒障难行的困难。不过宪法虽尊严，并不是完全不能用正当手续修正的，所以历史的教训，自然会去除这个缺憾。我们若参考各个国家宪法的历史，实在觉得这一点是不值得担心的。美国侧重邦权的宪法条文，至今未加修改，但联邦的优越地位，却变成美国今日不可动摇的原则。宪法有如一枝植物，只要让它有生长的机会，插下去时候倾斜的姿态一下子就会自己矫正过来的。

关于宪法的内容我们此时且不加推敲，我们所想问的，宪法实施之日，是否宪治就有了保障？假使说还没有，我们究竟应该用什么方法使宪治成功？这应该是行宪年最重大的问题罢。

乐观者的看法，总以为有了宪法就有宪治，这实在把宪法看得太万能了，法国大革命之后，自一七九一年第一次宪法完成后，一连串的又制订了十几次的宪法，一直到第三次共和国方始有经久的宪法。法国大革命之后始终在动荡之中，时而君主立宪，时而民主，时而执政，局面的不安定，使得每部宪法不能维系人心。论内容，法国革命时期的宪法有相当完备者，最少都比第三共和国的要完整和彻底的多；论制宪机关，通常均由人民所特别为制宪而选举的国民会议捉刀，最少不比第三共和国的轻率。从这一种事实，可知宪法的完整与否，制宪机关的合法与否，与宪法的寿命实在没有什么关系。而且宪法的产生，并没有使不安的社会入于安定。反之，不安定的社会，却常使宪法中道崩殂。

我们国家的制宪历史，相类于法国者极多。自辛亥约法至今日，虽无百年的长久，却也忽忽过了三十六个年头。时而天坛宪草，时而袁氏约法，时而民国十二年的贿选宪法，时而国民政府的约法，举其大者，已有这样繁多的名目，再从前清末年的十九信条数起，更要使人不能记忆。好几次制宪的尝试都是失败的，而且就是宪法制成了也没有改变什么政治的局面，更证明宪法不能安定政治，而只有安定的政治才可使宪法有生长的机会。为了这个缘故，我们相信各党各派的相忍为国是行宪的第一个先决条件。我国自辛亥革命以来，始终在多难的局面之中。始而是军阀的跋扈，继而是北伐革命，再继而是对日抗战，客观的环境既这样不安定，任何一部宪法都不能在这样的土壤中生根。我们相信，宪法必须由多种政治习惯来加以维系，而不安定的环境，实在培养不出什么政治习惯。英国自光荣革命以后，因为政治安定，好多政治原则均演化为政治上根深蒂固的习惯，由是英国就有了一部不成文宪法。我国因政治不安定，每件事情都是特例，都要用特殊方法解决，由是政治上既无习惯为之指导，更无原则可以遵循，以致每次制宪的企图，均要归于失败。

政治环境的不安定，这是宪治失败的主因。宪法内容之合理与否，制宪会议的合法与否，倒还是次要的问题。宪法不过揭示若干条建国的大纲领，本身并无执行的力量，这是谁都知道的。美国虽说有护宪机关，但最高法院的解释权，究竟防止不了十九世纪中叶的南北战争。不安定的政治现状，使国家中各种有力量的团体，都不能恪守宪治中的原则。宪法所定的系正常状态中的规则，在不安定的时期往往不能发生效用。任何意图倾覆现状的团体以及应付这种团体的政府，他们都不会顾到宪法的条文的。乱世小民，同然深感于没有法纪的痛苦，但要想政治纳入宪治的正轨，还得先从安定政治入手。

我们现在所处的境地，正是不容易产生宪治的场合。抗战虽然结束了，而经济的险象，反而日益加深。兼之党派的争执，各行其是，战祸有蔓延的可能。在紧急状态之中，就是有宪治习惯的国家，宪法也往往会被搁置一边，不受重视。那我们这个毫无宪治习惯的国家，如何能以一部新宪法来约束一切的例外？军事行动没有停止之前，“需要不知有法律”往往变成政治上的最高原则，对于宪法的规定，许多时候是无法遵守的。举最简单的例来说，人民权利这一章，很难于兵荒马乱的时期发生实际的作用。这样一来，宪法一定常被变通，而宪法的尊严就说不上了。

我们始终相信：政治中只有实至名归，而绝不能名至实归。因为这个道理，只有先造成法治的空气，而后方可有宪治，绝不能以一个宪法来抵制种种不守法纪的现象的。大家没有守法的习惯，颁布一次宪法只是再来一次破坏宪法。尤其宪法，它约束的对象是政府的重要负责人员，它精神的能否贯彻，全视这般人的态度而定。国家之内，人民与人民的关系，有民刑法为之规范；普通公务员的行动，有行政法为之规范；政府高级官吏的行动，就靠宪法为之规范；所以国家而没有宪法，对于政府的高级官吏，未免过于宽纵。可是一有宪法，则如何使高级官吏遵守宪法，却成了一个极大问题。其他的法律，我们可以要求人民遵守，普通公务员遵守，而宪法则非由政府高级人员先遵守起不可。因之宪法的实施，先应养成政府高级人员的守法习惯。而这种习惯的养成，又非有政治上的安定环境不可。政治的走上轨道，大概都要从财政能恪守预算这一点做起。可是在战乱时期,军费的扩张会出乎想象之外,由是预算虽然通过了,不得不以命令变更这种预算。这样,岂不当轴者自己先违背宪法的精神,宪治的根基又从什么地方产生?

我们研究各几个国家的宪治历史,人权之争固然是大题目,而财政的受控制实为宪治成功的基本条件。政府是享有威权的组织,人民只是理论上有权利的团体。理论上的权利,往往抵不过实际的威权,古往今来有统治权的人,你说他是人民的公仆亦好,你说他是高高在上的统治者亦好,他有武力作为后盾总是事实。至于人民,虽然被誉为国家的主人翁,但完全是一盘散沙,而且就是组织起来也不是一种武力。因此人民或其代表真要政府听话,非扼政府之咽喉不可。扼咽喉的方法,就是人民或其代表能控制政府的财政。日本虽然颁布了宪法,可是议会没有控制财政的全权,以致明治维新以来,日本所行的始终是重臣政治和军阀政治。鉴于这个历史的事实,我们很深的相信,宪治之始必先要争得人民代表机关控制政府财政之获。预算通过以后,万不能以命令或手令变通预算的规定。关于这一点,在内乱状态之中,什么人能保证做得到呢?

混乱是法律的终止,没有人能否认这句话的精义。不问那一党那一派执政,在混乱状态中不会有严守法律的决心,那几乎是没有例外的。混乱的局面之中,守法者无异自己束缚他的手足而听凭旁的人来杀害,聪明的人绝不愿意作如是决定的。因为这个缘故,我们更坚信宪法不能终止变乱,而只有和平可以使宪法得一生长的机会。爱好宪法的人,还是先努力于促成和平的运动!

在目前的客观状态之下,谈宪治简直是种讽刺。我们应该问:还是中共的行动合于宪法的精神?还是政府的行动合于宪法的精神?无数的学生逮捕了,我们震惊于所谓人权保障的神圣!但假使身临战斗区域,看到大批的人民被驱迫走上屠宰之场,那我们又要觉得仅仅为几个学生呼吁之过于仁慈了。其他破坏宪法精神的地方,真可说随处皆是,岂仅人权不得保障一端而已。现在的境遇,我们真觉得权利和自由是种过分奢侈的东西，因此我们相信宪法纵使有钟馗的神力，也驱除不了满地的魔鬼。我们愿意切切实实的谈如何来改进这个政治局面，我们愿意切切实实的来计划复兴与建设，我们更愿意切切实实的来打开这种混战的危险局面，到大家愿意放下屠刀的时候，宪法差不多会诞生了。

原刊于《民主论坛》1947年第1卷第5期